2023年主题出版重点出版物
"十四五"国家重点出版物出版规划项目
高校主题出版
GAOXIAO ZHUTI CHUBAN

海洋命运共同体构建：理论与实践 — 朱锋 主编

Confucian
Ethics
in
Singapore
&
Malaysia

儒家伦理在新加坡、马来西亚

张浩 著

南京大学出版社

图书在版编目(CIP)数据

儒家伦理在新加坡、马来西亚 / 张浩著. — 南京：南京大学出版社，2025.1. — (海洋命运共同体构建：理论与实践 / 朱锋主编). — ISBN 978-7-305-28281-2

Ⅰ. B222.05

中国国家版本馆 CIP 数据核字第 20248J361E 号

出版发行　南京大学出版社
社　　址　南京市汉口路 22 号　　邮　编　210093
丛 书 名　海洋命运共同体构建:理论与实践
丛书主编　朱　锋
书　　名　儒家伦理在新加坡、马来西亚
　　　　　RUJIA LUNLI ZAI XINJIAPO, MALAIXIYA
著　　者　张　浩
责任编辑　田　甜　朱　钰　　　编辑热线　025-83593947
照　　排　南京南琳图文制作有限公司
印　　刷　南京爱德印刷有限公司
开　　本　718 mm×1000 mm　1/16　印张 30.25　字数 523 千
版　　次　2025 年 1 月第 1 版　2025 年 1 月第 1 次印刷
ISBN 978-7-305-28281-2
定　　价　198.00 元

网址：http://www.njupco.com
官方微博：http://weibo.com/njupco
官方微信号：njupress
销售咨询热线：(025) 83594756

＊版权所有，侵权必究
＊凡购买南大版图书，如有印装质量问题，请与所购
　图书销售部门联系调换

总　序

海洋从古至今都是对人类至关重要的资源来源、物资通道、发展空间和联结本国与地区、本国与世界的战略网络,更是国家间地缘政治与地缘经济竞争与冲突的战场。21世纪的今天,人类已经进入开发海洋资源和利用海洋战略空间的新阶段,海洋在全球格局中的经济和战略资源地位愈加突出。有效运用海洋,不仅是国家经济活动的支撑点,是国家安全、科技进步、文化交流和国际合作的基本领域,更是一个崛起的大国加强海外利益保护、扩展海外商业互动空间和履行海洋生态、环境、资源保护的重要责任所在。世界各海洋大国和周边邻国纷纷制定新形势下的海洋规划,加速向海洋布局。中共十八大以来,以习近平同志为核心的党中央高度重视中国的海洋事业发展。习总书记高屋建瓴,围绕建设海洋强国提出了一系列新思想、新论断与新战略,涉及发展海洋经济、加快海洋科技创新行动、保护海洋生态环境、推进"21世纪海上丝绸之路"建设、构建海洋命运共同体等方方面面,为我们在新时代发展海洋事业、建设海洋强国提供了战略性的行动指南。

海洋强国建设的内涵可以从五个维度进行解析。一是推进海洋经济可持续发展。发展海洋经济是建设海洋强国的基础与核心。海洋蕴藏着巨大的发展能量,开发海洋是推动我国经济社会发展的一项战略任务,加快发展海洋产业,不仅能够有效促进海洋渔业、油气、盐业、矿业、化工业等产业的发展,对于形成新的国民经济增长点,确保国家经济协调健康发展也有重要意义。习近平总书记强调"海洋经济的发展前途无量","发达的海洋经济是建设海洋强国的重要支撑"。要大力发展海洋交通运输,发展海洋外贸,发展沿海港口经济,大力发展海洋产业特别是战略性海洋新兴产业,构建完善的现代海洋产业体系,以沿海经济带为主战场,从自身实际出发,因地制宜,有所侧重,有所突破,推进海洋经济健康有序发展。

二是大力发展海洋科技。创新海洋科技是海洋强国建设的关键和要害,海洋强国崛起离不开科技的研发与运用。我国海洋经济已转向高质量发展阶段,对海洋资源开发保护、深海极地探索、海洋装备体系化发展等诸多领域的科技创新提出了更高、更迫切的要求。习近平总书记强调,建设海洋强国必须大力发展海洋高新技术,要"着力推动海洋科技向创新引领型转变","努力突破制约海洋经济发展和海洋生态保护的科技瓶颈"。他特别强调关键的技术要靠我们自主来研发,要推动"海洋科技实现高水平自立自强,加强原创性、引领性科技攻关"。这就需要做好海洋科技创新总体规划,坚持有所为有所不为,重点在深水、绿色、安全的海洋高新技术领域取得突破,尤其要推进海洋经济转型过程中急需的核心技术和关键共性技术的研究开发。

三是保护海洋生态环境。保护海洋环境是建设海洋强国的前提。海洋是生命的摇篮、资源的宝库、交通的命脉。海洋保护着人类的家园,健康的海洋是海洋强国战略的压舱石,人类开发和探索海洋,最好的状态莫过于"以海强国、人海和谐"。习近平总书记在多个场合强调,要重视海洋的生态文明建设,要像对待生命一样关爱海洋,"要保护海洋生态环境,着力推动海洋开发方式向循环利用型转变","要高度重视海洋生态文明建设,加强海洋环境污染防治,保护海洋生物多样性,实现海洋资源有序开发利用,为子孙后代留下一片碧海蓝天"。

四是增强海洋国防力量。强大的海上力量是海洋强国战略实施的硬实力保障,运用海上军事实力是海洋强国获取海洋利益的基本手段,也是国家海上安全、维护海权的基本保证。海防空虚,海军建设与发展落伍,是中国近代丧失国权的重要原因。面对世界百年未有之大变局,我国海洋权益仍面临着诸多挑战。以史为鉴,新时代捍卫国家主权和海权,必须要有强大的现代化的海上力量,努力建设一支强大的现代化海军,维护和捍卫国家主权、安全,维护地区稳定和世界和平,为建设海洋强国提供战略支撑,为中华民族向海图强劈波斩浪。习近平曾经多次视察人民海军,强调"在实现中华民族伟大复兴的奋斗中,建设强大的人民海军的任务从来没有像今天这样紧迫","要站在历史和时代的高度,担起建设强大的现代化海军历史重任",要进一步加强海军现代化改革转型,加强联合作战体系建设。

五是参与全球海洋治理。中国需要通过参与国际海洋事务的管理和规范,进而提升国家在全球海洋治理体系中的话语权和领导力,这是建设海洋强国的制度保障。习近平总书记指出,"我们人类居住的这个蓝色星球,不是被海洋分割成了各个孤岛,而是被海洋连结成了命运共同体,各国人民安危与共"。据此,中国在全球海洋事务领域提出了构建海洋命运共同体的理念。这一理念是中国自古以来的亲仁善仁、协和万邦精神的当代彰显,完全契合中华优秀传统文化的价值内核。实践、落实海洋命运共同体的理念,需要在中国的表率作用下将其具体化为海洋治理的"中国方案",更需要在各国的共同参与和努力下将全球海洋变成真正意义上的"和平之海、友谊之海、合作之海"。

当前,中国正面临着国际局势不断深化的百年未有之大变局,变乱交织的世界格局意味着1991年苏联解体、冷战终结以来全球化演进的世界政治大周期已经接近终结。落实好习总书记的指示、全面推进海洋强国建设,更成为中国国家利益维护和拓展的关键路径。加快海洋强国建设对维护国家主权与安全,实现新时代中国特色社会主义现代化,进而实现中华民族伟大复兴都具有重大而又深远的战略意义。

海洋强国建设一是可显著提升国家的综合国力。首先,海洋强国战略的推进,让我们拓展更加宽广的海内外蓝色发展空间,充分利用海洋渔业、海上运输、海洋旅游等产业对国家经济增长的可持续动力;其次,海洋强国战略的推进,更加推动了以创新的姿态进行自主的开发利用与管理,包括观念创新、科学技术创新、制度创新、模式创新等,提升国家在海洋科技领域的国际竞争力;再次,海洋强国战略的推进,使我国以更加开放的姿态拥抱世界、拥抱海洋,从而有利于推动中国内外经济循环的协同发展;最后,海洋强国战略通过"21世纪海上丝绸之路"倡议,将快速与沿线的国家和城市形成全方位高粘度合作,使我国在全球更广范围实现资源配置。因此,海洋强国战略对我国当代、后代社会经济长期可持续高效发展意义重大。

海洋强国建设二是可保障国家安全。中国拥有广阔的海洋领土和海域,建设海洋强国将有利于加强对海洋边界的控制,确保领土完整与海洋权益。随着全球地缘政治竞争的加剧,特别是在南海、东海等海域的争议不断升温的局势下,强大的海上军事力量将会有效提升我国对外部威胁的应对能力,从而更好地维护国家的战略自主权和发展空间。此外,强大的海军力量也能有效捍卫中国的海上运输线和航道安全,减少外部干预的风险,保障能源和物资供应的稳定,巩固国家的经济安全。

海洋强国建设三是可保护海洋生态环境,实现人海和谐。建设海洋强国的重要目标就是促进海洋生态文明,这是海洋强国之"强"的基本层面。发展海洋科技、促进海洋经济增长只是手段,而不是目的。若把手段当作目的,在海洋科技发展、海洋经济增长为谁服务上出了问题,就必然走上破坏海洋社会及内陆社会和谐正义、破坏海洋资源环境的邪路。那样的海洋科技越发展、海洋经济越增长,其破坏性和负面价值也就越大,也就越不可持续。那样的"强",显然不是我们所需要、所认同的。中国建设海洋强国要在发展海洋经济、保护海洋生物多样性、保护海洋生态环境等方面做出杰出贡献,为解决人类面临的共同海洋问题提供"中国智慧"。

海洋强国建设四是可促进国际合作与和平发展。建设海洋强国,实现海洋强国的全面内涵及其整体目标,努力塑造互利共赢、和谐共生的全球海洋新秩序。当今世界海洋发展应有的现代海洋观,不再是西方以海洋竞争、海洋霸权为主要内涵的旧有海洋观,那样的海洋观不仅在历史上给世界的多元文明带来极大破坏,而且也导致今天海洋竞争日益激化、国际争端此起彼伏、小规模乃至大规模的海洋战争危险无时不在。中国的海洋发展传统有着悠久而深厚的历史文化基础,中华民族至今一直坚守着对内和谐、对外和平的海洋发展理念。正如外交部副部长陈晓东在第五届"海洋合作与治理论坛"上的主旨演讲中所指出的:中国始终是海洋和平的坚定捍卫者、中国始终是海洋合作的积极推动者、中国始终是涉海友好交流的忠实维护者,中国参与并加强全球海洋治理是为了与各国携手共建"和平之海、友谊之海、合作之海"。中国应该也有能力、有条件在世界上倡导和建立这样的现代海洋观,为世界海洋和平做出自己的贡献。

目前我国实现海洋强国的战略目标需要应对的风险和挑战、需要解决的矛盾和问题更不容忽视。在国际层面,我国海洋强国建设面临的挑战主要有三个方面。首先,东海、台海、南海等涉海主权问题的联动。近年来,从北到南,在东海、台海、南海等地区,涉海主权事件频发,并且日渐形成联动趋势,牵一发而动全身。在东海方面,中日钓鱼岛争端以及大陆架划界等问题仍未得到妥善解决;在台海方面,尽管台湾问题纯属中国内政,但美国等部分西方国家乃至我国某些近邻国家的非法干涉,破坏了我国的稳定与发展,加之台湾民进党当局在"台独"道路上一意孤行,加剧了台海局势的紧张以及敏感;在南海方面,虽然在非法的"南海仲裁案"闹剧后,南海局势相对缓和,中国和东南亚各国关系稳步发展,但美国与部分西方国家依然试图破坏南海的和平与稳定,甚至直接粗暴干预南海局势,否定中国合理合法的主张。

其次,域外及周边国家在海洋领域的竞争,甚至局部冲突加剧。虽然我国海洋强国建设是根据自身发展的需求而行动,并提出了惠及世界人民的人类命运共同体理念。但是,我们要清醒地意识到,竞争无处不在。在海洋资源方面,随着国际海洋资源开发的加剧,特别是在南海、东海等海域,中国面临着海洋资源争夺的复杂局面,如何在保障国家权益的同时与其他国家进行有效沟通与合作,仍是难点。在海洋产业方面,我国面临着与韩国、日本等国家的竞争。在海上安全方面,国际的海上军备竞争日益激烈,中国需要加强海上防卫能力,保障国家安全。当前,中国海军力量的发展与美国谋求全球霸权的意图,使中美在海洋领域表现为对抗为主的竞争状态。在亚太地区,美国主导建立了"美日印澳"四国机制。"四国机制"的主要针对目标是中国,在此框架下,美国牵头在南海频繁组织高密度、实战性升级的各种舰机巡弋和演习的目的也是在海上与中国实施竞争。未来中国海军将在亚太地区乃至全球海洋范围内面临美国海军的挑战。建设与推进海洋强国战略相匹配,能够有效应对海上安全挑战、维护海上经济利益的海上军事力量成为历史必然。

最后,非传统海洋安全挑战凸显。尽管近年来涉海主权问题成为我国海洋强国建设的主要挑战,但非传统海洋安全挑战并没有消失且逐渐派生出新的问题。例如,日本核污染水排海问题。日本将核污染水排海是极其不负责任的行为。我国与日本是近邻,日本将核污染水排海会对我国的海洋生态以及相关海洋产业如渔业等带来巨大挑战,对周边国家与地区民众的生命健康也形成威胁。此外,海盗与武装抢劫、毒品贩运等跨国海上犯罪活动以及海平面上升、渔业资源衰竭等非传统海洋安全挑战也不容忽视。

中国的海洋强国建设面临三大挑战,对此,我们必须心明眼亮。首先,地理位置与自然环境的限制。除渤海外,我国近海均为半封闭海,黄海、东海、南海的边缘均被岛屿和半岛等岛链环绕,船只若想进入大洋,必须通过这些岛链,无法像传统海洋国家那样直接进入大洋,因此易被封锁。不仅如此,在自然资源与生态环境方面,尽管近年来我国海洋污染防治取得诸多成绩,但未来仍需持续加强海洋环境污染防治,保护海洋生物多样性,实现海洋资源有序开发利用。总之,半封闭海的地理条件以及自然资源、生态环境等方面的问题,给我国海洋强国建设带来挑战。

其次，海陆复合型国家的压力。我国是典型的海陆复合型国家，既拥有漫长的海岸线、辽阔的海域，又拥有广袤的陆地。海陆复合的地缘特征既给我国带来了诸多机遇，又使我国面临着来自海陆两方面的挑战。有的学者认为中国是海陆复合型国家，容易腹背受敌，难以成为海洋强国，只能发展有限海权；中国不太可能成为海权大国，甚至不可能成为海陆兼顾的大国，而只能定位为建设具有强大海权的陆权大国。这种观点存在商榷的空间。但我国的地缘政治特性确实决定了我国需要兼顾陆地与海洋之间、陆权与海权之间以及东部方向与西部方向之间的关系，把陆海二分转化成陆海统筹，真正发挥海陆兼备的正面效应。

最后，我国海洋强国建设的要素和能力建设仍显不足。经过多年的发展，我国海洋事业总体上进入了历史上最好的发展时期，甚至部分国家认为我国已经成为海洋强国，但我们要清楚地意识到，我国海洋强国建设依然任重道远，仍存在一定的短板。例如，海洋科技创新是海洋强国建设的根本动力，加快海洋开发进程，振兴海洋经济，关键在科技。但与发达海洋国家相比，我国海洋科技的原创性和高附加值创新成果较少，核心技术与关键共性技术"卡脖子"问题还比较突出。与此同时，海洋环境污染、过度捕捞、海洋生态系统退化等问题，亟须中国在发展海洋经济的同时加强海洋生态保护。

建设海洋强国是一项长期、艰巨、复杂的系统工程，单一的海洋强国要素并不能持续支撑海洋强国的地位，需要海洋经济、海洋科技、海洋规则、海洋文化、海军实力等综合力量的共同作用。这就要求海洋强国建设在发展海洋科技、推进海洋经济、建设强大海军、形成向海图强的风气和塑造未来海洋规则体系等各方面同时发力。中国在五千年的文明史中的绝大部分时间，都是陆地强国，并非海洋强国。郑和下西洋虽然是人类航海史的历史创举，但几乎是"惊鸿一瞥"。而15世纪末和16世纪初欧洲国家开启的大航海时代，才有效地推进了西方国家科技创新、知识创新和发展创新，并由此带动欧洲率先进入工业革命时代。今天，一个不断走向世界、改造世界和引领世界的中国，不仅要弥补中华文明从来不是海洋强国的缺陷，更需要在推进海洋强国建设的历史进程中在新时代助力中国实现民族复兴。在海洋强国建设的新征程中，我们要牢牢把握习近平总书记关于海洋强国建设重要阐释的精髓要义，深刻认识蕴含其中的理论逻辑和思想脉络，落实好习近平总书记关于建设海洋强国的系列重要论述精神,走出一条具有中国特色的海洋强国之路,为实现中华民族伟大复兴的中国梦保驾护航。

本丛书就是要在21世纪中国大国崛起和与世界的关联互动越发深刻和全面的基础上,通过深入学习和领会习总书记关于海洋强国建设的指示,从多学科、跨学科、交叉学科等学科协同的角度,结合区域国别学、国家安全学、国际关系、国际法等学科理论与方法,在创新中国自主知识体系的引领下,就海洋强国建设的理论与实践拿出系统的、持续性的、时效性的研究成果。本丛书也是南京大学国际关系学院和中国南海研究协同创新中心的重要科研创举。

最后,衷心感谢南京大学出版社和各位作者的大力支持!

朱　锋
2024年12月

序 一

2013年,南京大学中国南海研究协同创新中心入选教育部、财政部首批"2011协同创新中心",这是以国家需求为导向、以跨学科协同为特点的智库型学术研究和人才培养机构。中心成立之初,设定了涉海事务高端人才培养的任务,每年招收20名左右涉海方向的博士生。2014年张浩同志成为南海中心的首届博士生,专业方向是"南海周边国家宗教与文化"。在经略海洋和共建海上丝路的背景下,本着命运与共的理念,探寻南海周边国家悠久深切的文明交流互鉴、文化交流互动、民心交流相通,是一项尊重历史、借鉴过往、增进理解、强化认同、共创未来的工作,这一工作需要花大力气、下笨功夫,以严谨的学术理性去做。

张浩同志入学之初,我代表导师组建议他把亚洲价值观、儒家伦理、新加坡和马来西亚作为关键词,开始学习和研究计划。2016年5月,在汇报学业时,张浩提出了自费去新加坡搜集资料的想法,我当即表示同意。一个月后,他从新加坡回到国内就向我报告了在当地搜集资料的一些情况,随后又交给我一份名为"新加坡、马来西亚宗教文化资料汇编"的报告书。后来,经过争取,张浩出国的费用基本给予报销,这要特别感谢南京大学南海中心执行主任朱锋教授的关心与支持。由于前期在资料的搜集、整理及消化上做了比较充分的准备,所以张浩能在之后一年内撰写完成他的博士学位论文,并顺利通过预答辩及正式答辩等环节,最终圆满地完成了学业。

本书基于张浩博士的学位论文,以搜集到的大量一手资料为基础,系统探讨了儒家伦理在南海周边国家的传播与影响,具有较强的问题意识和现实意义。中华优秀传统文化与南海周边国家文化的交融与关联,是目前学术界较为关注的课题，作者以新加坡、马来西亚为中心，以华社、华商、文士、华校、华教、政府等为考察对象，利用常见的文献和稀见的华文碑铭、口述访谈、纪念特刊等资料，以较合理的论说架构，系统而又全面地研究了明末以来近四百年时间里儒家伦理在新马弘传的方方面面。在此基础上，作者概括了儒家伦理在新、马两地的本土化呈现出的四个特征：一、从传播群体来看，儒家伦理的在地化呈现出以日常资生事业为主、通俗教喻形态为辅的特征；二、从传播语言来看，儒家伦理的在地化呈现出多元媒介用语表达的特征；三、从传播途径来看，儒家伦理的在地化呈现出教材与课程两相配合的特征；四、从传播结果来看，儒家伦理的本土化呈现出新马国家价值观念认同融合的特征。归纳出儒家伦理在传播接受过程中的三点启示：措诸事业、有容乃大与群伦认同。总体来说，书稿的写作在哲学史、思想史、历史学、传播学、海洋文化等方面，都体现了跨学科培养与研究的要求，作为一本在新设置方向的第一篇博士学位论文基础上修改而成的专著，算是结出了一个令人欣慰的新果。这要感谢教育部、财政部和以南京大学杨忠教授为代表的南海中心管委会，以洪银兴教授、王颖院士、沈固朝教授、朱锋教授、吴士存教授、冯梁教授、华涛教授等为代表的中心事务委员会的全力支持。10年过去了，记得南海中心申报答辩时，有一群人一直忙活着、期盼着，像在产房外等待婴儿出生一般，他们是李满春、姜田、周爱群、张敬龙、宋继伟、陈刚、朱晓华、马敬、李芸等诸位同事。10年之后，张浩等博士生的学位论文的出版，也是对诸位当年辛劳的回报。

记得张浩同志在读期间，每天都能在我提供的读书室研读12小时以上；想起著名作家刘震云在一次演讲中说起的时下"最不缺的是聪明人，最缺的是笨人"的语断；再想起一个纪录片中，南海舰艇上的官兵，在海上用积攒的雨水浇灌一颗黄瓜种子，结了一根黄瓜后，切成200多片一起分享的场景。我们愿意随喜分享张浩同志博士论文正式出版的愉悦！

王月清

（南京大学哲学系教授、博士生导师）

2023年7月31日

序 二

虽"相识已久"但迄今未曾谋面的张浩博士发信给我，提出希望我能为其新著《儒家伦理在新加坡、马来西亚》（以下简称"张著"）写篇序言的时候，我当时虽稍感到惊讶，但也没有太超出意外的感觉。说感到有些许惊讶，是因为一般受委撰写序言者，大多皆为相关学术领域中的鸿儒硕学之士，而我本人显然并不在此列；至于说此事并未在我意料之外，则是由于我与张博士因共同的研究对象、研究兴趣而结成的坦诚的学术友谊。我跟张博士的相识相知肇始于对新加坡的研究：张博士为查阅文献史料远赴新加坡，在此期间新加坡南洋孔教会会长郭文龙先生把我的联络方式给了张博士，我们由此得以建立联系，其后就通过现代通信工具时不时地进行一些学术上的切磋。当拙著《新加坡儒学史》出版之后，张博士除给予毫不吝啬的赞美之外，也在第一时间直言不讳地指出其中的瑕疵。譬如，张博士认为，书中有关华校部分章节的撰述不仅"内容稍嫌单薄，分量不够厚重"，而且明显"有点临时起笔急就章"之嫌。张博士所说的的确确切中要点，因为这部分内容确实是临时起意、为凑章节完整而匆匆撰述的。通过此事，我认识到了张博士对东南亚尤其是对新加坡社会历史、文化教育的充分了解，也见识了张博士敏锐的观察力和为人开诚布公、坦坦荡荡的君子之风。

虽然中国人的出洋历史年代久远，然而一个令人颇为尴尬的问题却一直存在着：悠久的历史缺乏相应的文字记载。从事海外华人华侨问题研究的人都知道，虽然华人华侨移居海外的历史最早可以上溯至唐宋时期，但是有关海外华人社会文化状况的文献史料一直非常匮乏。出现这一状况的原因很多：首先，早期出洋的侨民大都是处于社会下层的穷苦大众，且多为文盲，自然不能寄望于他们记录下他们的苦难生活史;其次,海外华人华侨所处的大都是商业社会,富裕的商人中虽不乏通文识墨者,但在重商轻文的社会环境下,他们亦没有闲情逸致去记录下他们的经商过程;再次,作为统治者的殖民地政府,所关心的是如何更多地掠夺当地的资源与财富,才不会关注更不会记录华人华侨的生活状况;至于当时的中国政府,则由于明清以降所实施的海禁政策,移居海外的侨胞被视为"天朝弃民",官府当然就更不可能去收集、记录有关海外侨胞的史料了。

中国学者对于海外侨胞的关注,第一波浪潮应该始于晚清以降,而真正对海外华人华侨问题展开学术层面上的探讨和研究,则无疑肇始于民国。一方面是海外侨胞受到康有为维新变法和孙中山革命思想的影响,逐渐萌生了民族主义和爱国主义思想,另一方面则是海外侨胞强大的经济实力促使政府再也不能漠视他们的存在。在这种情况下,逐渐有学者开始关注并开展了对海外华人华侨问题的研究。这一时期从事华人华侨问题研究的学者,大都拥有长期的在地观察和生活经验,因而对华人华侨社会问题的调查与研究,才能做到精准、全面而扎实。其后,20世纪50年代之后国际国内政治风云的变幻,导致海外侨胞与国内的联系被人为切断,相应地,学界对海外华人华侨问题的研究也自然被迫停滞,乃至中断。一直到20世纪80年代,中国学术界才再次出现了对海外华人华侨问题研究的第二波高潮。由于中国改革开放后最先吸引到的海外投资主要为侨资,这就使得海外华人华侨问题再次成为学界关注的一个热点。与第一阶段从事海外华人华侨问题研究的学者大都拥有长期海外生活的阅历不同,这一时期从事华人华侨问题研究的多数学者则恰恰欠缺这一优势。尤其是经过几十年的隔阂,海外华人华侨所处的社会环境已与国内有了天壤之别,这极大地影响了国内学者对海外华人华侨社会全面准确的了解。因而,这一阶段的研究成果及水准似乎远不能与第一阶段的海外华人华侨研究相比。

近年来,随着改革开放力度逐步加大,越来越多的学者有机会走出国门,到各自研究的国家或地区从事调研和访学,这无疑是一个很好的现象。然而,受客观条件的制约,很多学者只能走马观花,对研究对象进行粗略的观察,很难触摸到深藏于历史文化深处的细密纹理。而在当下急于求成的功利主义社会思潮主导下,在无法全面深入了解当地社会文化历史全貌的情况下,很多学者仅凭搜集到的一丁点儿资料,就急于成文发表,其最终所呈现出来的结果就可想而知了。以笔者在新加坡工作、生活及从事研究二十多年的经验、观察和思考，发现很多国内学者对东南亚现状的了解，恐怕只能用盲人摸象来形容。

以上所谈还仅局限于海外华人华侨历史方面的研究，至于藏身于历史更深处的文化史、思想史方面的研究，则基本上可以说是付之阙如了。如今张著的面世，对传统的海外华人华侨研究来说，无疑是一个很大的突破，它超越了一般的海外华人华侨史研究，达到了思想史的深度，这对推动海外华人华侨问题研究向更深层次拓展，可以说是意义重大。张著从华人移民史开始，逐步深入海外华人华侨社会，对华社、华商、文士、华校、华教及政府等都进行了较为深入的考察，比较全面地向读者呈现出海外华人社会的全貌，这对人们从宏观上准确了解海外华人社会无疑大有裨益。另外，需要特别指出的一点就是，张著主要是在利用新马当地文献史料的基础上撰写而成的，尤其是大量利用了第一手的原始报章资料，显示出了作者锲而不舍查阅资料的毅力和严谨认真的治学态度。前文已述，研究海外华人华侨问题最欠缺的就是文献资料。笔者常有这样的感觉：前辈学者们通过他们的实地生活经验、调查研究和田野考察，形成了第一批研究成果；之后的研究者则以此为基础，又形成了"新"的研究成果；再之后，学子们再在上述基础上撰写出了"更新"的第三、第四……N批次的研究成果。就在对前辈学者们研究成果的一次次稀释过程中，海外华人华侨研究也逐渐变得失真起来，这在无形之中严重地制约并阻碍了海外华人华侨问题研究向更深层次的挖掘与发展。就此而言，在充分利用新马在地文献史料基础上撰写而成的张著一书，无疑就有着更为重要的学术价值。

笔者深信，《儒家伦理在新加坡、马来西亚》一书的出版，对完善和拓展海外华人华侨领域的研究具有重要意义，是一件值得大家记住的事。

是为序。

严春宝博士
（曲阜师范大学孔子文化研究院历史学教授、博士生导师）
2023 年 7 月 3 日于莒国故城

目 录

总　序 / 1
序　一 / 1
序　二 / 1

绪　论 / 1

第一章　南海海洋文化与海洋命运共同体 / 28
  第一节　互通有无、互利共赢的经济伙伴 / 32
  第二节　遣使互访、睦邻友好的政治友谊 / 35
  第三节　求同存异、包容互鉴的文化交流 / 40
  第四节　友爱互助、和谐共生的伦理情谊 / 48

第二章　华人移民南洋经过、原因及形态的历史考察 / 54
  第一节　历史上华人移民南洋的经过 / 56
  第二节　历史上华人移民南洋的原因 / 61
  第三节　历史上华人移民南洋的形态 / 69

小　结 / 71

第三章　早期新马华社与儒家伦理的弘传载体 / 73

第一节　庙　宇 / 74

第二节　义　冢 / 110

第三节　会　馆 / 137

第四节　宗　祠 / 158

小　结 / 174

第四章　新马华商与儒家伦理的弘传方式 / 177

第一节　个体生存伦理 / 178

第二节　家族互助伦理——庆德会 / 186

第三节　企业伦理与企业家精神 / 194

小　结 / 218

第五章　文士与儒家伦理的弘传途径 / 219

第一节　驻新领事文官创办文社 / 220

第二节　南来士绅倡建孔庙学堂 / 230

第三节　南洋儒者普及宣扬儒学 / 245

小　结 / 277

第六章　新马华校对儒家伦理的弘传与实践 / 279

第一节　早期华校与儒家伦理 / 279

第二节　校训校歌与儒家伦理 / 288

第三节　华文教材与儒家伦理 / 305

小　结 / 315

目录

第七章 马来西亚华教对儒家伦理的弘传与践行 / 317
    第一节 华教对公民权利义务观念的灌输 / 318
    第二节 华教对华文教育平等地位的争取 / 332
    第三节 华教对兴学育才观念的践行 / 361
    小　结 / 379

第八章 新加坡政府对儒家伦理的弘传与推行 / 381
    第一节 中学对伦理道德观念的灌输 / 382
    第二节 家庭对伦理道德观念的承传 / 401
    第三节 社会对伦理道德观念的弘传 / 410
    小　结 / 425

结束语　儒家伦理在新马两地的本土化特征及传播规律 / 427

参考文献 / 436

附　录 / 453

后　记 / 455

绪　论

一、选题意义

本书以"儒家伦理在新加坡、马来西亚"为题,既是为了契合国家在南海文化战略与海洋强国政策上对话语体系、价值体系、理论体系的需求,也是为了响应习近平总书记提出的"一带一路"倡议,特别是"21世纪海上丝绸之路"。本书的出版,或将促进学术界对儒家文化在南海周边国家的传播进行更为系统、更加深入的研究,进而推动中华文化的国际传播研究翻开新的历史篇章。

从个人志趣来说,以儒家伦理为选题视角,是因为在人类社会漫长的历史发展长河中,儒家文化(儒家伦理)以其刚健中正、厚重包容和历久弥新的精神特质深深地吸引了笔者,故有志于从事与之相关的学术研究与思想探索。孔子作为中国文化的继往开来者,一方面通过删诗书、定礼乐、修春秋,对他之前的三代文化进行了系统整理,孟子称之为中国文化的集大成者;另一方面,由他开创的儒家文化,其后经过曾子、子思、孟子、荀子等大儒的深度阐释,并通过与道、墨、名、法等学派的反复辩论与思想交锋,充实了自身学派的思想理论体系,至汉代董仲舒时儒学终被定为一尊,从而奠定了它在中国文化中不可撼动的支配地位。

魏晋以迄,中国人对印度佛教文化长达数个世纪的输入,成为中国文化发展史上的"一大事因缘"。印度佛教文化经过中国先哲数百年的消化吸收与融会贯通,最终在唐代形成了中国化的佛教宗派,尤其是最具中国本土化风格的新禅宗。此后,宋明儒者在"出入佛老"之后又"反诸六经",从而酝酿孕育出影响中国人精神世界达千年之久的新儒家伦理——宋明理学。

自明代中期开始,随着世界地理大发现及新航路的开辟,西方文化伴随殖民者的入侵和传教士的东来,不可避免地和东方儒家文化发生接触和碰撞。明代中后期,传教士利玛窦与徐光启等儒家士大夫之间亲切友好的文化交流,象征着这一时期基督教文化与儒家文化曾有过一段美好的蜜月期。但是,后来多方面的原因,如罗马教皇态度的傲慢、传教士传教方法的不当,他们对儒家文化和中国礼义风俗的曲解,以及当时中国统治者思想头脑的日趋保守等,导致了两种异质文化在当时很难进行平等的交流与对话,自然也就谈不上相互借鉴与相互融合。但笔者相信,随着时间的推移和社会政治经济条件的改善,以儒家文化为核心的中华文化,会以其兼收并蓄的包容精神主动吸收西方文化的精华因子并结合自身需要和时代条件进行自我转化,从而创造出一种新形态的中国特色文化价值体系。

19世纪中后期以来,随着闽粤华人的大规模南迁,儒家文化也随之移植到了被誉为世界文化"万花筒"的南洋地区。这使它有机会和异质的伊斯兰教、印度教、基督教等世界宗教文化有近距离的接触,以及开展平等的对话和广泛的交流。笔者始终相信,在南洋地区儒家文化会以其和而不同、兼容并包、日新又新的精神特质,不仅可以和以上世界宗教文化和平相处、相互沟通、相互借鉴、深入交流,也可以在此基础上发展出一种有别于中国的新形态儒家文化,从而为世界其他不同文化的交流互鉴以及世界的和平发展提供可资借鉴的思想资源。

从问题导向来说,笔者以"儒家伦理在新加坡、马来西亚"为题,"逼使"自己不得不去追问、思考和尝试解决如下重要问题:儒家伦理有哪些主要特征?儒家伦理是借助什么载体、通过什么途径、以何种方式在新马两地弘传?儒家伦理在新马两地弘传的过程中经历了哪些不同历史阶段?儒家伦理中的哪些价值观念在新马两地得到了弘传?在弘传的每个历史阶段,儒家伦理价值观念发挥了什么样的作用,又产生了怎样的意义或影响?儒家伦理对企业家精神的形成提供哪些可资借鉴的思想资源?如何把儒家伦理很好地融入新时代的国民教育体系？在新时代条件下，儒家伦理如何在理论与实践上实现自身的现代性转化及创造性发展？儒家伦理在新马两地弘传中具有什么本土化特征，又有何传播规律可循？以上这些问题既是笔者所关心的也是要着重探究的。

笔者以"儒家伦理在新加坡、马来西亚"为题，其意义主要有以下三点：

第一，从儒家文化圈的概念来说，一般指涉的是受中国传统儒家文化所影响和浸润的中国、朝鲜、韩国、日本以及越南这些国家，学者黄俊杰称之为"东亚儒学"[1]。儒学在这些国家和地区的传播过程中有着一些共同特征，如对儒学重要经典的重新诠释、以诠释某部经典而形成的学术流派、以传承儒学为己任的儒学大师以及在历史上儒学曾被尊为政治意识形态等。但是，当我们反观"东南亚儒学"[2]时，似乎因缺少"东亚儒学"的这些共同特征而显得不够学理化和学术味，自然容易被儒学研究者边缘化，因此也很少有学者从事相关学术研究。学术界在"东南亚儒学"研究上的缺场现状，诚如严春宝所说："作为华人占据多数且儒家文化具有悠久传承历史的新加坡，迄今为止却仍然没有这方面的专书问世，这实在不能不说是一个很大的缺憾。"[3]不独新加坡儒学的研究情况如此，与它毗邻的马来西亚及印度尼西亚的儒学研究也同样令人感到遗憾。就笔者所知，近十年来，国内外学者在东南亚儒学研究方面较有分量的学术成果有这样三部专著：严春宝的《新加坡儒学史》[4]，王爱平的《印度尼西亚孔教研究》[5]以及郑文泉的《马来西亚近二百年儒家学术史》[6]。笔者以"儒家伦理在新加坡、马来西亚"为选题，旨在系统而又全面地考察及分析儒家伦理在新马两地近四百年里的弘传情况，加深东南亚儒学史研究的深度，弥补儒家文化在国际传播研究上的不足。

---

[1] 黄俊杰：《东亚儒学：经典与诠释的辩证》，台湾大学出版社，2007年，第29页。
[2] "东南亚儒学"概念是由两位新马学者近年来提出的，一位是新加坡学者林纬毅，一位是马来学者郑文泉。分别参见林纬毅主编：《别起为宗：东南亚的儒学与孔教》，新加坡亚洲研究学会，2010年，前言。郑文泉：《东南亚儒学：与东亚、北美鼎足而三的新兴区域儒学论》，马来西亚孔学研究会，2010年，第60页。
[3] 严春宝：《新加坡儒家文化传承研究》，北京师范大学博士学位论文，2007年，第15页。
[4] 严春宝：《新加坡儒学史》，广西师范大学出版社，2020年。该书是作者在其博士论文《新加坡儒家文化传承研究》基础上修改完善的最终成果。
[5] 王爱平：《印度尼西亚孔教研究》，中国文史出版社，2010年。该书是其在博士论文《宗教仪式与文化传承——印度尼西亚孔教研究》基础上修订完善的最终成果。
[6] 郑文泉：《马来西亚近二百年儒家学术史》，华文出版社，2018年。

第二,通过研究儒家伦理在新马两地的弘传情况,试图弄清楚早期华社、华商、文士、华校、华教及政府,是借助什么载体、通过何种途径、以什么方式来弘传儒家伦理的,各自宣扬了儒家伦理中的哪些价值观念,各自在弘传儒家伦理过程中产生了怎样的影响及具有何种意义等,总结并归纳儒家伦理在新马两地弘传的本土化特征及规律。在新时代,这对我们如何去弘传与实践儒家伦理有着重要的启示,为如何能更好地处理传统与现代的关系提供了某种参考,也为思考儒家伦理在造就"中国气派和中国风格"的现代企业家精神方面可提供哪些思想资源,很有借鉴意义。[①] 发源于中国的儒家文化(儒家伦理),不但塑造了东亚儒学文化圈,而且在被誉为世界文化"万花筒"的东南亚地区深深地植根下来并不断获得新的发展,这足以说明儒家文化有其普适性,无疑为我们增强文化自觉、建立文化自信、树立民族自尊提供了强大的精神动力,也为构建"海洋命运共同体""人类命运共同体"提供了丰厚的思想资源。

第三,研究儒家伦理在新马两地的弘传情况,有助于我们思考儒学与宗教、政治、经济、文化等方面的相互关系,也有助于我们认识个人、家庭、族群、社会、团体、国家各自以及交互之间在弘传和宣扬价值观念方面所扮演的角色与所发挥的功能等。

二、研究对象

在正式讨论之前,笔者有必要对新马、中国文化、儒家伦理等概念做一界定和说明。

首先,从空间范围来说。将研究对象的地域圈定在新加坡和马来西亚(以下省称"新马"[②]),是因为这两地都是南海周边的国家,且自古以来就和中国保持着密切的关系。从地理上来看,新加坡、槟榔屿及马六甲等华人聚居最集中的三个商埠都同处在马来半岛。从历史上看,新加坡、槟榔屿与马六甲都曾经统属于马来王国,近代以来又曾是英殖民政府长期管辖下的三州府。

[①] 汤一介先生曾对儒家伦理与中国现代企业家精神的关系作过思考,参见汤一介:《瞩望新轴心时代——在新世纪的哲学思考》,中央编译局出版社,2014年,第93—101页。

[②] 在二战前,马来亚是指英属马来半岛,包括三州府(新加坡、槟榔屿及马六甲)、马来联邦(雪兰莪、霹雳、森美兰与彭亨)与马来属邦(吉打、玻璃、丁加奴、吉兰丹和柔佛)三区。二战后,英殖民政府将新加坡从马来亚分离出来,使其成为一个独立的政治单位,后来学术界便以新马(星马)来统称两地。如廖建裕编:《陈嘉庚、李光前与现代新马》、颜清湟:《星马华人与辛亥革命》、饶宗颐编撰:《星马华文碑刻系年》、李元瑾编:《新马华人:传统与现代的对话》等书名用语即是例证。

绪 论

在古代典籍中,三州府的名称都曾经有过不同的说法,现根据相关权威研究将其介绍于下。研究称,新加坡的古地名除石叻外,尚有皮宗、蒲罗中、莫诃信洲(即摩诃新)、多摩苌、罗越、凌牙门(又作龙牙门)、麻里予儿、单马锡、淡马锡、淡马锡门、长腰屿、星忌利玻、息力(又作昔力、昔辣)、旧柔佛、新加峡、新加坡(又作星嘉坡)。① 据饶宗颐《新加坡古事记》称,新加坡出自梵文Singapura,意为狮城。饶先生又对华文典籍中的新加坡名称异译做了统计:新甲埔、新加波、生嘉波、生架坡、新忌利坡、新加步(峡)、新奇坡、新寄坡、嘶嚻哺、新祈波、新地波、新歧坡、新嘉坡、星驾陂、星驾坡、星架坡、星格坡耳、星格伯儿、星奇坡、星加坡、新实力坡、昔力、新架坡、息辣、撒里、息竦、息力、石叻、呼叻、实力、嚪叻、嗜叻坡、寔叻、尸牙波儿及星洲。② 槟榔屿其名来自马来语槟榔果(Pinang)的音译,又作梹榔屿、槟榔士、布路槟榔、槟榔洲,另称新埠。③ 据《古代南海地名汇释》称,马六甲的古地名有:哥罗富沙、满剌加、麻六呷、麻剌甲、麻喇甲和麻六甲。④ 与之相应,三州府的华人社会分别称为新华社会(星华社会)、槟华社会、呷华社会。在以下论述中笔者也采用此类通用学术专名,不再另作说明。

其次,从时间范围来说。本书将时间跨度限定在明末(1622年)至20世纪末期(1991年),主要是基于以下三个方面的原因:一、华人移民南洋的时间虽可上溯至唐代甚或更早,但伴随移民足迹南下的儒家文化的弘传活动却没有留下相应的可靠文献记载,笔者很难去分析和考察儒家文化(儒家伦理)在此之前传播南洋地区的历史情况。二、以1622年为时间上限,主要是因为现代金石学家所搜集整理的各种新马华文碑铭金石史料基本上是以1622年之后的最为丰富,且事实上作为呷华社会领导机构的青云亭此时的文化习俗活动也基本都有记载。三、以1991年为时间下限,是因为儒家伦理曾在20世纪80年代至90年代,经过新加坡政府的大力提倡与推行,不仅在当地社会及周边地区产生过巨大影响,也引起了国际学术界对儒学研究的广泛关注。但是,

---

① 以上是柯木林根据《古代南海地名汇释》一书所检阅罗列出的新加坡古地名,见柯木林:《从龙牙门到新加坡——东西海洋文化交汇点》,社会科学文献出版社,2016年,第4—10页。
② 饶宗颐编:《新加坡古事记》,香港中文大学出版社,1994年,第xiii—xiv页。"星洲"是南洋名士和著名诗人邱菽园在1898年主编《天南新报》时,给新加坡取的雅号,一直被人们沿用到今天。
③ 陈佳荣、谢芳、陆峻岭编:《古代南海地名汇释》,中华书局,1986年,第828页。
④ 《古代南海地名汇释》,第741、744、745页。

到了 90 年代初,儒家伦理课程突然被取消以及以推动儒家伦理教学科研为主要目的的新加坡东亚哲学所"改换门庭",使得儒家伦理在新加坡的弘传和推行一度归于"沉寂"。

在这个跨度近四百年的时间范围内,儒家文化(儒家伦理)不仅先后经历过小农社会、工商社会、工业社会三种不同的经济形态,也经历过土著统治、殖民统治、联邦自治、独立建国几种不同的政治形态,同时也经历过与中国原乡佛道、民间宗教的融合,以及与本土马来宗教、印度宗教、西方基督教等几种不同形态宗教文化的交流、碰撞与融合。这对我们思考和研究儒家伦理在不同的历史时期、经济形态、政治形态以及宗教文化形态下的表现形式、弘传载体、弘传途径、弘传方式、功能作用及实践方式等都提供了一个很好的参考。

笔者按照历史上华人先后移民南洋的不同历史形态,将研究对象大致划分为如下六个阶段:第一阶段是早期华社,主要分析呷华社会、槟华社会、新华社会如何通过庙宇、义冢、会馆、宗祠等载体弘传儒家伦理;第二阶段是华商群体,主要分析新马两地华商如何以个体生存、家族互助、企业经营等方式弘传儒家伦理;第三阶段是文士群体,主要分析领事文官、南来士绅、本地绅商及南洋儒士如何通过创办文会学社、倡建孔庙学堂、编写蒙学教材、主办报刊等途径弘传儒家伦理;第四阶段是华校,主要分析华文学校如何通过校名、校训、校歌、教材等弘传与实践儒家伦理;第五阶段是马来西亚华教群体,主要论述以林连玉、沈慕羽及严元章为代表的华教元老如何通过公民观念、华文教育及兴学育才弘传与践行儒家伦理;第六阶段是新加坡政府,主要分析在政府的主导推动下,学校、家庭及社会是如何弘传与推行儒家伦理的。

对于儒家文化与中国文化、儒家伦理的关系问题,以及如何定义儒家伦理,笔者认为有必要作一概要性的讨论及术语界定工作。

谈到儒家文化与中国文化的关系问题,自然和孔子有密不可分的关联。这种联系正如历史学家柳诒徵所说:"孔子者,中国文化之中心也。无孔子则无中国文化。自孔子以前数千年之文化,赖孔子而传;自孔子以后数千年之文化,赖孔子而开。"[1]说明孔子是中国文化的承前启后或继往开来者。孔子不仅继承了他之前的三代文化,也开创了儒家思想并深远影响了他之后的中国文化。孔子之后,儒家文化经过曾子、子思、孟子、荀子等大儒的阐释以及与同

---

[1] 柳诒徵编著:《中国文化史》上册,东方出版中心,1988 年,第 23 页。

时代诸子学派的辩驳后,进一步强化了自身的学统和道统。至汉武帝时儒学定于一尊,遂成为中华文化的主流。汉末以后,中国社会人心虽长期受印度佛教文化的浸润和影响,然中国的一切风教制度、文化习俗仍以儒家文化的伦理道德为纲骨。宋代以后,即使中国社会出现三教合一、三教归一这样的思想潮流,也丝毫不能改变中国文化的伦理道德取向。此外,对于中国文化以儒家文化为核心的论断,笔者这里引用民国时期两位著名学者的观点,以兹佐证。吴宓说:"至于中国文化之内容及实质,宓认为是'以孔子的儒学为主,佛教为辅'。"①汤用彤也说:"中国文化即是儒教儒学。"②

对于中国文化的特质问题,历史学家陈寅恪有精辟的见解。他在《王观堂先生挽词》中说:"吾中国文化之定义,具于白虎通三纲六纪之说,其意义为抽象理想最高之境,犹希腊柏拉图所谓 Eidos 者。若以君臣之纲言之,君为李煜亦期之以刘秀;以朋友之纪言之,友为郦寄亦待之以鲍叔。"③陈先生"三纲六纪"之说深刻地道出中国文化的精神特质在儒家伦理,此真不刊之论。

接着,再来分析儒家文化与儒家伦理的关系。

虽然有学者认为儒家文化可以追溯至更早的周公,但对于孔子作为儒家文化真正开创者的地位基本上不持异议。④ 由孔子所开创的儒家文化,其最根本的特质就在于对人德性的阐发,其中最能体现孔子为儒家文化乃至中国文化贞定德性方向的话是:"人而不仁,如礼何? 人而不仁,如乐何?"⑤孔子的伟大贡献主要在于:他不仅将德性(仁)注入礼乐政治制度之中从而使政治经由德性的润泽而表现出超越的精神内涵,也以"为仁由己"来指点人之所以为人的本质与人的尊严高贵,就在于每个人对"仁"的自主自觉,从而将"成人"或"成德"落实到普罗大众的肩头。可见,"仁"不仅是孔子全部学说的核心思想,也是他一生所努力追求和要实现的最高理想。对此,我们也可以从以下四个方面来论证。一、从《论语》一书的思想观念聚焦来看,孔子谈论最多的就是

---

① 吴学昭:《吴宓与陈寅恪》(增补本),三联书店,2014 年,第 329 页。
② 《吴宓与陈寅恪》(增补本),第 243 页。
③ 陈寅恪:《陈寅恪集·诗集》,三联书店,2011 年,第 12 页。
④ 丁为祥认为,周公属于政治领袖式的儒家代表人物,而孔子则属于思想文化的儒家代表人物。丁为祥说:"在孔子之前就已有儒的名称。但只有从孔子开始,儒才真正成为一个标志着追求人生理想之所谓君子人格的指代,从而开启了一种自觉的人生。……孔子因此成为儒家思想创始人。"(丁为祥:《发生与诠释:儒学形成、发展之主体向度的追寻》,人民出版社,2015 年,第 188—194 页。)
⑤ 语出《论语·八佾篇》。

"仁"这一核心话题。根据杨伯峻的统计,《论语》讲仁共计 109 次。① 二、孔子在谈到精神追求和人生志向时,屡次提及仁。孔子说:"志士仁人,无求生以害仁,有杀身以成仁。"② 又,"君子无终食之间违仁,造次必于是,颠沛必于是。"③ 三、孔子与众弟子对话时也反复谈到"仁"。孔子对公西华说:"若圣与仁,则吾岂敢?"④ 又,孔子称赞颜回说:"其心三月不违仁。"⑤ 四、孟子在追述孔子思想时也说:"孔子曰:'道二,仁与不仁而已矣。'"⑥ 孔子称尧舜为圣人,亦犹孟子称孔子为圣人,然圣人作为践形的人伦典范,其入手也不外孝悌之道。⑦ 另外,从"仁"的字形构造来看,它是"二人偶",可见仁的精神至少需要在两人关系上才能有所展现和落实,这里就带出仁的培养与实践问题,同时也就回答了儒家文化的本质是伦理道德。

儒家在谈及培养仁德问题时,将起始点扎根于人自然情感的真实流露上,即仁德的养成必须从爱亲的孝悌之道开始。有子说:"孝弟也者,其为仁之本与!"⑧ 孔子说:"仁者人也,亲亲为大。"⑨ 孟子也表达了同样的看法,"孩提之童无不知爱其亲,及其长也,无不知敬其兄也。亲亲,仁也;敬长,义也"⑩。可知,儒家伦理的生长点在仁德,而仁的根基则建立在爱亲敬长的孝悌之道上。由此孝悌之道推恩扩充出去便是爱朋友、爱人类,乃至爱万物,才算是充仁尽义,才算是止于至善。这就是孟子所说的"亲亲而仁民,仁民而爱物"⑪的仁爱境界。于是,我们可说儒家文化以"明人伦"或"察人伦"为核心内容,而儒家文化的这一伦理特质其实上承三代的明伦之教。⑫

所谓"明人伦",就是儒家思想用一套道德准则来对人伦关系进行规范,使其有义理次第,从而确保社会能正常、有序、健康、和谐地运行。例如,在孔子

---

① 杨伯峻:《论语译注》,中华书局,2009 年,第 16 页。
② 语出《论语·卫灵公篇》。
③ 语出《论语·里仁篇》。
④ 语出《论语·述而篇》。
⑤ 语出《论语·雍也篇》。
⑥ 语出《孟子·离娄上》。
⑦ 孟子说:"圣人,人伦之至也。"(《孟子·离娄上》)"尧舜之道,孝弟而已矣。"(《孟子·告子下》)
⑧ 语出《论语·学而篇》。
⑨ 语出《礼记·中庸》。
⑩ 语出《孟子·尽心上》。
⑪ 语出《孟子·尽心上》。
⑫ 孟子说:"设为庠序学校以教之。庠者,养也;校者,教也;序者,射也。夏曰校,殷曰序,周曰庠;学则三代共之,皆所以明人伦也。人伦明于上,小民亲于下。"(《孟子·滕文公上》)

绪 论

的敲打和启发之下,齐景公明白了"君不君,臣不臣,父不父,子不子,虽有粟,吾得而食诸?"①这句话所暗含的道理。表面上看,孔子是希望齐景公能明白君如何有"粟可食"的道理;深层来说,句中第二个"君、臣、父、子"均指向人伦实践的最高道德标准,即君尽君道、臣尽臣道、父尽父道、子尽子道。孟子对此看得最为明白。他说:"圣人,人伦之至也。欲为君,尽君道;欲为臣,尽臣道。二者皆法尧舜而已矣。不以舜之所以事尧事君,不敬其君者也;不以尧之所以治民治民,贼其民者也。"②在精神上孟子可谓深契孔子。因为在上的君王若不能正己于先,是没有道理单方面要求在下的臣民尽忠的。只有为君的自觉尽了君道之后,为臣的自然也晓得以臣道待君。儒家理想中的君臣之道就是孟子屡屡称道的尧舜之道,因为尧舜君臣能由仁义行,而各自尽其所禀之善性。朱熹对此有极为精确的注释:"法尧舜以尽君臣之道,犹用规矩以尽方员之极,此孟子所以道性善而称尧舜也。法尧舜,则尽君臣之道而仁矣。"③可见,朱熹于千载后也能遥契孟子的精神世界,真所谓前圣后圣其揆一也。仁德作为儒家人伦道德的最高标准——"理一",在落实复杂多元的人伦实践时有不同的或具体的德性规范要求——"分疏",然而,对处于任一具体伦理关系实践中的个体来说都当充尽此"分疏"之德性。此"分疏"之德性就是全德之仁的具体体现,也是人所禀赋之性善的内在要求。儒家思想家将仁德的实践每每指向具体的人伦关系之中,正如以下儒家典籍所言:

> 君君,臣臣,父父,子子。④
> 君臣也,父子也,夫妇也,昆弟也,朋友之交也:五者天下之达道也。⑤
> 父子有亲,君臣有义,夫妇有别,长幼有序,朋友有信。⑥
> 仁之于父子也,义之于君臣也,礼之于宾主也。⑦

---

① 语出《论语·颜渊篇》。
② 语出《孟子·离娄上》。
③ 朱熹:《孟子集注》卷七,《四书章句集注》,中华书局,1983年,第277页。
④ 语出《论语·颜渊篇》。
⑤ 语出《礼记·中庸》。
⑥ 语出《孟子·滕文公上》。
⑦ 语出《孟子·尽心下》。

> 父父,子子,兄兄,弟弟,夫夫,妇妇,而家道正。①
> 父慈、子孝、兄良、弟弟、夫义、妇听、长惠、幼顺、君仁、臣忠,十者谓之人义。②

如上所言,落实于人伦实践的伦理道德,如亲、忠、信、义、礼、智、慈、孝、良、悌、惠、仁等,都是仁德在具体人伦关系中的具体要求。这种仁德的具体实践方式在于:处于人伦关系中的人当以"反求诸己"的方式各尽己之善性。故孟子说:"爱人不亲,反其仁;治人不治,反其智;礼人不答,反其敬——行有不得者皆反求诸己,其身正而天下归之。"③

汉代时,董仲舒将先秦儒家的五伦说演化为三纲说④。他说:"阳兼于阴,阴兼于阳,夫兼于妻,妻兼于夫,父兼于子,子兼于父,君兼于臣,臣兼于君。君臣、父子、夫妇之义,皆取诸阴阳之道。"⑤董仲舒以阴阳相兼来比附伦常关系,理论上虽显得有些粗糙,却能紧紧抓住儒家伦理的真精神。儒家的伦理实践指向相互之间的各尽其在己之性,而非政治权势阉割了主体精神之后的单向度三纲教条。它不仅与儒家仁的精神理想大相径庭,也是志士仁人要以"成仁取义"的大无畏精神所反对的伦理教条。

董仲舒的三纲说,经过东汉明帝时期诸位大儒的反复辩论及商议后,凝结为"三纲六纪"之说,并获得官方的认可与采纳,遂成为汉帝国在礼俗、文化、法律、伦理等各方面制度的精神标准,也奠定了儒家文化(儒家伦理)在中国文化以及中国人精神世界中的支配地位。何谓三纲六纪,《白虎通》说:

---

① 语出《周易·家人卦》。
② 语出《礼记·礼运》。
③ 语出《孟子·离娄上》。
④ 三纲说一般认为最早见于《韩非子·忠孝》,曰:"臣之所闻曰:'臣事君,子事父,妻事夫,三者顺则天下治,三者逆则天下乱。此天下之常道也,明王贤臣而弗易也。'则人主虽不肖,臣不敢侵也。"(《韩非子集解》卷二十)其实,"三纲"一词的明文首出于汉代董仲舒所著的《春秋繁露》,在该书中凡两见;一见于《深察名号》"循三纲五纪,通八端之理,忠信而博爱,敦厚而好礼,乃可谓善";一见于《基义》"王道之三纲,可求于天"。至于三纲之说的成熟完整表达则见于下文所引成书于东汉时期的《白虎通》。贺麟说:"三纲的明文,初见于汉人的《春秋繁露》及《白虎通义》等书,足见三纲说在西汉的时候才成立。"(贺麟:《文化与人生》,上海人民出版社,2011年,第62—63页。)徐复观说:"但在先秦儒家的伦理思想中,却找不出三纲的说法,而三纲说法的成立,乃在专制政治完全成熟以后的东汉,首先出现于由汉明帝御前裁决的《白虎通》。"(徐复观:《中国思想史论集》,九州出版社,2014年,第229页。)
⑤ 语出《春秋繁露·基义》。

> 三纲者,何谓也?谓君臣、父子、夫妇也。六纪者,谓诸父、兄弟、族人、诸舅、师长、朋友也。故《含文嘉》曰:"君为臣纲,父为子纲,夫为妻纲。"又曰:"敬诸父兄,六纪道行,诸舅有义,族人有序,昆弟有亲,师长有尊,朋友有旧。"何谓纲纪?纲者,张也。纪者,理也。大者为纲,小者为纪。所以张理上下,整齐人道也。人皆怀五常之性,有亲爱之心,是以纲纪为化,若罗网之有纪纲而万目张也。……君臣、父子、夫妇,六人也。所以称三纲何?一阴一阳谓之道,阳得阴而成,阴得阳而序,刚柔相配,故六人为三纲。三纲法天地人,六纪法六合。君臣法天,取象日月屈信,归功天也。父子法地,取象五行转相生也。夫妇法人,取象人合阴阳,有施化端也。六纪者,为三纲之纪者也。师长,君臣之纪也,以其皆成己也。诸父、兄弟,父子之纪也,以其有亲恩连也。诸舅、朋友,夫妇之纪也,以其皆有同志为己助也。①

从所引可知,六纪实际上是三纲的延伸和拓展。六纪是以三纲为本,故可称为人伦的常经常道;三纲六纪等伦理关系又皆以各尽其五常之性(仁义礼智信)和爱亲之心(孝悌)为本,故可称为人伦的心性基础;三纲六纪之道皆取法天地相辅相成之义,不自居其功,故可称之为人伦的形上根据。此后,宋明诸大儒在"出入佛老"而后又"返诸六经"的造道工作中,将儒家伦理提升到天理天良的本体高度,使儒家伦理在中国文化中的支配地位变得更加稳固。

至此,我们可以说中国文化是以儒家文化为核心的文化系统,而伦理又是儒家文化的主要内容,道德则是伦理的精神所在。因此,人伦道德就是中国文化的特质所在。李存山认为,"儒家重视道德,重视人伦,正是中国文化的特点"。② 所以,无人伦观念则儒家思想无从表现,无道德精神则人伦也就不成其为人伦。③ 对于它们的关系,可以这样说,儒家伦理是儒家文化的骨架,而儒家道德又是儒家伦理的灵魂。

以上,我们在讨论儒家文化与儒家伦理的关系时指出"明人伦",这是儒家

---

① 语出《白虎通·三纲六纪》。
② 李存山:《三说"为父绝君"——兼论人伦之道"造端乎夫妇"》,载蔡德麟、景海峰主编:《全球化时代的儒家伦理》,清华大学出版社,2007年,第159页。
③ 《周易·序卦》:"有天地然后有万物,有万物然后有男女,有男女然后有夫妇,有夫妇然后有父子,有父子然后有君臣,有君臣然后有上下,有上下然后礼义有所错。"

文化的核心内容,而儒家伦理的逻辑起点在于爱亲的孝悌之道,其终极目的则在于"成仁"或"止于至善"。以下,再来阐述儒家伦理的几个重要特征。

第一,实践性特征。总体来说,儒家伦理是一套教人做人的学问,即如何成人、君子、志士、仁人、圣贤等,是一种突出躬行实践而非偏爱理论思辨的思想文化形态。如孔子谓之"躬行君子",孟子谓之"践形尽性"。陆九渊对儒家伦理的实践品格有极为精辟的见地,他说:"若某则不识一字,亦须还我堂堂地做个人。"①因此可以说,儒学是一种以做人为根本的伦理道德实践学说。正如杜维明所说,就抽象的哲学讨论的意义而言,儒学不是哲学,而是实践的伦理,一种生活方式。②

第二,超越性特征。儒家虽然说"爱由亲始",但并不意味着儒家的爱是偏狭的。因为爱可经由家庭之中父慈子孝、兄友弟恭的反复演练与躬行实践,培养出超越"天伦爱"的"朋友爱""人类爱",乃至"宇宙爱"的普爱精神,通过此种超越精神,儒家将爱的情谊逐层向外推扩到家庭关系以外的师友、同事、邻里、社群、国家、世界等其他一切人伦关系中去,从而让爱能够充满天下,感通人心,臻于至善之境。此即孔子说的"己欲立而立人,己欲达而达人",《大学》所谓的"止于至善",而孟子所言的"推恩足以保四海""达则兼善天下"又是对前两者的高度发挥和深度诠释。③

第三,内省性特征。儒家伦理的超越性特征建基在深度的内省性格之上。此即孔子说的"内自省""内自讼",曾子说的"三省吾身",子思说的"反求诸其身",孟子说的"反身而诚""反求诸己",《周易》说的"反身修德"。儒家伦理这种内在超越的性格特征,在孟子"尽心→知性→知天"或"存心→养性→事天"的修身思想里表现得最为突出。④ 其实,孟子这一思想的直接来源是《中庸》。徐复观以《中庸》为例,对儒家思想的内在超越性格做了精辟的阐释。他说:

---

① 陆九渊:《陆九渊集》,中华书局,1980年,第447页。
② 杜维明:《新加坡的挑战:新儒家伦理与企业精神》,三联书店,2013年,第127页。其实,梁漱溟先生先于杜维明提出这一观点。他说:"孔门之学贵践履实修,那是一种生活。"见梁培恕:《中国最后一个大儒:记父亲梁漱溟》,江苏文艺出版社,2012年,第406页。
③ 孟子说:"老吾老以及人之老,幼吾幼以及人之幼。天下可运于掌。诗云:'刑于寡妻,至于兄弟,以御于家邦。'言举斯心加诸彼而已。故推恩足以保四海,不推恩无以保妻子。"(《孟子·梁惠王上》)又说:"古之人,得志,泽加于民;不得志,修身见于世。穷则独善其身,达则兼善天下。"(《孟子·尽心上》)
④ 其实孟子这一思想是对子思"天命之谓性,率性之谓道,修道之谓教"的继承,两人表达的形式虽略有不同,但本质上并无不同。

绪 论

《中庸》说"率性之谓道",乃指出道即系每人的内在的性;有是人,必有是性;有是性,必有是道。所以下面接着说"道也者,不可须臾离也,可离非道也",以见人不能自外于性,即不能自外于道,而道乃真正在人身上生了根。故必由道德的内在性,而后始可言道之"不可须臾离",而后人对道德乃有真正之保证。

然若仅指出道德之内在性,固可显见道与各个人之必然关系,但并不能显见人与人,及人与物之共同关系。人我及人物之共同关系不显,则性仅能成为孤明自照,或仅成为一生理之存在,而道德之普遍性不能成立,于是所谓道德之必然性,亦成为无意义的东西。所以《中庸》在"率性之谓道"的上面,要追溯出一个"天命之谓性"。天的本身即是普遍的具体化,因此,由天所命之性,也是人我及人物所共有,而成为具体的普遍。作为道德根源之性,既系内在于每一个人的生命之中,而有其主宰性、有其必然性,同时又超越于个人生命之上,而有其共同性、有其普遍性。人性因为具备这两重性格,才可以作道德的根源。[①]

第四,层次性特征。从"爱人"所要追求的理想境界来说,儒家的仁爱观念与基督教的博爱之说并无多大差异,但在爱人的具体实践方式上两者确有显著差别。基督教义宣扬无差别的"爱人如己",甚至去爱仇敌,这确实彰显了基督之爱的博大,但它显然也低估了人伦实践中爱人的困难程度。[②] 因为在儒

[①] 徐复观:《学术与政治之间》,九州出版社,2014年,第383页。
[②] 《新约全书·马太福音》第五章"论爱仇敌":"只是我要告诉你们,不要与恶人作对。有人打你的右脸,连左脸也转过来由他打。……只是我要告诉你们,要爱你们的仇敌,为那逼迫你们的祷告。"《新约·马太福音》第二十二章"最大的诫命":"耶稣说:'你要尽心、尽性、尽意爱主——你的神。这是诫命中的第一,且是最大的。其次也相仿,就是要爱人如己。这两条诫命是律法和先知一切道理的总纲'。"

13

家看来,"爱"的伦理实践是有层次或等差的①,这是因为儒家深刻地洞察到爱人的困难程度。毋宁说,儒家的高明之处正在于它为仁爱的培养找准了实践的基石和动力源——家庭人伦——爱父母兄姐的孝悌之道。经由家庭中"亲亲"孝悌之道的反复演练与不断实践,才能渐次培养出"仁民"乃至"爱物"的无限仁爱精神,这个过程是合理且坚实的。

最后,结合上述讨论可以给儒家伦理下一定义。笔者认为,儒家伦理是儒家基于人的真实情感与善性所阐发出来的一套为人处世的价值系统。这一套价值系统以五伦为其主要实践内容,以五常德为其精神内核,以成仁或止于至善为其道德理想;它为人类指出了实现完美人格的修养路径和处理人际关系的道德准则;它有助于人类建立正确的人生观和价值观,通过修养自己、造福人群,使人类的生活变得有意义和有价值。这套价值系统最初是由孔子、孟子所建立,后来经过历朝历代儒家思想家的继承与阐扬,流传到今天。它不仅成为中国文化的核心价值系统,也已成为东亚、东南亚的一个重要文化传统,同时也构成世界文化的重要组成部分。

---

① 贺麟不仅对儒家"等差之爱"的意义及不足之处有深刻的认知,而且有会通儒家等差之爱与基督教博爱的努力。他说:"从现在看来,爱有差等,乃是普通的心理事实,也就是很自然的正常的情绪。……非等差之爱,足以危害五伦之正常发展者,大约不外三途:一、兼爱,不分亲疏贵贱,一律平等相爱。二、专爱,专爱自己谓之自私,专爱女子谓之沉溺,专爱外物谓之玩物丧志。三、躐等之爱,如不爱家人,而爱邻居,不爱邻居,而爱路人。……而等差之爱不单是有心理的基础,而且似乎也有道谊或絜矩之道作根据。持等差爱说的人,也并不是不普爱众人,不过他注重一个'推'字,要推己及人。……话虽如此说,我仍愿对等差之爱的观念,提出两条重要的补充。第一就是等差之爱之为自然的心理情绪言,实有三种不同的决定爱之等差的标准。一是以亲属关系为准之等差爱,此即儒家所提出以维系五伦的说法。一是以物为准之等差爱。外物之引诱力有大小,外物本身的价值亦有高下,而我们爱物的情绪也随之有差等。一是以知识或以精神的契合为准之等差爱。……故后两种等差之爱亦是值得注意、不可忽略的事实,且亦有可以补充并校正单重视亲属关系的等差之爱的地方。……第二条须得补充的地方,就是普爱说,或爱仇敌之说,若加以善意理解,确含深意,且有与合理的等差爱之说不相违背的地方。……此种普爱,一方面可以扶助善人,鼓舞善人,一方面可以感化恶人于无形。普爱观念的最极端的表现,见于耶稣'无敌恶''爱仇敌'的教训。……凡彼爱仇敌之教的人,大都是站在宗教的精神修养的观点来说。因为最伟大的征服是精神的征服,而真正的最后的胜利必是精神的胜利。唯有具有爱仇敌的襟怀的人方能取得精神的征服或胜利。……盖必须襟怀广大、度量宽宏的人,方能爱仇敌,方能赢得精神的征服。所以普爱似乎不是可望一般人实行的道德命令,而是集义集德所达到的一种精神境界,大概先乎实地从等差之爱着手,推广推充,有了老安少怀,己饥己溺,泯除小己恩德的胸襟,就是普爱或至少距普爱的理想不远了。"参见贺麟:《文化与人生》,上海人民出版社,2011年,第59—62页。

三、研究现状

截至目前，很少见到国内外学术界对儒家伦理在新马两地的弘传这一课题展开过整体性和系统性研究。以往成果较多关注的是儒家文化与新马两地现代化关系，以及儒学在国际社会传播的大致影响。前者包含了儒家文化（儒家伦理）与亚洲经济奇迹的关系，以及儒家文化与新（马）现代文明的关系两个子问题；后者实际上属于概述式的粗略介绍，还谈不上深入研究。当然，在上述众多成果之中也能发现两三种对本课题做过较深入思考且颇具分量的学术专著。

20世纪60至80年代，东亚经济的奇迹崛起以及新加坡在国内高调推行儒家伦理，引起国内外学者思考儒家文化（儒家伦理）与新马两地现代化关系问题的兴趣，结果就是与之相应的成果如专著、编著、专题论文大量出现，可以说这样的研究方兴未艾。

首先，述评大陆学术界的研究现状。以专著形式就儒家文化与新加坡现代化的关系问题做过研究的有两本专著：一本是王文钦著《新加坡与儒家文化》（苏州大学出版社，1995年），另一本是马志刚著《新兴工业与儒家文化——新加坡道路及发展模式》（时事出版社，1996年）。前者认为，新加坡发展模式的成功主要得益于儒家传统文化；后者在观点上与前者正好相反，认为新加坡经济的成功基本上受益于西方文化的影响。虽说两本著作有点唱对台戏的味道，但对于进一步思考（新加坡）现代化是否就是西化，以及现代化过程中传统儒家文化到底起何种作用不无裨益。严谨地讲，王著由于未能充分掌握一手文献且过多采用二、三手资料，书中有不少疏漏之处，对此已有学者明确指正[1]，笔者这里就无需赘述了。

以论文形式针对儒家文化与新加坡现代化关系问题展开论述的成果相对来说较多。以其发表的先后顺序介绍如下：陈俊民的《对新加坡推行儒家伦理的文化考察》（载《江淮论坛》1988年第3期），李书有的《儒家文化与新加坡现代文明》（载《北京社会科学》1994年第1期），贺对达的《儒家学说与新加坡的精神文明建设》（载《云南学术探索》1994年第6期），吴蓉的《新加坡"五大共同价值观"文化历史基础寻绎》（载《学术探索》1999年第6期），张焱宇的《新

---

[1] 《新加坡儒学史》，第17—21页。

加坡现代文化与儒家文化》(载《外向经济》1996年第1期),陈百强的《新加坡成功吸收和利用儒家思想的经验和启示》(载《中共山西省委党校学报》2000年第1期),罗传芳的《儒家传统与新加坡发展模式》(载《哲学研究》2002年第6期),王勇辉的《儒家文化与东南亚经济模式》(载《东南亚》2003年第1期),刘宗贤的《新、马模式:意识形态化的儒学》(载《文史哲》2003年第4期),王赛的《儒家思想对新加坡当代伦理思想的影响》(载《经济与社会发展》2005年第5期),龚群的《新加坡的道德价值取向》(载《上海师范大学学报:哲社版》2006年第5期),郝宏桂的《"文化价值"重建与新加坡的现代化》(载《学术论坛》2006年第6期),徐晓望的《论儒学价值观与东南亚华人社会》(载《中共福建省委党校学报》2008年第2期),李广义的《论儒家伦理对新加坡的影响》(载《东南亚纵横》2008年第9期),向海英的《动力还是助力:儒家传统文化与新加坡的现代化》(载《东南亚研究》2011年第3期),曾长秋、胡佳的《儒学文化滋润核心价值观教育——对新加坡儒学教育的观察》(载《中国德育》2012年第12期),水仙的《儒家思想在新加坡社会的体现》(浙江大学2012年硕士学位论文)。以上论文或从新加坡精神文明建设,或从新加坡伦理道德教育,或从新加坡经济发展模式等角度,探讨了传统儒家文化在新加坡现代化过程中的角色、地位、作用、影响及意义等问题,其中有些论文的见解还是很深刻的,对笔者的写作颇有启发。

  以编著形式就儒学在国际(新加坡部分)社会的传播及影响作学术探讨的成果主要有以下两种:一是姜林祥编著的《儒学在国外的传播与影响》(齐鲁书社,2004年)第四章"儒学在新加坡的传播与影响";一是朱仁夫等合著的《儒学国际传播》(中国社会科学出版社,2004年)第四章"儒学传播新加坡"。两书的共同特点是,以较短的篇幅对儒学在新加坡两百年的传播及影响做了简略的勾勒与介绍,只能算是此项课题的初步研究成果。

  与著作类成果凤毛麟角的现状相较,这方面的科研论文倒可说是汗牛充栋。其中,论及儒学在新马两地传播或传承的论文,以其发表时间先后有以下成果值得介绍:冯增铨的《儒学在新加坡》(载《孔子研究》1986年第1期),艾菲的《儒家伦理与新加坡社会》(载《南京大学学报》1987年第1期),王文钦的《新加坡儒家文化三特征》(载《社会学研究》1996年第4期),张亚群的《儒学文化在东南亚的传播、演化及其前景展望》(载《华侨大学学报(哲学社会科学版)》1997年第2期),朱仁夫的《儒学传播新加坡两百年》(载《云梦学刊》2003

绪　论

年第 6 期），孙士谷的《新加坡儒学的复兴运动》（南京大学 2003 年硕士学位论文），徐川的《论新加坡儒学复兴运动与当代儒学传播》（华东师范大学 2008 年硕士学位论文），李奎的《早期新加坡文社与儒学传播探析——以新加坡汉文报刊为中心》（载《东南亚研究》2014 年第 3 期），高伟浓、程露晞的《晚清时期儒学在新加坡的传播与变革》（载《东南亚纵横》，2014 年第 5 期），范正义的《试述儒学在新马华侨群体中传承的三个阶段》（收于《东南亚宗教研究报告：东南亚宗教的转型与创新》，中国社会科学出版社，2016 年），黄璟雯的《论沈慕羽的儒家实践智慧》（华侨大学 2017 年硕士学位论文）。以上成果都以单篇论文的形式大致勾勒出儒学在新（马）传播或传承的某一阶段、途径及特征等情况，从而为笔者继续深入且系统性地考察这一课题做了学术铺垫。

　　特别值得一提的是，严春宝博士的《新加坡儒家文化传承研究》[①]（北京师范大学 2007 年博士学位论文）是目前国内仅有的一篇较为系统研究儒家文化在新加坡传播的力作，一定程度上填补了国内学术界在该领域的空白，其开创性的学术贡献不容抹杀。我们在肯定作者研究贡献的同时，也需客观严谨地指出其研究上的些微不足之处。这里以其已出版的著作《新加坡儒学史》为例来做说明。在该项课题研究上，严著虽尽心竭力搜集了大量原始资料，但仍不免有重要原始资料遗漏，如新马华文碑铭碑刻等金石资料、华人企业家的口述资料、华校纪念特刊资料等，这导致作者在部分章节的写作上，或内容稍嫌单薄，或分量不够厚重。比如该书第三章第八节"华校兴盛与儒学传播的相互作用"，虽认可华校在传承和维护传统文化过程中所发挥的支柱作用，但在论述时颇有些临时起笔急就章的意思。再如第五章第三节对持续十年之久的"儒家伦理"教育更多是对课程的开设背景、课程之先天不足、儒学专家所面对的问题、课程开设的过程、终结及评价等外围活动进行叙述，没有将重点放在更本质的"儒家伦理在新加坡的推行与实践"问题上。此外，严著关于早期华社、华商对儒家伦理在新加坡的传播所作的贡献，似乎付之阙如，有些美中不足。另外，严春宝博士所著的《他乡的圣人：林文庆的儒学思想》，既系统阐发了南洋儒者林文庆儒家伦理体系的学术价值，"也在一定程度上恢复了林文庆在新

[①] 严春宝这篇博士学位论文经过十三年的修改、增补，最终以"新加坡儒学史"为题，于 2020 年在广西师范大学出版社出版发行。

加坡儒学史上应有的地位"①。

与学术界对儒家文化与新加坡现代化关系的课题给予较多关注的情形相比,对儒家伦理与南洋华商关系的关注与研究明显不足。从目前论文检索的结果来看,这方面的学术论文仅有潘亚暾的《南洋儒商文化》(载《华侨华人历史研究》1995年第4期)一文,论述了南洋儒商文化的中国文化渊源,以及儒商的结合与追求,指出儒商文化的核心是人,从尊重人开始。与此相同的是,学者对儒家文化与南洋民间宗教的关系似乎兴趣不大,因此相应的成果也相对较少。目前能检索出的论文有如下数篇:高伟浓、陈华的《近现代孔教会在东南亚华人社会中的改造与变异——新加坡、马来西亚和印尼孔教会的个案分析》(载《东南亚纵横》2012年第8期),王志跃的《德教概念的儒学意蕴》(载《世界宗教研究》2002年第3期),文南飞的《新加坡实得力孔教会研究(1914—1941)》(厦门大学硕士学位论文2010年)。以上几篇论文侧重讨论了新(马)两地民间宗教,如德教、孔教会在教义、礼仪方面对儒家文化的吸纳情况。

其次,述评港台学者这方面的研究现状。港台作为现代新儒学的研究重镇,对儒家伦理在新马两地的传播研究却着墨不多。由于其研究兴趣在于心性层面的理论建构,也由于新马两地儒学形态的民间化、通俗性性质,港台学者在该课题的研究上成果不彰。就目前所能检索到的资料来看,仅找到专著一种和论文一篇。戴琏璋的《儒学与新加坡》(新加坡东亚哲学研究所1987年)一书,共分四个部分,其中前两部分是"儒家思想与工商社会"和"生命的学问与新加坡精神",对儒家思想尤其是世俗化的儒家伦理教养在工商化的新加坡社会发挥的功用,从学理层面做了简要探讨。卓福安的《80年代新加坡推行儒家伦理课程之因果分析》(载《应华学报》2010年第7期)一文,主要探讨了20世纪80年代新加坡中学儒家伦理课程的内容设计与华人传统价值和现代多元种族社会融合之间的关系。

再次,述评国外学者的研究现状。与国内学者相比,国外学者尤其是新马学者,对儒家伦理在新马两地的传播研究上更显便利,精力上也投入较多,相应的学术成果也较为可观。但令人遗憾的是,本地学者迟至今日也没出现过

---

① 张浩:《新加坡儒学研究的首部通史之作——评严春宝〈新加坡儒学史〉》,《国际儒学》(中英文)2022年第1期。

绪　论

系统性考察儒家文化在新马两地传播或本地儒学史的专著。①

就新加坡学者而论,以专著形式来梳理或考察儒家思想在新马两地传播及其影响的成果主要有:梁元生的《宣尼浮海到南洲:儒家思想与早期新加坡华人社会史料汇编》(香港中文大学出版,1995年)一书,以儒家文化与新加坡华人社会之关系为中心课题,搜集整理了儒学在早期新加坡华人社会传播与普及等方面的中文报刊资料,为笔者重构儒家伦理在早期新马华社以及本地文士阶层中的弘传情况提供了翔实的一手研究资料。该书美中不足之处是,它没有搜集到文士阶层代表人物林文庆以英文形式发表在《海峡华人杂志》上的有关儒家伦理的重要文章。在本地学者对该课题的研究中,要数李元瑾的学术成果最多也最具分量。《林文庆的思想——中西文化的汇流与矛盾》(新加坡亚洲研究学会,1991年)和《东西文化的撞击与新华知识分子的三种回应:邱菽园、林文庆、宋旺相的比较研究》(新加坡国立大学中文系、八方文化企业公司联合出版,2001年)两部著作,称得上是本土学者在这方面的经典之作。前一书是李氏的硕士论文修订稿,在该书第三章"林文庆的儒家思想"中,作者从伦理、宗教、政治、教育四个方面论述了林文庆对儒家思想的理解和推行问题。后一书是其博士论文修订稿,采用历史学的研究方法,从文化政治的认同角度出发,对东西方文化撞击下的三位新加坡华人知识分子(林文庆、邱菽园、宋旺相)做了社会归属、文化取向、政治认同三方面的比较研究。从研究内容来看,该书可以说只有在论"文化取向"方面才涉及一些林文庆、邱菽园的儒学思想,这项研究显然对于考察整个文士群体在弘传与推动儒家伦理方面的贡献及影响上,既显得太过单薄和不够分量,也显得不够深入和不够全面。

就马来学者而言,目前为止以著作形式探究儒家伦理在新马两地传播的成果仅有如下三种:曾庆豹的《从传统寻找现代性:儒学与马来西亚华人社会》(十方出版社,1993年)一书,以及郑文泉的《东南亚儒学:与东亚、北美鼎足而三的新兴区域儒学论》(马来西亚孔学研究会出版,2010年)、《马来西亚近二百年儒家学术史》(华文出版社,2018年)。曾氏以儒学与马来西亚华人社会之关系为论题,以儒学建构大马华人的价值观、人性论、道德伦理为线索来寻找儒学的现代性。郑氏前一书,从20世纪新马印华人各自所处的社会生存处

---

① 笔者后得知马来西亚学者郑文泉应国内学者张立文教授之邀,于2018年年初在北京华文出版社出版了题为"马来西亚近二百年儒家学术史"的专著。现补记于此。

境出发，不仅提出了独具特色的社会思想史意义上的"东南亚儒学"概念，也对这三国儒学思想各自生成的不同特点与社会意义进行了分析与总结，其学术贡献是值得肯定的。不过，也应意识到其宏观研究的视角对于揭示儒家伦理在新马两地弘传的阶段、载体、途径、方式、特征、规律等显得不够理想。郑氏后一书，采取传统经史子集的学术框架，较好地呈现出马来西亚儒学的整体形势，并认为本地区的儒学形态基本上是民间意义上的学术传统与现象。该书作为第一部学术史意义的马来西亚儒学专著，学术价值自不待言。但作者所采用的经史子集学术框架是否能将反映马来西亚儒学史的一手资料都搜罗进去，是值得怀疑的，又是否能客观地呈现儒家文化在马来西亚传播的历史面貌，恐怕这些问题都还有待商榷。

另外，新马学者以论文形式发表的关于儒学在新马两地的演变、流传及影响的学术成果为数也不少，大致可归纳为以下五类：

第一类是本土学者对儒学在新马两地的承传历史和发展阶段的具体分析。先来介绍新加坡学者的研究成果，按发表的时间先后主要有：林徐典的《从文化教育发展的角度看东方传统在新加坡今后的演变》（新加坡国立大学中文系学术论文，1986年），李元瑾的《新马儒教运动(1894—1911)的现代意义：以1980年代新加坡儒学运动验证之》（收于《南大学人》，2001年），陈荣照的《儒学在新加坡的传承和发展》（收于《儒学与世界文明》，2003年），梁元生的《新加坡儒学：起源、发展、特征与评价》（收于《当代儒学的发展方向：当代儒学国际学术研讨会论文集》，2005年），周兆呈的《漫画：儒学在新加坡弘传的另类方式》（收于《儒家思想在世界的弘传与发展国际学术研讨会论文集》，2005年），张静的《从林文庆儒教认同的思想形成再探新马儒教运动(1894—1911)的性质》（载《台湾东南亚学刊》2009年第6卷2期），颜清湟的《1899—1911年新加坡和马来西亚的孔教复兴运动》、李元瑾的《从新加坡两次儒学发展高潮检视中国、新加坡、东南亚之间的文化互动》、苏新鋈的《儒家思想近十五年在新加坡的流传(1982—1997)》、林纬毅的《新加坡儒学在体制内的流传》、徐李颖的《从花果飘零到香火鼎盛——新加坡儒教在民间发展的三种模式》（收于《别起为宗：东南亚的儒学与孔教》，2010年）。以上论文，有从历史上两次儒学运动来考察儒学在新马两地传播情形的，如李文、颜文、陈文、梁文及张文；有从某个时间节点来论述儒学在新加坡传播情况的，如苏文和林文；有从具体视角来探讨东方文化(儒家文化)在新加坡历史上的承续及演变情况的,也有从民间宗教、漫画来分析儒学在新加坡社会的传播方式的,如徐文、周文。

再来介绍马来学者的研究成果,按发表的时间先后主要有:陈徽治的《马来西亚儒学研究之回顾与前瞻》(收于《庆贺傅吾康教授八秩晋六荣庆学术文集》,2000年),黄文斌的《论21世纪初马来西亚儒学运动的问题与意义》(收于《儒家思想在世界的弘传与发展国际学术研讨会论文集》,2005年),陈徽治、林素珍的《近十年来马来西亚之儒学研究(1996—2005)——兼论文教团体对儒学发展之贡献》(载《南方学院学报》2006年第2期),郑良树的《论儒家文化在新马的开发和运用》[收于《马来西亚、新加坡社会变迁四十年(1965—2005)》,2006年],黄文斌的《儒学运动:马来西亚的个案研究(1982—2006)》(收于《别起为宗:东南亚的儒学与孔教》,2010年)。在以上论文中,陈氏两文介绍了近百年来,尤其是1996年至2005年这段时间内,马来西亚民间文教团体在推动儒学传播和发展方面所做出的贡献;黄氏两文探讨了马来西亚1982年至2006年三次较大型儒学运动各自的特点,指出马来西亚儒学运动的意义在于马华社会若要走出民族所面临的诸种困境,除了伦理道德的基本层面,儒学运动必须从民族意识与文化自觉的角度来打造社会的文化资本;郑文指出海外华人移民不仅以其所受的儒家文化开辟了新马两地,也在这两地建立起若干文化的传播站,但又认为儒家文化中细致的、精湛的及高深的学问还没有完全移植过来并被开发和运用。

第二类是本土学者对新加坡政府在中学推行儒家伦理的社会背景、社会条件以及教学效果的分析与探讨。这方面的成果主要有:郭振羽的《新加坡推广儒家伦理的社会背景和社会条件》、刘蕙霞的《怎样编写与教导"儒家伦理"——新加坡的经验》(收于《儒学国际学术讨论会论文集》,1989年),刘蕙霞的《儒家伦理课程给我们的启示》(收于《刘蕙霞论文集》,1997年),刘慧慧的《国外儒家学者在新加坡推动儒家思想的报章言论分析(1982—1986)》(新加坡国立大学中文系,2000年),刘蕙霞的《新加坡儒家伦理课程结束后的省思》(收于《儒学与新世纪的人类社会国际学术会议论文选集》,2004年),梁秉赋的《新加坡的〈儒家伦理〉教材》(载于《国际儒学》2021年第2期)。

第三类是本土学者对儒家思想与新马两地现代化关系的探讨。具体来说,有从儒家思想与经济发展关系来做分析的,如李焯然的《儒家思想与东亚经济发展——新加坡的个案探讨》(收于《儒学与现代化——儒学及其现代意义国际学术研讨会论文集》,1994年),钟玉莲的《儒家思想与现代化——以马来西亚为例》(收于《儒学与廿一世纪:纪念孔子诞辰2545周年暨国际儒学讨论会会议文集》,1996年),李焯然的《儒家思想与新加坡》(收于《儒家思想在现代东亚:韩国与东南亚篇》,2001年);有从儒家思想与现代政治关系层面来分析的,如钟志邦的《儒家思想与新加坡治国之道》(收于《第一届台湾儒学研究国际学术研讨会论文集》,1997年),黄文斌的《论儒家思想与马来西亚华人政治》(收于《中马关系与马来西亚华人研究国际学术研讨会论文集》,2013年);有从儒家思想与国民道德教育关系来做阐述的,如王永炳的《儒学与21世纪的新加坡家庭价值观》(收于《儒学与廿一世纪:纪念孔子诞辰2545周年暨国际儒学讨论会会议文集》,1996年),王力坚的《华语运动与推广儒家思想》(收于《新加坡客家会馆与文化研究》,2012年),李焯然的《儒家童蒙教育的现代价值——从〈弟子规〉在新加坡的推广说起》《儒学的普世价值与国民教育——新加坡的经验》(收于《中心与边缘——东亚文明的互动与传播》,2015年)。

第四类是本土学者对儒学与新马两地民间社团关系的考察。比如陈启生的《海外儒学发展前瞻——以马来西亚孔学研究会为例》(收于《儒学的当代发展与未来前瞻:第十届当代新儒学国际学术会议论文集》,2013年)一文,主要探讨了作为大马华社民间学术社团孔教会在推动和普及儒家文化方面所作的贡献;比如李焯然的《儒家礼仪的道教化——新加坡庙宇的祭孔活动》(收于《中心与边缘——东亚文明的互动与传播》,2015年)一文,探讨了新加坡道教庙宇祭孔活动"道教化"的整个过程,指出这种从下而生的"民间儒教"("大众儒教")或许将是儒学在脱离政府的支持后在此地的另一种存在方式;比如黄贤强的《客家人与槟榔屿的华教和孔教》一文(收于《东亚客家文化圈中的儒学与教育:比较的视野》,2012年)和陈琬琳的《从〈槟城新报〉看槟城孔教》(1899—1936)(收于《2012年第一届马来西亚华人研究双年会论文集》,2013年)两篇论文,以槟华社会的华教团体为例探究了华文教育与儒学教育的关系。

第五类是本土学者对儒家思想与现代企业家精神的探讨。比如陈国贲与张齐娥的《儒家价值观、移民海外与华侨企业精神》(收于《儒学与现代化——儒学及其现代意义国际学术研讨会论文集》,1994年)一文,研究了儒家价值观与移民和华侨企业家之间的关系,认为移民企业家一致看重自制、节俭、勤奋、忠信和好学这五个儒家价值观。比如,颜清湟的《儒家传统与东亚和东南亚的海外华人商业》(收于《南大学人》,2001年)一文,对海外华人社会与儒家价值的关系做了较为详细的探讨。再如,李焯然的《儒家思想与海外华人社会》(收于《中心与边缘——东亚文明的互动与传播》,2015年)一文,以量化实证研究方法探讨了华人价值观对海外华人企业所产生的影响。此外,本土学者中也有从纯学理层面,对儒学与世界各大宗教之间的对话与交流展开探究的。例如,李焯然的《文明的接触与协调:儒家思想与回教价值观》(收于《儒学与世界文明》,2003年)。

新马学者之外的国外研究成果,当下仅发现一篇法国汉学家的论文。苏尔梦、龙巴尔的《南洋群岛华人之儒家学说及改良主义思想(19世纪末—20世纪初)》(《法国汉学》第4辑,1999年)一文,在分析这一时期南洋儒学的情形时引用了大量翔实可靠的一手资料值得重视,但作者认为儒学在南洋传播的历史最早仅能追溯至1885年,这样的说法显然是不正确的。根据华文碑刻资料,本书认为儒学在1622年时已有传播南洋的可靠证据。

总的来看,国内学术界的研究现状具有这样的特点:重视儒家文化与新马现代化关系问题,轻视对两地原始资料的搜集与整理,故在评估两者关系时常常陷于臆想而不够客观,所谓知往方能鉴来,最根本的原因还在于无法接触到一手资料。国外学者尤其是新马本土学者的兴趣始终在海外华人华侨历史及相关田野调查研究,多少会触及儒家文化与当地华人社会的关系问题。由于他们掌握了大量原始资料,不仅论述客观严谨,而且不乏学术精品。不过,研究成果大多是片段式或点线式的,鲜有系统研究之作。职是之故,笔者在掌握大量一手资料的情况下,立基于前贤学者所铺就的学术道路,尽可能地吸收以往学术成果,尝试从历史背景、阶层群体、载体、方式、途径、价值观念、本土化特征及传播规律等方面呈现儒家伦理在新马两地弘传的历史全貌。

四、研究方法

在研究上,本书主要运用了历史与逻辑相统一以及文献学、诠释学与统计学相结合的方法。兹分述如下:

第一,历史与逻辑相统一的方法。德国哲学家黑格尔说:"历史上的那些哲学系统的次序,与理念里的那些概念规定的逻辑推演的次序是相同的。我认为:如果我们能够对哲学史里面出现的各个系统的基本概念,完全剥掉它们的外在形态和特殊应用,我们就可以得到理念自身发展的各个不同阶段的逻辑概念了。反之,如果掌握了逻辑的进程,我们亦可从它里面得到历史现象的进程。不过我们当然必须善于从历史形态所包含的内容里去认识这些纯粹概念。"① 运用这一研究方法,有助于笔者客观地分析和把握新马历史上各群体或阶层,如华社、华商、文士、华校、华教及政府对儒家伦理在两地弘传的整个历史过程。

第二,文献学、诠释学及统计学相结合的方法。文献学方法旨在突破以往相关研究对单一文献的依赖,可起到扩展视野的作用,为全面而又系统地研究儒家伦理在新马两地的弘传奠定厚实的文献基础。笔者采用了华文碑铭、企业家口述访谈、纪念特刊、个人日记、儒学教材、中文报刊、历史典籍、游记、传记、实录等丰富的文献资料。诠释学方法有助于将儒学典籍中蕴含的丰富义理和内容层次发掘出来,使它与历史和现实中发生的种种儒家伦理实践活动相观照,达到理论与实践、普遍性与特殊性相结合的效果。统计学方法意在以灵活多样的表格方式,从无绪、庞杂的一手资料中厘清不同群体或具体人物在弘传儒家伦理过程中的重要举措和行谊活动,便于笔者深入分析历史人物或事件背后所隐藏的内在脉络。

五、本书结构

截至目前,国内外学术界尚未见到有学人对儒家伦理在南海周边国家(东南亚地区)的传播展开过系统性研究。有鉴于此,笔者以儒家伦理为视角,以地处东西方文化十字路口的新加坡、马来西亚(新马)为中心,以华社、华商、文士、华校、华教、政府为对象,较为全面系统地考察了从明末(1622年)至新加坡政府取消儒家伦理课程(1991年)近四百年时间里,儒家伦理在新马两地弘传的历史背景、阶层群体、载体、方式、途径、效果、价值观念、本土化特征及传播规律等。本书的面世,或将促进学术界对儒家文化在南海周边国家的传播进行更为系统、更加深入的研究,进而推动中华文化的国际传播研究翻开新的历史篇章。

在内容写作上,本书按照历史的发展脉络,遵循历史与逻辑相统一的研究方法,运用跨学科的理论知识,对儒家伦理在新马两地近四百年时间里弘传的

---

① 黑格尔:《哲学史讲演录》(第1卷),贺麟、王太庆译,商务印书馆,1959年,第34页。

历史面貌,尽可能详尽地作系统考察与深入研究。按照儒家伦理在新马两地弘传的具体历史情况及阶层群体移居的时间顺序,本书主要包括绪论、八个章节和一个结束语,下面将有关内容分别概述如下:

绪论部分,本书首先对研究对象的空间范围、时间跨度做了交代与说明,接着指出儒家伦理在新马两地传播过程大致经历六个阶段,然后对中国文化、儒家文化与儒家伦理的关系进行概括性论述,最后重点论述国内外学术界关于儒家文化(儒家伦理)在新马两地传播的历史情形及其社会影响的研究现状。国内学术界对这一问题的考察因受制于原始资料搜集上的困难,编著类成果仅对儒家文化在新马两地传播情况进行粗略介绍,尚称不上深入研究;单篇论文类成果虽较多,但也只是避重就轻地聚焦于儒家文化在新马现代化过程中的大体影响。国外学者尤其是新马本土学者原本可以在该领域的研究上大有作为,但多数学者的兴趣和精力主要集中于海外华人华侨史的研究之上,故这一领域的研究仅交出两三种较有分量的学术成果,除此之外便无多少建树可言。

第一章以"南海海洋文化与海洋命运共同体"为题,从海洋文化学的角度探讨了南海海洋文化可从互通有互、互利共赢的经济伙伴,遣使互访、睦邻友好的政治友谊,求同存异、包容互鉴的文明交流,以及友爱互助、和谐共生的伦理情谊等方面,为构建"海洋命运共同体"提供精神资源和理论支撑。

第二章以"华人移民南洋经过、原因及形态的历史考察"为题,从历史学的角度,考察了华人移民南洋的大致经过、原因及阶层形态。笔者认为,在华人移民南洋的漫长历史过程中,华人社会形成了以商人阶层为主导的工(农)商社会结构,尽管后来士人不断南下并在华社占有一定地位和具有一定影响力,但仍和传统中国以"士人"阶层为首的"四民"社会结构有明显不同。

第三章以"早期新马华社与儒家伦理的弘传载体"为题,借助大量的华文碑铭等金石资料,对儒家伦理在早期新马华社的弘传载体作了探讨与分析。笔者认为,华人移民在开发南洋的历史过程中,出于生存、信仰、习俗、文化、情感、心理、伦理等方面的需要,把原乡的文化载体,如庙宇、义冢、会馆、宗祠等移植到各自帮群聚居的地方,并将之融入日常生活,使儒家伦理不仅在移居地生根,也在当地社会产生了深远影响。

第四章以"新马华商与儒家伦理的弘传方式"为题,利用华商口述访谈及言行录等原始资料,从个体生存、家族互助、企业家精神三个方面,探讨了新马华商群体对儒家伦理的弘传方式。笔者认为,华商在求生存阶段,虽说身无长物,骨子里却秉承了儒家伦理,为他们的奋斗、创业提供了不竭的精神动力;华商在谋发展阶段,基于商海浮沉的风险意识,也为了照顾家人生活,他们以兄弟情谊为组织理念,以入股基金为经营方式,整合中国传统的儒道文化信仰并吸纳西方文化的法律精神和管理制度,综合创造出家族互助会,通过章程弘传了儒家伦理观念;华商在经商致富后,也能怀抱"服务公众,服务社会"的信念,以"措诸事业"的方式弘传儒家伦理观念。

第五章以"文士与儒家伦理的弘传途径"为题,利用新加坡早期出版的华文报刊资料,从创办学会文社、倡建孔庙学堂、普及宣扬儒学等方面,探讨了文士群体弘传儒家伦理的途径及其社会影响。笔者认为,领事文官通过开学会、办文社等途径,以月课征文与讨论演讲的方式,将忠孝爱国、德本财末等儒家伦理观念弘传到新客华人移民及海峡土生华人群体当中;闽粤地方官员为了响应清政府护侨保商的怀柔政策也派遣士绅访问南洋,一方面传谕保商、筹赈善款,一方面发表儒学演说来呼吁当地绅商倡孔庙、兴学堂,并借此宣扬保种保教、合群团结、尊君尊亲、忠信笃敬等儒家伦理观念;南洋儒者则从当地社会的需求和现实情况出发,通过文社学会、蒙学教材、报刊等途径,将内容丰富的儒家伦理观念普及广大的民间社会。

第六章以"新马华校对儒家伦理的弘传与实践"为题,通过辑录和整理大量的华校纪念刊物资料,从早期华校、校训校歌及华文教材三个方面,探讨新马华校对儒家伦理的弘传与实践。笔者通过对华校相关校名、校歌、校训资料的爬梳整理,发现华校实以君子人格为教育根本,校名多彰显儒家文化特色,校训多采用儒家德目,校歌则以弦歌不辍的方式将儒家伦理观念灌输到学生的日用常行之中。通过对华校普遍采用的初小国文教科书的归类分析,可发现华文教材通过大量的寓言故事、历史典故、人物传奇、自然事物及日用常行等素材,将儒家伦理道德观念以潜移默化的方式灌输给少年学子,这对他们的身心健康和良好德性的养成有莫大功效和助益。

第七章以"马来西亚华教对儒家伦理的传承与践行"为题,通过研读马来西亚华教元老的代表性著作,主要从公民观念、华文教育及兴学育才三个方面,探究以华教元老为代表的华教群体在马来西亚独立前后之种种严峻环境下对儒家伦理的传承与践行情况。笔者认为,华教元老既要给广大华人灌输效忠新国家的观念,竭力履行公民义务,也要为华族晓喻争取族群合法利益的观念,争取应享有的公民权利,同时也不忘向各友族尤其是马来族提倡培育共存共荣的族群观念以及多元文化的建国精神,体现了对"觉民行道"价值观念的践行。华教元老为争取华文教育的平等地位,毫不畏惧当局的各种压制和威胁,他们为伸张社会正义、守护民族灵魂以及捍卫民族尊严,以极为悲壮的生命形态和充满血泪的生命斗争,践行了"取义殉道"的价值观念。此外,华教元老作为资深教育家,既有献身教育的牺牲精神,也有以身作则的人格垂范,更有作育英才的使命担当,体现了对"立身行道"价值观念的践行。

第八章以"新加坡政府对儒家伦理的弘传与推行"为题,使用《儒家伦理》《星洲日报》《南洋商报》等一手资料,从学校、家庭、社会等三个方面,考察了儒家伦理在新加坡自开始推行到具体实践及至最终结束的整体情况。笔者认为,在学校方面,鉴于西方价值观念对传统的冲击以及公民道德品质的普遍下滑,新加坡政府专门延请了一批国内外知名学者编写《儒家伦理》教材,向学生灌输以"六伦""六德"为核心的儒家伦理价值观念,帮助学生培养积极、正确的人生观,寄望他们成为品德良好的公民。家庭方面,鉴于年老父母无人赡养及土地资源短缺等社会问题,新加坡政府运用法律、经济等手段,鼓励三代同堂组屋居住,同时开展"敬老尊贤"的主题活动,督促人们实践"五德"家庭价值观,以此确保社会的稳定秩序及家庭道德价值的代际传承。社会方面,政府基于互相关怀的理念和建设有礼、优雅社会的目标,在社区推行"守望相助"计划,在全国推行"礼貌运动"和"华语运动",鼓励各类社团宣扬儒家伦理道德观念,以配合学校和家庭层面的道德教育。新加坡这种全方位、多层次的公民道德教育,为后来国家"五大共同价值观念"的形成奠定了可靠的公民基础。

最后,在结束语中笔者归纳和概括了儒家伦理在新马两地的本土化特征及传播规律。本土化特征有四:一从传播群体来看,儒家伦理的本土化呈现出日常资生事业为主、通俗教喻形态为辅的特征;二从传播语言来看,儒家伦理的本土化呈现出多元媒介用语表达的特征;三从传播途径来看,儒家伦理的本土化呈现出教材与课程两相配合的特征;四从传播结果来看,儒家伦理的本土化呈现出新马国家价值观念认同融入的特征。传播规律有三:措诸事业、有容乃大与群伦认同。

第一章

南海海洋文化与海洋命运共同体

本章立足新时代构建"海洋命运共同体"的时代背景，回顾并论述了历史上以南海贸易为纽带，中国与南海周边国家在诸如经济、政治、文化、伦理四个方面的密切交往和交流关系。笔者认为，中国与南海周边国家在长久以来的接触和交往过程中，事实上已经形成一个经济伙伴上的互通有无、互利共赢，政治友谊上的遣使互访、睦邻友好，文化交流上的求同存异、包容互鉴，以及伦理情谊上的友爱互助、和谐共生等诸多方面的"海洋命运共同体"。

在这颗生机勃勃和多姿多彩的蔚蓝色星球上，亚欧非大陆板块上的主干江河以其不择细流、有容乃大的精神，孕育滋养了世界各主要文明体系。如爱琴海之于古希腊文明、恒河之于古印度文明、尼罗河之于古埃及文明、底格里斯河和幼发拉底河之于古巴比伦文明以及黄河和长江之于古中国文明等。最终，世界上所有的大江大河又都汇入浩瀚无垠的海洋之中，它也以天无私覆、地无私载、海纳百川的气魄，承载并哺育着人类社会，使世世代代的人类在此繁衍不息、生产生活。与此同时，因海上贸易通商，海洋上的枢纽通道将世界上几乎所有地区的民族或国家紧密地联系在一起，于是在各文明体之间逐渐形成一个平等开放、责任共担、利益共享、文化交流、文明互鉴、政治互信、休戚与共的"海洋命运共同体"。

常言道，海水到处皆有生灵。作为万物之灵秀的人类，在世世代代与海洋

第一章 南海海洋文化与海洋命运共同体

密切接触和深入互动的种种实践活动过程中,逐渐产生了对海洋的一些认识或观念,并形成一套较为系统的海洋文化,而居于其核心层面的价值观念又反过来主导和影响着人们的生产生活方式。关于海洋文化的定义,虽说是一个仁者见仁、智者见智的问题,但是海洋文化界援引最多、认可度较高的是中国海洋大学曲金良教授的观点。曲教授的定义有两个版本,现引述如下:一是见于由他领衔主编的《中国海洋文化》(中英文),在该书"引言"中,他说:"海洋文化是人类面向海洋、依存于海洋而形成的思想意识、价值观念和生活方式。海洋文化包括海洋精神文化、海洋制度文化、海洋行为文化、海洋物质文化等几个层面,反映在对海洋的认识和信仰、探索和审美、利用以及人—海互动关系等诸多方面,体现在人类社会的海洋经济生活、组织制度、科技发明、物质创造和审美体验之中。"[1]二是在他所著的《海洋文化概论》中,他指出"海洋文化,作为人类文化的一个重要的构成部分和体系,就是人类认识、把握、开发、利用海洋,调整人与海洋的关系,在开发利用海洋的社会实践中形成的精神成果和物质成果的总和,具体表现为人类对海洋的认识、观念、思想、意识、心态以及由此而产生的生活方式包括经济结构、法规制度、衣食住行习俗和语言文学艺术等形态"[2]。对两种定义进行比较后,笔者更倾向于前一种,因为海洋文化的内核主要在于其背后的思想理念或价值观念,以及由此影响和作用下的生产生活、行为方式。

近代以前,国人一般都刻板地认为我们只是一个传统的大陆国家,这主要是由于海洋知识的缺乏以及海洋意识的淡薄。其实,中国很早就是一个海洋大国,也是一个海洋强国。从地理位置看,中国既地处亚欧大陆之东端,也面向西太平洋,"既有 9.6×10^6 km^2 的陆地面积,亦有 3×10^6 km^2 的管辖海域"[3];拥有大连、秦皇岛、天津、烟台、青岛、连云港、南通、上海、宁波、温州、福州、广州、湛江及北海等全面开放的 14 个沿海城市和沿海经济特区,也包括渤海、黄海、东海、南海与台湾以东太平洋海区 5 个近海。若论海水容积、面积、平均水深、战略价值,南海无疑是 5 个近海中战略地位最为特殊的一个。王颖院士研究指出,"南海北界为我国大陆,东面和南面分别隔以菲律宾群岛和大

---

[1] 曲金良、周秋麟主编:《中国海洋文化》,中国海洋出版社,2006 年,第 1 页。
[2] 曲金良:《海洋文化概论》,中国海洋大学出版社,1999 年,第 5 页。
[3] 王颖主编,刘瑞玉、苏纪兰副主编:《中国海洋地理》,科学出版社,2013 年,第 10 页。

巽他群岛与太平洋、印度洋为邻,西邻中南半岛和马来半岛,为一较完整的深海岔。东北有台湾海峡与东海相接;东有巴士海峡、巴林塘海峡、巴拉巴克海峡与太平洋及苏禄海相通;南有卡里马塔海峡连接爪哇海;西南有马六甲海峡沟通印度洋"①。南海不仅是中国海洋文化的发祥地,也是古代海上丝绸之路的发源地。因其西通印度洋,东连西太平洋,长久以来它为中国和南海周边国家以及其他世界各国人民之间所开展的贸易通商、政治交往、文化交流、伦理情谊都做出过巨大贡献。

有证据表明,"中国北方汉族商人至少在公元前三世纪就已到达中国南部沿海。他们进入今越南北部的东京"②。随着秦王朝政府在中国南部沿海设置四郡(闽中郡、南海郡、桂林郡及象郡)之后,中国人的南海航行活动逐渐可以离开海岸线而航行到更远区域。《汉书·地理志》记载:"自日南障塞、徐闻、合浦船行可五月,有都元国;又船行可四月,有邑卢没国;又船行可二十余日,有谌离国;步行可十余日,有夫甘都卢国。自夫甘都卢国船行可二月余,有黄支国,民俗略与珠崖相类。其州广大,户口多,多异物,自武帝以来皆献见。有译长,属黄门,与应募者俱入海市明珠、璧流离、奇石异物,赍黄金杂缯而往。"③从这段历史资料可知,在汉武帝之时甚或之前的某个时间,中国人通过南海航道所进行的海上贸易或探险活动范围已远涉上述五个国家,并与这些国家建立了通商关系。自西汉海上丝绸之路通道开辟以来的两千年中,中国与南海周边国家中的菲律宾、印尼、马来西亚、新加坡、文莱、柬埔寨、老挝、泰国等,以及穿过马六甲海峡进入印度洋之后的印度、斯里兰卡、巴基斯坦、伊朗、沙特阿拉伯、也门,乃至东非及西方诸国,都或多或少建立过经贸文化上的交往关系。于此可见,南海作为世界海洋航运的一个中心,既是古代海上丝绸之路的必经之地,也是近现代亚太地区海运贸易的交通枢纽。基于过往历史,在世界进入"百年未有之大变局"的情况下,中国这个素来负责任的大国适时提出构建"人类命运共同体"的倡议,愿与南海周边国家和地区的广大人民,在和平、发展、开放、包容、合作、共赢的新理念以及联合国宪章的宗旨和原则下,共同致力于"海洋命运共同体"的构建。

---

① 王颖主编,刘瑞玉、苏纪兰副主编:《中国海洋地理》,第11页。
② 王庚武:《南海贸易与南洋华人》,姚楠编译,中华书局,1988年,第208页。
③ 班固:《汉书》(第二册)卷二十八下,中华书局,2012年,第1490页。

第一章　南海海洋文化与海洋命运共同体

南海的陆海交融、山水环抱的自然环境,一定程度上塑造了南海沿线海岸闽粤琼人民刚柔兼济、仁智并用的中道文化性格。它展现了三地中国先民不但对博大厚重的黄土文化有所吸纳,也对灵动灿烂的海洋文化有所创造的精神气魄,以及其秉持平等自由、和平友善、开放包容、和谐共生的海洋文化价值观念。下南洋大不同于近代以来西方列强依恃坚船利炮在这片海域所进行的军事征服、殖民掠夺、强买强卖的海洋文化价值观念。德国哲学家黑格尔曾在《历史哲学》中为西方列强这种海洋价值观提供了理论辩护。他说:"大海邀请人类从事征服,从事掠夺,但是同时也鼓励人类追求利润,从事商业。"[①]但历史告诉我们,在西方势力未侵入东方之前的十五个世纪中,借助南海通道,中国与世界各地区、国家的交往大都是和平友好的。促使并保持这种局面的一个主要原因在于中国人特有的海洋文化价值观念。可见,中国在世界海洋文化发展史上既占有重要地位,也发挥过积极作用。

在两千多年的历史长河中,勤劳、勇敢、智慧、伟大的中国先民与亚、非、欧等国人民在日益频繁的经济交往、文化交流之中,共同开辟出这一重要的海上通道,即海上丝绸之路。正如这位学者所言:南海是人们所谓亚洲东西方交流商品和思想的主要通道,也是第二条"丝路"。[②] 实质上,无论是陆上丝绸之路还是海上丝绸之路,都起源于世界各文明中心之间的互相吸引。丝路的开辟与繁荣真实地反映了世界各国人民普遍渴望在互通有无中改善生计、憧憬美好生活的向往,渴望在文化交流互鉴中丰富自身民族精神的诉求,渴望在平等友好往来中共享太平盛世的呼声。然而,自大航海时代以来,殖民列强、大国霸权、种族主义、沙文主义、恐怖主义及分裂势力等复杂因素,阻挠甚至破坏着爱好和平、渴望繁荣的世界各国人民之间建立"政治互信、经济融合、文化包容的利益共同体、命运共同体和责任共同体"的崇高使命。中国国家主席习近平回首历史、着眼当下、展望未来,站在新的高度,先后提出如下历史性倡议:"21世纪海上丝绸之路""人类命运共同体""中非命运共同体""海洋命运共同体""亚洲命运共同体"。希望中国与南海周边国家以及世界其他各国人民一道在和平共处五项基本原则基础之上协商解决区域内、国家间、国际中存在的种种分歧和争端,共谋发展,共同实现世界各国人民过上美好生活的愿望。

---

① 黑格尔:《历史哲学》,王造时译,上海书店出版社,2006年,第83页。
② 王庚武:《南海贸易与南洋华人》,姚楠编译,第10页。

回顾中国与南海周边国家如新马两国人民之间的友好交往、交流的历史，对于在新时代条件下世界各国人民"促进海上互联互通和各领域务实合作，推动蓝色经济发展，推动海洋文化交融，共同增进海洋福祉"[1]来说都是意义重大的事情。从汉代以来，南海丝路通道上的马来半岛已成为中国与印度之间海上交通往来的重要桥梁。而位于马来半岛南端的新加坡和马六甲又因其地处东西方交通要冲的特殊地理位置，先后成为世界商贸中转港口城市。当世界各地商人来此经商或中转贸易时，也带来了各自的文化传统、风俗习惯，也成就了此地"世界文化万花筒"或"东西方文化十字路口"的美誉。

纵观历史，历代中国政府大都与南海周边国家保持着较为密切的政治、经济、文化、伦理等方面的往来关系。以下将结合史实，从经贸往来、政治交往、文化交融、伦理关怀等四个方面来探索南海海洋文化在构建"海洋命运共同体"问题上可能提供的精神资源和理论支撑。

第一节 互通有无、互利共赢的经济伙伴

海上丝绸之路首先是各国商贸互市的黄金通道。从历史文献记载来看，中国与南海周边诸国通过海上丝绸之路所开展的私人贸易及朝贡贸易基本是双方本着互通有无、互利共赢的理念，在自由、和平基础之上进行的通商互市经济活动。

海上丝路贸易活动具有双向和互动的特点，它为贸易双方都带来了利益和好处。它既可增加彼此的府库收入、国民财富，也可丰富各自社会的物产种类，同时也改善了人们的物质生活，乃至提升了人们的精神生活。南海贸易的情形正如《全唐文》卷二九一所言："而海外诸国，日以通商，齿革羽毛之殷，鱼盐蜃蛤之利，上足以备府库之用，下足以赡江淮之求。"[2]可以说，互通有无、互利共赢的经济伙伴关系，既为中国和南海周边国家的人民实现美好生活提供了坚实的经济保障，也促进了贸易相关国的经济繁荣和社会发展。

就海上丝绸之路所进行的南海贸易总额来说，中国在商贸关系上大体处于出超地位。在中国对外所输出的各类商品中，尤以丝绸、瓷器、漆器和茶叶

---

[1] 习近平：《习近平谈治国理政（第三卷）》，外文出版社，2020年，第464页。
[2] 转引自王赓武《南海贸易与南洋华人》，第113页。

为大宗。其中，丝绸和陶瓷是中国先民凭借智慧所创造出来的伟大发明，自从诞生、流传以来就广受南海周边国家以及印度，乃至西方世界各地人民的欢迎和喜爱。如《瀛涯胜览》爪哇国条曰："国人最喜中国青花瓷器。"[①]"China"一词的产生就与丝路贸易有关。古罗马人称中国为丝国"塞里斯"，中世纪的地中海地区和西欧国家又把中国称为"瓷器之国"。丝瓷成了中国的象征。[②] 二十世纪上半叶曾在马来半岛南端的柔佛河畔一个叫马坎门索尔屯的古遗址进行发掘，发现不少中国东汉时期的青瓷片。[③] 又如，"加里曼丹的文莱出土的唐黑釉两耳樽和青釉两耳樽，马来半岛彭亨的唐四耳青瓷樽，菲律宾的唐代陶瓷，苏禄群岛的唐代陶瓷，日本奈良的法隆寺，京都的仁和寺等"[④]。这些出土文物证实了汉唐时期中国的陶瓷产品在以上地区尤其是南海周边地区的销售情况和产生的深远影响。元明两朝，在中国商民去往南洋诸岛贸易互市的商品中瓷器、漆器仍占主要地位。据元代航海家汪大渊《岛夷志略》记载，在丹马令"贸易之货，用甘理布、红布、青白花碗、鼓之属"；在彭坑"贸易之货，用诸色绢、阇婆布、铜铁器、漆瓷器、鼓、板之属"；在吉兰丹"货用塘头市布、占城布、青盘、花碗、红绿烧珠、琴、阮、鼓、板之属"；在丁家卢"货用青白花瓷器、占城布、小红娟、斗锡、酒之属"；在罗卫"贸易之货，用棋子手巾、狗迹绢、五花烧珠、花银、青白碗、铁条之属"；在苏洛鬲"贸易之货用青白花器、海南巫仑布、银、铁、水埕、小罐、铜鼎之属"。[⑤] 中国陶瓷制品为南海周边国家人民改进饮食器具和改善生活品质提供了看得见的实惠。作为传统工艺，丝绸的创造发明在时间上要远较瓷器为早，其贸易地位上也远比瓷器重要。丝绸是中国通过南海丝绸之路向海外各国输出的商品之中数量和品种都最多的一项。民间贸易也好，官方贸易也罢，自然都不会忽视其巨大的利润。当然，中国丝绸作为高档商品，通过南海通道运经马六甲海峡或新加坡海峡时会有中转贸易，它既给马来半岛诸王国首领带来了丰厚报酬，也改善了当地人民生活条件。就如中国正史所言，中国商人与南海周边国家之间的通商互市大都是在和平基础上进

---

① 马欢：《瀛涯胜览校注》，冯承钧校注，中华书局，1955年，第15页。
② 沈光耀：《中国古代对外贸易史》，广东人民出版社，1985年，第111页。
③ 潘义勇：《中国南海经贸文化志》，广东经济出版社，2013年，第17页。
④ 《中国古代对外贸易史》，第113页。
⑤ 汪大渊：《岛夷志略校释》，苏继庼校释，中华书局，1981年，第79、96、99、102、109、123页。

行的。《明史》载:"丁机宜,爪哇属国也……华人往商,交易甚平。"①事实上,南海周边国家在与中国的贸易通商中,所获得的利益和好处远不限于此。尤其是在明朝后期,随着大航海时代的到来,中国东南沿海地区的商民纷纷下南洋,他们以极大的牺牲为当地的社会开发和经济繁荣做出了巨大贡献。这一事实,就连当时的英殖民地官员也称赞说:"海峡殖民地所以会日益繁荣,除了归功于华人以外没有别的什么原因了。"②

通商贸易既然是互通有无、互利共赢的,中国自然也会从互市交易中获益不浅,故应有所论述。这里仅以南洋香料和美洲农作物的进口为例,考察海上丝路贸易带给中国社会的深远影响。中国社会原本没有燃香、熏香的社会习俗,因为香料的主产地多在海外,尤其是南洋。域外香料正是以海外贸易的方式通过海上丝绸之路从东南亚和南亚诸国输入中国境内。从史书记载来看,"早在两千多年前南越国便从东南亚输入香料"③。随着消费群体和市场需求的不断扩大,香料在中国的输入历经两汉、三国、魏晋、南北朝、隋唐、两宋,以迄明清而历久不衰。比如,在宋代域外香料的输入就达到一个高峰。对此,有学者分析说:"丰厚的朝贡贸易利润带动和刺激了香料贸易商机,大批南洋商人追随贡使来华,掀起波澜壮阔的香料贸易高潮。"④香料输入,不单单是经济逐利活动,随着香料被运用到日常生活之中,它便深刻改变了人们的生活方式,同时也塑造了人们的审美情趣。有学者从饮食、药物、焚香、香具几个方面分析指出南洋香料的输入对中国社会所产生的深刻影响。例如,秦文生研究指出:"南洋香料不仅丰富了中国人的饮食生活,而且促进了博大的中国饮食文化的发展。"又"香料输入不仅丰富改善了传统中国医药,制药剂型、药物引入、医药理论,乃至药理哲学上,都引发飞跃。……而且在文人墨客的琴棋书画、挥毫泼墨时,必焚香以提神清心、修身养性。缕缕馨香弥漫在清谈雅会,形成独具的幽雅逍遥的意境情趣。"⑤由此可见,南海丝路跨越千年之久的香料贸易,既是商品互补,也是经济互利,更是文化交流。

再以域外农作物通过南海丝路传入中国为例。农学专家的研究成果表

---

① 《明史》第二十八册,卷三百二十五,中华书局,1974年,第8429页。
② 宋旺相:《新加坡华人百年史》,叶书德译,新加坡中华总商会出版社,1993年,第307页。
③ 王崇敏主编:《南海海洋文化研究》(第三卷),社会科学文献出版社,2020年,第200页。
④ 《南海海洋文化研究》(第三卷),第202页。
⑤ 《南海海洋文化研究》(第三卷),第205—206页。

明,至少有50种农作物来自国外,均是通过陆上及海上丝绸之路传入我国;传入途径主要是使臣朝贡、商旅贸易、战争冲突等,也有民族迁徙、游客旅行等方式。[①] 研究者秦文生对通过陆、海丝绸之路传入中国的农作物做了具体分析。他认为:"原产于西亚、地中海、非洲或印度,在宋代以前引入我国的农作物,它们大多是通过陆上丝绸之路传入的。这些早期传入的农作物多为果树和蔬菜,鲜有粮食作物。原产于美洲,明代及其以后引入的农作物基本上都是海上丝绸之路传入的,粮食作物占了较大比例。"[②]他继而指出,通过海上丝绸之路从美洲输入我国的农作物种类有玉米、番薯、豆薯、马铃薯、木薯、南瓜、花生、向日葵、辣椒、番茄、菜豆、利马豆、西洋苹果、菠萝、番荔枝、番石榴、油梨、腰果、可可、西洋参、番木瓜、陆地棉、烟草等近30种。当然并非所有的外来农作物都是直接传入的,大多数是经由拉丁美洲先传播到南洋地区,再由海外华人引进中国内地。总之,这些通过海上丝绸之路传入中国的域外物种,极大丰富了中国的农作物品种,为保障和改善中国人民的生活条件发挥了重要作用。

南海贸易虽大多数时候是在和平环境下进行的互通有无、互利共赢的经济活动,但也存在争夺海上贸易控制权、通商贸易不公、国家政权更迭、官员贪污腐败等导致海上贸易衰退的历史事实。例如,唐代是中国历史上南海贸易大为繁荣的时期,然而就在684年发生了一起外国商人手持利刃杀害广州都督的大事件。《旧唐书》卷八十九载其事曰:"广州地际南海,每岁有昆仑乘舶以珍物与中国交市。旧都督路元睿冒求其货,昆仑怀刃杀之。"[③]对此,我们应以史为鉴,吸取教训,只有国家政权稳固且官员廉洁奉公,方能避免重蹈历史覆辙。

第二节 遣使互访、睦邻友好的政治友谊

自汉代以迄明代,中国官方与南海周边国家因海上贸易所建立的朝贡关系已有千年之久。研究者指出:"所谓朝贡,其本来意义,是指外国政府对中国政府遣使称臣入贡,献当地的特产;中国政府认为朝贡国奉中国正朔,即已满

---

① 《南海海洋文化研究》(第三卷),第212页。
② 《南海海洋文化研究》(第三卷),第213页。
③ 《旧唐书》第九册,卷八十九,中华书局,1975年,第2897页。

足。"①这种礼尚往来、你来我往的官方贸易,虽不免夹杂一些私人利益,但总体来说它见证了中国政府在睦邻友好、和平共处的政治信念下,同南海周边国家人民世代交好,建立政治友谊,谱写了中外政治关系的佳话篇章。回顾并总结这段历史,可为新时代中国与南海周边国家携手共建"海洋命运共同体"提供精神资源和理论支撑。

中国与南海周边国家之间的通商贸易为时甚早,然有史可征引者仅能上溯至汉代。《汉书》中有汉武帝以来,中国政府与南海周边国家之间互派使节、交换方物的朝贡贸易记录。《汉书·地理志》曰:"其州(黄支国)广大,户口多,多异物,自武帝以来皆献见。……平帝元始中,王莽辅政,欲耀威德,厚遗黄支王,令遣使献生犀牛。"②据考证,"黄支国"当为《西域记》之达罗毗荼国都城建制补罗,它大概是南海周边国家中较早与中国政府建立朝贡贸易关系的国家。朝贡贸易虽不免有王朝统治者虚荣心理作祟的成分,但贸易双方基本上是在平等基础上的友好交往和尊重态度上的礼尚往来。

由两汉进入三国,吴国占据了扬子江以南的中国版图,当它被排除在与中亚或西亚的通商贸易外时,就只能想方设法利用近海优势寻求与南海周边国家建立贸易关系。吴主孙权在位时曾数度遣使往海外,第一次是黄龙二年(230年),第二次是赤乌五年(242年)。还有一次时间虽不明确,但重要性却远非前两次可比。即吴国交州太守吕岱派遣朱应、康泰,"从事南宣国化,暨徼外扶南、林邑、堂明诸王各遣使奉贡"③。王庚武研究指出:"他(孙权)与那些'蛮夷'之邦建立联系是在公元二二六年至二三一年之间。其所以如此,不仅是要传播中国文明,还因为他认识到亟须保护一种贸易,这种贸易对交州的繁荣是至关重要的,并且要提倡经营那些不再从西北获取的商品的贸易。扶南和林邑都位于印度支那南部,这两个国家与西方有接触。西方的商品可以从这些国家再出口至中国。因此外交关系是必不可少的。……外交关系一经建立,在一段时期内是友好的,对扶南的关系尤其如此。"④

南朝官方史书《宋书》《梁书》《陈书》也都记载了当时南海周边国家,如婆皇国、斤(干)陀利国、林邑、狼牙修国、丹丹国等多次派遣使节到中国贡献方

---

① 周伟民、唐玲玲:《中国和马来西亚文化交流史》,海南出版社,2002年,第65页。
② 《汉书》第二册,卷二十八下,中华书局,2013年,第1490页。
③ 转引自冯承钧《中国南洋交通史》,商务印书馆,2011年,第11页。
④ 《南海贸易与南洋华人》,第47—48页。

物,以示通好的事实。以婆皇国为例,《宋书》记载该国国主先后十一次派遣使者奉表贡献方物于南朝宋国国主。史曰:"(元嘉十九年)是岁,婆皇国遣使献方物。(元嘉二十六年五月)丙戌,婆皇国……并遣使献方物。(元嘉二十八年五月)丁巳,婆皇国……并遣使献方物。(孝建二年)二月己丑,婆皇国遣使献方物。……(大明三年春正月)丙申,婆皇国遣使献方物。(大明八年七月)庚戌,婆皇国遣使献方物。孝武帝大明三年正月丙申,婆皇国献赤白鹦鹉各一。婆皇国,元嘉二十六年,国王舍利婆罗跋摩遣使献方物四十一种,太祖策命之为婆皇国王曰:'惟尔仰政边城,率贡来庭,皇泽凯被,无幽不洽。宜班典策,授兹嘉命。尔其祗顺礼度,式保厥终,可不慎欤。'二十八年,复贡献。世祖孝建三年,又遣长史竺那婆智奉表献方物。以那婆智为振威将军。大明三年,献赤白鹦鹉。大明八年、太宗泰始二年,又遣使贡献。太宗以其长史竺须罗达,前长史振威将军竺那婆智并为龙骧将军。"[1]此外,以上南海周边国家与南朝的梁国、陈国之间的遣使情况,可参考《梁书》《陈书》中相关记载,此处不赘。

根据《隋书》《旧唐书》《新唐书》《唐会要》等史料可知,在隋唐两代王朝南海周边国家如赤土、婆利国、单单(丹丹)都曾派遣使者来中国奉献贡物,以示双方保持友好关系。两宋时期,南海周边国家与中国政府之间的朝贡贸易一直延续,不曾见衰。

元明两朝,中国政府都曾数次派遣使节到南洋宣扬声威,希望番邦继续归附并承认宗主权威,诸国首领也大都乐意进表朝贡,接受册封。据《元史》记载,从至元十七年(1280年)以迄至元二十三年(1286年),南洋诸国先后有木剌由(麻里予儿)、八马儿、须门那、僧急里、南无力(南巫里)、马兰丹、那旺、丁呵儿、来来、急兰亦带、苏木都剌(速木答剌)、没剌予(没剌由)、毯阳、暹番、罗斛、马来忽、龙牙门等十七国派遣使者或其子弟访问中国,奉表并贡献方物。其中,木剌由国使节因船只毁坏,派人恳请元朝政府伸出援手。元人,"乞给舟粮及益兵,诏给米一千四百余石"[2]。从这件事可以看出,元朝政府在当时确实尽了国际人道主义的应有责任,体现了负责任大国的应有担当和外交风范。还有一事同样见证了元朝政府在国际交往中对睦邻友好、和平往来原则的维

---

[1] 余定邦、黄重言编:《中国古籍中有关新加坡马来西亚资料汇编》,中华书局,2002年,第3—4页。

[2] 《中国古籍中有关新加坡马来西亚资料汇编》,第37页。

护与践行。《元史》曰："暹国,当成宗元贞元年,进金字表,欲朝廷遣使至其国。比其表至,已先遣使,盖彼未之知也。赐来使素金符佩之,使急追诏使同往。以暹人与麻里予儿旧相仇杀,至是皆归顺,有旨谕暹人'勿伤麻里予儿,以践尔言'。"①暹国(今泰国)是当时南洋地区的大国和强国,而麻里予儿是马来半岛上一个弱小国家。暹罗时常恃强凌弱、以大欺小。由于两国都有意交好元朝政府,故麻里予儿使节趁贡献方物的时机向元朝表达对暹罗国的不满,希望中国能主持正义。元朝政府扮演居中调停的角色,替麻里予儿打抱不平,有力地维护了国际社会的和平与安宁,彰显了负责任大国的国际形象。

明成祖在位期间,"疑惠帝亡海外,欲踪迹之,且欲耀兵异域,示中国富强"②,多次派遣郑和、王景弘等巡航南洋,诏谕诸国归宗中国。南洋当地酋长、头目出于通商交好及赐封受赏等方面的考虑,大都愿意与明朝政府建立交往纳贡关系。根据《明史》的记载,南洋诸国派遣使者并愿与中国交好的国家有:苏门答剌、满剌加、小葛兰、彭亨、急兰丹、浡泥、占城、古里、真腊、安南、苏禄等。在这些国家之中,要数马来半岛的满剌加与中国的交往通好最为频繁。该国国王或亲自带队,或派遣使节,多次前往中国朝贡觐见明朝皇帝,③并受到高规格的礼遇和赐封。这段历史见证了中马两国世代友好交往的传统。有明一朝,满剌加王国屡次受到周边大国如暹罗、安南的侵扰,曾数度申诉并求助于宗主国。当时的中国明朝皇帝也都给予声援协助,或通过震慑,或通过劝和,最终平息了南海周边地区的干戈与战火。例如,永乐五年(1407年),苏门答剌及满剌加均遣使"诉暹罗强暴,发兵夺其所受朝廷印诰,国人惊骇,不能安生。至是,赐谕昭禄群膺哆罗谛剌曰:'占城、苏门答剌、满剌加与尔均受朝廷(命),比肩而立,尔安得独恃强拘其朝使,夺其诰印? 天有显道,福善祸淫,安南黎贼夫子覆辙在前,可以鉴矣! 其即还占城使者即苏门答剌、满剌加所受印诰,自今安分守礼,睦邻保境,庶几永享太平。'"④又如,永乐十七年(1419年),

---

① 《中国古籍中有关新加坡马来西亚资料汇编》,第38—39页。
② 《中国古籍中有关新加坡马来西亚资料汇编》,第57页。
③ 满剌加于永乐皇帝在位时于三年、五年、七年、九年、十年、十一年、十二年、十三年、十四年、十六年、十七年、十八年、十九年、二十一年、二十二年到访中国朝贡,于宣德皇帝在位的元年、八年、十年来访中国,于正统皇帝在位的四年、九年、十年入贡中国,于景泰六年、天顺三年,以及成化四年、五年、十一年纳贡中国。
④ 《中国古籍中有关新加坡马来西亚资料汇编》,第61页。

满剌加国王"及辞归,诉暹罗见侵状。帝为赐敕谕暹罗,暹罗乃奉诏"①。再如,宣德六年(1431年),满剌加"遣使者来言:'暹罗谋侵本国,王欲入朝,惧为所阻,欲奏闻,无能书者,令臣三人附苏门答剌贡船入诉。'帝命附郑和舟归国,因令和赍敕谕暹罗,责以辑睦邻封,毋违朝命"②。以上事例说明,十五世纪时,明朝政府不仅在南海海域的权威和影响得到国际社会的广泛认同,而且在主持国际公道正义以及维护海洋和平安宁方面做出了应有贡献。但令人遗憾的是,进入十六世纪初叶,当西方列强如葡萄牙凭借其军事优势侵入这块大体和平安宁的南洋地域并占领马六甲时,明朝政府正故步自封,屡颁海禁政策,逐渐失去了经略海洋的魄力及维护国际秩序的影响力。《明史》载:"后佛郎机强,举兵侵夺其地,王苏端妈末出奔,遣使告难。时世宗嗣位(1522年),敕责佛郎机,令还其故土。谕暹罗诸国王以救灾恤邻之义,迄无应者,满剌加竟为所灭。"③

总而言之,"在西方殖民主义东来以前,海上丝绸之路扮演着东西方文化交流的主渠道的角色。除了十字军东征和蒙古海外征服以外,东西海路基本上是和平之路。在数千年的交流史中,中国人民和旧大陆各族人民都是受惠者。探讨和重温这段历史,不仅有利于教育人民认识我们祖国的光荣过去和美好未来,而且有益于增进各国人民之间的了解,争取人类进步和世界和平"④。

在与明朝遣使交好往来的南洋诸国当中,除上面所说的满剌加外还有孛泥及苏禄两国,现援引历史学者刘迎胜《丝绸之路》一书相关内容⑤如下。孛泥即今之文莱,位于婆罗洲北部南海之滨,很早便与我国往来。洪武三年(1370年)明太祖遣使张敬之、沈秩诏告明代元之事。明朝使节从泉州启程到达那里后,要求孛泥王称臣纳贡。马合谟沙以其国遭到苏禄的侵犯、国弱民穷和宗主国爪哇反对他臣服于明朝为辞推托,张敬之等人以爪哇已经臣服明朝为由极力说服,终于使马合谟沙国王派遣使臣与明朝使臣一起入华朝贡。永乐三年(1405年)冬,孛泥国王麻那惹加那遣使入贡。永乐六年(1408年)八月,孛泥王抵达京师。明成祖在奉天门设宴招待孛泥王,王妃以下人员也在它

---

① 《中国古籍中有关新加坡马来西亚资料汇编》,第50页。
② 《中国古籍中有关新加坡马来西亚资料汇编》,第50页。
③ 《中国古籍中有关新加坡马来西亚资料汇编》,第52页。
④ 刘迎胜:《丝绸之路》,江苏人民出版社,2014年,第320页。该文献用的是"孛泥"。
⑤ 《丝绸之路》,第519—522页。(引用时文字稍有节略)

处宴饮，还赐予孛泥王仪仗、交椅和大量的财宝，其随行人员也各有所得。麻那惹加那国王在京师留居期间不幸染疾，于十月病故于客馆。明成祖下令辍朝三日表示悼念，派出专员致祭，太子亲王皆遣使慰悼。明政府将孛泥王厚葬于安德门外石子岗。墓前树碑，立石兽神道，又于其侧建立祠堂，政府按时派人祭礼。其子遐旺受明成祖之命即位为王，从此与明政府定下三年一贡的制度。这是古代中国与文莱人民友好交往的象征。

苏禄即今菲律宾南部苏禄海西缘之苏禄群岛。永乐十五年（1417年）其国王巴都葛叭哈喇、西王麻哈剌叱葛剌麻丁、峒王叭都葛叭剌卜一起率其家属、各级头目共340余人浮海入明朝贡，到北京向明成祖进献金缕表文和各种珍宝。明廷按接待满剌加王的规格礼遇之，成祖下诏封三王为国王，分别授予印诰、袭衣、冠带及鞍马、仪仗器物。随从诸人也有赏赐。苏禄的三位国王在北京居住了27日后动身返国。成祖在他们离京之前又赐以大量珍宝、丝绸。苏禄诸王一行沿大运河南下。当行至德州时，东王巴都葛叭哈喇生病卒于客馆。消息传至北京，成祖派员致祭，将东王厚葬于德州，在墓旁立碑志念。明政府留东王妃妾及随从10人守墓三年，其余苏禄各王归国。成祖还命使臣赴苏禄，向巴都葛叭哈喇之子都马含诏告，表彰其父东王仰慕中国，躬率家属陪臣远涉海道万里来朝的壮举。告以东王在中国受王封和赏赐之事，以及东王在归途中病逝安葬的情况。成祖命都马含继承苏禄国东王之位。永乐十九年（1421年），东王之母遣前东王兄弟叭都加苏里来朝贡。二十一年（1423年），东王妃守墓期满归国，明政府在她临行前厚赐之。王妃归国时，留下一些人员继续为东王守墓。苏禄东王墓至今尚存于德州，而东王妃留下守墓的苏禄人世世代代定居于中国，在德州繁衍成村落。东王访问明朝的故事也在他们中间世代流传，成为中菲友谊的一段佳话。

第三节　求同存异、包容互鉴的文化交流

海上丝绸之路，既是东西方通商贸易之路，也是东西方文化交流、文明互鉴之路。正如刘迎胜所言，"旧大陆各民族通过海上丝绸之路相互交流的不仅是物质文化，而且也包括精神文化。印度的佛教、印度教，西亚的摩尼教、犹太教、伊斯兰教，欧洲的天主教和基督教先后传入中国，印度的语言学以及印度、阿拉伯的星历学对中国产生过重大影响。长达2000多年的中国文化影响在

东亚北至日本、南抵越南的范围内形成了一个有强大生命力的汉文化圈,我国的磁针导航术、绘画、历史知识、纸币等均传至旧大陆各国"①。也就是说,海上通商贸易既是经济的互惠互利,也是文化的交流互鉴。可见,海上丝绸之路是一种开放、共享、交流、包容的国际通道,它对推动海上丝路沿线国家文化的创新发展以及维护世界文明的多样性都做出过重大贡献。

秦汉之际,中国文化与印度文化几乎是同一时间向南海周边国家传播,也是世界上最早对这一区域产生深远影响的文明体系。唐以后,阿拉伯文化及西方文化也传播汇入此地。于是,来自世界各地的不同宗教文化传统,既丰富了南海周边地区的文化体系,也推动了中国文化的创新发展。

首先,以印度佛教文化在中国及南海周边国家的传播为例来说明其深远影响。汉哀帝元寿元年(前2年)以后,源自印度的佛教文化或跟随中亚、西域及印度僧人的足迹,或通过中国僧人搭乘南海贸易商船,从陆、海丝绸之路先后传入中国。随着异质的佛教文化进入中国,它便与本土的儒道文化展开了长达千余年的碰撞与交融。赖永海称,"佛教传入中国之初,当时的中国人用传统的宗教观念和神仙方术的思想去理解和接受佛教,结果把佛教变成神仙方术的一种"②。进入魏晋时期,佛教般若学在依附于玄学传播的同时,也对玄学思想产生极大的影响,这两大社会思潮的相互融合、相互影响,学术界称之为"玄佛合流"。东晋时期,以慧远为代表的佛僧与以范缜为代表的士人之间就"形神关系"展开激烈辩论,也就"沙门敬不敬王"以及"出家在家"等话题展开争论。至隋唐,佛教在中国的传播已有数百年的历史,佛教在中国的发展也进入鼎盛期,同时佛教的中国化也基本完成,尤其是"禅宗已经实现了佛教的中国化向中国化佛教的华丽转身"③,有学者称之为"六祖革命"。唐宋以后,儒、佛、道三教之间的交融更加深入,而当时提倡儒佛交融会通最著名的人物是天台宗智圆。智圆认为,儒教修身,释教治心,二者互为表里;儒、释二教都能迁善远罪,有益教化;而且明确主张儒、释、道三教合一。④ 可以说,佛教文化在与中国文化漫长的融合过程中,对本土的儒道哲学思想以及诗书画文艺均产生了极为深刻的影响。在中国哲学史上,有新儒学之称的"宋明理学",

---

① 《丝绸之路》,第319—320页。
② 赖永海:《佛法真义》,商务印书馆,2019年,第181页。
③ 《佛法真义》,第22页。
④ 《佛法真义》,第323—324页。

其产生就与佛教文化思维方式的渗透有密切关系。赖永海指出,宋明新儒学的"新",从某种意义上说,就是受佛教本体论思维模式的影响,一改传统儒学"天人合一"的思维模式,而易之以"心性"为本体,建立起"儒表佛里"的"心性义理之学"。① 有新道家之称的"全真道",在吸收佛教义理和修行方式方面走得最远。"全真道"一反传统道教的注重符箓斋醮、仙草丹药,而强调反省心性、闭炼内修,与唐之后的禅宗直探心源、强调明心见性的修行方法遥相符契。② 赖氏又说,"探讨佛教与中国文化的相互融汇,儒、道自然当仁不让,而作为华夏文化之冠冕的诗书画,也大量吸收了佛理禅趣,禅诗、禅画、禅意书法成为中国佛教文化一个不可或缺的重要组成部分"③。历史上,其他异质文化如伊斯兰教文化、基督教文化在中国传播的时间不可谓不久,但还远达不到像佛教文化那样中国化的程度而成为中国文化的有机组成部分。近代以来,源自西方的民主和科学两大社会思潮,从五四运动开始便在中国大地上寻找其生存的土壤,但时至今日中国社会也还没有将之很好地消化与吸纳,进而融入本民族固有文化基因之中,从而产生出崭新的、更高的文化形态。

如同丝路经商贸易一样,丝路文化交流也是双向的相互影响与相互塑造。包括禅宗及儒学在内的中国文化,也会通过陆、海丝绸之路的通道传播到东北亚及东南亚,乃至西方社会,为世界文明的多样化以及世界文化的突破创新做出自己的贡献。正如科学史家李约瑟所说,在中国尤其是"从公元1世纪到15世纪,没有经历过'黑暗时代'的中国人总体上遥遥领先于欧洲"④。又说:"在公元后最初的14个世纪里,中国传给了欧洲极为丰富的发现和发明。……这些发明对文艺复兴时期新生的现代科学产生了重大影响,这些影响在整个18世纪一直持续着。正是在那个时候,我们进入了现代的开端,那时科学已经成为中国和所有其他文化共同参与的一种全球性事业。"⑤也就是说,中国文明的传播在世界范围内,其影响也是世界性的,它并不局限在东亚和东南亚等邻近地域。

再以马来西亚所传入的异质文化为例。历史上,明代以前并无马来西亚

---

① 《佛法真义》,第108页。
② 《佛法真义》,第118页。
③ 《佛法真义》,第119—120页。
④ 李约瑟:《文明的滴定:东西方的科学与社会》,张卜天译,商务印书馆,2016年,"导言"。
⑤ 《文明的滴定:东西方的科学与社会》,第46页。

国之说。当时的马来半岛还基本是一些渔村、小邦、港口。只是后来随着马来半岛南部的马六甲在南海贸易中占有地理优势,其日渐繁荣,客观上推进了一个相对统一的马来亚之建设步伐。马来半岛各邦散乱的状态直到1405年(以马六甲为中心的满剌加王国建立)才基本实现了统一。由于地处东西方海上通商要道,世界各地文化如印度文化、中国文化、阿拉伯文化、西方文化等跟随各国商旅、移民、使节、殖民者的足迹先后传入并扎根于马来半岛及其周边地区。

明代初年,伟大的航海家郑和奉明朝皇帝之命七次巡航南洋,他直航最远到达过非洲东海岸地区。在七次远航中,就有五次经过满剌加并短暂停留。郑和出生于信奉伊斯兰教的家庭,他担任巡洋大使,客观上有助于文化传播和文化交流。研究者称,"他在七下西洋期间,积极传播伊斯兰教,在他的影响下马来半岛、爪哇、菲律宾等都先后成立了华人伊斯兰教区"[1]。正如印尼著名的伊斯兰教权威哈姆加所说:"印尼和马来亚伊斯兰教的发展与中国的一名穆斯林有着密切的关系,这位穆斯林就是中国郑和将军。"[2]伊斯兰教能成为马来西亚的国教,与它在南海周边国家的广泛传播与深入渗透不无关系。虽说郑和对此贡献颇大,但是那些来自阿拉伯的商人无疑也参与其中,颇有勋劳。

中国文化传入马来半岛的具体时间虽不甚明确,但最迟从唐代起它就随华人移居于此而落地生根。中国东南沿海诸省商民较大规模移居南洋,是自明成祖朱棣取消海禁政策及郑和下西洋前后开始的,这些先民成为日后马来半岛华人的祖先。有学者指出,满剌加第一任国王拜里米苏剌在位期间,与中国建立了友好关系,尤其是在访问中国之后,对于中国文化,如朝廷礼义,以及中国的风俗习惯,他都虚心学习,回国之后,借鉴中国的文化传统,制定朝纲、法规,奠定满剌加立国的基础,使满剌加王国逐渐走向繁荣。[3] 笔者认为,人才是促进文化传播的最有力载体。满剌加国的建立与繁荣,主要得益于南海贸易的繁荣及海外移民的迁入,移民成员包括中国人、印度人、阿拉伯人以及后来的西方殖民者。由于马六甲地处东西方海上航路的要冲,也是东西方商人贸易的中转站,有利于来自世界各地的客商及其文化汇聚于此,这成就了此

---

[1] 周伟民、唐玲玲著:《中国和马来西亚文化交流史》,海南出版社,2002年,第133页。
[2] 《中国和马来西亚文化交流史》,第133页。
[3] 《中国和马来西亚文化交流史》,第147页。

地"世界文化万花筒"的称誉。在西方殖民者到来之前,中国人在此地至少已有六个世纪的居住史,他们通过与当地妇女通婚形成一个新的种族,产生一种新的文化。正如此地土生华人学者林文庆所说:"在马六甲华人长久定居而形成聚落大约已经有六百年的历史了。……当英国人出现在马来亚的时候,久居此地的华人的状况就是如此。实际上,中国血统和马来血统的混合已经造成一个新的种族。"①这个新的种族就是峇峇华人,新的文化就是峇峇文化,它是中国文化与马来文化交互融合的结晶。后来,当英国殖民者长期统治马来亚时,峇峇华人又被冠以海峡殖民地华人的名称,在中国文化及马来文化的基础上又融入西方文化。所以,峇峇文化实际上是三种不同文化的结合体。正如崔贵强所称:"就文化而言,19世纪的海峡华人处于一个文化的大染缸,将华、巫、英文化熔于一炉。峇峇秉承了父亲的文化遗产,复受到母亲的潜移默化;到了19世纪时,他们受英文教育,与西方人士接触,无形中接受了西方的文化,因而形成了一种独特的'峇峇文化'。"②也就是说,峇峇文化从发展上来说有层累性。若从峇峇的宗教信仰来看,他们仍是有所坚守和拒斥的。李元瑾指出,"峇峇尽管接受马来文化和西方文化,但他们在宗教信仰上却拒绝伊斯兰教和基督教"③。事实上,峇峇土生华人在生活中普遍信奉的是更具宽容性的佛教。于是,我们又可说峇峇文化的形成发展具有层累和选择的双重属性。峇峇文化总的来说是三种不同文化碰撞交融的结果,即"先是在儒家文化的基础上,糅合了马来文化,而等到英国殖民者到来后,又受到西方文化的影响,从而形成了中西文化和马来文化的大融合"④。

马来西亚真正意义上的独立和建国是二战之后的事。它是在世界各地民族解放声浪高涨的时代背景下,由世代居住于此地的马来族、华族、印度族一起争取独立、获得自治的结果,迫使英国殖民政府不得不还政于马来西亚。马来西亚的独立与建国,面对的是应该以什么样的文化精神来整合或凝聚马来西亚不同民族之间的认同,来保证整个国家的安定、和谐这样的难题。就大马华人来说,以林连玉及沈慕羽为代表的爱国人士暨华教人士,对马来西亚应以

---

① 转引自宋旺相:《新加坡华人百年史》,叶书德译,新加坡中华总商会,1993年,第3页。
② 崔贵强:《新加坡华人——从开埠到建国》,新加坡宗乡会馆联合总会,1994年,第99页。
③ 李元瑾:《新加坡海峡华人知识分子的女权与女学思想》,"东南亚华人文化、经济与社会国际学术研讨会",1994年。
④ 《新加坡儒学史》,第90页。

何种文化或精神建国的课题有自己的独到见解和深入思考,值得一述。

林连玉先生在《谈马来亚的精神》一文中首先指出,马来西亚精神的形成需要长时间的培养和各民族人士的共同努力。他说:"到底马来亚的精神是怎样的一种型范呢?当然,这个时候提及,尚嫌过早,因为一个民族复杂的地区,要熔铸一种新的共同精神,必需要较长的时期,从事鼓吹,推进,然后由相濡相沫,互相吸收与扬弃,才可以孕育成功的。"[1]林先生又认为,马来亚精神的产生必经过不同民族文化之间的深入接触和交流融合,并以兼容并包的心量摒弃各自文化的此疆彼界,然后对各民族的优秀文化作认真鉴取的工作,最后才可形成新文化精神。他说:"不过依照我个人的意见,所谓马来亚的精神,终必有一天产生出来的。因为这地区,现有的居民,分明都有居住下去的决心,这族与彼族之间,虽然有其各自的文化背景,俨然有你疆我界的划分,而为着生活的关系,接触频繁的结果,当然会互相观摩互相吸收,经历若干时日以后,旧有的鸿沟逐渐泯灭,新生的观念逐渐形成,由小变而积成大变,以至于完全否定了从前。所谓马来亚的精神,也就诞生出来了。"[2]

林先生继而指出,理想的马来亚精神,理应包括这样四种要素:"第一,是英人的民主精神。第二,是华人的勤俭美德。第三,是巫人的乐天襟怀。第四,是印人的和蔼态度。"[3]林连玉先生对马来亚精神的精心设计采取的是兼收并蓄、采撷精华的方法,体现了他在文化观念上是开放而非封闭、多元而非单一、包容而非排斥的态度。因为他坚信文化只有在相互接触、相互交流过程中才能推陈出新,最终创造出更高级的文化形态。他说:"一个文明,如果长时期的闭关自守,便不免故步自封,没有日进千里的现象。反过来,如果两个文明,互相接触,则相倚相溢的结果,就会熔铸起来,而成为第三文明,而这第三文明,必然是较诸原有两个旧文明,更加进步的。现在在这马来亚地方,不但是两个文明互相接触而已,简直有四五六个以上的文明,在这里互相交流。可爱的马来西亚啊!正是鼓铸新文明的烘炉,但愿大家好好利用他,不要自暴自弃罢。"[4]

最后,林连玉先生期望马来西亚在建国工作中能够利用这一资源优势,在

---

[1] 林连玉:《杂锦集》,林连玉基金委员会,1986年,第37页。
[2] 《杂锦集》,第37页。
[3] 《杂锦集》,第38页。
[4] 《杂锦集》,第39页。

不久的未来在世界文明舞台上占有重要地位。他说:"在历史上,文明的中心,是随时代而转换的,埃及文化以后继起的是爱琴文化,爱琴文化以后继起的是希腊文化,希腊文化以后继起的是罗马文化。先例俱在,不可抹煞。那末,可爱的马来亚,过去时代洪荒未辟,在世界文明舞台上是寂寞无闻的,在未来的世界文明舞台上,必定有最光辉一页,我们衷心地这样期待着。"①如此开放包容的文化观念也反映了林连玉作为公民对马来西亚的无限忠诚和无限热爱。

如果说,林连玉是从文明互鉴的角度来构建马来西亚的建国精神,那么同为华教领袖的沈慕羽则是从文化多元的角度来推动马来西亚的建国精神。首先沈慕羽先生认为,马来西亚建国应该承认并尊重本邦是一个多元民族国家、多元宗教文化的历史事实。他说:"本邦是个多元民族组成的国家","本邦之文化为印度、中国、阿拉伯、西洋、马来文化之总汇"。② 其次,沈先生指出,中国文化跟随华人移民的足迹传入马来西亚已经有数百年的悠久历史,其文化也早已融入本邦民族文化之中,而汇为马来西亚文化。他说:"华人南殖,经有数百年历史,其文化早已成为本邦民族文化主流之一,在本邦生根茁长,日益壮大,而与阿拉伯文化,印度文化,西洋文化,汇为马来西亚文化。"③基于此,沈慕羽认为马来西亚联盟政党之巫统及马来种族主义者应摈弃其"一个国家,一种语文"的政纲口号,在教育上采用多种语文制度。沈慕羽对此种狭隘的沙文主义文化论调给予反驳,并从正反两方面举例论证在多元民族国家中实施多元语文教育的合理性。他说:"其实多种语文在官方受承认乃显示本邦是个真正民族平等、民权自由、民生幸福之国家。此种制度之设施促使各民族不互相歧视,可以互相了解,不发生隔膜,更无不平的苦闷心理,如瑞士、加拿大、比利时皆为显著之例子,此等国家未闻有种族摩擦之事件发生。"相反,"锡兰之淡米尔与辛哈尔族之纠纷可为殷鉴"。④ 也就是说,在多元民族国家中采用多元语文政策,既能培养各民族人士的爱国情感,也可以促进不同民族之间的相互了解;反观那些不采用多元语文政策的多元民族国家,则容易加深种族之间的隔膜,酿成种族冲突甚至流血事件。

新加坡的情况和马来西亚大体相似。新马一衣带水,同处于马来半岛南

---

① 《杂锦集》,第39—40页。
② 《沈慕羽资料汇编》编辑委员会:《石在火不灭》,马来西亚华校教师会总会,1996年,第4、7页。
③ 《石在火不灭》,第11页。
④ 《石在火不灭》,第6—8页。

端,也都是由多元种族、多元宗教文化的移民社会组成的新生国家。新加坡居民包括华人、马来人、印度人、欧洲人及混种人等,每个种族都有各自的文化传统和宗教信仰。在这种族文化复杂的环境下,新加坡执政党不得不思考解决的大问题是如何使各族人民和睦共处,进而共同建设这个移民国家。20世纪80年代,新加坡教育部在全国中学三、四年级开展公民道德教育时,开设宗教伦理教育课程,其中包括儒家伦理科目。在中四年级的《儒家伦理》教材中有一课题为"儒家伦理与我国社会的关系",专门讨论了儒家伦理可以为多元文化的新加坡社会各民族人士在文化上互相包容提供理论支撑和实践指导。教材说:"这样的一个社会,要使大家和睦共处,是不容易的。儒家思想对于建立一个和谐安定的社会,有一定的帮助,因为它具有以下两个特性:(一)包容性。……因为儒家具有这种宽容博爱的精神,自然能容纳所有不同种族的人,同时也不会排斥其他的宗教文化,而能和它们相融合。(二)变通性。……由于儒家思想有这种变通的能力,我们相信它在现代的新加坡,也可以继续发挥它的影响作用,使这个多元性的社会,始终保持和谐和安定。"[①]进入20世纪90年代,新加坡政府在颁布《共同价值观白皮书》的时候,曾将儒家伦理的宽容和谐精神吸收进来,并作为该白皮书所倡导的"五大共同价值观"之中,以此作为新时期新加坡公民道德教育课程的指导思想,如"求同存异,协商共识;种族和谐,宗教宽容"。

二战后,新马在当时是除中国之外,拥有从小学到大学颇为完整华文教育体系的国家。华文学校成为海外华人传播中华文化的堡垒,其校名、校训、校歌及教材多多少少都浸润着儒家思想。华校的校歌更是普遍向学生灌输兼容并包的文化观念,使得海外华人更容易在多元民族、多元宗教文化并存的马来西亚和新加坡生存与发展。在思想观念上,华人素来接受"道并行而不相悖,万物并育而不相害"思想的熏陶和浸润,故能表现出兼容并包的气度。在种族关系上,华人始终秉承与人为善、和睦相处的伦理原则。在文化关系上,华人主张东西方文化应在平等地位上进行深入交流,方能实现文化的交融创新。例如,马来西亚华校吉兰丹中正国民型中学校歌:"共研厥中,东西文化,贯会融通。"又如,新加坡华校中正中学校歌曰:"欧印文明他山之长。"在社会办学

---

① 儒家伦理课程编写组:《儒家伦理》中四,新加坡教育出版社私营有限公司,1985年,第127—128页。

上,新马各地华校均主张面向全社会招生,不存民族分珍壁垒观念,始终以作育英才和为国储才为教育宗旨。在文化建设上,华校既主张积极吸收其他民族文化的优长之处,也不忘本民族文化的优良传统。例如,经华社领袖陈六使倡议,并由新马华社各阶层人士共同筹资创办的南洋大学,其办学宗旨在于沟通东西文化,发展马来亚文化。①

从上述丝绸之路中中印文化、中马文化及东西方文化交流和文明互鉴的历史经验中可知,当一种文明以开放、平等、谦虚、包容的心态与其他文明进行接触交流时,它就能从中广为受益并酝酿产生新的更高的文明形态;相反,一种文明若以封闭、傲慢、自大、狭隘的心态来对待其他文明的传播输入,它不仅不能丰富自己的民族文化且只能走向日渐枯萎、凋零没落的地步。

第四节 友爱互助、和谐共生的伦理情谊

历史上,中国东南沿海地区与南海周边国家在悠久的商贸往来、使节互访和文化交流过程中,结下了友爱互助、和谐共生的伦理情谊。从秦汉之际起,就有闽粤商民趁季风时节沿着中国东南海岸线南下,泛海扬帆,往来于南海诸国通商。唐朝及以后,随着东西方海上贸易的日益繁荣昌盛,商民出于经商便利上的考虑而住蕃南海诸国,并与当地妇女通婚,从而产生新的混血种族,乃至新的文化形态。在互通有无、互惠互利的海上互市贸易中,华人商民始终与南海诸国人民平等交易,互敬互爱,和平共处。历史文献都有记载,"唐代时,在'群岛东南亚'的苏门答腊北部及其他地方,华人的永久聚落(社区)已经很兴盛地存在了,并与土著部族和平共存"②。元代大航海家汪大渊在访问"浡泥"(今婆罗洲)时,记述了当时土著和海外华人和谐相处的美好场景。他说,浡泥人民"尤敬爱唐人,醉也则扶之以归歇处"③。《元史》记载,蒙元政府在收到马来半岛古国木剌由使者贡船因遭遇风浪而毁坏的求助消息后,当即决定援助船粮和兵士。④ 这些历史文献在在见证了古代海上丝绸之路上,中国与南海周边国家彼此之间友好交往的优良传统。这一传统一直延续到明代后

---

① 李业霖主编:《陈六使言论集》,霹雳南洋大学校友会出版,2014年,第52页。
② 李恩涵:《东南亚华人史》,东方出版社,2015年,第39页。
③ 汪大渊:《岛夷志略校释》,苏继顾校释,中华书局,1981年,第148页。该文献采用"浡泥"。
④ 《中国古籍中有关新加坡马来西亚资料汇编》,第37页。

期,后因西方殖民势力纷纷介入南海及周边海域才宣告结束。

当西方殖民者如葡萄牙人、西班牙人、荷兰人、英国人等先后侵入南洋群岛之时,华人先民已经在这片和平且繁荣的海域及南海周边国家生活了六七百年的时间。华人先辈们胼手胝足,参与南洋地区的开发,也见证了此区域的繁荣发展。华人在生于斯、长于斯、老于斯的过程中,也逐渐将南洋视作故乡一样来爱护她和效忠她,甚至愿意为她流血牺牲。以新、马为例,无论是在殖民地时代还是独立建国后,华人领袖及其领导团结下的各阶层华人对当地公共性的福利、卫生、安全、医疗、救灾、教育诸事业可谓倾力尽心,都可证明华族与巫族、印度族,甚至同西方殖民者之间所建立的是友爱互助、和谐共生的情谊。

在海峡殖民地时代,华社领袖如陈金声及其家族为新马两地至少做出过如下贡献。他在马六甲建造了一座金声桥,在新加坡捐资建设了一条金声路,且出巨资赞助过陈笃生医院,创办过义学崇文阁及萃英书院,也慷慨捐赠给英殖民政府一万三千元作自来水工程之用。[①] 陈金声之子陈明水,同为华社商人翘楚,继承其父造福当地社会的领袖风范,也有两件功绩值得称述。一是为马六甲市政府捐献一座钟楼,极大地方便了远近市民,免去他们"问夜待旦之苦";二是在新加坡出资捐献了一座瓦屋,供施医赠药看病之用,其可贵之处在于不囿种族之见。华人之慷慨义举,并不局限于服务当地社会,还表现在对中国各地的捐献及世界各地的援助上。如新加坡华文报纸《天南新报》所言:"夫南洋各埠绅商,号为富而好义,中外知之久矣,而星洲实为各埠之冠。累年各省灾荒,赈捐之款,动以百数十万计,而多由星洲倡之,此其功在本国者也。至印度恤灾、非洲恤战,亦各不惜财力以助英廷,因报及地主之惠矣。"[②]

近代新马著名华侨企业家陈嘉庚先生,一生坚守奉献社会、服务公众的价值观念,无论是在办学兴校还是在筹赈救灾方面,其社会贡献都是极为卓著的。作为客居地的著名侨领,在办学兴校方面他先后创办过道南学校、南洋华侨中学,也曾向英殖民政府所办的英华学校、莱佛士学院捐助过大量资金;同时他也心怀祖国的教育事业,先后出资创办过集美村学塾、集美两等小学校、集美中学、集美女师、集美学校以及厦门大学等。据笔者粗略统计,五十余年

[①] 《新加坡华人百年史》,第39—41页。
[②] 《劝星洲闽粤乡人合建孔子庙及大学堂启》,《天南新报》第535号,1900年3月27日。

间(1894—1947),他为教育事业捐献的费用不下八百余万叻币。此外,在救灾、抗日等方面,陈嘉庚先生始终拥有仁者爱人的伦理精神,先后担任过新加坡福建保安捐款会会长、新加坡筹助婴儿保育会会长、南洋华侨筹赈祖国难民总会会长等社会职务,在任职期间他捐过无数次巨款,体现了对祖国同胞以及海外友族的无限同情及友爱关怀。

同为新马华社著名侨领及慈善家的陈六使先生,从小受族叔陈嘉庚先生服务社会等价值观念的影响,为新马两地的文教事业也做出过巨大贡献。陈六使在出任新加坡福建会馆主席一职期间,他不仅以不动产的收息津贴过该馆属下的五所华文学校,也在新加坡中华总商会设立面向华、巫、印三族学生的奖学金,给他们提供无差别的经济资助。不仅如此,他还为英殖民地马来亚大学的创办捐助过三十万元巨款的建校费用。可见,华人之善行义举具有超越帮权、跨越地域,乃至超越种族界限的性质,体现了博施济众和四海兄弟的伦理精神。

在文教领域,新马两地的华校及华教或以身体力行,或以弦歌不辍方式,教导华族子弟在处理华、巫、印族群关系时要践行友爱互助、和睦相处的伦理原则。如公立培德学校校歌:"品德好,互助友爱如一家。"华人由于参与南洋移居地的开发与建设,渐渐对这片浸润着自己无尽血汗的热土产生了强烈的认同和深厚的情感,从而视异乡作故乡,努力建设她和精心爱护她。如古晋中华第一中学校歌所反映的:"砂捞越的沃土,哺育我们成人。我们是砂捞越的儿女,砂捞越是我们的母亲。同学们,莫辜负她爱护她的一片热忱。"此外,华族在处理和其他民族关系时,也一直秉持与人为善、出入相友的价值理念。例如亚庇中华学校校歌:"华巫携手卫北婆。爱众亲仁,志比钢。"又如沙巴崇正中学校歌:"乐互助,友族善相联。"不仅如此,海外华人还笃实践行"四海之内皆兄弟"的仁爱思想,希望不同民族都能相亲相爱如一家,携手实现四海大同的人文理想。如尚德中学校歌:"菁菁学子,惟是所宗。修身克立,四海大同。"又如实理中学校歌:"不分种族和信仰,大家携手并肩立。"华人不仅在文化上主张兼容并包,而且在伦理上践行和睦相处。如养正学校校歌:"万邦和谐其所宗。"又如武吉班让政府中学校歌:"不分种族,合群同心。"再如华义中学校歌:"俾种族咸和睦,跻世界于大同。"

其实,海外华人对友爱互助、和谐共生等伦理精神的实践,一开始虽限于家族之间和族群之内。不过,后来随着华人融入当地及认同当地的程度不断加深,这种伦理精神逐渐推扩出去而施及友族,乃至遍及整个社会群体。华族既严格遵循"爱由亲始"的差等原则,也大力践行"四海一家"的博爱精神,在伦理实践上完美地将二者协调统一起来,对新马两地不同族群之间和谐相处做出了重要贡献。

远在甲必丹时代,华族出于生存生活的迫切需要,将原乡的庙宇、义冢、会馆、宗祠等移植到新马城乡各地。他们或借神祇崇祀,或借义冢丧葬,或靠会馆联谊,或以宗祠睦族,将客居异乡的华人联络成一个死生相依、责任共担、出入相友、疾病相扶持的"命运共同体"。这可以看作是早期华社族群内部之间对友爱互助伦理精神的实践。

至于华人家族的友爱互助事例,当以新加坡家庭互助会最为典型。在海峡殖民地时代,来自马六甲的三十六位华商为了在开埠不久的新加坡开拓生意,他们于1831年协商组织了一个家庭互助会。该组织是以会员基金为经营方式,以兄弟情谊为伦理观念,以儒家文化及佛道民间宗教为信仰结构,并结合西方企业管理方法及法律精神而自主组合的伦理互助组织。它旨在形成一个风险共担、生活相恤、疾病救济的"家族命运共同体"。

新加坡独立建国后,新加坡执政党鉴于各族群关系间的冷淡隔膜,以及祖屋社区内频繁发生的盗窃事件,曾在各族人士共住的组屋社区大力推行过"社区守望相助计划"。其直接目的在于防范社区内的犯罪行为并保障居民的人身财产安全,根本目的在于促进社区居民间的睦邻友好及群体和谐。这可视作不同族群之间对友爱互助、和谐共生伦理精神的实践事例。

以上事实见证了新加坡华族帮群之间以及华族与各族群的友爱互助、和谐共生。至于马来西亚,华人不论是太平洋战争中的舍生抗日,还是二战结束后与各友族联合争取独立建国,都始终怀抱热爱马来西亚、效忠马来西亚的观念,诚心竭力地与各友族致力于友爱互助、和谐共生伦理情谊的实践。

二战期间,当日军尚未南下入侵马来半岛之时,英殖民政府出于减少当地市民在战争中伤亡的考虑,于1940年12月1日在吉隆坡发起并组织了民防服务队。该组织在架构上分为空袭抢救队和医药辅助队(又称救伤队)。当时马来亚各族响应英殖民政府此项号召并报名参加的有两千人之多,其中华族青年最为踊跃,更具热心,而且成员之中华校教师又占了很大比例。救伤队里面就包括前马来西亚华校教师总会主席林连玉先生。这支战时救伤队经过专业人士长达半年的严格训练,可以随时待命派上用场。1941年年底,日军在不宣而战的情况下,悍然发动太平洋战争,随后一路南下,势如破竹,逼近马来半岛的马来西亚及新加坡,并在这片区域进行无差别的狂轰乱炸,无辜百姓死伤枕藉。就在此时林连玉所在的救伤队奉命出发,开始从事全天候忙碌且责任重大的救死扶伤工作。队员们冒着炮火,出生入死,不知挽救了多少人的生命,其义行善举广受各族人士赞许。战后当有人向林连玉问及这段故事时,他不无感慨地说:"我热爱马来西亚,我生活了几十年的国家。她气候温和,土地肥沃,资源丰富;她人情淳厚,各族人民酷爱和平,亲善和睦,只要公平合理,为子孙后代着想,她是人间乐土。我也在这块可爱的土地上,尽了华族一分子的责任,数十年来,献出了所应及所能献出的一切。"[①]在马来亚独立的前一年,林连玉利用受邀为《马来前锋报》开斋节献词的机会,提出"非巫人要效忠马来亚,巫人要抱着共存共荣的思想"[②]。这些言论和行动,反映了华族愿与其他各族人民和谐共生,携手共建团结繁荣的马来西亚的美好愿望。

林连玉先生的战友,另一位马来西亚爱国志士沈慕羽先生。二战期间,他既为中国抗战事业尽力筹赈,也为马来西亚保卫战奔走呼号,以自己的满腔热血和实际行动为实现马来西亚的和平安宁做出了巨大牺牲。沈慕羽回忆说:"中国全面抗战那一年,我才廿五岁,热血沸腾,为响应抗日救亡,在马六甲晨钟青年部组织戏剧团和歌咏队,参加宣传行列。我的富有煽动性激烈的演讲,唤醒了群众。四年后,日军侵马,我是马六甲华侨抗敌动员总会的秘书,也是战时青年服务团团长,夜以继日,奔走呼号,共赴国难。"[③]日军占领马来亚后,为了彻底消灭抗日力量,大肆搜捕华人抗日分子,沈慕羽及其家兄沈慕周不幸被抓进监狱。沈慕羽又称,在他的出生地马六甲州为抗击日军而英勇牺牲的华人就不下千人。他们的英雄壮举既出于对中国母邦的声援,也出于对马来亚的爱护,将抗日看作各族人士为维护世界和平、争取民族解放,浴血奋战的共同事业。抗日事业将马来西亚各族人民的命运紧密地连接到一起。正如沈慕羽所言:"谁无骨肉,谁无社稷,吾华人既愤其同胞被屠杀,祖坟被踩躏。岂忍居留地重被鱼肉,于是发动筹赈,义旗所至,万山响应,一以援助中国抗战,牵制日军南侵;一以支持政府保卫马来亚。人人誓死为自由而牺牲,为正义而

[①] 教总秘书处编:《族魂林连玉》,林连玉基金委员会,1991年,第76页。
[②] 李亚遨主编:《族魂林连玉续编》,林连玉基金出版,2005年,第160页。
[③] 《沈慕羽言论集》下,第8页。

奋斗,敌忾同仇,不共戴天。"①这是继六百年前明代郑和将军率领舰队护佑刚刚诞生的满剌加王国,华人六百年后又一次联合友族人士"为抵御强暴,保卫马来亚而不惜作壮烈牺牲"②的历史铁证,也是华人忠诚热爱马来西亚的事实。

新马一衣带水,命运相连。在太平洋战争中,华人中的抗日分子积极参与新加坡保卫战,为抗击南侵日军而组建的新华义勇军几乎全部阵亡。于是,日军在占领新加坡后,开始迁怒并大肆报复华人。据不完全统计,在日军随后的"大检证中死亡的人数当介于五万到七万之间,而当时新加坡的总人口大约只有九十万人左右,华侨占七十万,也就是说,在大检证中,有接近十分之一的华侨被杀害了"!③ 这些血的付出,铁的事实,无不说明华族为实现新马两地的和平与安宁所付出的牺牲是多么巨大。以上事实也证明,华人无论是在开埠时期,还是殖民地时期,抑或是独立建国时期,他们对这方土地的热爱与忠诚是永恒不变的,他们与各民族相处过程中建立了友爱互助、和谐共生的伦理情谊。

回顾历史,总结过往,是为了携手共建一个更美好的未来前景。历史上,中国与南海周边国家早已在经济、政治、文化、伦理等方面结成休戚与共的"海洋命运共同体"。但是随着国际事务领域的不断扩展以及国际政治环境的日益复杂,中国与南海周边国家,乃至世界各国之间在诸如海洋经济发展、海洋安全防务、海洋资源开发、海洋生态建设、海洋污染防治、海洋文物保护、海洋文化交融等方面,仍需本着"相互尊重、平等相待、增进互信"的态度,共同面对一切可知或不可知的风险与挑战,顺应和平与发展的时代主题,携手共建"责任共担、合作共赢、幸福共享、文化共兴、安全共筑、和谐共生"的"海洋命运共同体"。

---

① 《沈慕羽言论集》下,第7页。
② 《沈慕羽言论集》下,第7页。
③ 严春宝:《林文庆传》,厦门大学出版社,2021年,第292页。

第二章

华人移民南洋经过、原因及形态的历史考察

本章拟从华人移民南洋的经过、原因以及形态三个方面,对他们下南洋的历史背景作一概要梳理和论述。将为以下各章具体从早期华社、华商、文士、华校、华教及政府等层面,来探究儒家伦理在新马弘传的群体、载体、方式、途径、特征及规律等提供必要的背景知识。

中国是一个陆地面积广大、海域辽阔的大国,既有 $9.6×10^6$ km² 的陆地面积,亦有 $3×10^6$ km² 的管辖海域。[①] 自古以来,世代滨海而居的东南沿海地区尤其是闽粤两省的人民,虽然有乡土情怀却不囿于大陆思维,他们不畏艰险、勇于冒险、扬帆远航,在海外开辟了一番新天地,从而为自己拓展出更为广阔的生存生活空间。

中国人与南洋[②]的接触历史颇为久远,有史之初当已有之,然史无明文可

[①] 王颖主编:《中国海洋地理》,科学出版社,2013年,第10页。

[②] 学者对"南洋"一词有不同的解释。陈佳荣、谢方认为,南洋一词出于明代郑若曾所著《海运图说》一书,它相当于今中国南海及周围一带海域,并包括中南半岛、马来半岛、马来群岛等。"南海"一词很早就出现在中国的古籍之中,在先秦古籍中,泛指我国南方,或兼指今之东海。后来除作为郡县名称外,约在东汉时才逐渐用以专指我国以南的广大海域。作为水域而言的南海,不同载籍所指范围又很不相同:(一)今南海。(二)泛指今东南亚一带及其海域(略当南洋一词),甚至远至印度洋的海域。(三)指爪哇岛至澳大利亚洲一带的海洋。《古代南海地名汇释》,第579、581页。学者赵正平综合各家研究,对"南洋"一词做了广狭二层四义的区分。第一义:亚洲大陆之东南,澳大利亚洲(转下页)

第二章 华人移民南洋经过、原因及形态的历史考察

以稽考,只能上溯至《汉书·地理志》。接着,三国时期吴主孙权派朱应和康泰为使节走访南洋诸国,归国后他们将所见所闻撰写成《扶南异物志》《吴时外国传》,这可以说这是中国历史上首次远洋实地考察。从书中的记载,后人可以了解当时南洋一带一些国家的饮食习惯、风土人情及宗教文化习俗等。之后,从魏晋到隋唐近千年的历史长河中,中国僧人为求真经,孤征南海、横渡沧溟、杖锡西极,留下他们游历南洋群岛途中所到各国的历史地理、宗教文化等记载,为后世进一步了解和认知海洋提供了丰富而可靠的素材,这些著作中最广为人知的是晋代法显的《佛国记》、唐代玄奘的《大唐西域记》以及义净的《大唐西域求法高僧传》《南海寄归内法传》等。到唐宋时期,中国与海外诸国的贸易往来日益频繁,为此政府专门设置了涉海事务的管理机构。这一时期民间社会也涌现出一批卓越的航海旅行家,他们为后人留下了很多关于南洋甚至印度洋、红海一带翔实而可靠的历史资料,其中最具史料价值的著作有宋代乐史的《太平寰宇记》与周去非的《岭外代答》及赵汝适的《诸番志》等。元明之际,我国航海事业日益发达,与海外诸国的往来贸易更加繁荣,官方不仅增开了泉州等贸易港口,还特设涉海外交人才培养的专门机构——四夷馆和同文馆。这一时期民间同样涌现出一些活跃的航海家并保留了他们的航海记录,其中最著名者如元代汪大渊的《岛夷志略》、周致中的《异域志》,明代马欢的《瀛涯胜览》、费信的《星槎胜览》、巩珍的《西洋番国志》、严从简的《殊域周咨录》,此外还有《郑和航海图》《两种海道针经》等。至清代,政府的海外政策日趋封闭,多次颁布严厉的禁海令,这不仅完全与世界历史发展的大潮流相悖逆,而且冰冷桎梏的政令实际上已经不能完全阻挡因压迫、破产等与为谋生计、寻找出路而梯山航海、远渡重洋的闽粤劳苦百姓。这一时期有关远洋航行的著作主要有陈伦炯的《海国闻见录》、王大海的《海道逸志》和谢清高的《海录》等。除以

(接上页)之西北,海洋之上,岛屿罗布,凡此岛屿总称南洋,此狭义之南洋也。……故狭义之南洋者,即马来群岛与海峡殖民地之谓。……第二义:澳洲之北与东。凡散布太平洋上之各岛屿,东不属美洲,西不属亚洲者,概属南洋,此较广义之解释也。言其内容,则马来群岛之东,有大岛曰新基尼亚或曰巴布亚此大岛之东。沿赤道上下东西万余里间群岛无算,皆南洋之范围也。第三义:凡散布太平洋上之各岛屿。东不属美洲,西不属亚洲,如马来群岛也。马来群岛以东之大小各群岛也。以南之澳大利亚也、新西兰也,皆谓南洋。此其内容大于第二义者,系包罗澳大利亚及新西兰等处,是谓广义之南洋。广义之南洋,今更质言之,则马来群岛(马来半岛在内)与大洋洲合言之谓也。……第四之最广义:北自印度支那半岛与马来半岛起,南迄澳洲及新西兰止,中包太平洋上马来群岛内外无数岛屿,即所谓南洋也。简言之,则南洋云者,印度支那半岛与马来半岛、马来群岛、大洋洲各部之总称也。赵正平:《南洋之定义》,《中国与南洋》1918 年第 1 期。

上提到的史料以外,尚有历代正史中《南海诸国列传》《外国传》的记载以及东南沿海省份如闽粤的府志、通志中保存的南海各国宗教、风俗文化的记载。此外,还可注意的资料有历朝历代的实录、文书、档案、敕令、奏章以及时人的游记、旅行记、随笔、杂谈等。下面笔者将依据上述资料并借助中外学者的相关研究成果来论述古代中国人移居南洋的整个历史过程。

第一节　历史上华人移民南洋的经过

中国人最早移居南洋大概始于 7 世纪的唐代。据载,唐代高僧义净于 685 年从印度携经取海道回国,先后在羯荼国(今马来半岛)、室利佛逝(今印尼)居留译经达 10 年之久。① 某种程度上可以说,义净是我国历史上移居南洋最早的一位华侨。中国人较有规模地移居南洋大约是在唐末,华商百姓和一些世代定居广州的阿拉伯商人为逃避黄巢之乱而迁居今印尼群岛和东马一带(沙巴州和沙捞越州)。据一位 10 世纪的阿拉伯地理学家马肃狄(也译马素提,Masudi)在《黄金牧地》(Kit-al-Ajaib)一书中所载,他在 Pblembang(今印尼巨港)所见到的华人聚落多为广东人,为黄巢之乱后脱离母国流寓到苏门答腊的一群华人。② 另据李恩涵言,"一位阿拉伯旅游家与历史家依得来西(Edrisi),曾记述华人在群岛东南亚国家的苏门答腊已有许多长期定居的移民聚落,而非之如过去季节性的来往商人与唐末黄巢之乱后南迁的较少数移民了,并说他们(这些华人)是和平、勤奋而非常令人喜爱的"③。李先生继之说:"中国文献与阿拉伯人文献都可充分证明,唐代时,在'群岛东南亚'的苏门答腊北部及其他地方,华人的永久聚落(社区)已经很兴盛地存在了,并与土著部族和平共存。"④据此,我们可以肯定地说华人最迟在唐末时已经有为数不少的人在今印度尼西亚群岛周边地区长久性居住。

宋代尤其是南宋,政治上偏安一隅,经济上又特别倚重海上贸易的收入,因此较此前更加注重海上贸易的开发。这一时期造船技术的改进以及远洋航道的熟悉为官方和民间的海外通商提供了诸多便利条件,所以下南洋经商的

---

① 义净:《大唐西域求法高僧传校注》,王邦维校注,中华书局,1988 年,第 259—262 页。
② 转引自《东南亚华人史》,第 43 页。
③ 《东南亚华人史》,第 55 页。
④ 《东南亚华人史》,第 39 页。

人自然络绎不绝,甚至有些商人常年居住在异乡海外娶妻生子而不归。元代航海家汪大渊在访问"浡泥"(今婆罗洲)时记述了当时土著和华人和谐相处的情形。他说:"尤敬爱唐人,醉也则扶之以归歇处。"①我们从这简约的文字中可以想象华商与当地人民贸易过程中那种彼此亲密合作、互通有无的欢乐场景。当汪大渊到访距"浡泥"不远的"龙牙门"(今新加坡岛)时,他看到的情形则是,"男女兼中国人居之。多椎髻,穿短布衫,系青布捎"②。可见,在宋代时候已有不少华人移居新加坡并形成了一定规模的聚落。

元灭宋后,海外贸易的繁荣发达不亚于唐宋,泉州港的开放和市舶司的设立逐渐取代了之前广州港的贸易地位,这可从周致中《异域志》"爪哇国"条的记载得到证实。他说:"古阇婆国也,自泉州发舶一月可到。……与中国为商往来不绝。"③史载,有元一朝曾多次耀兵海外,要求南洋各国土酋来华朝贡贸易,若不从则实行军事征服。在这一系列军事征服中,最为有名的当是元世祖忽必烈派遣大将史弼远征爪哇一役。汪大渊《岛夷志略》"勾栏山"(或称格兰岛)条留下了关于此事的只言片语,"国初,军士征阇婆,遭风于山下,辄损舟,一舟幸免,唯存钉灰。见其山多木,故于其地造舟一十只。……有病卒百余人不能去者,遂留山中。今唐人与番人丛杂而居之"④。从这则资料可知,元军劳师动众的远洋军事征服活动实际上是以失败而告终,但一些随行的兵丁军士却永远地居留在南洋群岛。

对于元朝的"军事移民",我们也可从明初航海家马欢《瀛涯胜览》"爪哇国"条的记载中找到相同例证。他说:"爪哇国者,古名阇婆国也。其国有四处,皆无城郭。其他国船来,先至一处名杜板。次至一处名新村,又至一处名苏鲁马益;再至一处名满者伯夷。……其国风土无日不杀人,甚可畏也。中国历代铜钱通行使用。杜板番名赌斑,地名也。此处约千余家,以二头目为主。其间多有中国广东及漳州人流居此地,鸡、羊、鱼、菜甚贱。海滩有一小池,甘淡可饮,曰是圣水。传言大元时名将史弼、高兴征伐阇婆,经月不得登岸,船中之水已尽,军士失措。其二将拜天祝曰:'奉命伐蛮,天若与之则泉生;不与则泉无。'祷毕,奋力插枪海滩,泉水随枪插出涌出。……于杜板投东行半日许,

---

① 《岛夷志略校注》,第148页。该文献中用"浡泥"。
② 《岛夷志略校注》,第213页。
③ 周致中:《异域志》,陆峻岭校注,中华书局,1981年,第25页。
④ 《岛夷志略校注》,第248页。

至新村,番名曰革儿昔。原系沙滩之地,盖因中国之人来此创居,遂名新村,至今村主广东人也。约有千余家,各处番人多到此买卖。……自新村投南船行二十余里,到苏鲁马益,番名苏儿把牙。其港口流出淡水,自此大船难进,用小船行二十余里始至其地,亦有村主,掌管番人千余家,其间亦有中国人。……国有三等人:一等回回人,皆是西番各国为商,流落此地,衣食诸事皆清致;一等唐人,皆是广东、漳、泉等处窜居是地,食用亦美洁,多有从回回教门受戒持斋者。"①马欢的记载较汪大渊详细,从这段文字我们可推知:爪哇和中国的私人贸易很发达,以致大量福建籍漳、泉商人和广东籍商人来此定居或做生意;元灭南宋之际,一些宋朝的遗臣兵士和百姓也一起逃亡到这里以寻找谋生安身之地;随着华人迁居人口的增多和繁荣,便形成了颇具规模的华人聚落或社区;自唐迄元,阿拉伯人一直在印度洋与南洋及中国之间的通商贸易中扮演重要角色,而且伊斯兰教的传入也逐渐在南洋地区获得各国国王的护持和信奉,因此流寓的华人也多有皈依者。对此,朱杰勤也说:"宋元之际,有些东南亚华侨聚居一处,自成村落,有些杂居于当地人民之间,与当地妇女成婚,开始同当地民族同化融合起来。"②

明代开国后,朱元璋实行严厉的海禁政策并多次颁布禁海律条,禁止东南沿海人民尤其是闽粤百姓下海通商番国,甚至屡次强迫沿海百姓限期内迁,否则施以严厉的刑罚和苛刻的惩处。此种不顾经济发展的趋势和不顾老百姓死活的倒行逆施的法令,仍旧遏制不住民间渴望贸易和发展经济的内在需求。因此,有些富于冒险精神的商人与地方诸侯相勾结从事垄断性海上贸易;有些商人则铤而走险或联合日本浪人或与其他地区海盗结成军事同盟从事海上劫掠来谋取利益;当然也有一些百姓为求生计不堪压迫而选择远渡重洋以谋求生路。明代马欢曾到访过马六甲海峡一带的旧港,并对移居此地的中国人有详细的报道。他称:"旧港,即古名三佛齐国是也,番名曰浡淋邦。属爪哇国所辖,东接爪哇国,西接满喇加国界。……至其国,国人多是广东、漳、泉州人逃居此地,人甚富饶,地土甚肥。……昔洪武年间,广东人陈祖义等全家逃于此处,充为头目,甚是豪横,凡有经过客人船只,辄便劫夺财物。……有施进卿者,亦广东人也,来报陈祖义凶横等情,被太监郑和生擒陈祖义等,回朝伏诛。

---

① 《瀛涯胜览校注》,第7—11页。
② 朱杰勤:《华侨史》,桂林:广西师范大学出版社,2011年,第19页。

第二章　华人移民南洋经过、原因及形态的历史考察

就赐施进卿冠常,归旧港为大头目,以主其地。本人死,位不传子,是其女施二姐为王,一切赏罪黜陟皆从其制。"①从这段记载可知,在明代之前的某个时候三佛齐国已被它东边的爪哇国所吞并而沦为附属国。张礼千考证认为,宋代之三佛齐,唐前之丹丹,均指新嘉坡。② 明初,费信曾随郑和下西洋至满剌加亲见此处有中国人聚居区,"其处旧不称国,傍海居之,山孤人少。受降于暹罗,每岁输金四十两,以为纳税。田瘠少收。……男女椎髻,身肤黑漆,间有白者,唐人种也。俗尚淳厚,以淘钓于溪,网渔于海。房屋如楼阁,即不铺设,但有不条稀布,高低层次,连床就榻,箕居而坐,饮食厨厕俱在其上也。货用清白瓷器、五色烧珠、色绢、金银之属。永乐七年(1409年),皇上命正使太监郑和等赍捧诏敕,赐以双台银印,冠带袍服,建碑封域,为满剌加国,其暹罗始不敢扰"③。明代建国前后有大批来自广东及福建漳、泉的老百姓,政府严苛的禁海令毁掉了他们的生计,逼迫他们来这一带谋生。当然也有像陈祖义这类被官方通缉而啸聚海上、占山为王并参与通商贸易的"海盗"集团。以上资料可以佐证郑和七下西洋时甚或之前,在马六甲、新加坡等地已有很多定居的中国人或华人聚落。

至明朝中叶的时候,连续性的海禁令使中国政府在南洋地区的影响力空前下降,随之而来的新航路开辟(大航海时代)使西方殖民者的势力纷纷介入东南亚。关于这一时期南洋华人的历史,则不得不借助西方殖民者的一些记载。1511年,当葡萄牙人征服占领马六甲之际,马六甲国王苏端妈末遣使至中国乞援,而当时的中国皇帝明武宗却置若罔闻,不予理会。在葡萄牙统治期间,移居马六甲的华人数量又较此前有所增加。历史学者称:"16世纪初的马六甲人口数量可能多达10万。"④关于华人在16世纪初移居马六甲的证据,我们也可征引一条外国人的记载。攻占马六甲的葡萄牙将军达·阿尔布尔克说:"马六甲第二个国王沙肯达尔萨娶了'中国船长大王'的女儿。谁是中国船长的女儿,可以不必理会。但这位船长必然久居满剌加,和当地妇人结婚后生的女孩子,长大后嫁与国王。他也许是满剌加的华侨首领,拥有王者之权。我

---

① 《瀛涯胜览校注》,第16—17页。
② 张礼千:《志新嘉坡》,《东方杂志》1943年第39卷第1号,第103页。
③ 费信:《星槎胜览》,冯承钧校注,中华书局,1954年,第20页。
④ 芭芭拉·沃森·安达娅、伦纳德·安达娅:《马来西亚史》,黄秋迪译,北京:中国大百科全书,2010年,第49页。

们知道,没有长期侨居的资格和集团势力的人,是不能当上港主的重要职位的。"①

到17世纪,有关华人定居马六甲的事实,我们可从葡人伊里狄那里得到证实。张礼千说:"据1613年伊里狄所绘之满剌加城市图,在河(指满剌加河)之西北而与吾侨有关者,志有中国村(今吉宁仔街至水仙门一带)、漳州门及中国溪三名,后名仍存。……在市镇之东北隅有三宝山,巫言中国山(Bukit China),高149尺,自明末清初已成为吾侨公墓。"②

从上述两则材料来看,16—17世纪,在马六甲、新加坡一带定居的华侨当不在少数,且已建立了若干社区。

对于华人在马六甲移居的历史以及峇峇族群的形成及文化特点,峇峇华人学者林文庆先生在其《今日远东的观感》一书中有深入详细的论说。他指出:

> 华人起初并不想成为马来亚的居民,而是在每次结束航行后趁着季候风转变的季节,乘帆船回故里的。经过一段时间后,这些流动的商贩觉得在他们开设商店的地方和该地方的女人结婚是较为合宜的。因为土著妻子既可作为主妇又可作为店员,当她们的丈夫回返中国补载货物的时候,可以照样开店做生意。在流逝的久远年代里,由马来人母亲所生下的男孩被送回中国读书,而其所生下的女孩则留在当地,但不准许她们与该地的土著结婚。因此,在若干世代后,从中国来的新客便发现了在初期的先驱者们勤劳刻苦和创业精神所建起来的一切繁荣商业中心,都有大量当地出生的华人妇女人口。到荷兰人侵入马来亚地区时,华人已经稳固地在爪哇、峇厘、摩鹿加、亚齐和马来半岛等地方定居下来了。例如……在廖内和槟城两地,华人采取和马来妇女结婚以建立家庭的同样作法亦产生同样的结果。在各个地区的华人儿童讲的是一种含有华人方言和马来亚各地的马来语的混合语。然而,在马六甲华人长久定居而形成聚落大约已经有六百年的历史了。那里的妇女已经完全不说华语,而在马六甲出生的华人男子只是在会话上为了做生意的目的,才说福建方言,

---

① 转引自《华侨史》,第25页。
② 张礼千:《怀满剌加》,《东方杂志》1943年第39卷第3号。

虽然那些富人总是聘请一位私人教师来教导他们的子弟学习他们祖先的象形文字和四书五经。在葡萄牙人和荷兰人占领时期土生的华人人口仍继续不断地增长着。到十九世纪初,本地华人家庭对从中国开来的帆船的到来有极大的兴趣,因为这些帆船不只给他们载来新的货物,而且为他们那些不能够和本地土著结婚的女儿载来了一群受欢迎的佳婿。当男孩子的人数比女孩子的人数较少的时候,他们长大时就可以,并且经常是娶马来女子为妻,而华人女孩子长大时不是嫁给混合血统的华人就是嫁给从中国来的新客,华人的家庭人口数量就是这样逐步增长,而成为马来半岛的永久居民。因此,在大多数人的事例中,他们和中国的联亲迟早会告中断。实际上,这些在本地出生的华人已经成为马来亚各州的子民,他们除了继续保持着中国的风俗习惯和用变样的方式来奉行他们祖先的社会和宗教习俗以外,他们和中国各方面都已经疏远了。当英国人出现在马来亚的时候,久居此地的华人的状况就是如此。实际上,中国血统和马来血统的混合已经造成一个新的种族。到处可见到他们对华人的传统习俗奉行如仪。在没有经验的人们看来,他们外表上的变化很少。其实,由于流逝的岁月的增长,则存在着根本的差异。虽然这些马来人成为'伯阿那甘'(Chinese Peranakan)的土生土长的华人,从他们的外表和他们的生活方式看,实质上则是十足的华人,但他们显现出特有的社会性质,以及在种族上和人类学上又显示出那么多的特性,这说明他们是自成为一个群体的。自英国人占领马来亚以来,通过英文教育之后,这种差异的分裂线就变得更加明显了[①]。

第二节 历史上华人移民南洋的原因

中国人下南洋的历史非常久远,若从秦汉时期中国人通南洋算起,到现在大约有二千五百余年,若从7世纪唐代中国人侨居南洋论起也至少有一千三百多年。然而华人大规模、持续性如浪潮般的移民南洋则是在西方殖民者入

[①] 转引自《新加坡华人百年史》,第2—3页。

侵并迫使清政府签订一系列不平等条约并开放通商口岸以及取消海禁政策的19世纪中后期至20世纪中叶。中国人下南洋的原因是复杂多样的,下面笔者将结合相关历史史料来进行论述和概括。

原因一:地理交通上的出行便利。从地理位置上看,东南沿海一带的闽粤两省濒临中国南海,由南海直下顺季风气候,近可抵达菲律宾群岛及中南半岛一带,远则可通印尼群岛及马来半岛甚至印度洋、红海。唐义净《大唐西域求法高僧传校注》载:"十一月,从广州搭乘波斯商船,未隔两旬即到达佛逝。"[①]也就是说,不用二十天时间即可从广州港抵达苏门答腊岛的佛逝。元周致中《异域志》载:"爪哇国,古阇婆国也,自泉州发舶一月可到。"[②]从福建泉州港航行一个月就可到达印尼的爪哇岛。明巩珍《西洋番国志》记载:"占城国,即释典所谓王舍城也。在广东大海之南。自福建长乐县五虎门开船,往西南行,好风十日可至。其国南达真腊,西接交阯之后。"[③]即从福建出海港扬帆航行十日即可到中南半岛东南部。从上面古籍的种种记载来看,可见闽粤在海行上所占据的地理优势是很明显的。此外,由于闽粤地处亚热带,所以下南洋的闽粤人民相对来说比较容易适应南洋一带湿热多雨的气候条件。

原因二:贸易通商获利的巨大吸引。《史记·货殖列传》说:"'天下熙熙,皆为利来;天下攘攘,皆为利往。'夫千乘之王,万家之侯,百室之君,尚犹患贫,而况匹夫编户之民乎!"[④]司马公一句话道出古往今来人们之所以不停地追逐财富的道理。自东汉时,我国与海外通商贸易的历史记载就不绝于书。《汉书·地理志》记载:"处近海,多犀、象、毒冒、珠玑、银、铜、果、布之凑,中国往商贾者多取富焉。"[⑤]唐柳宗元曾作《招海贾文》讽谏那些不知安身立命而行险以侥幸逐利的海商,"咨海贾兮,君胡以利易生而卒离其形。……咨海贾兮,贾尚不可为,而又海是图。死为险魄兮,生为贪夫。亦独何乐哉?归来兮,宁君躯"[⑥]。从这句话我们也可推想当时华人出海经商事业的繁荣程度,以致引起士人集团代表人物柳宗元的讥讽和揶揄。其后明代政府虽多次颁布禁海令,

---

① 《大唐西域求法高僧传校注》,第152页。
② 《异域志》,第25页。
③ 《西洋番国志》,第1页。
④ 《史记》卷一百二十九,中华书局,2011年,第1227页。
⑤ 班固:《汉书》卷二十八下,中华书局,2012年,第499页。
⑥ 柳宗元:《柳河东全集》卷十八,北京:中国书店,1991年,第223—224页。

然闽粤百姓出海贸易的人仍是络绎不绝。据《明史·吕宋传》载："闽人以其地近且饶富,商贩者至数万人,往往久居不返,至长子孙。"①清谢清高所撰《海录》一书,记述了他在爪哇时的所见所闻,"中国、无来由、大西洋、小西洋各国,莫不罄珍宝货物商贩于此。中华人在此贸易者,不下数万人,有传至十余世者"②。据上面古籍所言,可知闽粤人下海经商不仅历史相当久远,而且因经商有常年居住海外甚至有延绵子孙至十余世者。我们不得不承认人们对财富的渴望和对美好生活的追求所表现出的冒险精神竟如此巨大。李恩涵也说,"到东南亚各地营商谋利,也是诱导闽粤人民大量南移的一项重要因素。……加之闽粤人富于冒险犯难、刻苦耐劳的精神,也具有头脑细致、企业经营的长材,两者配合起来,更使闽粤人士大量出洋经商谋利的活动日增"③。朱杰勤也认为,"有些海商到东南亚进行贸易,冒着很大的风险,无非认为有利可图,如果在所到的国家找到职业,生活问题都可以解决,或者解决得比较好,他们就会留下来不回国了"④。

原因三:政治军事的原因。具体又可分为改朝换代时的政治避难和朝代末期的战乱避难以及海外军事征服遗留的军士。唐朝末年黄巢起义军在广州城焚杀掳掠,一些商民百姓为保全性命和财产纷纷逃难到南洋定居,如前述阿拉伯人马素提在苏门答腊的所闻。南宋末年,元军追逼宋代君臣至广东崖山并展开激烈海战,最终南宋败亡。经此战役,一些不愿臣服元朝统治者的将领和军士逃亡到南洋的一些岛屿,或隐姓埋名,或从事农耕种植。有元一朝曾多次耀兵海外,对南洋很多国家进行军事征服。元世祖忽必烈在位时曾派遣大将史弼率军远征缅甸、爪哇等国,然多有败绩,致使一些伤残病患兵士因滞留而定居南洋岛屿。明清鼎革之际,南明朝廷一些遗臣和军士因清军的追逼被迫选择逃亡到南洋寻找生路。明朝灭亡后退居台湾的郑成功和清军对抗了几十年时间,至郑克爽时期台湾才被清军收复,其中部分军士也和明朝遗臣一样乘船逃窜到南洋一带的爪哇或马来半岛谋生。《新马华文碑刻系年》记载,马六甲青云亭第三代甲必丹李为经及第五代甲必丹曾其禄就是因明朝覆亡而来到马六甲的避难义士。碑文说:"公讳为经,别号君常,银同之鹭江人也。因明

---

① 《明史》卷三百二十三,中华书局,1974年,第8370页。
② 谢清高口述、杨炳南笔受:《海录注》,冯承钧校注,商务印书馆,1938年,第45页。
③ 《东南亚华人史》,第15页。
④ 《华侨史》,第29—30页。

季国祚沧桑,航海而南行。"①李恩涵认为,"中国内部大规模的冲突,无论是北方外患的改朝换代,或者是中国内部农民起义性质的内乱,都足以迫使闽粤人民纷纷避难于东南亚地区"②。朱杰勤认为,"中国改朝换代之际,新的统治者对被推翻的王朝的'顽民'或遗臣,是不放心的。如果他们有反抗行为,一定进行镇压。所以宋亡以后,宋朝的遗臣和移民中,有若干人自知在新朝不能立足,就联群结党,携带家人,逃亡海外,远住异国,另谋生活"③。巫乐华指出:"华侨移居南洋的原因是多种多样的,但概括起来不外乎经济原因和政治原因两个方面。……国内发生政治动乱,为躲避战乱、政治迫害而亡命南洋,成为长期侨居在外的中国人,这是政治原因造成的。"④

原因四:明清两代海禁政策的影响。中国自上古以来,北方少数民族政权就一直对中央王朝形成巨大压力,这种不时来自北方边患的入侵和掳掠给历代中央王朝如明、清统治者带来了很大的重负与困扰,使得统治者不得不把王朝最有效的力量集中在北方。从客观上说也就放弃了对中国南海的控制权和对南洋的影响力;从主观上来说统治者又害怕来自海上复辟势力或敌对势力的侵扰而采取既消极又严厉的收缩性海禁政策,希望以此来切断海外反动势力与东南沿海省份的联系,以绝后患。因此一方面罢废市舶司,禁止民间海上贸易;另一方面强迫闽粤等省人民限期内迁,致使百姓或流离失所或经济破产。于是无以为生的百姓甘愿冒死下南洋寻求生路,有的则铤而走险成为海贼或海盗,劫掠海上。《皇明世法录》卷七十五,"私出外境及违禁下海条"云:"凡将马牛军需铁货铜钱段匹绸绢丝棉私出外境货卖及下海者,杖一百,挑担驮载之人,减一等;物货船车并入官。若将人口军器出境及下海者,绞;因而走泄事情者,斩。其拘该官司及守把之人,通同夹带,或知而故纵者,与犯人同罪。……凡沿海去处,下海船只,除有号票文引,许令出洋外。若奸豪势要及军民人等,擅造二桅以上违式大船,将带违禁货物下海,前往番国买卖,潜通海贼,同谋结聚,及为向导劫掠良民者,正犯比照谋叛已刑律处斩,仍枭首示众,全家发边卫充军。其打造前项海船卖与夷人图利者,比照私将军器出境,因而走泄事情律,为首者处斩,为从者发边卫充军。若止将大船雇与下海之人,分

---

① 《饶宗颐二十世纪学术文集》,第859页。
② 《东南亚华人史》,第13页。
③ 《华侨史》,第30页。
④ 巫乐华:《海外华侨·南洋篇》,中国国际广播出版社,2010年,第6页。

取番货,及虽不曾造有大船,但纠通下海之人,接买番货,与探听下海之人,番货到来,私买贩卖苏木、胡椒至一千斤以上者,俱发边卫充军,番货并没入官。"①《明实录》卷五四条:"嘉靖四年八月,浙江巡按潘倣言:漳、泉等府黠滑军民,私造双桅大舡下海,名为商贩,时出剽劫,请一切捕获治之。"②清朝继续沿用明以来的海禁政策,甚至更加残酷。顺治帝时,"兵部议覆浙闽总督屯泰疏言:沿海省份应立严禁无许片帆入海,违者立置重典从之","户部议覆福建总督李率泰疏言:海氛未靖,应迁同安之排头、海澄之方田沿海居民入十八堡及海澄内地酌量安插从之"。③ 康熙帝时,"李士桢疏言:粤东滨海小民借盐资生,从前江西南赣两府俱食粤盐,因康熙元年禁海以来粤东路阻,改食淮盐"④。朱杰勤认为,"所谓'海寇',他们是反抗封建专制政权的。他们主要是失去土地的农民或没有生产资料的手工业者,滨海而居,习惯于惊涛骇浪,由于贪官污吏、豪绅、地主的剥削和压迫,无以为生,于是铤而走险,沦为海盗,反抗官府,有时在海上进行劫掠,有时又登陆打家劫舍,但有时也会经营一些走私贸易。当他们被追缉而无法在大陆上活动时,就扬帆到南洋各地,甚至老死他邦。……明代防御'倭寇'时期,曾经加强'海禁',甚至有计划地强迫滨海居民迁入内地。……参加倭寇集团的中国人一旦出洋之后,就不敢回国,长期侨居国外了。滨海的居民既恐怕'倭寇'的骚扰,而又不愿迁入内地,也往往找寻机会出洋,流寓东南亚各国,成为当地的华侨"⑤。

原因五:天灾人祸经济凋敝的结果。在实行小农经济的旧中国,人均可耕地的多少直接关系人民的生存状态。社会学家陈达在对闽粤进行实地考察后认为,"闽南地势崎岖,可耕地与已耕地不多。在地势较低的区域,大致是黏土、带沙土。……闽南沿海一带,如漳州平原,已耕地对于土地面积的比例似尚低,因附近有许多小山,高度或不出 300 尺,但其山坡不能耕种。人口密度是高的,以耕地论,每公顷约有十人。因全人口的十分之七是以农作物维持生命的,所以每公顷的农产品,要养活七人,足见其生存竞争的剧烈。……粤东各县已耕地面积甚小。我们所旅行过的区域,有许多居民都说,本地所出的

---

① 转引自李长傅:《中国殖民史》,商务印书馆,1990 年,第 102—103 页。
② 转引自《饶宗颐二十世纪学术文集》,第 840 页。
③ 巴泰:《清世祖章皇帝实录》卷九二,抄本,第 2841 页;卷一四二,抄本,第 4242 页。
④ 马齐:《清圣祖仁皇帝实录》卷一二四,抄本,第 6229 页。
⑤ 《华侨史》,第 30 页。

米,不够供给当地人口之用"①。耕地面积与人口不成比例也是促使青壮劳力移居南洋的一个主要动因,连年各种如台风、水、旱、蝗、地震等自然灾害以及瘟疫疾病等都加速了农村的经济凋敝,这些都使得人民的生活更加困苦。此外,还有各种人为的如地方上的匪患抢掠、军阀混战、官僚地主特权阶层的压榨剥削和压迫更加使人民喘不过气来,所有这些因素都足以导致闽粤人民大批迁居南洋谋求新的生活。李恩涵也认为,"闽粤两省山多田少、水旱灾频仍所形成的人口压力,应为这两省人民大量移民东南亚的首要原因,这是无疑问的"②。朱杰勤同样指出,"有些失去土地的农民和失去职业的手工业者,孑然一身,往往趁搭海舶出洋,他们到处为家,到了一个环境宜人,而又容易建立家庭的地方,就会留在当地与居民结婚,养儿育女,成为当地老华侨了"③。

原因六:殖民地开发和契约移民。李长傅说:"契约移民者,由外国政府或商业机关在中国招募之劳工,而年限待遇,订有一定契约者。此等初期之契约工人,实含有奴隶贩卖之性质,此即我国所谓贩猪仔,外人所谓苦力贸易是也。"④苦力华工,从形式来说叫"契约华工",因为它以契约的方式规定了苦力工作的地点、时间、年限及工资等。被称为"猪仔"是因为"第一,工人被运出国时,关在海船的舱底,像运猪一样;第二,到了目的地,他们住在专设的客馆中,被关在一个用圆木柱排立起来的大栅栏里,好像一个猪圈;第三,贩运者认为他们像猪一样蠢笨,可以任意欺骗和摆布"⑤。自欧洲工业革命以后,西方殖民者为了加快本国的工业化进程,急需殖民地生产的原材料,特别是19世纪后期各殖民国为了加快对东南亚当地资源的掠夺及其他诸项事业的拓展,迫切需要寻求大量廉价劳动力,于是便把魔爪伸向了当时半殖民地半封建的中国。他们或争相勾结闽粤当地的贪官劣绅为其帮凶,或借助私会党头目为其代理人,抑或自己组织机构纷纷在汕头、广州、澳门、香港等地设立"猪仔馆"。招工的代理人用尽各种坑蒙、拐骗、掳掠、恫吓等手段,强行把无知善良的青年壮丁带到囚牢般的"猪仔馆",经过一番逼迫签约画押后,他们被带上载有好几百人且拥挤不堪的"猪仔船"。经过黑色难熬的海上漂泊之后,"猪仔"们被带

---

① 陈达:《南洋华侨与闽粤社会》,北京:商务印书馆,2011年,第27—28页。
② 《东南亚华人史》,第12页。
③ 《华侨史》,第30页。
④ 《中国殖民史》,第256页。
⑤ 《华侨史》,第209页。

到新加坡、槟榔屿等地,然后客贩将这些"猪仔"苦力以高价拍卖给种植园主、锡矿主等。据《简明中国移民史》统计:"在1840年到1930年的90年间,由闽粤两省输出的华工每年平均达10万人。以府(州)为单位,闽粤沿海输出人口最多的有福州、永春、兴化、泉州、漳州、嘉应、潮州、广州、肇庆、琼州十个地区,每府(州)每年平均迁出1万人左右。"① 无疑,在这些苦力劳工中只有极少数最终能有幸成为自由身,但绝大多数人终其一生都沦为没有出头之日的契约劳工。我们可从一份契约劳工提供的口供来证实他们所遭受的非人对待,"据苦力之口供及陈情书,全数十分之八,为诱掠而来。在航程中,备受虐待,其被击伤致死,自杀病亡者占百分之十。即抵夏湾拿,被售为奴,只有最少数在家庭及商店中服役,大部分为蔗田之苦工。而以后者受虐最甚,工作繁重,食物不足,且动以鞭挞,或加囚禁。历年以来,有大多数之苦力,鞭挞而死者有之,因伤致命者有之,悬梁而死,切颈自杀,服鸦片自尽者有之,投井入镬而死者有之。我人所见之苦力,有残其手足者,有破头者,有缺齿者,有刵耳者,有寸肤破伤者,足证其言之非诬"②。他们常年靠出卖劳动力来换取些微报酬以活命,但大多数人因无法承受高强度的劳作或雇主的残暴虐待而客死他乡,仅有少数人最终能幸存下来,成为当地华侨。朱杰勤说:"有被掠卖到东南亚各国的中国人而成为当地的华侨。"③南洋的开发和繁荣与这无数无名的华人劳工密不可分,他们有的深入丛莽森林之中开辟道路、建造公路,有的站在高悬的锡矿浮桥上挖锡挑担,有的不分白昼黑夜地耕作在各种种植园中,有的深入泥泞山泽之中铺铁轨建桥梁等,可以说几乎南洋每一个岛屿和每一片土地都渗透着华工无尽的血泪与汗水。就连嗜血成性的殖民者和土酋长也不得不承认华工对南洋的开发及繁荣所付出的牺牲和做出的贡献。李长傅说:"海峡殖民地总督瑞天咸氏,谓马来半岛之有今日,皆华侨所造成。前沙劳越王不律亦云:'微华侨吾人将一无能为。'""王侄继拉加位,曾曰:'苟无华侨,吾人将一事无能为。'……现拉加及其家人,对华侨亦表示其友情,亦谓'华侨曾大助于吾邦之繁荣。'"④ 又如,在新加坡旧博物馆门前所矗立的一尊华人半身铜像基座上,所刻的铭文显示了华人对新马社会所做出的贡献。其词曰:"华人素以吃

---

① 葛剑雄等:《简明中国移民史》,福建人民出版社,1993年,第486页。
② 转引自《中国殖民史》,第269页。
③ 《华侨史》,第31页。
④ 《中国殖民史》,第19页,246页。

苦耐劳著称叻乡,叭三府暨马来全属今日之繁荣,得诸华人能力者良非鲜浅。"①

原因七:业务拓展需要的亲族移民。早期下南洋的华人由于在海外经商打拼多年,积累了一定的资本和社会关系,为着巩固和发展业务的长远考虑,于是亲自或托人去国内接引亲戚和同乡来帮衬自己打点业务。海外华裔学者颜清湟认为这是一种"亲族集团制"的移民方式,"亲族集团制则主要为各城市华侨商人所采用,各大都市如新加坡、吉隆坡、马六甲、槟榔屿等华人人口的增加,大都为此类型移民的到来所致。当某些海外华人在事业上略有成就时,为扩展商务即派人或亲返中国将其子、侄、兄弟或其他亲戚带回侨居地,作为学徒、助手或店员,以协助其推动业务"②。耆耆学者宋旺相在自己家族事业发展中见证了这一移民模式——一个从国内来的小孩是如何通过亲戚介绍来此谋职的。他说:"在(十九世纪)五十年代的最初期,有一个八岁的海南小孩在新加坡登陆,正像数千个海南人向来所做的那样,因为他们的哥哥或亲戚早已来到这里,所以能立刻给他们找到工作。这个小孩被介绍到宋佛俭(宋旺相的父亲)的商行工作……这个小孩名叫符愈贵,人显得很沉着和非常聪明,因此,他被安排作为旺武——佛俭的儿子(宋旺相的弟弟)——的同伴一起去上学。"③

除以上七种外,尚有其他各种复杂的原因。据社会学家陈达调查研究,尚有"行为不检""家庭不睦"的原因。④ 南洋大学社会调查组研究提出,"年青人血气方刚,富有理想及冒险性的缘故"⑤。林水檺认为:"南洋物产丰富,土地肥沃及环境利于发展对华人所产生的吸引力。"⑥如上所论,华人下南洋的原因不仅是多样的且是复杂的,有时候促使华人下南洋的原因不是单方面的,而是好几种因素的叠加,如各种天灾又碰上战乱兵燹以及国外资本及豪绅的压

---

① 柯木林:《从龙牙门到新加坡:东西海洋文化交汇点》,社会科学文献出版社,2016年,第69页。
② 颜清湟:《星马华人与辛亥革命》,李恩涵译,联经出版社,1982年,第19—20页。
③ 《新加坡华人百年史》,第80页。
④ 陈达:《南洋华侨与闽粤社会》,商务印书馆,2011年,第58页。
⑤ 南洋大学东南亚华人史课程师生编纂(任课教师黄枝连):《南洋大学新加坡华族行业史调查研究报告》,八方文化出版,2014年,第1—14页。
⑥ 林水檺、骆静山合编:《马来西亚华人史》,马来西亚留台校友会联合总会出版,1984年,第3页。

迫。另外，曾松华从"内外在动因"角度对华族移居南洋原因的分析也值得我们参考。内在动因：特殊的人文地理条件；出征及访问促成航海业发达；农村经济崩溃；营商得利的诱惑与鼓励；政治动乱与国家法制的压力。外在动因：欧洲资本主义者寻求大量劳工；航运工具现代化；采锡业、橡胶业兴起；殖民地政府的劳工政策。①

第三节 历史上华人移民南洋的形态

在传统中国社会里，小农经济的生产生活方式使人们普遍形成浓厚的乡土情结，而"父母在不远游"等儒家古训的广泛宣扬和深入人心更加使一般百姓安土重迁。历史上，东南沿海地区尤其是闽粤两省由于山多田少，人们滨海而居靠海吃饭，经常性地与海洋有亲密接触，又加之海外贸易的诱导，他们容易突破"陆地思维"的限制，进而进行跨海行动来为自己开拓更大的生存空间。

在海上贸易巨大利益的刺激和诱惑下，那些具有冒险精神的商民充当了华人越洋行动的"先锋队"，开始沿着大陆海岸线探索商贸路线，寻求贸易机遇。随着商人们下海通商贸易成功的频次增多，也引起政府的注意，于是国君便派遣外交使节或走访南洋诸国或探查商情，而后与之进行通商朝贡贸易、互通有无。如前所述，吴国国主孙权的遣使海外、唐宋市舶司的适时设置，以及元代的军事远征和明代的郑和下西洋等即是显著例证。海上贸易事业的繁荣使常年经商在外的闽粤商民形成住蕃生活，他们逐渐和土著民族的女性通婚并成家繁衍子孙，成为早期中国人移居海外的主要群体；而且在以后的岁月里商业性的移民也一直占据华人移居海外的主要形态，因为海上贸易通道的形成就是因商业贸易的繁荣而兴起的。东南亚研究专家王赓武说："我认为历史的证据表明，这种形态（华商形态）是占统治地位的。他们在日本、朝鲜，特别是在东南亚等地移居的时间最长，并继续定居着。……华商在过去和现在都是移民的基本形态。"②由于华商和土著民族长期的友好通商和相互交往，自然容易得到土著人民的认同和信赖。就是在西方殖民者统治东南亚的时代，荷、英等列强要开发殖民地或维持社会治安也离不开华商群体的支持和帮助。

---

① 《马来西亚华人史》，第19—29页。
② 王赓武：《华人与中国：王赓武自选集》，上海人民出版社，2013年，第268—269页。

继商人之后,移民南洋的是一个颇为特殊的群体——秘密会社。这个群体的成员相当复杂,他们有的是因政治失败而南渡的反清复明义士,如马六甲青云亭早期几任漳泉籍的甲必丹就是如此,他们后来成为新马华社领导机构(青云亭、恒山亭、天福宫)的核心成员。有的是从国内流窜到南洋的天地会(又称三合会)成员,如婆罗洲坤甸罗芳伯的兰芳公司,即是以天地会的势力在海外建立的独立王国。马来半岛吉隆坡的叶亚来同样是天地会的首领,他控制着这一区域的锡矿开采与销售等。有的是因军事斗争失败而逃亡来的太平天国将士。此外海峡殖民地还有诸如义兴党、义福党、海山党、大伯公会等私会党组织。在经济上,秘密会社和华商有着密切关系,也不同程度地操纵着华社的运行,尤其是苦力贸易和华工分工;在政治上,他们和殖民地当局形成时而对抗、时而合作的双重关系,某种程度上也是华人在没有任何依靠和政府援助情况下的一种自我保护方式。

　　构成南洋移民主要成员的是华工(包括农民)群体。其来源主要是乡村破产农民和城市手工业者以及苦力工人。这个群体大量流入南洋是在19世纪后半期,西方殖民者入侵中国,迫使清政府取消海禁政策,放松对人民出海的种种限制;同时国内频繁的天灾、资本的剥削、阶级的压迫导致国内经济崩溃以及兵燹战乱,使得东南沿海人民无法继续生存,他们纷纷南下谋求生计。占领槟榔屿的英人莱特在一份报告中介绍了当地华人所从事的职业:"华人构成此地居民最有价值的分子,他们男女老少约三千人,包括了木匠、泥水匠、铁匠等,或经营商业、充当店伙,或为农夫。"[①]在东南亚历史上,华工苦力和农民及各行业的手工业者都对南洋各地的开发、繁荣做出过巨大牺牲和贡献,不容世人忽视。

　　另外一个群体是士人群体或知识群体。在传统中国社会士农工商的"四民"结构中,士人阶层居于社会统治地位,与其他三个阶层相较更具优越性,这使他们不太可能下南洋谋求生计。纵观闽粤人民移民南洋的历史,我们不得不承认这样一个事实:早期海外华人社会的确是以工商阶层为主体的,的确很少看到有士人活动的身影,这在华人移民最为集中的马来西亚尤其如此。当然也不排除因逃避战乱或朝代更替而被迫出洋的有文化的遗民或义士,如前

---

① 转引自郑良树:《马来西亚、新加坡华人文化史论丛》卷1,新加坡南洋学会出版,1982年,第3页。

述马六甲青云亭早期的甲必丹,但他们在数量上始终是微小的一群。而士人群体大批下南洋是在清末派驻领事以及维新派人士与革命党人在新马华社寻求政治避难或支持并提倡兴学的这段时间。在此期间,一些文人学者、教师、记者、报人、政治活动家等知识分子纷纷南下来此,他们或从事教育工作,或办报刊,或支持革命,或宣扬孔教。研究新加坡华社的梁元生指出:"近代新华社会的知识阶层是到了二十世纪初才逐渐出现的。这些以知识或文字持生的文人及知识分子,包括学校教师、报馆编辑、作家、艺术家以及其他的文化人。他们的出现集结成一个社会阶层,是双层形态的工商分化和新教育逐渐普及之后的结果。……学校的蓬勃发展和文化事业的陆续兴办,促使知识行业的扩大及更多的中国士人南来,加上学生人数增加,和一般人识字率的提高,社会上便有一批以知识谋生或所谓'劳心'的人,形成一个'知识阶层'。"[1]知识阶层的到来使整个华社面貌为之一新。他们一方面呼吁华社兴学校、建孔庙、讲国语、办报纸等,有利于打破以往壁垒森严的方言帮权结构,并改善不良社会风气,一方面向华社鼓吹民族主义和爱国思想,有助于增强华族的团结合作精神和祖国的密切联系。

小　结

以上从移民南洋的经过、原因以及形态三个方面对华人下南洋的历史作了分析与回顾。基于研究,笔者认为国人尤其是闽粤人民自古就有着探索海洋、迈向深蓝的勇气和智慧。从秦汉以迄明清,民间社会不断涌现出一代代、一批批具有冒险精神和探索精神的航海家或旅行家,他们或是渔夫或是商贾,抑或是僧侣、学者和使节。他们中有的是出于谋求生计,有的是出于通商贸易,有的是心向佛国,有的是航行游历,有的是宣扬国威,虽然动机不一,但客观上都不同程度地推动了中国远洋事业和航海事业的发展。他们无疑是近代中国海洋事业的先驱,也为后人不断继续向前探索及迈向五大洋奠定了深厚根基。

依据史实,我们可发现华人移居南洋大致有七个方面的原因:一是地理优势,中国东南沿海地区毗邻南海诸岛,尤其是闽粤两省的泉州和广州很早就成

---

[1] 《新加坡华人社会史论》,第2页。

为国际性商港而面向世界开放,这是地理上的巨大优势。二是贸易通商,各国人民出于谋生致富或互通有无的内在需要,官方和民间的贸易通商逐渐兴盛发达起来。三是政治军事,国内朝代末期因战争动乱的避难,以及朝代政权更替产生的政治避难与海外军事征服留下的病残军士。四是海禁政策,明清两朝一改昔日中国政府的开放、自信状态,推行严苛而收缩的海禁政策并压制民间日益高涨的贸易需求,高压之下必有反弹,沿海百姓迫于生计冒死出洋寻求生存空间。五是经济凋敝,东南沿海的闽粤两省由于经常遭遇台风、水涝、干旱等天灾,以及匪患战乱压迫等人祸引发的经济凋敝和破产,民众不得不背井离乡远渡重洋;六是契约移民,清代中后期,帝国列强挟武力叩开中国国门,并强迫清政府开放一系列通商口岸,使得禁海令形同虚设,再加之殖民统治者开发南洋需要廉价的劳动力,于是他们把目光投向中国。七是亲族移民,早期下南洋谋生或经营有成的华商出于业务拓展的需要,纷纷回国接引自己的亲族子弟来此帮衬或照料生意。

　　从历史上看,华人移民南洋的形态基本上是以工商阶层为主体。具体来说,由于经商,商人成为华人移民南洋的先锋队,这一阶层成为华社中的领导阶层;而华工(包括农民)是紧随商人阶层而来的庞大群体,人数虽多却力量薄弱,不得不依附于华商阶层或秘密会社和方言帮群;至于士人群体或知识群体南渡则相对较晚,历史上虽曾有读书人如宋、明遗民或义士来南洋避难,但毕竟为数不多,还不能成为一个群体,直到清末民初之际因国内政治环境的剧变才有大批知识分子下南洋或办学或避难或办报,才在社会上形成一股强大的势力和影响力,逐渐站稳脚跟成为一个社会阶层。

　　考察和总结历史是为了更好地面对现实和走向未来。当今"一带一路"宏伟蓝图的制定和海洋强国宏伟战略的实施,就是对勤劳、勇敢、智慧的历代中国先民和南洋以及其他亚非各国人民共同参与构建开放繁荣、互利互惠、和平友谊、交流互鉴、兼容并包历史性海上丝绸之路的延续和维护。

第三章

早期新马华社与儒家伦理的弘传载体

从地理位置来看,南洋是沟通三大洋、四大洲的交通枢纽,马六甲海峡则是进出南洋进行商贸往来的咽喉要道,这使马六甲很早成为华人移民及随后葡、荷、英殖民者争夺的商业重镇。[①] 此后,随着位于它西北方的槟城和东南方的新加坡两个商埠的相继拓殖和开发,马六甲成为华人北上或南下的中心商埠。在19世纪20年代,英国殖民者将"三州府"称为"海峡殖民地"。[②]

唐代以后,随着中国和南海周边国家的经贸往来日益频繁,东南沿海一带特别是闽粤两省百姓经商流寓南洋者日渐增多。华人在南洋的经商贸易一开

[①] "马六甲"一名来源据张礼千考证主要有三种说法:一是因树得名,二是义同避难得名,三是因集会或大集市得名。阿拉伯人谓:有一市集,其始建于水岛上,后因备受暹罗舰队之侵掠,遂移至陆地,旁涪丹河设立,不久即蔚成大市集焉。所谓涪丹河者,即今之马六甲河,所谓大集市者,即马六甲也。《马六甲史》,第5页。根据明代费信1436年所著《星槎胜览》"满剌加"条谓"男女椎髻,身肤黑漆,间有白者,唐人种也"的记载,可知华人在此之前或更早的时候就定居于马六甲。《星槎胜览》,第20页。马六甲于1405年正式建国,1511年为葡萄牙人占领,1641年又为荷兰人所统治,1825年又被英国人所管辖。

[②] 柯木林说:"三州府"是海峡殖民地的俗称,即新加坡、槟城、马六甲三地。见《从龙牙门到新加坡:东西海洋文化交汇点》,第228页。安达娅说:"1826年,新加坡、马六甲、槟榔屿和威尔兹利省(今彼赖)组成一个单独行政区,称海峡殖民地……海峡殖民地的形成伴随着上述新加坡、马六甲、槟榔屿三个港口人口和贸易活动的扩张。"安达娅:《马来西亚史》,黄秋迪译,中国大百科全书出版社,2014年,第147页。

始是羁旅性的,并没有长期定居的打算,只是后来出于生意和生活上的便利,才逐渐和当地女子通婚定居下来。此后,随着来新马谋生的中国新客移民的逐渐增多,他们便和早期定居于此的华人先民所生的女子(娘惹)结合形成规模性的华人聚落,从而奠定了日后不断发展壮大的新马华社(这里主要指呷华社会、槟华社会、新华社会)。华社结构主要是在方言的基础上结合地缘、业缘、血缘而组合形成的五大帮群,即说闽南语的福帮、广府话的广帮、潮州话的潮帮、客家话的客帮、海南话的琼帮。实际上这五大方言群的华人移民绝大多数又是来自闽粤两省。华人在移居南洋的同时也顺带把中国原乡的宗教信仰、文化习俗,如庙宇、义冢(义山)、会馆、宗祠等移植过来,正是通过这诸种载体儒家伦理及价值观念才得以在新马地区弘传、扎根并产生深远影响。

第一节　庙　宇

在新马两地,早期华人社会最初以庙宇为活动中心。研究新马华人社会史,一个最直接的感观就是这里遍布着数以千计的宗教庙宇(宫、观、寺、庙、殿、亭、阁),里面供奉崇祀的神祇十有八九来自闽粤原乡。它是一种整合儒释道三教资源,并以民间信仰的形式发挥作用的宗教礼俗文化形态,而儒家文化的伦理道德观念正是依托这种载体才得以在广大民间社会中弘传和扎根,并对普罗大众的身心行为发生着深远而持久的影响,也彰显出儒家文化生命的活力和强劲。

当初,闽粤商民是冒着极大的生命危险越洋过番的,在他们到达陌生的南洋移居地后,既要面对凶险万端的自然环境,又要应对祸福难测的人间险境。因此携带自己所熟悉的原乡信仰于海外进行建庙崇祀,可以帮助他们在不可知的险恶环境下身心有所调适,心灵有所慰藉,情感有所寄托。借此神灵的信仰和崇祀,华社各方言帮群可形成一种团结凝聚合作的力量,有助于保护自身的生命和财产安全。本节将分别从马六甲、槟榔屿、新加坡三地华社的庙宇信仰崇祀揭示其所弘传和实践的儒家伦理价值观念。

在论述三地华社的庙宇信仰之前,有必要介绍一下闽粤(潮)侨乡的庙宇信仰体系。据社会学家陈达考察,潮州人的信仰神祇有三十种,闽粤人的信仰神祇主要有四大类别,分别参见"表 3.1"和"表 3.2"。这丰富的民间信仰体系随着闽粤商民的南渡,自然而然地被移植到南洋各埠华族居住的大小城乡聚落社区。饶宗颐也说:"庙宇之建,每随所属移民,从家乡带来原有不同之宗教信仰。"①

表 3.1 潮州民间信仰谱系

所奉祀鬼神	祀奉日期(阴历)	所奉祀鬼神	祀奉日期(阴历)
诸神下降	正月初一	天公圣诞	正月初九
抚督圣诞	正月十五	文昌爷圣诞	二月初三
三山国王圣诞	二月二十五	元天上帝圣诞	三月初三
太阳神	三月十九	天后圣母圣诞	三月二十三
太子爷	四月初八	注生娘娘	四月二十五
关公	五月十三	三山国王夫人	六月初六
慈悲娘(观音)	六月十九	火帝爷	六月二十三
土地爷	六月二十九	七圣夫人	七月初七
花公花妈	七月初七	魁星爷	七月初七
孤鬼	七月十五	招财爷	七月二十三
司令帝官	七月二十四	八仙过海	八月初八
月神	八月十五	元天上帝飞升	九月初九
仙公	九月初九	火地夫人	九月十五
韩文公	九月十五	元帅老爷	九月十九
五谷老爷	十一月十四	诸神上天	十二月三十日

资料来源:陈达:《南洋华侨与闽粤社会》,商务印书馆,2011 年,第 269—270 页。

表 3.2 闽粤民间信仰谱系

信仰类别	信仰对象及其职能
治安的信仰	1. 大伯公(也称本头公或福德正神,土地神保护地方上的治安,奉祀大伯公,以求平安);2. 感天大帝(土地神)。
职业的信仰	3. 五谷老爷(农是很重要的职业。农民所崇奉的神最普通的是五谷老爷);4. 土工行业(崇奉巧圣老爷,即鲁班先师);5. 筏工行业(崇奉水仙老爷);6. 商人行业(崇奉财神);7. 读书人(崇奉文昌帝君);8. 关帝(忠义神和财神,主持公平并能生财有道);9. 捕鱼及航运业(崇奉天后圣母,也称妈祖,林孝女)。

① 《饶宗颐二十世纪学术文集》第十册,第 849 页。

(续表)

信仰类别	信仰对象及其职能
嗣续的信仰	10. 观音(送子娘娘,求子以延续香火);11. 祖先崇奉(关于嗣续的信仰,佛教与孔教有亲切的关系)。
其他信仰	12. 安济圣王(保境内平安,有功百姓);13. 正顺宫(崇祀谢安,慕其勇诚);14. 王爷信仰(能使地方不动干戈及使盗匪灭迹)。

资料来源:《南洋华侨与闽粤社会》,第271—288页。

一、呷华社会庙宇

早期南来马来半岛的华人主要集中居住在马六甲。碑文称:"南洋各岛,惟麻六甲埠最先,华人之旅居流寓,日增月盛,生齿既繁,贫富不一。"[①]之后,随着槟城和新加坡的相继开发,马六甲及南洋其他各埠的华人或北上槟城,或南下新加坡。拓殖马六甲以来自闽南的漳泉商人为先驱,因隶属福建的泉州及厦门都是中国开放较早的贸易商港,所以漳泉两府商民无论是在人口数量还是经济实力方面都跃居华社其他各帮群之上,形成了以"漳泉商人集团"为呷华社会领导机构的"青云亭"。

青云亭俗称观音亭,又名观音庙,是马六甲最早的华人庙宇,创自第三代甲必丹李为经之手。它先后经历了荷属甲必丹时代和英属亭主时代,迄今已有三百多年的悠久历史。对于青云亭的地位,日本学者金堀诚二说:"马六甲的青云亭,于十七世纪初期便确立了商业基尔特的地位。以福建商人为中心,一直参与政治、法律、警察、军事、福利公益等一切事业。甲必丹也在青云亭决定政务,交由殖民地政府号令施行。其他的都市,亦以马六甲的青云亭为模范,因此各地的商业基尔特体制,亦有如雨后春笋般相继成立起来。"[②]青云亭虽因寺庙得名,实际上它是以雄厚的经济实力为基础,同时具有政治、法律、军事、经济、宗教、文化、公益服务等多重功能的呷华社会领导机构。由于本节的主要任务是分析青云亭在庙宇信仰崇祀上所发挥的宗教文化功能,并揭示其所弘传的儒家伦理观念,所以将重点放在考察马六甲青云亭及其名下的五大

---

① 傅吾康、陈铁凡合编:《马来西亚华文铭刻萃编》(第1册),马来西亚大学出版部,1982年,第264页。
② 金堀诚二:《马来亚华人社会》,刘果因译,嘉应会馆扩建纪念刊,1974年,第4页。

庙宇群崇祀上面。青云亭作为一个综合性的庙宇政务机构,除主要崇祀观音佛祖及供奉历任甲必丹和亭主(表3.3)之外,其名下还包括宝山亭、勇全殿、清华宫、玉虚宫、华德宫五座庙宇,以及三宝山、日落洞山两大义冢。

表3.3 青云亭历任甲必丹及亭主简表

任次	1	2	3	4	5	6	7	8	9	10	11	12
甲必丹	郑芳扬(漳州)	Notchin	李为经(泉州)	李正壕(泉州)	曾其禄(泉州)	曾其禄之子(泉州)	曾宪魁	陈承阳	陈起厚	蔡士章	曾有亮	曾世芳
生卒年份	1632—1677	不明	1614—1688	1622—1708	1643—1718	不明	1725—1765	?—1779	1748—1794	1750—1802	1771—1822	活动年份1826

任次	1	2	3	4	5	6
亭主	梁美吉(泉州)	薛佛记(漳州)	陈金声(泉州)	陈明水(泉州)	陈明岩(泉州)	陈若淮(泉州)
在任年代	1824—1839	1839—1847	1847—1864	1864—1884	1884—1893	1893—1915

资料来源:《马来西亚、新加坡华人文化史论丛》卷2,第9—28页。《饶宗颐二十世纪学术文集》,第936页。《马来西亚华文铭刻萃编》(第1册),第369—371页。

1. 青云亭的开基和创建

中外文献对早期华人在马六甲的活动皆有记载。我国史籍称,华人远在1436年之前就南渡马六甲,定居于此。外国文献,如1613年伊里狄所绘满剌加城市图显示:马六甲河的西北有中国村(唐人村)、漳州门及中国溪三名;市镇之东北隅有三宝山,巫言中国山。[1] 可证青云亭此时尚未创建。直到1690年菲利耶所绘《马六甲地图》上才出现"青云亭"字样。[2] 留给我们的问题是:青云亭始于哪一年?它由谁创建?青云亭内观音殿又建于何时?要解答这些疑问,都有赖于对新马华文碑铭的考察与分析。1845年《敬修青云亭序》称:

粤稽我亭,自明季间,郑李二公南行,悬车于斯,德尊望重,为世所钦,上人推为民牧。于龙飞癸丑岁,始建此亭,香花顶盛,冠于别

---

[1] 张礼千:《怀满剌加》,《东方杂志》1943年第39卷第3号,第49页。
[2] 《马来西亚华人史》,第423页。

州,民丰物阜,共仰神灵之所庇,猗欤休哉!①

  这段碑铭仅告诉我们:青云亭的创建与"郑李二公"有关,以及它始建于"龙飞癸丑岁",②但对确切时间和创建人尚未道明。为此,可据1867年《重修青云亭碑记》再作说明,碑文言:"盖闻青云亭之建也,积于今二百有余岁。"③饶宗颐据此认为,"此癸丑当为康熙十二年(1673)。同治六年(1867)重修青云亭碑记谓'青云亭之建,积于今二百有余岁'。自一六七三年至一八六七年,恰为二百年左右"。④骆静山根据郑李二公的生卒年月,断定青云亭的创建者是同时代的郑芳扬和李为经;郑良树和张礼千则认为是郑芳扬手创的青云亭。⑤但是,笔者更倾向于认为,郑芳扬是青云亭的开基人,李为经是青云亭的创建人。亭主薛文舟为甲必丹郑芳扬所立功德碑,为此观点提供了一个有力证据。碑文称:"郑公讳芳扬,乃先代之英贤,实传世之豪俊也。故能开基呷国,始莅兰城,善政早播于闾阎,芳名久载于史册。"⑥可知,甲必丹郑芳扬的社会威望主要是由青云亭开基者及善政开创者所奠定。故能得到其后历任主政者的崇敬颂扬和呷华社会的认可支持。至于青云亭内供奉主神观音的大殿,据称是由甲必丹曾其禄于1704年所建。⑦

  2. 青云亭的命名由来及信仰结构

  对青云亭的开基和创建做了基本交代后,有必要援引相关华文碑铭说明该亭的命名由来及信仰结构。据1801年《重兴青云亭碑记》、1867年《重修青

---

  ① 《饶宗颐二十世纪学术文集》第十册,第883页。
  ② "龙飞"之义,说者纷如:有谓以龙飞为年号的,持此说者为何建民;有谓龙飞是明遗民避用清纪年的,主此说者为陈达;饶宗颐则谓龙飞某年是皇帝御极之第几年,未必有何寓意,勿用深求也。以上见《饶宗颐二十世纪学术文集》第十册,第842—843页。本文倾向于认为碑铭中的"龙飞"有升官提职的意思,这符合碑文"上人推为民牧"的上下文。
  ③ 《饶宗颐二十世纪学术文集》第十册,第902页。
  ④ 《饶宗颐二十世纪学术文集》第十册,第883页。
  ⑤ 《马来西亚华人史》,第423页。关于郑芳扬的生卒问题,略有争议。骆静山所引郑李二公的生卒年是根据日比野丈夫的《马六甲华人甲必丹系谱》所定。郑良树认为,郑芳扬的生卒年是1572—1617年,和新马华文碑铭所载的郑芳扬生卒年不符。他将"癸丑岁"推前到万历四十一年(1613年),意在认同张礼千关于青云亭创建人是郑芳扬的观点。见《马来西亚、新加坡华人文化史论丛》卷2,第2—3页。《马六甲史》,第329页。如果将创建青云亭归功于郑芳扬,于情于理似乎不通:一是根据葡萄牙人1613年所绘马六甲地图,其时尚无此亭,二是此时的郑芳扬即将辞世,不太可能建此卓越功勋。本文赞同青云亭创建于1673年的观点,这正当甲必丹李为经的壮年时期。
  ⑥ 《饶宗颐二十世纪学术文集》第十册,第885页。
  ⑦ 《马六甲史》,第331页。

云亭碑记》及1894年《重修青云亭碑记》云：

> 青云亭何为而作也？盖自吾侪行货为商，不惮蹿河蹈海，来游此邦，争希陶猗，其志可谓高矣。而所赖清晏呈祥，得占大川利涉者，莫非神佛有默祐焉，此亭之兴，所由来矣。且夫亭之兴，以表佛之灵；而亭之名，以励人之志。吾想夫通货积财，应自始有，而臻富有莫大之崇高，有凌霄直上之势，如青云之得路焉，获利固无慊于得名也。故额斯亭曰青云亭。①

> 盖闻青云亭之建也，积于今二百有余岁……自是以来，轮奂聿新，神灵永妥，观音佛祖，列圣尊神，赫厥声而濯厥呷。俾我呷人，春秋享祀，农安陇亩，贾安市廛，千祥云集，百福骈臻，此青云亭之所由昉也。②

> 亭以青云名，意有在也。想其青眼旷观，随载寻声救苦，慈云远被，到处极（拯）厄扶危，而因以取之乎。夫自南海飞来，寺亭创建，莲炬长辉，香烟弗替。微论水旱凶荒，有求必应，即疠疫困苦，无祷不灵，猗欤休哉！③

据上可得三点认识：其一，青云亭的命名由来反映了商贾"争希陶猗"的青云志向。商人将陶朱、猗顿作为人生追求的价值目标，这与士人以孔子、孟子为人格典范的价值追求，从本质上说并无区别，也更无高低之分，不同的仅是职业分工，④故碑文说"亭之名，以励人之志"，"获利无慊于得名"。其二，青云

---

① 《饶宗颐二十世纪学术文集》第十册，867—868页。
② 《饶宗颐二十世纪学术文集》第十册，第902页。
③ 《马来西亚华文铭刻萃编》（第1册），第259页。
④ 其实，明代理学家王阳明为商人方麟所写"墓表"中的"古者四民异业而同道，其尽心焉，一也。士以修治，农以具养，工以利器，商以通货，各就其资之所近，力之所及者而业焉，以求尽其心。其归要在于有益于生人之道，则一而已"的话，就肯定了商人的价值（王阳明：《王阳明全集》中册，上海古籍出版社，2011年，第1036页）。15、16世纪之后的一位山西商人王现（1469—1523）训诫他的儿子们说"夫商与士，异术而同心"，正是这一情况的真实反映。余英时认为，至少自16世纪始，中国商人的社会性格已经发生了一个重大的变化：商人不再是"四民之末"，而是仅次于"士"的社会阶层。更重要的，由于士与商之间的界限已混而难分，当时的"商才"几乎都具有"士魂"。简言之，中国史上出现了一个"士商互动"的全新局面。（余英时：《近世中国儒教伦理与商人精神》，《中国文化史通释》，生活·读书·新知三联书店，2012年，第60页。）以上所引观点，证诸下述马六甲青云亭历代甲必丹和亭主的德风善政来看，无疑是正确的。

亭的由来反映了商民祈祷佛祖以求平安、吉祥、福运的宗教情感。充满凶险的远洋活动、极端复杂的异域环境、行商坐贾的巨大风险，如此种种都使商民心中的恐惧和忧闷难以排解；而移自原乡南海的"观音佛祖，列圣尊神"的宗教信仰正好满足他们出门求平安、行商获大利的普遍诉求，由此身心可以安顿，情感得以慰藉，故碑文说"农安陇亩，贾安市廛"。其三，青云亭的命名由来与观音菩萨青眼旷观、救苦救难、拯厄扶危、大慈大悲的神格形象密切有关。诚如碑文所言，"盖闻佛性光明，昭英灵于六甲；……慧眼观人，御厥灾而捍厥患。法水洒红尘，救苦救难；祥云凌紫竹，大慈大悲"。① 以上三说，想来对青云亭的命名由来已做出较合理的说明。

综上可知，青云亭以观音佛祖作为呷华社会的主神信仰绝非偶然，当是理性权衡后的重大举措。马六甲作为华人最先拓荒的南洋商埠，它必须应对诸如自然环境、海上盗匪、异族欺凌等方面的风险及压力，因此需要想方设法争取五大方言帮群（福帮、广帮、潮帮、客帮、琼帮）的认同与支持，以维护在呷华族商民共同体的利益。所以，青云亭的主神信仰就不能是具有地方色彩的神祇。而观音信仰以其包容性既超越了方言、地域的狭隘性，又契合了呷华社会的共同宗教情感，故能起到团结和整合呷华社会不同力量的功用。

青云亭虽以崇祀观音而享有盛名，但不妨碍它是集儒释道三教及民间宗教元素于一身的综合性庙宇。其信仰结构大致分为：极具包容性的佛教观音信仰，闽粤原乡的王爷、福德正神及北极大帝信仰，本土的人英先贤祭祀追远。以下将分别论述青云亭辖下不同庙宇神祇的宗教文化功用。

第一，马六甲崇奉王爷的庙宇大致有：勇全殿的池王爷、清华宫的朱王爷、华德宫的温王爷及曲江庙的李王爷。为何此地有如此浓厚的王爷信仰？陈达认为："'王爷'信仰原来盛行于闽南乡间，因此这种信仰，必由闽南传入马六甲无疑。"② 以青云亭辖下的勇全殿为例，它主要崇祀池王爷。对它的信仰情况可从"勇全殿门联"和《重修勇全殿碑记》来作了解：

勇往行仁巡守人间无剩志，全完立德尊称殿下有余荣。③

---

① 《马来西亚华文铭刻萃编》（第1册），第268页。
② 《南洋华侨与闽粤社会》，第288页。
③ 《马来西亚华文铭刻萃编》（第1册），第293页。

第三章　早期新马华社与儒家伦理的弘传载体

> 刚勇秉性,见义必为,自始至终,不忧不惧,此之谓勇全。故赫赫厥声,濯濯厥灵,使诸国人皆有所矜式焉。我呷国人民日盛,居室云连,凡有所求,如意而获。兴言及此,遂成庙宇,名曰勇全殿,以崇祀乎香烟。①

从上面"勇往行仁""全完立德""刚勇秉性""见义必为""不忧不惧"的描述来看,这位池王爷完全是儒家文化熏陶浸润下的君子人格典范。他以其"义勇仁智"的神格风范代天巡狩人间,护佑人民的康宁及安定社会的秩序,所以商民为之建庙崇祀。在闽南地区,人们常将池王爷、白王爷、朱王爷、吴王爷及李王爷合称"五府千岁"或"五王府"。② 诚如陈铁凡所说:"王爷是由人英演进的神灵,当是极其可能的事。"③可以明确的是,"王爷"生前在世时都曾以其德行和功绩,堪为世人模范,所以当其逝世后,皇帝给予褒奖敕封;而百姓为感念其恩德和铭记其贡献,便以慎终追远的儒家礼法为之立庙崇祀。④

第二,玉虚宫北极大帝、湖海殿保生大帝和上述"王爷"奉祀一样,都是闽粤原乡的地方神祇,也有其人物原型。如保生大帝吴真人,原名本,为泉州同安白礁人。他官居御史,为人清俭,以医术普救天下之人,明永乐皇帝时敕封为保生大帝。⑤ 又如,隶属青云亭的玉虚宫,所奉祀的就是北极大帝。关于他的情况,有两则碑刻为证,一是1864年《吉黎望玉虚宫序木板》:

> 繁惟吉黎望玄天上帝爷,威灵赫濯,已于上刀梯两次见之矣。矧属商旅行人洎诸善男信女有求必感,所祷辄应。诚为至正至圣之神明,而崇祀敢缓何哉!兹议建庙一进,复续一亭,庶几各处地头,俱有庙宇以瞻观,岂非神欣人福之妙举乎!⑥

---

① 《马来西亚华文铭刻萃编》(第1册),第295页。
② 温王爷连同五位王爷的现实人物原型情况,见陈垂成、林胜利合编:《泉州旧城铺境稽略》,鲤城区地方志编纂委员会、泉州市区道教文化研究会联合出版,1990年,第59、87、88页。
③ 《马来西亚华文铭刻萃编·序言》(第1册),第31页。
④ 其实所有神祇都须符合儒家的礼法祭祀文化才能给予正式的建庙崇祀,即《礼记·祭法》所说的:"夫圣王之制祭祀也,法施于民则祀之,以死勤事则祀之,以劳定国则祀之,能御大灾则祀之,能捍大患则祀之。"见王文锦:《礼记译解》(上册),中华书局,2016年,第697页。
⑤ 《马来西亚华文铭刻萃编》(第1册),第342页。
⑥ 《马来西亚华文铭刻萃编》(第1册),第317页。

二是 1869 年《庆成建醮捐缘木板》:

> 今我董事曾世芳甲黄水阁官并总理总管等,正心诚意,仝奉北极大帝,愿以英灵显赫,香烟不斩。千秋不朽,万古长存。正谓神光广大,赫赫明明。有求必应,保万民而祯祥,佑众人而纳福。……迄今日久,有感于心爱集董事曾世芳及总理总管等人相商,议定本年八月十二日黄道吉辰,齐到至玉虚宫庆成建醮,上签演戏,答谢神恩。合呷祈安植福,诸务明白。①

据上可知三点:一、玉虚宫所崇祀的北极大帝是从闽粤原乡带过来的宗教信仰。二、商民崇祀北极大帝一方面由于它"威灵显赫""至正至圣""神光广大",另一面由于信众认为信仰他可带给人吉祥和福报,如"有求必感,所祷辄应""保民祯祥""佑人纳福"。三、商民信士在他的庇佑、惠泽之下,作为受益者有崇德报功和演戏酬神的义务。

闽粤原乡的大伯公崇祀在马六甲也相当普遍,它的祀坛一般毗邻冢山。如青云亭属下三宝山公墓的宝山亭及日落洞冢山的灵山亭即是显例。陈达指出,大伯公有时也称本头公、福德正神,是一种土地神,崇祀他具有保护地方上治安以求平安的功能。② 笔者认为,民间称大伯公为福德正神,应与上古三代以来人们普遍对"五福"观念强烈渴慕的文化心理有关。它可溯源至《尚书·洪范篇》,曰:"五福:一曰寿,二曰富,三曰康宁,四曰攸好德,五曰考终命。"③ 对此,可以说大伯公(福德正神)作为一种民间宗教信仰,成功将人们对美好、幸福生活的伦理情感诉求植入普罗大众的心田,从而为它在宗教信仰中赢得一席之地。

第三,本土性的人英先贤祭祀追远。陈铁凡说:"本邦(马六甲)还有一二特殊的神灵,并非中国本土所固有,大概是侨民时代的人英。"④本土性的人英先贤崇祀可分为两类:一类是早期南来马六甲开发拓荒的"英雄俊杰"或"聪明智略"的英魂崇祀,即下文的"大众爷"信仰。从发生学角度看,其信仰形成应

---

① 《马来西亚华文铭刻萃编》(第 1 册),第 319 页。
② 《南洋华侨与闽粤社会》,第 271 页。
③ 顾颉刚、刘起釪合著:《尚书校释译论》(第 3 册),北京:中华书局,2005 年,第 1196 页。
④ 《马来西亚华文铭刻萃编·序言》(第 1 册),第 31 页。

该是这样的：当华人初到马六甲谋求发展时，跟随他们奋斗的侨民及继任者为了感念缅怀这些拓荒先锋艰辛的开辟功绩，在其死后将这些人英的魂魄有意识地收集起来，通过立龛建庙给予香火祭祀。随着时间的推移，后人很可能将先锋们的英雄事迹予以神话升格，并视同有求必应的神明。1852年《青云亭许永占立碑》载其事称：

> 今青云亭大众爷，固我唐人阴灵之所聚也。中间英雄俊杰之魄，聪明知略之魂，磊磊累累，赫赫明明；而其威灵响应，笔难赘举，合甲蒙恩，通埠赖庇，故往来之祈祷无穷，春秋之享不忒。……且占初承锡商，望祷佛祖，联游坛前，见香灯寂寥，触目有感。遂议同人乐从，许以荫份。厥后果获奇利，此皆神力默祐焉。兹值锡㑩更易会算。计得利银伍佰大元。即交亭主收管生息，以为供奉香灯，永垂久远之需。……窃思锡祥降幅，群载英灵之恩，崇德报功，用著明禋之典，既沐庥于昔日，宜报德于今朝。①

据此可知，信士许永占因获得锡矿的开采经营权而盈利巨大。他将此次经商所"获奇利"归功于"威灵响应""神力默祐"，因为他曾在"青云亭大众爷"坛前许过心愿。为了报答英灵的"赐祥降幅"，他决定捐金（伍佰元）交由亭主管理以供青云亭英灵、神佛，供奉香火之用。另一类是下文所论述的青云亭历代甲必丹、亭主等先贤的崇祀追远。②

青云亭能在呷华社会居于领导地位，与它作为信仰中心所发挥的多重宗教功能有关，更与其作为政务机关所发扬的德风善政文化传统相连。无论甲必丹时代还是亭主时代，以漳泉商人为核心的青云亭对这一传统的发扬是贯彻始终的。

3. 甲必丹时代的德风善政

马六甲甲必丹制度，为葡萄牙殖民者所设，荷兰殖民者随之。甲必丹者，

---

① 《饶宗颐二十世纪学术文集》第十册，第895页。
② 侨民对"慎终追远"民族美德的发扬，张礼千予以表彰。他说："吾侨远适异域，缅怀宗邦，虽历数世，其衷未改，民族意识之坚强，至足嘉也。其所以致此之由，不得不归功于吾国之美德'慎终追远'一辞。"《马六甲史》，第324页。

各民族之领袖也,在吾侨则释为侨长。① 故此,青云亭甲必丹就是指管理呷华社会各项事务的华人领袖。前述,郑芳杨和李为经二位甲必丹对青云亭有开基与创建的伟大贡献。更为重要的是,日后青云亭一以贯之的文化传统——德风善政——也是由他们所奠定。对此,我们可从此后历任主政者所作的功德碑、对联及像赞文字来印证。

青云亭亭主薛文舟为郑芳杨、李为经两位前贤所书两副对联言:

郑播经纬,知百世之功勋有自;李传政刑,定千年之德业无疆。
万里外治民到底无亏善政;百年前著绩至今犹仰高风。②

青云亭亭主薛文舟颂郑芳杨功德碑文称:

郑公讳芳杨,乃先代之英贤,实传世之豪俊也。故能开基呷国,始茁兰城,善政早播于闾阎,芳名久载于史册,斯诚亘古之高风,足慰当今之雅望,则公之禄位,入于祀典,宜矣。③

青云亭甲必丹曾有亮为李为经所撰像赞云:

则余所闻:其行己也恭,其事上敬,其养民惠,脍炙讴歌,相传勿替。④

从上可知,郑芳杨于青云亭的功绩主要是奠基性和擘画性的"播经纬""播善政",而李为经对青云亭的贡献主要是开拓性和传承性的"传政刑""承善政"。郑李两人的共同点是为人高风亮节、众望所归,为政才干特出、惠泽闾阎,由此奠定了青云亭一以贯之的德风善政文化传统。此外,李为经还有为"青云亭购赠三宝山以作华人公墓的功德"⑤。

---

① 《马六甲史》,第 328 页。
② 《马来西亚华文铭刻萃编》(第 1 册),第 226 页。
③ 《饶宗颐二十世纪学术文集》第十册,第 885 页。
④ 《马来西亚华文铭刻萃编》(第 1 册),第 225 页。
⑤ 《马六甲史》,第 329 页。

第三章　早期新马华社与儒家伦理的弘传载体

郑李之后，主政青云亭且功绩卓著的是曾其禄。同李为经一样，他也是以"避难义士"的身份来此经商作贾。南渡后不久，曾其禄便成为李为经的女婿和李正壕的妹夫，以才干和义举被推为新一任甲必丹。据1706年《曾其禄德颂碑》称：

> 客自甲来者，沐其惠，思垂永久，求所以文之，因具为余言。公少有大志，卓荦不群，遭沧桑故，避地甲邦，解纷息争，咸取平焉，以故华裔乐就之。遂秉甲政，章程规划，动有成绩，未易更仆数。请言其加惠我人者：我人之流寓于甲邦也，或善贾而囊空，则资之财；或务农而室馨，则劝之力；或赌博而忘反，则谋禁为之防；或死丧而无依，则买山为之葬。至于甲为西洋所经，舟楫往来，不苛其征，商旅说而出其途，东西朔南暨矣，宁特吾乡戚属为然哉。①

从碑文可知，曾其禄的德风善政有三点值得称道：第一，未秉呷政之前，他时常为旅居或定居于此的商民"解纷息争"，众庶皆服其办事公平，故乐于俯就。第二，在众望所归之下，他荣秉呷政，一面定下办事章程，一面规划行政事务，由于志大有才干，所以多有政绩功业。这主要表现在他对"流寓于甲邦"商民的各项义举善行：譬如，资助善于经商却乏资的商贾和赞助尽力务农耕田却穷困的农户；又如，禁劝沉迷于赌博场所的赌徒；再如，购买义山安葬死无所依的侨民。第三，犹为可贵的是，其德风善政不仅是为同乡戚属，也兼顾到其他商旅的实际需要。青云亭主政者对"民胞物与""一体之仁"伦理精神的身体力行，当是他能领导呷华社会并持续悠久历史的重要原因。

继曾公后担任甲必丹的有曾其禄之子、曾宪魁、陈承阳、陈起厚、蔡士章、曾有亮、曾世芳等人。② 其中前四人主政期间的政绩功德，1845年《敬修青云亭序碑》有记载："厥后曾、陈诸公，相踵莅任，仁义居心，化行俗美，芳声丕著，政绩可嘉。兼不惮劳，捐金鸠工，营盖兰若，尊崇佛国，此诚美举，效之固宜。"③

从碑文可知，曾、陈诸甲必丹不论是其"仁义居心"的德行，还是"化行俗

---

① 《饶宗颐二十世纪学术文集》第十册，第861页。
② 新马华文碑铭关于这几任甲必丹的记录资料很少，所以无法考察其生平及德风善政，蔡士章除外。
③ 《饶宗颐二十世纪学术文集》第十册，第883页。

美"的政绩,抑或不惮辛劳、捐金修建观音亭的功德,在在反映了青云亭主政者是一群深受中华文化尤其是儒家文化熏陶的君子人物,而有别于一般的商民,所以能领导整个呷华社会。① 在后四任甲必丹中蔡士章是位才干出众、政绩显赫的主政者。他的功绩和贡献主要有三:一、为了方便先贤故老"禁烟令节"去三宝山公墓"逐年致祭"时能有避雨、休憩的地方,于是捐重金在山下建造祀坛一座。有1795年三宝山《建造祠坛功德碑记》为证:

> 山之中,叠叠佳城,垒垒丘墟,因我唐人远志贸易羁旅,营谋未遂,殒丧厥躯,骸骨难归,尽瘞于斯。……值禁烟令节,片褚不挂,杯酒无供,令人感慨坠泪。于是乎先贤故老,有祭冢之举,迄今六十余载。然少立祀坛,逐年致祭,常为风雨所阻,不能表尽寸诚,可为美矣未尽善也。今我甲必丹大蔡公,荣任为政,视民如伤,泽被群黎,恩荣枯骨,全故老之善举,造百世之鸿勋。义举首倡,爱诸位捐金,建造祀坛于三宝山下,此可谓尽美尽善。②

二、在三宝山下辟地扩基增建了一座供奉福德正神的宝山亭,并请来和尚协助上山"奠幽冥而重祭祀"的祭冢扫墓者。有1801年《蔡士章建宝山亭记》为证:

> 宝山亭之建,所以奠幽冥而重祭祀者也。余故开扩丕基,缔造颇备,以视向之冒历风雨,寸诚难表者,较然殊矣。虽然,亭之兴,由我首倡,亦赖诸商民努力捐资,共成其事。③

三、他首倡义举,捐献重金给青云亭并将之重新翻修,使之美轮美奂。有1845年《修青云亭碑》载其事:

---

① 颜清湟也认为,青云亭"这些反清复明志士与一般的华商不同,多为饱读诗书的读书人,更倾向于保持中国的传统文化",有"强烈的荣怀故国克绍故国衣冠箕裘的意识"。《星马华人与辛亥革命》,第17页。
② 《马来西亚华文铭刻萃编》(第1册),第271页。
③ 《饶宗颐二十世纪学术文集》第十册,第869页。

第三章　早期新马华社与儒家伦理的弘传载体

> 幸有甲必丹大蔡君,卓尔迈众,继秉呷政,广发善心,不惜重赏,义举首倡,爱督海关诸同人,重兴斯亭。于嘉庆辛酉岁,告厥成功,美轮美奂,令人敬仰。①

葡人所设立的甲必丹制度,以英国占领马六甲后而告废除。② 取而代之的是亭主制度,它不同于此前的委任制,而是直接由呷华社会公推产生的一种管理制度。③ 两种制度的区别,如金堀诚二所言:"甲必丹是殖民政府所任命的,而亭主却不同;亭主是以抵抗殖民地政府为出发点,为着华侨,而主张所应主张的,所以到最后仍没有得到政府的任命。"④如前所述,制度虽有不同,但为呷华社会服务的文化传统却始终不变。以下就分别来论述历任亭主秉政时的德风善政。

4. 亭主时代的德风善政

青云亭开基亭主为梁美吉。他南来马六甲后不久就成为第二任亭主薛佛记的三妹婿。关于他的为人处事及功德政绩,见福建会馆馆主徐炎泉为其所立碑文。1848年《青云亭亭主梁美吉》载:

> 粤稽开基亭主梁公讳美吉,生而歧嶷,素抱大志,殖货财而追猗顿,数分金以效叔牙,拯弱扶孱,令闻久钦于昔日;排难解纷,仗义夙称乎当时。是以伟望孔彰,嘉猷丕著,童叟怀其豪侠,士商服其才干,咸以亭主推之。……且自下车以来,革奸除弊,劝善戒恶,俗有仁让之风,世无夸诈之习。虽有一二狡猾不法之辈,亦自敛其迹而不敢肆其为,岂非公之盛德以化之乎?⑤

据此可得五点认识:一、他是位聪慧才俊,抱陶朱、猗顿之大志。二、他仿效鲍叔牙,以慷慨疏财、拯弱扶孱闻名于马六甲。三、他经常为商民父老排纷解难,以仗义称誉于时。四、他气性豪侠,才干卓著,老少士商皆心悦诚服地推

---

① 《饶宗颐二十世纪学术文集》第十册,第883页。
② 《马六甲史》,第182页。
③ 青云亭亭主制度详参《马来西亚、新加坡华人文化史论丛》卷2,第51—58页。
④ 《马来亚华人社会》,第20页。
⑤ 《饶宗颐二十世纪学术文集》第十册,第888—889页。

87

举其为开基亭主。五、他自秉政以来政绩显赫,如"革奸除弊,劝善戒恶",转昔日呷华社会夸诈之恶习为仁让之美俗;又如狡猾不法之徒,惮其威望也自敛放肆行径。更值得称道的是,他果断出面并成功阻止了英殖民政府对华人公墓三宝山的破坏,维护了呷华社会的共同利益,强化了青云亭的领导力和影响力。此外,1824 年他以董事身份参与了槟城广福宫的重建,在捐款人中名列首位。① 可见,青云亭的影响力远不限于马六甲一邦,更扩展到槟榔屿和新加坡。

继梁公后执掌呷政的是薛佛记。他在任期间,既对呷华社会和青云亭颇多勋劳,也对新华社会多有襄助。比如,他通过功德碑、禄位碑、神位牌、像赞、对联来崇祀和表彰甲必丹时代各位先贤的丰功伟绩,"不但为我们保存了华族早期的部分史料,也借此唤起了华人社会礼敬先贤的淳厚民风"②。又如,他继任后,"感佛光之普照悠远,念先贤之创业维艰",于是捐金重新修葺了"历多年所,瓦木废颓""几化荒庭"的青云亭。③ 此外,因行商坐贾新加坡,他也时常关心新华社会的公益事业。比如,他捐资援助了新加坡天福宫的创建活动,为流寓此邦的侨民建造恒山亭公墓及购置柑子园义冢等。以上事例在在说明,以漳泉商人为领导核心的青云亭,其影响和威望已远及槟华社会与新华社会,并在沟通、推动三州府华人社会诸项事务方面起着中枢性功用。④

继薛佛记之后出任亭主的是陈氏家族中的祖孙三代四人。他们分别是陈金声(巨川)、陈金声长子陈明水(宪章)、陈明水之弟陈明岩(笃恭)、陈明岩之子陈敏政(若淮)。⑤ 四人秉呷政期间,既对马六甲青云亭有所贡献,也对新加坡恒山亭多有建树。兹分别论述于下:

陈金声作为闽商巨擘,既掌马六甲青云亭亭主之职,又任新加坡恒山亭要职。据 1867 年《重修青云亭碑记》称,他秉政后自捐重金,费两年时间将年久

---

① 《马来西亚华文铭刻萃编》(第 1 册),第 532 页。
② 《马来西亚、新加坡华人文化史论丛》卷 2,第 10 页。
③ 《饶宗颐二十世纪学术文集》第十册,第 883 页。
④ 饶宗颐也发表了类似观点,他说:"星马一衣带水,树碑者或为置禄位,或为颂功德,大抵以青云亭、恒山亭为中心,捐款者人名多相同,皆闽商之翘楚者也。"《饶宗颐二十世纪学术文集》,第 935 页。
⑤ 值得注意的是,陈氏祖孙三代四人的名号都取自儒家经典,由此可见儒家文化对商人群体的影响是至巨且至深的。"金声"取自"集大成也者,金声而玉振之也。"(《孟子·万章下》)"宪章"取自"仲尼祖述尧舜,宪章文武","笃恭"取自"君子笃恭而天下平","敏政"取自"人道敏政,地道敏树",均典出《中庸》。

失修、处于风雨飘摇中的青云亭进行了大的翻修、加固及扩充,使之免于倾颓,为商民众庶前来礼敬观音佛祖提供了方便。① 又据,1911年《日落洞山功德碑记》载,他慷慨地将自己名下的日落洞山冢地捐献给青云亭充作呷华社会公冢,供羁旅商民埋骨丧葬之用。② 此外,峇峇学者宋旺相指出,马六甲金声桥、新加坡金声路、陈笃生医院、崇文阁和萃英书院等公益事业都曾得到陈金声的巨资赞助。③

继陈金声秉政的是其子陈明水(宪章),同时他又是薛佛记的女婿。碑铭称他"幼承庭训,孝亲睦族,志趣言行,为邻里乡党所钦","积德累功,仁民爱物,披心腹,见情愫,孚众望,施厚德,诚难仆数"④。关于他主政期间的社会贡献,可从以下三点来作说明:一、他对英殖民政府以修路取土为由破坏三宝山华人公墓的行为提出抗议并展开谈判,最终以自己出巨资购送武格峇汝山一座而达成不得妄取三宝山一抔土的协定。⑤ 陈宪章"泽及枯骨""恻隐慷慨"的德风善政,无形中提升了青云亭在呷华社会中的声望和地位。二、他重视民族文化和人才培养。于马六甲出资创设丰顺义学,以体恤穷寒子弟,同时以其父的名字创办了金声义学。⑥ 三、他为方便商民生活尽心尽力。比如,为马六甲市民捐献了一座钟楼,免去了商民众庶"问夜待旦之苦";⑦又如,在新加坡出资捐献了一座瓦屋供施医赠药看病之用;再如,年事已高的他为每次酬神唱戏搭建帐篷容易引发火灾而操心劳神,多次叮嘱其少子陈若锦尽快修建戏台。⑧

接替陈明水担任亭主的是陈明岩(笃恭)。他秉承其父兄尽心服务华社的人文精神,发扬青云亭一贯德风善政的优良传统,同样政绩可嘉。据碑铭记载,陈笃恭重新修葺了公墓祭所宝山亭,使"斯人有地可焚香","灵魂亦得所以享祀矣","自是生者安而死者宁"。⑨ 又据碑铭称,陈笃恭秉承父兄的遗志,不惜巨资,大兴土木,重新翻修了青云亭内的佛寺及禅房。⑩

---

① 《饶宗颐二十世纪学术文集》第十册,第902页。
② 《马来西亚华文铭刻萃编》(第1册),第356页。
③ 《新加坡华人百年史》,第39页。
④ 《马来西亚华文铭刻萃编》(第1册),第264页。
⑤ 《饶宗颐二十世纪学术文集》,第923页。
⑥ 《马来西亚华文铭刻萃编》(第1册),第264页。
⑦ 《马来西亚华文铭刻萃编》(第1册),第264页。
⑧ 《马来西亚华文铭刻萃编》(第1册),第264页。
⑨ 《饶宗颐二十世纪学术文集》第十册,第927页。
⑩ 《饶宗颐二十世纪学术文集》第十册,第933页。

末任亭主陈敏政为陈笃恭之子。他继志述事发扬祖父、伯父、父亲对呷华社会"民胞物与"的人文情怀。据1911年《亭主陈公敏政功德碑》载,陈笃恭"独出重资,鸠集土木","另择旷处,大加兴筑"华人公墓三宝山,此善举使"祭葬者有所憩息,旅魂得所凭依"。① 秉政后期,由于陈敏政身体病弱,青云亭政务便由宗亲副亭主陈文源代理,故也有勋劳值得称颂。据1910年《梁薛陈陈四亭主及陈副亭主功德碑》载,陈文源见马六甲日落洞义冢"历年已久,满目荆榛。而且行径崎岖,营葬者艰于跋涉",带头捐金给青云亭,以供义冢"修道路,伐荆林"所需费用。②

无论甲必丹时代还是亭主时代,以漳泉商人为核心的青云亭,既有对中华民族崇德报功、礼敬先贤及慎终追远等优良传统的发扬,也有对西方民主议事精神的汲取。据1826年《李士坚配享青云亭木牌记》载,李士坚之子"承内室邱宁娘,前年嘱托父母之禋祀",特向时任甲必丹的曾世芳及亭中耆老眷属亲戚,共同商议可否将"考妣谥士坚"的李氏神位配享入青云亭内与"曾讳六官同龛祭祀",了却子侄儿女慎终追远、以承祭祀的孝敬之心。③ 又据1843年《兴隆邱公木牌记》称,亭主薛佛记受母邱养娘之嘱托,以外孙身份欲把外祖父邱兴隆及外祖母王三娘的神位配祀于亭内,然此事让他"寸衷耿耿,莫可明言",于是"爰请呷中列为诸耆老,全同公议配享之事,蒙其许诺",才将"外祖二位神主配入青云亭内,与曾讳六官同龛"祭祀。④ 青云亭遇事公议协商而不独裁决断的办事精神,应当是马六甲华人长期与葡、荷、英西方人士打交道过程中所借鉴吸取的文化因子。

综上所论,马六甲青云亭在横跨葡、荷、英三个不同殖民时代,历经甲必丹制度和亭主制度后,终结了时代赋予它的使命并为自己近三百年的辉煌历史画上了句号。笔者通过对新马华文碑铭资料的挖掘,考察了马六甲青云亭作为宗教庙宇和政务机构这一双重角色扮演者所具有的多重宗教文化功用。作为综合性庙宇,它以极具包容性的主神观音信仰来团结呷华社会的不同帮群,以具有原乡特色的地方神祇信仰来满足不同信众的宗教情感,以本土性的人英先贤祭祀来实践崇德报功、慎终追远的民族美德;作为政务领导机构,它以

---

① 《马来西亚华文铭刻萃编》(第1册),第361页。
② 《马来西亚华文铭刻萃编》,第269页。
③ 《饶宗颐二十世纪学术文集》第十册,第874页。
④ 《饶宗颐二十世纪学术文集》第十册,第881页。

戚缘、血缘、业缘、地缘等强化漳泉商人的内部认同，并以德风善政来服务全体商民，造福社会。

二、槟华社会庙宇

1. 槟城海珠屿及福寿宫的大伯公崇祀

如前所述，马六甲的开拓先驱是漳泉商民，而槟榔屿的开埠者一般认为是客家人。槟榔屿最早的华人庙宇是海珠屿大伯公庙，其大伯公崇祀起源于客家人的土地神信仰，但在移植到南洋后随着社会环境而发生了某些变化。海珠屿大伯公信仰与客家先贤开辟槟榔屿有着密切关系。1958年，槟榔屿《海珠屿大伯公庙重修碑记》载：

> 海珠屿大伯公，吾客族先贤张丘马三公也。张公居长，丘公居次，马公年最少。三公于前清乾隆十八世纪中叶，南来槟榔屿，或为教读，或业铁匠，或营炭窑，而契合金兰，义同兄弟。居常，聚则论道励志，出则讲信修睦，厚德高风，群伦共仰。一夕，张公忽坐化石岩中，即今庙址也。丘马二公因葬张公于岩石之侧，碑书："开山地主张公"。丘公殁，马公葬丘公于张公坟之旁，碑书："大埔清兆进丘公墓"。嗣后，英人莱特少校经营是邦。移居之民渐众，感受张丘二公流风遗泽之化者亦日广。嘉庆四年己未，公元一七九九年，胡靖公以张公羽化之岩起为庙。嘉庆六年辛酉冬，乡先辈陈泽生等，以公庙香火鼎盛，而交通未畅，顶礼不易。因就市区向政府领得地段九千九百九十六方尺，建筑分祠，以便市民瞻拜，此即大伯公街福德祠也。嘉庆十四年马公殁，吾族人士复葬马公于张丘二公坟下，碑书："永定福春马府君之墓。"居民感念三公之德之义，俱以神祀之，并尊为大伯公。[①]

从上可知，海珠屿大伯公是客家先贤张、丘、马三公不断经过华侨神格化的结果。由于三公早在英人莱特占领槟城之前的十八世纪中叶就已来到槟城，或"教读"或"打匠"或"烧炭"，且"居常聚则论道励志，出则讲信修睦，厚德

[①] 《马来西亚华文铭刻萃编》(第2册)，第524页。

高风,群伦仰视"。随着张、丘二公先后去世,华商胡靖公出于敬仰几位客家先贤拓殖开发槟城的功德,为之立庙以示崇祀。其后,随移居槟城的华人日渐增多,华商陈泽生等为方便商民崇敬瞻拜客家先贤,特意在市区买地一块,建立大伯公分祠。1809 年,客家先贤马公登仙羽化之后,槟华众庶为感念三公的德风义行,便奉祀三位客家先贤为神祇,敬称他们为大伯公。由此可见,海珠屿大伯公是由生前有功绩功德的人英演化而来的本土化神祇,后人出于仰慕之情而建庙祭祀以崇功报德,借此表达对客家先贤开拓之功的崇敬。

除海珠屿大伯公庙外,槟城还有一座开山王庙,它位于日落洞路,创建于 1864 年。开山王也称开山大伯,作为早期移民的无名先贤崇祀也具有和大伯公类似的特征。1897 年《重修开山王庙碑》记载:"斯庙也,乃唐人甫至之所创建,以卫民生,故名之曰开山。自同治甲子历至于今三十有四年。"① 由此庙的来历可知,华人对槟榔屿的开发和建设有不可磨灭的贡献。此开山大伯庙就是华社后人为缅怀和感念那些筚路蓝缕以启山林的先贤人英的开辟之功创建的庙宇。

此外,槟城福寿宫也崇祀大伯公。福寿宫含有幸福和长寿的意思,它是波池滑(亦称浮罗池滑)福建公墓的丧葬性寺庙,位于车水路。1877 年《福寿宫碑》记载:

> 尝思莫为之前,虽美弗彰;莫为之后,虽盛弗传,天下事大抵皆然。兹福宫大伯公同波池滑之所,共祀者也。念经营之在兹,为子孙之余地。际时会之升平,修梓材而鸠庀。始基其美,何难指日更新,众力易派,自临时告竣。将是居民稠密,千百年永获康宁之庆。②

从碑文可知,福寿宫的大伯公崇祀显示了侨民对幸福、长寿、康宁、添丁等美好生活的真切向往,反映了海外游子对天伦之乐的强烈诉求。

2. 槟城广福宫的观音崇祀

青云亭是呷华社会的领导机构,广福宫则是槟华社会的事务机关和指导机构。刘果因指出,"如果槟城是华侨的发祥地,那么,广福宫和加应会馆,便

---

① 《马来西亚华文铭刻萃编》(第 2 册),第 568 页。
② 《马来西亚华文铭刻萃编》(第 2 册),第 594 页。

第三章　早期新马华社与儒家伦理的弘传载体

是发祥中心。以今日看来,广福宫虽然还保存着当年的形像,但已无人知道他是昔时的华民政务机关"①。广福宫是闽粤两省侨民合作共建的一个崇祀主神观音的庙宇,故广福宫又称观音亭。1824 年《重建广福宫碑记》称:"槟榔屿之麓,有广福宫者,闽、粤人贩商此地,建祀观音佛祖者也,以故宫名广福。"②又据,1800 年《槟城创建广福宫碑记》载:"昔先王以神道设教,其有功斯世者,虽山隅海澨,舟车所至者,莫不立庙以祀其神。今我槟榔屿开基以来,日新月盛,商贾云集,得非地灵人杰,神之惠欤?于是萃议创建广福宫,而名商巨贾侨旅诸人,咸欣喜悦,相即启库解囊,争先乐助。卜吉迎祥,鸠工兴建,不数月而落成,庙貌焕然可观,胥赖神灵默助。其德泽宏敷,遐迩同沾乐利,广福攸归。"③

广福宫以观音为主神信仰有其特殊意义。首先,观音大士是闽粤侨民的共同神祇,崇祀观音大士有着调适、安顿、慰藉人心的作用。当闽粤商民远离中国家乡,来到一个完全陌生的人文和自然环境时,心理上会产生种种的不适与不安。

其次,自古以来中国民间社会有着悠久的神道设教以敦人伦、以励教化的人文传统。《周易·观卦》说:"圣人以神道设教,而天下服矣。"孔颖达疏曰:"'圣人以神道设教,而天下服矣'者,此明圣人用此天之神道以'观'设教而天下服矣。天既不言而行,不为而成,圣人法则天之神道,本身自行善,垂化于人,不假言语教戒,不须威刑恐逼,在下自然观化服从,故云'天下服矣'。"④王月清认为,神道设教中隐含了把人伦教化的道德规范神圣化,又把宗教道德化的意旨;神道的目的是教化百姓,圣人的作用就是用神道来设教治理天下。⑤因此可说,观音作为佛教的主要信仰神祇,有济人利世、感化人心以及导人向善的教化功能,故能获得人们的普遍崇祀。

再次,广福宫在其他方面也发挥着重要功用,它是羁旅或过往槟城的闽粤客商暂时休憩的场所,它是侨居本地的闽粤商民祈福延禧与家庭团聚的场所,它是华社众庶解难排纷、消弭干戈的场所。槟华社会正是通过此公共机构将

---

① 《马来亚华人社会》,"译者序"。
② 《饶宗颐二十世纪学术文集》第十册,第 872 页。
③ 《饶宗颐二十世纪学术文集》第十册,第 867 页。
④ 《周易正义》卷三,《十三经注疏》第一册(清嘉庆刊本),中华书局,2009 年,第 73 页。
⑤ 王月清:《中国佛教伦理研究》,南京大学出版社,1999 年,第 227—228 页。

儒家文化中的忠信笃敬、睦姻任恤的伦常道德弘传于海天南邦。1862年《重修广福宫碑记》载：

> 槟屿之有广福宫者，固两省都人士所建，于以宁旅人而供香火也，其所由来旧（疑为"久"）矣。……是宫既成，商民乐业，居常则祈福延禧，共遂家庭之乐；有事则解纷排难，同消雀角之争；将见忠信笃敬，可行于蛮貊，睦姻任恤，旋睹于他邦，其所系者，又岂止宁旅人而供香火也。①

3. 槟城的王爷崇祀

槟华社会之崇祀广泽尊王，始于1860年创建的凤山寺。它是闽南迁民从原乡泉州府钦江县凤山寺移植到南洋的地方性神祇。1864年《广泽尊王碑》载："敕封广泽尊王，威震槟屿。国泰民安，名扬海内；则四方之民，罔不咸赖神光赫显垂祐永昌。敬陈礼仪大典，而创业垂统，禋祀于四时，永保勿替焉。"②这位广泽尊王的人物原型是郭忠福，为福建南安人，生前以孝道著称于乡间。他厚生为民，有功于百姓社稷，死后荣获统治者的勒封并被民间尊为神祇并建庙崇祀。

槟城慈济宫崇祀的是惠泽尊王，他本是原乡漳泉人的信仰神祇。据《惠泽尊王传》载：

> 叶圣王者，南安高田人也。讳森，谥广缍侯。有宋教谕叶三翁十一世孙。父廷显元君，母大仙陈氏第三。复昆仲二人，王居其长。初太王乐善好施，积德甚厚。……嘉定末，有功于朝。宁宗还官，赍勒封之，授其秩曰：威武惠泽尊王，并赐祀典。夫功大者爵必高，爵高者泽必长。受封以来，神光愈炽。水火盗贼，王则捍之；灾殃疾疫，王则御之。历今数百年，其所以护国神民者，功难殚述。宜乎德音懋著，英声灿然。……文章为泉（州）名岫，峭拔乎南（安）之北，永春之南，而郭圣王居焉。虽离三十里许，其脉同发大柱。雄镇对峙，正气特

---

① 《饶宗颐二十世纪学术文集》第十册，第900—901页。
② 《马来西亚华文铭刻萃编》（第2册），第565页。

第三章　早期新马华社与儒家伦理的弘传载体

钟。二王一以慈闻,一以孝著。报国同时,荣封同爵,其神光普照,两地和同一辙,亦可知山狱之钟毓者大也。①

从上可知,惠泽尊王的人物原型是叶森,为南宋福建南安高田人。其父生平"乐善好施,积德甚厚",因而称誉于乡邻。受家风影响,叶森年少时颇有豪杰之风,不同于庸常之人,二十岁时便坐化乡里,乡人敬仰其德为之立庙。宋嘉定末,宋宁宗皇帝因叶森慈爱生民,报国有功,遂将其敕封为惠泽尊王,允准民间供奉崇祀。

槟城水美宫与马六甲勇全殿所崇祀的都是池府王爷,但不同之处在于,前者是漳州府澄邑蔡氏家族的私人信仰,具有家族专属性,而后者是漳泉商人集团乃至整个呷华社会的共同信仰,不具排他性。1862年《水美宫碑记》载:

槟榔屿之域有王府之庙,乃中华福漳之澄邑故乡于钟山社之水美宫所自始也。溯自前人经商抵此,供带灵光香火,默祐无疆。故尔诞其宇,崇奉王府神灵,迄今遗历有年……是以我蔡家诸同人云集,议举重修,择日兴工经始。乃未几而崇墉矻矻,告厥成功。②

又1882年《重建水美宫碑记》载:

尝谓神以民为依归,民以神为保障,是知神民有维系而不已者也。我唐人虽在夷地,服贾营生,尤不可无别。置庙宇以安乎神灵。然槟城大系市镇之域,而唐人迩来生齿日众,户口日增,所颂祷者惟神明护持而已。曩者波池滑之处,原有建筑水美宫,崇祀池府王爷。自来保我黎民,显赫莫京。……择吉兴工,经营创作,轮奂聿新,而后再择良时吉日,迎神建醮,以为落成之庆,庶乎神灵赫濯,实式凭之。王府默庇,福有攸归。而且驱魔逐怪,肃静地方,岂不诚益者哉!③

---

① 《马来西亚华文铭刻萃编》(第2册),第680页。
② 《马来西亚华文铭刻萃编》(第2册),第555页。
③ 《马来西亚华文铭刻萃编》(第2册),第558页。

1867年,有位福建漳州府的华商许泗漳为水美宫赠送了一方题有"惟德是依"①的匾额。由此可见,民间百姓之崇祀池府王爷,是由于神祇人物原型是位有德君子,能保佑黎民,使福有攸归,所以说"神以民为依归"。人因神而得护佑照顾,人又以崇功报德来答谢神明。儒家伦理所讲的心存敬畏和以德报德的伦理精神,借此民间崇祀得以彰显和实践。

4. 槟城的清水祖师崇祀

清水祖师的人物原型是陈普足,出生于永春县石古村大云院,坐化于安溪清水岩。1880年《重修青云岩碑记》称,青云岩所崇祀的清水祖师源于此前所建的福兴宫。福兴宫后来又改建成福建公所,于是在其旁另立青云岩专事神明崇祀。碑记称:"青云岩(蛇庙),祀清水祖师也。原曰福兴宫,踞岩之左,溯厥由兴,盖福建之筑为公所,已数十年矣。"②民间崇祀神明的依准是,看其是否有高尚道德,是否能保境安民。正如1907年《青云岩碑》所载:"圣人云:鬼神之为德,甚盛矣乎,是知神之为人所崇祀,以其道德高深,声灵赫濯,能保黎民也。溯自昔年创造福兴宫,恭奉清水祖师,凡我华侨旅斯土者,罔不默受其垂庥。"③

5. 槟城清龙宫的多神崇祀

清龙宫位于日落洞路,创立于1888年或更早之时,主要崇祀神农大帝、保生大帝和清水祖师,对后两者的崇祀在闽南地区更为流行。如前所言,民间之崇祀神祇有一共同标准,即他必须有功德于百姓或社稷。具体来说,就是这些神祇可以起到清除祸患、保护百姓以及安顿民生等作用。当然崇祀神祇也有助于兴起商民的敬畏之心,收到使民风淳厚之效。1891年《新建清宝殿清龙宫碑记》载:

> 古者凡祭五祀,皆设主于奥,即有功德于民者,亦仅设位致祭而已。后世遂因其典,增修庙宇;所以便馨香之祝也。本坡日落洞崇祀保生大帝,神农圣帝,清水祖师历有年所。而声灵赫濯,镇海疆以清妖孽;呵禁不详,保生民共登寿宇,凡坡之士女,咸邀眷顾,共沐神庥。

---

① 《马来西亚华文铭刻萃编》(第2册),第558页。
② 《马来西亚华文铭刻萃编》(第2册),第580页。
③ 《马来西亚华文铭刻萃编》(第2册),第584页。

由是而祷祀日盛,酬愿接踵,逮于丙戌年林君百蚱敬献平地一址,而众人以为林君即倡于前,吾侪宜成于后,遂欢欣鼓舞,共起诚信之心,集腋成裘,措兹盛举。卜吉鸠工,不数月而庙貌焕然一新。中立一殿,崇祀保生大帝,神农圣帝,清水祖师暨列位尊神,因颜曰:清宝殿。①

6. 槟城的城隍信仰

1917年《重修城隍庙纪念碑》称,槟城的城隍庙大约创建于清同治年间(1862—1875年)。中国自上古三代以来就有着"百姓以为神",借神道以敦教化的人文传统。城隍庙的创设可以视为民间社会对这一人文传统的实践,碑铭曰:"昔夏铸鼎钟,百神于焉感应,汉兴寺观,万姓赖以宁安。知神道设教,自古已然。此本槟城隍庙所由创建也。创自清同之世,聿著声灵。"②

1879年《重建城隍庙碑记》载,在华人来到尚未开发的槟城时,对异域水土等自然环境,生理和心理上会产生种种不适,于是迁民会将原乡具有协调阴阳、保泰安民功能的城隍信仰移植过来,借此熟悉的设施来调理不适,无疑有助于身心安顿。碑记称:

> 夫槟城据西南之障,峥嵘数仞,蜿蜒千里。枕列岛而带长江,室壁分野,华夷交冲,为西洋之上流,作海邦之砥柱。而蓝缕启宇,王化不及,官礼未颁,不无山精水怪之为害矣。厥后英夷更张,楼阁虽新,而妖魂未除,常出以为民害者,蒙神农大帝降乩指示,筑聚魂室以安之,而妖魂之祟遂绝。……窃思自古神道设教,有城市以育人民必有城隍以理阴阳,于是出而劝捐,诸善信踊跃乐施,即虔请大帝择日经始,将聚魂室增其旧制,而以己亥、己巳分金六日,浮池荷花,筑大殿。外盖拜亭,中案崇祀地藏王,东案崇祀都城隍,西案崇祀福德正神暨列为尊神,咸在其中。……故额曰:城隍庙,以尊主宰之名。③

---

① 《马来西亚华文铭刻萃编》(第2册),第622—623页。
② 《马来西亚华文铭刻萃编》(第2册),第602页。
③ 《马来西亚华文铭刻萃编》(第2册),第598页。

从碑文可知，城隍庙是个集多神信仰于一体的神庙单位，它体现了唐宋以来三教相互融合的现实情况，也反映了中国人信仰世界的多元化和包容性特点。如城隍庙里可以有道教神祇，也可以有佛教人物，彼此不仅不相冲突而且相安无事。民间社会的风俗道德及社会治理正是借神道设教的人文传统得以维系和强化。

7. 槟城的行业祖师崇祀

槟城的鲁班古庙和胡靖古庙是崇祀行业祖师的庙宇。清人纪昀曾说："百工技艺，各祠一神为祖。倡族祀管仲，以女闾三百也；伶人祀唐玄宗，以梨园弟子也。此皆最典。胥吏祀萧何、曹参，木工祀鲁班，此犹有义。"[①]行业的祖师崇祀如同子孙祭祀祖宗、父母一样，皆是对饮水思源、感恩报本等儒家伦理精神的弘传与实践。祖师在行业上的开创性贡献使后世从业者，既能习得一技之长，又可造福民生社会。借用"民到于今受其赐"来表达行业祖师的绵长恩泽再恰当不过了。从行业的代际传承来说，每个行业的从业者对祖师来说都是徒子徒孙，如木匠从业者都自称鲁班门徒，徒弟习得技艺自然是受赐于本行业的祖师。徒弟为行业祖师建庙立龛，目的是缅怀崇祀本行业的衣食父母，体现了他们对饮水思源、崇功报德等儒家伦理精神的实践与弘扬。

鲁班古庙位于爱情巷，它既是崇祀木匠祖师公输班的庙宇，也是木匠业鲁班行的团体机构。该庙是由古冈州六邑人士所共建，因为槟城木匠从业者多来自说广州方言的古冈州六邑，它是雇主鲁班行和职工鲁北行的共同信仰中心。[②]鲁班门徒借祖师崇祀形成行业上的利益共同体及生活互助团体，它发扬和实践了出入相友、排难解纷、守望相助、同凶共患、疾病相扶持的儒家伦理精神。据《鲁北行规则》记载：

> 惟我鲁班门徒，尚无法旨；虽曰人心难于划一，规例亦当严明。窃思开行而始，数十余年于兹矣。古例同人，节届师辰，共解义囊而庆祝；吉凶有事，踊跃捐助而齐临；倘有屈事难平，亦必集中而排解。忆昔古友遗规，斯为尽善尽美；应我辈守成，更要勿怠勿忘也。……

---

① 纪昀：《阅微草堂笔记》卷四，韩希明译注，中华书局，2014年，第268—269页。
② 六邑是指台山、新会、开平、恩平、鹤山、赤溪。对于鲁班古庙的创建年代有两种不同的说法：一说是1851年，一说是1856年。鲁北行是设在鲁班行中的职工基尔特，鲁班行是在爱情巷的木匠基尔特。

第三章　早期新马华社与儒家伦理的弘传载体

> 再立规条数款开列于左：一议本行遇有不幸仙游者，行中议定助棺木银二十五大元，交与其亲人支理。如无亲人，本行值事亦理妥当。记立石碑一个，及鼓乐、抬工、古尤，使用本行支理。议定每行友，捐银两钱五分。各行友不论北海及新旧船坞，限午刻二点半钟要到来携牌送到山顶处。棺归土安当，然后由董事人收牌；要亲自押号，方为准到。……二议本行有父母及妻妾在埠者，须要每人捐香油钱五大元，方为有份。遇有不幸仙游者，行中议定，助抬工银六大元及鼓乐、古尤，使用本行支理。……三议本行友或父母及妻妾，遇有不幸仙游归山；凡未满二十岁者，不论师头、工头，及食红毛粮，须要照例送到山顶。①

胡靖古庙建于1904年，它崇祀的是打金行业先师胡靖公。其前身为创建于1832年的胡靖打金行，它是打造金银器的手工业联合行会。据"梅玉燦所云，胡靖打金行，是'东西家共同组织的总机构'，构成分子是劳资双方。光绪二十九年(1903)，当时行友有六百人。是以开诚布公，互相提携，互相合作，谋取或保障双方利益，以及使劳资双方均能永久和谐共处为原则"。② 又1925年《槟城胡靖公打金革新行务捐款芳名志》称：

> 爰于中华民国十四年五月，发起筹款，革新行务之议。义气所激，凡属行友，无间远近，踊跃争先，解囊相助。数千巨款，咄嗟立成。前后数月，累年巨债，既已清偿；而夜学与卫生所，亦相继成立。③

由此可知，打金行是以该行业祖师胡靖公为信仰中心所形成的经济和生活上的行业共同体，它以互相提携、互相合作、和谐共处为指导原则，以改善行务，推进行友的教育、卫生等福利事业为人文本怀。马来西亚从事田野调查研究的张少宽说："职业神的功能，是起着维系、号召该行从业者团结、合作，并反映该业缘团体精神凝聚力的表征。"④

---

① 《马来亚华人社会》，第174—175页。
② 《马来亚华人社会》，第120页。
③ 《马来西亚华文铭刻萃编》(第2册)，第577页。
④ 张少宽：《槟榔屿华人寺庙碑铭集录》，南洋田野研究室，2013，第25页。

三、新华社会庙宇

1. 新加坡福帮的天福宫

1819年,自英人莱佛士占领新加坡并建立自由贸易商港后,这块尚待开发的处女地因经商空间巨大,很快吸引了南洋其他各埠的华人到此谋生,其中又以来自马六甲的漳泉商人集团最有实力和最具影响力。

天福宫的主要创建者是两位来自马六甲的峇峇华人——陈笃生(1798—1850年)和薛佛记(1793—1847年),他们祖籍皆为闽南。陈、薛两人皆新马商界翘楚,在经商获富后都很关心侨民的公共福利事业,自然对华社庙宇的建设也格外倾心竭力。1850年《建立天福宫碑记》载,天福宫崇祀的神祇主要有天后圣母、关圣帝君、保生大帝及观音大士。天后圣母作为渔业和航海业的守护神,在闽粤民间广为崇祀。天后圣母是其官方封号,民间百姓则亲切地称为妈祖娘娘或马祖婆。妈祖的人物原型是林默娘,北宋时福建莆田人。据传她生前在海上救人性命无数,殁后又屡显神迹,为百姓所敬仰,遂建庙崇祀。关圣帝君是儒释二教共同尊奉的神祇。关羽生平喜读《春秋》,深受儒家文化的熏陶和浸润,因其忠肝义胆先后受封忠惠公、义勇武安侯、忠义神威大帝等名号;同样因其忠勇品格,关羽又被佛家神格化为伽蓝守护神,获三界伏魔大帝的封号。在商业氛围浓厚的地方,关羽又多被作为武财神崇祀。保生大帝是位道教神祇,其人物原型是吴本,泉州府同安县人,属闽南民间信仰。吴本生前为官廉洁,且以医术惠泽地方百姓,在其死后,民间百姓感念其功德,明永乐皇帝褒封其为保生大帝,给予建庙崇祀。观音大士更是民间百姓普遍崇祀的佛教神祇,主要是求出入平安。《建立天福宫碑记》载:

> 新嘉坡天福宫崇祀圣母神像,我唐人所共建也。自嘉庆廿三年,英吏斯临,新辟是地,相其山川,度其形势,谓可为商贾聚集之区。剪荆除棘,开通道途,疏达港汊,于是舟樯云集,梯航毕臻,贸迁化居,日新月盛,数年之间,遂成一大都会。我唐人由内地帆海而来,经商兹土,惟赖圣母慈航,利涉大川,得以安居乐业,物阜民康,皆神麻之保护也。我唐人食德思报,公议于新嘉坡以南直隶亚翼之地,创建天福宫,背戌面辰,为崇祀圣母庙宇。……于道光廿年造成。宫殿巍峨,蔚为壮观,即以中殿祀圣母神像,特表尊崇,于殿之东堂祀关圣帝君,

于殿之西堂祀保生大帝,复于殿之后寝堂祀观音大士,为我唐人会馆议事之所,规模宏敞,栋宇聿新,神人以和,众庶悦豫,颜其宫曰天福者,盖谓神灵默佑如天之福也。①

从天福宫所崇祀的神祇空间布局可知,它是以民间信仰的方式对儒释道三教神祇进行整合而构成的一个多元包容性庙宇单位。正是借这种神道设教的悠久人文传统,纯民风、厚民德、存敬畏、敦教化、睦人伦的儒家伦理精神才能有力地在广大民间社会弘传和实践。

2. 新加坡福帮的其他神祇崇祀

新加坡福帮所崇祀的神祇除上述天福宫内的天后圣母、关圣帝君、保生大帝及观音大士外,还有凤山寺的广泽尊王、金兰庙的清水祖师、浯江孚济庙的圣侯恩主、玉皇殿的玉皇大帝以及真君庙的清元真君等。现依次论述如下:

广泽尊王的人物原型是郭福忠,为福建泉州府南安县人。他在世时以孝行著称于乡里,因此民间称其为郭孝子。据传,他一生广济生民,遗泽广被,造福百姓,有功德于社会。当地百姓感念其功德,请封号于朝廷,被敕封为王,随之建凤山寺给以崇祀。新加坡的凤山寺,始建于1836年,它是泉州侨民因经商从原乡凤山寺移植南来的一支香火分庙。1913年《重建凤山寺碑记》载:

> 泉南有山颇类凤,晋天福二年,郭孝子于其地坐化;遗泽广被,有天王明圣之尊,后人建寺祀之,请于朝,名其寺曰凤山;褒封广泽尊王。历汉、周、宋、元、明、清九百六十有七年矣。而新嘉坡之有寺以祀王,则自清道光丙申年始也。②

新加坡凤山寺之建设,既有侨民对家乡故土眷恋的情感因素,也有出于认同原乡民间信仰的文化因素。《新嘉坡重修凤山寺》碑文称:而新嘉坡,我建(疑为"堂")人尤思之深,慕之切。道光丙申梁君壬癸,爰慕众商,营立寺室,塑绘像形,仍名曰凤山寺,不忘本也。③ 凤山寺之供奉广泽尊王,由于其生前以

---

① 《新加坡华文碑铭集录》,第57—58页。
② 《新加坡华文碑铭集录》,第105页。
③ 《新加坡华文碑铭集录》,第102页。

孝行著称乡里,故崇祀他具有以承祭祀、以敦孝道、缅怀先贤及父母之邦的人文意义。

1886年《新嘉坡重修凤山寺序》对民间祭祀广泽尊王的原因有所论述。碑记曰:自是以来,雍在宫而肃在庙,赫厥声而濯厥灵,广泽纷纭,湛恩泽溦,上下沾濡,无分内外,而且永言孝思,使修明盛服,以承祭祀者,及乎其先,则非特千秋颂明神,亦万古称孝子也。① 此外,崇祀广泽尊王有风调雨顺、国泰民安的功效。又1909年《芋菜园圣王庙》碑文载:昔日晋代之时,圣王(广泽尊王)化身在古藤座上,古迹犹存。……历代受封晋爵王位,香火普照万方,风调雨顺,国泰民安,今分炉有圣王金身在叻芋菜园。②

新加坡金兰庙创建于1830年,庙内崇祀的神明为清水祖师。清水祖师的人物原型是陈普足,为漳州府永春县人。民间信仰的一个显著特点是"神以人为归",即神明必须具备良好的德性,并且要能"御灾捍患为万民造福",商民对清水祖师的崇祀自然也不能例外。1839年《重建金兰庙碑记》载:

> 尝谓天下有不可知之祸福,断无不可敬之神明;神明者,所以御灾捍患为万民造福者也。……兹者金兰庙清水祖师神殿,创于道光十年,迄今日久岁深,栋宇崩颓,垣墉废坏;每当风雨交作,不无倒塌之虞。……于是庀材辇石,择吉鸠工,故革鼎新,观成指日。从此规模壮彩,益增聪明正直之灵;庙貌重新,永享黍稷馨香之奉,则庶几神安人乐,患殄灾消,人不敢借此邀福于神,而神亦必锡之以福矣。③

新加坡浯江孚济庙位于牛车水街,由福建泉州金门会馆创建于清光绪丙子(1876年)。此庙中堂之上主祀的是圣侯恩主,其人物原型是陈渊,为金门人,庙堂后殿配祀福德正神。侨民有感于"我浯岛之客处南洋者,夫固实有徒矣",故借此原乡神祇崇祀,一可联桑梓之情,敦睦乡谊。碑记曰:"故欲仗神明之呵护,须阖桑梓以敷荣……枌榆在宥,宜相系以相维"④,"虽仗神明而设立,

---

① 《新加坡华文碑铭集录》,第102页。
② 《新加坡华文碑铭集录》,第161页。
③ 《新加坡华文碑铭集录》,第55页。
④ 《新加坡华文碑铭集录》,第107页。

实寓联络感情,敬恭桑梓之意也"①。二可仗神明以弥灾消患。《梧江孚济碑记》称:"而庙之中堂崇祀圣侯恩主,夫圣侯素著英灵,会弥灾患于梧岛。"②三可借神明来庇护商旅,敷德百姓,同时商旅也可通过祭祀神明,养成崇德报功的社会风尚,"远庇商旅,敷德于星坡;此崇德报功之盛典,何可或忘!"③

此外,庙内所奉祀的福德正神也具同样功用,可以护佑人民及其财物,使信众获得康宁安详,同时借此崇奉信仰活动商民众庶可欢聚一堂,亲睦和谐,使侨民咸有休戚与共的情感共鸣。《梧江孚济碑记》称:

> 庙之后殿则奉祀福德正神,以凭恩庇,楼上则恭立禄位以隆配享,如是则神人共庆,民物咸宁诸事安详,既措施之悉协,一堂亲睦实休戚以相关;法良意美,千载一时。④

综上可知,庙宇除具有信仰和祭祀功用外,还兼具会馆的部分功能。从中可以看出,庙宇实为会馆前身,不过以后随着社会事务需求的增多,会馆逐渐从庙宇中分化出来,成为独立机构。1931年《重建孚济庙碑记》称:

> 垂至民八土木重兴,糜币巨万,筑楼三层,最高为庙堂而会馆在焉,其下出賁挹赀,借注经费绰焉有余;故凡利物济人之举,敏行自勉,猗欤休哉。……尚冀后之君子,有为有守,长存鲁殿于星洲,同德同心,永树甘棠于梧岛。⑤

可见侨民借此庙宇会馆,既可彼此联络乡谊,又能崇祀原乡神祇,更能获得心理慰藉和精神力量,从而将"同德同心,永树甘棠"的伦常之教播种于南洋之地。

玉皇殿的玉皇大帝和其他神祇信仰一样,都是闽粤侨民从中国原乡带过去的。新加坡永全街玉皇殿,为祖籍漳州长泰的章芳琳所捐建。1887年《玉

---

① 《新加坡华文碑铭集录》,第111页。
② 《新加坡华文碑铭集录》,第107页。
③ 《新加坡华文碑铭集录》,第107页。
④ 《新加坡华文碑铭集录》,第107页。
⑤ 《新加坡华文碑铭集录》,第111—112页。

皇殿碑记》载：

> 夐乎莫及而巍然独尊如玉皇大帝者，独是隆其名而未崇其祀也。爰思作庙卜基于永全街中，背山环港，渊涵岳峙，绕绿送青，胜地也。……因而庀材鸠工，以观厥成。①

自古以来，中国就有着悠久的天神地祇信仰传统，《周易》名之为神道设教。所谓神道设教并不是迷信活动，而是孔子"天何言哉"以及孟子"圣而不可知之之谓神"的一种潜移默化、不言而喻的人文教化。古人认为，唯有德者可称之为神，所以有"神其惟德是辅"之说。1887年《玉皇殿碑记》载："窃自谓天之申命用庥，神其惟德是辅，将瞻森严之殿宇，愈深悚惕于神明。异日者都人士而谓有不雠宫肃庙，修明德以荐馨香，借神道而敦教化者乎。"②圣人观天下，以神道设教是借此方式让百姓能够保持敬畏之心，服行教化和敦笃人伦。当然也有依仗神明保佑平安、赐福于己的心理愿望，这符合人之常情，不可完全以封建迷信目之。又载："夫如是将见聪明明感无诚不格，声灵赫濯有感斯通，乃为之作歌曰：登彼明堂，裔裔皇皇，以介景福，物阜民康。"③

新加坡清元真君庙位于哑吧福建乃根街，为祖籍福建长泰的章三潮所捐建。1887年《清元真君庙碑记》称：

> 清元真君，护世保民，显赫灵濯，四方士女莫不共钦，惟是庙宇缺如，神灵无妥，爰于新嘉坡亚吧福建乃根街而为之立庙焉。……然溯其庙地所来，系为郡侯进士覃恩钦加二品衔先君三潮公□得，因而土木频兴，新其祠屋，计阅六月而告竣焉。④

纵观以上侨民所崇奉的神祇，大都具有护世保民、有功社稷、造福于民、物阜民康的功能特点。民间百姓出于感恩报德的伦理情感，从而为之建庙立祠、供奉香火，以承祭祀。

---

① 《新加坡华文碑铭集录》，第142页。
② 《新加坡华文碑铭集录》，第142页。
③ 《新加坡华文碑铭集录》，第142页。
④ 《新加坡华文碑铭集录》，第142页。

3. 新加坡广帮及客属的大伯公崇祀

大伯公又称福德正神,在中国原乡是作为土地公崇祀的神祇,但它移植到南洋后也融入了一些本土元素。大伯公信仰大致有两种原型:一是华人先民南渡后成为某地的开辟先驱,如上面提到的槟城开山地主丘、马、张三公之类,后人为纪念先贤草创开辟的功劳而为之建庙崇祀;二是华人南渡途中因遭遇海上风暴而葬身大海或不幸病故而客死异乡,侨民幸存者将这些先民的骨骸或尸体收拢埋葬起来并为之建庙祭祀。①

新华社会崇祀大伯公的庙宇主要有梧槽大伯公庙、海唇福德祠、丹戎巴葛福德祠、顺天宫、北极宫及三邑祠。崇祀大伯公的族群主要有广帮的广肇惠及同安,客属的嘉应五属及永丰大等。

新加坡的大伯公信仰可谓历史悠久,在开埠之初就已有一座崇祀大伯公的庙宇,即顺天宫。据载,顺天宫位于新加坡路麻班让街,建自嘉道之际(1820—1821年)。该庙先后有过两次重修的记录:一次在1881年,由闽商新顺称号暨黄玉璘捐资重修;一次是1901年,由闽商梅端成捐地扩建重修。故福建漳州府同安王道宗撰碑称赞说"闽人好义"。1902年《重建顺天宫碑记》载:

> 盖闻天道无私,顺之则吉,神威有赫,祀之必虔,诚以崇德报功,理当如是,匪特为祈福禳祸计也。若顺天宫之崇祀,福德正神,庶乎进之。宫在新嘉坡路麻班让街,建自嘉道之际,其时规模粗具,因陋就简,尚未有以记其事者也,故其详不可得闻。……所需木石工料七千余金,均出自坡中闽人之好义者,事竣金曰兹盛举也不可无记。②

继顺天宫后,新加坡较早的大伯公庙当是福德堂古庙,此即后来的梧槽大伯公庙。1847年《重修梧槽大伯公庙题捐碑文》载:

> 梧槽大伯公,显赫灵感,护国庇民,神恩浩荡,黎庶沾泽。原自昔

---

① 蓝禹甸:《新加坡福德祠绿野亭章程缘起》,见《新加坡福德祠绿野亭公会一百七十五周年纪念特刊(1824—1999年)》,福德祠绿野亭公会,1999年,第90页。

② 《新加坡华文碑铭集录》,第152—153页。

年有福德堂古庙,历年以久,栋宇倾颓,墙壁毁坏,故诸善男信女,同心义倡,捐金鸠集,择地起盖,梁栋焕新,以壮雅观,经已告竣。①

大伯公虽有地域和名称上的不同,但作为新马华社的一种普遍信仰对象,其所呈现出的宗教功能仍不外乎护国庇民、正直英明以及赐人得福等。

先是,说广府话的广、肇、惠人士称海唇福德祠内的大伯公是由其所属方言群的先民所敬立供奉的,故庙产也完全属于自己帮群。1854 年《重修大伯公庙众信捐题芳名碑记》载:

尝思人藉神以种福,神因人以呈灵,洋洋左右,说本仲尼。神之格思,流载风雅,是则神之为德其盛明乎!兹我广、惠、肇府人等,羁旅于此,环居一埠,敬立福德神,建庙以壮神威,设祀以崇祀典,由来尚矣。②

而说客家话的嘉应州及永丰大三邑人士则认为,大伯公自来就是客家人所崇祀的神祇,同时他们也宣称此海唇福德祠已经为本帮崇祀有年。1869 年《福德祠大伯公碑记》称:

尝思美于前者,固宜美于后;成于始者,尤贵成于终。我大伯公之有此祠也,固既历历有年矣。恩泽所敷,同沾大道之化,威赫所至,共沐公正之灵。凡士商之往来及工贾之出入,莫不交相喜焉。特以栋梁式焕,内既壮其观瞻;堤岸攸关,外当昭其巩固。使定中莫作,则陇畔未凝,恐难保无唇齿之患也。是以合嘉属而连三邑,酌议捐修,襄成美举,庶几度此土工,筑斯垣墉,则祠宇长经于万载,俎豆永享于千秋。③

由于广、肇、惠及客属人士都以大伯公庙作为他们共同的神祇信仰,因此

---

① 《新加坡华文碑铭集录》,第 56—57 页。
② 《新加坡华文碑铭集录》,第 70 页。
③ 《新加坡华文碑铭集录》,第 84 页。

第三章　早期新马华社与儒家伦理的弘传载体

在祭祀时间和庙宇归属问题上发生严重争执,竟至对簿公堂。后来在英国殖民官员的劝说调解下,两帮人士才最终泯除疆界,实现了"共敦和睦,永相亲爱"的合作双赢局面。1887年《福德祠二司祝讼公碑》称:

> 立合约人:广肇惠、嘉应丰永大等缘因海唇福德祠内二司祝人争闹哓哓不休,致讼公庭,蒙总巡捕、护卫司二位大人提讯在案,随转谕两造绅商秉公妥办,兹已平允无异词,此后共敦和睦、永相亲爱,特立明字存据。①

后来,随着客家方言群的应和公司及永丰大公司经济实力逐渐雄厚,该帮群又独自建有大伯公祠,即丹戎巴葛大伯公祠。该祠的创建是客属族群以公司募股集资方式实现的。建庙立祠的动机仍不外乎祈求神明庇护、赐福的心理情感,不过唯诚敬方能感格神明,唯崇德报功才有福报可言。1861年《重修丹戎巴葛大伯公祠宇碑》载:

> 余于本年新春来游是邦,辄闻丹戎巴葛前人创祀大伯公祠,灵显非常,商旅胥受其福……夫神者诚也,惟诚乃可以通神;故欲神灵之呵护,必先妥其式凭之所……但大厦非一木可支,成裘必借集腋,惟愿诸同志好善乐施,共襄美举,鼓量争操,捐资不拘夫多寡,输诚恐后,题助毋论乎后先,各具虔心,共邀清福……固其垣墉,永作夷邦之保障;介尔景福,齐乘捆载以荣旋;斯诚累累福田,与山河并永,绵绵善果,偕化日俱长矣。②

前述,新马华社大伯公信仰的一个主要原型是客死异乡的某些侨民先驱。客家永丰大三邑祠正是这一类型的人英崇祀。客家三邑祠创建于1882年。《重建三邑祠碑记》称:

> 序星洲三邑祠,乃丰永大各族签题创造设主位,建尝业为灵爽式

---

① 《新加坡华文碑铭集录》,第92—93页。
② 《新加坡华文碑铭集录》,第94页。

凭之所也。自光绪壬午年岁创建以来，三邑诸人凡生斯土与游斯地者，每当春露秋霜，咸沐杨而念英灵，此固各族永赖虽百世不变迁者矣。然制欲尽善度，贵得宜方克，仗先灵而妥侑。……爰集三邑各族同人会议改造。……庶集腋可以成裘，行见制度得宜，群叨祖荫，不特行商坐贾之士利获奇赢，而乐土讴思者亦丁男日盛焉。①

从碑文可知，三邑祠起先是三邑人士联合共建的庙宇，以此祭祀早期南来星洲创业的三邑族群侨民先驱。后来，踏着先民足迹络绎而南渡的原乡迁民也把自己祖先的牌位从家乡携带过来，设牌位祭祀，以求荫庇护佑，体现了中华文化特有的慎终追远以及崇德报本的人文伦理精神。

4. 新加坡广福古庙的多神崇祀

广福古庙为广府和肇庆两府商民所共建，该庙先草创于砖窑，后于1867年迁至十字路口。庙中堂主祀齐天大圣，殿左祀医灵，殿右祀玄坛等神灵。《新建广福古庙戏台碑记》称：

广福庙，古庙也。何名为广福？以为广府奉祀之神，定福庇于我广府也。而肇府亦与其中，祀何神？则齐天大圣、医灵、玄坛诸神也。为庙之主者，实齐天大圣也。……迨至同治六年，广肇等众，议迁其庙于十字路，埠上工商士女，咸仰眷祐。神灵感应，退迩共知。又奉医灵于殿左、玄坛于殿右，由是而香火益盛。凡有入庙祷病祈福，罔不获效，而拈香叩祝者，络绎不绝矣。②

广福古庙的建设和其他庙宇一样，都是一项历史性工程。它由草创到1867迁建，再到1880年重新迁建，乃至1901年庙宇戏台搭建，整个庙宇工程是一个靠代际接力、众志成城来不断完善，且关乎侨民公众福利的宗教文化事业。因此需要善信及士商众庶的好善乐施及慷慨义捐，才能共举大事、同享富乐、同沾惠泽。1880年《重新迁建广福古庙捐题工金碑记》载：

---

① 《新加坡华文碑铭集录》，第151—152页。
② 《新加坡华文碑铭集录》，第132页。

第三章　早期新马华社与儒家伦理的弘传载体

> 今我广福古庙,神灵赫濯,庶民久沐恩波;圣德巍峨,商士恒沾雨露。……但我广肇等供祀有年,久沾惠泽,解囊乐助,择地迁建。①

又 1901 年《新建广福古庙戏台石碑记》称:

> 每年于十一月望之前后日,两府酬神,梨园演剧,冀邀神鉴,以表众诚,颇称热闹,独惜无实在戏场,以为歌舞之地,仅以竹木蓬板盖戏台焉;……于是有建戏台之举也。……而当时士商乐助,众志成城,其急公好义,亦概可见也。……古人云:十年世事几番新,始则其庙设自砖窑,继则迁于十字路,自十字路有庙而有戏,有戏久而遂建戏台,一时盛事人运耶。②

自古以来,中国就有着"神道设教,以敦教化"的人文传统。《周易·观卦》:"观天之神道,而四时不忒。圣人以神道设教,而天下服矣。"③此神道设教的人文传统在广大民间社会以宗教信仰的方式发挥着维系世风人心与实行道德教化的功用。从下面这则碑文可以推知神道设教的人文传统至迟在夏代已经形成。神道何以能设教而化天下,因为神实际上是人英或先贤的神格化,他不仅道德高深,而且为民造福,因其有功于百姓社稷故为人们所普遍敬仰。崇祀这种光辉典范的圣神人格,既可唤起人民的敬畏意识,又能导民心于向善、禁民为非于未萌。1909 年《丁未年重修广福古庙捐签碑记》载:

> 昔人以神道设教,无不深意存焉。近世欲尽举而非之,未尝不窃叹世风之日薄也。孟子曰:"大而化之之谓圣,圣而不可知之之谓神",由大而圣,由圣而神,是古圣人已明认有神之证据矣。其所以不深言畅论者,以神道非口讲笔述所能尽其元妙,不善读之则易为迷惑,故孔子亦不敢明语以示人者此也。然征诸《尚书》之言曰:"皇天无亲,惟德是辅",又曰:"作善将之百祥",是辅者指神之所辅,而降者

---

① 《新加坡华文碑铭集录》,第 115 页。
② 《新加坡华文碑铭集录》,第 132—133 页。
③ 周振甫:《周易译注》,中华书局,2012 年,第 99 页。

亦指神之所降也,明矣。后世不德者多,得神之辅者少,故委为效验无彰,以轻神道,良可哀也。不知观音有修桥之助,龙王有救旱之功,护国庇民,帝主加封于元后,盖天古佛贤,皇晋爵于关公,善者为神,有自来矣。岂真历代君相与昔人尽愚,而今人尽智哉?且今有像,而古有像,古今纪念奚殊,古人朴而今人奢,今古用铜坯有别,坯质松而铜质实,故铜可曝而土不可旸,是以古之纪念像也,屋以覆之,龛以藏之,金以饰之,庄以重之,使民肃焉敬,趋焉慕,瞻焉畏,则其恶焰(疑为"念")自消于无形,而善念自萌于观感也。启者我广肇二府属人,久侨斯土,前人创建广福古庙于十字路,以求庇荫我侨民。①

广肇惠原本是在方言基础上再行整合地缘的一个松散帮群联合体。后来,说广州话的广肇两府人士联合起来建立了广福古庙,把不讲广州方言的惠州侨民孤立出来,而说客家方言的惠州人士不得不独自创建自己的庙宇信仰——斗母宫。斗母宫主要崇祀的是斗母娘娘及九皇爷,也属于原乡神灵,其香火是由槟城请来的一支。1921年《斗母宫碑记》载:

盖闻历朝以来,各有神道救世百病之灵功,改祸转福之感应,自光绪壬寅年,由槟城请香火到石叻坡后港五个石,日盛一日,香烟如云,善信车马似市,忝在己未年置地起宫,及辛酉年完成,幸得诸菜友虔心喜缘善庆。②

从碑文可知,惠州帮群由于人丁单薄且经济实力也不够雄厚,所以其帮群庙宇的创建自1902年开始动工迟至1921年才完成。可推知,在新马华社中关乎各帮群社会公共福利事业,如庙宇、公冢、会馆、义学等的发展程度,实取决于他们各自的经济实力是否雄厚以及人力资源是否庞大。

第二节 义 冢

义冢,又名公冢,亦称义山,旧指埋葬无主尸骸的公坟墓地。创设义冢作

---

① 《新加坡华文碑铭集录》,第138页。
② 《新加坡华文碑铭集录》,第162页。

第三章　早期新马华社与儒家伦理的弘传载体

为一种义行善举起源于宋代,由慷慨君子或豪杰之士,本孔子"仁者爱人"以及孟子"推恩充义"之教,捐资购买田地(山地)来安葬客死他乡或无力料理身后事之人,是一项慈善事业。它随着华人移民海外,自然也被移植南洋。在南洋,这一社会慈善事业主要由华侨中富有善行义举的巨贾富商来承担。他们捐金购地,帮助侨胞中那些无以为葬的客旅商民入土为安。自唐以后,中国人梯山航海,经商或羁旅南洋者日渐众多,但由于相关史料阙如,还无法统计下南洋的具体人数,不过可以肯定的是,因客死异乡而无法返乡的侨民绝不在少数。

华人在南洋创设的首座义冢大概始于明代郑和下西洋之时,也就是中外典籍中所记载的"中国山"(Bukit China)。明清时期寓居南洋的华人亲切地称其为"三宝山",作为安葬华人的义冢它是有史记载以来最为悠久的。1888年《保三宝井山义冢资助公班衙碑记》载:

> 嘛六呷三宝井山,有华人义冢久矣,先是其地属荷兰,既乃归英,符契不行。[①]

其实,英、荷殖民者占领马六甲之前,葡萄牙殖民者绘制的马六甲地图中就已提到过"中国山"。南洋各埠之开发以马六甲为最早,而马六甲的早期开发者多是来自福建漳泉两府的商民及劳工,因此是这批人最先关注客死异乡同胞的丧葬事宜。自马六甲青云亭甲必丹李为经从荷兰人手中把三宝井山划归青云亭后,后代继任者又先后增设三宝山宝山亭及日落洞山灵山亭来安顿侨胞的身后事宜。

随着寓居马六甲华族人口的不断增多,先后又有客家帮嘉应州设立的嘉应义冢,海南帮琼州府设立的琼崖义山以及潮帮购置的潮州义冢。自马六甲青云亭设立义冢以来,寓居槟榔屿和新加坡等地的南洋华侨也纷纷效仿响应之。根据华文碑铭资料可知,槟榔屿的义冢主要有:波池滑(又称浮罗池滑)福建义冢、峇都兰章福建公冢、峇都眼(干)东福建公冢、广东暨汀州义山、广东暨汀州总坟、粤东义冢、广东四府义勇总坟、客属五福书院总坟和三江公冢等。新加坡的义冢有:福建帮的恒山亭及柑仔园义冢、广东永定县绿野亭冢山、广

[①] 《饶宗颐二十世纪学术文集》第十册,第923页。

肇惠新山利济桥义冢、嘉应州五属绿野亭公冢、双龙山嘉应五属义祠、广肇惠碧山亭、广惠肇嘉应永丰大七属青山亭、广东诸州县麟山亭、永丰大毓山亭、潮州帮泰山亭以及三江帮静山亭等。

在讨论义冢与儒家伦理的关系之前,有必要梳理华文碑铭文献对"义冢"的解释。1888年《保三宝井山义冢资助公班衙碑记》称:冢何以义名?因其以地葬人而义之也。曷义乎尔?人之死莫不欲速葬,无其地则葬且不能,奚能速?于是有急人之急者,君子即以其能急人许之,故义焉。此中国之俗,先王之教,仁人君子之用心,虽远适异国亦然。① 这里以"急人之急"来界定"义",无疑扩大了"义"的内涵。

又1887年《双龙山嘉应五属义祠碑记》载:

窃思祠曰义祠,冢曰义冢者,其意如何?盖以其义在耳,是故圣人有精义之神,吾人贵充义之尽,一思至此殊不禁翻然有感焉。②

中国传统习俗,以养生送死、入土为安为伦常中之大事。孟子说:"养生者不足以当大事,惟送死可以当大事。"③按照"父母在不远游"及"死徙无出乡"的儒家古训,因经商或行旅而客死异乡的人是很令人悲伤和值得怜悯的。所谓狐死首丘,叶落归根乃人之常情,海外游子遭此人伦变故,幸存人世者怎能不目击心伤?

义冢之制虽始于宋代范仲淹,然义冢之"义"却由来已久,所以才有上面所说的"此中国之俗,先王之教"。圣哲先贤阐发性善之义,不仅以仁义淳化人心,而且以践行垂范世人,使民至今受其赐。如大舜能"终身慕父母",文王可"视民如伤",孔子说"朋友死于我殡",范仲淹创舍义庄义冢,朱熹巧设义仓,王阳明撰瘗旅之文。富商巨贾之所以能急人所急,想人所想,或捐金,或置地,将客死同胞尽快埋葬使其入土为安,妥灵魂于九泉,是因为他们有恻隐之心。不仅如此,仁义君子也能推己及人,以天下之溺者如己溺,以天下之饥者为己饥,故不忍心看到同胞死无所葬,葬无所归,不急速安葬同胞其内心便不安宁。可

---

① 《饶宗颐二十世纪学术文集》,第923页。
② 《新加坡华文碑铭集录》,第247页。
③ 语出《孟子·离娄下》。

见,义冢之创实本"仁者爱人"及"推恩充义"的圣训教化。孟子说:"老吾老,以及人之老;幼吾幼,以及人之幼。天下可运于掌。诗云:'刑于寡妻,至于兄弟,以御于家邦。'言举斯心加诸彼而已。故推恩足以保四海,不推恩无以保妻子。古之人所以大过人者,无他焉,善推其所为而已。"①是以仁人君子能善推爱亲之情,能充仁爱之心,发而为善行义举之慈善事业,故有此义冢之创设和流传。此悠久人文传统随着华人的南渡便自然而然地移植到了南洋,中华礼义风教制度因之也得以施及此地。

"人能弘道"②,人才是传播文化的最重要载体。德风美俗须依靠人身体力行、尽力竭心地弘传才能使其惠泽更多民众。新马华社是以商人为主导的工商社会,华商所从事的诸如捐资、修建、献地、购山、扩建、锄草、修桥、造亭等事业,实构成了义冢及其所体现的儒家伦理精神的主要内容。以下将按照马六甲、槟榔屿、新加坡的次序来论述华社各帮群的义冢慈善事业及其所表现的伦理精神。

一、呷华社会义冢

中国历史上,由于泉州及厦门作为通商口岸开放较早,所以漳泉两府商民很早便经商于南洋,而马六甲作为南洋的总枢纽自然成为华商最先抵达并移居的一个重要商埠。

首先,这些来自漳泉的商民作为拓荒先驱自然比其他族群移民集团先占得先机。其次,早期南渡马六甲的漳泉商人中也不乏一些避难义士,这些人身上大都有着较为深厚的儒家文化修养,这种亦儒亦商的双重身份,慷慨仁义的人格风范,大义凛然的胸襟气度,使他们能够成为呷华社会的领导核心——青云亭的甲必丹及亭主。青云亭不仅代表华社族群利益,也负责管理华社的一切日常事务,历代青云亭主政者也确实都能不负众望,在很多方面为华社做出贡献。在诸多贡献之中,影响最大的当是捐金修庙及购置义冢两项社会事业。颜清湟认为,青云亭"这些反清复明志士与一般的华商不同,多为饱读诗书的读书人,更倾向于保持中国的传统文化"③。金堛诚二也说:"青云亭是完全中

---

① 语出《孟子·梁惠王上》。
② 语出《论语·卫灵公篇》。
③ 《星马华人与辛亥革命》,第17页。

国式的建筑,一切的记录均用清朝的年号,尊儒家道德,守中国习俗,将这一点和官服配合起来时,所表示的志向,是倾向清廷。殖民地的华侨是以这样的表现而表现出民族意识。"①前者说的是甲必丹时代的情况,后者则说的是亭主时代,看似有认同明朝和倾向清廷两种对立的说法,其实不论是甲必丹制还是亭主制,青云亭历代秉政者实际上认同的是中华传统的儒家文化及礼义制度,而并非真正固守所谓的政治意识形态。所谓清朝年号及官服仅是华社领袖出于实用性考虑的权宜之计,而不能当作本质来看待。

华人来到南洋这个完全陌生的异域寻求谋生与安身出路,有两件事是他们最为关心的:一是心灵的寄托信仰问题;二是死后的安葬祭祀问题。这就可以理解何以南洋各埠城乡庙宇林立和坟山累累。庙宇的设立和义冢的购置自然也成为华社最为迫切或最为重视的两大社会事务。

马六甲青云亭作为呷华社会的事务领导机关,从一开始就极为重视关心侨胞身后事的安排和处置,有碑文为证。1891年《重修宝山亭碑记》载:

> 古圣王所重,民食丧祭,可知祭亦圣王所重,而后人所当继述者也。粤稽呷地,依古以来,历有年所,养生送死,实繁有徒。其祭磨灭而不兴者,擢发难数。或鱼沉雁杳,子孙不知何之,或亲远戚分,桑梓莫得其所考,此祭之所以磨灭不兴者所由来也。②

生有所养,死有所葬,葬有所祭,养生送死是人伦中的大事。青云亭历代秉政者无不关心民瘼,他们在侨胞丧葬事业上——义冢的购地、扩建、重修、建亭、维护等方面可谓尽心竭力,体现了急人之急、好善乐施、慷慨仗义、出入相友、守望相助、疾病相扶持的儒家伦理精神。

青云亭对呷华社会所做的一个重要贡献是甲必丹李为经出资从荷兰殖民政府手中购买回三宝井山的土地权,并将其划归到青云亭名下,作为侨胞的义冢。对于这一重大事件,有1891年《重修宝山亭碑记》为证,"洎乎清初年间,幸有仁人君子李君,发出一片慈悲,乃对众布告献其葬地,名曰三宝井山"③。

---

① 《马来亚华人社会》,第22页。
② 《饶宗颐二十世纪学术文集》第十册,第927页。
③ 《饶宗颐二十世纪学术文集》第十册,第927页。

第三章　早期新马华社与儒家伦理的弘传载体

关于三宝山的地理位置及创建缘由，1795年《甲必丹蔡士章建造祀坛功德碑》记载说：

> 滨海而城，环廊而市者，甲州也。东北数峰，林壑尤美，背城突起，丰盈秀茂者，三宝山也。山之中，叠叠佳城，累累丘墟，因我唐人远志，贸易羁旅，营谋未遂，殒丧厥躯，骸骨难归，尽瘗于斯。①

从"累累丘墟"这样的字眼，就可想见当时侨胞远渡重洋谋生经商的悲壮与艰辛情形。初来南洋打拼的华人，没有哪个不期盼着有朝一日荣归故里，得享天伦，但现实情形往往相反，"营谋未遂，殒丧厥躯，骸骨难归，尽瘗于斯"。然此瘗骨之坟从何而来，正赖巨商富贾中之仁义君子慷慨捐购。李为经以其捐山义举和丰功伟业赢得了呷华社会众庶的普遍称颂。1685年《甲必丹李公济博懋勋颂德碑》称：抚绥宽慈，饥溺是兢。捐金置地，泽及幽冥。休休有容，荡荡无名。② 这种待人宽慈、饥溺是兢、急人所急的人格风范完全是儒家人伦精神浸润塑造的结果。正如孟子所说："禹思天下有溺者，由己溺之也；稷思天下有饥者，由己饥之也，是以如是其急也。"③ 甲必丹李为经可谓有古君子之风。

自第三代甲必丹李为经秉政至第十代甲必丹蔡士章接任，已经历二百多年风风雨雨的华人三宝山义冢是时候修葺扩建了。蔡士章秉政期间，感于"先贤故老，有祭冢之举，迄今六十余载。然少立祀坛，逐年致祭，常为风雨所阻，不能表尽寸诚"。于是他首倡义举，捐赠重金，发动华社商民进行募捐，最终为三宝山义冢建造了一座名为宝山亭的祀坛。它极大地方便了上冢山祭祀凭吊的侨胞，同时也为他们提供了一个可避风遮雨的亭子。此义举善政有两段碑文为证，一则是1795年《甲必丹蔡士章建造祀坛功德碑》：

> 今我甲必丹大蔡公，荣任为政，视民如伤，泽被群黎，恩荣枯骨，全故老之善举，造百世之鸿勋。义举首倡，爰诸位捐金，建造祀坛于

---

① 《饶宗颐二十世纪学术文集》第十册，第865页。
② 《饶宗颐二十世纪学术文集》第十册，第859页。
③ 语出《孟子·离娄下》。

三宝山下,此可谓尽美尽善。①

另一则是1891年《重修宝山亭碑记》:

> 迨后蔡君竭力捐赀,建其祭所名曰宝山亭,斯时也,自西自东,自南自北,无思不服,此之谓也。②

蔡士章自秉政以来,仁爱为怀,忧民所忧,想民所想,急民所急,体察华族同胞故老上山拜祭亲人时的种种不便;视民如伤,首倡义举,建坛筑亭于义山。这些功德事业既方便了上山祭祀的孝子贤孙,也恩泽于泉下的幽冥枯骨;其无微不至的人伦关怀,不仅赢得了呷华人民的拥戴,也加强了青云亭的核心领导地位。据1845年《修青云亭碑》载,蔡甲必丹除建造祀坛宝山亭外,还翻新修葺了年久失修的青云亭,使庙貌为之焕然一新。

青云亭甲必丹制度,自1825年英人占领马六甲后即告废除,继之而起的是亭主制度。虽然两者在形式上有所不同,一是任命,一是民选;但不论是甲必丹还是亭主,秉政者对华社利益的关心和维护自始至终都继承和发扬了青云亭开基以来仁风善政的人文传统。

青云亭首任亭主梁美吉,在主政时期为呷华社会主要做了如下三件大事:

一是上任伊始他捐资修葺了年久失修的三宝山义冢,如刈草斩木、扩建三宝山、开后山及做路牌等。1831年《三宝山墓地捐金木牌》载其事称:

> 大凡天地之生物不测,夫山之生于天地,亦犹草木之生于山焉。然天地既有盈虚,草木岂无培覆,故昔圣王体天行道,随山刊木,平水土也;火烈山泽,除禽兽也。即如今兹兰城,荒芜山冢,草木畅茂,鸟兽繁兴。不有削伐之功,未免率兽而食人者也。爰集众士,各出缘资,非为沽名而计,正为苍生除害者此也。③

---

① 《饶宗颐二十世纪学术文集》第十册,第865页。
② 《饶宗颐二十世纪学术文集》第十册,第927页。
③ 《饶宗颐二十世纪学术文集》第十册,第878页。

第三章　早期新马华社与儒家伦理的弘传载体

盖自上古以来圣王先哲忧民所忧,惧率兽而食人,急于为民除害消灾。正如孟子所说:"当尧之时,天下犹未平,洪水横流,泛滥于天下,草木畅茂,禽兽繁殖,五谷不登,禽兽逼人,兽蹄鸟迹之道,交于中国。尧独忧之,举舜而敷治焉。舜使益掌火,益烈山泽而焚之,禽兽逃匿。禹疏九河,沦济漯而注诸海,决汝汉,排淮泗而注之江,然后中国可得而食也。"①禹之所以继舜,犹舜之所以继尧,皆以其养民也惠,泽民也久,故能体天行道,继天立极,为万世法则,所以才有孟子"圣人,人伦之至"的赞美。亭主梁美吉忧民之忧,顾念民生,亲自操持义冢斩草锄木这样的繁重事务,真仁人君子之所为。

二是英国殖民当局为拓宽道路欲拆毁青云亭的墙垣,梁公出面力挽狂澜才打消了英殖民政府侵占地产的念头,为呷华社会保住了青云亭的百年基业。

三是英廷此后又以开辟公路取土为由,挖掘破坏三宝山公冢,梁公闻讯当即出面力阻英廷,再次以其社会威望和经济实力维护和保全了呷华社会的合法利益,这两件事迹碑文皆有记载。1848年《青云亭亭主梁美吉碑》称:

> 青云亭原为吾侪保障之灵刹,墙围有度,历年久远,突闻上令欲毁垣广道,而公力能挽回其议;三宝山亦是华人瘗玉之古冢,原隰得宜,抔土连络,忽见隶后曾掘土伤坟,而公躬亲遏止其锋。②

其实,在梁公莅任亭主之前,其德声义举就已布濩华社人心。碑文称:"拯弱扶孱,令闻久钦于昔日;排难解纷,仗义夙称乎当时。是以伟望孔彰,嘉猷丕著,童叟怀其豪侠,士商服其才干。"③这样的为人风范和出众才干,使他赢得众人的爱戴并被推为亭主。他自秉政以来,又念兹在兹,鞠躬尽瘁服务于呷华社会,众人无不感念其德风仁政。碑文说:"且自下车以来,革奸除弊,劝善戒恶,俗有仁让之风,世无夸诈之习。虽有一二狡猾不法之辈,亦自敛其迹而不敢肆其为,岂非公之盛德以化之乎?"④拯弱扶孱、体恤孤苦、照顾弱小,给他们以抚慰关怀,这些都是梁公仁者爱人之心的体现。他既排难解纷,又仗义疏财,可称侠义慷慨;他能革奸除弊,也能劝善戒恶,可谓刚正有为。

---

① 语出《孟子·滕文公上》。
② 《饶宗颐二十世纪学术文集》第十册,第889页。
③ 《饶宗颐二十世纪学术文集》第十册,第888页。
④ 《饶宗颐二十世纪学术文集》第十册,第888页。

及至陈金声出任亭主时,由于寓居马六甲的侨胞人口与日俱增,三宝山义冢已到了再无葬地可觅的情形。陈金声获悉情况后,不忍看到同胞尸骨暴露于烈日风雨之中,慷慨地将自己购置的日落洞山捐献给青云亭作为新的义冢,供羁旅客死的同胞埋身安葬之用。此事有碑文为证,1911年《日落洞山功德碑记》载:

> 盖闻孔子修墓,念重防山;文王施仁,心伤白骨。故新亭筑垒,江淹之遗风犹著;豫州葬骨,祖逖之轶事堪传。自来掩胔殡朽,必获仁人君子之称。溯自我华人羁旅此邦,数百余岁,前全埠只有三宝山为征人瘗骨之地。迨历年久远,荒冢丛叠,卜穴者几于无地觅葬。时有先亭主陈巨川公乐善好施,将日落洞山充于青云亭,作为公冢。①

陈金声虽是商贾出身,却颇能深明大义,多德风善政于华社,常效法历代先贤义举,乐善好施,捐山献冢以利济侨胞,诚仁人君子之风范,所谓良贾何负鸿儒!陈公所作所为,正孟子所谓"得志,泽加于民"②。

继巨川陈公后,出任第四代亭主者是其长子陈宪章。时英国殖民政府又一次以改造道路为由,危及三宝山华人义冢。碑文称:

> 嘛六呷三宝井山,有华人义冢久矣,先是其地属荷兰,既乃归英,符契不行。西人殊俗,不特无钟生樵采之禁,反于山麓间取土修路,划削频施,地脉动摇,势必至坟陇有所损坏,死者有知,其不能旦夕之安于窀穸也明矣。③

当此危局,亭主陈宪章立即出面和英殖民政府官员谈判商议,才得以阻止其破坏行为。英人以修路取土不便为由不肯作罢,陈公最终以自己捐资购买山地一段作为英人修路取土之补偿,此次危机方才渡过。借鉴过往经验,陈公决定与英殖民政府达成协议立定合约,规定英人以后不得再以任何缘由妄动

---

① 《马来西亚华文铭刻萃编》(第1册),第356页。
② 语出《孟子·尽心上》。
③ 《饶宗颐二十世纪学术文集》第十册,第923页。

第三章　早期新马华社与儒家伦理的弘传载体

三宝山公冢寸土寸木,再次维护和保全了呷华社会的正当权益。有1888年《保三宝井山义冢资助公班衙碑记》为证:

> 陈公宪章,华人之巨擘也。谋于众,敛赀一千八百,于同治丙寅年,助公班衙为修葺之费,并购送武格峇汝山一所,与公班衙立约,不得妄取此山一抔土,以永妥华人义冢焉。①

伤坟事件得到妥善解决后,呷华商民咸称颂亭主陈宪章"恻隐慷慨"有"高义",秉政处事"泽及枯骨",能使"顽夫廉""懦夫立"。

陈宪章卸任后由其胞弟陈笃恭继任亭主之职。他在任内既对青云亭有所翻修,也对宝山亭进行重修。1891年《重修宝山亭碑记》称:

> 戊子年,蔡锡胤往往过此,见夫宝山亭瓦桷就萎,墙壁将坏,四顾尽是凄凉景,目击心伤,突思古人,既有始创之巨功,后人何无再造之微力也。爰请亭主陈笃恭之命,佥堂参议,佥举董事李桂林、蔡锡胤鼎力捐题,重新修葺。则熙来穰往,斯人有地可焚香;而八节四时,灵魂亦得所以享祀矣。②

青云亭末任亭主陈敏政是陈金声之孙、陈宪章之侄、陈笃恭之子。陈氏家族祖孙四人能荣任亭主之职,可谓祖辈垂范于前,子孙绍述于后。陈氏三代,正《中庸》所谓:"夫孝者,善继人之志,善述人之事者也。"

陈敏政秉政期间,曾与副亭主陈温源一道慷慨捐资修葺年久失修的日落洞冢山,斩除山上杂草,修筑整理道路,极大地方便了上冢山祭葬的父老同胞,减轻了他们跋涉的劳苦。1911年《日落洞山功德碑记》载:

> 缘星霜变易,延山林木繁茂,遍处荆榛,已成羊肠之径;满眼蓬蒿,一丘难辨。爰有本亭主陈敏政、陈温源二君会集同人妥议,出为募捐雇工,将山草木斩伐净尽,道路修筑坦平;然恐春风一至,荆棘又

---

① 《饶宗颐二十世纪学术文集》第十册,第923页。
② 《饶宗颐二十世纪学术文集》第十册,第927页。

119

生,非有善后之策,则前功易弃。故拟雇役数名,长住该山,斩伐林木,修筑道路。庶将来之祭葬者,永免跋涉之苦。惟是后来方长非有万金之款生息;难作永远之需,前有捐项,仅得五千余金。将此生息,犹虑不敷,幸得陈君温源欣然一诺,愿成众美举,自解囊补足万数。将项存放生息以充久远之经费。噫! 公之慷慨乐施建此功业,询堪与斯山并传不朽矣。①

青云亭从首任甲必丹郑芳杨开基到末任亭主陈敏政卸任,差不多经历了三百多年的风雨沧桑。从殖民地管辖看,先是荷属,后归英领;从朝代正朔来说,先是认同明朝,继之倾向清朝;从主政方式上讲,先是任命式的甲必丹制,后为公推式的亭主制。然而这些外在形式上的变化对作为呷华社会核心领导机构的青云亭来说并不重要,重要的是青云亭历任秉政者为人大都德高望重、居仁由义、慷慨仗义、好善乐施、忧民所忧、想民所想、急民所急,善于将儒家伦理措诸资生事业,为民众谋福利,体现了华社商民对互助互爱、出入相友、守望相助、休戚相关、疾病相扶持等伦理精神的实践。这也是青云亭何以能历三百年而始终为呷华社会领导机构的根本原因,从而使"天下一家,中国一人"的仁爱精神在南洋得到了弘传和实践。

除上面提到的历史最为悠久的三宝山和后来的日落洞山之外,马六甲的主要义冢还有1824年客家人郑泰嵩及李丙官等人名下的嘉应州亡魂公司(即三宝山东麓下开辟购置的嘉应义冢),1836年潮州人开设的潮州义冢公司,1920年海南人在晋港开圹的琼崖义山(也称琼崖息鸿亭)。从上面义冢设置的时间来看,客家人是紧随漳泉人来马六甲谋生的另一早期帮群,潮州人又次之,最晚移民此地的是海南人。

鉴于客家人和潮州人义冢碑文资料缺失,这里只能论述海南人的琼崖义冢公司。对公司与义冢的关系问题,饶宗颐研究指出:"公司任务,以旅客茔墓之处理,最为迫切。故华人社团,实发轫于公冢,由公冢而组织会馆。"②其实,公司是侨民在借鉴西方企业管理理念,用来运作义冢的一种经营方式。1920年《琼崖公司山碑》称:

---

① 《马来西亚华文铭刻萃编》(第1册),第356页。
② 《饶宗颐二十世纪学术文集》,第847页。

> 息鸿亭记:庄子云:大块载我以形,劳我以生,佚我以老,息我以死,有生有死,人事之常,固无足怪。庄子达者,视死犹生,故谓之息。第生有处址,死必有葬地,死乃得所。吾人群萃州处,有家有室,生于斯哭于斯,依父母庐墓之墟,生死俱得其所者;乃心伤去国,目断迷途,新丰店里,困惫马周;蓝关道中,悲歌韩愈。生且劳怨,死更何堪,是游而死者,犹以得所为至要,吾琼崖民族侨居南洋群岛者甚众,死亡之患在所不免,各埠同人对于死亡者,均置有埋葬地,名曰公司山。兹埠则前此未有,仗义诸君等,有感及此,悯侨寓斯埠亡故者,葬身无地,倾囊为倡,醵金数万,置地六十余衣峈,以为琼崖合属侨寓死伤者埋葬域。筑总冢,竖短碣,嘱余记其事,题额以名其山亭。余思庄子谓死为息语,因名其亭为息鸿亭。盖鸿为客鸟,借以名亭,寄客而死者,息于是焉之意。[①]

从上面记载可知,海南琼崖族群的先民南来谋生于马六甲的人当为数不少,且有很多人在此地建立家业,从而生于斯,长于斯,殁于斯。于是,琼侨商贾中诸仗义慷慨君子,出面组织大众,成立琼崖义冢公司。他们采用公司形式来专门管理同胞的丧葬身后事宜,为客死同乡捐金置地,建立义冢,以尽桑梓笃恭之情,使死者有青山埋骨,能入土安息,使生者可表祭祀之诚,尽孝道之情。

二、槟华社会义冢

槟城的拓殖开发较马六甲为晚,故福帮、广帮及客帮差不多是同时从南洋周边各埠来此处女地寻找商机。由于各帮权之间竞争激烈,并没有形成像马六甲青云亭那样一个全权负责整个华社事务的核心领导机构。这种各自为政的帮群格局反映在义冢建设事业上,就是各帮只能照顾自己方言群同胞的丧葬事宜,使"四海之内,皆为兄弟"的仁爱伦理不能像呷华社会那样很好地在槟华社会弘传和实践。这一情况也出现在开发更晚的新华社会,留待下一节来论述。

槟城的福帮虽然不能发挥领导槟华社会其他帮群的功能,但它依然是槟

[①] 《马来西亚华文铭刻萃编》(第1册),第382页。

华社会最具实力和影响力的第一大族群。以槟城各族群的义冢建设来说，福帮至少有四座：不知建于何时，位于阿依淡路的福建义山，1805年峇都兰章的福建公冢，1856年的波池滑（浮罗池滑）福建公冢及1886年的峇抵眼东福建公冢。广帮也至少有四座，实际上属于广府和汀州联合建立：18世纪90年代的广东暨汀州义山，1801年左右的广东义冢，1885年的广东暨汀州总坟以及较晚的粤东义冢。客帮实力在华社诸帮中较弱，仅有一座义冢，即客家五属十二邑创立的五福书院总坟。此外，还有三江帮的三江公冢。①

1. 槟城福帮义冢

槟城华社最早的福建义冢位于阿依淡路，但具体建造于何时尚无法确知。不过根据1805年《福建重增义冢碑记》的记载，以及二三十年为一代人的情形来推测，福帮在槟城创建首座义冢的时间大致在1805年之前的二三十年间。该冢于1805年被迁移到峇都兰章，后又因旧坟地拥挤不堪又增开了浮罗池滑，最后则卜地于峇抵眼东，可见福建义冢因墓地扩建前后三易其地。有1888年《陈宝琛福建公冢碑记》为证：

> 自海禁开，闽粤间民游贾海南群岛者，以亿万计。所之既远，亲故相失，往往沦于异域而不能首丘，气涣情漠，势固然欤！怡山僧微妙自槟榔屿归，数为言逆旅主人之贤、屿有义冢葬闽客死者。岁久不继，吾商民屡谋广之，三易地矣。最后得地于峇抵眼东。②

另有1805年《福建重增义冢碑记》称：

> 我闽省踵斯贸易，舟楫络绎不绝；营谋寄迹，固属穰穰；而羽化登仙，亦复不少。义冢前人虽已建立，第恐日久年湮，茔重鳞叠，梯山航海，谁招死后之魂？沐雨栉风，长抱生前之憾，触兔狐之动怀，徒有情伤物感；返柩骸而无术，难求地缩神方。用是爰集同人，捐囊随助。兹即协裹义举，于日里洞购地一段得以备妥先灵，凭依有赖。吁嗟乎！黄土一坏，盖尽平生事业，白茅深处，埋葬毕世英雄。厥后孝子

---

① "三江"有两说：一说是福建、广东、广西；一说是江苏、安徽、江西。
② 《马来西亚华文铭刻萃编》（第2册），第744页。

第三章　早期新马华社与儒家伦理的弘传载体

贤孙,孝思追报,诣此者,望冈陵而不莫;庶无幽冥失所之悲,则吾侨亦获稍尽桑梓之谊也。①

此处的日里洞,应是指1805年由福建侨民共倡义举所购置的峇都兰章福建义冢。这说明人既能合群,也能善群的社会属性,故可发挥出人类社会特有的互助互爱以及同舟共济的人伦精神。通过义冢的购置与建设,从而使生者可尽慎终追远之诚,使逝者得有埋骨葬魂之所,桑梓乡谊于此得以联络和加强。

五十余年后,峇都兰章公冢也已经是坟墓重叠,几无葬身埋骨之所。于是,福建侨胞再次本恻隐仁爱之心,团结起来共倡义举,在浮罗池滑之地另创义冢一座,供客死异乡的同胞入土安葬。1856年《波罗知滑福建义冢碑记》载:

自谢惠连有祭古之作,王阳明有瘗旅之文,仁人用心,昭然若揭矣。而槟榔屿旧有义冢,鱼鳞叠葬,几无隙地。后之死者,将何以埋骨哉?爰集诸仝志,勉力劝捐,共成义举,遂别创一义冢,而设墓亭焉。俾死者无暴露之虞,岂不懿甚!②

君子的恻隐之心,不分古今,可谓代有传承。如文王有溥枯骸之泽,孔子有殡朋之义,谢惠连有祭古之作,昌黎有旅榇之文,阳明有瘗旅之举,至今传为美谈,诚仁德义举也。今征引王阳明《瘗旅文》一段,可见圣贤人物实皆本恻隐之心,推己及人之德,直道而行,不如此则己心难安。其文曰:

吾与尔皆中土之产,吾不知尔郡邑,尔乌为乎来为兹山之鬼乎?……吾固知尔之必死,然不谓若是其速,又不谓尔子尔仆亦遽尔奄忽也。皆尔自取,谓之何哉!吾念尔三骨之无依而来瘗尔,乃使吾有无穷之怆也,呜呼痛哉!纵不尔瘗,幽崖之狐成群,阴壑之虺如车

---

① 《马来西亚华文铭刻萃编》(第2册),第713页。
② 《马来西亚华文铭刻萃编》(第2册),第722页。

轮,亦必能葬尔于腹,不致久暴露尔。尔既已无知,然吾何能为心乎?①

阳明因直言进谏而得罪专权宦官刘瑾,被谪西南边陲之地贵州,他以切身经历感同身受地怜悯起千里迢迢自中原羁旅此地而客死的主仆三人,于是便和身边的随从为之择地埋葬,给以祭奠,以妥孤魂。

据载,峇抵眼东福建公冢是由泉州富商李丕耀出资捐购的。难能可贵的是,到李氏这一代人,其家族迁居槟城已有四代之久,但仍念念不忘故乡父老的疾苦,多次赈灾捐款,济难纾困。其恭尽桑梓之情,报本反始之德,无不是本心仁德扩而充之侨胞的伦理精神体现。1886 年《何履亨福建共冢碑记(一)》载:

> 槟榔屿者直桂海西,去吾闽数千里,是惟中西工贾之所凑,而闽漳泉人十居一焉,懋迁辽远,颠踣靡常,掩埋之令,不究绝域,李君丕耀泉产也,独恻然死丧之戚,腌然桑梓之谊。屿旧有义冢葬客死者,阅岁三祀,丛瘞无隙。君与其人谋曰:盍继诸?佥曰:诺已。爰自念曰:是诸君之力也,当仁不让,吾其可以已。爰别让地其旁,凡东西南北,计三十四廓一百迁三壬峇一百一十五脚企的银七千五百二十五元六角七占,又捐现银一万二千四百七十四元四角三占,凑共二万大圆。既成,书来告曰:愿有述。余初不识君,间者吾闽赈事,君实合其屿人,鸠资为助。余方在役,遂相闻问,记曰:乐乐其所自生,礼不忘其本。呜呼!君去闽已四世,顾惓惓故乡,有加无已。既济其生者,复念其死者,兹可谓知本矣。②

继李君丕耀为福建同胞捐金购置义冢者还有富商许心广,事载 1886 年《何履亨福建公冢碑记(二)》载:

> 余既以赈事识李君丕耀,为记其所建义冢之在屿者,已而李君贻余书曰:吾屿地狭而人凑,土之值,视常数倍。吾所建冢,其地在峇抵

---

① 《王阳明全集》中册,第 1048—1049 页。
② 《马来西亚华文铭刻萃编》(第 2 册),第 738 页、740 页。

第三章　早期新马华社与儒家伦理的弘传载体

眼东甚小耳,而其旁有地一百迂九廊。屿之人集资购之,公置冢焉。……时维许君好义者徒挹注,已有时通时之无,成券而退。其钱乃输。又兹役前后糜金八万,许君之助者四千。屿人德焉,思有以志其感者,敢以请。余闻为善无近名,夫慷慨赴功,惟仁是视。许君真善者,岂以博此名哉!……且以创始之难,有举莫达,许君一出而死者蒙其惠,生者成其美,非所谓当仁不让乎? 余慨夫遇事首鼠,拥资自守者,乐为记之。许君名心广。①

从碑文可知,创设峇抵眼东福建义冢是项渐次扩大的民心工程。由于槟城商埠地狭人多且寸土寸金,故义冢不可一蹴而就全部建成。先前由李君出巨资所购置的冢山地块较小,后来发现其旁有较大空地可用作墓地,于是福帮商民倡议集资购买,其中富商许心广首倡义举,慷慨输捐巨资,以励众人之志,其当仁不让之风,好义行善之举,堪为华社众庶表率。

关于李丕耀捐金置地义举的记载,也见于1888年的《福建公冢碑记》:

去年余为乡人延主赈事,海南群岛多输金来助者,而屿之人与焉。李君丕耀乃复以记请。余惟桑梓之敬无远近,生死一也。观诸君子之施惠生者,不忘在远如此,况死丧之威(戚)之得自目击者乎!且世之为义冢,止于掩骼埋胔而已,而兹冢之设,有举莫废,隐然有同灾共患之意焉。嗟乎!其诚有不可解于中者耶?抑亦吾先王睦姻任恤之泽所贻者远,虽殊方异俗不能外是而自立耶?吾又以为井田废而民生困于游食,商务盛而礼义生于富饶,举不知谁何之人使之生有养,死有归,熙熙然中外一家之乐。②

清政府地方官员陈宝琛,不仅对这位同乡的义举善行及情系桑梓深表赞赏,也对其同灾共患的仁者之心给予很高评价。陈氏在把这种伦理精神归根于儒家圣贤的睦姻任恤人伦之教的同时,也站在民间百姓角度得出礼义道德生于民之富足的观点。孔子云:"言忠信行笃敬,虽蛮貊之邦行矣。"可见,儒家

---

① 《马来西亚华文铭刻萃编》(第2册),第740页。
② 《马来西亚华文铭刻萃编》(第2册),第744—745页。

的忠信笃行与仁风善俗之教，因华商侨胞的南渡从而弘传于南邦，普化于海外。

2. 槟城广帮义冢

在南洋各商埠的华社当中，就人数规模和经济实力来论，广帮仅次于闽帮。若从方言属性来看，广东人和汀州人又同说广府语，于是两州府就联合起来共谋族群的丧葬福利事业。碑文称，广东人和汀州人几乎同时于18世纪末期南渡槟城，到此经商营生。先是广东人为自己的同乡购置义冢，汀州人后来也参与进来，方有升旗山粤汀义冢之创制。1801年《槟屿义冢墓道志》和1860年《广东省暨汀州众信士新建槟屿福德祠并义冢凉亭碑记》分别称：

> 槟屿之西北峒，有义冢焉。其他买受广阔，凡粤东之客，贸易斯埠，有不幸而物故者，埋葬于此。其墓曰义冢，乃前人创置。[1]
>
> 义冢之设，所以联类聚之众心，妥羁旅之孤骸，生顺死安，谊美恩明，安鸿兼也。我粤东暨汀州人，自国朝乾隆末间，游新埠者，陆续辐辏，营生理者，渐次豫大。因筹义冢，卜吉于升旗山之左，自西南耸起绵亘数十里，走至东北隅，迤逦下垂。着倒地木形，两株叠接，虽肩膀护峰不起，而珠海前潮，于斯为聚。[2]

从前则碑文可知，广东人创设义冢在前。从后则碑文可知，粤汀两府有联合建设义冢之事。碑文还特意提及前贤创设义冢的良苦用意，即联合同乡、凝聚人心，合作埋葬羁旅客死的同乡骨骸，见证了海外侨胞恭敬桑梓的伦理情谊。

又1801年《槟屿义冢墓道志》称，粤东义冢初创时规模未备、因陋就简，后来侨胞同仁为方便父老上山祭祀，慷慨君子捐资修筑了墓道和桥梁，使义冢设施进一步完善，既增进了乡亲睦姻任恤之风，也安妥了羁旅客死之魂。第其溪水环绕，道路崎岖，登临涉水，是以复筑墓道桥梁，以便祭扫行人。此义冢墓道桥梁，以继前人之未备也。辛酉之春，工始告竣。……槟屿有此义举，阴骘之事，孰有大于此哉。阳则可以存乡亲睦姻任恤之谊，阴则可以安死者异地羁旅

---

[1] 《马来西亚华文铭刻萃编》（第2册），第685页。
[2] 《马来西亚华文铭刻萃编》（第2册），第692页。

之魂,此一劳而永逸者也。①

义冢建设是一个连续性的代际接力工程,先有坟山之购置,继有墓道、桥梁之维护,后有祭坛庙宇之增设等。1860年,梅明两所撰《广东省暨汀州众信士新建槟屿福德祠并义冢凉亭碑记》称:

> 遂以始葬,名大伯公坟。崇其窀穸,广其坛墠,为之宗主。后来挨次附葬,初在上珠,今葬于下,弥觉藏风聚气,此同以人之和,得地之胜矣。惟祭扫人众斯叙,饮筵多旧,亭虽广犹未能容。咸丰庚申(1860),倡捐再建,上下略相连,更于其间立一大伯公庙,历壬戌(1862)岁告成,设司祝,奉明禋,俾看守山坟有专任,意至深且远也。②

由此可知,闽粤民间有着普遍浓厚的土地神大伯公信仰,而新马华社的大伯公崇祀又融入了一些本土元素。就这则碑文来说,粤汀侨民将族群中率先开拓槟城的先贤或人英的骨骸收集起来,为其建坟立碑并定名为大伯公坟;后来随着该帮群经济状况的改善,为更好地纪念先贤的开拓功勋,在大伯公坟旁为其立庙崇祀。

祭祀作为一种人文传统,在中国社会有着相当久远的历史,可追溯至先秦乃至更早的上古时代。《尚书·洪范》曰:"八政:一曰食,二曰货,三曰祀。"《论语·尧曰》曰:"所重:民、食、丧、祭。"《中庸》曰:"郊社之礼,所以事上帝也。宗庙之礼,所以祀乎其先也。"祭祀传统体现的是中华文化的人文精神:祭祀天地社稷能使民知所敬畏,祭祀祖宗父母能令民德归厚。这种人文礼教跟随移民足迹而落根南洋。在海外异乡,每逢寒食清明节令,华人商民莫不上义冢凭吊祭祀先人或友朋,以表孝思之诚。义冢管理人考虑到佳节上山祭祀往往人数众多,有必要提前约定上山时间,保障祭祀秩序井然。于是,各帮群都依照中国礼教风俗祭扫他们的亲朋好友,弘播华风美俗于南天海国,使华夏文化不独专美于中国,域外槟城也因侨民之迁移而得化为海滨邹鲁。据《广东省暨汀州众信士新建槟屿福德祠并义冢凉亭碑记》称:

---

① 《马来西亚华文铭刻萃编》(第2册),第685页。
② 《马来西亚华文铭刻萃编》(第2册),第692页。

> 从此肆筵设几,酣饮合欢,绰有余地,易此谓可以酬酢,可以佑神者,此物此志也。爰立祭扫定期,以敦和睦。每逢清明之日,则义兴馆,前期一日或二日,则海山馆,前期三日或四日,则宁阳馆。凡各府州县及各族姓,便随订期,同祭分祭,总不离清明前十日之后十日者。是展同心之欢娱乐,慰旅魂之零落,纵彼不得归葬故乡,当亦无憾于异地,于野之庆何如也。且尤有可喜者,居蛮地而举乡风,声名文物不随俗变。当其祭扫出行,远十有余里,而仪仗灿著,陈设炜煌,钟鼓喧天,衣冠耀日,较省垣摆游,有过之无不及者,不独乐奏八音,礼行三献,情至而文生已也。繁华观美,中有太和洋溢之概;盖地虽夷也而亦华,人虽涣也而亦萃。①

如前所说,义冢每随各帮寓居南洋人数的不断增多,势必需要不断地扩建或重新购置地块。然而,若没有一代又一代仁义君子、豪侠俊士的慷慨捐赠与乐善好施,事关华族整体利益的慈善事业是很难实现的。粤汀义冢的建设自不能例外。碑文说:

> 我粤东暨汀州士庶,客游槟屿者日益繁,世处槟城者日愈盛,保无老成凋谢,残疾淹留。咸惊故冢垒垒,势形逼仄;欲购新山叠叠,议费踌躇。②

当旧冢已无葬地可觅之时,就需要尽快购置新的义山以供族群同胞埋骨之用。这时族群中每每有先觉之士首倡义举,或自捐重金,或购捐新冢,或修筑凉亭、桥梁,以族群公益事业为念,与父老同灾共患的精神,正是对圣贤所极力阐发的推恩、充义、践仁、弘道精神的有力践行。据1885年《新建广东暨汀州总坟旁筑凉亭碑序》和1901年《广东暨汀州重修旧山凉亭水圳序》两则碑文可知,为粤汀义冢做出巨大贡献的仁义君子有程世帝和伍积贺、伍积齐兄弟及郑景贵父女等人。1885年《新建总坟旁筑凉亭碑序》和1901年《重修凉亭并修理山坟撅草碑》称:

---

① 《马来西亚华文铭刻萃编》(第2册),第692页。
② 《马来西亚华文铭刻萃编》(第2册),第696页。

第三章 早期新马华社与儒家伦理的弘传载体

今幸宁阳有伍积齐君者,具宽洪之大度,挟豪迈之高襟,不靳厚赀,特推大义,遂献山地一大段,以为粤东暨汀州新义冢之区也。集议首建总坟,旁筑凉亭。夫义举既倡于先,而裹成宜踵于后,凡我同人,大启资囊,共成美举。鼎以众擎而易举,衷以集腋而斯成。爰披荆棘,刈荒芜,总坟其既成矣,凉亭其告竣矣。先灵有窀穸之安,墓门增美;苍庶值春秋之祭山槛停跫。所赖仁人乐善,德齐日月而弥新,君子推恩,名与山河而并寿矣。①

旗山之阴,珠海之曲,有亚士槿一地,固粤汀公冢之故址也。……越后伍君积齐,因省其先君墓,值风雨之淋漓,慨燕毛之无所,乃独捐多金,建亭于斯山右畔。几筵祭器,具备于中,凡瘗旅省墓,黄童白叟,咸称得所焉。惟亭畔临川,客秋大潦沸腾,决堤破岸。亭之外廊遭崩颓,因求得伍家园余地,集资而修复之,使顺水势。父老乃嘱余以为之序曰:始则平冈壤土,地偏一隅,今乃带水环山,亭榭屏列。固有可见前后诸君子之用心。然而绕亭上下,皆程君世帝之所捐者,尤不可或忘也。夫程君寄迹槟城,非有陶朱猗顿之富也。能开辟成园,近我大众之公冢,而不借以居奇,乃自出其意而割送之,此其豁达大度,求诸世而有不易得者。今程已故,其地已营穴无余矣,近又得新宁伍氏兄弟积贺积齐二君,以五千余金购得一地,于是亭之南,相去仅隔一臂。惟是福地灵钟,寿茔价重,群情钦羡,佥议购求。事因公款非饶,众谋将沮,幸其兄若弟,轻财重义,不取分文,慨然将新山全园,捐作广东暨汀州之冢地,故今名其地曰义冢。义冢甫开仅十余年,而鱼鳞砌葬,窀穸又将遍山矣。是故卜葬地者,犹孳孳放旧山寻求,顿使星罗棋布,更无隙地之可下。兹复幸郑君景贵与其令媛庚娘,购得后山挨连之园圃,仅先各择二穴,余悉全送与我广众,以合为公冢焉。善哉数君者,皆好义可风者也。②

此外,对于槟城五福书院总坟的帮群归属问题,我们基本认定它是客属的。据1898年《重修五福书院碑记》可知,五福书院总坟建设和广东增城人郑

---

① 《马来西亚华文铭刻萃编》(第2册),第696页。
② 《马来西亚华文铭刻萃编》(第2册),第704页。

景贵有密切关系,"为此邀集同人,询谋大众,佥谓旧址既慎翁承去,新基宜慎翁送来"①。慎翁即郑景贵,慎之是其字,五福书院就建在郑景贵的慎之学堂内。这里也结合上文郑景贵曾捐自己的冢山作为义冢之用的事实。不过对于此处的同人当作何解,恐还需寻找其他证据。又1906年《槟城五福书院创建总坟碑记》载:

> 原夫五福书院之建坟也,溯自重修院宇,增长堂基,再造神牌,焚烧木主,虽则规模壮丽,然而灰烬荒凉,塔已储乎数年,俨尸骸之暴露,土未归于三尺,恐魂魄之飘零。爰集同人,特倡义举,合十二邑而举事,愿摅桑梓之诚,借数百金以筑茔,克遂幽冥之志。由是封开马鬣,地结龙蟠,水绕沙环,峰藏气聚;将见春秋奉祀,群瞻有象之辉,窀穸安宁,共获无疆之福。②

碑文所提到的十二邑(县)到底是广东的十二个县抑或是客家五属(大埔、增城、惠州、嘉应、永定)所属的县的问题,我们由郑景贵的增城籍贯当可推知五福书院总坟应该与客属关系最大。因为帮权主要是建立在方言基础上,虽然在地域上增城也属于广州,但后者与前者相比影响力较微弱。

另据,1901年《五福书院创建千益银会碑记序》称:五福书院,我十二县梓里联情之地也。光绪廿四年,重修该院,曾与增城郑嗣文翁,揭到洋银二万元,落成后,各梓里以未得归还揭款为恨。③可知,五福书院建坟始于光绪廿四年(1898年)。从1898至1906年,初创之坟山已是"灰烬荒凉,塔已储乎数年",以致令生人有"尸骸暴露,魂魄飘零"之感。于是,客属侨胞联合十二邑商民发起义捐活动,以期集腋成裘,共襄大事,以妥孤魂,以承祭祀,尽桑梓情谊。

三、新华社会义冢

在海峡殖民地三州府的开发过程中,新加坡较马六甲和槟榔屿来说时间上最晚,所以此地华族各帮群的分化对立现象也较两埠严重,表现在义冢建制

---

① 《饶宗颐二十世纪学术文集》第十册,第937页。
② 《饶宗颐二十世纪学术文集》第十册,第944页。
③ 《饶宗颐二十世纪学术文集》第十册,第939页。

上尤其如此。各帮义冢建设情况大致如下:福帮建有恒山亭义冢、柑子园新冢,广帮设有广东永定绿野亭义冢、广肇惠新山利济桥义冢、广肇惠碧山亭义冢和广东诸州县的麟山亭义冢,客帮置有嘉应州五属绿野亭义冢、双龙山嘉应五属义冢和丰永大三邑毓山亭,广客两帮联合开创有广肇惠嘉应丰永大青山亭,潮帮设有泰山亭,三江帮建有静山亭等。

新加坡最早的华人义冢——恒山亭——是由马六甲青云亭第二任亭主薛佛记南下星洲后于 1830 年创建的。其经营、管理模式均仿照青云亭,后来新华社会各帮群均以恒山亭为蓝本而自建义冢,故命名也多采用"亭"字。

1. 新加坡福帮义冢

新加坡开埠前是一个不起眼的渔村荒岛。自英人莱佛士殖民该岛并实行自由贸易政策以来,新加坡因其地理上的优势及潜在的发展空间,在很短时期内就吸引了周边各埠大批从业人员来此。他们或经商,或开垦,或作工,这使新加坡很快跃居南洋第一埠头的商港地位。对于该埠开发前后人口数量上的变化情况,这里征引几则统计数据来做简单说明。史学研究者称,在 1819 年开埠之初,新加坡岛上共有大约 1 000 个居民,而华人的人口仅有 20—30 人。[①] 宋旺相指出,开埠前的"(新加坡)岛上约有一百五十个渔民和海盗,几间简陋的茅舍,其中大约有三十个华人,其余全是马来人"[②]。另一项人口调查指出,新加坡华人从 1819 年的 30 人上升到 1830 年的 6 555 人,十年间人口增加了 218 倍多;到 1860 年华人已达到 50 043 人。[③] 由此可见华人人口增长幅度之大。

新加坡的拓殖开埠和自由经商,吸引了来自马六甲的漳泉商人集团。他们中如祖籍漳州的陈笃生、薛佛记及章三潮和永春的陈金声等人大都资本雄厚且颇有威望,正是这些实力雄厚的马六甲峇峇华商很快就成为新华社会最有影响力的核心人物。例如新加坡福帮义冢恒山亭的创设就和薛佛记有密切关系,该亭是以马六甲青云亭为蓝本。那时新加坡的发展速度可谓日新月异,来此谋生的华人也与日俱增,同时生老病死又是人之常事,所以为父老同乡营造公冢就显得极为迫切。正是这些既有经济实力又有社会影响力的马六甲漳

---

① 康斯坦丝·玛丽·藤布尔:《新加坡史》,欧阳敏译,东方出版社,2013 年,第 10 页。
② 《新加坡华人百年史》,第 5 页。
③ 《新加坡华文碑铭集录》,第 19 页。

泉商人主动承担起为旅新同乡建设义冢的社会公益事业。1830年《恒山亭碑》载：

> 夫叻州者，包络山川，控引武垅，商贾于兹千仓万箱，是皆地之钟灵，水之毓秀者也，爰有人众之盛如此。然而托足异国昔人所悲，犹未旋返莫可以期，存则荣归，没则旅瘗。眼见恒山之左，叠叠佳城，累累丘墟，或家乡远阻，吊祭不至；或单形只影，精魄何依，饮露餐风，诚无已时，每值禁烟令节，一滴之到夫谁，与主令人不胜感慨系之矣。是以会同人，效文正公之妙举，建亭于恒山之麓，以备逐年祭祀，少表寸诚。①

由此可知，最初下南洋经商或做工的华人大都是些身无长物的单身汉，他们只身过番闯天下，期望凭自己的劳苦和血汗谋取财富，希望致富后能荣归故里、封妻荫子及享受天伦。然而，现实生活是残酷的，他们中的绝大多数最终都不幸客死他乡而无法落叶归根。商界中的仁人君子不忍同胞父老之尸骸暴露荒野，效范仲淹创义庄之举，率先捐资并联同富有侨胞共建义冢，埋瘗旅孤魂，使逝者有地可葬、孤魂有土能息，也可方便生者追祭于后，表其寸衷之诚。

义庄（包括义冢）之制虽创自宋代大儒范仲淹之手，然义庄的伦理精神实可追溯至更早时期。其本于"死徙无出乡，乡田同井，出入相友，守望相助，疾病相扶持，则百姓亲睦"②的儒家教义。故义庄之设与义冢之创，皆是君子人物顺应时势、变通古今，本圣贤仁者爱人之伦理精神以措诸事业的制度发明。正如饶宗颐所说："孤客远征，归葬无所，惟赖乡亲，为收拾骸骨，故各帮皆有义山之设。……当日众帮发挥互助之精神，诚如薛文舟记谓'效文正公之妙举'，此范仲淹义田义冢之用心，固华人传统之美德也。"③

恒山亭义冢自创建之日至1846年，仅用十六年坟山已经到了无从下葬的地步，这使管理者不得不再觅新冢以供后来者葬身之用。于是，商界仁人君子不忍睹同胞死无所葬之悲凉，有薛公文舟秉承圣贤恻隐之心之教，再次慷慨输

---

① 《新加坡华文碑铭集录》，第221页。
② 语出《孟子·滕文公上》。
③ 《饶宗颐二十世纪学术文集》第十册，第847—848页。

捐，将新购的柑仔园山地充为公产，以此安顿福建同乡父老羁旅客死之魂魄。1846年《恒山亭重开新冢布告事碑》称：

> 为重开新冢具白布告事：窃谓冢山之建，盖系仁人恻隐之心，欲俾死者所赖以安也。今观夫恒山旧冢，因山地狭隘，历年久远，是故坟堆累累，叠成鱼鳞，东西界限之内别无罅隙可寻，仁人君子一经触目，宁不中心忉怛哉。爰是公议再建一山，地名柑仔园，涓此十月十二日吉辰，预备牲牷祷告山灵：厥后凡系福建人，倘有不测可从而葬焉。①

青云亭自甲必丹制过渡到亭主制以来，主政者中素有父死子继、施政行仁的优良传统。例如，前有甲必丹李为经父子、曾其禄父子为之表率，后有亭主陈金声祖孙三代为之垂范。继薛文仲之后，其子薛茂元也秉承了青云亭的优良传统。他多有义举，如捐巨资重修已经历风雨摧残达五十个春秋的青云亭及福德正神庙宇，从而使庙宇焕然一新。又如，他目睹柑仔园冢山"路径崎岖，往来甚苦"，感慨万千，顿生恻隐悲悯之心。于是，慷慨仗义、输捐重金以资修路费用，以方便同胞登山祭祀。其乐施好善之心、济世利人之德，可谓善继善述。1879年《重修恒山亭碑记》载：

> 恒山亭者，为妥冢山诸幽魂而作也。道光十年，文舟薛公董其事暨同志诸公筹资创建于星嘉坡旧冢山之麓。……自是以来闽之商旅是邦者，弥觉富有日新，而祈祷斯亭者，亦见熙攘辐辏，信乎地之灵人斯杰也。迄今四十余载矣，日征月迈，雨蚀风残，山川如故，庙宇改容，幸茂元君为文舟公令嗣，有志修葺，遂以重新，义举商于诸君，佥曰善善，乃相与捐金诹吉。革故鼎新，规模依旧制，气象不减当年。又见新冢山路径崎岖，往来甚苦，不惜浩工巨费，修筑坦平以便行者。②

---

① 《新加坡华文碑铭集录》，第225—226页。
② 《新加坡华文碑铭集录》，第226页。

2. 新加坡广肇惠义冢

说广府话的广肇惠帮群联合说客家话的嘉应州及大埔、丰顺、永定人士，共同承担起为寓居新加坡的广东省同胞建立义冢的责任。起先，承办侨胞丧葬事务的机构被称为公司，如前面提到的琼崖亡魂公司。广东诸州县域侨胞所建的义冢，其命名也是如此。1840年《广东省永定县重修冢山碑记》称：

> 尝思画栋雕梁，正生前安居之所，牛眠马鬣，乃殁后葬身之基。况吾侪寄迹江湖，尽是离乡之客，而死亡疾病亦人所不能无，夫如是而阴巢死穴之事，岂可阙焉弗讲乎？……我广肇惠、嘉应州、大埔、丰顺、永定等庶，昔年亦有公司之山，乃历年多鳞冢叠叠，不惟坟墓相连，抑而且棺上架棺，触目固皆伤心之处，爰集众而合谋，皆齐声而踊跃，此日尽美，彼日尽善，休哉。……其暴露之情可保无虞矣。①

此种义冢公司是华侨将西方殖民者的公司经营管理方式运用到义冢建设管理事业上的一个文化创举。它由一个或多个方言性的帮群经济单位构成，设立大董事和若干经理，负责管理经营公冢的购置、墓道的修理、桥梁的建设等，本质上是有关侨胞丧葬事宜的慈善互助团体。

关于义冢的购置，首先是由董事倡议，然后号召本帮群的其他商民集资捐款。从上可知，广东义冢的创建当在1840年的前数十年。此后相继为义冢增添了一架桥梁及一座绿野亭，方便祭祀凭吊的行人上山，以及避雨。碑文称："绿野亭利济桥者，原为利便扫墓行人，广济踏青之游客者也。"②再后来，该冢又经二十余载的风雨摧残，以致"桥梁倾倒，亭瓦鳞飞"，致使过客行人寒心。于是，公司号召商民同人再兴义举，踊跃输捐，共建功勋，以利行人，以便游客。1862年《重修新山利济桥碑记》载：

> 新山义冢叠为寄葬之区，绿野小亭旁立栖留之所，于是存殁赖托均安，其阴阳得其稳妥，寒食踏青履印苍苔之湿，烧衣赴会杖金帛之资，众等常怀扫墓之心，休作断桥之叹。溯自山前之桥，原为守水之

---

① 《新加坡华文碑铭集录》，第231—232页。
② 《新加坡华文碑铭集录》，第238页。

总汇,桥畔草亭亦属看山游访,设创自戊戌上已,修于庚子中秋,历经二十余载,风雨飘零,桥梁倾倒,亭瓦鳞飞,过客惨然,谁无感慨!复集同人再联众志,合吾粤广、惠、肇、嘉应、大埔、丰顺、永定之商客人等,凡属迹驻星嘉坡,遨游海国者,踊跃捐金各解腰囊,鸠工购石诹吉告竣,故名曰利济桥,实行人出入之通津,游客往来之要道。①

利济桥自上次重修后再经历二十余载的风雨飘摇后又面临危局。碑文称,"无奈时序迁流,架梁剥蚀,当日长虹亘处未免飘零,尔时乌雀成余渐看倾倒,于是广、惠、肇、嘉应、大埔、丰顺、永定之商客人等,感怀义举,广结善缘,捐资解囊,选材购料",大兴工程,建桥、修路、加固地基,不日克成;从而"英所钟,灵所毓,风水攸关。从此清明寒食,咸有济于众庶之往来,即当月夕黄昏并有利于灵魂之飞渡,故尔合阴阳之撰,受良多自宜勉众善之名"②。

广肇惠义冢继绿野亭后又再创碧山亭。各帮记述义冢之创制无不溯源于宋儒范仲淹。后世之人对范氏之高风义举无不崇敬而效法之,可见圣贤之人文教化对后世的惠泽是既深且远的。《劝捐碧山亭小引》言:

尝闻范氏巨卿,夙称义士,张家毅父,本是同乡,义置庄施义地,凡诸义举,具见高风,故艳称于世,而食报亦显也。③

中国自海禁大开以后,闽粤经商贸易下南洋者日渐众多,然或造化弄人,或时运不济,不能致富荣归而客死他乡、埋骨异域者甚多。《劝捐碧山亭小引》称:

念自通商以来,吾人之外出者源源不竭,如分流之水,如恒河之沙,早以敦梓里于天南,聚萍踪于石叻,间有时运不济,命运多舛,既伤沦逝,又乏葬基,丁鹤归来,莫问九原之骨,杜鹃啼处,难返故土之魂,此所以有劝捐义地者也。兹我广、惠、肇三府所置之碧山亭,地方

---

① 《新加坡华文碑铭集录》,第235—236页。
② 《新加坡华文碑铭集录》,第238页。
③ 《新加坡华文碑铭集录》,第248页。

非不广阔,今将芳名勒石,曾见前途历次所捐巨款,糊涂了事,深为太息,岂可复蹈前辙乎？盖继述相承,上行下效,使不有以志之,何以表乐善之心,共襄美举之诚乎？①

如前所述,义冢建设是一项长期工程,需代代有人出资维护和修葺。自1890年劝捐碧山亭以迄1923年,已过三十余载,以致"栋折梁倾,墙垣破烂,凄风惨雨,鬼哭神号"。先贤既然艰难创业于前,后辈亦当勉励经营于后,使泽民事业能够代际相传。于是,商界仁义君子以公益事业为念,倡议重修义冢,故不辞辛劳、沿门劝捐,共襄盛举,将募集的资金尽数用于修茶亭、建庙宇及奠亡魂。"第一届万缘胜会碧山亭倡建万人缘会纪念"碑文称：

念昔前人之建设,崇祀殷勤,扶兹景象之荒凉,香灯冷落,同人等见之益切凄凉。于是发起重修之念,矢志协力同心,按户求捐,沿门劝助,相率于炎热酷暑之天,弗计汗流浃背,只知者有共成公益之念,顿忘舌敝唇焦,深幸绅商各界踊跃输将,大解金囊共襄善举,经营一载今始告成,祠庙虽属辉煌,神灵未曾妥奉,拟修万缘胜会,奠土开光,超破大道幽魂,神安鬼乐……结万人之缘,集千祥之福,以成重修茶亭祠庙。②

3. 新加坡客帮义冢

广、肇、惠各属自创碧山亭义冢,而说客家方言的嘉应州五属则自建双龙山义冢以埋葬其客死星洲的同乡父老。1887年《双龙山嘉应五属义祠碑记》称：

想予嘉应五属之人,由中邦而来此地者,不知其数,即在此地而生长者亦不乏人,况夫多历年所之时,保无居洪范五福之五而曰考终命者乎。是当设一义祠与一义冢,则可以结香火之因缘,而是丞是富更得乎显,英灵之永在,而俾炽俾昌,众人闻之而欣然曰诚哉是言也。

---

① 《新加坡华文碑铭集录》,第248页。
② 《新加坡华文碑铭集录》,第261页。

然而用费浩繁,非同小可,爰集同人签议发薄捐题,本埠乐助多金,于是即在唪叻双龙山买立泰山一面,设一义祠,实山环而水绕,设一义冢,亦马鬣而牛眠,是众擎易举,正如不日成之者也。①

孟子云:"养生不足以当大事,惟送死可以当大事。""养生送死"是儒家伦理文化高度关注的人生课题。抛妻离子、背井离乡、远渡重洋,对闽粤迁民来说本身就够令人悲伤的,然而现实的境遇及谋生的艰辛和遥遥无期的归日,让大多数人或羁旅而亡,或疾病而死。问题是谁来埋葬如此多的孤苦亡魂呢?按照传统的生死观念来看,死得其所,死得瞑目,能够寿终正寝始为考终命,才被认可是有福。对海外游子来说,最为迫切的事业是营建义冢以安排身后事宜。然而营建所需费用是巨大的,只有发动并联合同乡力量,本着同灾共患、休戚相关的伦理精神,号召大家踊跃输捐、共成美举,购置义冢以妥羁旅客死之魂,以表桑梓情谊之诚。

第三节　会　馆

如果说庙宇是华社的崇祀信仰中心,义冢是华社的丧葬祭祀中心,那么会馆则是华社的聚会联谊中心。庙宇、义冢与会馆一样都是华人下南洋时从中国原乡带出去的文化习俗,这些也都是应人们生产生活需求而逐渐形成的人文风教制度设施。

会馆出现的时间最早可追溯至明永乐年间。历史学家何炳棣指出,"会馆是同乡人士在京师和其他异乡城市所建立,专为同乡停留聚会或推进业务的场所。狭义的会馆指同乡所公立的建筑,广义的会馆指同乡组织"②。

会馆为什么会遍布南洋呢?华人的南渡迁徙是在没有国家任何保护措施以及殖民地政府放任不管的情况下,完全靠自己发扬互助团结的伦理精神组织起来的民间社团,正如《重建应和馆碑》所言:"盖闻客旅重洋,互助为先,远适异邦,馆舍为重。"③这也就可以理解为何新马两地会有数量如此庞大且十

---

① 《新加坡华文碑铭集录》,第247页。
② 何炳棣:《中国会馆史论》,学生书局,1966年,第11页。
③ 《新加坡华文碑铭集录》,第171页。

分发达的各种如血缘性、地缘性和业缘性的社会组织。就新马华人会馆的设立时间来说,大概起始于19世纪初期;就会馆的级别来说,有以省为单位的,如福建会馆;有以州府为单位的,如漳州会馆;有以县为单位的,如兴安会馆等。正如1938年《马六甲琼州会馆碑记》所称:

> 会馆建造,肇于明时,盛于清初,推广于近代。有以省名者,有以府名者,有以州县名者。今则五大洲通商口岸,皆有之。由于商务发达,无远弗届也。①

1. 会馆的三个主要来源

至于会馆的产生,笔者认为它大致有三种来源:

一是由义冢演变而来。会馆还未随华侨传到南洋之前,它在国内的前身就是义冢。何炳棣说:"天启间广州已有宁绍义冢,万历丁酉海南岛儋县已有天后宫,至清初始改名为广[州]府会馆,随又改名为福[建]潮会馆。"②何先生虽是以国内情形为例证,然就南洋来说,情况则稍有变化。由于南洋与家乡重洋远隔,南渡华人对自己的身后事最为关心,所以便产生了由各方言群的商人领袖为客居同乡承办丧葬事宜的机构——"公司"——来统一组织管理华人的义冢,后来公司逐渐分离出来,才演变成日后的会馆。1940年《新建馆舍落成碑》称:该会有建醮列圣宫神位一座,铺业四间,现款四千余元献出广东暨汀州公冢保管,以为新建会馆之倡,兼奉祀列圣宫。③ 这则碑文即是会馆由义冢演变而来的一个例证。

另据,槟城广东暨汀州会馆会长祝清坤在该会馆一百七十周年纪念特刊的序言中说:"本会之成立始由于同乡之合作经营公冢,而后日渐演变成为一个团结机构也。至于本会之名称,也因年代久远,先后不同,其初名为广东公司广东公冢,后因该名称不适合于地理定义,改称为广东暨汀州公冢,最后一九二七年始改为今日名称'广东暨汀州会馆'。"④这可作为第二条例证。

此外,饶宗颐的观点可作为这一观点的旁证。他说:"会馆最初组织,辄号

---

① 《马来西亚华文铭刻萃编》(第1册),第405页。
② 《中国会馆史论》,第40页。
③ 《马来西亚华文铭刻萃编》(第2册),第834页。
④ 吴华:《马来西亚华族会馆史略》,新加坡东南亚研究所,1980年,第15页。

曰'公司'。客属曰梅州众记公司,曰丰永大公司,潮属曰潮州公司,广属于新加坡有南顺公司。于吉打有'广东大公司',皆其著例。公司任务,以旅客茔墓之处理,最为迫切。故华人社团,实发轫于公冢,由公冢而组织会馆。"①

二是由庙宇分化而来。1840年,闽帮在新加坡所创建的天福宫,既是崇祀信仰中心,也是聚会议事之所。碑文称:新嘉坡天福宫,崇祀圣母神像,我唐人所共建也。……于道光廿年造成。宫殿巍峨,蔚为壮观,即以中殿祀圣母神像,特表尊崇,于殿之东堂祀关圣帝君,于殿之西堂祀保生大帝,复于殿之后寝堂祀观音大士,为我唐人会馆议事之所。② 又如,琼帮在槟城所建的天后宫,就于1952年更名为琼州会馆,也是一个例证。

三是由宗祠发展而来。1864年,潮帮人在槟城所建的韩江家庙,曾于1934年更名为潮州会馆,即是这一观点的显证。

不过,在会馆的三种来源之中,当以前两种为主,后一种不具普遍性。

2. 三州府的会馆概况

一般来说,华人在早期南来新马时,往往是先有庙宇之建,次有义冢之创,再有会馆之设。如前所说,马六甲是华人南渡马来西亚后移居最早的商埠。史料记载,在马六甲王国建立的15世纪初期,已有华人移居此地并建立了若干社区聚落。至明代中叶时,马六甲已有华人公墓三宝山,此后该冢山就一直是当地华人安葬之所。17世纪后半叶,马六甲华人建立了距今最为古老的庙宇——青云亭,俗称观音庙,在三百多年的时间里它始终是呷华社会的领导机关。1805年,华人在马六甲建立了自己的第一座会馆——惠州会馆。现依据《马来西亚华文铭刻萃编》,将其中所收录的马六甲主要会馆列出:1810年前后创立的茶阳会馆,1821年创立的应和会馆,1870年创建的琼州会馆,1870年之前创建的雷州会馆,1875年创立的永春会馆,1891年创立的冈州会馆,1894年创立的漳州会馆等。当然,马六甲的会馆还远不止这些,具体的会馆统计资料可参考吴华所著《马来西亚华族会馆史略》中"马六甲的会馆"一节内容。③

从开拓时间上说,槟城较马六甲为晚。1786年,英人莱特占领此地后便

---

① 《饶宗颐二十世纪学术文集》,第847页。
② 《新加坡华文碑铭集录》,第57—58页。
③ 《马来西亚华族会馆史略》,第21—25页。

吸引大批华人相继从马六甲和泰国南部地区移居此地,并参与当地的开发和建设。在庙宇建设上,槟城虽比马六甲稍晚一些,但会馆建设上却棋先一步。槟城最早的会馆是由说客家话的嘉应州人于 1801 年创建的,比马六甲的第一间会馆早了整四年。现依据《马来西亚华文铭刻萃编》,将其所收录的槟城主要会馆列出:1801 年创立的嘉应会馆(前身为仁和公馆),1864 年设立的潮州会馆(前身为韩江家庙),1860 年设立的琼州会馆(此前为天后宫的一部分),1886 年创建的平章公馆,1831 年创立的宁阳会馆(后更名为宁阳馆),1828 年前后创立的南海会馆(前身为南邑公司),1805 年前后创建的中山会馆(此前称香邑馆),1802 年年初创立的增龙会馆(于 1849 年建成),1927 年设立的广东暨汀州会馆(此前为广汀公司或义冢),1936 年创立的大埔同乡会,1929 年创立的龙岩会馆,1926 年始创的永定同乡会(前身为永安社),1939 年创办的客属公会。以上提到的只是槟城的主要会馆,其他会馆可具体参考吴华所著《马来西亚华族会馆史略》中"槟城的会馆"一节内容。[①]

在海峡殖民地当中,新加坡开埠要算最晚。由于新加坡扼欧亚海上交通之孔道,为南洋各埠之总枢纽,故华人在新加坡的地缘、血缘、业缘组织也较它埠发达。就会馆数量来说,新加坡也远较马六甲和槟城为多。现据《新加坡华文碑铭集录》,将收录的会馆名目列举于下:1823 年创建的梅州应和馆,1848 年重修的宁阳会馆,1857 年建立的茶阳会馆,1879 年新建的番禺会馆,1880 年创立的琼州会馆,1905 年落成的永春会馆,1912 年重建的南顺会馆,1930 年重建的福清会馆,1931 年建成的同安会馆,1935 年新建的兴安会馆等。另根据吴华田野调查统计可知,新加坡的华族会馆共计 225 间,其中地缘性会馆 65 间,宗亲会馆 100 间,行业会馆 60 间。[②]

3. 会馆功能及其与儒家伦理的关系

本节将依据有关华文碑刻资料来讨论会馆与儒家伦理的关系,以及它在运作过程中所体现的价值观念,并附带探讨会馆的功能问题。

学者刘果因研究称:"客人开埠,广东人旺埠,潮福人占埠。"[③]客家人作为南洋地区早期的开拓者,因其族群势单力薄,很早就意识到族群团结合作的重

[①] 《马来西亚华族会馆史略》,第 15—20 页。
[②] 《新加坡华族会馆志》(第 1、2、3 册),1977 年,目录页。
[③] 《马来亚华人社会》,第 83 页。

要性。早在1810前后,大埔客家人就在古城马六甲创立了茶阳会馆,借此召集联谊同乡。1917年《重修会馆并添设回春医社碑》称:

> 会馆为集合焦点,联乡邑之盛情,谋桑梓之幸福,推而进于社会之提携,国民之结合,胥于是赖。本甲之有茶阳馆已百有余年于兹矣。乡前辈惨淡经营,成兹盛举,历年既久,渐就陵夷,风雨侵蚀,倾圮可虑,同人有见及此;因再酿金重建,并添设回春医社,以为邦人之贫病无告者留医地焉。①

据碑文可知,该会馆至1917年重修时已有上百年历史。由会馆重修工作也可发现,侨民不仅能秉承先贤前辈创业维艰的精神,而且通过增设医社来照料和扶助同乡中贫病孤苦的人,体现了同乡之间浓厚的伦理关怀意识。由此也可推知,会馆大致具有如下功能:集合同乡共聚一处,联络乡谊情感,共谋同乡福利,推进事业进步,乃至由帮群小团结来谋求华族大团结。

会馆的每次集会议事与重修翻修,管理者都十分强调前辈先贤创业过程中的艰辛付出与团结合群。继任管理者通过不断追述这种事业精神来进一步凝聚同乡、团结人心、勉励同人及鼓舞商民,或慷慨输捐,或当仁不让,共襄事关族群的福利事业。由此可见,会馆事业见证了侨胞同乡之间精神意志力的凝聚与团结。1955年《马六甲茶阳会馆重修馆宇募捐缘起》碑文称:

> 语云:"众志成城,团结是力",会馆之能得创建者,即众力之总汇,意志集中之表现也。畴昔邑侨少怀壮志,远渡重洋,筚路蓝缕,披荆斩棘,既有深长之历史。于是散居各处工商士农,各创门户,浸假而分途发展,人才辈出,遂合群团结创建茶阳会馆。其奋斗之艰苦,识见之卓越,诚值得吾人之景仰也。……念先贤创业维艰,吾人责任所在,理应继续努力,发扬光大。古谚有云:莫为之先,虽美弗彰;莫为之后,虽盛弗传。凡吾邑侨请即负起当仁不让之责。慨解义囊,踊跃捐输,庶几集腋成裘,聚土成山。俾璀璨庄严之建筑物,不日即可摆在

---

① 《马来西亚华文铭刻萃编》(第1册),第418页。

吾人眼前。则不特邑侨增广,而输将精神物质者,亦将永垂不朽也。①

槟城的客家人早在1801年就创建了茶阳会馆(亦称仁和公馆),后又更名为嘉应会馆,它是整个马来西亚最古老的华族会馆。1955年《槟榔屿嘉应会馆重建落成纪念碑》称:

考本馆成立于公元一八零一年,往昔日(应为"名")称不一,曰:嘉应馆、仁和公司等数名并用,不以为异。根据本馆最早地契,系由当时英国东印度公司驻威尔斯太子岛(即槟榔屿)行政长官李斯氏,于公元一八零一年十一月一日签署,发给予仁和公司(即本馆者)。当一百五十年前,此地风气未开,海道犹阻,吾五属同乡到此谋生者,人数究有若干,无从稽考。惟其时乡先辈即能合力同心,倡建会馆为同乡谋福利,其远识宏谋,殊足钦佩。本馆原有馆宇,系官庙式建筑。分上下两幢,上堂设有神龛,供放先乡侨之纪念牌位,下堂则安有关公神座。此残旧馆宇,曾于公元一八六零年由黄公鉴铭、古公永颜等倡导重修一次,后于公元一八九二年,由谢公益卿、古公允卿等再事重修,同时建议募款置产,以固馆基。旋购义福街五十五及五十七号,又大伯公街二十四号,店屋合共三间,列为馆产。年可生息,借维馆费。迨公元一九二七年,值年会长李公采成热心馆务,感馆宇破旧,倾塌堪虞。念先贤大业,不容睹毁,即行召开会员大会,倡导重行改建工作。……乃于公元一九三八年八月十一日兴工,至一九四一年七月间全部落成。即于是月二十日举行新馆开幕典礼,为况殊盛。本馆之能绵亘百余年,巍峨馆宇,得矗立于槟岛者,端赖以上诸公及建委会同人,尤其是李公采成费尽十余年心血,百折不挠之精神,努力以赴;暨内外埠诸同乡,筹划捐输之劳绩也。②

从碑文可知,茶阳会馆的创建首先是同乡先辈同心勠力的结果,目的是为同乡谋福利。从其深谋远虑和远见卓识来看,不能不说这些先辈是族类中的

---

① 《马来西亚华文铭刻萃编》(第1册),第420页、422页。
② 《马来西亚华文铭刻萃编》(第2册),第770页、772页。

先知先觉者。会馆无论从外观构造还是内部设置来说大都体现了庙宇风格，说明它承载着祭祀祖先、崇祀先贤及人英的特殊功能，发扬了慎终追远和崇德报功的伦理精神。会馆基业需要每一代人秉承前贤的遗志和精神，维护之、经营之及开拓之。如上述黄公、古公、谢公等人在会馆的重建、置产以及改建过程中都曾付出巨大心力，做出重要贡献。尤其是会长李公十余年间不遗余力地服务于同乡公益事业，其百折不挠和自我牺牲的精神正是对"推恩充义""仁者爱人"的儒家伦理精神的实践。此外，槟城茶阳会馆的重建工作也得到其他各埠族类同乡的大力捐款和友情援助，这同样是对"休戚相关""一体之仁"的儒家伦理精神的弘传。

新加坡茶阳会馆创建于 1857 年，比马六甲和槟城的茶阳会馆要晚很多年。据《建立茶阳会馆碑记》载：

> 有美必彰，有善必扬，先王所以有铭钟铸鼎之典。兹我茶阳会馆，承先启后创建于丁巳之冬，落成于戊午之秋。①

又 1864 年《茶阳会馆碑记》称：

> 盖闻木本水源，君子有思始之义，秋霜春露，先王有追报之功也。溯我茶阳之有会馆，殆自辛丑岁，前贤醵金买置地基一所，于今落成既久，尚未立石，虽赖后贤竭力襄成，亦由前贤之所美举，迄今后贤之名既彰，前贤之功未著，兹甲子岁众佥议举并勒于石，以垂永远之不朽云尔。②

据此可知，在会馆落成后第三年，就有同人捐金置产以资会馆日常的维护费用，继起之人为了感念前贤德义风范乃立碑崇功，以激励后起之秀秉承先辈前贤热心公益、甘于奉献的人文精神，所谓前贤后贤用心一也。

新加坡梅州应和馆也是客家人的会馆，它创建于 1823 年。俗话说"出门靠朋友"，会馆的创建正体现了华人对互助团结人伦精神的传承。1844 年《重

---

① 《新加坡华文碑铭集录》，第 194 页。
② 《新加坡华文碑铭集录》，第 202 页。

建梅州应和馆碑》称：

> 盖闻客旅重洋，互助为先，远适异邦，馆舍为重。兹我梅州应和馆，立于唔地。屋建三重，既羡神灵得所，（缺字若干）当日谋胜于在斯。本馆于道光三年，经营创建，年来年往，物换星移，今者我同人义倾山海，气协芝兰，睹遗基之有感，发善念而无私……以利济为心，不必计功德，而捐题不等，自当列姓名。①

由此可知，应和馆的重建工作，既激发了同人义气相连、兄弟相友的伦理情感，也带动了同人共发善心、为族群谋福利的利他精神。

海南侨胞在马六甲、槟城及新加坡都创设有琼州会馆。马六甲琼州会馆发起于1870年，始建于1874年，落成于1878年。据1871年《海国观光碑》称：

> 今夫会馆者，固所以会众而管事也，亦所以安圣娘之位，祈求平安出入亨通者也。自古今来，即宗邦而经商，犹且必立其馆以敬祀，而况此过都越国，可无此馆。可乎？故庚午年间，集众以造此馆，盖以一木难支，所幸同人有益，以共成此美举也，可不志之。②

碑文指出，会馆既是同乡商民聚会联谊、协调人事的场所，也是敬祀原乡神祇水尾娘娘以求出入平安、事业亨通的殿堂，同时也是羁旅同乡栖身调养的馆舍。据1878年《众造琼州流芳碑》称：

> 视我良朋益友，过都越国，有千万之数，如何依托？如何仰望？鸟无树不能宿栖，人无室又何安居，将何如也？而今众人等同陈桂琳邀集，卒众人同心协力，于此戊寅年间1878，设造琼州公司会馆。一连安其神位，保佑平安，神欣人乐，各位兄弟，亦得安身住迹，出入亨通。③

---

① 《新加坡华文碑铭集录》，第171页。
② 《马来西亚华文铭刻萃编》（第1册），第398页。
③ 《马来西亚华文铭刻萃编》（第1册），第400页。

第三章 早期新马华社与儒家伦理的弘传载体

海外各地华人会馆，其命名大都取自其祖籍地望，旨在使侨民能知父母、家邦、故国渊源有自，不致因久居异乡而忘其本根。1938年，《马六甲琼州会馆碑记》载：

> 吾琼人通商西南洋群岛，有冒险性，有亿中才，有货值懋迁之卓识，相率而通商西南洋。竭一手一足之力，合群经营，择地开山，辟园林种植，不数年遂成伟大事业。创建会馆于马六甲，名为琼州，不忘本也。其创建始于前清同治十三年，龙君家传为主事，邀集同乡捐题设立，馆宇宏大。至戊寅年间，陈君贵林总理，加以修饰。民国以来，南来者日多，维持乏人，幸王君业珍……努力垫款，继续主持至十五年，郭君镜川继任总理，同众议定新馆规，征求新馆员定权利义务，纳年捐以维持馆费。……二十二年，龙君兴篁继任本馆正主席，乃从新举行馆员登记，以谋团结互助精神，其登记馆员已达四千余人。时值馆宇历久崩坏，郭君巨川素怀慷慨，毅然首创重修，召集会议，当场乐捐，集成巨金。卜吉兴修，大厦落成，皆赖诸君功劳，亦得同乡协力，有以成之，美哉轮奂一新也。吾因之有所感矣，概自西学盛行，中学遂废，京师各省府州县会馆，无人主持，废坏日甚；惟五大洲通商口岸，会馆林立，已成商战世界。中原金币尽流出外洋，民穷财尽，何以自立！独赖华侨数千万人，通商普遍五大洲，勤苦、经营，迁地择良，大开商业，不但可以塞漏卮，上足以助益国家，博施济众，所至皆都邑，以收美利于无穷也。吾琼州之名誉，不且洋溢于中外乎哉？[①]

据此可知，琼州会馆之创建与本族群南渡先贤们富于冒险的性格，卓越的商业才干，经营的团结精神，以及报本反始的伦理精神是分不开的。会馆建设素来是项代际接力工程，其倡建、创建、重修、置产、改建、扩建的每一环节都需要主事者和同乡侨胞上下一心、众志成城、团结互助、全力以赴，故碑文说"卜吉兴修，大厦落成，皆赖诸君功劳，亦得同乡协力"。会馆之建也是顺应世界商战大形势的需要，联合分布在世界各地的同乡，可以起到互通商业行情，准确把握商机的作用，有助于开辟财富之源。这样，既可增加社会财富，又能博施

---

① 《马来西亚华文铭刻萃编》（第1册），第405页。

济众。由此可见,海外侨胞商民对于人民、社会以及国家的贡献无疑是巨大的。

槟城琼州会馆创立于1860年,其前身为天后宫,这也是会馆由庙宇演变而来的一个显著例证。槟城琼州会馆所崇祀之神祇为天后圣母和水尾娘娘,它们都是闽粤民间盛传的护航之神。1911年《琼州会馆重建捐缘碑》称:

> 尝思人以神为默祐,扶持欣心,神以人为光昌,显灵吐气。神人合德,二者不可须臾离也。不佞周衡山邀建琼州会馆于槟城,崇奉天后元君,并祀水尾圣娘,昭应祠兄弟公,皆海国灵神,至今弥加显赫,恩施九夷八蛮。①

此处所言之神祇,其实是人英神格化的结果。因为人英生前有功于社稷百姓,在其死后又受到统治者的敕封,准允民间百姓建庙祭祀以崇德报功。又1901年《槟城琼州会馆迁建碑》称:

> 尝思圣母之德,上护国家,下扶士庶。五湖共沐鸿恩,四海咸沾骏泽,其功至大者,莫若此也! 夫前虽有会馆盛祭,其地基不合乎三吉,则向道不从夫六秀,且久而有坏,礼当迁也。故此爰众公论,择地重建,即兹造庙崇祀,立像报恩,庶得其馨香永荐,苹藻常申;聊可谓竭其精诚之忱耳。乃一篑不能为山,一木焉成大厦;但因独力难支,敢望群公共济;是以伏冀同心,多捐金而解囊,同集腋以成裘,共襄善事,以成美举。②

对侨民来说,崇德报功的一个主要举措就是:会馆主事者会动员商民慷慨解囊、同心共济、共襄义举,共建祠庙。这应是神人欣乐、神人合德的本质所在。

会馆之设本出于会众联谊上的方便,目的在于让侨胞能够合群团结,进而将此爱人之心措诸民生事业,借众人之力承担起为族群谋求社会福利的责任。

---

① 《马来西亚华文铭刻萃编》(第2册),第787页。
② 《马来西亚华文铭刻萃编》(第2册),第775页。

第三章　早期新马华社与儒家伦理的弘传载体

槟城琼侨本"出入相友,守望相助,疾病相扶持"的儒家古训,为同乡中贫穷、疾病、孤苦之人增设回春医社,体现了侨民先贤恭敬桑梓、敦睦乡谊的人伦情谊。1917年《琼州会馆回春所重建捐缘碑》称:

> 吾国古籍有出入相友、守望相助之训,所以示人爱群也。人能爱群,则推其心为慈善事业,竭其力以尽救灾恤邻之义,诚无微不至矣。吾琼人士侨槟者众,万里海天言旋非易。一旦不测,势将无依。此所以有回春所之设,以便吾琼侨。兹敦桑梓睦谊,表示爱情也。①

新加坡琼州会馆创立于何时,笔者尚无法得知,仅知它曾于1880年重建。它和马六甲、槟城的琼州会馆一样都崇祀海神天后圣母。1880年《永远流芳琼州会馆序》称,会馆同时也是同乡父老遥祀先祖、敦睦乡谊、联络感情的场所。碑文说:

> 所愿服贾来兹者,岁时荐馨,敦崇乡谊,谨身节用,以养父母,每当会集时,与亲旧叙离阔,陈说桑梓故事,以为抚掌之资,致足乐也。②

新马华社各帮群中,数福帮的经济实力最强、人数也最多,广帮次之,这种实力上的悬殊也体现在各帮群会馆的建设上。一般来说,实力弱小的帮群会更加用心于会馆建设,以便强化团结与壮大力量。下面,先来论述海峡殖民地广帮会馆,次论及福帮。

马六甲广东人的雷州会馆(亦称雷阳社)约创于1860年之前。由于会馆的建设与维护关乎一州侨胞的公共福利,所以会馆主事之人须德才兼备、心怀广大,方能胜任。1924年《重修雷阳社及馆舍铜版》称:

> 尝思我雷侨胞为利经营,过都越国,寄居在呷。人数虽多,谁能费力操心,谋为一州产业。惟得老头人才,能安邦定国,心存济世,救人为人者,秉忠正直作事者,利物益人。素来真性慈祥,热心公益,邀

---

① 《马来西亚华文铭刻萃编》(第2册),第795页。
② 《新加坡华文碑铭集录》,第207页。

众图谋，设立公所。①

可见会馆之设，首在联络同乡情感，加强彼此联系。会馆既承载着崇祀神祇以崇德报功，以及遥祭亲友以承祭祀的功能，也起着同乡商民栖身调治，以及孤寡无助者暂时安身的作用。碑文又称：

> 幸得联络感情，一唱百和，不论白叟黄童，共奋捐资之志。大笔淋漓，倾囊相助，集腋成裘，得成美举。使得创成会馆并雷阳社。而会馆每年拜祭春秋，神欣人乐，出入兄弟，赖以坐卧闲谈；来往宗邦，得此寄居会友。雷阳社恐遭命运失辰，得便栖身调治。又有孤穷无嗣，得依寄迹安居，如此利益，我雷兄弟者乎！②

由于负责管理会馆的继承人（新头人）对会馆事业的推进起着至关重要的作用，所以责任人须能绍述前贤，秉承"为公不为私，利人不利己"的遗志和精神，继续开拓会馆诸项事业，为同乡商民谋求更多的社会福利。碑文继称：

> 至癸亥年新头人担任，察其心为公不为私，考其事利人不利己，办理秉忠，全效前贤模范。试观新头人远虑之心，总因屋按未赎比将他属反躬自问，何忍尽废前功。债欠无还，竟被人笑。清夜自思，愧当无能后志。因此发心奋志，事虽操持，心为宗旨。致使不辞劳瘁，邀众集议题资，幸有共济和衷，上扶下助，共襄美举。人款清还，俾以阳乐阴安，诸翁定获千祥百福。从此两屋留存，千年万载，是兄弟之幸，亦是我雷之福矣。兹念兄弟同享幸福，古思前辈创造艰难，务当崇德报功，传知后世，故将铜版刻立，永垂不朽。③

槟城广东人的南海会馆前身是南邑公司，创立于1860年前后，于1904年重建后始更为今名。在建设上该会馆发扬了"以和为贵"的伦理精神，目的在

---

① 《马来西亚华文铭刻萃编》（第1册），第412页。
② 《马来西亚华文铭刻萃编》（第1册），第412页。
③ 《马来西亚华文铭刻萃编》（第1册），第412页。

第三章　早期新马华社与儒家伦理的弘传载体

于希望社群同胞在竞争异常激烈的商战世界,能始终以合群爱群、齐心协力、团结凝聚为矢志,共同推进本社群的公共福利事业。1904年《倡建南海会馆碑记》载:

> 二十世纪之中,商战风云,奔腾大陆。其胜也,岂特优于力;其败也岂特劣于才。推而言之,天时不如地利,地利不如人和;是以战胜于疆场,不若战胜于朝廷;战胜于朝廷,不若战胜于方寸。职是之故,中国之侨居海外者,倚政府为保护,设商会为维持。更结团体于桑梓,诚不以胜败为优劣,惟合群是赖矣。此槟城南海会馆之所由建也。①

由碑文可知,倡导合群是为了联合团结同乡中的一切力量,共同推进社群事业的进步并以为大众谋幸福为最终目的。碑文说:

> 夫天下事难于建设,而人心易于散离。当时总值等具爱结之热诚,谋桑梓之幸福,联合同乡,良基奠定,土木大兴,得众志成城之效。基猷巩固,收集恩广益之功。爰于甲辰之岁,建寅之月,告厥成功。②

此外,会馆也发挥着"排难解纷""扶危救困"的伦理功能。

槟城广东人的香山会馆(亦称中山会馆)前身为香邑馆。1907年《重建香山会馆捐题小引》称:

> 盖闻桑梓联情,踵前型而增式廓,枌榆萃聚,怀硕德以焕新猷。我香山会馆,乃前贤创建,代远年湮,风雨飘摇,栋宇深虞倾塌,神灵显赫,骈幪自可常依。迩来公班衙屡次谕令更新,我邑人士岂得仍观其旧。爰乃亟集同人,妥议美举同襄,务祈踊跃签题,共藏厥事。诹吉鸠工庀材,鸿基丕焕。惟是工程浩大,似非一木能支;但求协力勷襄,自能万蚨立办。伏愿阖邑梓里名流硕彦,当仁不让,事在留名,乐

---
① 《马来西亚华文铭刻萃编》(第2册),第822页。
② 《马来西亚华文铭刻萃编》(第2册),第822页、825页。

解腰缠,咸舒臂助。从此俎豆常新,烝尝弗替,美轮美奂,允称闾里之光,肯构肯堂,永赖荣施之赐矣。①

以上碑文在在说明了会馆发挥着联络情感、增进乡谊、崇祀神明、祭祀祖先及凝聚人心等人伦功用。

新加坡广东帮群的宁阳会馆,创始于嘉庆年间,重建于道光年间,重修于1894年。② 宁阳会馆的创建初衷是聚合同乡、联络情感,使同乡在聚会中弘扬休戚相关、一体同仁的伦理情谊,进而在经济事业上也能齐心协力与团结合作。1848年《重建宁阳会馆石碑》称:

宁阳阖邑庶姓,来集于新州者,实繁有徒,或为工匠,或为商贾,亦各安分呈能有干有年于兹土矣。但思远适异乡,散不合之而聚,疏不联之使亲,得毋离志解体,休戚不相关乎。赖我圣朝天子,泽普祥和之化,仁义经济布教于天下,窃以谓人众固贵齐于一心,而能一之具尤捷见于公馆,夫是馆也岂曰小须哉?③

此外,会馆具有"上答神恩,下妥先灵"以承祭祀、崇德报功的礼俗功能,同时承担着排难解纷、调节人事以及和睦同乡的伦理责任。碑文又称:

道光戊申岁冬十一月而馆告成,适以时和会群分者于斯,类聚者亦于斯,敬建神灵而奉祀之……正堂广大高明武帝诸神坐焉,附祠清静幽闲先主位焉,盖以上答神恩下以妥先灵者须在是矣。至于祭毕而宴,毋分族姓之强弱,毋论人数之多寡,相视当如一家,四海之内皆兄弟,况生同厥邑者乎,间有情事不均,众从公馆理处,以正纲常,以息怨怒,由是在家者,可以安心而无忧,羁栖者,亦听得所而无患,而可久可大之,规模由此基矣。④

---

① 《马来西亚华文铭刻萃编》(第2册),第832页。
② 《新加坡华文碑铭集录》,第190页。
③ 《新加坡华文碑铭集录》,第184页。
④ 《新加坡华文碑铭集录》,第184页。

第三章　早期新马华社与儒家伦理的弘传载体

会馆的重修、重建工作，每每都体现了同乡之间团结协作、和衷共济及舍小我为大我的精神，故碑文对此多有称述赞扬。1894年《重修宁阳会馆石碑》载：

> 今经数十年矣，将见栋宇倾颓，神容寞落，于是阖邑绅耆再倡修葺，诸事虽已告成，差堪妥善而增焕者，惟是所费甚钜，非十易春秋莫易归原，若将之何欤！自古谋大事者，必合众志之成城；欲扛鼎者，非众擎莫能易举；是故众议发部劝捐，庶几分八功之流为大川，合千灯之光混成一色，乃自发部之后，阖邑绅商士庶，慷慨慕义，踊跃从公，一唱百和，遂成集腋之裘，倒箧倾囊稍效涓埃之报，使不有以志之，何以表乐助之心，共襄美举之诚乎。夫有为之前者而美弗彰，有为之后者而盛无不传，因将并以示后之人，不畏难、不苟安，和衷共济，有志竟成，则会馆重新，神灵益显，其往来于南洋者均沾平宁，水陆可卜，利益绵绵矣。①

从宁阳会馆的重修碑文中，我们可以看出宁阳同乡表现出诸如众志成城、慷慨输捐、不畏难苟安、和衷共济、以公为念以及唯义是从的伦理精神。

新加坡广东人的番禺会馆，新建于1879年。出于业务或事业发展上的需要，十年后又增建了会馆副馆。会馆制度之创建虽始于明永乐年间，然会馆精神实源自孟子"死徙无出乡，乡田同井，出入相友，守望相助，疾病相扶持，则百姓亲睦"②的人伦教化。1879年《新建番禺会馆碑记》称：

> 尝思乡田同井，出入相友，守望相助，此百姓亲睦之道也。因推此义，以期相友相助，而建此会馆焉。决计谋成效为裘而集腋，所谋适合，幸肯构而同心，门面既开，襟怀悉畅，人和永笃，州处足征，洽叙之情，财利均沾，乡族定慰，满载之志也。③

---

① 《新加坡华文碑铭集录》，第190—191页。
② 语出《孟子·滕文公上》。
③ 《新加坡华文碑铭集录》，第205页。

可知会馆创建是本于友爱互助的伦理精神,能扩充弘扬这种伦理精神,则同乡侨胞和睦敦笃之情谊、财利均沾之喜乐,将惠泽普适于南洋岛屿。

随着南洋华侨人数的不断增多与事业的继续开拓,会馆必须跟得上时代发展的需要,于是便有会馆副馆之增设与建设。1889年《新建番禺副会馆碑记》载:

> 新嘉坡之有番禺会馆,由来久矣,诚以旅居得所,客至如归,其为笃桑梓之情,重枌榆之谊者意亦良厚。惟是馆舍狭隘,羁客繁多,或养闲而致厌喧闹,或抱恙而綦嫌烦扰,即或离群索处,谁为奉侍之人,或随地杂夷,更非同欲之侣,叹关山兮难越,失路堪虞;偶萍水兮相逢,他乡即故;此副馆之设不容已也。嗟乎!诸君子不惜财不惜力,绸缪有尽善之规,同乡亲可以去可以来,庇荫有无穷之赖,休哉此美举也。①

从上可知,会馆原是羁旅异乡同胞的暂时栖身之所,其目的是增进乡谊和联络感情。其后,由于同乡移民海外者日渐众多,原有会馆已不能满足实际需求,于是有再建副会馆的倡议和募捐举措,是为了更好地恭敬桑梓之情和增进同乡之谊。

马六甲福建人的永春会馆,由李桂林、陈宪章等人于1875年发起并创立。李、陈两人均祖籍福建永春,前者以乡贤身份被同乡推为馆主,后者因德高望重被同乡举为会馆大董事。碑文称:

> 幸会馆主李桂林翁,为先大夫之后。大董事陈宪章翁,任麻六甲之长,纠之使合,唤之使从,询谋佥同,共立永春会馆特申约束。②

马六甲永春会馆之建,是乡贤基于来此经商贸易和过往羁旅的同乡日渐众多,也有慨于人心易于涣散、人事易起纷争等,从而谋求改变现状的产物。如碑文所说,"迩来人心多变,物欲不齐,忿遂生于睚眦,争顿起于角牙",乡贤

---

① 《新加坡华文碑铭集录》,第206页。
② 《马来西亚华文铭刻萃编》(第1册),第409页。

第三章　早期新马华社与儒家伦理的弘传载体

劝告同乡"毋见利而忘义,启衅端于俄顷之间;毋厚己而薄人,生嫌隙于隐微之内"。① 于是,馆主李翁及大董事陈翁召集同乡,并与之约定规矩准绳,若有不公平之事,皆可到馆内仲裁判定,使同乡能摒弃争端、抛却嫌隙,同声相应、同气相求,敦笃桑梓之情、枌榆之谊。碑文说:

> 倘或私怀各执,不能降心相从,即投馆主直陈,在此秉公以判。将见委曲虽多,得准绳而自解;方圆互异,中规矩以无差。庶几尔无虞而我无诈,感切兔狐;声相应而气相求,宜敦桑梓也夫。②

可见,善政的关键在于得人。李、陈两翁皆是帮群中颇孚众望的贤达,皆心怀仁义,不忍心看到同乡操干戈于内而见笑于外,为此植规立矩、秉公处事,也将友爱、谦让、礼义等儒家人伦之教播于南洋,所谓人能弘道。正如碑文所称:或则率同人而偕萃聚,居然翕如兄弟。衣冠齐整,迥殊外国规模;第宅辉煌,宛有中华气象。此固吾人之庆,而亦我永之光也。③

新加坡福建人的永春会馆,建于1905年。自中国海禁大开以后,闽粤商民为谋生计,浪潮般涌向南洋各埠。早期流寓新加坡的永春先贤不忍同乡疏散不联,故谋聚会合众,联桑梓之情,于是才有该馆之落成。1905年《永春会馆告厥成功》称:

> 粤自海禁大开,通商互市,南洋各岛无不有吾永春人之足迹,而皆以新嘉坡为必经之地,故其商于斯、贾于斯、聚世族于斯者,日以滋多。然其势易散,其情多疏,昔之人不忍听其散且疏也,于是募建会馆于小坡以联之,俾吾永春人岁时一会,不忘桑梓之恭,意至善已。④

与此同时,会馆不仅可以联谊以增进交流,也可崇祀家乡神祇以安心神,饮酒宴乐以叙亲戚情话。碑文又称:

---

① 《马来西亚华文铭刻萃编》(第1册),第409页。
② 《马来西亚华文铭刻萃编》(第1册),第409页。
③ 《马来西亚华文铭刻萃编》(第1册),第409页。
④ 《新加坡华文碑铭集录》,第211页。

馆内崇奉天上圣母、张公圣君神位,每值二圣诞辰,则萃吾永之人,肃整衣冠称觥祝嘏,以迓神庥,因而饮酒宴乐,笑语移日,悦亲戚之情话,洽朋友之交游,冠裳风物,无异乡园,雍雍焉、熙熙焉,和亲康乐,忘其为重洋羁旅中人也。①

此外,会馆之设更使得同乡之间能声气感通、合作团结,有事时则为之排难解纷、协调维护,有利时则相让而同沾,见义事则当仁而不让。碑文继称:

　　盖自有会馆以联之,而散者聚,疏者亲,故吾永人之声气如此其感通,吾永人之精神如此其团结耳。若夫永人有事会馆中为人维持,为之调护之,又其显而易见者尔。……俾后之阅者知立馆之意之所在,利则相让,义则相先,庶几乎海外乐邦并受其福焉。②

槟城福建人的龙岩会馆,创立于1908年,其前身为龙岩清明福公司,1929年始更为今名,应会务拓展需求才改迁他处。龙岩会馆成立的目的,据1952年《槟榔屿龙岩会馆购建馆所碑记》称在于"借以联络乡谊及司春秋二祭等事"③。

槟城福建人的晋江会馆,始创于1919年,最初位于四条路,后于1959年在汕头街又购置了新馆舍。1961年《晋江会馆新厦堂记》称:

　　马来亚联合邦建国元年,槟城同乡开始建筑新会堂,以表达深思而虑远也。……藏事者、志之于是审基址于中路,经之营之,历二年而成室。可以开胜会,叙乡情。夫哲人有作,不唯利身在利人,不唯利今在利后。坚壮固护,存延百纪,人不之逮也。斯不亦利后不唯利于今欤。晋江会馆始建于公历一千九百十九年,即距今已四十二年。……本会馆始在四条路成立,嗣因会务逐渐发展,四条路会所未符理想,故为时不久,即购置汕头街二十号为本会会所。④

---

① 《新加坡华文碑铭集录》,第211页。
② 《新加坡华文碑铭集录》,第211—212页。
③ 《马来西亚华文铭刻萃编》(第2册),第843页。
④ 《马来西亚华文铭刻萃编》(第2册),第847页。

第三章　早期新马华社与儒家伦理的弘传载体

会馆主事者为了增进同乡福利事业可以说是深谋远虑,其利人济世之胸怀,可使远适异乡的乡亲父老借此会馆"开胜会,叙乡情"以增进情感,可借此会馆使同乡形成出入相友、同灾共患、休戚相关、一体同仁的命运共同体。随着本社群经济力量的不断增强,会馆也及时承担起为同乡谋求福利、兴办教育的神圣职责。据此碑文称:"本会馆宗旨,为联络乡侨情感,休戚相关,而对福利教育,尤特别关心。"①

新加坡福建人的南顺会馆,初建于何时虽不得知,但于1912年重建。《重建南顺会馆劝捐小引》称:

> 适邑人某君自内埠出叻时与斯会,殷殷劝勉乐观厥成,并谓是埠是南洋之总汇,吾人行李往来靡不少住,若楼阁轩敞地方幽静,舟车劳顿得以休息,受赐良多,内埠邑人,当必表同情乐为捐助!②

据此可知,会馆之设实是为了方便过往或羁旅的同乡商民,为他们提供一个较为幽静的居住环境,使他们可以缓解舟车劳顿及栖身调息修养等。

新加坡福建人的福清会馆,始建于1910年,重修于1924年。1930年《福清会馆重建落成二十周年纪念序》称:

> 星州之有福清会馆,始于清宣统二年,维时邑侨涣散实力薄弱,先觉之士怼焉忧之,因倡建会馆借以团结精神,敦睦乡谊,惨淡经营,底于成立,迄今垂廿稔,饮水思源,其功不可没也。民十三继起诸董事,以馆宇敝陋殊碍观瞻,乃募集巨金,兴工改筑,期年告竣,气象焕然一新,精神益加团结,遇公益事辄咄嗟立办,其功绩堪与首倡诸公相辉映。③

由此可知,福清会馆具有敦睦乡谊、团结精神、饮水思源以及促进公益等社会功能。

---

① 《马来西亚华文铭刻萃编》(第2册),第847页。
② 《新加坡华文碑铭集录》,第217页。
③ 《新加坡华文碑铭集录》,第218页。

新加坡福建人的同安会馆,建于 1931 年。自海禁开放以后,闽粤百姓往南洋经商或做工者络绎不绝,而尤以新加坡为中心。寓居新加坡的同安先贤担忧"无团体则形同散沙",于是他们聚众力、合群智,出资共建了自己的会馆。1931 年《新加坡同安会馆成功记》称:

> 同安位置吾闽之南,以金厦为屏藩,负山面海,颇具山川胜概,风俗淳厚,夙有海滨邹鲁之风,其人民具远略,而富冒险精神,故凡帆线所及,北逾幽燕南至英荷各属,殆无不有吾乡人之足迹焉。星洲属南洋要冲,扼欧亚孔道,舟车辐辏,商务繁兴,故吾乡人之旅居者尤众。惟向无团体,形同散沙莫可讳言也,夫人类进化,首重合群,而群之结合,恒以同乡为起点,吾乡人欲联络感情,固结团体,则会馆之设立尚矣。……猗欤盛哉!自今而后,吾乡人之旅居于是者,若者为学,若者为工,若者为商,咸以本会馆为集合之中心,朝夕聚首互相策励,借以贡献乎祖国,利益乎侨居,负此重大使命,夫岂限于一乡一邑已哉?①

据此可知,会馆初设之时恒以联络同乡情感为起点,进而有团结精神之讲求。借此会馆促使同乡朝夕之间砥砺志气,推进帮群社会福利事业,更由此谋求对社会国家之贡献。

新加坡福建人的兴安会馆,创建于 1920 年,重建于 1935 年。1935 年《新加坡兴安会馆新会所落成序》称:

> 星州之有兴安会馆,创建于民国九年。先是邑侨涣散,团结无从,先觉之士每怀隐忧,因倡建会馆,借以团结精神,敦睦乡谊,惨淡经营底于成立,饮水思源,其功不可没也。然其时馆宇既非自置,设施更属简陋,于是复由一班人士,出而募集巨金,新购馆舍,落成之日,气象一新,精神团结,诸凡公益事务,因易于设施进行,其功绩实堪与首倡诸公前后媲美,今日邑侨事业之进步,地位之提高,端由精神团结而来,而此公共机关实为原动力焉。②

---

① 《新加坡华文碑铭集录》,第 219—220 页。
② 《新加坡华文碑铭集录》,第 220 页。

第三章　早期新马华社与儒家伦理的弘传载体

会馆之设,无不由帮群内之先知先觉者率先倡建于前。作为社会贤达,他们忧人心之易于涣散,谋思借此会馆以团结精神、敦睦乡谊,进而以此伦理精神为推进邑侨各项社会福利事业之原动力,最终提升该帮群在社会上的地位及影响。

在马来西亚华侨史上,槟城平章公馆之创建是极具里程碑意义的重大事件,它象征着华族各方言帮群之间的大联合与大团结。在南洋经商谋生的侨胞以闽粤两省为主体,若从方言结构上来说,闽省可细分为说闽南话的漳泉人、说闽北话的福清人与说客家话的汀州人;粤省可分为说广州话的广府人、肇庆人,说客家话的嘉应五属及永丰人以及说潮州话的潮州人。

槟城平章会馆的创建大业,完全是靠闽粤两省人士的共同捐款而促成的,它是华族在南洋大团结的历史见证。1886年《槟城创建平章公馆碑记》称:

> 天开海宇,地拓要荒,鬼神斧凿之奇,蜃气楼台之幻,忽忽如睹神州。而镜水屏山,蔚然列峙者,则槟屿也。山楼水阁,俨然都会者,则槟城也。繄维杭南引壮,航海梯山,尤为闽粤商贾窟宅。昔也瞠风扑鼻,今也奇气荡胸;文物之邦,计日可睹,邹鲁之风,尚常戴励。故各府州县,创建公馆,无事则悬规植矩,有事则排难解纷。诚举也,而我两省之经始,尤当亟亟焉。英藩司牧,适莅兹土,本心向义,生性疏财,闻斯公举,悉愿襄成,遂于六达交衢观音亭侧,捐地一轴,俾建公馆,相土既合,阴阳威仪,蔼如松栗,入此室处,因以锡名,名曰平章,盖取诸典史,曰平章百姓,曰同章平事。他如平则不鸣,章可明义。所愿一堂坐论,睢眦肾蠲,百代祥和,界疆勿限,从此衣冠蔚起,羽仪萃万国之休,弦诵兴歌,文教臻中朝之盛,固不特海外奇观,天南胜概也。[①]

以"平章"命名会馆,取自《尚书·尧典》:"克明俊德,以亲九族;九族既睦,平章百姓,百姓昭明,协和万邦,黎民于变时雍。"孔颖达疏曰:"九族谓帝之九族,百姓谓百官族姓,万邦谓天下众民。自内及外,从高至卑,以为远近之次也。……九族宜相亲睦,百姓宜明礼义,万邦宜尽和协,各因所宜为文,其实相

---

① 《饶宗颐二十世纪学术文集》,第920—921页。

通也。民言于变,谓从上化则九族既睦,百姓昭明亦是变上,故得睦得明也。"①"平章百姓"在这里指"无事则悬规植矩,有事则排难解纷",即平居无事时以规矩准绳为依,若有争端分歧则以公平正义原则来判定是非曲直,务使受曲者得伸,不平者得鸣。平章公馆的宗旨就是,"华人社会如有任何争论和不平之事,本会馆当尽量设法为之调解"②。平章公馆的终极目的是,愿闽粤同胞都能尽弃嫌隙、不分彼此,和睦共处,兴起文教,用夏变夷,播斯文于南邦。如碑文所言:

> 所愿一堂坐论,睚眦胥蠲,百代祥和,界疆勿限,从此衣冠蔚起,羽仪萃万国之休,弦诵兴歌,文教臻中朝之盛,固不特海外奇观,天南胜概也。

此外,槟城闽粤两省人士借用平章会馆,先后于1888年和1904年创办南华义学和中华学校。这无疑是槟城华族大团结和大联合精神的又一显著例证。

第四节　宗　祠

在新马华社,血缘性宗祠的出现时间较地缘性、方言性的庙宇、义冢、会馆稍晚,一个主要原因是早期下南洋的闽粤商民大都是单身汉。19世纪中叶,中国取消海禁后方有大批华人携家眷南渡移居的盛况,这个时候聚族而居才成为新马华社的常态,故家庙或宗祠的建设也随之兴盛起来。

众所周知,闽粤两省的宗族组织远较北方诸省发达,这与中国历史上汉族的多次南迁有密切关系。宗法制度称得上是中华文明的基因,形塑于上古,大备于西周。碑文称:昔唐虞有五庙之设,而昭穆以明。商书有七庙之规,而源流益著。是祠堂宗庙由来重矣。③ 历史上,汉族每次南迁大都是以家族集团为单位,所以也就可以理解闽粤乡土社会结构是以家族和祠堂为中心。此后,

---

① 《尚书正义》卷二,《十三经注疏》第一册(清嘉庆刊本),中华书局,2009年,第250—251页。
② 《平章公馆章程》(英文原文),见《马来亚华人社会》,第153页。
③ 《马来西亚华文铭刻萃编》(第2册),第910页。

经由单姓家族而组合发展为小宗族和大宗族,甚至形成异姓同宗的大联合。闽粤华人在南渡的同时也将传统的宗法制度移植到南洋群岛,从而在异域呈现出建家庙、立宗祠、购家冢、修家谱等文化景观,儒家伦理也由此得以弘传和扎根。

对于华人南渡新马后聚族而居的情况,这里征引三则碑文资料来做说明。

第一则是马六甲的情况。1843年《兴隆邱公木碑记》称:"公,邱府之苗裔也,讳兴隆,世居榕城新安。少倜傥有远志,贾于呷国,遂族焉。"①这则碑文说的是:青云亭第二任亭主薛佛记(祖籍漳州漳浦)受母亲邱养娘之托,将其外祖父邱兴隆配祀于青云亭内。这不仅说明薛氏家族和邱氏家族有姻亲关系,也证明原籍福建漳州府新安县的邱兴隆南渡马六甲时华人已有聚族而居的事实。据饶宗颐考证,青云亭第一任亭主梁美吉,原籍泉州南安,其夫人为薛佛记的三妹;第四任亭主陈宪章,原籍漳州永春,其夫人为薛佛记的女儿。②由此可知,马六甲青云亭时代来自福建的漳泉商人聚族而居的盛况。

第二则是槟城的情况。1911年《谢氏家冢条规》称:"我谢姓聚族槟城,百有余年矣。然丁男日多,而善后之谋愈不容缓。"③从这则资料可知,谢氏族人早在19世纪初的某个时候已来到槟城经商谋生或开拓基业。谢氏原籍漳州府海澄县石塘村(谢石塘),为槟城华族五大姓之一。由此推知,原籍泉州府惠安县的陈氏、漳州府新江县的邱氏、漳州府海澄县的杨氏及漳州府海澄县的林氏等四大姓,基本上也是同一时期来槟城营生并聚族而居的大家族。

第三则是新加坡的情况。1905年《永春会馆告厥成功》称:"粤自海禁大开,通商互市,南洋各岛无不有吾永春人之足迹,而皆以新嘉坡为必经之地,故其商于斯、贾于斯、聚世族于斯者,日以滋多。"④由此可知,海禁大开以后漳州府永春县商民携家带口到南洋谋生的当不在少数。

笔者根据目前已掌握的碑刻资料,现将三州府的主要大姓宗祠依次列于下。马六甲的宗祠有陈氏祖堂、林氏西河堂、赖氏宗祠等。槟榔屿的宗祠有谢石塘宗德堂、林氏九龙堂、邱氏龙山堂及文山堂、陈氏颍川堂、杨氏植德堂应元宫、王氏太原堂、叶氏宗祠、许氏高阳堂、梅氏宗祠、骆氏宗社、六桂堂、胡氏祢

---

① 《饶宗颐二十世纪学术文集》,第880页。
② 《饶宗颐二十世纪学术文集》,第935—936页。
③ 《马来西亚华文铭刻萃编》(第2册),第763页。
④ 《新加坡华文碑铭集录》,第211页。

祠丰成园、伍氏家庙、薛氏宗祠等。新加坡的宗祠有陈大宗祠保赤宫、林氏九龙堂、潮州黄氏江夏堂、琼崖陈氏公会、琼崖吴氏公会、符氏社等。以下,就来探讨宗祠这一载体所弘传的儒家伦理价值观念。

首先,以马六甲宗祠为例来做分析。1866年《陈氏祖堂祝祠》称:

> 故甲政亭主,陈府君巨川公之德政曰:从来负大德享厚赀有盛名者,必迈种特生,已惠不费。如郄参之功,召棠之德。非庸人可齐驱并驾,更非后人可等量齐观也。公于少时,天姿迥异。及长,立志不凡。其敬以持己也,孝友无间人言。其恕以待人也,温柔实能容物。齐治相因,悉遵规矩。慷慨任事,咸中机宜。胸负陶公之奇策,望高阮氏之垂青。德忝不才,屡沾化雨。即托其庇,即赖以成。岂惟惠我无疆乎!抑亦尽人成美也。今虽视之无形,听之无声,而历考其伟绩殊恩,实更仆而难数。宜乎克昌厥后,有肖子以象其贤,令闻不已,身虽古而名益彰也。……大京之陈府如玉君(陈金声)贤表甥之颂曰:……君循家训,比窦氏之义方;长若老成,得陶朱之妙诀。经营有道,治理得宜。虽曰震为主器,亦必虑以下人。埙篪迭奏,在家而笃友于;珪璧继辉,延师而严训诲。幼子始作,家驹壮行,期为国宝。守政用人,辟若孟庄之不欲,持身接物诚如公瑾之高风。美轮奂以成先志;仍未成,祀祖先以继武周之善继。宜为造物之所重,而与以备美,而不甚惜。古云:父作子述,斯言信不诬也。[①]

这则碑文是几位曾姓表弟,在其表兄陈巨川逝世后第二年所撰写的追赞及祝词,主要表彰了陈氏一生的德政功绩及为人风范。从碑文可知,陈巨川是一个敬以持己、恕以待人、虑以下人、孝友无间、温柔容物、慷慨任事、善于经商、成人之美、乐施好善、笃友于家、善继善述及善于教子的君子人物。陈氏族人的追赞行为体现了慎终追远、以承祭祀、崇功报德的伦理文化,他们希望借此活动激励陈氏后人能光前裕后和发扬祖德。

另,1917年《西河堂捐缘碑》称:

[①] 《马来西亚华文铭刻萃编》(第1册),第430—431页。

第三章 早期新马华社与儒家伦理的弘传载体

> 开我西河,乃古冀州长林,始祖坚公,食邑之地。发轫之始,历战春秋间,出吴公相赵,生九子皆仕,官清而爱民,国人称为九龙,由是叶秀枝荣繁衍。南渡者禄公,生九男,均为刺史,覃勒以为九牧林焉。由一人传至千万人,脉络皆自殷少师,仁者之苗裔也。迨夫海禁大开,支分南洋者似乎鉴皞,故先世德喜侨商于此土者,毋安桑梓,倡首集捐,购地建祠,以崇祀典。①

由上可知,西河堂宗祠不仅见证了林氏一脉由始祖传至千万后裔的播迁繁衍过程,也见证了林氏子孙后代对木本水源、不忘桑梓、敬宗法祖、以承祭祀等伦理观念的践行。

又,1962年《创建马六甲马来亚赖氏宗祠松阳堂序》称:

> 尝思木之荣也赖有本,水之流也赖有源,欲固本流长,而非培植浚深之功,安可得乎。溯吾松阳族系,始自轩辕黄帝,支派分流演及于粤、闽、浙、赣、山、陕诸省,宗支蕃衍,繁殖南洋,虽播迁异域,而宗族系统则一也。今马来亚宣告独立,族人为永久故乡计,得高介宗长之议,倡建宗祠,借资联络南洋各地宗亲,建筑祠宇,于然告成。然发轫之初,权舆非易,遂鼓其勇气,捐资出力,得各处宗亲热烈响应,今建祠已竣而序宗庙昭穆之礼,敦睦宗族之谊,承先启后,与日月而长存也,惟输财出力,理宜表彰,以留纪念。②

据此可知,赖氏宗祠是在宗长赖高介的倡议以及诸位宗亲的支持下才得以创建完成的,说明其承载着木本水源、联络宗亲、敦睦宗族、序宗庙之礼以及光前裕后的儒家伦理价值观念。

其次,以槟城的大姓宗祠为例来做分析。谢氏家族原籍福建漳州府海澄县石塘村,于19世纪初来槟城聚族而居。据称,其家庙为宗德堂,始建于1858年。由于资料搜集上的困难,目前尚无法见到家庙碑文,这里仅以家家碑文来做相关研究。

---

① 《马来西亚华文铭刻萃编》(第1册),第433—434页。
② 《马来西亚华文铭刻萃编》(第1册),第435页。

1917年《槟城谢石塘冢山记附条规》称：

> 槟城谢姓以陈留之旧族，效徐福之移家。宰相风流，别墅之基声已渺，诗人老去，池塘之草色不青。纵去故乡，原谋燕翼，即居异国，派本乌衣，爰集海峤之宗盟，而法古人之族葬。其佥议购地自建冢山也，俨同范氏义庄，养生无殊送死；愿比苏公刻石，睦族斯能笃亲。①

碑文不仅叙述了谢氏家族从中国原乡迁徙到海外的血缘脉络，也追溯了祖先谢安的丰功伟绩。对迁居海外的谢氏族人来说，"养生"的最好方式就是睦族笃亲、聚族而居，至于"送死"大事，家族就亟需谋划购置冢山，使先人的灵魂有所祭拜归属之所。

谢氏家族之建冢为槟城首创，这与该家族在槟城的巨大社会影响力和雄厚经济实力有莫大关系。英政府有鉴于此，特许其家族购地置冢。碑文说：槟之统治权属英，英政府向无许私族独营一冢者。自友翁声望重于英廷，此举乃其创例也。②

对远离家乡而迁居异地的大多数华人来说，死后归葬何处是他们最为关心的事情之一，所以南洋各埠都有义冢之建。对于实力雄厚且声望卓著的大族来说，他们完全有能力购置家冢以安葬宗亲。谢氏家冢的创建体现了中西合璧的特点：从资金来源上说，它采取西方的公项制——由各宗亲成员来共同分担资金；从家冢用意来说，它效法传统的义庄风俗，体恤和照顾贫苦的族人，尽力于敦宗睦族的情谊。据1911年《谢氏家冢条规》称：

> 我谢姓聚族槟城，百有余年矣。然丁男日多，而善后之谋愈不容缓。孟子云：养生者不足以当大事，惟送死可以当大事。爰集族众，佥议出公项购地，在波池滑为我族中家冢。重葺红毛楼，并修险巇路达，费近三万元蒙王家允准，故名曰：谢石塘家冢。昔范文正公族中建冢，千古垂为美谈。今日众志既能取法前贤，是我族人不论贫富，身后皆有佳城。免在万善同归之场，代远年禋，或致沉沦枯骨，岂不

---

① 《马来西亚华文铭刻萃编》(第2册)，第761页。
② 《马来西亚华文铭刻萃编》(第2册)，第763页。

第三章　早期新马华社与儒家伦理的弘传载体

懿哉！谨以勒石,并列条规于后,以垂不朽。①

狐死首丘,叶落归根乃人之常情。然对于远离家乡、梯山航海到南洋谋生的大多数华人来说,归葬故里是件困难的事。侨胞所能做的就是按照中国传统的丧葬礼仪和风俗制度来安排亲友的身后事宜,以尽孝思和祭祀之诚。《谢氏石塘冢冢》两座墓门正背两侧楹联:

> 游此、侨此,结墓蔽（疑为"庐"）在此；歌斯、哭斯,聚家族于斯。异国葬同亲,千秋痛哭一抔土；平墩传姓字,百代馨香共本支。宝树植公坟,宗亲谊笃；石塘开福地,侨旅灵依。骨瘗槟城无可奈,魂归故里也当然。②

值得注意的是,"同亲""本支"意味着并不是所有谢姓族人都可安葬此冢冢,而是有严格规定和区分的。如冢冢条规所说:

> 惟石塘、东坑、水头、下尾四社是守祖之人,方能出单埋葬。并莿林内社、炉坑社此二社姓谢之人,有来恳求本公司葬地,亦必助赐与葬,其余分枝出居别处,不得出单与葬,以防混乱。③

这体现了儒家伦理在实践上尤其具有层次性或次第性。
又1917年《槟城谢石塘冢山记附条规》称:

> 规约整严,二四尺如排雁序；岁时祭扫,百十年永卜牛眠。从此枯骨而荫生人,万朵之金花齐放；福田而助阴地,千秋宝树长存。……（谢氏家冢条规）第三条:逐年清明节,本公司当备祭品,致祭诸魂后土。立祭文一纸,以尽诚敬之义务。④

---

① 《马来西亚华文铭刻萃编》(第2册),第763页。
② 张少宽:《槟榔屿福建公冢暨家冢碑铭集》,亚洲研究学会,1997年,第170页。
③ 《马来西亚华文铭刻萃编》(第2册),第763页。
④ 《马来西亚华文铭刻萃编》(第2册),第763页。

这见证了华族虽远处异邦,却能恪守中华礼仪,践行慎终追远、以承祭祀的伦理精神。第七到九条规定:

> 冢山之石及沙土,不准开打取用,以作风水。冢山树木,不得乱斩。冢山界内,不准放猪羊牛马大兽入地损踏。①

体现了子孙在安妥祖先陵墓上的用心和谨敬。谢氏家冢条规第十条:

> 冢山之红毛楼为送葬诸人休息,切宜洁净,不准堆积灰土及一切石料秽物。②

红毛楼是公司为方便宗亲上山祭扫休息及避雨所筹建的凉亭,这些措施无不体现冢建设者的深情厚谊。

邱氏原籍福建漳州海澄县,祖出泉州龙山堂。邱氏族人何时来槟城经商谋生以及何时创建宗祠,1906年《重修龙山堂碑记》有所记载:

> 雍道时,吾族侨寓屿中者百余人,醵金五百余元;迨咸丰辛亥,而堂室始立,阅五十年光绪甲午重修。从事八年,至辛丑除岁前夕,忽遭回禄,全座焚如。复于壬寅兴工重建,阅四年大功克竣,计两役各糜金十余万,知历险夷,以底今日,则沿革详矣。③

据此可知,邱氏族人可能早在雍正时期就已南渡槟城,其时此地还未归属英。从下则碑文可得知,至1835年时,邱氏族人来槟城已达百余人,聚族而居的现实情况促使他们不得不倡议捐资创建家庙,以收拢族人。1959年《重修龙山堂邱公司碑记》载:

> 槟榔屿龙山堂为吾新江邱氏庙堂,清道光乙未公元一八三五年,

---

① 《马来西亚华文铭刻萃编》(第2册),第763页。
② 《马来西亚华文铭刻萃编》(第2册),第763页。
③ 《马来西亚华文铭刻萃编》(第2册),第862页。

第三章　早期新马华社与儒家伦理的弘传载体

吾族侨屿百余人醵资肇建者也。①

邱氏宗祠龙山堂的建设,从 1835 年开始筹资到 1851 年始建成,费时长达 17 年之久。1894 年到 1901 年间又重修过一次,然耗时 8 年之久的重修,因一场大火而化为灰烬,以致前功尽弃。之后,邱氏族人不得不重新筹募资金,最终于 1906 年完成重建家庙的浩大工程。

对于邱氏宗祠龙山堂的取名、用意及功用,我们可从下面这则碑文得到求证。1851 年《龙山堂碑》称:

> 外国与中华殊俗,所谓槟榔屿,则尤远隔重洋,风教迥别。闻客兹土者,典礼缛节,恪守诸夏常仪,亦可见来此之多君子,故能随处振励,以不失文采风流也。然羁旅之乡,创造尚阙,遇有盛典胜会,必先期择地而后行礼,扫除劳瘁,冗杂非宜。有心者欲建一所,仿内地会馆之制,阅历多年,未得其便。去秋,邱氏族来自海澄新江者,相准其地买得之。是地本英商某肇创基域,外环沧海,面对崇山,栋宇宏敞,规模壮大,因而开拓修葺,高下合制,爰改造而更张之。门高庭辟,植桂种树,遂蔚然成荫而茂盛,颜其额曰龙山堂。凡族之神福赛会,以及新婚诸事,概于是堂以序长幼、敦敬让、修和睦,盖是堂之关于风化匪少也。龙山堂邱氏祖,原出于泉郡龙山曾氏。谱载家乘,取以名堂,不忘本也。且别有曾氏者,其出龙山,匪龙山堂海澄县新江之邱者,虽不借其出输费而岁时祭享,有事于堂醵饮者为亲亲谊也。堂之中,奉大使爷香火,盖新江本有祀,而客地亦多被神庥,所以出资成堂者,新江原蓄有本社众公业,因而谋之不别捐题也。成其事者固非一人,而合族鸠集,用昌于异国,爰为之记。后之人,可以知此堂为新江邱氏之堂。②

异乡家庙与祖籍地龙山堂同名,不仅表示邱氏后人知其血脉传承有自,不忘本根,也说明华族虽远居异邦,仍能恪守传承华夏风教伦常。本族人士在家

---

① 《马来西亚华文铭刻萃编》(第 2 册),第 864 页。
② 《马来西亚华文铭刻萃编》(第 2 册),第 856 页。

庙可崇祀大使爷,可举办神福赛会,可承办婚丧嫁娶等活动。邱氏族人虽远在域外,然在此一堂之中宗亲们可以热闹聚会、联络感情、敦笃敬让、和睦相处、其乐融融,从而忘却客居异国之悲凉。学者金堀诚二研究指出:"(邱氏龙山堂)其目的还是欲把儒家的宗族制度,加以再编强化,使其与冠婚仪式发生联系,以为加入龙山堂同人的条件。"①

关于龙山堂的内部构造及其所承载的伦理功能,可征引1906年《重修龙山堂碑记》来作说明。碑文称:

> 三曰明祀典:吾乡旧祀王孙大使,今欲无改乡风,堂中额沿正顺宫,以妥英灵。左福德祠,妥福德正神,右诒穀堂,妥新江历代祖考。盖诒穀堂即吾新江大宗题额,观此者如观于乡,则祀典明矣。……五曰通礼俗:吾族冠婚庆典,咸于斯观礼。而神福赛会,亦于此举行,又安知不因此智识交换,改良之事,以起乎?则礼俗通矣。六曰重继述:堂之旁有崇议所焉,年月之出入,世事之大小,咸于此议之,必如是乃足以维持永久,不失其堂构箕裘之思,则继述重矣。②

据上可知,龙山堂从堂构上由四部分组成:堂中为正顺宫,崇祀人英大使爷;堂左为福德祠,供奉福德正神;堂右为诒穀堂,敬祀新江邱氏历代先祖;堂之旁为崇议所,可聚会商议或处理族中事务。合而观之,家庙发挥着宗教信仰、娱乐活动、祖先祭祀、聚会议事、冠婚庆典等多重伦理功能。又1903年《诒穀堂碑记》称:

> 槟城诒穀堂者,经始于道光乙未之秋也。初我族人捐资,不过数百金,上下继承,兢兢业业,分毫不敢涉私,至是遂成一大基础。念祖泽遗徽,窃恐或泯。③

由碑文可知,诒穀堂的创建在时间上与龙山堂正好同时,它才真正是龙山

---

① 《马来亚华人社会》,第58页。
② 《马来西亚华文铭刻萃编》(第2册),第862页。
③ 《马来西亚华文铭刻萃编》(第2册),第860页。

堂宗祠的灵魂所在。其创建过程显然凝聚了族人更多的资本和心血,所以有"上下继承,兢兢业业""创宇之难"的无限感慨。

新江邱氏家族自内地播迁至海外,在移居聚族槟城后仍时刻不忘原乡祖祠。于是,海澄邱氏决议共筹公项基金以备家乡祖祠的修葺、翻新及春秋大祭之用。1878年《文山堂建立公项碑》称:

> 吾新江一族,多出外贸易,其在槟榔屿者犹众。阖族已共建龙山堂,并积储公项,以为久远计。而我海房公项,则因嘉庆丙子鸠金,应谢大使爷,捐缘于甲申,将原缘归还。时董事者竣整、竣秋、月照,念内地海房祖祠,年久渐坏,祭费亦乏,议将此银充为海房公项,经理生息,以及修葺祖祠暨春秋蒸尝之费。迨光绪戊寅,某等因积项已饶,乃于槟榔屿扩充文山堂,复买业收税。而内地及槟榔屿诸费有余裕矣。然由今追溯,使非竣整、竣秋、月照,秉公无私,经理得宜,亦何有今日之盛举也哉!爰述公项由来,并列丙子捐资各名,勒之于石。但愿后之人以竣整、竣秋、月照之心为心,则文山堂公项,方兴未艾,而我海房祖德宗功且偕之以俱永矣。[①]

由上可知,此公项基金之来源实为邱氏文山堂房产经营或出租房屋所得之收入,而此公项又是由族内竣整、竣秋、月照三人共同负责经营管理的。从碑文可知,三位族人皆能"秉公无私,经理得宜",所以公项资金颇有增加,丰厚的基金为原乡祖祠的修葺提供了资金保障,这也是邱氏族人对崇功报德、以承祭祀等人伦精神的一种有力实践。

槟城陈氏宗祠颍川堂,创建于19世纪中叶。堂中供奉其先祖开漳圣王陈元光的神主牌位。1878年《开漳圣王碑》称:

> 易曰:尊祖敬宗。人之有宗族,犹如水之有分派,木之有分枝。虽远近异势,疏密异形,要其本源则一。我祖以祥叶凤卜垂摺笏于累朝;星聚龙飞,扬名声于魏阙。绵绵延延,传至于今,昌而炽,著而艾,实繁有徒。突然洋溢乎中国者,亦既施及蛮貊,某等念切尊亲,情殷

---

① 《马来西亚华文铭刻萃编》(第2册),第858页。

类族,因于服贾之中,捐题白镪,建立家庙,务使血脉相通,休戚相关,庶为昭为穆,无致混淆,序齿序贤,足征考核。俾克厥后克昌者,咸知笃宗族以昭雍睦云尔。①

人之有生身父母,犹氏族之有共同祖先。认清楚共同的祖先则族人后裔才有所归宗,所以说祖宗是人之本源。正如荀子所说:"礼有三本:天地者,生之本也;先祖者,类之本也;君师者,治之本也。无天地恶生?无先祖恶出?无君师恶治?三者偏亡焉,无安人。故礼上事天,下事地,尊先祖而隆君师,是礼之三本也。"②明儒张振渊也说:"万物本乎天,人本乎祖,尊祖敬宗,人人皆知所本是久聚之道。"③圣贤以人有尊祖敬宗之心发而为宗祠制度,使人可通过祭祀先祖体认生命本源、敬畏生命,从而教化人们笃行报本反始、慎终追远的人伦精神。可以说,尊祖敬宗所起的作用就是使族姓支脉裔孙知其生命同出一源,犹如木有本而水有源,从而使族众能声气相通、血脉相连、休戚相关,形成生命共同体;进而借此共同体使族人无论是在生产还是在生活中,都能够团结互助、相互友爱及敦宗睦族。

槟城杨氏家族,亦称霞阳植德堂杨公司,原籍漳州府海澄县三都霞阳村。1844年创建,1900年重建后改为应元宫,崇祀神衹使头公。1900年《应元宫碑》称:

窃谓槟城之有应元宫也,由来久矣。溯自中朝道光间,我霞阳社杨德卿公派下裔孙经于此,携有使头公神像香火,昕夕祀焉。逮阅时既久,聚族繁多,生涯畅茂。佥曰:非神灵呵护之力不及此。于是一潜首倡,族人捐派缘金,遂建此宫于槟城之西。巍峨壮丽,美轮美奂。中祀使头公,并设立公司,以为宴会族人之所。夫使头公何神?我霞阳应元宫内敬奉之神也。今既以应元名宫,而久以其神祀之于内。譬如木本水脉,络络承接,固非他里居之可能伪托,又非诸同姓之所能混淆也。故凡公司创置产业及周年供费出入银项,皆有公举内外

---

① 《马来西亚华文铭刻萃编》(第2册),第884页。
② 语出《荀子·礼论篇》。
③ 张振渊:《周易说统》卷六,明万历四十三年石镜山房刻本,第283页。

第三章 早期新马华社与儒家伦理的弘传载体

总理暨诸家长以董之。上下不蒙,纪纲罔乱。兹复于重修工竣,议定规条约款,刊行印册所愿后之来游于斯、生于斯、长于斯者,务须率由旧章,一团和气。毋以少凌长、强欺弱,受分安命,有无相周恤,疾病相扶持;庶鳝堂雀馆之贵风,得再见于南蛮缺舌之域。斯不特庙貌经万古而常新,亦神庥历千秋而罔替也已。①

由此可知,霞阳杨氏族人南渡槟城的时间不会晚于19世纪初期。迨至杨德卿裔孙携家族神主香火南来槟城时,杨氏族人已是"聚族繁多,生涯畅茂"的情景。于是,族人开始建宗庙、设公司,借以联络宗亲、宴会族人。从碑文又可知,凝聚族人的有力方式之一便是从家乡带来的专属神明使头公,因其具有"非他里居之可能伪托,又非诸同姓之所能混淆也"的族性特点。在此独有神明旗帜的号召下,杨氏族人得以凝聚人心,一团和气。在族规的范导下也可确保族人各安职守、拯贫扶弱、相互周恤、疾病相扶持,从而使族众时常体验到一堂和睦、如沐春风的伦理情谊。

槟城王氏宗祠太原堂建于1895年,落成于1900年,先后于1916年和1954年经过重修和扩建。1956年《槟城王氏太原堂兴建祖庙志》称:

吾华夏王氏族人南渡住居槟城者,历时悠久,蔚为望族。太原琅琊,代出臣子。惟通商惠工,梯航所届,散处四方,既少聚会,多不相识。未能于春秋佳节,行宗庙之礼,序昭穆之亲,实为缺点。其间虽有小宗之设序爵序齿,限于局部。吾宗前辈,笃于慎终追远之义,咸谓应设大宗祠,既可以供祭祀祖先,敬其所尊,爱其所亲,尤为克明峻德,丕承前烈,佑启后人,此即兴建本堂之由来也。②

从碑文可知,琅琊王氏族人自内地移居槟城经商的人数虽日渐增多,却多散处四方,甚至族人之间形同陌路,互不相识。族中前辈本先贤慎终追远之训故有大宗祠之倡建,希望借此庙堂供奉琅琊王氏先祖,联络宗亲、祭祀祖先、敬其所尊、爱其所亲,从而使琅琊王氏血脉在海天南国能相亲相爱如一家。

---

① 《马来西亚华文铭刻萃编》(第2册),第903页。
② 《马来西亚华文铭刻萃编》(第2册),第908页。

另据，1902年王氏宗祠所题楹联：

> 大一统以尊王，六十年兄创弟承，虽南面称孤仍聿昭其忠荩；原四隅而立庙，五千里流分派别，值宗邦合祀，共恪尽乎孝思。[1]

前一句表彰了琅琊王氏先祖善继善述的创业功绩以及尽忠职守的报国情怀，后一句见证了琅琊王氏支派繁衍却能通过建庙归宗实践孝道的伦理精神。

槟城许氏宗祠高阳堂，始创于1849年，落成于1928年，经营过程的艰辛和困难，恐非我们所能尽知。据传，许氏一族可追溯至西周文叔，周武王封文叔于许而得姓氏。碑文称："许本尧臣四岳之后，周武王封其裔孙文叔于许，厥后子孙以国为氏。"[2]

闽南许氏初祖为出自河南省的云峰公，其后代又相继播迁至漳泉、潮汕一带，而后随着子孙后裔的繁衍炽昌，家族的建宗立庙事业便提上议程。此后，闽南许氏多有南渡槟城营谋生计者，族中俊秀之士感慨族人在海外打拼不易、漂泊无助，于是联络宗人倡议立宗建祠。1928年《许氏高阳堂落成序》碑文称：

> 我祖云峰公自汴入闽漳泉潮汕，子孙炽昌，大宗私庙各处林立，独海外未建，宗人憾焉。岁乙卯，如磋、如琢、文造、荣鹤诸君谋建大宗，合族响应。凡内外各事报外埠捐题，无不各尽其力，欣担义务；故本堂建筑并堂后吉屋二座，共费银三万三千有奇，免忧缺欠。我伯叔兄弟其重义何如乎！先是本屿自道光二十九年，先贤已鼓舞高阳堂经积公款四千元。追光绪二十七年，心钦翁再筹备三千元，后先共七千元。……本堂经营伊始，原赖有此助力，今竟众志成城，亦可对前贤而无愧焉。惟是规模虽备，要务尚多。即如创设学校，周恤孤寡，力有未逮，尚付阙如。深望及时君子，来日贤豪，极力绸缪，使斯堂得以日进。[3]

---

[1]《马来西亚华文铭刻萃编》(第2册)，第905页。
[2]《马来西亚华文铭刻萃编》(第2册)，第913页。
[3]《马来西亚华文铭刻萃编》(第2册)，第910页。

第三章 早期新马华社与儒家伦理的弘传载体

从上可知,宗祠之建不仅工程浩大而且费用巨大,且历时长久。若不是宗人好义慷慨、不辞辛劳、众志成城、前后相继,怎么能积存公项达三万三千余金,又何以能八十年间相续不断、始终如一呢?可见,宗祠所具有的功能不只是以承祭祀、慎终追远,也可以凝聚团结、共襄义举、共成大事。此外,宗祠还承担着兴学办校、作育英才的神圣使命,以及开设医社、周恤孤寡的重要责任。

中国不仅有着悠久长远的宗族文化,也有着极为独特的姓氏文化。某一始祖随历史的发展可演变为不同的姓氏,在这复杂的演变过程中有因官职得姓的、有因封地得姓的、有因帝王恩赐得姓的,如此等等。以上述许氏高阳堂为例,其始祖为颛顼,因建国于高阳遂获姓。其后,裔孙中有封于许地、苏地、后魏定连而先后得姓。可见,虽姓氏各不相同且支分派流,实不妨其同出一脉而相亲相爱。1930年《许苏连三姓同宗序言》称:

> 世系之不容不考也。许本尧臣四岳之后,周武王封其裔孙文叔于许,厥后子孙以国为氏。颛顼初国于高阳,故号高阳氏。颛瑁氏之孙,黎为火正,曰祝融。祝融后陆终子曰昆吾、曰惠连。昆吾子封于苏,因以为氏。惠连之裔至后魏定连氏,改姓连。然则不独许氏称高阳,即苏连,亦可称高阳也。此许苏连三姓同宗之确据也。[①]

最后,以新加坡几个主要宗祠为例来做分析。陈金钟祖籍福建海澄县,是早期新加坡社会有名的峇峇侨生和华社领袖。他对新加坡建设及华人社会的贡献都很大。例如,他捐三千元重修陈笃生医院,扩建医务所;倡建福建会馆、妈祖宫(天福宫)、陈氏宗祠保赤宫等。[②] 碑文称,陈氏宗祠保赤宫建于1878年之前,又于1926年重修,祠中崇奉的是开漳圣王陈元光。1926年《重修新嘉坡保赤宫陈圣王祠记》称:

> 保赤宫为吾陈大宗祠,自民国丙寅年九月廿七日集议兴修,幸赖吾宗诸贤本敬宗睦族之心,各解义囊,共襄盛举,今则焕然一新,馨香

---

① 《马来西亚华文铭刻萃编》(第2册),第913页。
② 邱新民:《新加坡先驱人物》(增订本),胜友书局,1991年,第91页。

奕世,祖若宗之幸也,子若孙子荣欤,爰将捐款芳名刻碑壁并垂不朽。①

由上可知,陈氏宗祠的创建,盖出于陈姓族人敬宗睦族之本心、以承祭祀之孝思与慷慨输捐之义举。

林氏家族原籍福建泉州惠安县,族中成员南渡槟城后,于 1872 年先行创建了九龙堂会馆。此后,部分林氏族人南来新加坡又建制了九龙堂宗祠。1928 年《始建新加坡九龙堂记》载:

吾林出自子姓,为黄帝之后,至殷比干公以直谏殉节,妣陈夫人有孕三月,避难林石室间,笃生泉公。周武王受命,乃征其所生男,赐姓林易名坚,封清河公,食邑博陵,世为大夫,自此子孙繁衍:而济南、而下邳、而晋安、而阙下、九牧豪生杰出,代不乏人,所在咸建立祠宇,承先启后,交推望族,是盖祖德之厚,抑亦继述多才,乃克光大耳。同姓等深喻此旨,故一闻建筑宗祠之议,踊跃共事,勉力经营,阅数月而大厦落成,以奉我始祖比干公、坚公、开闽祖禄公,并配祀有功德者,捐巨资者,亦敬所尊而爱所亲之意也。祠为两层楼式,坐向甲庚寅申,地居新加坡之广东民律,凭山俯海,风景殊佳,愿一本之亲,葛蕾共庇,庶绵延海外,春秋祀典亿万年而勿替焉。②

据碑文可知,创设宗祠重在"明谱系世族",以示木本水源、血脉相承之义。又可知,林氏始祖为商代丞相比干,该族得林为姓始自坚公,其后林氏裔孙繁炽流分派别,相继播迁至各地而有禄公开闽之事,林氏子孙可谓善继善述而为达孝者。宗祠实际上发挥了崇功报德、尊祖敬宗、慎终追远的教化功能,由此激发族人传承并实践敬其所尊、爱起所亲、敦宗睦族的人伦精神。

新加坡黄氏宗祠江夏堂,始建于 1867 年,重修于 1928 年。1928 年《重修江夏堂小引》称:

---

① 《新加坡华文碑铭集录》,第 274 页。
② 《新加坡华文碑铭集录》,第 278 页。

第三章 早期新马华社与儒家伦理的弘传载体

> 烝尝禴祫,古贤之祖制宏宣,芹藻苹繁,先圣之祀典存著,故为人后者,欲昭追远报本之心,溯木本水源之义,于其祖父又安可无以纪念而显扬之乎?新加坡泰山亭之原,有祠曰江夏堂者,即黄氏子孙建以祀其始祖讳峭公者也。原夫该祠之成,始于民国纪元前四十五年间,其时仅以败草木角,略盖数椽,聊资纪念而已,迨后年代侵蚀,岁月剥削,降及民国十七年戊辰垂六十二年于兹,已墙坍壁塌,颓圮不堪,是年二月派下裔孙蔚廷……等爱倡议集资新之,而黄氏子孙之族居南洋者,从而祀之……卒于是年冬而江夏堂巍巍然落成焉。①

据碑文可知,黄氏宗祠崇祀的是该族始祖,讳峭公,它的创建见证了黄氏后人对饮水思源、慎终追远、报本反始、尊祖敬宗和以承祭祀的传承与实践。

以上先后论述了马六甲、槟城及新加坡的主要宗祠情况,分析了宗祠所承载的儒家伦理观念。最后,再以南洋地区规模和范围更大的华族姓氏公会如琼崖陈氏公会和琼崖吴氏公会为例,来说明它与儒家伦理的密切关系。

荀子认为人类社会的显著优势就在于能合群团结,从而凝聚力量使自身变得强盛。他说:"人有气、有生、有知,亦且有义,故最为天下贵也。力不若牛,走不若马,而牛马为用,何也?曰:人能群,彼不能群也。人何以能群?曰:分。分何以能行?曰:义。故义以分则和,和则一,一则多力,多力则强,强则胜物,故宫室可得而居也。"②华族公会组织的创建,见证了人类能以合群团结的精神提高社会组织的能力。例如,琼崖陈氏公会是由散居在南洋各埠的琼崖陈氏族人自主发起成立的宗亲公会。琼崖陈氏族人中之先知先觉者,感到族人背井离乡而散居南洋的亲戚日渐众多,若不设法联络情感则族众之间必然会形同陌路。于是,族中先贤借此公会聚宗收族,谋求团结。1935年《琼崖陈氏公会发起人乐捐筹备费芳名弁言》称:

> 星洲为欧亚要冲之地,商业繁盛之区,人烟稠密,不可胜计,吾族昆季,履居斯土者,盈千累万,经商执业,散居四方,聚会稀少,殊形疏薄,陌路相逢,宛若路人,伯仲本系天亲,相见迥不相识,良可惜也。

---

① 《新加坡华文碑铭集录》,第278—279页。
② 语出《荀子·王制篇》。

盖夫去国离乡,昔人所慨,同居异域,游子兴怀,海角遇旧,尚期有会,天涯昆季,宁可淡然,是则离群索居,非时所许,孤陋寡闻,为人所讥。语云"德莫善于群",群故通,通故智,智故强,故农工商学各皆有会,则所以合群,有组织以蕲进化者也。族人有感及此,爰于公元一九三五年秋,召集众议,设公会,以祀祖先,集昆仲以敦宗族,俾攸戚相关,孔怀笃谊,长者为途识之佳范,少者任承先以启后,族人咸集,济济跄跄,昆季毕至,肃肃雍雍,一团和气,极天亲之乐事。老安少怀,跻宗族于光荣,序乎会不虚设,精神焕然日振,非族人创述之力欤?①

据此可知,设立公会的目的与宗祠大体相同,都是借此以承祭祀、尊祖敬宗,联络宗亲、敦睦乡谊,使族众老少人等可以声气相应、血脉相通,更能互助互爱、一团和气,最终形成休戚相关的命运共同体。

琼崖吴氏始祖可溯源于春秋战国时的吴公季札,其后子孙繁衍播迁至福建则有文翁一脉,进而由福建迁徙至海南的则有壶丘公一枝。自海禁大开,闽琼吴氏族人经商谋生于南洋各埠者日益繁多。于是,族中父老心存一本之亲、一体之怀,主动联络宗亲倡建本族宗祠,借以尊祖敬宗、敦宗睦谊。1936年《琼崖吴氏公会建祠碑记》称:

季札公吴之习于礼者也,封于延陵,吴氏以国姓,封郡开基自此始。其后西汉文翁始之闽中,云初递衍,迄唐大司徒壶丘公,始由闽迁琼,子孙繁炽,散居十三属,而往南洋营生者,实繁有徒,今各伯叔兄弟,笃念本支,在石叻赁屋设立公会,闽中昆季亦有参加,本族建祠筹备处,闻之不胜踊跃,特备匾额一方,悬于礼堂,以申景仰。且以表示闽琼之吴实一家之吴也,敦睦之义于是乎在。②

小　结

综上所论,本章通过庙宇、义冢、会馆、宗祠等载体,对儒家伦理在早期新

---

① 《新加坡华文碑铭集录》,第281页。
② 《新加坡华文碑铭集录》,第281—282页。

第三章 早期新马华社与儒家伦理的弘传载体

马华社的弘传情况作了系统探讨与分析。笔者认为,在华族移民开发南洋的漫长历史过程中,华人出于生存、信仰、习俗、文化、情感、心理、伦理等多方面的需要,将中国原乡的风俗习惯、文化设施,如庙宇、义冢、会馆、宗祠等移植到各自帮群聚居之地,并将之融入日常生活,从而使儒家伦理价值观念不仅在移居地扎根下来,也在当地社会产生深远影响。

庙宇作为新马华社的崇祀信仰中心,通过对原乡如天后圣母、观音大士、水尾娘娘等海上护佑神祇的崇祀,对原乡如广泽尊王(郭福忠)、清水祖师(陈普足)、圣侯恩主(陈渊)、惠泽尊王(叶森)、保生大帝(吴本)以及关圣帝君(关羽)等保境安民人杰的崇祀,对原乡如木匠鲁班、金银匠胡靖等行业祖师的崇奉,对原乡福德正神或本土化开山大伯公等开埠人英的崇祀,借助古老的神道设教人文传统来整合儒佛道三教资源,并以酬神宴乐、答谢神恩等方式弘传和实践了崇德报功、以敦教化、心存敬畏、以和为贵的儒家伦理价值观念。此外,马六甲青云亭历代主政者通过仁风善政,有力地弘传和实践了尊贤容众、推己及人、居仁由义的儒家伦理价值观念。

义冢作为新马华社的丧葬祭祀中心,是华社领袖效法范仲淹义庄之制,本"恻隐""推爱"的古训,为妥善安排和解决身后事宜所建设的冢山工程,包括捐资、修建、献地、购山、扩建、锄草、修桥、造亭等系列活动。诸种仁风义举见证了华社领袖对急人所急、忧人所忧、慷慨仗义、好善乐施、互帮互助、协力同心、同灾共患、体恤孤弱、当仁不让、恭敬桑梓、四海兄弟等儒家伦理价值观念的弘传和实践。

会馆作为新马华社的会众联谊中心,以方言和地缘为基础,顺应迁民伦理情感需要和经济发展形势,自然而然产生县、府、州(省)等各级华人社团组织,这符合华社由小团结走向大团结的内在发展逻辑,也符合儒家伦理"推爱充义"的层次性特征。会馆功能的扩展丰富,有其渐进发展过程:第一阶段是借此团结同乡、联络感情、崇祀神祇、祭祀祖先;第二阶段是为过往商民提供栖身休养上的生活方便;第三阶段是开设医社照顾贫病孤苦的弱势群体;第四阶段是承担兴办教育、传承文化的育才使命,最终致力于整个国家社会的福利事业。总之,华社借助会馆这一载体,弘传和实践了团结友爱、敦睦乡谊、崇功报德、以承祭祀、报本反始、互相扶持、排难解纷、和衷共济、四海一家、回馈社会的儒家伦理价值观念。对会馆在华人社会所扮演的角色和承担的使命,有学者研究指出:"会馆是东南亚地区华人族群的重要组织机构。各方言群或族群成立会馆,最初的目的主要是团结族群力量,协力在当地安身立命。由于殖民地时代英国殖民政府的特殊管理政策,新加坡华族会馆发展成为照顾同乡邑人之生老病死各个环节的一个完整的安全网络,同时也是亲情、乡情事业的联系和信用网络。"①

宗祠作为新马华社的敦宗睦族中心,它是东南沿海闽粤两省商民将中国原乡的宗法制度移植南洋的结果。因为宗祠在日常生产生活中发挥着重要功用,通过宗祠这种文化载体,华人弘传和实践了崇祀祖先、联络亲情、敦宗睦谊、排纷解难、出入兄弟、关心疾苦、照顾孤寡、体恤贫寒及教化子弟的儒家伦理价值观念。

---

① 黄贤强、何炳彪:《客家文化研究丛书总序》,见王力坚:《新加坡客家会馆与文化研究》,新加坡国立大学中文系出版,2012年,第Ⅴ页。

第四章

新马华商与儒家伦理的弘传方式

在华人移民南洋的漫长历史过程中,华商充当了越洋行动的先锋队。由于长期经商海外,他们能与西方殖民当局及土著酋长建立较为密切的联系,同时他们拥有雄厚的财力、良好的声誉以及随之而来较高的社会地位,这使得华商成为海外华人社会中的核心阶层和主导力量。英国殖民者莱佛士在1822年的一份书面报告中指出,新加坡的华人居民大略划分为三个阶层:靠手工劳动、技工劳动和体力劳动谋生的下层阶级,从事商业活动享有较高地位和受敬重的商人阶层,以及从事耕种的农民阶层。① 也就是说,新华社会是以商人阶层为主导的农工商结构的社会形态。王赓武认为,华商是东南亚华人移民形态中占统治地位的,他们构成了海外华人社会的基本形态。② 本章拟从华商的个体生存伦理、家族互助伦理及企业伦理等三个方面来探究作为新马华社主导的华商阶层是如何弘传和实践儒家伦理的。

---

① 《新加坡华人百年史》,第9页。
② 《华人与中国:王赓武自选集》,第268页。

儒家伦理在新加坡、马来西亚

第一节　个体生存伦理

华人下南洋的最初目的是谋求生计、发财致富、衣锦还乡及光宗耀祖。虽然起初下南洋的华人大多数是些赤手空拳、身无长物的单身汉，但是他们身上却秉承着华夏先民从上古以来就凝练出的工作伦理精神或优良传统美德，如克勤克俭、兢兢业业、吃苦耐劳、坚韧不拔、诚实守信等。正如余英时所说，中国移民初来（南洋）之时在物质上虽说是赤手空拳的，在精神上则有着深厚的凭借——中国的文化。而这个文化则显然是以儒家思想为中心的。海外华人所具有的一般美德，如勤劳、节俭、重信义、重人与人之间的和谐，家庭观念的深厚，并推而及于宗亲关系，同乡关系的密切等无不是两千多年儒家思想长期宣扬的结晶。[①] 以下将结合华商在海外谋生存、求发展的创业经历，来论述他们是如何弘传和实践儒家伦理精神的。

自上古以来，中华先民就从艰苦的生存实践中凝练出一套勤劳、节俭的伦理精神。先秦典籍中如《尚书》《周易》《左传》《国语》《论语》《孟子》等，有大量先民提倡勤劳、节俭，批评奢逸、怠惰的思想言论，现择要摘录于下：

克勤于邦，克俭于家。[②]
克勤无怠。[③]
业广惟勤。[④]
周公曰：呜呼！君子所其无逸。先知稼穑之艰难，乃逸，则知小人之依。相小人，厥父母勤劳稼穑，厥子乃不知稼穑之艰难，乃逸乃谚。[⑤]
君子以俭德辟难，不可荣以禄。[⑥]
君子以行过乎恭，丧过乎哀，用过乎俭。[⑦]

[①] 余英时：《新加坡推行儒家思想教育的我见》，《星洲日报》1982年6月7日，第14版。
[②] 语出《尚书·大禹谟》。
[③] 语出《尚书·蔡仲之命》。
[④] 语出《尚书·周官》。
[⑤] 语出《尚书·无逸》。
[⑥] 语出《周易·否卦》。
[⑦] 语出《周易·小过卦》。

第四章　新马华商与儒家伦理的弘传方式

俭,德之共也;侈,恶之大也。①

吾闻之,非德,莫如勤;非勤,何以求人?能勤,有继。其从之也!《诗》曰:"文王既勤止。"文王犹勤,况寡德乎?②

筚路蓝缕以启山林。箴之曰:"民生在勤,勤则不匮。"③

夫民劳则思,思则善心生;逸则淫,淫则忘善,忘善则恶心生。④

夫子温、良、恭、俭、让以得之。⑤

礼,与其奢也,宁俭。⑥

奢则不孙,俭则固。⑦

俭,吾从众。⑧

俭者不夺人。⑨

观上引可知,从生产生活中凝练出来的"勤俭""勤劳"是先儒先民所普遍认同和极力推崇的优良美德、伦理精神,也为后来历代儒学家所继承与发扬。这样的伦理精神也同时为新禅宗和新道教所吸收和发挥。此外,它也通过格言、谚语等方式潜移默化地扩散、渗透到社会的各个阶层以及人们的日常生产生活当中。尤其在明清以后,这种伦理精神普遍渗透到新兴的商人阶层,并对他们的经商行为和事业理念产生了相当深远的影响。余英时研究指出,不仅"节俭和勤劳是禅宗新经济伦理的两大支柱",而且"忠孝勤俭也是新道教的宗旨所在";"勤俭"的信条因宗教的入世转向更深入到日常生活。无疑地,禅宗的"不作不食",新道教的"打尘劳"和新儒家的"人生在勤"及"懒不得"都更加深了中国人对勤俭的信仰。到了明清时代,这种勤俭的习惯便突出表现在商人的身上。⑩

对迫于生计、远渡重洋、身无长物的绝大多数南洋华商来说,他们在异乡

---

① 语出《左传·庄公二十四年》。
② 语出《左传·宣公十一年》。
③ 语出《左传·宣公十二年》。
④ 语出《国语·鲁语下》。
⑤ 语出《论语·学而篇》。
⑥ 语出《论语·八佾篇》。
⑦ 语出《论语·述而篇》。
⑧ 语出《论语·子罕篇》。
⑨ 语出《孟子·离娄上》。
⑩ 《中国近世宗教伦理与商人精神》,第22页、36页、138页。

他邦讨生活、谋发展所付出的血汗、辛劳和所遭遇的困难,远非我们所能想象的。这里只能借助有限的史料记载和口述文献,来分析支撑他们艰辛奋斗与谋求生存背后的伦理精神。

陈笃生(1798—1850年)出生于马六甲,是位峇峇华人,祖籍漳州海澄县。二十一岁时南下新加坡开始创业,白手起家的他靠着勤劳和节俭一步一步走向发家致富。研究早期新马华人史的学者宋旺相称:"在新加坡开埠后不久就到新加坡来,他(陈笃生)没有什么资本但却是勤劳和节俭。他开始是作蔬菜、水果和家禽的买卖,到乡下去收买然后在市区出售,积蓄了一点资金之后,他就在河边开设一个商店。后来他与萧怀特黑德公司的怀特黑德先生合伙做些投机生意,他大部分钱财主要是从这个门径赚来的。"①

如果说陈笃生经商成功主要靠的是勤俭,以及与英人的某种密切合作关系。那么另一位祖籍潮州的马六甲峇峇华商黄阿佛事业上的成功则主要依赖与马来土酋的合作。由于黄阿兴英年早逝,没能给幼子黄阿佛留下任何财物。故黄阿佛在无所依靠的情况下,只有凭着勤奋先从小本生意干起并逐渐走向事业的辉煌。对此,史料记载说:

在直落亚逸街的阿佛公司即坤丰号,这个商行是由黄阿佛所创办,从事海峡各种土产的买卖。阿佛的父亲是一个潮州商人,名叫黄阿兴,他于一八一〇年定居于马六甲。他拥有若干艘大帆船,冒着极大危险在雪兰莪和新加坡之间航行贸易,因为当时海盗猖獗,抢掠横行。他与雪兰莪的一位老酋长相友好,得到他赠送一支马来人的矛、一把马来人的剑和一尊黄金偶像。他只得把这些物品放置在帆船上最显眼的地方,以便在海盗临近的时候,得以指明他是在酋长的保护之下,借使他的船舶免受骚劫。他在三十二岁年轻时逝世于马六甲,遗下一年仅六个月名为阿佛的男孩。黄阿佛出生于一八二八年,并以在直落亚逸街一间布行做助力店员开始走上他生活的道路。靠了他的勤奋和勤勉他终于被提升为经理。在他老板隐退时,他创设了自己的生意。他买卖非常成功,并成为他那个时代最大甘密和胡椒

---

① 《新加坡华人百年史》,第55页。

第四章　新马华商与儒家伦理的弘传方式

批发商之一。①

上面的事例旨在说明勤奋、节俭的伦理精神在华商的生存奋斗和财富积累过程中起着巨大的推动作用。

新加坡学者在录制新加坡先驱人物口述录音访谈资料时,采访了一位名叫柯隆美的华商。他说:"应该说我目前的财富来自多年的节俭。我的熟人把我说成是'捡死马的人'。我们以前一起吃饭时……我常常吃剩饭。我觉得应该尽可能把食物吃完,而不是要把它剩在盘子里。我不是一个挥霍的人。据说在生意场上,只有上天才能让一个人极度富裕,但普通人则只能靠节俭适度地富裕起来。"②这则事例告诉我们:华人高度自觉地把节俭的伦理精神当成他们生产生活和创业发展的一种坚定信念。

与克勤克俭相同,吃苦耐劳、兢兢业业的伦理精神同样可追溯到先秦时期。如以下古籍所云:

> 无教逸欲有邦,兢兢业业,一日二日万几。无旷庶官,天工,人其代之。③
> 君子终日乾乾,夕惕若。④
> 旱既大甚,则不可推。兢兢业业,如霆如雷。⑤
> 子路问政。子曰:"先之劳之。"请益。曰:"无倦。"⑥

这些为先秦儒家所阐发的伦理精神也为唐宋以后的新禅宗和新道教所继承和吸收,并转化为各自宗教修行和工夫实践的思想资源。如禅宗大德百丈怀海把"一日不作,一日不食"贯彻落实到佛门规制之中,开启了后世禅农并作的佛教修行风格。而全真教创始人王重阳所倡导的"打尘劳"修行方法同样是对吃苦耐劳这一伦理精神的创造性运用。吃苦耐劳更通过宗教文化以及生活

---

① 《新加坡华人百年史》,第 86 页。
② 访员林子训,口述人柯隆美:《口述历史录音访谈文稿》,新加坡口述历史馆,1980 年,第 30—31 页。
③ 语出《尚书·皋陶谟》。
④ 语出《周易·乾卦》。
⑤ 语出《诗经·大雅·云汉》。
⑥ 语出《论语·子路篇》。

习俗等广泛渗透到广大民间社会,成为人们普遍认可甚至信仰的伦理精神。比如,在普罗大众中流传最广的一句谚语"吃得苦中苦,方为人上人"就很好说明了这一伦理精神根植人心的程度之深与影响之巨。

吃苦耐劳、兢兢业业无疑也是华商事业上能够获得成功的重要精神支撑。新加坡口述历史馆曾对新加坡商业先驱做过系列口述录音访谈。在访问潮州籍华商方燕山时,他说:

> 我想在潮州人中,我是第一个做这种生意(旧车买卖和修理)。在我之后,有许多人想做但失败了。我只能说这些(失败的)人没有坚持和投入……但对我们来说,我们努力工作,从不动摇,生意好时我们苦干,生意不好时我们也苦干,我们坚持着,从未停止过工作。①

这种伦理精神不独表现在华商身上,也普遍地体现在其他行业的从业人员身上。英国殖民官员对于华人的辛劳程度作了如下描写:

> 海峡殖民地所以会日益繁荣,除了归功于华人以外没有别的什么原因了。……毫无疑问,他们是有本事的商人,他们为自己的事业勤劳工作是最惊人的。我们可以看到华人的鞋匠、家私匠和其他小店主从早上六点钟工作到夜里十点钟。②

勤劳、勤奋、勤俭、刻苦、耐劳在其他民族身上自然也有所体现,却没有哪个民族像中华民族这样做到极致——把勤劳演绎为整个民族普遍崇尚的一种刻骨铭心、深入骨髓的伦理精神,并加以信奉、传承、实践和弘扬。总之,克勤克俭、吃苦耐劳是华人普遍的工作伦理精神,也是华族积极的人生价值观,同时是中华民族的优良传统美德。

坚韧不拔、锲而不舍,也是中华民族的传统美德或伦理精神。例如古籍云:

---

① 访员林孝胜,口述人方燕山:《口述历史录音访谈文稿》,新加坡口述历史馆,1981年,第18页。

② 《新加坡华人百年史》,第307页。

天地之道,恒久而不已也。①

南人有言曰:"人而无恒,不可以作巫医。"善夫!②

锲而不舍,金石可镂。③

慎终如始,终始如一,夫是之谓大吉。④

上引古籍中"观其所恒""始终如一"的通俗表达,就是要有持之以恒和坚韧不拔的精神。它是人们谋求发展、成就事业必须具备的精神素养。这对于那些赤手空拳下南洋创业经商的华人来说就更是如此,例如下面我们要着重介绍的几位华商。

例一,王三龙(1857—1918年)是位出生于新加坡的峇峇华人。他从二十一岁起开始经营生意,从小商贩到成为大富商的创业奋斗经历告诉我们,坚韧不拔的精神品格对于事业成功有多重要。据称:

> 他一生勤劳刻苦,孜孜不倦地工作……他因所受的教育有限,创业时困难重重,但是依靠他坚韧不拔的精神和对商业的机敏精明,因而建立了他自己的家业。⑤

例二,符愈贵是位从海南移民到新加坡谋生的新客华人,其奋斗的人生历程同样告诉我们坚韧不拔对创业成功的重要性。峇峇学者宋旺相见证了这位华商的发迹历程,他说:

> 在(十九世纪)五十年代的最初期,有一个八岁的海南小孩在新加坡登陆,正像数千个海南人向来所做的那样,因为他们的哥哥或亲戚早已来到这里,所以能立刻给他们找到工作。这个小孩被介绍到宋佛俭的商行工作……这个小孩名叫符愈贵,人显得很沉着和非常聪明……其后不久,他进入大英轮船公司服务,后来他做了然利直公

---

① 语出《周易·恒卦》。
② 语出《论语·子路篇》。
③ 语出《荀子·劝学篇》。
④ 语出《荀子·议兵篇》。
⑤ 《新加坡华人百年史》,第82—83页。

司的店员，从这个公司他获得了开始自己经营商业"愈贵商行"所必需的知识和经验，这个商行奠定了他的财富基础。从店员到商人并终于成为富翁的发迹过程，是他刻苦勤奋工作、坚韧不拔、忍耐和正直诚实交易的漫长历程。①

除了上面所论的勤俭、耐劳，诚信作为中华传统文化中的优良美德和伦理精神其由来久矣。诚如先秦古籍所云：

> 信，德之固也。②
> 失信，不立。③
> 谚曰："民保于信。"吾以信义也！④
> 言之所以为言者，信也；言而不信，何以为言？⑤
> 与朋友交，言而有信。⑥
> 人而无信，不知其可也。⑦
> 自古皆有死，民无信不立。⑧
> 诚者物之终始，不成无物。是故君子诚之为贵。⑨
> 彼以爱兄之道来，故诚信而喜之，奚伪焉？⑩
> 著诚去伪，礼之经也。⑪

即使在以逐求财富为目的的商战世界，诚实守信的优良美德也被奉为人际交往的试金石。在商界，一个人如果被大家认为诚实可靠，他就可以不用付现金就能赊货做生意，即"诚信"可被转化为信用资本。如经商多年的华商王

---

① 《新加坡华人百年史》，第 80—81 页。
② 语出《左传·文公元年》。
③ 语出《左传·襄公二十二年》。
④ 语出《左传·定公十四年》。
⑤ 语出《谷梁传·僖公二十二年》。
⑥ 语出《论语·学而篇》。
⑦ 语出《论语·为政篇》。
⑧ 语出《论语·颜渊篇》。
⑨ 语出《礼记·中庸》。
⑩ 语出《孟子·万章上》。
⑪ 语出《礼记·乐记》。

友海,"在这里(南洋)商界中成为著称的一位交易正直、老实和有良好品德的商人之后,便很容易以赊账方法采办到任何大宗的商品了"①。

例三,新加坡口述历史馆在访问华商郑镜鸿时,他说:

> 信任和忠诚——这是我生活中的两个重要信念。我读书也许不多,小时候在叔叔家教我读书的那位老人也没有受过多少教育,但我们是正经人,我们依然尊重并理解我们的传统。②

所谓传统无疑是指数千年来影响人们至深至巨的儒家文化。宋代理学家陆九渊对儒家文化的这种做人精神有精辟的表达。他说:"若某则不识一个字,亦须还我堂堂地做个人。"③

例四,在访问华商胡金钟时,他也表达了以诚待人有助于事业成功的观点。他说:

> 我始终以诚待人,因此有些进出口商帮了我很大的忙。没有他们的帮助,我怎么能以这么小的资本做生意?他们让我先加工橡胶,卖掉之后再付给他们钱。我有些支持我的朋友。这些朋友一直给了我很大的帮助。否则我是不可能成功的。④

新加坡学者陈国贲研究指出:

> 一个企业家在自立以前,为了保证信贷来源的稳定,他必须证明自己是忠实可靠的。……一个人一旦被确认值得信任,他的个人信誉就比银行契约或任何其他形式的文件更显得重要。⑤

---

① 《新加坡华人百年史》,第 144 页。
② 访员蔡蓉华,口述人郑镜鸿:《口述历史录音访谈文稿》,新加坡口述历史馆,1982 年,第 55 页。
③ 陆九渊:《陆九渊集》卷三十五,中华书局,1980 年,第 447 页。
④ 访员林子训,口述人胡金钟:《口述历史录音访谈文稿》,新加坡口述历史馆,1981 年,第 27 页。
⑤ 陈国贲、张齐娥:《儒家的价值观与新加坡华侨企业家精神》,张建华、张若思译,载《中华文化论坛》第 1994 年第 3 期,第 62 页。

可见,诚实信用作为中华文化的优良美德,不仅是为人处世的基本信条,是良好的职业素质,同时也是一种无限的信用资本。

值得一提的是,20世纪80年代,新加坡口述历史馆制订了一项新加坡商业先驱人物的口述史计划。该计划目的在于通过录音采访的方式让商业先驱们回忆他们由贫到富传奇式的成功故事及他们对新加坡经济、社会和教育发展的贡献,同时也希望通过口述计划来捕捉新加坡商业先驱人物诸如勤奋、意志、毅力和节俭等创业精神以传诸后世子孙。[1] 通过对企业家尤其是华裔企业家的访谈,试图深入了解隐藏在他们背后的企业家精神,而企业家精神的核心品质往往通过其为人处世表现出来,而为人处世又基本来自儒家伦理的熏陶与教化。

第二节 家族互助伦理——庆德会

早期从中国东南沿海尤其是闽粤两省南来新马的华人,在创业初期基本上是单打独斗式的自力更生,但是当他们发迹后就会援引原乡的亲属前来移居地帮衬生意。然而,作为移民的他们毕竟身处异国他乡,既要服从西方殖民者的统治,也要受制于马来土酋的管辖,甚至还遭受海盗的劫掠,同时也要应对经济上的纠纷、破产或某些不测的祸患。种种危机以及风险迫使华商不得不抱团,形成一个疾病相扶持、风险共担、友爱互助的命运共同体。新加坡庆德会的产生就是基于以上因素,而由来自马六甲的峇峇华商自主组建了一个具有深度伦理关怀功能的家族互助会。

其实,这些从马六甲南下新加坡创业经商的土生华人,出于保障生命和财产安全目的而创设的家族互助会,其原型最早见于华人开发更早的马六甲和槟城。在马六甲,由福建漳泉商人集团领导的青云亭,其历任甲必丹及亭主之间都有程度不同的联姻和结亲。无独有偶,这种情况也出现在槟城福建漳泉系的五大姓氏(邱、杨、谢、林、陈)商业家族当中。不过当时呷华社会和槟城社会的这类组织主要是以丧葬祭祀(义冢)和崇祀信仰(庙宇)为中心的。与此不同的是,新加坡庆德会主要是以会员基金入股方式,将儒家"互助友爱"伦理精

---

[1] Pioneers of Singapore, *A catalogue of oral history interviews*, Singapore: Archives & Oral History Department, 1984. p. Ⅵ.

第四章 新马华商与儒家伦理的弘传方式

神和民间宗教信仰体系融于其中,来解决会员及其家庭在经济生活上困难的伦理性民间组织。以下先来介绍新加坡庆德会创立的社会背景,然后就其组织的理念、结构及文化信仰和创立目的来探究它所弘传和实践的儒家伦理价值观念。

开埠初期的新加坡一切都处于草创阶段,社会动荡、秩序混乱、盗匪横行、人口流动大、社会构成复杂,使得风险灾患频发。宋旺相研究称:

> 一八三〇年二月初,华人区发生了一场大火灾。这场火灾是从杀球胜路一家打铁铺失火引起的,烧掉了整条菲力街的店屋和马吉街一边的店屋,火势险些蔓延到商业广场。……当时没有消防车,惟有依靠囚犯们以木桶提水来灭火。大火烧了三天三夜。……新加坡在一八三一年还是处在社会秩序混乱的状态中。通常一星期内发生若干起杀人案件。……对政府来说,这个时期以及往后许多年,所存在的忧患就是在群岛海上的海盗横行。经常被海盗劫掠的是航行在中国和海峡各港口之间进行贸易的本地帆船……一八三二年六月海盗猖狂情况已经达到难以容忍的地步,于是在政府批准后新加坡华商自己出资装备了四只大商船,每只船上有三十个华人,都武装得很好并携带着若干枪械,航行到海外去袭击那些潜伏在港口外面的海盗。①

上面所述的火灾、劫掠、杀人等只能算是新加坡庆德会成立的外部原因,而促使它成立的根本原因则是商业投资上的破产风险以及创业者英年早逝可能引起的家庭变故。

创业者一旦破产或死亡则债务赔偿、经济纠纷以及随之而来的家庭成员生活的经济来源等问题顿时显得棘手。对这一时期新加坡华商事业上所面临的风险,黄麟根(Wong Lin Ken)有清楚的认知。他说:

> 华籍仲介商从欧人手中接过货物后,转手卖于其他亚洲商人,或则采用物物交换方式。这些亚洲商人再把货物运往暹罗、安南半岛

---

① 《新加坡华人百年史》,第 23—25 页。

及附近国家售卖。假如这过程的业务顺利,华籍仲介商人自然有能力向欧人还清欠款;反之,生意进行得不顺利,而他们又需要现金进货(例如乘武吉斯人来新交易季节购货),则不得不再以赊账方式大量购入货物,然后转运至槟城或其他港口,以低于原价20至30巴仙抛售,套取现金。这种情形下,若以现金向武吉斯人购入的货物,所获利润低于抛售货物以得现金所造成的损失总额,则仲介商人便会有面临破产的危险。①

比如,1830年,新加坡发生了一件轰动华商的起诉案。事情的起因和经过是:一位名叫光传(Kong Tuan)的华商因为和王传(Ong Tuan)有关系,而被欧籍商人迪格尔斯(Diggles)成功起诉。因为迪格尔斯给了王传大量货物后,后者便潜逃了,而这位潜逃者和光传是生意上的合作人,尽管他否认此事。迪格尔斯重新强调了一个事实,即尽管欧洲商人很赏识光传,而对他的合伙人王传的印象却不佳。欧籍原告被诱导给了王传大量货物,这样的事之前他从未做过,也不被光传视作可信的伙伴。新加坡法官接受了这名欧籍商人的辩解,因为不懂中文的欧洲商人无法判断与中国人是否存在合作关系。随后,有一些欧籍人士评论这项判定是不公正的。然而,非常明显的是华人对此毫无作为,就像随后以英文编纂的新加坡编年史中所见到的那样,华商否认和另外一些中国人的合作关系。本案的重点在于,法律倾向于欧洲文化观念,并且华人知道他们不得不遵守欧洲人的办事规则。② 这个案件给其他从马六甲、槟城南下新加坡创业的华商释放一个危机信号,使他们不得不考虑在诸多不利于其生命和财产安全的情况下,如何借助原乡社会的地缘、血缘、戚缘、方言缘关系来自主成立互助组织以应对和解决创业者及其家庭所要面临的困难和危机。庆德会就是在这样的社会背景、历史机缘和伦理观念下产生的。通过互助会团体的力量,华商们形成一个命运共同体,从而为会员及其家属提供了较为可靠的生活保障,使会员在遇到危机或去世时,其家庭成员能得到家庭互助会其他会员的各种照顾、关怀和必要援助,确保他们的家庭可以渡过难关或降

---

① 转引自庄钦永、林孝胜:《新加坡庆德会研究》,《亚洲文化》1984年第5期,第58页。
② Lee poh ping, *Chinese society in nineteenth Singapore*, Oxford University Press, 1978, p. 17.

第四章　新马华商与儒家伦理的弘传方式

低风险。

莱佛士开埠新加坡后，利用这里有利的地理条件，推行重商主义经济政策，吸引了南洋其他各埠的华商来此投资或开发，其中来自马六甲的漳泉商人就是众多商人之中一股重要的经济力量。在这个由马六甲南下新加坡创业经商的漳泉商人集团中，有三十六个成员共同发起成立了庆德互助会。《新加坡华人百年史》对其有如下记载：

> 一八三一年三十六位华商组织了一个家庭互济会，名为"庆德会"。该会至今还存在着，并且在新加坡市区内置有八间很有价值的店屋。该会从来就没有再接纳新会员，现有会员都是旧会员的后裔，其中有几位在本史书中提到的。他们就是蔡文仲、洪俊成、徐长怀、徐钦元和苏源泉等人。①

据庆德会章程记载，三十六位庆德会创始人分别是：杨金水、徐钦元、陈有郎、蔡延陵、谢宝荣、薛文仲、陈国朝、李珍元、梁瓒元、翁如水、郑荣华、邱青山、何栋梁、王彩凤、陈合意、杨青山、陈天全、陈明宗、薛荣山、颜元珍、钟贤源、陈武略、曾梅生、洪俊成、陈明赞、叶永和、曾明珍、徐长怀、许贵节、苏源泉、许广生、李建安、梁添益、徐钦三、陈应策、陈坤水。这三十六位会员依照刘关张桃园结义的方式，在道教神明三官大帝②灵前宣誓结拜为兄弟。异姓兄弟通过在神明前共同盟誓立约形成一个大家庭，用以保障会员及其家人在遇到经济破产、生活困难等情况时可以得到大家庭内其他成员的关怀和援助。这种以人伦情谊安排神明、地缘、业缘、方言缘的组织方式体现了中国文化的伦理本位特质。梁漱溟说儒家文化的特殊之处就在于，"把家人父子兄弟之情推广发挥，应用到政治、经济、教学各方面，纳一切关系于伦理，以伦理组织社会，使社会家庭化"③。简言之，该会的成立是基于漳泉祖籍的地缘、闽南话的方言缘与义结金兰的兄弟情谊而形成的一个三位一体的大家庭自救互助组织，其中兄弟结义的伦理情谊无疑构成了庆德互助会运作的核心精神。

---

① 《新加坡华人百年史》，第23页。
② 三官大帝又称三元大帝，即赐福天官紫薇大帝、赦罪地官清虚大帝以及解厄水官洞荫大帝。
③ 梁漱溟：《我生有涯愿无尽——梁漱溟自述文录》，中国人民大学出版社，2011年，第284页。

庆德会成立之时，三十六位创始人各出一百元充为入会公基金，然后以此基金的投资收益颁发生活津贴给贫困的成员发妻和未成年的家属，当成员、其发妻或其亲人去世时提供现金，以及为贫困的成员和家属提供必要的援助。庆德会的核心组织是理事会，它由成员选举产生，其构成是会主一人和谋事两人，一切事宜均由这三人商议决定。该会的基金管理和商业投资及法律事务由三位信托人来具体负责，信托人的产生是从非理事会成员中选举产生。

对于庆德会的运作和管理问题，有研究者指出：

> 信托委员会起初只是负责产业托管事务。到二十世纪二十年代，其职权扩大，对基金的运用、投资、各项抚恤金的申请、祭祀费用，甚至会员申请入会等事项都有决定权。但一些重大决议仍需向会主请示。……理事会及信托委员会构成庆德会权力架构中的决策和管理层。会员都有义务为会服务。当选的理事，除非年老，不得无故推辞和卸任。否则将受惩罚。会员可以退会，但一百元入会费将被没收。会员去世，其会借由其男性家庭成员继承。……如果会员认为该孩子品性不良，则可由另一个儿子继承。如会员无男性后裔，会籍可转让由其兄弟或兄弟之子继承。在特殊情况下，如会员无子嗣或兄弟，其空缺亦可由其堂兄弟填补。这种会籍继承的安排限制了该会的发展，使它无法大量增加会员人数。然而，这种安排却非常有效地确保庆德会创始人所定下来的兄弟会的组织结构保持不变，同时也强化该会三十六家族的群体特性。[①]

值得注意的是，庆德会对于会员资格的继承问题是相当严格的，既要审查申请入会者的家谱世系，又要考察他们的为人品性，这都说明庆德会深受儒家文化及其伦理观念的浸润与影响。

这些来自马六甲的漳泉商人虽然世居南洋，但在生活礼俗和宗教文化方面却都恪守华夏风教礼仪，这主要体现在以下所论的创会誓言、祭祀仪式、入会资格以及人伦事务等诸多方面。

在创始人的入会誓言中，儒家伦理道德观念随处都有体现。其创会章程

[①] 《新加坡华社与华商》，第 107—108 页。

第四章 新马华商与儒家伦理的弘传方式

曰:"虽然我们世居海外,也应依礼俗敬老和遵从圣人之教诲。""我们三十六个人都是圣人的信徒,我们结合起来组织此会。""正直是我们的盾,诚毅和忠实是我们的武器和引导。我们的誓约将永存不变。"①从这些铮铮誓词中可以看出,儒家伦理中的孝敬伦常之道和诚毅正直人格之教对华夏子孙的影响是无远弗届的。

祭祀是庆德会日常生活中最为重要的一项集体活动。会员在炉主的引导下,通过参与每年三次隆重的三官大帝祭祀活动来加强成员间亲密的兄弟情谊和互济义务。庆德会对会员参与祭祀活动有相当严格的规定:会员除非有特别事故,如在外埠未归,不得无故缺席或早退;否则将受重罚,甚至遭开除会籍,其家庭成员的一切权益亦将一概取消。② 不仅如此,该会对祭祀的主事者以及祭拜神明的日期和祭祀仪式也有明确规定。后来随着三十六位创始人相继离世,他们的后代便将父辈的禄位牌放置在会所神坛之上,在每年的清明节和冬至举行隆重的祭祖仪式。此外,他们也参与出生地马六甲青云亭观音庙的义捐修建事宜以及二次移居地新加坡天福宫妈祖的崇祀供奉活动。由此可以看出,以儒家文化的伦理道德为纲骨来整合儒释道思想资源,同时又以民间信仰和礼仪习俗方式表现出来的人伦生存形态是儒学在南洋地区的一个重要特征。

从会籍资格的继承问题也可看出庆德会成员对中华文化的固执和儒家伦理的坚守,具体体现在信托委员会对申请入会者家谱、人格和信仰的严格审查方面。研究指出:

申请表格由信托委员会审查及开会讨论。委员会除了考虑申请者的谱系外,也非常注意其宗教信仰。会员必须信奉华人传统的民间信仰儒释道,否则不准入会。曾经有一申请者因信奉基督教而被拒入会。③

这也反映了中西文化之间的交流,在浅层次方面如经济活动是比较容易

---

① 《新加坡华社与华商》,第110—111页。
② 《新加坡华社与华商》,第111页。
③ 《新加坡华社与华商》,第109页。

的,而深层次方面如宗教信仰上往往是有排斥性的。尤其是两种异质文化交流的初期阶段就更是如此。庆德会章程对于会员继承者的资格也涉及对其品性的严格审查。章程第二十六条云:

> 如有会员不受父母管教,当其父母告知会主,会主会召开会议,对该会员有所警告。如果该会员不顾告诫,而其父母第二次通知会主,那他便得受鞭刑二十下。如果他第三次再犯,则受鞭刑一百下。这之后,如果他再犯,那他及其后代将被谴责为世上最缺德的人。他的会员资格将被取消,并且他所缴交的一百大元也被充公。其儿子也不被承继他为会员。①

互助会严格要求会员对父母要孝顺,待人接物要正直和忠恕。如果发生会员不恪守孝道,或不服从父母管教,以及在处理和其他会员家属关系上不遵守礼仪,会主有权利对其施以惩罚,严重者将取消其会员资格。章程第二十五条云:

> 每位会员必须对其他会员之妻儿以礼相待。假如任何会员被控无礼对待其他会员妻儿时,一个详细调查非礼控诉的会议将会举行。如果该会员真有失礼行为,那他的会员资格将被取消。这项条例也应用在会员对其他会员之姐妹之应有礼仪。②

庆德会作为家庭自救互助团体,其主要目的是当会员及其家属遇到经济困难时,会员兄弟能互帮互助。会主在达成这一目的上扮演着极为重要的角色,他作为互助会的总负责人或一家之长,对内要照顾会员利益并主持公道,为家族成员排难解纷;对外则要帮助成员应对或解决遇到的各种困难并设法协调解决。同时,当成员家庭的亲属有死丧、结婚、嫁女、添丁等事务时都要给予必要的经济帮助和情感支持,这在创会章程第十一条至十四条中都有所体现。第十一条云:

---

① 转引自庄钦永、林孝胜:《新加坡庆德会研究》,《亚洲文化》1985年第5期,第64页。
② 转引自庄钦永、林孝胜:《新加坡庆德会研究》,《亚洲文化》1985年第5期,第65页。

第四章　新马华商与儒家伦理的弘传方式

会员以及会员父母的去世是非常重大的事件,有关送殡礼节一定要严格遵守,除非身在外地,否则会员必须亲往送殡,不得由他人代表。如犯此条规,将遭罚款十五元,划入基金。①

第十二条说:

当一位会员或其父死离世,而其家庭遭到经济难题时,他必须告知会主。会主将召开一个会议决定对该家庭予以怎么样的经济援助。

第十三条言:

当一位会员去世,其家庭有经济困难,而他的儿子年幼无法谋生时,(庆德会)将从基金拨出款项救济他们,直到他满十六岁,或是他的女儿出阁为止。

第十四条称:

当一位会员去世,孀妇又碰到经济难题。(庆德会)将每个月从基金中拨出救济金予她,直到改嫁或其儿子有能力谋生为止。②

此外,庆德会章程中还有不少关于会员之间人伦规范的细致规定,如会员不可酗酒失态和滥用权势压迫别人等。

总之,新加坡庆德会是当时那些远离乡土的华商在没有母国政府保护,也得不到当地殖民政府援助,同时又面临巨大风险和不测之祸的恶劣生存状态下,基于"出入相友,守望相助,疾病相扶持"的儒家伦理精神而组织的家庭互助会。它是一个以会员基金为经营方式、兄弟情谊为组织理念来整合传统文化和民间信仰及西方企业管理和法律精神自主组合的伦理互助会组织;它在

---

① 转引自《新加坡华社与华商》,第113页。
② 第十二、十三及十四条,转引自庄钦永、林孝胜:《新加坡庆德会研究》,《亚洲文化》1985年第5期,第65页。

运作管理中既有对儒家伦理道德及宗教信仰的传承和坚守,也有对西方社会经济法律思想的借鉴和吸收。

第三节 企业伦理与企业家精神

本节以新马历史上最为著名的华人企业家陈嘉庚、陈六使、李光前为例证,来探讨企业伦理、企业家精神与儒家伦理之间的关系。这主要是基于他们不仅被称为新马工商界的三大巨子,也因为他们之间具有血缘、戚缘、业缘的特殊关系,同时也由于他们作为卓越的企业家在企业经营、兴学办校、服务社会、爱乡爱国等方面对儒家文化及其伦理精神的传承和实践表现出一脉相承的关系。

陈嘉庚(1874—1961年)出生于中国福建同安县(今福建同安区)集美社,十七岁始南来新加坡随父亲陈杞伯在"谦益号"从商。[①] 他幼时主要接受母亲的熏陶和教育,八岁后入集美南轩私塾读书,其间背诵学习了《三字经》及《四书注》等,这些儒学经典所蕴含的做人道、处世原则及伦理精神,对他人生观和价值观的塑造发挥了潜移默化的作用,其影响是极为深远且富有教益的。

在新加坡跟随父亲和叔父习商、经商的岁月里,陈嘉庚一直"守职勤俭,未尝妄费一文钱,亦无私带一文回梓。执权两年家君未尝查问。在膝下三年,终日仆仆于事业,亦未曾撄其怒也"[②]。办理业务,始终以"公忠尽职"[③]为原则。在此期间,他不仅历练了业务,也提升了才干,这为日后亲手创立谦益公司奠定了坚实基础。他三十岁左右之时,因叔父染疾返乡而无人料理米店生意,以及父亲生意经营不当而负债累累等因素,陈家家道突然间中落。值此危难关头,他勇敢果决地接手了父亲的生意,十分注意开源节流,在很短时间内完全靠自己的能力偿还了父亲所欠的债务,这使他既恪尽了人子孝道,也在商界树立了良好信誉。自此以后,便开启了他波澜壮阔、传奇的人生——开公司、办学校、筹赈款、革风俗、纾国难等。

陈嘉庚的事业起始于他在三十一岁时所经营的米店谦益号。此后随着资

[①] 《陈嘉庚言论集》,新加坡怡和轩俱乐部等联合出版,2004年,第9页。
[②] 《南侨回忆录》,上海三联书店,2014年,第407页。
[③] 《南桥回忆录》,第409页。

本的累积和扩大,他相继投资菠萝的种植和加工、树胶的种植及生产以及其他如航运业、报业、地产等诸多领域,逐渐形成一个庞大的谦益公司集团。作为企业家,陈嘉庚的可贵和伟大之处不独在于发展实业,还在于他能通过实业救国、教育兴国、关心民瘼来践行国民天职的神圣义务,并以此来传承和实践儒家文化及其伦理精神。

如何管理和经营如此庞大的企业集团,自然需要一套行之有效的价值理念作为指导原则,也就是所谓的企业家精神。作为企业家的陈嘉庚,非常巧妙地将中华优秀传统美德尤其是儒家伦理精神融入谦益公司的日常经营和管理运行当中。这体现在1929年陈嘉庚亲自为公司分行重新厘定的《陈嘉庚公司分行章程》中八十条"眉头警语"[①]之中,现将其所弘扬的儒家价值观念归类处理如下:

第一,强调"爱国"的价值观念。陈嘉庚不仅倡导将性情、实业和爱国紧密地联系在一起,也反对打着爱国旗帜却谋图私利的卑劣行径。他在"眉头警语"中说:"借爱国猎高名,其名不永。借爱国图私利,其利易崩。"又说:"惟有真骨性方能爱国,惟有真事业方能救国。"

第二,强调"忠诚"的价值观念。陈嘉庚认为商人以企业救国犹如战士以干戈卫国,店员服务公司也无异于服务社会和救校救国。他在"眉头警语"中言:"战士以干戈卫国,商人以国货救国救校。""店员不推销国货,犹如战士遇敌不奋勇。""本公司是一社会之缩影,服务于本公司,即服务于社会。"

第三,注重"诚信"的价值观念。陈嘉庚严格要求店员诚信交易、真诚待人、勿欺诈顾客。他在"眉头警语"中言:"以术愚人,利在一时,及被揭破,害归自己。""待人勿欺诈,欺诈必败。对客勿怠慢,怠慢必招尤。""货品损坏,买后退还。如系原有,换之勿缓。""货物不合,听人换取。我无损失,人必欢喜。""货真价实,免费口舌,货假价贱,招人不悦。"

第四,发扬"勤俭"的价值观念。陈嘉庚认为,勤奋是创业的根基,节俭是事业的法宝。他在"眉头警语"中言:"智识生于勤奋,昏愚出于懒惰。""懒惰是立身之贼,勤奋是建业之基。""财有限而用无穷,当量入以为出。当省而不省,必致当用而不用。""金玉非宝,节俭是宝。""有钱须思无钱日,莫待无时思悔迟。"

---

① 以下"眉头警语"皆引自王增炳、陈毅明、林鹤龄合编:《陈嘉庚教育文集》,福建教育出版社,1989年,第155—158页。

第五，重视"礼敬"的价值观念。陈嘉庚认为企业员工在推销出售货物时，待人接物应该诚敬有礼。他在"眉头警语"中言："谦恭和气，客必争趋，恶词厉色，人视畏途。""招待乡人要诚实，招待妇女要温和。""视公司货物，要如自己货物。待入门顾客，要如自己亲戚。"

第六，提倡"仁义"的价值观念。陈嘉庚认为，同行之间并非你死我亡的关系，实可因彼此之间的竞争来提升自己。他在"眉头警语"中言："与同业竞争，要用优美之精神与诚恳之态度。"同时，他也告诫员工顾客遗失的东西不仅不能占为己用，而且要原物送还。又说："顾客遗物，还之惟谨；非义勿取，人格可敬。"

第七，弘传"勇毅"的价值观念。陈嘉庚认为，伟大之事业，必有伟大之精神作支撑。这种勇毅精神的具体表现就是不惧困难，敢于担当。他在"眉头警语"中言："有坚强之精神，而后有伟大之事业。""临事畏缩，丈夫之辱。""不以小事而生忽心，不以大事而生畏念。""无责任之心非人也。""做事敷衍是不负责任之表现。"

最后，陈嘉庚由于长期在殖民地生活，也积极主动地吸取了西方注重"法律"的价值观念，很好地将西方文明的法律精神融入企业经营当中。他在"眉头警语"中说："人类有服从法规之精神，即有创造事业之能力。"

总之，自幼接受儒家文化及伦理精神熏陶的陈嘉庚，通过打造企业文化，将诸如爱国、忠诚、诚信、勤俭、礼敬、仁义以及勇毅等价值观念进行现代化阐释和创造性转化，使其融入谦益公司的日常经营管理之中，从而形成了独具特色的"嘉庚精神"或企业家精神。

陈嘉庚办企业除怀抱实业救国的目的外，也认为发展实业为的是厚生利民。他在"公司章程"总则第一条就指出："本公司以挽回利权、推销出品、发展营业、流通经济、利益民生为目的。"[①]这种经世济民的人生观和价值观无疑与他早年接受儒家思想的熏陶、浸润有关。陈嘉庚淑世济民的伦理精神又集中体现在他对"服务公众，服务社会"[②]这一崇高理念的笃实践行之中。他把企业经营所赚的钱几乎全部用到社会公益事业方面，尤其是办校兴学上，因而被誉为"毁家兴学"的典范。值得注意的是，陈嘉庚崇高理念远承的是"士以天下

---

① 《陈嘉庚教育文集》，第148页。
② "惟自来报社会主义，愿为公众服务，却为一生不移之宗旨。"见《陈嘉庚言论集》，第45页。"服务社会是吾人应尽之天职。"见陈厥祥编：《集美志》，侨光印务有限公司出版，1963年，第117页。

为己任""天下兴亡,匹夫有责"的儒家伦理精神。他自觉地将这些伦理精神转化为现代社会概念下的国民天职,进而通过发展实业和办校兴学等"措诸事业"的方式来践行其国民一分子之神圣责任。

在谈及实业与教育关系问题时,陈嘉庚说:

> 我办学之动机。盖发自民国成立后,念欲尽国民一分子之天职,以一平凡侨商,自审除多少资财外,绝无何项才能可以牺牲。而捐资一道,窃谓莫善于教育,复以平昔服膺社会主义,欲为公众服务,亦以办学为宜。①

陈嘉庚虽是一介商人,却时刻不忘作为国民天职的神圣责任,同时也不忘以侨领身份去感召其他华商践行此国民天职。这可从他波澜壮阔的兴学行动以及众多壮举中证实。现将他对国民"天职"的相关论述摘引于下,以便分析:

> 至于大学募款,则似不然。凡殷富之家,须了解人群责任及社会义务,才能自动慷慨,虽出于厦门之劝募,亦当由本身热诚乐输,如此则少者数万元,多者可至数十万以至百万元,则规模方能远大,倘其人不解国家社会为何物,人群天职为何事,拔一毛亦难,况巨大捐款乎?②

> 诸文明国教育,除却政府注意维持外,而个人社会捐资倡设者,其数尤巨,且多有倾家捐助办学者,故其教育界能收美满之效果,非全依靠政府也。我国政府既不注意教育国民,复自顾私利,视财如命,互相推诿,袖手旁观,以致教育不兴,实业不振,奄奄垂危,以迄于今日,此诚堪痛哭流涕者。我侨胞久慕文明,号称爱国,而富商巨贾又不乏人,万勿放弃天职,坐待沦亡也。③

> 若无教育会为督理机关,则如叻校之涣散,要望成绩优良甚是难事。如办理得法,则吾侨赞助必无限量,此举关系前途匪轻,盖小学

---

① 《陈嘉庚言论集》,第14页。
② 《陈嘉庚言论集》,第16页。
③ 《陈嘉庚言论集》,第31—32页。

如发达,其毕业生则入敝集美师范中学必能提携,异日更可选入大学,其关系非细。倘蒙不弃,弟当力负责任以尽天职。①

夫当局诸公,既不足与之言兴国,则国家兴亡匹夫有责,自当急起直追以尽天职,何忍袖手旁观,一任教育前途之涂炭。且兴学即所以兴国,兴国即所以兴家。世之积金钱以遗子孙者,莫非为兴家计,既要兴家则对于兴国之教育不可不加注意焉。②

窃吾人每开口便推责政府,不肯全担负担之不是,其大意似乎教育事业,不关国民义务。吾人正因为此错误观念,所以未能慷慨多输,有之亦勉作情面而已,不知政府自身何能生利,所依靠者全属国民之财源。今日吾闽政府财政困难,入不敷出,若格外抽捐,更非所宜,故爱莫能助,至国民应负私立学校经费之义务,乃民族之天职。③

盖吾侪生逢国体改革之时代,国家至危急之秋,救亡图存,匹夫有责。……我性迟钝又失学,民国未光复之前,尚不明爱国真理,迨光复后猛省勃发,刻刻不去于怀。窃念分子天职,欲实行报效工作,尤以乡梓需要为急务,故不计成败,痛下决心,实事求是,以文化为基础,热忱勇往,有进尺无退寸,抱定破釜沉舟之志也。④

总之,陈嘉庚对国民天职的深刻理解和身体力行,无不是他对自己实业救国和教育兴国崇高理念的再提炼与再升华。他希望通过以身作则来感召和激起南洋富商爱乡爱国、救校救国之心,捐资兴学,努力做到善尽自己作为国民一分子的神圣天职。也可以说,陈嘉庚通过对"人群天职""人群责任""民族天职""国民义务"的阐释和实践,从而赋予"自觉觉他""达己达人""开物成务"等传统儒家伦理精神以新的内涵和意义。

陈嘉庚一生最卓著的功绩在于他对文教事业的热情奉献和尽心倾力。在整个中国教育史上,他几乎是凭一己之力创办了从学塾、幼稚园、小学、中学,再到大学这样一个完整的教育体系的第一人,这种办学壮举借用"前无古人,后无来者"的古语来评价应该说不过分。笔者根据《陈嘉庚言论集》及《陈嘉庚

---

① 《陈嘉庚言论集》,第37页。
② 《陈嘉庚言论集》,第42页。
③ 《陈嘉庚言论集》,第56页。
④ 《陈嘉庚言论集》,第76—77页。

年谱》的有关记载,整理出一份陈嘉庚先生办学兴校的业绩表(表4.1)。其中最有名的事件要数他在闽南家乡所办的集美学校、厦门大学,以及在侨居地新加坡所兴办的南洋华侨中学。

表 4.1 陈嘉庚一生办学兴校行谊

年份	年龄	办学兴校行谊
1894	21	出资两千元在家乡集美村建设惕斋学塾
1910	37	出任新加坡闽侨创办之道南学校总理
1911	38	在集美大祠堂传集乡长,告以创办集美两等小学校
1912	39	集美小学校新校舍告竣开幕
1916	43	命其弟敬贤回乡建筑集美师中校舍及创办女小学
1918	45	集美师中学校开幕;同年倡办新加坡南洋华侨中学
1919	46	南洋华侨中学开学并担任第一届校董,捐助英华学校三万元;集美商科及幼稚园开办;同年假厦门陈氏大宗祠,传集各界倡办厦门大学
1920	47	集美女师及水产学校开办
1921	48	厦门大学假集美校舍开幕成立,厦门大学校舍奠基,发起组织同安教育会
1922	49	厦门大学移入新校舍
1923	50	集美女中及幼稚师范开办
1924	51	成立教育推广部,拨款补助闽南七十三所中小学校
1925	52	集美学校水产部增设航海科
1926	53	集美学校加设农林部和国学专门部
1929	56	捐助莱佛士学院一万元
1947	74	支持并呼吁潮侨为潮州大学捐款
注:陈嘉庚曾回忆说"五十余年间牺牲教育费坡币八百余万元"		

资料来源:陈嘉庚:《陈嘉庚言论集》,新加坡怡和轩俱乐部等联合出版,2004年。陈碧笙、陈毅明编:《陈嘉庚年谱》,福建人民出版社,1986年。

从上表可知,陈嘉庚对教育事业所作的贡献最早可追溯至1894年。在这年冬天,他出资两千元在家乡集美村开办了惕斋学塾。"惕斋"是取"惕厉其躬谦冲其度,斋庄有敬宽裕有容"之意。[①] 后来,他又分别为自己创办或倡办的

---

① 《陈嘉庚年谱》,第4页。

几所学校题写校训，如集美学校的校训是"诚毅"，南洋华侨中学的校训是"自强不息"，厦门大学的校训是"止于至善"，这在在说明了陈嘉庚骨子里有着深厚的儒家文化涵养。此外，如上文所提到的《章程》和下文所述及的"家族遗训"，也都说明了儒家文化及其伦理精神对陈嘉庚人生有着极为深远的影响。其后，随着陈嘉庚在南洋地区事业的蒸蒸日上以及在新马华社地位的不断提高，他便有更大的力量去推动和发展新加坡和闽南家乡的文教公益事业。

1907年，包括陈嘉庚在内的闽帮商界巨擘，为了响应康有为等南来维新志士及清政府钦定的商务兼学务大臣张振勋等的兴学号召，共同在新加坡发起创办了道南学堂。陈嘉庚作为学堂的发起人兼总理，以谦益号名义率先捐献一千元。要知道当时新马华社的实际情况是，各帮社群只负责为各自方言群的子弟办学校。以新加坡华社各帮的办学情况为例，计有广帮养正学堂、客帮应新学堂及启发学堂、潮帮端蒙学堂、福帮道南学堂以及琼帮育英学堂等。

陈嘉庚对当时各帮分开办学的原因及利弊有清楚的认识和客观的评价。他说：

> 当时办学，固有出于先知先觉，然亦有出于顾全一帮体面，或出于他帮所设学校，不收异帮子弟，此则分帮办学最初现象也。……当时华校，由各帮自由筹划，分帮筹划入手较易，此固分帮办学之原因。惟当时各帮，难于联合，亦事实也。……华校组织则各自为政，各行其是。彼此之间，不相联络，更无所谓统一行政。夫无组织则无钱，无钱则难指挥如意，此乃必然之结果。[①]

如上所言，新马华社帮权和方言群的社会结构，使得华族社群彼此互分疆界而无法谋求更大的族群团结，因此也就不能在办学兴校上对财力及师资等资源进行统筹性的合理配置。由于陈嘉庚清醒认识到帮群各自为政的弊端，所以当他出任新加坡福建会馆主席及担任新加坡怡和轩俱乐部总理与南侨总会主席期间，就极力主张华校采用国语来教学，并尽力推进新马华社各族群在有关社会福利事业上谋团结与求合作。例如，新加坡南洋华侨中学就是在陈嘉庚的积极推动以及各帮人士的共同参与下创办的一所面向各族群子弟开放

[①] 《陈嘉庚言论集》，第24—25页。

的新式华文学校。该校的创办既超越了以往华社的方言疆界,也打破了狭隘的帮权主义,其意义是不言而喻的。

陈嘉庚兴学办校的目的大致有四点:一是挽回海外侨生的国族观念避免其数典忘祖。他说:"吾人久居异域,或心随境变,乐不思蜀,或迹为事阻,徒切思乡。自身如此,何况后辈?集美学校所以特别欢迎华侨子弟之就学,盖亦有感于是而谋挽回其祖国观念也。"① 二是为民族维系民心和为国家培植元气。他说:"今日国势危如累卵,所赖以维系者,惟此方兴之教育与未死之民心耳。"② 三是为民族保存文化种子。他说:"然吾民族赖以维系于不堕者,统一之文化耳。今日一人之文化,则他日可传千人万人之文化。"③ 四是教育青年涵养德性并培养责任心。他说:"教育非仅读书识字,而尤以养成德性裨益社会"④,"今后学生应专心念书,抱定宗旨做有益社会的人"⑤。由此可见,陈嘉庚通过办校兴学切实实践了作育英才、承传文化、爱族爱国的伦理精神。

最令人感动和钦佩的是,当陈嘉庚的企业遭逢世界经济不景气而陷入极度困难时期时,他依然不愿放弃对青年的责任及社会的义务。其友人曾好意劝他停止学校的经费以补企业经营资金上的亏空,陈嘉庚却说:

> 余不忍放弃义务,毅力支持,盖两校如关门,自己误青年之罪少,影响社会之罪大,在商业尚可经营之际,何可遽行停止。⑥

对于陈嘉庚在推动中国原乡和新马两地文化教育事业上所做出的贡献,杨进发在《陈嘉庚》一书中作了中肯而又精辟的评述:

> 他以使徒般的虔诚,以教育立国之卓识,全心全力地投身到叨闽的教育建设中,在新加坡,有五间中、小学府在他领导下先后落成,其中以星洲华侨中学最负盛名。在1919年与1929年,他分别以三万

---

① 《陈嘉庚年谱》,第89页。
② 《陈嘉庚年谱》,第26页。
③ 《陈嘉庚言论集》,第46页。
④ 《陈嘉庚言论集》,第28页。
⑤ 《陈嘉庚言论集》,第34页。
⑥ 《南侨回忆录》,第434页。

元与一万元捐助英华学校与莱佛士学院,说明了他并不忽视英文教育。然而,他对闽乡之教育改良却是划时代之举。他将集美与厦门改造成二十年后华南的文化与教育中心。成千上万名厦、集校友在推动中国向上向善发展方面,立下不少汗马功劳。[①]

陈嘉庚的儒家伦理实践,还体现在关注社会民生、关心百姓疾苦以及救乡爱国等诸多方面。笔者根据陈嘉庚所亲撰的《南侨回忆录》一书,整理出一份由他主持或参与筹赈社会、国家的行谊表(表4.2)。此表清楚地显示,他终其一生曾多次为国内外的灾害、人祸及战事等尽心筹款义捐,解百姓于倒悬,救民族于危亡,感人至深至巨。

表 4.2 陈嘉庚筹赈行谊

年份	年龄	陈嘉庚主持和参与筹赈新加坡及家国行谊
1911	38	闽省光复,任新加坡福建保安捐会长,捐款二十余万元
1915	42	主持筹款救济天津水灾,计二十余万元
1925	52	担任新加坡筹助婴儿保育会会长,筹募坡币五万余元
1928	55	主持山东惨祸筹赈,筹捐国币一百三十余万元
1935	62	为闽南水灾筹捐国币八万余元
1936	63	响应南京政府的捐资购机寿蒋活动,捐资国币一百卅余万元
1938	65	成立南洋华侨筹赈祖国难民总会。闽省政府南来募公债,为此在南洋各埠劝募计一百余万元。七七抗战后,武汉合唱团南来募捐,介绍到各埠筹款坡币二百余万元。按月补助宣传抗敌之上海《神州日报》至民卅年秋。救济马来亚峇株吧罢工反日之铁矿工人坡币六万余元。设救济抗战残废伤兵委员会,募款七十余万元
1939	66	征募并津贴南洋华侨机工回国服务。组织回国慰劳团,鼓励祖国同胞,增加抗战民气

资料来源:《南侨回忆录》。

陈嘉庚某次为闽南水灾筹办赈灾经费时,在新加坡福建会馆发表讲话说:"此次闽灾,最惨痛者首推安溪。此次闽南,被难者十万人,住屋夷为平地者千家,流离失所者六七千人,死亡实数,尤不可知。我人试思,大水以后,灾区难

---

① 杨进发:《陈嘉庚——华侨传奇人物》,八方文化企业,1990年,第387页。

民,生活无着,设不加以救济,弱者当成为饿殍,强者必为盗贼。"[1]陈嘉庚这种"忧民之忧""视民如伤""拯民于水火""解民于倒悬""吉凶与民同患"的伦理精神是对先贤辅世泽民与民胞之怀伦理观念的继承和实践。这体现了孟子所说的"以天下溺为己溺,以天下饥为己饥"[2]的仁者爱人精神!

由其次子陈厥祥整理的"陈嘉庚家族遗训二十则",[3]可视作陈嘉庚对自己一生为人处世、家庭观念、办学理念、人生观、价值观的凝练与总结。从中可以看出儒家文化及其伦理精神对陈嘉庚人格精神的影响是极为深远的,也对他投身公共福利事业的影响是至为巨大的。兹将"陈公嘉庚遗教二十则"[4]引述如下:

> 一、我居星数十年,未尝犯过英政府一次罪。二、儿孙自有儿孙福,不为儿孙做马牛。三、宁人负我,毋我负人。四、怨宜解,不宜结。五、居安思危,安分自守。六、饮水思源,不可忘本。七、家庭之间,夫妇和好,互谅互爱。治家之道,仁慈孝义,克勤克俭。八、服务社会是吾人应尽之天职。九、不取不义之财。十、仁美莫交财。十一、能辨是非,作事有恒。十二、服务社会,老而弥坚。十三、吾人应安分守法,以培后盛。十四、己所不欲,勿施于人。十五、不可见利忘义。十六、世间冥冥中确有因果,不可不信。十七、凡作社会公益,应由近及远,不必骛远好高。十八、凡作事须合情合理,如不合情理,应勿为之。十九、我毕生以诚信勤俭办教育公益,为社会服务。二十、明辨是非善恶,众人须知之,应如何笃行之。

对此可总结出以下几点内容:第一,第二、七条,说的是陈嘉庚的治家之道。其实第二条也是陈嘉庚的财富观,他不主张给后代留有遗产,认为这会贻害子孙,希望他们能自食其力和自力更生。第七条是陈嘉庚的家庭观,体现了

---

[1] 《陈嘉庚言论集》,第 74—75 页。
[2] 《孟子·离娄下》:"禹思天下有溺者,由己溺之也;稷思天下有饥者,由己饥之也,是以如是其急也。"
[3] 陈嘉庚次子陈厥祥,所列举的其父陈嘉庚遗教二十则,"系二三十年来,关于家族、社会之处世经验与为人之道,特将其重要者志之,以示我子侄孙辈,并期望集美青年乡亲,知所警惕,互相劝勉焉"。
[4] 《集美志》,第 117—118 页。

他对传统家训文化的扬弃和继承。例如,在夫妻关系上他主张互谅互爱,这种男女平等的观念显示出现代精神文明对他的洗礼和陶冶。第二,第一、十三条,说的是陈嘉庚的修身律己思想。"安分守法"和"不犯罪",既是他对儒家克己工夫的实践,也是他对西方法律思想的接纳。第三,第八、十二、十七、十八条,说的是陈嘉庚的人生观。例如,他对国民天职和人群责任的独特理解以及对教育事业的原则和精神的总结。第四,第九、十、十五条,说的是陈嘉庚的义利观。他继承了儒家以义为利、以义制利、见得思义的价值观念。第五,第五条说的是陈嘉庚对儒家"忧患意识"思想的继承。第六,第六条说的是陈嘉庚对知恩图报思想的传承。第七,第十一、二十条,说的是陈嘉庚明辨是非、辨别善恶的正义观。第八,其他几条体现了陈嘉庚为人处事的君子风范。例如,第三、四条,说明陈嘉庚在处理人际关系上坚持"以和为贵""与人为善"的伦理原则。此外,他也接受了佛道及民间宗教因果报应观中的敬畏思想,如第十六条所云。

陈嘉庚在为人处世、企业经营、办学兴校及公益事业等方面都对其堂侄陈六使(1897—1972年)和长婿李光前(1893—1967年)产生了很大影响。不过在政治认同上,后两者与前者有所不同。陈六使和李光前在二战后最终选择了认同新加坡并自愿成为该国公民,而陈嘉庚则最终选择认同新中国。政治认同上的不同也使得他们在投身新马和中国的文化教育、公益事业时表现出某种差异和偏重。

陈六使和陈嘉庚一样,都是福建同安县(今福建同安区)集美村人。但陈六使出生在一个家境贫寒且兄弟众多的大家庭,在他出生后不久父母便相继亡故。由于家庭负担沉重,弟兄七人中仅有他和三哥文确及七弟文章进学堂受过一些教育。这还是因为他们兄弟与陈嘉庚有宗亲关系才得以免费在其所创办的集美小学读书。基于这层血缘和地缘关系,陈嘉庚先后接引他们兄弟四人(三哥文确、五哥文知及七弟文章和陈六使)下南洋,到其创办的橡胶园工作。

1916年,陈六使过番南来,那年他正当19岁。来新加坡后不久,陈嘉庚的胞弟陈敬贤派他到马来亚一胶园工作,由于吃苦耐劳和工作出色,半年后他就被委任为新加坡一胶园工头。在出任工头的这段时间里,陈六使学习了树胶的加工和生产技术以及胶园的组织管理制度。往日积累的经验和知识,为陈六使昆仲日后的创业发展奠定了坚实基础。在陈嘉庚企业历练的岁月里,陈六使很节俭,他每天只花一块多钱买香烟与理发,剩下的都储存起来。[1]

陈六使真正创业开始于20世纪20年代。这一时期,世界胶价形势大好,胶市的旺盛需求给他创业提供了良好的客观环境;同时也由于他多年来积累了不少经验、资本和人脉,所以他们兄弟决定离开陈嘉庚公司独自创业。

先是,陈六使昆仲得到汇丰银行的资助,创办了一间联合树胶店,由七弟文确经营,因其经验不足,业务也没有多大起色。后由文确和六使接手,专心经营搞业务,树胶店的生意才逐渐好转并取得收益。在此基础上,陈氏兄弟又建立了更大的益和树胶公司,并适时扩大业务和经营范围,不久就为自己赢得了树胶头盘商的地位,从此益和公司步入稳健的发展态势。

随着陈六使事业的蒸蒸日上和社会财富的日益增长,他在新马社会的地位也相应得到提升。他先后被华社和商界推选为福建会馆主席和中华总商会会长,这使他有能力和资本去关注并投身于新马两地和桑梓地的文化教育及社会公益事业。在这些方面其堂叔陈嘉庚对他的影响无疑是巨大的。不仅如此,他们叔侄两人作为著名企业家,在诸如个人气质、为人处世等方面都有若干相同之处。有学者就明确指出:

> 陈六使在很多方面和陈嘉庚的个性和作风很接近。他受陈嘉庚的影响倡办南洋大学。他俩都具有相同的企业家本色:自信、乐观、冒险、乐于挑战、果断、敢做敢为、进取、勤奋、首创精神、领袖素质、重义气、敢于决策以及积极的处世态度。这些都是成功的企业家不可或缺的基本素质,也就是所谓企业家精神。[2]

同样,出生于福建南安县梅山镇的李光前和其岳父陈嘉庚也有诸多相似之处。有学者分析说:

> 陈嘉庚和李光前翁婿二人都是新加坡华人著名的君子型企业家,都是热心公益事业、捐资办学、造福人类的慈善家和教育家。在

---

[1] 访谈人林孝胜,口述人陈共存:《口述历史访谈文稿》,新加坡口述历史馆,1981年,第128页。
[2] 林孝胜:《陈六使的企业世界》,见王如明主编:《陈六使百年诞纪念文集》,南大事业有限公司、香港南洋大学校友会联合出版,1997年,第42页。

企业经营上,他们都继承了华人经商的传统美德——诚信,货真价实,童叟无欺,公平交易,有道得财。而在个人生活上,则洁身自爱,勤俭节约,不染不良习惯。①

由此可见,在企业家精神方面,陈嘉庚、陈六使、李光前是一脉相承的。

在企业经营和管理制度上,陈六使的益和公司和陈嘉庚的谦益公司都是典型的家族式企业。它具有公司所有权和管理权不分,吸纳有才干的血缘宗亲、学缘青年,强化职员的归属感与认同感等特点。在陈嘉庚的谦益公司,整个集团的控制权都掌握在他一人手中,就连同作为创办人的胞弟陈敬贤也得事事请示其兄。公司制度规定,股权只可以转让给家族成员,其家族成员包括股东的子女、养子女、婿、父母、姊妹、兄弟、侄甥以及股东的配偶。

在公司管理上,陈嘉庚让其子陈济民和陈厥祥以及长婿李光前出任公司高级经理并负责重要业务的经营管理。例如,长子陈济民负责橡胶厂,次子陈厥祥管理橡胶品制造厂产品在国内外的发行销售,长婿李光前则负责橡胶贸易、胶园以及与银行的联系。陈嘉庚在用人上除重用家族宗亲外,同时也把一些重要职位开放给福建同乡如陈六使兄弟等以及来自集美学校和厦门大学学有专长的毕业生。② 陈六使昆仲所创立的益和集团,在企业管理上受陈嘉庚影响很大。有学者分析称,陈六使的益和集团,从资本结构、投资形态、管理组织与管理方法以及经营方法等方面来看都是典型的华人传统的企业管理法。③

这种家族式的管理虽有其优点,但也有其局限。由于谦益及益和在组织结构上拥有权与管理权不分就容易导致权力过于集中,反而使得创业者事必躬亲、企业运行不够高效和灵活,不利于企业发展成一个组织严密的多元化商业集团,很容易随着创业者的逝世而最终走向衰败。

与谦益、益和有所不同的是,李光前的南益集团却能认识到华人家族企业拥有权与管理权不分,家族成员在企业内滥用权力,公私不分,动不动就以企业和家产有份为名动用企业公款的诸多弊端。针对这些问题,李光前既善于

---

① 郑炳山:《陈嘉庚与李光前经营企业和为人的比较》,见廖建裕编:《陈嘉庚、李光前与现代新马》,新加坡:华裔馆、陈嘉庚基金等联合出版,2010 年,第 175 页。
② 《陈嘉庚的经营理念与企业管理》,见《新加坡华社与华商》,第 157—158 页。
③ 林孝胜:《陈六使的企业世界》,见《陈六使百年诞纪念文集》,第 46 页。

借鉴西方的现代化管理方法,将拥有权与管理权分开,也能够发挥传统儒家的仁爱一体观念,形成一种法治精神与礼治精神相结合的现代化企业管理制度。比如,李光前在管理用人方面,"不以亲情和乡谊为唯一标准,而是选贤举能,以人才及对行业的专门知识为重。他采取'用人不疑,疑人不用'的政策,对属下推心置腹,礼遇有加";在管理方法上,"学习和吸收了西方现代化管理方法,使儒家伦理思想中的小我与大我融成一体,发挥出最大力量,使南益成为一个充满活力与凝聚力的家族企业"。①

李光前的例子显示,儒家伦理中诸如选贤任能、信任关怀、视职员为兄弟的传统观念,不仅不与现代企业管理精神相违背,而且两者可以完美地结合起来,从而实现企业的长久稳固发展。这一观点还可从另一位华商企业家王声邦的事例中得到证实。当他被问及公司工人流失率低时,他回答访问者说:

> 主要原因是雇佣之间没有差别。我们像一个大家庭,互相之间有亲密的感情。这我能够担保,我一生无论在什么公司工作,职员和我就像我们属于一个大家庭。……第二个原因是无论什么时候雇员碰到了困难,我们会帮助他解决。②

陈六使同陈嘉庚一样,其一生的伟大功绩主要在于办校兴学、作育英才、维护母语教育及传承中华文化。笔者认为,陈六使兴学办校主要有以下三个方面的原因:一是自己早年因家贫而无钱读书上学,由于堂叔陈嘉庚的帮助才得以在其所办的集美小学免费读书接受教育。迫于生计,小学未读完就辍学南来谋生成为他一生中最大的憾事。因此他有志于办校兴学,为那些贫寒子弟尽可能提供受教育的机会。二是堂叔陈嘉庚毁家兴学的义行壮举及其"取诸社会,服务社会"的崇高精神都深深影响并激发着陈六使。三是在陈嘉庚的荐举支持下,陈六使先后出任新加坡福建会馆主席和中华总商会会长之职,成为新华社会尤其是福帮的核心领导人物。这样的社会地位和身份角色赋予他有为华社子弟办教育、为社会大众谋福利的神圣责任。简言之,前两点可以说

---

① 郑炳山:《陈嘉庚与李光前经营企业和为人的比较》,见廖建裕编:《陈嘉庚、李光前与现代新马》,华裔馆、陈嘉庚基金等联合出版,2010年,181—182页。
② 《口述历史录音访谈文稿》,第139页。

是促成他办学的内在动力,后一点则是促使他办学的外在助力。

由于新马华社的特殊结构,各族群的文化教育和福利事业一般是由各族群的领袖自行筹办,这也颇符合"爱由亲始"的伦理逻辑。陈嘉庚当时办学也是遵循这一社会文化心理,主张"凡有诚意为公益者,必须先近后远,故我不得不以同辖为先务",即遵循先为桑梓谋福利,以后随能力和财力再渐次扩展到整个社会国家的公益事业。

陈六使在担任福建会馆主席的二十二年(1950—1972年)间,在文化教育和社会公益等方面为闽侨做出了诸多贡献。在任内,他先后购买云南园900余英亩和万礼园391英亩的土地作为福建会馆的不动产,然后以这些产业的收入作为该会馆属下的五所学校——道南、爱同、崇福、南侨、光华——扩建与迁建的经费,以及慈善基金的来源。① 为应付日益繁多的会馆业务,陈六使为会馆筹建了一所六层楼高的大厦。他利用会馆多次为族人和同乡青年主办集体婚礼。此外,他还在新加坡中华总商会设立奖学金,为华、巫、印各族学生提供经济资助。不仅如此,他为马来亚大学的创办也捐助过三十万元。可见,他对文化教育事业的关心和投资不仅是超越帮权的,也是超越国族的,体现了他对博施济众伦理精神的弘扬与实践。

在陈六使的办校兴学生涯中,1955年南洋大学的成功创办可说是他一生最为荣耀光辉的事迹,而1980年南洋大学被政府合并到新加坡大学又是其一生最为悲痛伤感的事情。在探讨陈六使通过办教育实践了儒家伦理中哪些价值观念之前,有必要对陈六使创办南洋大学的历史机缘略作论述。

1949年以后,英殖民政府出于政治意识形态上的考虑,在新马两地颁布并实施了严格的移民政策。1951年9月30日,英政府与中国政府断交后,任何人不能再由中国申请回新马,意识形态上的截然对立斩断了新马华校师资的直接来源,同时也使海外华族子弟无法回国继续求学深造。对此,陈六使说:"余料想不到数年来此间侨界几与祖国脱离,不但华侨子弟欲回国升学而不可能,且华侨不可能与祖国多所来往","目前中学生毕业后,有志气者无处可升学,有回中国者则不知何时可以重返本邦"。② 与此同时,由殖民政府所创办的马来亚大学基本上仅对英文源流的中学毕业生开放,而大批华文源流

---

① 黄金英:《陈六使与福建会馆》,见《陈六使百年诞纪念文集》,第123页。
② 《陈六使言论集》,第33、38页。

的中学毕业生却被拒之门外,深造无门。对于马来亚大学的这种歧视政策,陈六使悲痛地说:"马大之中文系既有名无实,吾人为维护华人文化之长存,实有创办华人大学之必要,就目前情势而观,吾侨中学生无处可资升学,实迫使吾人不得不创办大学。"①

不仅如此,殖民政府更企图通过制定发展英文学校的计划来限制华文教育的发展。对此,陈六使质问说:"目前政府所设立之学校,尽皆系英校,而未见政府多设一间华文学校,以资华人子弟就读。"②对殖民政府这种别有用心的行为,当时的马来亚大学教授费德烈卖臣(Frederic Mason)评论说:

> 战后的新加坡教育政策,积极扩充与发展英文教育,并以较其他源流学校更低廉的学费来吸引家长把其子女送入英文学校就读。此举是间接地将一些政府难以控制与规模较小的华文学校学生,吸纳到政府办的学校去。③

正是基于以上缘由,作为华社领袖的陈六使义无反顾、责无旁贷地承担起创办南洋大学的历史使命。

二战前,大多数下南洋谋生创业的华人视新马为侨居地,故当他们积累到一定财富后便回乡荣亲养老。二战后,随着世界政治形势的剧烈变化,华人在身份认同上发生了某些变化,一方面他们在政治上开始逐渐认同当地政府并效忠新生国家,当然也有日久他乡即故乡的情感认同因素;另一方面,他们不愿放弃对本民族文化传统的认同与传承。由于陈六使深刻洞察到二战前后华人政治态度、个人情感上的微妙变化,所以他急切地呼吁说:

> 二十余年前,吾人出洋,思想为赚钱;赚钱入手,荣归祖国,建家立业,显祖荣宗,可为得意。今日见解不同,自第二次大战后,吾人认识马来亚无异吾之故乡,既有此一新见解,自当为吾人马来亚之子孙计,以南洋群岛吾侨之众,中学生之多,非从速办一间大学于中心地

---

① 《陈六使言论集》,第31页。
② 《陈六使言论集》,第38页。
③ Frederic Mason, *The Schools of Malaya*, Singapore:Donald Moore, 1957, p. 25.

点之新加坡不可,愿各位贤达共促成之。①

陈六使为创办南洋大学,曾多方奔走呼告于新马华社、马来亚大学校长及殖民政府当局,向他们详尽地阐发了创办华文大学的必要性和宗旨。1950年9月,他为福建会馆下辖的学校筹款时,第一次提出华侨应自办一间中国大学的建议。他说:"余希望华侨在马来亚创办一大学,目标求其五年内成立,五年不成则十年,逾十年而马来亚犹无中国大学则为落伍。"②作为海外倡办华人大学的先知先觉者,陈六使首次倡议并没有获得华社各方面的响应原因是多方面的。③

陈六使深感华文教育的困境及自办华文大学的艰难,但他办校兴学的意志却更加坚定。1953年1月,在福建会馆第十届第三次联席会议上,他再次提出创办华文大学的建议并率先捐献500万元,此义举立刻引发各界响应。他说:

> 二年前余有此倡议……社会人士如能响应,踊跃输将,倘能捐至300万元或500万元,余必捐献同等数目。论及办理大学经费,是无从确实数目,但吾人可学国内大学,先办数院,然视经济力量,而逐渐扩充。吾侨子弟便可由小学而中学,进至大学,此为挽救华侨教育根本方针。……此次再事提倡,并非表示余为富裕之人,社会人士咸认办马华大学是必须创办,余当倾余之财产与侨众合作,完成吾中华文化在海外继往开来之使命。④

从1950年的"中国大学"到1953年的"马华大学",大学名称的更易,既显示了陈六使理解华人扎根当地社会的愿望,也反映了华人融入当地社会的意愿。这可从陈六使在许多公众场合一再申明华人之所以要自办大学是因为华人已自视为"马来亚之子孙"和"马来亚公民",视马来亚为"第一故乡"。⑤

---

① 《陈六使言论集》,第30页。
② 《陈六使言论集》,第30页。
③ 利亮时:《陈六使与南洋大学》,南洋理工大学中华语言文化中心出版,2012年,第42页。
④ 转引自《陈六使与南洋大学》,第46页。
⑤ 《陈六使言论集》,第30页、40页、38页。

第四章　新马华商与儒家伦理的弘传方式

稍后,陈六使在丹绒禺俱乐部接见记者发表谈话时表示,福建会馆决定捐献五百英亩土地作为南洋大学的校址。在陈六使义不容辞、以身作则、慷慨输捐的行动感召下,新马华社各界人士纷纷响应,这更加坚定了他办大学的意志和信心。他说:

> 余倡议创设马华大学后,星马侨界纷纷响应,有者更热烈捐献款项,实使余感奋无已,照此情形而观,可知吾人之精神尚存,中华文化亦不致在马来亚被消灭,使吾人更有信心,马华大学必能建立。①

1953年2月,大学筹备委员会会议上华人各帮领袖提议,新大学应命名为"南洋大学",可借此纪念先贤南来开荒拓土的功勋,而且"南洋"一词也不带有政治意义和种族色彩。结果在大部分出席者的同意下,新大学命名为"南洋大学"。② 陈六使创办南洋大学的倡议经过多次呼吁后,最终获得了新马两地华人领袖和业缘、地缘、方言群及文教界与社会大众的广泛响应和热烈支持,于是在华社各个阶层中掀起了轰轰烈烈为南洋大学募捐的各种义捐活动。如东南亚男女篮球义赛、全新华文中学毕业班同学义演、三轮客车工友义踏、建筑工友义捐、船工工友义运、理发行业工友义剪、德士司机义驶、摄影社义摄,甚至星洲舞女协会的女士也为南洋大学义舞,就连中学生也把零用钱节省下来捐给南洋大学。可以说,华人自办大学的计划,经过华商领袖的带动与民间社会的配合,让新马两地华社空前团结、万众一心、众志成城,支持呼声此起彼伏,捐款运动风起云涌,也使得创办南洋大学的计划最终得以落实。从这种种的义举当中可以看出,海外华人作为一个族群之所以能产生如此强大震撼的精神力量,是因为以儒家文化为核心的中华文化所具有的淳厚刚正、重情重义、善与人同的伦理精神对国民品格的浸润和塑造。

中华自古就以"礼义之邦"著称于世。这是因为从先秦时期华夏民族就已孕育出讲礼守义、重情重义、居仁由义、舍生取义的厚重人文精神和笃实伦理文化。这种文化气质和伦理精神在先秦典籍中随处可见。现将先秦典籍中与"义"相关的条目摘引若干于下:

---

① 《陈六使言论集》,第35页。
② 《陈六使与南洋大学》,第78页。

建中于民，以义制事。①

同力度德，同德度义。②

惟德惟义，时乃大训。③

（君子）利物，足以和义。④

君子敬以直内，义以方外，敬义立而德不孤。⑤

多行不义必自毙，子姑待之。⑥

以德命为义。⑦

德、义，利之本也。⑧

义而行之，谓之德、礼。⑨

凡有血气，皆有争心，故利不可强，思义为愈。义，利之本也。⑩

见义不为，无勇也。⑪

君子之于天下也，无适也，无莫也，义之与比。⑫

不义而富且贵，于我如浮云。⑬

主忠信，徙义，崇德也。⑭

上好义，则民莫敢不服。⑮

见利思义。⑯

君子义以为质。⑰

---

① 语出《尚书·仲虺之诰》。
② 语出《尚书·泰誓上》。
③ 语出《尚书·毕命》。
④ 语出《周易·乾卦》。
⑤ 语出《周易·坤卦》。
⑥ 语出《左传·隐公元年》。
⑦ 语出《左传·桓公六年》。
⑧ 语出《左传·僖公二十七年》。
⑨ 语出《左传·文公七年》。
⑩ 语出《左传·昭公十年》。
⑪ 语出《论语·为政篇》。
⑫ 语出《论语·里仁篇》。
⑬ 语出《论语·述而篇》。
⑭ 语出《论语·颜渊篇》。
⑮ 语出《论语·子路篇》。
⑯ 语出《论语·宪问篇》。
⑰ 语出《论语·卫灵公篇》。

行义以达其道。①

君子义以为上。②

君子之仕也,行其义也。③

行一不义、杀一不辜而得天下,皆不为也。④

仁,人之安宅也;义,人之正路也。⑤

大人者,言不必信,行不必果,惟义所在。⑥

仁义忠信,乐善不倦,此天爵也。⑦

尊德乐义,则可以嚣嚣矣。⑧

仁者人也,亲亲为大;义者宜也,尊贤为大。⑨

利少而义多,为之。⑩

唯仁之为守,唯义之为行。⑪

义之所在,不倾于权,不顾其利,举国而与之不为改视,重死持义而不桡,是士君子之勇也。⑫

义,理也,故行。⑬

故君子苟能无以利害义,则耻辱亦无由至矣。⑭

凡人之所以为人者,礼义也。⑮

从上引论"义"的文献中,可归纳出"义"的如下几点内涵:第一,义是人之为人的本质或人性的内在规定。如《孟子》《礼记》所言,孟子谓之"我固有之"。

---

① 语出《论语·季氏篇》。
② 语出《论语·阳货篇》。
③ 语出《论语·微子篇》。
④ 语出《孟子·公孙丑上》。
⑤ 语出《孟子·离娄上》。
⑥ 语出《孟子·离娄下》。
⑦ 语出《孟子·告子上》。
⑧ 语出《孟子·尽心上》。
⑨ 语出《礼记·中庸》。
⑩ 语出《荀子·修身篇》。
⑪ 语出《荀子·不苟篇》。
⑫ 语出《荀子·荣辱篇》。
⑬ 语出《荀子·大略篇》。
⑭ 语出《荀子·法行篇》。
⑮ 语出《礼记·冠义》。

第二，义对人来说是非常尊贵的德行。孟子谓之"天爵"，它与官爵、财富以及高年一样都值得人向往或尊敬。第三，义是大无畏而又充塞天地之间的正气，它具有至大、至刚、至直、至正、至平、至公的特征。孟子谓之"浩然之气"，荀子谓之"士君子之勇"。第四，义是极强大的精神力量，它使人自尊、自信、自足，而不至为权势、富贵、贫贱、时运所倾倒而迷失沉沦。孟子谓之"大丈夫精神"，由此也可发转出抗争精神和批判精神。第五，义是人间正道和光明之途。孟子谓之"人之正路"。第六，义是牺牲小我而顾全大我的殉道精神。孟子谓之"舍生取义"。第七，义是与"私利""私心"相对的天理、大公，也是以正当手段获取和处置财富（利）的价值原则。如《尚书》《左传》《论语》《孟子》《荀子》所言。孟子谓之"人心之所同然"，荀子谓之"公义"。第八，义是安顿人伦及社会秩序的价值规范。如《论语》《孟子》《礼记》所言，后儒谓之"五伦""人义"。第九，义具有开物成务、利己利人、达己达人的含义。如《周易》《论语》所言。第十，义是立身处世之道，也是立国治国之基。如《尚书》《论语》《孟子》《管子》所言，《管子》谓之"国之纲维"。第十一，义有合理、合宜、正当等意思，如《中庸》所言。第十二，义有应尽之责的意思，如《论语》"行其义也"。第十三，义有裁决、裁断的意思，如《尚书》"以义制事"。当然义的内涵还远不止这些，以上仅就所引材料而做的简要阐发，旨在说明中国自古以来就是"义以为上"的礼义之邦。

在陈六使的多次倡议和极力呼吁下，南洋大学（以下简称"南大"）的创立终于获得了"人同此心，心同此理"的广泛响应和大力支持。新马华人自办大学的"此心此理"，在陈六使以南大筹备委员会主席身份发表的《创立南洋大学宣言》中得到了集中表达，概括起来就是创立南大的四大理由和两大特质。先将创立南大的"四大理由"[①]引述如下：

> 为中学毕业生广开深造之门：十年树木，百年树人，中学毕业，未竟全功，正待深造，方成栋材，今本邦华校学生达三十余万人，高中毕业生每年不下五六百人，将来与年俱增，势所必至。但时代悲剧，升学无门，昔年原可负笈大陆，政局既变，形格势禁，为之裹足。此间虽有马来亚大学，但入学资格，偏重英文，且学额无多，即英校九号毕业

[①]《陈六使言论集》，第 50—51 页。

生,亦无法全部接纳,大半被拒于大学门外,吾人目睹优秀青年彷徨歧途,进退维谷,教育功亏一篑,地方坐失人材,良甚浩叹!此其一。

为中学培植师资:南洋各地中学师资,向仰给于大陆,时移势变,供应阻绝;而现代教师,或徂谢退休,或高迁易业,或因故离境,日见减少,加以年来华校发展,与年递进,中学生人数,继续增高,基此数因,教师荒更趋严重,坐视不救,则教育发展,无形限制,教师有涸竭之虞,中学有闭门之虑。此其二。

为本邦造就专门人材:本邦独立,为期不远,各项建设,端赖大量人才,而环顾四周,受大学教育者几人,具专门技术者几人,若非未雨绸缪,储材备用,必至临时张皇,手足无措,何能自立自治,更遑论独立发展乎!大学教育为人材教育,欧美各国即蕞尔小邦,大学何止一所。马来亚大学创立于一九四九年十月,目下学生总数仅约八百五十人,殊不足以应当地之需要;故为独立前途造就人材计,大学之增设,实不容再缓。此其三。

为适应人口上之需要:全马人口六百七十万。依现代国家大学教育发展状况,马来亚增设三数间大学,殊不为过。澳洲人口仅八百五十万,而大学凡七,均具相当历史。准此而观,马来亚唯一大学之时代,早成过去。此其四。

再将创立南大的"两大特质"[①]**征引于下:**

沟通东西文化:东方文化,历史悠久,精神博大;西方文化,根盘雄厚,璀璨煌烂。二者为世界文化之主干,而新加坡适处东西文化交流之枢纽,故当地大学之重要使命,在沟通二大文化体系发扬而光大之。南洋大学正可与马来亚大学相辅而行,负起此一任务。马来亚大学重英文,而南洋大学则兼重中英巫各语文,以应学术研究之实际需要,务使学者对当地语文有相当基础,能充分运用,而同时学业水准与国际程度相埒,以为东西文化之桥梁。

发展马来亚文化:马来亚为华巫印等民族和衷共济之邦,各民族

---

① 《陈六使言论集》,第52页。

间接触频繁,精神联系,感情融洽,南洋大学之特质在研究各民族文化,吸取各民族之菁华,陶冶熔铸,使马来亚文化有辉煌之成就,因此马来亚各民族之地理历史物产经济语文等科目,均为南大研究之中心。

从上述宣言内容来看,陈六使把为华侨办大学当作自己义不容辞的神圣责任。因此他能够想华侨之所想,急华侨之所急,并以身作则、领袖群伦,或倡议或捐款或献地,从而激发带动了整个新马华社办大学的自觉性和积极性。这不正是陈六使对责无旁贷、自任之重、舍我其谁、当仁不让、作育英才、民胞物与、服务社会、和衷共济、惠泽于民、忠诚为国等儒家伦理精神,在他那个时代的创造阐释和笃实践行吗?!

我们还可以通过陈六使在南洋大学历届毕业典礼上的讲话,来归纳他所提倡和实践的儒家文化及其伦理精神:

1960年4月2日,陈六使在南大第一届毕业典礼上,致辞勉励学生说:"本大学所希望于你们的,简单说,只有两句话:第一句是'效忠国家',第二句是'为最多数人谋最大幸福'。"①

1961年3月3日,南大举行第二届毕业典礼,陈六使向毕业生致辞说:"本人有几句临别赠言,恳切赠给你们各位毕业同学:发愿造福人群,忠诚、勇敢、谦虚,对学术与事业永不停止进取。"②

1962年3月30日,南大举行第三届毕业生典礼,陈六使勉励毕业生说:"当你们把四年的心得用之于社会时,在工作上应该以服务人群为目的,而不应斤斤计较个人的得失。本人诚恳希望你们深深记着'取诸社会,用诸社会'的为人道理,加倍努力发奋图强。"③

1963年3月31日,南大举行第四届毕业典礼,陈六使晓谕毕业生说:

诸位踏出校门之后,不要忘了在校时的轩昂的气概和以天下为己任的志向;诸位能放射一分光明,社会就减少一分黑暗,国家就增

---

① 《陈六使言论集》,第156页。
② 《陈六使言论集》,第163页。
③ 《陈六使言论集》,第174页。

添一分希望。诸位投入社会去服务，阻力是常会遇到的，如果因为小小的挫折而骤然气短，由百炼钢变成绕指柔，就辜负了诸位所受的教育了。深望诸位以拔乎流俗的勇气和坚强不移的信心，去克服层层困难。至于准备负笈海外深造的同学们，也要加倍努力。①

纵观历届毕业致辞，可以看出陈六使反复提倡和灌输给毕业生的儒家伦理价值观念有：个体修身方面，要自强自信、奋斗不息、勇敢不屈；社会国家方面，要有责任感、忠诚信念、服务理念、奉献精神。其实，这些价值观念无一不是陈六使先生一生所服膺和持守的。

此外，南洋大学校友邓日才，对南洋大学的创办者、参与者及所有师生身上所凝聚和彰显的"南大精神"②有高度的概括和总结。"南大精神"是对"南大人"以创办学校、开拓进取、维护母语、传承斯文、敢于抗争等方式，弘传和实践儒家文化及其伦理精神的历史见证。现摘录于下：

> 南大精神，首先充分表现在南大的创办宗旨之上。南大的创立，是为国为民，是为族群，为文化。先知先觉，高瞻远瞩。可以说，南大精神，是国之所寄，民之所望，伟大而崇高。其次，南大精神，充分表现在艰苦的创办过程中。华社，从高层到低层，不畏困难，不屈不挠，历尽千辛万苦，才把南大办理起来。可以说，南大精神，是华族先辈勇敢拓荒与刻苦耐劳美德的再现。再次，南大精神，充分表现在华族创办华文高等学府与维护母语教育的决心之上。可以说，南大精神，是华族热爱母教与维护华教精神的写照。第四，南大精神，充分表现在抗争南大被变质、被关闭的心声与行动之上。可以说，南大精神，是华族争取合理权益，不畏强权精神的体现。第五，南大精神，充分表现在万二校友回馈社会、母校及人群的优越行为之上。可以说，南大精神，是华族饮水思源、尽忠报国的优良传统的发扬。第六，南大精神，充分表现在勤教苦学、秉持正义、力争上游的校园文化之上。可以说，南大精神，是师生教学相长、好校风、好学风的集中表现。

---

① 《陈六使言论集》，第184页。
② 邓日才：《南大对马来西亚华文教育的贡献》，见《南洋大学史论集》，第426页。

华人先辈当年为谋生计，不避险难、梯山航海、拓殖新马。他们深入山林、披荆斩棘、胼手胝足、开发当地，不仅推动了当地社会的繁荣，也带动了中国原乡的发展。当他们生活安定后，便遵圣贤"庶富教"之古训，兴办学校，由私塾、学堂到小学，再到中学和大学，一步步把一个完整的华文教育系统从无到有地建立起来，这靠的是经商致富的华商领袖及广大华社各阶层人士的团结合作与鼎力支持。这样的办学成就与华族所具有的勤劳勇敢、艰苦奋斗、自强不息、传承文脉、作育英才的民族性格是密不可分的，而民族性格的塑造不得不归结于以儒家文化及其伦理精神对国民长期的潜移默化和陶冶煦育。

小　结

综上所论，本章从个体生存伦理、家族互助伦理、企业家伦理等三个方面，探讨了新马华商对儒家文化及其伦理观念的弘传与实践。笔者认为，华商在下南洋谋生存、求发展的过程中，虽说是身无长物、赤手空拳，但他们身上却秉承了儒家文化所孕育出的伦理精神，如勤劳、节俭、吃苦、耐劳、坚韧、诚实、正直、信任、忠诚等。这些儒家伦理精神无疑为华商在海外的生存、奋斗、创业、发展、致富等提供了不竭的精神支撑。

南来初期创业的单打独斗、白手起家到创业有成、经营致富后的援引亲族，构成华商事业发展的三部曲。华商基于商海浮沉的种种因素，为保障家族成员的利益，他们以地缘、业缘、血缘为基础，以兄弟结义的伦理情谊为组织理念，以会员入股基金和不动产为经营方式，来整合传统的儒释道文化信仰及西方法律和管理制度而创造出家族互助会。家族互助会成员通过入会誓言、日常祭祀（祭神明、祖先）、审查会籍资格、章程规定等方式，弘传和实践了诸如敬老、诚毅、忠实、孝顺、忠恕、尊贤、友爱、互助、礼义等儒家伦理精神。

从援引亲族、照顾家族再到服务社会、恩泽民胞，是华商事业发展的第三部曲。近代以来，南洋华商凭借其卓越才干和组织能力，建立了庞大的家族企业，在积累雄厚社会财富的同时，他们也怀抱"服务公众，服务社会"的崇高精神理念。南洋华商陈嘉庚等人以"圣贤精神措诸事业"的方式，通过公司章程、实业教育、筹赈救济等社会事业，践行了国民一分子的神圣天职，弘传了儒家伦理中诸如忠公、诚信、勤俭、礼义、仁爱、勇敢、关怀、责任、同凶共患、忧民所忧、急民所急、视民如伤、关怀民瘼、恩泽胞与等价值观念。

第五章

文士与儒家伦理的弘传途径

特殊的地理条件和复杂的历史因缘,使新马形成以商人阶层为主导的工商社会结构。但进入19世纪后半期,清政府一改昔日视海外华侨为化外之民或天朝弃民的姿态,开始向南洋派遣领事文官以示好华侨,同时借机宣谕其保侨保商的新政。清政府姿态的转变也影响到东南沿海闽粤两省地方官的对侨态度。由于侨乡地望的缘故,闽粤地方官员也相继派士绅下南洋,或向华侨募捐善款,或奖掖华侨兴学办校。清廷和地方官员试图通过各种方式来拉拢华侨,以加强华侨与母国之间的关系。此后,随着中国内忧外患局势的加剧,以康梁为主的改良派和以孙中山为首的革命派先后到华侨聚集最多的南洋寻求政治避难及各种支持;与此同时,国内也有大批的文人、学士、医士等,因躲避内乱而南下新马等地。值得注意的是,这一时期,新马本土也出现了一群士人阶层,他们中有受过良好教育的商人,有学有所长的专业人士,有弃商从儒的人士,还有亦商亦儒的人士等。以上文士阶层在新马两地通过办学社、开文会、建孔庙、兴学堂、办报刊、编读本等途径来广泛弘传和普及宣扬儒家思想及其伦理观念。

第一节　驻新领事文官创办文社

自鸦片战争后，清政府在帝国主义列强的武力胁迫下，签订了一系列丧权辱国和开放通商口岸的不平等条约，这意味着清政府以往严厉的海禁政策也就形同虚设，加之南洋一带经过华人数百年的拓殖开发已成为相当富庶的地方。在诸种因素的共同作用下，国内尤其是闽粤两省商民流寓南洋之地者日渐增多。在当时内外交困的情形下，有先见之明的士大夫奏请清政府在华人流寓较多的南洋地区设立领事来保护商民以收利权，同时也勒令地方士绅到此宣教兴学以拉拢侨民心向母国。据《光绪朝东华录》"光绪五年二月"条载："臣等查泰西有约各国，业经请派出使大臣前往驻扎。且于英国新嘉坡、美国旧金山各处设立领事官。原为保护华民在外贸易佣工起见。"[①]因新加坡地处东西方海上交通的要道，且是整个南洋贸易的总商埠及华人聚居最集中的地方，故成为清廷在海外设立领事最早的地方。从1877年到1911年，清政府在新加坡前后共派出十二任领事，其中首任领事胡璇泽为本地华商，而第三任领事左秉隆不仅是政府直接派遣的第一人，也是任职最久的一位。对此，马来学者郑良树整理出一份清廷派驻新加坡历任领事的资料，参见表5.1。

表5.1　清廷派驻新加坡的历任领事

任期	姓名	职衔	备注
1877.10—1880.03	胡璇泽	领事	原道员、当地华商
1880.03—1881.09	苏湘清	署领事	原盐提举衔布政司经历
1881.09—1891.05	左秉隆	领事	原五品衔都察院学习都事
1891.05—1894.07	黄遵宪	总领事	原二品衔分省补用道
1894.07—1897	张振勋	署总领事	原三品衔候选知府
1897—1899.05	刘玉麟	署总领事	原分省补用道
1899.05—1902.01	罗忠尧	总领事	原驻英三等参赞、布政使衔候选道
1902.01—1902.05	吴世奇	署总领事	不明
1902.05—1906.01	凤仪	总领事	原候选知府

[①] 朱寿朋：《光绪朝东华录》，见《新加坡古事记》，第14页。

第五章　文士与儒家伦理的弘传途径

(续表)

任期	姓名	职衔	备注
1906.01—1917.10	孙士鼎	总领事	原广东候补知县
1907.10—1910.10	左秉隆	总领事	原布政使衔分省补用道
1910.10—1911	苏锐钊	总领事	原候选道

资料来源：郑良树：《马来西亚华文教育发展史》第一分册，吉隆坡：马来西亚华校教师会总会出版，1998年，第71页。

在历任驻新领事中，以左秉隆和黄遵宪为主要代表的领事文官通过开学会、办文社、兴学校等途径，以英汉双语把儒家的伦理观念弘传给新客华人移民、峇峇土生华人及其他当地士人，为新马两地的文教事业和社会改良做出不小的贡献。

一、左秉隆与会贤社

左秉隆（1850—1924年），字子兴，出生于广州。他曾在广州及北京同文馆学习西学及英语多年，一度充任总理衙门翻译官。曾纪泽担任访英大使时调左氏为随身翻译官，后者精湛的英文造诣得到前者赏识，于是曾氏在访英结束后便力荐左氏出任清朝派驻新加坡的领事。从学习经历看，左氏看似是一位受西学影响很深的人物。事实上，他受儒家思想的浸润更深，并对此有高深的造诣和强烈的认同。在任期内，他先后创办过会贤社、会吟社、雄辩会等文会学社，借此来联络当地士人，提升文风、振兴文教、鼓吹兴学，并借此为社会培养人才。其中，他所办的会贤社、会吟社主要针对的是华社中接受华文教育的士人群体，雄辩会则是以英文论辩的方式吸纳那些受英文教育的峇峇土生华人。左秉隆领事通过双语教育的方式，向新华社会灌输儒家文化及其伦理观念的做法也确实颇有成效。在左秉隆领事大力振兴文教的带动下，新华社会的有识之士也做出积极响应，先后创办了若干文社和学堂，如乐善社、图南社、丽泽社、同善社、好学会、培兰书室、毓兰书室、乐英书室、养正书屋等，在当地掀起一股强劲的儒家文化学习热潮。这一时期新华社会所创办的文社、学堂，可参见表5.2。

表 5.2　当时新加坡的文社学堂

文社	倡办人	创立年份	学堂	倡办人	创立年份
乐善社	闽商	1881 年	崇文阁	陈金声	1849 年
同善社	粤商	1881 年稍后	萃英书院	陈金声等	1854 年
会贤社	左秉隆	1882 年	华英义学	颜永成	1886 年
会吟社	左秉隆	1889 年	毓兰书室	陈金钟	1889 年
雄辩会	左秉隆	1882 年	乐英书室	华侨会	1889 年
图南社	黄遵宪	1892 年	广肇义学	广肇华商	1889 年
丽泽社	邱菽园	1896 年	养正书屋	章苑生	1889 年
乐群社	邱菽园	1897 年	培兰书室	不详	1890 年前后
好学会	林文庆、邱菽园	1899 年	华人女子学校	邱菽园、林文庆	1899 年

资料来源:梁元生《宣尼浮海到南洲:儒家思想与早期新加坡华人社会史料汇编》,1995 年,香港中文大学出版社,第 33—72 页。

　　在左秉隆领事开办的文社当中,要以 1882 年创立的会贤社在弘传儒家思想文化方面持续时间最久、影响也最大。左氏依照国内书院的运作方式和教学规制,每月从儒家典籍中选取一个话题作为"月课"题目,面向当地华社人士征文,然后亲自给予评定和奖励。借用这种方式,既可以激励士人兴起好学的社会风气,也可向他们灌输儒家思想的伦理观念。幸好,新加坡最早的中文报纸《叻报》对此做了比较详细的报道,为我们提供了分析问题的一手资料。根据梁元生的调查,《叻报》保存了 1887 至 1891 年"会贤社月课课榜名录"[①],而 1887 年之前的月课资料已经佚失。即便如此,我们还是可以通过这些残存的月课题目来体会当年先贤竭力弘传儒家文化的良苦用心和艰辛努力。表 5.3 是笔者在梁元生先生整理的会贤社课榜名录基础之上所做的资料改编归类。

---

① 《宣尼浮海到南洲:儒家思想与早期新加坡华人社会史料汇编》,第 33—47 页。

表5.3 会贤社课榜名录

年月	题号	课题	典出
1887.06	1	人而无恒不可以作巫医论	《论语·子路篇》
1887.07	2	人皆可以为尧舜	《孟子·告子下》
1887.08	3	政贵与民同好恶论	《礼记·大学》
1887.09	4	臣事君以忠	《论语·八佾篇》
1887.10	5	货悖而入者亦悖而出	《礼记·大学》
1888.02	6	君子学道则爱人,小人学道则易使也	《论语·阳货篇》
1888.03	7	子以四教	《论语·述而篇》
1888.05	8	人人亲其亲,长其长而天下平	《孟子·离娄上》
1888.06	9	言忠信行笃敬	《论语·卫灵公篇》
1888.07	10	言不忠信行不笃敬	《论语·卫灵公篇》
1888.09	11	满招损,谦受益	《尚书·大禹谟》
1888.10	12	致知在格物	《礼记·大学》
1888.11	13	人之行莫大于孝论	《孝经·圣治》
1888.12	14	学而不思则罔	《论语·为政篇》
1889.02	15	贫以无求为德,富以能施为德	《格言联璧》
1889.03	16	故理义之悦我心,犹刍豢之悦我口	《孟子·告子上》
1889.05	17	夫子之道,忠恕而已矣	《论语·里仁篇》
1889.06	18	兴于诗	《论语·泰伯篇》
1889.07	19	立于礼	《论语·泰伯篇》
1889.08	20	成于乐	《论语·泰伯篇》
1889.09	21	志于道	《论语·述而篇》
1889.10	22	五福以攸好德为根本	《尚书·洪范》
1890.02	23	疾止复故论	《礼记·曲礼》
1890.(润)2	24	则以学文	《论语·学而篇》
1890.03	25	有文事必有武备	《谷梁传·定公十年》
1890.07	26	多钱善贾论	《韩非子·五蠹》
1890.08	27	君子周急不继富	《论语·雍也篇》
1890.09	28	不远游	《论语·里仁篇》

(续表)

年月	题号	课题	典出
1890.10	29	无以妾为妻	《孟子·告子下》
1890年冬	30	问圣门之学修己而不恤人,务实而不务名者也,故曰人不知而不愠,又曰避世不见佑而不悔,乃又曰君子疾没世而名不称焉。其异同之故安在,自修之士宜何如立志用功欤?	《论语·学而篇》《论语·卫灵公篇》《礼记·中庸》
1891.03	31	财散则民聚	《礼记·大学》
1891.04	32	君子居之	《论语·子罕篇》

从上表32组月课题目来看,其课题内容主要取材自《大学》《中庸》《论语》《孟子》《孝经》《礼记》《尚书》《谷梁传》《韩非子》等典籍,基本上可以说和儒家文化相关。以下就结合上表内容来分析左秉隆领事出题的意图和目的。

第一,左秉隆考虑到新加坡工商社会性质的现实情形,有意识地从儒家典籍中发掘与财货商贾相关的议题,如5、15、26、27、31作为月课的征文题目应具有一番深意。题号5和31选自《大学》:

有德此有人,有人此有土,有土此有财,有财此有用。德者本也,财者末也,外本内末,争民施夺。是故财聚则民散,财散则民聚。是故言悖而出者,亦悖而入;货悖而入者,亦悖而出。

通过这段文献,我们可推知,左秉隆领事选择这两个题目想要传达的是华商应以"絜矩之道"作为经商致富的原则,并树立"德本财末"的价值观。具体来说,就是在经商过程中应诚实守信,不可欺诈他人,行不法悖义之举;致富后又能好善乐施,取之于民,用之于民,为社会和同胞谋求福利。选自《格言联璧》的15以及选自《论语》的27两题,也表达了同样观点。至于26题,虽典出法家著作《韩非子·五蠹》:

鄙谚曰:"长袖善舞,多钱善贾。"此言多资之易为工也。……夫明王治国之政,使其商工游食之民少而名卑,以寡趣本务而趋末作。今世近习之请行,则官爵可买;官爵可买,则商工不卑也矣。奸财货

第五章 文士与儒家伦理的弘传途径

贾得用于市,则商人不少矣。

然左秉隆领事引此典的用意在于,在他看到清政府卖官鬻爵和新华社会捐官之风炽昌的情况后,巧用经典来晓谕富商巨贾应当戒浮名之心,笃行务实之举,尤其是那些有志于儒学的绅商。所以,他又通过"圣门之学,修己而不恂人,务实而不务名"(题号30)来引导这些"亦商亦儒"之士。这体现了一代儒宗纯化社会风气,诱导商民向善的良苦用心。

第二,左秉隆领事从《论语》《礼记》《孟子》《孝经》中选出 4、8、13、23、28、29 等题目,旨在考察新华社会士人对儒家伦常道德观念的理解。题目 4 出自《论语·八佾篇》:"君使臣以礼,臣事君以忠。"用来考辨士子是否对君臣之道有正确理解。当然,适时向海外华人灌输忠君爱国观念,也是作为清朝驻新领事的职责所在。题目 28 出自《论语·里仁》:"父母在,不远游,游必有方。"意在教化海外华人不忘血脉根源,应以家国父母为本怀。题目 8 出自《孟子·离娄上》:"道在迩而求诸远,事在易而求诸难。人人亲其亲、长其长,而天下平。"它旨在考察士人如何理解行道、践道的问题,儒家之道可造极高明之境却又不离日用常行之内,敬由反身而诚的亲亲、敬长工夫,可渐次扩充至国家天下。题目 29 出自《孟子·告子下》:"五霸,桓公为盛。葵丘之会,诸侯束牲载书而不歃血。初命曰,诛不孝,无易树子,无以妾为妻。"这个题目与新马社会华人蓄妾的习俗有关。由于南洋华人常年在外经商不能经常和远在家乡的妻子团聚,出于生活的需要与经商的便利,娶当地的女子为妾,这就产生了一夫多妻的问题。这个题目旨在引导华商士人正确合理地处理夫妻(妾)关系,引导他们实践儒家修身齐家的理念。题目 13 出自《孝经·圣治》:"天地之性,人为贵。人之行,莫大于孝。孝莫大于严父,严父莫大于配天,则周公其人也。……夫圣人之德,又何以加于孝乎?故亲生之膝下,以养父母日严。圣人因严以教敬,因亲以教爱。"此题意在让士人阐发孝敬、爱亲皆本于人之真性情,而爱亲行孝乃为百善之源,所以孟子有"亲亲而仁民,仁民而爱物"之说。题目 23 出自《礼记·曲礼》:"父母有疾,冠者不栉,行不翔,言不惰,琴瑟不御,食肉不至变味,饮酒不至变貌,笑不至矧,怒不至詈,疾止复故。"此题意在考察作为人子在父母有疾病时当如何侍奉双亲。通过以上征文题目,左秉隆领事弘传了忠孝、礼义、亲亲、敬长、齐家等伦理观念,有助于从思想和行为上引导士商的人生观和价值观。

第三,左秉隆领事通过月课征文,弘传了儒家文化中的如下主要道德观念。题目1旨在让士子理解恒心、毅力对于成就人生德业的重要性。孔子说:"善人,吾不得而见之矣;得见有恒者,斯可矣。亡而为有,虚而为盈,约而为泰,难乎有恒矣。"朱熹注解说:"有恒者之与圣人,高下固悬绝矣,然未有不自有恒而能至于圣者也。故章末申言有恒之义,其示人入德之门,可谓深切而著明矣。"①题目7意在以孔子文行忠信的施教节目来勉励士子兴起向学之风、躬行忠信之德。9、10两题出自《论语·卫灵公》:"言忠信,行笃敬,虽蛮貊之邦,行矣。言不忠信,行不笃敬,虽州里,行乎哉?"忠信笃敬为一个人立身行事之基,无论身处何地皆当持守,所以孔子又说:"人而无信,不知其可也。"当然这一命题也含有以华变夷的意味。华夏子民不能因南洋风教未开而悖德失信,自甘沦为蛮夷;而应存"君子居之,何陋之有"的淑世之心,尽力做到移风易俗、改良人心及纯化社会的责任。题目22出自《尚书·洪范》:"五福:一曰寿,二曰富,三曰康宁,四曰攸好德,五曰考终命。"意思是长寿、富贵、平安、修养德性、寿终正寝这五种福气为人人向往歆羡,但其中应以修养德性作为获得五种福气的根本,旨在彰显华夏文化的德性品质,以此勉励士子努力涵养品德。

第四,左秉隆领事意在考察士子对儒家成德之教的理解,如题目18、19、20及21。前三个题目出自《论语·泰伯篇》:"兴于诗,立于礼,成于乐。"朱熹注解说:

> 诗本性情,有邪有正,其为言既易知,而吟咏之间,抑扬反覆,其感人又易入。故学者之初,所以兴起其好善恶恶之心,而不能自已者,必于此而得之。礼以恭敬辞逊为本,而有节文度数之详,可以固人肌肤之会,筋骸之束。故学者之中,所以能卓然自立,而不为事物之所摇夺者,必于此而得之。乐有五声十二律,更唱迭和,以为歌舞八音之节,可以养人之性情,而荡涤其邪秽,消融其查(渣)滓。故学者之终,所以至于义精仁熟,而自和顺于道德者,必于此而得之,是学之成也。②

---

① 《论语集注》卷四,《四书章句集注》,第99页。
② 《论语集注》卷四,《四书章句集注》,第104—105页。

第五章 文士与儒家伦理的弘传途径

左氏在会贤社外另创会吟社,该社创办后吸引和团结了一批舞文弄墨、吟诗酬唱的文人和当地绅商。他们以道德文章相砥砺,以诗词歌赋共抒怀,不仅提升了士人在新华社会的地位和影响力,而且振兴了当地的学术风气,同时也活跃了当地的文化氛围。在这些方面左秉隆领事起到了一个很好的表率和垂范作用,这可由中国南下的诗人如卫铸生酬答左秉隆的诗词中窥见一斑。其诗曰:"平情能使群心服,妙手兼医众腹枵。领导标新恢远略,移风易俗仗星轺。""十年化育开文教,无愧头衔叠荷迁。""迎养慈亲除茇舍,晨昏定省似家乡。"①卫铸生的诗词表露出左氏是位勤政爱民的官员,是位妙手回春的医师,是位振兴文教的教官,是位奉亲至孝的孝子。

左秉隆以先知先觉的文化担当,不仅通过会贤社的月课征文来教导当地士商,也借助会吟社的诗歌酬唱来联络文人,使儒家文化及其伦理精神得以在南洋这片热土生根和弘传。除了文教事业上的贡献外,左氏在新加坡的政绩还有如下数端值得称道:贩卖猪仔的取缔,妇女的保护,海盗的破获。② 这些都在在证实了他作为父母官关心民瘼、视民如伤、爱民如子的儒者人格形象。这也可以理解他以《大学》"民之所好好之,民之所恶恶之,此之谓民之父母"作为月课征文题目的良苦用意。他这种以民心为己心、忧民之所忧、急民之所急的人文情怀也赢得了南洋侨民的拥护和爱戴。左秉隆领事不仅感化了广大侨民,也赢得海峡侨生由衷的尊敬。1889 年,当新加坡领事馆为光绪皇帝大婚举行庆祝会时,雄辩会的全体成员,为感谢左领事任职以来的勋绩,趁机向他献上颂词:

> 新加坡蕞尔小邦,华人居此者数十万众,无非阁下之子民也;若辈勤劳终日,为糊口计,大皇帝选贤与能,得人如公,领事是邦,于是民知忠君爱国之道,如今日之所表现者矣。民等忝为雄辩会之一员,受公之惠,实深且巨,砥砺以道德,灌输以知识,民等爱趁此机会,特于大众之前,致其内心之谢悃,惟公誉之。③

---

① 《新加坡华人社会史论》,第 34—35 页。
② 陈育崧:《椰阴馆文存》卷 1,南洋学会出版,1983 年,第 124—125 页。
③ 《椰阴馆文存》卷 1,第 124 页。

二、黄遵宪与图南社

继左秉隆担任驻新领事官的是黄遵宪。黄遵宪(1848—1905年),字公度,广东嘉应州人,是中国近代著名的爱国诗人和维新思想家。

黄遵宪虽延续了前任左氏振兴文教的政策,但他将会贤社改为图南社,并亲撰"图南社序"及"图南社学规",反映了弘道南洋、鼓吹新学、栽培人才的意图和雄心。他在序中说:

> 吾尝读《易》,离为文明之象,而其卦系于南方。……推而至于八闽、百粤,咸郁郁乎有海滨邹鲁之风。乃至粤之琼州、闽之台湾……盖天道地气,皆自北而南,而吾道亦随之而南,圣人之言,不其然欤!……夫新嘉坡一地,附近赤道,自中国视之,正当南离。吾意必有蓄道德能文章者应运而出,而寂寂犹未之闻者,则以董率之乏人,而渐被之日尚浅也。前领事左子兴观察,究心文事,创立社课,社中文辞多斐然可观。遵宪不才,承乏此间,尤愿与诸君子讲道论德,兼及中西之治法,古今之学术,窃冀数年之后,人材蔚起,有以应天文之象,储国家之用,此则区区之心,朝夕引领而企者矣。①

图南社和会贤社一样,仿内地书院的教学规制每月出题征文,由领事亲自评审文章然后给予优胜者以花红奖励;与会贤社不同的是,图南社更偏重于考察当地士人对实际时务问题的见解而非对儒家经典的理解。正如黄遵宪所说:

> 图南社不出四书题,以南岛地方,习此无用也。惟教读诸生,平日专习举业,多有不连时务,不工询说者,今勉徇诸生之情,出此一题,如有佳作,再商改章。②

黄遵宪领事旨在借助图南社这个文化中心来引导当地士人关注诸如医疗

---

① 黄遵宪:《黄遵宪集》下卷,天津人民出版社,2003年,第383—384页。
② 《椰阴馆文存》卷2,第297页。

卫生、文化教育、商务经济、政治改革、军事防务、风俗改良等关涉侨民权益福利的问题。这说明黄遵宪是一位关心民瘼、勤政爱民、振兴文教、注重实学的领事官员，对此可从表5.4图南社的月课内容证成此说。

表5.4 图南社部分月课试题（1892—1894年）

年月	月课题目
1892.01	文：问胡椒甘密，今年价值骤减，其故为何？有何法可挽救？请详陈之。
	拟：新加坡捐建同济医院序。
1892.02	南洋各地风俗优劣论。
1892.11	文：问领事官应办之事。诸生各举所知以对，凡权力所不及者，不必论；此外或条举各事，或专举一事，其纵情积思，毋有所隐，既以觇诸生之学识，亦以匡本总领事之所不逮云。
1893.01	文：重商论。古人于商，以其舍本而趋末。顾今昔情势不同，试言其故。
	四书题：如不可求，从吾所好。
1893.09	文：问泰西诸国均禁娼禁赌，而西人于属地或禁或不禁。又有许娼妓领牌，令商人充赌饷者，其异同得失如何？试详陈之。
	策问：四书题既富矣又何加焉曰教之。
1893.11	文：拟公建华人大学校序，并附学校章程。
1893.12	文：问中国于暹罗事宜如何处置？以保华人而收实益。
1894.02	文：丁（日昌）军门统帅职舰南巡记。
1894.03	论南洋生产华人宜如何教养以期进益。
1894.04	文：策问问南洋妇女流品淆什，风俗浇薄，今欲清流品而挽风俗：一、凡良家妇女欲来南洋者，拟由各帮绅董查明良善，取具保结，呈请领事发给护照，寄回内地，以利遄行，其无护照者，必严查细查，是否拐诱，以分良莠。二、南洋各处有节烈妇女，拟由各绅董察访，具报禀由总领事详奏请旌，以昭激励。三、凡妇女呈请离异者，拟由绅董联函禀请，地方官体察等风俗，变通英例，务得确情，以杜背叛。以上三策，是否可行，有无利弊？诸生其详陈之。

资料来源：《椰阴馆文存》卷2，第296—299页。

对于图南社创办的社会意义，《星报》发表评论说：

"该社之兴，厥有三善：一以尊王也。异俗殊方，已不知汉家仪制，得该社而提振之……一以重道也，圣人之教，万古不磨，然有异学，从而大夹杂之，则有时而掩，得该社为之倡起……一以体恤寒畯也。每有稍通文墨之人，南来作客，而屠龙有技，不入时趋，鷦鷯之枝，未易谋得，将穷途落魄，何以自存，幸得该社奖赏之资。①

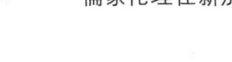

图南社在振兴文化和保侨保商方面所做出的努力和贡献不只得到了舆论文化界的声援,同时其所办事业也得到华社众多绅商的慷慨输将或资金资助。叶钟玲研究称,"光绪十八年九月,林搏云太守捐银二十元。自该年十月起,福建乐善社每月捐助赏银十元。……光绪十九年二月,又承余振兴、吴德源,每月各认捐五元,此外,则椒蜜公局捐银四十元,陈广丰捐银三十元,李应山、刘荣丰、协裕生、永利成、胜兴、福盛各有捐助"②。图南社之所以能获得华社各界的广泛认同和大力支持,是由于领事馆能从当地华社的情况出发,想侨民之所想,急侨民之所急,始终以为侨胞排忧解难、争取合法权益、谋求社会福祉为己任。

左秉隆和黄遵宪通过创办文社和学社,以月课征文的方式吸引了为数不少的当地士商参与其中,既推动了儒家文化在南洋地区的弘传与发展,又在某种程度上履行了清廷保侨保商的怀柔政策。至于其他领事如张振勋、罗忠尧、吴世奇等则通过建孔庙、办学堂、宣圣谕的途径来教化当地侨民子弟,也为推动儒家文化在新马两地的弘传及为当地培养人才做出了不少贡献。

第二节 南来士绅倡建孔庙学堂

除清政府直接派遣领事文官到南洋保护侨民外,闽粤两省由于其特殊地缘和侨乡关系也多次派士绅到南洋传谕朝廷的保商事宜,同时他们也不忘在当地主持风化、鼓吹兴学、宣扬儒学、提倡孔教等。此外,也有部分自闽粤侨乡南渡到此的文人学士也参与其中。南来士绅文人连同当地士商共同在南洋掀起了一场持续十余年之久的儒学复兴运动。③在这些南来士绅文人当中,与新马儒学复兴运动密切相关的是戴文宗、吴桐林、丘逢甲、王晓沧、康有为等人。

在驻新领事文官和闽粤士绅南来兴学之前,当地有些文教机构如崇文阁、

---

① 转引自叶钟玲:《黄遵宪与图南社》,《亚洲文化》1991年第15期,第122页。
② 叶钟玲:《黄遵宪与图南社》,《亚洲文化》1991年第15期,第123页。
③ 林文庆、宋旺相认为,新马孔教运动的起止时间为1894年和1910年。颜清湟认为起止时间为1899年和1911年。梁元生、陈荣照认为起止时间为1897年和1910年。李廷辉认为起止时间是1894年和1911年。严春宝采用的是颜清湟的说法。(《新加坡儒家文化传承研究》,第83页。)

萃英书院及乐善社等讲授传播儒学已有多年。当福建提督学政戴文宗奉命南来新加坡为闽中灾区百姓筹赈募款时,曾亲闻萃英书院兼乐善社教谕的王道宗在此地宣扬儒学的成绩以及各绅董、商民捐资兴学施医等种种义举善行,他作为士绅代表期望通过颁发匾额给文教机构以鼓励和褒奖。当时的华文报纸《天南新报》对这件时事有大篇幅的报道:

> 新嘉坡乐善社宣讲圣谕局,系吾闽诸绅商自光绪七年募捐倡建,特开南洋风气之先,继则有粤籍之同善社,以及马六甲、槟榔屿、仰光、日里等埠,闻风兴起,先后举行,俾海外苍生得以咸聆听圣训,共识尊君亲上、纲常伦纪诸大端。自是以来,风俗为之一变,耳目为之一新。每遇内地水旱天灾、各籍富商靡不踊跃乐输,共成美举;其成效昭著,固可考而知也。……嗣查乐善社为南洋倡兴圣教之始,谕令周委员查取各绅董衔名及创建缘起,旋蒙钦命日讲起居注官詹事府少詹事提督福建全省学院戴批:据禀阅悉南洋新嘉坡福建会馆兼办乐善社绅董分立讲约,宣讲圣谕广训,创建有年,商捐商办,各埠闻风兴起,相继举行,足使海外商民蘁蘁向善,本院深为嘉许,贡生王道宗见义勇为,自创设宣讲以来,善诱循循,初终罔懈,实属有裨风化,准给予"力宣风教"匾额,其振成……上林等商号,好善募捐,深明大义,准给予"海外尊亲"总匾一方;局董即补训道吴世奇、职员吴进卿、颜锡坤等董率有方,成效昭著,准给予"敦行不殆"匾额;又职商林云龙设局赠医,心存利济,准给予"蒙襫拯人"匾额,以褒善良而资观感。①

从上面"力宣风教""海外尊亲""敦行不殆""蒙襫拯人"的匾额题词来看,这既是福建官员对当地闽侨身体力行儒家道德和种种义举善行的褒奖,也是地方官员在当地提倡儒学、维持风教、引导风尚的职责所在。

粤地士绅文人也不甘人后,吴桐林、丘逢甲、王晓沧等先后以保商事宜下南洋宣教。他们在新马等地通过宣讲圣谕儒学,倡建孔庙学堂,宣扬保种保教来弘传儒家文化及其伦理观念。吴桐林是三位士绅之中最先提出在新加坡倡

---

① 《福建提督学政戴文宗奖给新嘉坡乐善社众绅董匾额》,《天南新报》第406号,1899年10月9日。

建孔庙学堂的开明之士。1896年夏天,他在游历南洋群岛途经新加坡时,曾对众人发表过"劝建孔子教堂及学堂诸义举"的演讲,然而当时复兴儒学的时机尚未完全成熟和到来,以致"言之谆谆,听者藐藐"。①

吴氏第二次南来新加坡是在1901年,这次他是奉了两广总督陶模之命前来此地宣谕保商。在此期间,康梁等维新志士因戊戌变法失败而逃亡海外,尤其是康有为——这个19世纪末期主张尊孔保教的核心人物,在英国殖民政府的庇护和新加坡儒士邱菽园的邀请之下南来避难期间,康氏及其信徒曾在当地鼓吹过尊王崇孔、保种保教思想,并号召当地绅商建孔庙、办学堂。然而吊诡的是,当儒学运动在南洋各埠如火如荼展开之时,新加坡这个华人萃聚繁盛的大商埠却寂寂无声。报道称:

> 吧城、吉隆、望加锡、雪梨诸埠,其繁盛不逮星洲,而建孔庙、设大学堂,已屡见报章,况星洲为南洋总埠,闽粤乡人为南洋冠冕,而兹事独让美各埠,其可乎?②

所以这就有了吴桐林等人再次倡建孔庙学堂的提议和演说。一方面,他从世界五大洲各人种因有宗教而获世人尊敬的实例来劝说本地华社绅商士人应从速建立孔教、兴办学堂。报道说:

> 天下之大,五洲之广,人各有种,种各有教。有教之国,万国尊之;有教之民,万国敬之。……星嘉坡为南洋总汇之区、华商荟萃之地,约计本坡华人数十万,外埠共计不下数百万,流寓日久,生岁遂繁。凡土产之人,服洋服、语洋语。心目中所敬畏者西人,生理所交往者巫人;初世犹有父子之伦、夫妇之伦,历世渐久,则并三纲五常而渐不知为何物。叩其祖若考之名,有知有不知也;问其中国圣贤之教,有闻有不闻也。……推原其故,实由华人无教堂以致之。无教堂则不知中国之教,久而久之,竟忘其本也。恐再越数稔,南洋土产之人不知身为中国人,更不知有中国矣。嗟乎!乃祖乃父由中国来也,

---

① 《星嘉坡创议孔子教堂缘起》,《叻报》第5978号,1901年12月9日。
② 《星洲宜建孔庙及开学堂说》,《天南新报》第534号,1900年3月26日。

何等艰难,何等劳苦,始有今日。曾几何时,而竟数典忘祖耶!此星嘉坡有识之华商所为亟亟皇皇,而有创建孔子教堂之议也。……抑桐林更有说者,星嘉坡议建孔子学堂,乃华商为子孙之事,非内地之事……事之成否,全在南洋各大商。

另一方面,他以下属官员的身份传达了上司两广总督陶模支持及奖励儒教的旨意。报刊称:

幸有张广文克诚状闻两广制府,制府陶公深为嘉许,行文领事,奖励再三,甚盛事也。桐林适奉陶公命,捧缴南洋传谕保商之事,逢斯盛举,不禁欣然。……未几事为陶帅所闻,益加愉快,盖喜孔教之能行于外洋也。檄饬桐林传谕林文庆及各大商之有心孔教者,劝其共志同心,始终其事。所有我孔子三纲五常之至道,陶帅又不惮其烦,反覆讲论,言之精详。且闻陶帅行文之日,正政躬有恙之时,以有恙之政躬,而不忘我民于海外,所谓民胞物与,公而忘私,陶帅有焉!①

这段文字旨在重点宣传三纲五常及木本水源的儒家伦理观念。

继吴桐林之后来南洋传谕保商并劝建孔庙学堂的是王晓沧和丘逢甲两位士绅,其中丘逢甲是惠潮嘉道沈瑎斋保荐的专员。王晓沧和丘逢甲两人,既是锐意维新的同道好友,又是极力宣扬孔学的儒教信徒,期望借孔庙学堂来凝聚华侨人心,使他们能够团结合群。1900年2月,丘、王两人抵达新加坡。他们先后在《天南新报》发表了题为"星洲宜建孔庙及开学堂说"及"劝星洲闽粤乡人合建孔子庙及大学堂启"的演讲,在当地华社和士商心中产生了颇大影响。

先论述王晓沧的观点。首先,他认为西洋诸国之所以强盛,就在于士商能合群力以尊教兴学;而中国之所以贫弱则在于士商大都昧于孔教日新精义与不能真正实行孔教;所以他认为中国若要自强就必须合群力,而合群力莫过于尊孔教、兴新学。他说:

---

① 《星嘉坡创议孔子教堂缘起》,《叻报》第5978号,1901年12月9日。

> 夫泰西之与我国，教虽有歧，其以新学立自强之基，则理未尝不合，事未尝不同。今星洲我闽粤乡人贸易来此者，约计之不下百数十万人，亦岂不能合群力以自强者？合群力以自强，则莫若尊国教、兴新学；尊教兴学，则建孔庙、设大学堂，其事尤不可缓。盖以维国体、以开民智、以正人心，为自强之计者，将于是乎！……其所以今日国濒于贫弱者，以不能实行其教耳！①

其次，他从中西文化都重商学、讲新知出发，鼓励闽粤侨胞倡建孔庙、兴新学堂。他说：

> 泰西重商学，而《大学》生财有大道一节，商学已包括其中……且设大学堂，中西学兼习，实于孔教知新之旨不背。……以孔子知新之学□而学之者，又可知中西兼学，正所谓以闻孔教者也！今星洲以近州称，尝有不徒应其名而应其实者，建孔庙、设大学堂，集事既易，造就犹速。而一切达材有用之学，日新不已，以新其国，以新其世界。吾将以此地为起点焉、引线焉。②

最后，他以华人在南洋受西洋诸国的欺凌和不平等对待为例，勉励闽粤绅商合群兴学以自强。他说：

> 自我国变法不成，至今旅洋各商，泰西诸国亦不以平等见待，困亦甚矣！《学记》曰：知困，然后能自强也。吾尤愿闽粤绅商，知所先务，合群力以兴学，为自强基础！③

丘逢甲南行之前，他曾在广东汕头创设岭南同文馆，以"昌明孔教为体，兼肄习东西文学为用"为办学宗旨，措意于维新改革和教育事业，并且得到了地方官员的支持与潮州绅商的赞助。他此番下南洋除奉命传谕保商事宜外，另

---

① 《星洲宜建孔庙及开学堂说》，《天南新报》第534号，1900年3月26日。
② 《星洲宜建孔庙及开学堂说》，《天南新报》第534号，1900年3月26日。
③ 《星洲宜建孔庙及开学堂说》，《天南新报》第534号，1900年3月26日。

一目的就是希望在建孔庙学堂这件事上能和当地著名儒士邱菽园等取得联络,共同勉励星洲闽粤众绅商发挥富而好义的传统,并劝说他们明大义、合群力,尽快落实此关系华侨子弟教育的大事。他说:

> 为吾闽粤乡人之知大义有大力者劝,夫南洋各埠绅商,号为富而好义,中外知之久矣,而星洲实为各埠之冠。累年各省灾荒,赈捐之款,动以百数十万计,而多由星洲倡之,此其功在本国者也。至印度恤灾、非洲恤战,亦各不惜财力以助英廷,因报及地主之惠矣。然此皆为人事也!若建学堂,则自为其子弟事也!今何切于为人而疏于自为?①

丘逢甲在充分肯定闽粤侨民的众多义举之后,号召他们应以有用之财作有益之用,并劝导他们建孔庙、尊孔教以保种保国,设大学堂、开民智以自强。他说:

> 若孔庙之建,则尊教也,而即以保种保国,明大义者皆知之,此不言福,而福自及者也!内地信鬼之徒,凡建祠建醮,有所不足,皆首于星洲乎求。缘簿一来,或不惜千百应之。此以有用之财,为无益之用也。他者无论矣,其智者虽明知无益,而犹且捐焉以为豪。则曷若于本间建孔庙、开学堂,以有用之财,为有益之用?!人才济济,皆由此出焉。②

为了使建孔庙学堂这一关系闽粤华侨切身利益的大事尽快在新加坡落实,丘逢甲继而从西洋人何以能强盛,而中国数百万侨民何以见弱受欺于泰西诸国来为闽粤华侨剖析利害关系。他说:

> 人知西人之强国也以兵、以商、以工、以农,而不知其实以教、以学。有教则人心一而国体固,有学则国中文明之度日进而日上。西人之治本国勿论,即治属地,法虽不无畸轻重,而固无不兴教以诱其愚、设学以开其智者!星洲英属,乡人当已习见其设施矣。吾中国有

---

① 《星洲宜建孔庙及开学堂说》,《天南新报》第534号,1900年3月26日。
② 《星洲宜建孔庙及开学堂说》,《天南新报》第534号,1900年3月26日。

孔教,而不知尊士之所学,已迥非孔教本旨;而言及学问之事,乃若专属之士者,若兵、若商、若工、若农,抑若无与于学,且若非孔教中人者,此国体所以不团、人心所以不固、民智所以不开。以二万里地四万万人之国,所以见弱于人;至旅洋华商亦不得平等看待也。

因此,华侨若要不见欺于人并自立自强,则应以建孔庙大学堂为急务,以"培人才、开风气、团人心、作士气"为志事。①

随后,丘、王两人受马来亚霹雳州闽粤华商之邀,到华侨聚居众多的大商埠巴罗作倡建孔庙学堂的演讲,引起了当地董绅和士商的强烈响应,赢取了他们的大力支持,同时也掀起了一波又一波建孔庙、办学堂的实际行动。据当时一篇名为《吡叻华商倡建孔庙学堂》的报道称:

> 欣值邱仙根工部(丘逢甲)、王晓沧广文,以保商事东驾邀临,奉宣朝廷德意,并敦劝各商出为提倡。旋有吾闽大杰士王君维泉,年逾弱冠,志趣高超,以乐育英才为己任,倡捐地址约值七八千金,复拟广购书籍,仿照仰光藏书楼之设,聚众演说,以开风气。一时和者甚多,其事遂成。②

从上面报道来看,这位祖籍福建姓王名维泉之人,是位乐施好善、热心兴学的才俊,也是位长袖善舞、善于经商的商人,同时也是位善于论学、推崇儒学的儒士,这种亦商亦儒的双重身份无疑构成他建孔庙、设学堂的内在动力。

此外,我们更可通过王维泉在《天南新报》发表的《中国士农工商皆孔教中人》一文来证实此点。他突破"世俗唯士才能尊儒"的思想牢笼,提出"四民皆是孔教中人"的崭新观点。他说:

> 中国四万万人,皆孔教中人。无论为士、为农、为工、为商,无一非孔教中人。而人顾偲偲然,若孔教中人专属之士者,何其谬也!人特未之思耳。中国孔庙所在,必建明伦堂。固谓我孔教中人,当先明

---

① 《劝星洲闽粤乡人合建孔子庙及大学堂启》,《天南新报》第535号,1900年3月27日。
② 《吡叻华商倡建孔庙学堂》,《天南新报》第569号,1900年5月7日。

此彝伦。彝伦之任,四民有责。今试执人而诟之曰:尔无君臣之伦,无父子之伦,无兄弟、无朋友、无夫妇之伦。彝伦攸斁,吾知必引为深耻。……人人知有彝伦,则知人人皆孔教中人矣!

同时,他又认为士人当以行己有耻、敬业乐群、成就人才、保护商民为己任,这样的士方是真士,这样的人才真是孔教中人。他说:

问今日风气何以未能开通?物理何以未能格致?政治何以未能自强?士人必引为行己之耻,然后能讲求日新之学;敬业乐群,以成有用之材,不致日锢于时文之中,汩没其聪明知识。而士之身登仕版者,或出膺使命,亦能仰体朝廷保护商民之德意,而不同于贪禄楛图保举,无一策之长可建,坐视邻国之人日凌践我华民,而噤若寒蝉,不发一声;辱君之命实甚,而为孔教罪人者。其使于四方,自必能交邻有道,不亢不卑,折冲樽俎之间,俾四邻悦服,何至有君命之辱哉?有何有商民不能保护哉?!似此为士者,乃真孔教中人也!①

丘逢甲为了表彰儒商王维泉兴教设学、乐育英才的善行义举,特为其藏书楼题写匾额"道南楼"和门联"道心通列圣,南国集群贤",以示嘉奖和鼓励。王晓沧也为藏书楼特撰《道南书楼记》一篇,以激励闽粤侨民慷慨好义之士能参与建孔庙、办学堂的儒学复兴运动中来。

为实现保商保侨的目的,丘逢甲在巴罗发表了题为"创建孔庙学堂缘起"的演讲。他在演讲中大力鼓吹尊教兴学,并阐述尊教能固国本、团人心,设学堂可以开风气、育人才的观点;进而期望在南洋华侨中能兴起豪杰之士和伟大人物,以合群力兴孔教、办学堂为己任。在此丘逢甲对闽粤侨胞的殷殷之情和深切厚望表露无余。他说:

今中国之大患二,曰不开通,曰不联合。曷能使之联合?曰莫如尊教。孔子者,吾中国教主也!人人知为孔子教中人,则人人知行孔子之道,而人心一矣。曷能使之开通?曰莫如兴学。人人知孔子教

---

① 《中国士农工商皆孔教中人》,《天南新报》第593号,1900年6月5日。

之行,在于广求有用之学。于是广设学堂,则风气开而人才出矣。逢甲以保商事来南洋,已屡以此义为吾闽粤乡人劝。其豪杰之士,闻之莫不兴起。道吧罗,以此义衍说。吧罗者,大吡叻总埠也。惟是宫室土木之费、师生讲习之资,非合众力不为功。然则吾尤望有大力者相与成此举也!以有用之财,为有益之用,是谓能用财;能用财者,乃真豪杰士也!以固国本,以一人心,以开风气,以培人才,一举而众善备,有自命豪杰者乎?吾将此举觇之也。逢甲归矣,而心则犹留南洋。他日有奋起海上,为中国伟人、为世界伟人者,必曰:此其人固自任孔教而为学堂中人者也,则此心乃为大慰矣。①

同年稍后,丘逢甲又应吧罗绅董士商之请作了一场建孔庙、兴学堂的演讲。不过这次他是从关系海外华人切身利益和华人之所以受西人鄙视欺凌的角度,来劝说吧罗华人尊孔教以团结,兴新学以自强。

首先,他从现象和本质两个层面分析了中国衰弱的病根在于国人无教无学,而这又是君主专制造成的。他说:

今日中国之所以弱者,其故何在乎?就其迹论之,则属国之尽亡也,口岸要地之纷弃也。种族国权失于上,种种利权失于下,是固然矣;然而本原之失,则不在此。本原之失何在?曰在无教,曰在无学。……孔子之教,则政与教合一;凡今日西人新政,四书六经皆已言之。是我孔子尤为全球万国一大教主也。中国三代之时,人人知学,无论为士、为农、为工、为商,皆教中人也。秦汉以后,其君务以愚民为事,其民乃不尽知学,于是为士者乃自命为孔教中人,若农、若工、若商,则几不敢自命为孔教中人,此大谬也。②

其次,他以西人所到之处必建教堂、做礼拜和广设学堂以兴教化为事例来反观华人,因不行孔教而遭人鄙视轻慢,因不知求学而自甘愚弱,借此激发海外华人兴学设教以求自立自强。他说:

---

① 《吧罗创建孔庙学堂缘起》,《天南新报》第570号,1900年5月8日。
② 《吧罗演说词》,《天南新报》第592号,1900年6月4日。

第五章　文士与儒家伦理的弘传途径

　　夫西人万里来华,犹不忘教主;凡所至之处,必设礼拜堂,七日一礼拜,故其人心最一,束于教也。我中国人心散漫,正因不知尊教。以大叱叻华人不下十万,而乃无一孔子庙,无怪西人之以无教鄙视我也。故今日不可不急先建一孔子庙,以维系人心。虽然孔子庙宜立矣,而孔子教之所以行者,则在于人人知学。孟子之推言国亡也,曰下无学。是无学即可亡国也。无学亡国,有学国即可强。①

新加坡虽说是整个南洋地区的总埠和华人聚居的中心,但作为19世纪末以南洋儒学复兴运动为主要活动内容的建孔庙、办学堂却在此地迟迟不能付诸实施。与此相反的是,新加坡邻近地区如荷属的望加锡、吧城,英属的巴罗、吉隆坡及马六甲,却对建孔庙、兴学堂响应强烈、行动积极。在领事文官、南来士绅及文人教习与当地绅商士人的共同推动下,建孔庙、兴学堂的儒学复兴运动就这样如火如荼地展开了。

在领事文官的劝谕兴学和当地媒体的鼓吹建庙下,荷属印尼望加锡华商如李连喜、陈福水等人开始响应并着手募捐孔庙学堂事宜。新闻报道称,闽商李连喜祖孙三代均是乐施好善之人,曾募捐过福建公祠。李连喜既是个善于继承祖德的孝子,也是位性情豪爽、多行义举、嗜好学问、维持风化的儒商。又称,李君拟出巨资倡办女学堂并托同乡戚友访聘女教师以造就闺秀,开化社会风气。他听闻《天南新报》报道各埠竞相建孔庙、办学堂之事后,闻风而起,兴起好义之心,决定在埠中觅一清净地块建文庙、崇祀孔子兼开设学堂以培养人才。于是,他捐地一段以备建造,并率先捐银数千以为众人倡,为保持久、将来计,每日到处募捐善款,其古道热肠、乐施好善、殷殷兴学之心于此可见。李连喜的义行善举得到了该埠甲必丹汤河清、戴原义及诸多董绅的支持。②

另一则新闻称,孔庙学堂尚在筹建当中之时,华商李连喜和陈福水就迫不及待地提议可暂假借福建公祠来设帐授徒、崇祀孔子。后因某富翁声言孔圣牌位与公祠众商之神主不可等量齐观,遂作罢。在此期间,李君曾托友人卓云

---

① 《吧罗演说词》,《天南新报》第592号,1900年6月4日。
② 《记望加锡募捐圣庙学堂事》,《天南新报》第390号,1899年9月19日;《锡函伟论》,《天南新报》第435号,1899年11月11日;《敬记望加锡华商兴建孔庙学堂事》,《天南新报》第527号,1900年3月17日;《教习南渡》,《天南新报》第613号,1900年6月30日;《锡岛飞鸿》,《天南新报》第657号,1900年8月22日;《望加锡中华学堂恭祝圣诞盛仪》,《天南新报》第707号,1900年10月11日。

涵代为聘请教习。从报道可知,卓氏先后从家乡福建聘请到总教习同安人苏易及女教习苏易德配和永春贡生柯春晖、连珍如、李开三等人来此授徒教学。其时,望加锡孔庙学堂已于 1900 年 6 月告竣,其结构布局为前进门额题曰宣圣庙,其后进即学堂,另署额于龙门之首,曰中华学堂。学堂落成后不多久,女学就已开馆授徒,破除了旧日"女子无才便是德"的陈规陋见。8 月 27 日适逢先师孔子圣诞,该学堂董绅资助人及全体师生举行了一场颇为隆重的圣诞仪式,吸引了一些西洋官员前来观礼。新闻媒体对这一盛况评价说:

  足见转移风俗、端资圣教,诚得吾党之贤者,整躬率物、潜移默化,安见欧西士女不有悦我周公仲尼之道,而为之一变也耶?①

翌日,总教习苏易借孔子圣诞在中华学堂发表了一场演说,从内容来看,主要包括以下几个要点:
第一,国之兴衰虽观乎气运,但更在乎人之奋发向上。他勉励诸君说:

  庶几共扶衰世、振我文明,使列圣心传,灿然世宙,此诸君子属望之意,而仆尤所望于诸君子,并望各处兴学之君子也。……我国自尧舜心传授以来,圣圣相承,历代继续,盖以此道为归。虽兴衰亦因世运,每系垂绝于一线,卒以奋发之后,而理道益明、人心益向。②

正曾子"人能弘道"之意。
第二,以能奋发为雄,守先圣之教虽旧也新;而言维新者矜持太甚,过于责人实为守旧之人。他说:

  今所谓守旧者,特庸劣之夫耳!何得畀以此美名乎?旧者何?非吾先王先圣之道之谓耶?然则人第患其不守耳!守之则仁义干橹,守之则道德戈矛,将见人人亲上死长矣!守之则协和万邦,守之则绥柔远人,将见邻国仰若父母矣!……而所谓维新者,志多可嘉、

---

① 《望加锡中华学堂恭祝圣诞盛仪》,《天南新报》第 707 号,1900 年 10 月 11 日。
② 《孔子圣诞望加锡中华学堂教习苏师孟演说辞》,《天南新报》第 708 号,1900 年 10 月 12 日。

第五章 文士与儒家伦理的弘传途径

心多过狭;我自欲维新,则何必疾恶之太甚!……春秋责备贤者,愿与维新诸志士勖之!①

第三,号召海外侨民以合群为念、以兴学为心,将修礼明义、忠信笃敬之道化行于南洋之地。他说:

而我同胞同群之念,尤不可以或懈;兴学之心,尤不可以或忘!……苟修礼明信,亦自不见欺于人,我夫子不云乎:虽蛮貊之邦,行矣亦可安。吾常以俟天命也,伏愿共勉同胞,联络声气,以鼓维新气象,天心因材而笃,将必于栽者而培之乎?同志勉乎哉!②

同样,印尼巴城诸华商一边暂借中华会馆创建孔庙学堂,一边从中国内地聘请教习传授新学。新闻报道称,巴城众商假借中华会馆创办孔庙学堂的宗旨有五条:爱国,尊教,合群,育才,仁民。

其一,爱国内容涉及设讲堂以宣讲圣谕,逢国家庆典须恭贺皇上、皇后,遇国家忌日当禁止鼓乐以志哀慕,凡冠婚丧祭嫁娶皆应恪守或遵行华夏典礼。其二,尊教内容包括建立孔子庙堂,采用孔子纪年,酌定祭祀礼仪,允准妇女拜孔。其三,合群内容包含四项内容:一破除主客之见、闽粤之分,待同胞如兄弟,视侨胞为手足,互相扶持,互相砥砺;二联合各行行头,公推行长来统一管理商行,整齐人心,争取利权,挽回民权;三会馆之设在联络人心,广通声气,讲求实用,不存成见,不限方隅;四设学堂研究物理以长见识,教育人才。其四,育才条目涉及分聘各科教习,严定功课,广购图书,通习正因,资助无力升学的高等学生。其五,仁民的实施涉及设养老院以恤高年,储备基金以济世,派送善书以劝善,广行方便以利众。③

在印尼泗水,各绅商受其他各埠尊孔兴学风气的影响,开始革除往日祀神的习俗,将神明如文昌祠改作文庙以尊崇至圣先师孔子。该埠华商对于祭孔应采用上丁日还是生卒日争论不定,祀圣应如何操办也不甚明了。其中有位

---

① 《孔子圣诞望加锡中华学堂教习苏师孟演说辞》,《天南新报》第708号,1900年10月12日。
② 《孔子圣诞望加锡中华学堂教习苏师孟演说辞》,《天南新报》第708号,1900年10月12日。
③ 《巴城创办孔庙学堂章程》,《天南新报》第571号,1900年5月9日。

241

名叫陈少峰的华商就此问题专门写信咨询,商请于当时在南洋地区大力提倡孔教的新加坡儒者林文庆。林文庆为此作了专门的答复并提出了自己的见解。据报道,林文庆认为祭祀孔圣当以诞日为宜,并向陈氏解释了祭孔的必要性和意义。他说:

> 至圣则德隆千古、道冠百王,揭日月以常行,自生民所未有,无论天子百官、士农工商,凡有血气者,均宜奉其教、守其道而尊亲之,敢拟以诞日开大堂皇、铺毯结彩,自主事、总理、主祭、助祭外,一任士农工商到庙拈香,行一跪三叩首礼,以表其尊亲之诚意,不必区区品类也,不必拘衣冠也。但予我华人以各尽其诚敬尊亲之忱可也。且于是日令各家备籍文具及玩器饼饵,分给小孩,使之喜悦,或率之到庙跪拜,年年如是,其心便时时纪念我至圣,由是训以圣人之道之当遵循,或较易于为力,更于是日演说尤宜。①

当建孔庙、兴学堂的儒学复兴运动在南洋其他各埠正如火如荼开展之际,偏处马来半岛一隅的吉隆坡和马六甲两埠华商士人,也不甘人后,闻风而起。他们或借会馆,或借医院,或设义塾,纷纷倡祀孔子,筹建孔庙学堂,以此来敦行五伦之道和有教无类的儒家教义。

先来看吉隆坡华商倡祀孔子的情况。据《天南新报》称,闽籍华商王雨邨率先为吉隆坡闽商倡,而闽籍好义诸君又乐施好善,兴修福建会馆共同恭设孔子牌位。他们拟定于孔子诞辰举行祭圣之礼并传集各绅商共同庆祝。俟有余力后,就会馆中开设义塾,栽培后进,由此可知该埠不乏深明大义之绅商。②此事经新闻报道宣扬后,该埠粤籍商人也不甘人后,有广东医士王泽民,学贯中西,出而募设男女义塾各一所,订立新法章程,以栽培后进,其诚可感,其志可嘉,实识时之豪杰。③

对于吉隆坡华人当如何弘传圣道以倡祀孔子的问题,《天南新报》从舆论上给予鼓舞和指导。该报首先指陈往昔政府体制于尊孔观念守之太过严苛,

---

① 《林文庆覆陈少峰书》,《日新报》第3099号,1900年7月17日。
② 《吉隆华商倡祀孔子》,《天南新报》第395号,1899年9月26日。
③ 《吉隆埠募设男女义塾》,《天南新报》第398号,1899年9月29日。

第五章 文士与儒家伦理的弘传途径

以致百姓众庶无缘进文庙瞻仰孔圣,致使其改祀仙佛诸神。报道称:

> 良由我国政府体制太严,其崇祀孔子也,除各直省府州县勒建文庙而外,其余民间所尊崇者,惟释迦牟尼、老子道君;梵宫道观,棋布星罗。即读书种子,日诵孔孟之书,肩担孔孟之道,亦且崇祀文昌魁星诸神,而置孔子于不顾。似此尊而不亲,曷若尊而兼亲之为愈也。①

又说:

> 孔子之教衰,而孔子之象愈渺矣。推原其弊,实由尊圣之太过。我中朝例典,获游圣殿者,非进庠序登第不与焉,余则宫墙外望,欲瞻拜而无由,以圣像之得一瞻拜,尚如此难,又安望圣教之入人深且易哉?!②

这可看作士人阶层从舆论上破除陋见、指陈弊端,为绅商众庶崇祀孔教做思想解放上的努力。

接着,该报从五伦有助于维持世道人心,敦行五伦也可从自立自强方面来劝导侨民当如礼拜生身父母一样来崇祀扮演教养之父的先师孔子。报道称:

> 孔子造人伦之极至,为万代之儒宗。人伦者何?父子、君臣、兄弟、夫妇、朋友是也!人伦之道者何?有亲、有义、有序、有别、有信是也!孔子之道虽不足以尽伦究其竟,而孔子之教要必先以尽伦发起端,故孔子即此道以教人,而人当奉此教以尊孔子。……夫以孔子教我之功而论,等于父母生我之恩。生我者得而膜拜之,独至教我者不得而膜拜之,有是理乎?……故游大匠之门,不识规矩无以为方圆;游圣人之门者,不尊圣教,何以能尽伦?人之所以自立者在此,所以自强者亦在此。又何必舍圣教而别求自强自立之策也哉!③

---

① 《吉隆华商倡祀孔子》,《天南新报》第 395 号,1899 年 9 月 26 日。
② 《吉隆阊埠华人倡祀孔子启》,《天南新报》第 399 号,1899 年 9 月 30 日。
③ 《吉隆阊埠华人倡祀孔子启》,《天南新报》第 399 号,1899 年 9 月 30 日。

马六甲虽僻处一隅,然作为华人流寓最早的商埠与华人社团的发祥地,该埠华商听闻海外各埠华侨皆倡祀孔子,于是也欢欣鼓舞、不甘人后,闻风兴起,以崇祀孔子为大事。新闻报道,1899年9月15日,马六甲华商打算商借中华医院敬设孔子神座,以示尊崇。① 拟定筹募巨款后,择地建孔庙并扩充学堂,宣扬圣教,以呼应各埠,借此挽回风俗。

另据报道,此次马六甲华商举行典礼,倡祀孔子者人员众多,包括多位士人和绅商。② 其中有一位祖籍晋江名叫郑谋滋的儒商,虽远适异国他乡,仍情系桑梓地,不忘母邦的礼义忠信、笃敬人伦之教。《天南新报》为此刊登了这位儒商题为"麻六甲倡建孔子教公启"的倡议书,以此号召马六甲华商兴起乐善好施之心,共建圣庙学堂,来响应南洋地区的儒学复兴运动。郑谋滋说:

> 从来世道之昌明,端资圣教;圣教之关键,首重人伦。人第知孔子生于中国,祀孔子者宜遵国制,不知九彝欲居,孔子曾云:何陋?且声名洋溢,由中国而施及蛮貊,脱(疑为误字)非道大学博,足为万世仪型,安在陈良生于楚,独能悦其道而开北方之先哉?!我辈身出礼义之乡,子臣弟友、规矩准绳,无一不赖孔子以维持。……今虽弃儒就商,远托异国,似于圣教漠不相关,然试思格物致知,实承大学之垂训;挥毫搦管,皆本会计之遗规。人各有心,断未有数典忘祖,甘自外于名教者也。说横滨、泗水、仰光、实叻、吉隆等埠有筹建圣庙者,有恭祝圣诞者,此皆海外未有之创举,为我华人开风气之先。我呷虽偏隅僻壤,岂任导我先路而不步其后尘哉?爱集同人,欲就呷地共建圣庙,恭塑先至圣师孔子圣像,俾绅商士庶皆知敬礼,而学堂善社,次第扩充,以挽颓风,以资表率。但经费浩繁,非仓卒所能济事,因择菊月望日先迎圣座,暂入中华医院奉祀,即于是日行三献礼。故俟集腋成裘,择地建庙,方足以壮观瞻而隆典礼也。惟此举所关甚大,非独立所能支,必众擎而易举。伏愿同人协力同心,共襄盛举。或鸠资以庀材,或效力以劝募。将见功垂不朽,福有攸归。阖埠幸甚,孔教幸甚。③

---

① 《麻六甲华商倡祀孔子》,《天南新报》第425号,1899年10月31日。
② 《麻六甲众商倡祀孔子名单》,《天南新报》第436号,1899年11月13日。
③ 《马六甲倡建孔子教公启》,《天南新报》第453号,1899年12月4日。

在南洋地区,除了驻新领事文官、南来士绅和文人教习通过办文会、开学社及建孔庙学堂等途径,在弘传和宣扬儒学方面做出贡献外,当地绅商如上面提到的王维泉、李连喜、陈福水、王雨邨、陈少峰及医士王泽民等也借助会馆、医院、公祠、义塾等参与其事。此外,本地儒者如下面第三节所论的林文庆、邱菽园、张克诚等也在南洋的儒学运动中扮演着重要角色。他们通过创办好学会、丽泽社,发起孔教会,主办《日新报》《天南新报》《叻报》,编写白话蒙学读本等,来普及宣扬儒学思想及其伦理观念。

第三节　南洋儒者普及宣扬儒学

在整个南洋地区的儒学复兴运动当中,本地儒者不仅扮演着重要角色,也起着关键性作用。不论是领事文官振兴文教,还是南来士绅鼓吹孔教,抑或是南渡士人兴学执教,无一不愿和本地儒者取得联系与互通声气。本地儒者如张克诚、邱菽园、林文庆等人,在倡建孔庙、兴办学堂、普及宣传儒学思想及其伦理观念方面堪称整个儒学复兴运动的核心人物。以下拟从创办学会文社、编写蒙学读本、主编报刊等方面,来论述他们在普及宣扬儒学方面的努力和贡献。

一、创办学会文社

如前所述,在左秉隆、黄遵宪等驻新领事文官的大力振兴和鼓吹文教的带动下,新加坡当地侨民也创办了若干文社和学会,如邱菽园的丽泽社以及他和林文庆共同创办的华人好学会与他们共同发起的孔教会等。由于相关资料搜集上的困难,这里仅就好学会及孔教会在宣扬和弘传儒家文化及伦理观念方面的贡献作一简要论述。

先来看华人好学会的情况。根据好学会的简明章程(省称章程),该会创立于1899年9月22日,创始人为总理林文庆、记者邱菽园。华人好学会(亦称好学会)是 The Chinese Philomathic Society 的汉译名称。取名与孔子师徒论学有关,《论语》以《学而篇》为开端不能说没有深意。孔子和弟子的论学情景在全书中随处可见,且孔子自身就是好学典范,如"十室之邑,必有忠信如丘者焉,不如丘之好学也"。① 又如孔子赞誉颜回说:"有颜回者好学,不迁怒,不贰过"。②所以,章程说此会之创办本为华人好学而设,合群演说,可运用英语、华语、巫来由语三种语言。又说,此会为讲求学问起见,同志友人当顾名思义。会友辅仁忠告,各行其是。可见,该会不仅发扬了儒家好学的优良传统,也继承了"以文会友,以友辅仁"的君子之风,同时庄重中又不乏几分轻松和自由。如章程所言,凡属我华志士,不论何籍均可投函入座。这就是对昔日华社方言、地域及帮群严分畛域和固守壁垒的一大突破。又如,对于会员是否定期到场演说以及投函挂号时间的迟早均听其自由不做严格限制。另据章程称,本会专主演说,首政治、次学术、次时务、次格物。③ 对于演说内容,我们可从表5.5 该会第四至第八期的演说题目略窥一二。

表5.5 好学会演说题目(一至三期缺)

第四期	总纲:学术	条目:1. 汉宋明清学派考;2. 择讲鲁论一章;3. 择讲孟子一章;4. 说仁。
	总纲:时务	条目:1. 论泰西商政;2. 救中国条理议。
第五期	总纲:时务	条目:1. 戊戌政变关系全球文明进步说;2. 中日两国维新难易说;3. 古今教宗民义论;4. 海外兴建孔庙宜尊亲并重论。
	总纲:学术	条目:1. 实行孔教说;2. 训蒙改革私议。
第六期	总纲:时务	条目:论海外华人宜公力筹办孔庙学堂善局事。
	总纲:学术	条目:1. 说谦;2. 说仁。
第七期	总纲:学术	条目:1. 孔教必先明伦说;2. 中行即是进步说;3. 狂者行有不掩论;4. 说谦余义。
第八期	时务	敬请本学会会友福州孝廉黄君黻丞(乃裳)演说去年北京国事。盖黄君于去年正月公车北上,至八月二十日始行出京,所有京师情形,俱系躬亲目击,灼见真知,并非道听途说,捕风捉影之谈。

资料来源于:《天南新报》第 408 号,1899 年 10 月 10 日;第 419 号,1899 年 10 月 24 日;第 425 号,1899 年 10 月 31 日;第 433 号,1899 年 11 月 9 日;第 439 号,1899 年 11 月 16 日。

从上表内容来看,好学会的演讲似乎侧重于时务和学术两个方面。从这五期演说的纲目来说,除有几条涉及商务、政治话题外,其余都是和儒学或孔

---

① 语出《论语·公冶长篇》。
② 语出《论语·雍也篇》。
③ 《好学会简明章程》,《天南新报》第 392 号,1899 年 9 月 22 日。

教相关的。关于孔教的题目有："海外兴建孔庙宜尊亲并重论""实行孔教说""论海外华人宜公力筹办孔庙学堂善局事""孔教必先明伦说"。由此可见，在闽粤士绅南来之前，本地儒者就已经开始着手筹办倡建孔庙学堂了。至于儒学演讲的题目就更广泛了，除了上面的孔教话题外，还包括"儒学学术流派考""儒家经典讲演"以及"儒家德目如仁、谦等的阐释"。

对于好学会的创办缘起及社会意义，我们可通过儒士李榕荺（笔名天廖子）所作的《拟新洲好学会序》一文来做相关阐述。首先，作者以"性相近、习相远"及"圣人与我同类"作为理论基点，来阐发学与不学之分实在于习善还是习恶，进而推导出君子之责在于导民为善，讲实学，开风气，挽颓习，浚民智，在于互相切磋取益、砥砺道德品行的结论。天廖子称：

> "舜，人也，我亦人也。禹、稷、颜子易地则皆然也。"然"性相近也，习相远也"，人不可不知所习也，所谓学而致之者也。故诱翼之以为善，则中材皆圣喆也；放纵之以为恶，则金玉亦瓦罄也，是皆学不学之分也。君子知其然也，故不得不亟讲夫学也。况乎今日民习则就颓也，国耻则未雪也，士大夫则相率而习于伪也。环顾列强，则又耽耽而逐逐也。欲匡其失而振其衰，则非大浚民智而不可也。此新洲好学会所由创也。[①]

其次，作者站在维新务实的立场上，从中学与西学对比的角度批评了那些习八股以猎科名，所习非所用，且误国害民的士人，倡议以泰西诸国实用之学为鉴。天廖子言：夫今人之为学，上焉者则专经也、训诂也、金石考据也、文采词章也，凡此皆所谓上焉者也；其下焉者则八股也、试贴也、小楷也，皆不过为猎取科名计也。所习非所用，所用又非所习也。诚如是，则欲其不害国害民，不可得也。……夫西国之为学也……今以一言蔽之，则皆有用之学也。然而人才之所以众多，则以学会之盛故也。[②]

最后，作者从中西方政治体制比较的角度阐述了学会的社会意义。他认为中国之所以国贫民弱，是因为政府对人民的自由讲学压制太甚；而英国政府

---

① 《拟新洲好学会序》，《日新报》1899年11月25日。
② 《拟新洲好学会序》，《日新报》1899年11月25日。

体制自由,士民皆可组织学会作公开演讲。廖天子说:

> 夫我国地非不广也、民非不众也、智慧思虑非不高明罩澈也,然而国弱民贫,事事落人之后,且不免有分崩离析之虑者,则学之不能及人,故有势所必至者也。夫中国内地之民,亦非不明其故也,而所以不能广鸠学会者,则以在上者压力之过甚也。夫叻地英属也,其民皆得自由也,而学会又英人所极爱而重之者也。今内地不能行之,故不得不于叻地行之也,知学会之意至美也,学会之法至良也,开发见闻,究明义理,资广益也。已有所得,当众群宣,示至公也;无主无宾,不拘不束,昭平等也;先觉后觉,成己成人,徵博爱也。吁戏!此学会之设所以为近今最急之务也,其饷馈学人,功甚伟也。①

再来论述孔教会(亦称孔圣会)在宣扬弘传儒家文化及其伦理观念方面的情况。这里所依据的是儒士魏介眉(笔名明新旧主人)所作的《拟各处华人联立孔教会章程并序》一文。

从孔教会序中,我们可知魏介眉是位关怀时局、忧国忧民、抱道救世,欲以宏孔教、启文明、开新知为己任的维新儒士。他愤慨清政府之昏庸无能、伤国权之日丧、悯民众之受侮、感孔道之衰微、忧种族之灭亡,号召南洋各埠仁人志士同心合力建孔教会,共尊孔教,同保华种,挽民族于危亡。魏介眉说:

> 第以振兴孔教是其本心,廿载于兹,有志未逮;一腔热血,洒向无从,而又怆怀时局,痛念外交。恨政府之昏庸,伤国权之日替;睹斯民之受侮,悯吾道之就漂。怅触于心,未能缄口,故当榴火燃红之后,难禁有怀欲白之言。反覆详论,《保教》一篇,分登《天南》二报,连篇累牍,大声疾呼,痛苦而陈,垂涕而道,以告我同教同文之人,及时奋起,纠合同心,协力支柱,或者可望其有转机乎?如是依然罔觉,冥顽不灵,醉生梦死,一听满奸之奴隶苟逸偷安,一任外人之戮辱,揆诸优胜劣败之理,其不至于教亡种灭也几希矣!方今海外我支那人识时俊杰、热心英雄,所在多有。各埠有志之士,闻风响应,一唱百和,群起

---

① 《拟新洲好学会序》,《日新报》1899年11月25日。

第五章 文士与儒家伦理的弘传途径

共赞,将见孔氏之会,遍地林立,直指顾间事耳!①

根据章程内容,可知孔教会的宗旨在于"讲实学、开风气、革旧弊、进文明,欲于大兴孔教,以为保种强国之基址"②。而下面"七大纲领"③则是对上述宗旨的具体落实。现将其原文征引于下:

一曰敦会友:凡在会之人,皆遵孔子之教,则其言行交际,自应一以孔子之言为法,首戒阳奉阴违,不得兼崇他教,所贵联络众志,加意强求,力持会务、扩充规模,以冀推行尽利,而于时局确有裨益。

二曰建讲堂:宏建讲堂,选充教牧,定期开讲,演说之书,不一而足。要先讲明孝悌廉耻诸大端,以救目前之失,次及民物之利弊、邪正之混淆,使人人咸晓然,于日用彝伦之道而共知。夫鬼神之不可惑,则依归我圣教也易易矣。

三曰广学堂:广设男女学堂,聘请中西博士,各因其才而培育之。其规制略仿义塾之例,而稍变通之,如系贫寒儿辈,一切资斧皆堂中代理;其富家之子弟,则酌题修仪,以充本堂之经费。

四曰立格致:立格致书院,中藏图书、仪器等物,凡一切实有用者,皆备置而列之,以供会友之研究,而开民智之利益。

五曰置传道:传道宜仿耶、回传教及近时内地善堂游讲诸法,特遣教牧周流四方,无远弗届,到处宣明正学,辨析时艰,诱掖人心,归入至道,集资建堂,立成圣会。不拘何色人等,苟以是心至斯,受之而已矣。必如此鼓舞,庶易遍布全球。

六曰开医局:医局一事,并宜未举,未可置为缓图。盖孔子以悲天悯人为心,民胞物与为量。今吾一人遵孔子之教,自应仰体孔子之心,以仁民爱物为本。遇有旅病之人,或收养诸局中,或仅予以医药,视本会之力量以为施济之权衡。与孔教不悖,而于吾心稍安。常见耶氏医馆每先演说道理一篇,然后诊视病症,实寓传教于行医之中。

---

① 《拟各处华人联立孔教会章程并序》,《天南新报》第431—440号,1899年11月7—14日。
② 《拟各处华人联立孔教会章程并序》,《天南新报》第431—440号,1899年11月7—14日。
③ 《拟各处华人联立孔教会章程并序》,《天南新报》第431—440号,1899年11月7—14日。

似此良法，可师而行，则不独以医济人，又能得推广兴教之一术也。

　　七日设报章：特设圣会报，月出一册或两册，专以振兴教论、阐明孔理、鼓荡热血、引人入会为宗旨。而附载会中之事于其后。若能多印多赠，无庸收费，以补传道演说之所未及，最为甚妙。

纵观以上内容，可知当地儒者仿效或借鉴殖民地基督教、回教和中国内地善堂的传教方式，并结合西方学会的演讲形式，欲通过会规、讲堂、学堂、医局、报章诸项事业，来弘传儒家文化及提倡孔教学说。如"敦会友"条，不仅弘传了以友辅仁、礼让爱敬、互相扶助的伦理观念，也吸纳了一体平等的西方政治观念；如"建讲堂"条，既阐扬了孝悌廉耻、日用彝伦等伦理观念，也接纳了自由平等的西方文化观念；如"开医局"条，不仅传承了悲天悯人、民胞物与、仁民爱物的伦理精神，也将这一精神措诸社会事业来惠泽广大民众，从而将教化民众与医病济人很好地结合起来。

二、编写蒙学读本

在领事文官的振兴文教与南来士绅、文士教习及当地儒者的鼓吹兴学下，随之而来的是南洋地区各埠私塾、义塾和学堂的林立。为了适应时代需要和顺应当地环境以及以更有效的方式弘传儒家伦理道德观念，南洋儒者开始着手对以往国内私塾、书院普遍采用的文言蒙学读本进行白话改写、编修和译介的工作，以便让当地人都能明白儒学传达的待人处世之道。如上文提到的好学会，其第五期演说题目就包括"训蒙改革私议"，可见当时就有为数不少的儒者意识到改编儒学读本以适应当地社会需求的必要性。在这方面，付出辛勤智慧和做出巨大贡献的是儒者邱菽园和张克诚，当然其他学者也有相当贡献，可参见表5.6。

表5.6　南洋地区蒙学读本改编一览

编/译者	蒙学读本名称	出版时间
黄春明	《暮鼓晨钟》译本	1890年
钟福龙	《父母爱儿女》（或《人之初》）用福建话和客家话注音	1895年
关莘田	《百孝诗》（原名《百孝图》）	1896年
林采达	《朱子家训》（《朱伯庐治家格言》）马来文版	1896年

第五章　文士与儒家伦理的弘传途径

(续表)

编/译者	蒙学读本名称	出版时间
李锦福	《孔子传》马来文版	1896年
杨春渊	《大学》《中庸》《论语》马来文版	1898—1899年
天南新报	《理学答问》	1899年
邱菽园	《浅字文》	1899年
陈荣衮	《论训蒙宜用浅白新读本》	1900年
张克诚	《孔教撮要白话》	1900年
陈经忠、杨齐祥	《大学》《中庸》马来文版	1900年
李锦福、邱绍荣	《孝经》马来文版	1901年
邱菽园	《新出千字文》	1902年
郑孝胥	《孔教新论》	1903年
陈银河	《大学》荷兰文注音,马来文解释	1905年

资料来源:《宣尼浮海到南洲:儒家思想与早期新加坡华人社会史料汇编》,第160—198页;[法]苏尔梦、龙巴尔,李平沤译,《南洋群岛华人之儒家学说及改良主义思想(19世纪末—20世纪初)》,《法国汉学》第4辑,中华书局,1999年,第4—34页。

在此之前,南洋地区的私塾、义学所采用的蒙学教材大都取材于中国内地,如《幼学琼林》《三字经》《千字文》《孝经》、四书五经等,其语体皆为古奥难懂的文言文,不便于文化知识水平普遍较低的南洋华人孩童就学。于是就有了上述文士或儒者大胆采用白话文来改编蒙学读本的尝试与努力。蒙学读本的白话改编以普及弘传儒家人伦道德为目的,以通俗性、简易性、实用性、趣味性、益智性为特点。正如这位尝试用白话文编写蒙学教材的儒者陈荣衮所言:

> 余所谓浅白读本,非不讲道理之谓,乃句(疑为"白")话浅白之谓耳!
> 我国因考试用文字之故,遂以不通俗为主,而初级读本亦用之,差之毫厘,谬以千里。彼止曰:"我教之读八股题目、读八股材料也。"若问童子之受益与否,则哑然无以应矣。今夫浅白读本之有益也,余尝以教授童子矣,甲童曰:"好听、好听。"乙童曰:"得意、得意。"所谓好听、得意者无他,一闻即解之谓耳。一闻即解,故读之有趣味,且记

251

忆以易,如此则脑筋不劳,无有以为苦事而不愿入塾者,且童子养生之道亦在是矣。……浅白读本无碍于作文,且为作文之基础也。夫新读本大旨以趣味养生、修身接人,理古事今事、喻言为方针。而约言之,又不出趣味开智四字。盖趣味所以顺其性,开智所以储其用。①

可以说,南洋地区的白话文运动要比中国内地早近廿年,其主要运用于普及儒学而有别于内地运用于文学。

以下就以在训蒙读本白话文改编方面做出显著成效的张克诚和邱菽园两位本地儒者的著作为例,来论述他们所普及和宣扬的儒家文化及其伦理观念。

首先介绍张克诚其人。张克诚,字勋甫,名广文,广东大埔客家人。他是清朝乙亥年恩科举人,曾担任过广东香山县训导及高要县教谕,大约于19世纪中后期南来吉隆坡并定居。他不仅极为支持19世纪末在新马等地兴起的建孔庙、兴学堂的儒学复兴运动,而且矢志于儒家文化的普及与推广。张克诚的《孔教撮要白话》,大约在1900年或1901年完成。曾经在《天南新报》连载发表,可以说是第一部白话文的儒家读本。也可说,远在中国新文学运动之前,张克诚就以白话文来编写儒家读本了,我们应该从中体会先辈宣扬儒学和普及儒学的苦心。②

其实,张克诚的《孔教撮要白话》是对自己先前《孔教撮要篇》古文版的白话文改编,目的是弘传和普及儒家思想,使人人能易知易行,但在基本内容、撰写体例上并无多少更改。张克诚称:

念孔子之教,简编浩翰,虽老师宿儒,皓首研求,尚苦于不得要领,况农工商贾乎!用是总撮经传,取吾人必知必行之事,编次焉以备讲论,颜曰《孔教撮要篇》。首孔教源流,次五教,次大学八条目,次周官六典,次顺天者存逆天者亡图说。先总序,名为纲领,凡二。后分析,名为条目,凡十。卷帙不繁,大端已具。窃以为我国之人,无论贵与贱、男与女,心目之间,必懔懔于此数大教,而后萎靡因循之习可

---

① 《论训蒙宜用浅白新读本》,《日新报》第2971号,1900年2月12日。
② 《宣尼浮海到南洲:儒家思想与早期新加坡华人社会史料汇编》,第6—7页。

第五章　文士与儒家伦理的弘传途径

以去。①

邱菽园主编的《天南新报》为了使《孔教撮要白话》流布更广、受众更多,特意给此书打了如下广告词:

> 本报附识按:张广文所著《孔教撮要篇》皆取经义,恐未易人人通晓,故复将《撮要篇》逐条逐节,演为白话,欲使识字之人,一见便知,转相传述,妇孺皆能通晓。其苦心孤诣,诚可嘉矣!②

从上可知,张氏白话读本要普及弘传的儒家伦理观念主要有四项内容:一是五伦之教,即孟子所说"教以人伦,父子有亲,君臣有义,夫妇有别,长幼有序,朋友有信"③。二是"八条目",即《大学》所谓,"格物、致知、诚意、正心、修身、齐家、治国、平天下"④。三是六典,即《周礼》所言"大宰之职,掌建邦之六典,以佐王治邦国。一曰治典,以经邦国,以治官府,以纪万民。二曰教典,以安邦国,以教官府,以扰万民。三曰礼典,以和邦国,以统百官,以谐万民。四曰政典,以平邦国,以正百官,以均万民。五曰刑典,以诘邦国,以刑百官,以纠万民。六曰事典,以富邦国,以任百官,以生万民。"⑤

首先,以张氏《孔教撮要白话》所论五伦之"父子有亲"为例来做分析。他为了使普罗大众都能明白儒家伦常之道是简单易行的,不仅用白话文对其中义理做逐字逐句的解释,也广采儒家群经中与父子密切相关的事例从旁反复解说。于此,我们当可体会到当地儒者在普及和宣扬儒学方面的良苦用心。他对"父子有亲"的白话解释是:"圣人之教,有五件事是人人共有的、人人要行的。其第一件事,曰父子有亲。如何叫做父?生我身的就是;如何叫做子,我生的就是;如何叫做亲?亲字讲做爱。父爱其子、子爱其父,就是父子有亲。"⑥简单来说,就是为人父和为人子各尽其亲爱之心就是"父子有亲"。他

---

① 《募印孔子撮要篇小引》,《天南新报》第644号,1900年8月7日。
② 《宣尼浮海到南洲:儒家思想与早期新加坡华人社会史料汇编》,第168页。
③ 语出《孟子·滕文公上》。
④ 《礼记·大学》:"古之欲明明德于天下者,先治其国;欲治其国者,先齐其家;欲齐其家者,先修其身;欲修其身者,先正其心;欲正其心者,先诚其意;欲诚其意者,先致其知;致知在格物。"
⑤ 语出《周礼·大宰》。
⑥ 《宣尼浮海到南洲:儒家思想与早期新加坡华人社会史料汇编》,第169页。

精准地将伦理角色双方互尽责任的伦理精义很好地阐发出来。中国社会这种互以对方为重的责任伦理形态,不同于西方社会以伸张个人权利为特征的权利伦理形态。因为后者是建立在彼此对立争斗基础上的人际关系的契约化或法律化的体现,其可贵之处在于以法律形式保证了人与人之间的平等,其不足之处在于缺少厚重人伦情谊所具有的各尽其在己的责任意识和感格精神。然后,张克诚引用儒家典籍中有关"父爱其子"的道理或事例做进一步的解说。

他引《大学》"为人父,止于慈"一句,解释说:"慈即是爱。为人父要爱其子,为人母亦要爱其子,总是一样。"然而,为人父母当如何慈爱其子?又引《论语》"爱之能勿劳乎"来解说。他说:"只是父母爱子,要为一生打算,不可只顾目前。若只顾目前,子放荡任他放荡,甚么事都顺从他,就是娇养惯了,将来就不能做成一个人了。所以孔子说:爱之能勿劳乎?爱之深,所以虑之至,所以不得不勤劳其子呢!这勤劳其子的,实在是父母一片养子之心呢!"[①]简单来说,父母慈爱其子就是父母为使儿子将来有更美好的人生,需要为他们做长远打算,让他们从小养成良好的习惯和勤劳的品德,因材质传授一门技艺,从而使其习得一技之长。他说:"子弟材质,有高下不同,只是幼时就要教他学好,渐渐习惯,才智自开。至十五六岁时,一定要因他材质所近,授以专业。学得成一件工夫,一生衣食就有可靠。"[②]

接着,引"孔子庭训"和"孟母三迁"的事例来阐明父母爱其子就需教子勤学的道理。他说:"大凡为人父的,都要晓得教子勤学,才是爱子之心呢!"又"大凡为人母的,要晓得教子勤学,才是爱子"。[③]

再次,引"中也养不中,才也养不才"一段,来说明人因禀赋才能有所不同,父母教子时当顺机化导、从容教训、善于变通,若急迫、任性以教子反而害了他们。他说:

> 教子亦不可太急。人生受气,有清浊之分,所以有一种聪明易开的,有一种极迟钝的。想起来人之心总有灵机,应该顺其机以导之,只要缓缓想出一个法子,从容教训,久后自然有开通时候。若为父兄

---

① 《宣尼浮海到南洲:儒家思想与早期新加坡华人社会史料汇编》,第169页。
② 《宣尼浮海到南洲:儒家思想与早期新加坡华人社会史料汇编》,第173页。
③ 《宣尼浮海到南洲:儒家思想与早期新加坡华人社会史料汇编》,第169—170页。

第五章　文士与儒家伦理的弘传途径

的过于急迫,如马不肯行,鞭挞之而令其驰骋;如马泛驾,束缚之而令其困苦,则灵机窒塞了。名为教子,实是害子呢! ……这么说,为父兄的教子弟过于急迫,或至于丢弃不教,自以为我是贤能,子弟是不肖。殊不知自己教人一任脾气做事,全无变通之法,这就是不中不才,那里叫得贤。①

父母若遇到自暴自弃的孩子又该怎样去教导呢？他以《论语》"父为子隐"一章,来阐明教导这类孩子应采取的方法。父母当养其廉耻之心,百般劝导令其悔悟改过;若子弟始终不知悔过或罪恶极大无法挽救,不得已时要行大义灭亲之事。他说:

罪过未彰,应该隐藏之,留其廉耻;隐痛之,涕泣以道,冀其悔改。若终不肯改,至罪恶众著,不得已行大义灭亲之事,亦只是悲伤悼叹曰:恩斯勤斯,鬻子之闵斯! 这是怎么样道理？父子天性也,子虽不肖,情何能已？故孔子曰:"父为子隐。"②

然后他又以尧教不孝子丹朱、舜教不孝子商均之事例,来阐明父母爱子的道理。他说:

遇不肖子,必不可以家财与他,或交出公家代管,或交出做善事都好。那时不肖子衣食艰难,或自知悔悟,改过迁善,亦不可量的。就不悔悟,无钱作恶,亦不能大。大众试想想:不以家财与不肖子,似乎极不爱子了! 只是讲到实在处,却是真爱子呢!③

俗云:言传身教。在教子方式上,身教往往要比言教更为深刻和更具感染力。张克诚引《虞兴张氏族规》"凡有父者,宜躬行孝友义方教子"一节,来解说为人父母当为子女做个好榜样的道理。所谓正己方能正人,以避免出现"父子

---

① 《宣尼浮海到南洲:儒家思想与早期新加坡华人社会史料汇编》,第170—171页。
② 《宣尼浮海到南洲:儒家思想与早期新加坡华人社会史料汇编》,第171页。
③ 《宣尼浮海到南洲:儒家思想与早期新加坡华人社会史料汇编》,第172页。

之间不相责善"的尴尬与难堪。他说：

> 要教子做好人，自己先要做好人；如自己不孝顺父母，那里儿子肯孝顺？自己不友恭，兄弟那里肯友恭？自己懒惰，那里儿子肯勤劳？自己好奢侈，那里儿子肯俭省？总要自己先做成一个好样倡率儿子，儿子才肯听自己教训；若自己不做好，徒要教他做好，他必然反唇相讥，将说道：夫子教我以正，夫子未出于正呢！①

以上是张克诚从"为父之道"一面来解说父子有亲的道理。下面则是张氏博采儒家经典，从"为子之道"一面来阐释这一道理。

第一，引《大学》"为人子止于孝"，来阐发人子、人妇应如何孝顺父母。他说：

> 子事父母，子妇事舅姑，总要孝顺。所以《大学传》说道："为人子止于孝。"谓一定要孝顺呢！想起来父母之德，昊天罔极！怎么样长大起来，就不记念父母了?！为儿子的能时时记念父母，则说话做事，自然不敢苟且，自然能立德、立功、立言，自然能扬名显亲，这便是孝顺。②

第二，引《曲礼》《内则》诸章，从洒扫、应对、进退、日用常行等方面来解说人子孝敬父母之道。他先对"冬温夏清，昏定晨省"做了白话解释，以此晓谕为人子的当把家人照料得周到妥帖，始可说是安亲之身。他引"出必告，反必面"一句，来晓谕人子应该时常想着父母无时无刻不挂念自己，所以"儿子出门，不论远近，都要禀告，归来时必要见面，始可以安亲之心呢"！这两则是从人子及人妇如何安亲上来立论。下面三则是从儿子、妇人在日常生活起居中孝敬父母舅姑应讲究的礼节礼仪来立论。他对"在父母舅姑之所，有命之应唯敬对、进退周旋慎齐"的解释是，"子在父母面前，子妇在舅姑面前，有时老人吩咐做甚么，应答时就要快捷，不可延缓。有时对父母论事，就要恭敬，不可乱言乱语，

---

① 《宣尼浮海到南洲：儒家思想与早期新加坡华人社会史料汇编》，第172页。
② 《宣尼浮海到南洲：儒家思想与早期新加坡华人社会史料汇编》，第174页。

第五章　文士与儒家伦理的弘传途径

手指脚画。或进在老人之前,或由老人之前退出,或周围旋转,都要谨慎恭敬,不可摇摇摆摆,乱走乱行"①。

第三,引《孟子·离娄下》"惰其四支,不顾父母之养,一不孝也;博弈好饮酒,不顾父母之养,二不孝也;好货财,私妻子,不顾父母之养,三不孝也;纵耳目之欲,以为父母戮,四不孝也;好勇斗狠,以危父母,五不孝也"一段文字,用白话逐句解释了五种不孝行为。以此告诫并教导人子要不忘父母之恩情!若能这样切实去做,就不会有上述五种不孝顺父母行为的发生。

第四,引《孝经·开宗明义》"身体发肤,受之父母,不敢毁伤,孝之始也。立身行道,扬名于后世,以显父母,孝之终也"一段,就身体发肤与父母、性道的关系来解说"人子全归之道"的多重伦理意涵。他说:

> 父母生我身子,把天所与的全付于我了。……若有毁伤,便是不孝。所以,保守身体,为孝之始事呢!以身内之事而论,父母生我身,身之内就有善性。率善性而行德,就叫做道。……想起来父母生我身子,本来有这个性、这个道,顺顺做去,就是立身,就是行道……人人都知道某某怎么样立身,怎么样行道,他的父亲系某名某姓,母亲系某家的女子,就是一脉传下去的世系,亦考究明白,人人知道。这就是孝之终事呢!……若出去做官,奉事君上,必然要尽己的心,要君上为善;对君上说话,必然要劝君上为善;尽己的心,不要君上为恶;对君上说话,必然劝君上去恶。这叫做尽己之心呢!就叫做忠,以为事君不忠,就是不敬身,就不孝了。行与朋友往来,必然要诚信相待,以为交朋友不信,统是不敬,就是不孝了。至于办当官的公事,必然要小心谨慎;说话行事,俱求妥当,这叫做敬;以为莅官不敬,就是不敬身,就不孝了。……这怎么说父母全而生之,子应该全而归之,为儿子的必然能立身行道,扬名于后世以显父母,才算是孝子呢!②

第五,引《孝经·孝治》"以孝治天下"一章,来晓谕人子当立身行道,以爱

---

① 《宣尼浮海到南洲:儒家思想与早期新加坡华人社会史料汇编》,第175页。
② 《宣尼浮海到南洲:儒家思想与早期新加坡华人社会史料汇编》,第177—178页。

257

敬待人。如能这样去做,他人也会爱敬我并推爱于我的父母。他解释说:

> 我爱人,人亦爱我,并爱我之所爱;我敬人,人亦敬我,并敬我之所敬。为人子若能做到这样,自然父母生时安乐之至,一点忧愁之事都没有。……只望为人子的,说话做事,件件要求到妥当;又要爱人,不可把刻薄的相待;又要敬人,不可把傲慢的相待。能够这样做去,自然父母欢喜,人人亦爱我父母、敬我父母呢!①

以上五点是就人子如何得亲之心来阐述孝敬的道理。下面四点则是就人子如何顺亲之心来解说人子之道。得亲心是就父母无过错处立说,顺亲心是就父母有过错处立说,从正反两个方面来阐明人子的孝敬爱亲之道。

第一,引《孝经·谏诤》"父有争子,则身不陷于不义。故当不义,则子不可以不争于父"一段,来说明当父母有过错时人子应如何劝谏父母并使之改错归正。他说,为人子的不忍心看到父母因过失太重以致得罪乡党、州里、国家、天下而遭受刑戮,所以要在父母犯过错或行不义之初就进行劝谏。那么人子当如何来劝谏?他解释说:

> 到父母面前,把道理从容说出,或旁征,或譬喻,随机应变,委曲转移。下其气,断不可有盛气呢!怡其色,断不可有怒容呢!柔其声,断不可有厉声呢!这样就叫做几谏。若父母不听,可放宽一步,或奉饮食,或说他事。待父母欢喜的时候,又照从前的法子从容再谏。这亦要看事件紧缓如何。若是紧的,就父母不欢喜的时候亦要再谏。父母又不听,依然要谏。即至触父母怒了,鞭挞儿子至于流血亦要谏,只不可嫉恶父母、怨恨父母,总要求到父母改了过,这才算得尽子职呢!②

第二,引《孟子·万章上》"父母使舜完廪,捐阶,瞽瞍焚廪。使浚井,出,从而掩之"一段,来解说人子若遇到顽父嚚母应该效法大舜顺亲以尽子职的道

---

① 《宣尼浮海到南洲:儒家思想与早期新加坡华人社会史料汇编》,第 178—179 页。
② 《宣尼浮海到南洲:儒家思想与早期新加坡华人社会史料汇编》,第 179 页。

理。他进而又批驳了"父要子死,不得不死"的陈腐陋见。他说:

> 为人子的要喻亲于道,才算得顺亲。于今自己不中用,害到父母不爱子,害到父母想杀子,这就是不可以为子,罪已够大了。……父母生子,于子何仇?乃故意陷害父母做不义的事,试问为子的心里安不安?又须知道:父母无不爱子的,其所以想杀子缘由,或轻信不好的人说话,或发于一时的偏见,或发于顷刻的怒气。若竟然杀了儿子,后来必然大悔。到大悔的时候,儿子已死了。大悔不已,父母亦将郁死呢!假使儿子当时晓得逃走,到悔悟的时候,岂不是依然父慈子孝呢?这样看来,子能逃生,就是顺亲呢!就是得亲呢!①

第三,引《论语·子路篇》"父为子隐"和《孟子》大禹有恶父鲧以及《周易·蛊卦》爻辞与《春秋·鲁庄公元年》鲁庄公待母文姜诸事例,来为大众阐明人子若遇到有大过错、大过失的父母,当如何挽救父母的道理。他解释说:

> 若为子的遇这样事,只要把父母过失隐蔽了,如抱病痛、涕泣悲号,冀望父母怜悯,或肯俯从。若终不悔悟,陷了大戮,为儿子的亦只系切切隐痛,益勉励立身行道,扬名后世,以弥补前人之过呢!②

为人子的如能以大禹善补其父之过为榜样,这样做去就是顺亲。接着,他对于蛊卦爻辞中的干父之蛊和干母之蛊又作了一番通俗解说。他说:

> 父之过恶,彰著已极。于今为儿子的,晓得破坏大局本非为父的意思,当稍稍破坏的时候,就出大力弥缝了,未至于大破坏。弥缝甚易,这算是为子的能够承父的意思作事。为父的因有了这个儿子,自己行的事件亦不致出现过失了。

---

① 《宣尼浮海到南洲:儒家思想与早期新加坡华人社会史料汇编》,第180—181页。
② 《宣尼浮海到南洲:儒家思想与早期新加坡华人社会史料汇编》,第182页。

为人子的修其德以承父业,能干父之蛊,就是用这个法子,致好了父亲名誉呢!这样看来,为人子的要父亲名誉好,就干父之蛊呢!①

第四,作者以武王和周公兄弟两人善继善述其父文王之志事,来为普罗大众解说善养父母者在于能养志的道理。他说:

> 怎么孔子说武王、周公为达孝呢?想起来父母所想叫做志,所行叫做事,时势不同,志事亦不同!文王若做到这样的时候,其志亦与武王、周公同,其事亦与武王、周公同!武王、周公才是极善继文王志,极善述文王事呢!这样看来,为人子总要体贴,得父母心思到,才算得孝,这就叫做养志。……所以为人子要视于无形呢!……所以为人子要听于无声呢!视于无形,听于无声,就父在时候说:善继人之志,善述人之事!就父不在时候说:总是叫做能养志之儿子呢!叫做达孝呢!②

接着来介绍邱菽园其人及其普及推广儒学的贡献。邱菽园(1873—1941年),出生于福建漳州府海澄县,名炜萲,字谖娱,号菽园,别号绣原。在家乡接受过长年的儒学教育,十五岁考秀才,二十一岁中举人。从二十四岁起始定居新加坡,直到去世。③ 邱菽园南来新加坡之初便和峇峇侨生出身的林文庆结下终生友谊。两人虽在教育背景和政治认同上多有不同,却在办报刊、设学校、创文社、致力社会改良、推动文化教育及宣扬儒家文化等方面始终是志同道合的好朋友。

邱菽园在普及和弘传儒家文化方面的最大贡献在于,他能根据新加坡社会的实际文化水平和特殊社会环境,编写出《浅字文》和新出《千字文》两种蒙学读本。关于前书,由于目前笔者尚无缘见到,故不能进行评介。至于后书,其编写缘由,正如邱氏在后记中所说,当编写完自认为已经相当浅显易读的《浅字文》一书后,一位熟识的朋友却告诉邱氏说:"字之深浅,不在画之多少,

---

① 《宣尼浮海到南洲:儒家思想与早期新加坡华人社会史料汇编》,第184页、187页。
② 《宣尼浮海到南洲:儒家思想与早期新加坡华人社会史料汇编》,第189—190页。
③ 李元瑾:《东西文化的撞击与新华知识分子的三种回应》,新加坡国立大学中文系、八方文化企业联合出版,2001年,第34—35页。

第五章　文士与儒家伦理的弘传途径

在乎用之常罕。"①于是,邱氏"乃专取目前常用之字,仿编《千字文》一书,以补吾过。为欲便于童蒙,再三降格,冀其肤浅"②。

邱菽园为何要选择仿照周兴嗣《千字文》一书来编写白话蒙学读本呢?除了人们一般认为的——此书是中国古代流行的蒙学教材中历史最长久、最具影响力的一部经典外,另一重要原因是邱氏对这本书的内容取材以及周兴嗣的为人风骨都相当佩服。邱菽园在《论千字文》一文中说:

> 周兴嗣诠次千字文,所言皆四书精义,并无杂以释老片词,不因其君之奉佛而迁就,不因其俗之清谈而披靡。我辈生乎千载之下,追维千载之上,若周兴嗣者,岂非卓然先识,独坐不摇之士也哉。③

邱菽园《新出千字文》④一书共二百五十句,每四字一句,计一千字,分放怀、当境、治家、忆旧、无邪、知本、交修、多识等八章内容。为便于分析该书的特点以及它在普及儒家文化上的贡献,兹将全文摘录于下:

第一章:放怀

天日在高,地水居卑。老翁徐步,幼孩相随。观云坐石,眼看心怡。

鸟飞上下,燕子莺儿。青绿草叶,黄苍花枝。凉风广路,马车互追。

出门同往,两友弗离。有客邀伴,无雨之时。头戴冠笠,藤杖手持。

迎面而来,朱轮其驰。忽焉至前,瞬息又移。

第二章:当境

珊瑚用网,鲤鱼以钓。木舟能载,大星可照。五色船旗,彩画

---

① 《宣尼浮海到南洲:儒家思想与早期新加坡华人社会史料汇编》,第167页。
② 《宣尼浮海到南洲:儒家思想与早期新加坡华人社会史料汇编》,第167页。
③ 姚梦桐:《邱菽园编〈新出千字文〉—现存新加坡最早的启蒙读本》,《亚洲文化》1986年第8期,第57页。
④ 《宣尼浮海到南洲:儒家思想与早期新加坡华人社会史料汇编》,第164—167页。(新出千字文的标点为笔者所加)

精妙。

快走孔安,欢喜呼叫。灯乃火光,月比珠耀。妄谈被怨,寡识受诮。

惟实始称,宜欣后啸。虚耳悉闻,举目远眺。海浪非山,钟声是庙。

作队登坡,喉歌容笑。

第三章:治家

挂衣柴架,收银铁箱。连列洋楼,满片灰墙。胡椒扁豆,白米去糠。

饮汤食饭,住屋眠床。关窗开户,阔厅窄房。甜酸苦辣,咸淡干粮。

甘辛气味,滑涩肚肠。雅意请宴,更添酒觞。焚香馥郁。点烛明煌。

新宾旧侣,讲说周详。享福多寿,免病皆良。理少差错,事讵惊惶。

执巾体洁,脱帽首扬。沐浴除垢,口渴茶尝。夜睡早起,静思毋忘。

商贾设店,农夫归乡。

第四章:忆旧

种梨十丛,荫阶及楹。雀宿树动,引颈吟鸣。果熟猿偷,泥湿蚁行。

帘外栏杆,携篮摘生。鹦哥学语,舌尖甚灵。唤吾弟妹,共吃莫争。

岂必斗骂,各与均平。百粒圆样,分半盘承。童稚合所,嬉戏频仍。

转盼时过,屈计岁经。或守家内,抑逐征程。万里违别,聚会难成。

闲忆曩节,每感衷情。寄信问候,愿祝康宁。纸视长短,语判重轻。

愈久言琐,交谊微衡。古者养鸽,传音入城。翔于空际,栖集茅亭。

第五章　文士与儒家伦理的弘传途径

亦饲小犬,带函托凭。解认街道,直到彼庭。禽兽驯服,聊代一丁。

近状何若,通知亲朋。室隔书达,终年如恒。西法速捷,汽舰烟升。

并兼电报,铜线似绳。顷刻谈话,他邦对倾。我得佳品,装贮磁瓶。

将欲送尔,药胜参苓。回想昔朝,群犹娬婴。抢物园中,自愧恭诚。

第五章：无邪

赏善罚恶,奉神独圣。跪拜拱揖,避邪趋正。当凶悲哀,处吉贺庆。

唱曲边聆,奏乐旁听。锣鼓韵嘈,萧琴谱定。琵琶热闹,四弦杂兢。

横笛洞管,洪亮繁盛。牲醴排陈,杯匙须净。锦绣帐帷,藻饰几凳。

进退礼文,肃然伸敬。此为俗派,奚考究竟。单靠茫杳,惜落异乘。

最要本真,不失原性。切勿害人,仁义悬镜。谁阻坦途,予操权柄。

第六章：知本

牌凿翡翠,足赤金条。红蓝碧犀,戒指玉雕。瑄器珍宝,押发垂髾。

玛瑙琥珀,脂粉娇妖。宫女饿死,楚好细腰。奢侈太滥,富贵易凋。

忠厚勤俭,贻世请标。

第七章：交修

元帅率兵,宰相治国。铺总偕伙,巡捕缉贼。凡先修己,左右尽力。

蚑蚣密脚,鸟鸢丰翼。鳞籍翅泅,象赖鼻吸。辅助从令,股肱供给。

丝麻纱线,备贫妇织。耰锄犁耙,助耕佃式。碟箸刀叉,待灶妪职。

殊墨壶砚,置课士侧。

第八章:多识

梧桐凤凰,池沼鸳鸯。丹桂秋发,荷莲夏芳。麒麟降现,虎豹潜藏。

箭射狸兔,雏牧牛羊。鸦背翻黑,鹰羽凌霜。河边浮荇,桥畔摇杨。

蛟龙变化,鸾鹤轩昂。芹采献君,橘怀遗娘。南枣留核,冬瓜弃瓢。

仙桃橙柚,菱藕蔗糖。柑皮止嗽,薯粥御荒。双角麋鹿,毒嘴豺狼。

驴拖麦磨,鼠吃粟囊。兰茁破盎,苔结斜岗。雁阵只雌,蜂巢孤王。

狡狐匿穴,驽骀逸缰。蜘蛛缠楠,蚕虫卧桑。插柳当闼,掇菊盈筐。

油煎鸡蛋,醋浸紫姜。冰砭雪碗,杏酪椰浆。懒惰调乱,谨慎主张。

千字浅质,略具八章。再深求矣,趣致未央。拈毫展卷,朗诵华堂。

望汝韶龄,超越寻常。著稿族姓,邱氏闽漳。

纵览全文,可知该书具有以下三个方面的特点:第一,取材广泛,涉及面广。力求涉及日常生活的方方面面,如鸟兽草木之名、柴米油盐之类、日用常行之具、居家常用之物、礼仪风俗之节、修身处世之法等。第二,浅显易懂,通俗实用。邱菽园在《新出千字文》后记中说"为欲便于童蒙,再三降格,冀其肤浅",就是该书力求浅显的明证。他又认为,蒙学读本当以通俗实用为原则,以便孩童识字使用,因此新编《千字文》应取与日常生活最相关者为要。其论《千字文》一文云:"凡课童蒙识字,须以眼前备用之文字为先。《千字文》字多不备,不足以为识字之善本。"这是他改编此书的一个主要原因。学者姚梦桐的研究观点可作为第二个特点的旁证,他说:"结果发现《新出千字文》所收的字,其中494个字与《常用字和常用词》所收的常用词相同,这现象说明菽园对常用字的感性力相当强,以及编撰时所耗费的心血。"①第三,儒家立场、人伦关怀。他称赞周兴嗣的千字文所言皆四书精义,而不杂佛老片言,这可说也是邱菽园用白话文编写此书的重要原因。这与他新加坡儒学复兴运动推动者和新加坡华文女子学校创办者的双重身份密切相关,既出于理论宣传上的需要,也是实际教学上的需求。通观八章标题,其中儒家色彩最明显的有"治家""忆旧""无邪""知本""交修""多识"几章。从这几章的具体内容来看,邱菽园所宣扬的儒家伦理道德观念主要有长幼次序、朋友情谊、唯实是从、兄友弟恭、情常联络、谦虚恭诚、扬善惩恶、崇敬圣贤、谨慎仁义、忠厚勤俭、修身律己、保守本真以及孝敬父母等。

三、主编报刊

19世纪末,新加坡出现了一批从事报业的知识阶层,他们中的大多数人对以儒家文化为核心的中国传统文化有浓厚的兴趣和强烈的认同,他们借助报刊等新型媒介在当地社会弘传儒学和鼓吹孔教等。这一时期新加坡先后涌现的华文报刊主要有:1881年薛有礼创办的《叻报》,1890年林衡南创办的《星报》,1898年邱菽园创办的《天南新报》,1898年林文庆创办的《日新报》等;此外还有1897年林文庆和宋旺相合办的英文杂志《海峡华人杂志》。以上几种新加坡报刊都刊发过不少与儒家伦理相关的论文和演说。梁元生研究指出:

> 从这些报章的报道与论说中,我们可以知道当时人们所关心的一些重要课题,如儒家与宗教的关系、儒家与保种保国的关系、儒家与本地社会、儒家与西方文化等等,从这些议论中我们可以窥见当时知识分子对这些问题的立场和看法。②

林文庆是当时南洋地区通过报刊途径弘传儒家伦理最有力且成就最为卓著的一位本地儒者。在论述林氏在这方面的成就和贡献之前,有必要对其生平做一简要介绍。林文庆(1869—1957年),字梦琴,诞生于新加坡,属于第二

---

① 姚梦桐:《邱菽园编〈新出千字文〉—现存新加坡最早的启蒙读本》,《亚洲文化》,1986年第8期,第58页。
② 《宣尼浮海到南洲:儒家思想与早期新加坡华人社会史料汇编》,第201页。

代海峡土生华人。他幼年时曾在福建会馆附设的书院读四书五经,但不久后就转入英国政府创办的学校就读。1879年升入新加坡莱佛士学院,1887年到苏格兰爱丁堡大学攻读医科,随后又受邀至剑桥大学病理学系参加研究。[①]从其整个学习经历来看,林文庆无疑接受了很长时间的西方文化熏陶。但在他留学英国期间,一个偶然的事件使其大受刺激并倍感羞愧,遂立志要精通中华语言和儒家文化。学成返新后,他相继结识了一些深谙中国传统文化的师友,如岳父黄乃裳、未婚妻黄端琼以及终生好友邱菽园等人。再加上当时驻新领事、南来士绅、南渡文人先后在南洋地区大力鼓吹兴学和倡建孔庙学堂,在种种历史机缘和多种因素的共同作用下,林文庆致力于通过设学校、创学会、办报刊等途径来弘传和宣扬孔教及其伦理观念。

从19世纪末到20世纪初,林文庆先后在《海峡华人杂志》等报刊上以英文发表过数十篇关于孔教及儒家伦理方面的学术文章。尤其是十篇冠名儒家的论文——《儒家的天道观》《儒家的人性观》《儒家的伦理基础》《儒家的孝道观》《儒家的祭拜仪式》《儒家的理想》《儒家的兄弟观》《儒家社会中妇女的身份地位》《儒家的婚姻观》《儒家的交友之道》——构成了林氏独具特色的儒家伦理思想体系。林文庆发表的这十篇阐释儒家伦理思想的学术论文,已由严春宝教授翻译成中文并结集成《林文庆儒学文选》一书,并出版发行。以下将以林文庆这十篇儒家伦理论文为中心,探讨他在运用现代科学方法诠释儒家伦理的同时是如何处理中西文化之间的碰撞与交融问题,以及分析他在诠释儒家伦理方面的贡献与不足。总体来看,这十篇儒家伦理论文内容连贯、结构严谨、逻辑清晰,可视作林文庆所建构的儒家伦理体系。

由于林文庆在英国接受过较长时期且颇为严格的现代科学训练,所以一旦当他深入反省并深刻意识到自己的华人身份以及代表这种身份的民族语言文化特征后,便自觉走上一条"由西入中",进而诠释和弘扬儒家文化,并最终回归精神家园的艰辛之路。林文庆的文化经历与新文化运动以来中国西化派知识分子"由中入西"进而极力批判甚至鄙弃儒家文化,视其为现代化绊脚石的路向形成强烈而鲜明的对比。今天究竟当如何面对儒家文化这份悠久且厚重的精神遗产,耆耆华人学者林文庆作为心灵开放的他者,可能会为我们提供有益的启示。林文庆在对儒家伦理进行现代性阐释的过程中,既运用了进化

[①] 《东西文化的撞击与新华知识分子的三种回应》,第43—44页。

第五章 文士与儒家伦理的弘传途径

论及功利主义的科学方法,也汲取了科技哲学、心理学、社会学、生理学、生物学、法律学等科学知识。

林文庆留英求学攻读医科期间,正是进化论广为传播并深入人心之时。首先是达尔文的自然进化论,随后是在其影响之下以斯宾塞、赫胥黎为代表的社会进化论。盛极一时的进化论学说也为青年学生林文庆所接纳和信服。这种思想影响体现在他回新加坡后所发表的系列儒学论文之中,如他对传统儒家伦理所涉及的宇宙起源、人性论、道德能力等哲学问题,都从进化论理路给予现代性诠释,从而认为宇宙、人性及道德等无不处于进化之中。

林文庆站在文化比较的角度,在《儒家的天道观》中指出,"所有的文明古国,皆有其解释宇宙起源或创世的传说,迦勒底人、埃及人、印度人和中国人莫不如此"①。林氏在分别论述了迦勒底人、巴比伦人关于宇宙起源的若干猜想,以及基督教义后,转而重点分析了儒家在此话题上所持有的见解及所展现出的智慧。首先,林文庆认为,中国上古流传的盘古神话不仅没有渗透到儒家的哲学体系之中,而且孔子对宇宙起源或创世这一问题并没有发表过任何见解。不过,中国早期经典《易经》从阴与阳互相组合与转化的角度表达了儒家在天道观或宇宙观方面的见解。林文庆诠释说:

> 在《易经》中,两个最基本的概念被称为阴(代表女性或负面)和阳(代表男性或正面),通过它们二者之间的转化、组合,最终构成了宇宙万物。这在某种程度上隐约成为宇宙进化论的前兆。

继而说:

> 孔子不仅没有对当时流行的宇宙起源论思想发表过任何评论,反而严肃地劝诫人们不要对超自然的东西进行毫无疑义的猜想。②

可以说,孔子以审慎的不可知论拒绝对宇宙起源作任何猜想,体现了其科学和理性态度。在孔子儒学的巨大影响之下,中世纪的儒家哲学如朱熹所建

---

① 《林文庆儒学文选译注》,第193页。
② 《林文庆儒学文选译注》,第195页。

构的一元论宇宙哲学体系就存在"与现代欧洲的科学一元论有某些相似之处"①。这是由于"古人的阴阳概念被朱熹以理、气所取代,并将之视为独立存在的绝对统一体:'绝对的无',即太极","而这一点,不仅为斯宾诺莎式的敏锐思考所认可,同时,亦获得了科学家,如海克尔和巴克纳所倡导的谨慎归纳法的证实"。②林文庆还指出孔子儒家伦理体系在宇宙起源论上的科学理性态度。他说:

> 由此可见,尽管孔子在人类和宇宙的起源问题上保持了缄默,但我们还是可以发现,他的伦理学体系,实际上是建立在宇宙自然进化的基础上的;而对于有神论,孔子只是隐约其词,以刻意回避的方式,略为提及而已。③

孔子在宇宙起源上的理性精神,决定了他在面对神或上帝问题时采取的是敬畏且保留的不可知论态度。正如林文庆所诠释:

> 对于上帝,孔子从来没有给予过多的关注,他知道自己对有关上帝的知识是一无所知的。他有过猜测,但都不能佐之以证据,因此,他对神学持有极大的保留态度。孔子在对神圣不可知之物抱以敬畏之心的同时,又刻意在他的教学过程中回避了古人关于神人同一的概念。孔子尊重那些崇拜"上天"的宗教,但他更倾向于理性这一比较安全的生活方式。④

就此而言,"儒家所奉行的一神论其实是相当务实的,除了承认理性、智慧和想象力能使我们从自然现象中感知上帝的存在之外,儒家并没有提出关于上帝行为举止及其特征的任何启示。"⑤

与上述儒家在天道观中所展现出的宇宙处于进化中的观点相联系的是,

---

① 《林文庆儒学文选译注》,第195页。
② 《林文庆儒学文选译注》,第195页。
③ 《林文庆儒学文选译注》,第195—196页。
④ 《林文庆儒学文选译注》,第197页。
⑤ 《林文庆儒学文选译注》,第201页。

第五章 文士与儒家伦理的弘传途径

它在人性论上也是如此,林文庆虽主张人性本善但却认为需要努力培养。林文庆在《儒家的人性观》的开头就指出,"从儒家经典作家们的著作中可以很容易地看出,人被看作宇宙进化过程中自然产生的一种有机生物。孟子清楚地告诉我们:在他看来,如果一个人没有一颗善良的心,那他无异于一头野兽"①。林文庆以人有无"善良本性"来诠释孟子的人禽之辨,无疑抓住了孟子人性论的要点,此"善良本性"正是"维持人类社会团结与持续进步的根本保证"②。站在文化比较的角度,林文庆看到儒家伦理的优长体现在人类本性的成长完全依赖于人类自身的努力,而绝非依赖于任何神的影响或超世俗外力的控制。③ 在林文庆看来,寄希望于神来解决人类所面对的困难以及使整个世界走向善和理性的途径是完全靠不住的。正所谓"解铃还须系铃人"。人类的问题还得靠自己来解决,尤其是人的理性和道德能力的提升。在此,林文庆运用进化论思想来诠释人性与大自然一样,同处于进化之中。他说:"人性作为一种自然现象与大自然同步进化发展,它每一次实质性的进步都是人类在大自然的影响下取得的。"④也就是说,人性进化是人类大脑功能自然演变的结果。林文庆运用脑科学知识,既使孟子良知良能的人性论立基于理性基石之上,也使传统人禽之辨得到科学的论证。正如他所说:

> 我们人类今天之所以能傲然于世,完全是这些大脑功能演变的结果,人类大脑的进化并非神灵或超世俗力量所能解释的。因此,我们认为人类是从低级动物逐渐进化而来的,他确实受到了很多不良品质的拖累,但是,在人类理性和智力的控制下,人类虽缓慢但却决然地摆脱了兽性,变得越来越具有人性。⑤

最后,林文庆得出结论说:

> 儒家的人性观显然更加接近于科学真理。人的本性仍然处于进

---

① 《林文庆儒学文选译注》,第 204 页。
② 《林文庆儒学文选译注》,第 204 页。
③ 《林文庆儒学文选译注》,第 204 页。
④ 《林文庆儒学文选译注》,第 205 页。
⑤ 《林文庆儒学文选译注》,第 206 页。

化之中,并将变得越来越人性化,也就是说,我们可以认定人性中将会体现出越来越多的高尚品质,毕竟,人类会逐渐认识到真正人性意义上的那些高贵品质。①

在论断人性处于进化之中后,林文庆继而指出,人类道德在教育的作用下也处于不断进化当中,这正是儒家对世界文化的思想贡献。他说:"通过教育,我们不仅能接受前人的经验教训,也能对全人类道德本质的发展进化有更好的理解。"②确切来说,儒家的教育即伦理教育最先从家庭开始,也就是孝道(父慈子孝)是一切爱的能力,乃至普世之爱的基地或动力,它构成儒家的伦理基础。林文庆诠释说:"儒家强调,这种对全人类的爱只有经过后天的艰苦努力才能拥有,爱必须首先从爱父母开始,然后依次将爱施予亲戚、朋友,最终达于陌生人。"③儒家在培养爱人的能力方面所指示出的层次性和操作性无疑为最终实现爱人类的理想提供了更为坚实可靠的伦理基础,闪烁着真理之光。在这篇论文的结尾部分,林文庆评论说:

> 基于经验、理性和人内心深处永恒不变的品德,儒家……给予了我们真理之光,使我们在按照最高尚、最高贵意志行事的时候感受到快乐,当我们陷入思想上的分歧与人生中险境的时候,它会为我们提供一份难得的安宁。真的,爱足以支撑起世间的一切,而基于理性和知识基础上的希望,将永远不会抛弃我们!④

林文庆在英国留学期间,除自觉接受自然及社会进化论之外,还主动吸纳边沁及穆勒等人的功利主义。就后者的理论影响来说,它体现在林氏借用"利他主义"思想路数来分析和诠释儒家伦理中的"孝道观""兄弟观""交友观"等。

林文庆认为,与野蛮时代父亲对子女爱的微弱程度相比,当人类社会步入

---

① 《林文庆儒学文选译注》,第 208—209 页。
② 《林文庆儒学文选译注》,第 212 页。
③ 《林文庆儒学文选译注》,第 212 页。
④ 《林文庆儒学文选译注》,第 216 页。

第五章　文士与儒家伦理的弘传途径

文明时代后,"我们才可以发现强烈的父爱的存在"①。因为"这种本能的父爱进化伴随着人类智力和情感的发展"②才明显地表现出来。林文庆又运用现代心理学家的研究成果进一步揭示出,儒家伦理所强调的父母对子女的慈爱"正是利他主义的最初原型","是利他主义情怀的真正诞生园地","是人类所有属性中最具有人情味的地方"。③ 而儒家伦理中的"利他主义"思想正可用来救治并根除"自私自利"这个人类社会中存在的可怕毒瘤。就前者而论,林文庆诠释说:"在高度发展的人类社会中,自私自利毫无疑问是一个可怕的毒瘤,它在摧残文化和高尚品德果实的同时,也在扩大着那些原本微小、形形色色的恶行来源。"④自私之心不能用自私本身来救治和提升,只有借助精神上更高级的利他主义思想才能救治,进而改善整个人类社会的品性。林文庆还认为,儒家的可贵之处就在于它"在互信、互爱的基础上,为了全人类的共同进步而努力,为了彻底消除人内心深处无意识的反社会性而搏斗,为了最终实现人类博大的兄弟情谊而奋斗"⑤。

俗话说,父母养我小,我养父母老。当父母尽了爱护、照料、养育子女的责任后,儿女"也必须在父母的晚年以同样的行动来回报他们曾施予自己的养育之恩"⑥。同样,作为家庭孝道延伸的兄弟友爱之情则被称为悌道,它同样是儒家用来培养利他主义能力的重要途径。正如林文庆所诠释:

> 如果孝子想方设法满足父母的愿望,而不是只考虑自己的需求,那么,珍视兄弟之情就会成为孝道的必然结果。……儒家只不过试图利用人的自然情感作为培养利他主义意识的一股道德力量。⑦

也即是说,父慈子孝和兄友弟恭,是培养利他主义道德力量的基石。这样,我们就必须承认,为了行使仁慈、宽容、谦逊和真诚这些神圣的天赋,唯有从兄弟之间的亲密联系中才能发现最好的实践机会。为此,儒家主张,"手足

---

① 《林文庆儒学文选译注》,第205页。
② 《林文庆儒学文选译注》,第205—206页。
③ 《林文庆儒学文选译注》,第206页。
④ 《林文庆儒学文选译注》,第207页。
⑤ 《林文庆儒学文选译注》,第210页。
⑥ 《林文庆儒学文选译注》,第213页。
⑦ 《林文庆儒学文选译注》,第237页。

之情的反复演练为那些美德的最终落实提供了最为切实有效的方法"①。兄弟间的友爱手足之情,不仅为上述人类美德的实践落实提供了原动力,也为克服人性中的自私自利"提供了最适宜的介质"②。林文庆诠释说:

> 在家庭中学会克服一切形式的自私自利,其后,利他主义的行为肯定就会被逐渐养成且日益壮大,直至它在全世界得到普及。自私自利被彻底根除之后,阻碍人性中优良品德全面发展的所有障碍都将被清理干净。③

由操作性较容易且感情基础较强的兄弟之情来培养利他主义情感,要归因于"儒家正确地将兄弟友爱、手足之情与对父母的孝心并列作为自己的道德基础"④。基于兄弟友爱之情所培养出的利他主义情感能力,落实于社会中的伦理实践就是子夏所言的"四海之内皆兄弟也"。

然而,要培养纯粹的利他主义情感,更需要将家庭伦理的慈爱及友爱亲情推扩到由陌生人构成的种种社会伦理关系之中,而友情正是实现这一伦理情感跨越的桥梁,也是克服自私的解药,同时是塑造公民道德的推动力。对此,林文庆诠释说:

> 好朋友的真诚是自私的解药。友情正是从家人亲情走向纯粹利他主义的桥梁,而利他主义是全人类的伟大理想。作为孝道的第一个成果,友情是仁爱的真正来源——也是成就所有公民道德的主要推动力。⑤

林文庆从文化比较的角度分析说,"儒家却不相信有来生,这就必须让现世的生活更有意义和价值"⑥。那么,儒家又如何让当下的生活成为天堂呢?

---

① 《林文庆儒学文选译注》,第 238 页。
② 《林文庆儒学文选译注》,第 239 页。
③ 《林文庆儒学文选译注》,第 239 页。
④ 《林文庆儒学文选译注》,第 239 页。
⑤ 《林文庆儒学文选译注》,第 257 页。
⑥ 《林文庆儒学文选译注》,第 261 页。

林文庆给出的答案就是结交朋友并把传播善行作为自己的志趣。他说：

> 人作为理性的存在物，必须充分意识到自己的远大志向，他的最大乐趣就是行善。因此，他交朋友的目的是传播人类的善行，是减轻无情的命运强加于尘世间所有存在物身上的种种磨难与痛苦。[1]

毫无疑问，儒家伦理中的利他主义情感，以家庭孝悌之道为基石，以朋友友情为桥梁，由此不断获得拓展，从而使人类爱的情感和能力更加纯粹和无限扩大。

林文庆考察儒家学说尤其是孔子关于人类和宇宙起源问题的看法时，发现其伦理学体系不仅没有受到中国上古神话传说的任何影响，而且它"实际上是建立在宇宙自然进化的基础上"[2]。于是林文庆断定，儒家这种理性哲学最终会得到现代科学的充分证明。

林文庆在论及儒家伦理和基督教教义关于"普世之爱"这一话题时指出，这两大体系共同点在于将"爱所有人"视为最高境界。

林文庆说，"他（孔子）十分重视民众的信仰，也认识到了有神论的道德价值，但他急于剔除所有与之无关的不必要成分"。就天（神）人关系而言，儒家所主张的与其说人是天的附庸，毋宁说"人是天的辅佐者"[3]。儒家的人神关系体现了"人意识到了人应尽的责任和人在宇宙中所处的合理位置"[4]，由此也凸显出人作为神的参赞者的主体性精神。

"孔子的不可知论都仍然经得起考验，因为我们这个时代全世界最伟大的科学家、思想家实际上都在告诉我们说：他们对于未来的世界和灵魂几乎是一无所知"[5]。林文庆运用透过现象看本质的方法回答说：

> 但是，孔子从来没有将祭祀或拜神看作向逝者的灵魂进行赎罪，他只是告诫人们，祭拜行为可以影响人类的行为。从真正儒家的立

---

[1] 《林文庆儒学文选译注》，第261页。
[2] 《林文庆儒学文选译注》，第196页。
[3] 《林文庆儒学文选译注》，第200页。
[4] 《林文庆儒学文选译注》，第200页。
[5] 《林文庆儒学文选译注》，第227页。

场来看,崇拜祖先的主要目的在于维持国人都能拥有崇高的道德标准。①

他认为理想的实现正需借手足之情的反复演练,才显得切实有效。他说:

> 但只要把伦理行为看作最高的行为艺术,我们就必须承认,为了行使仁慈、宽容、谦逊和真诚这些神圣的天赋,唯有从兄弟之间的亲密联系中才能发现最好的实践机会。……儒家主张,手足之情的反复演练为那些美德的最终落实提供了最为切实有效的方法,虽然几乎所有的文明人都会赞同这一点,但似乎很少有人在日常生活中能实践这一点。②

此外,传教士对儒家社会中妇女的地位和形象多有微词和批评。他们认为,"孔子本人应该为中国女性数百年来一直遭受'男尊女卑'的社会地位负全部的责任"③。对于这种偏见和苛责,首先,林文庆客观指出,"造成中国妇女社会地位被逐渐贬低的原因有很多;如果此事真的跟与圣人名义相连的伦理文化有关的话,那么,这种联系也是非常间接的"④。其次,林氏举例表彰了女性对中华民族以及中国文明所做的伟大贡献。然后,林氏又论证指出,在孔子所处的时代中国妇女所受到的教育训练远较同时代其他国家的要高。他说:

> 我们所强调的是,她们所受到的教育足以使她们成为好妻子,并能照料好家庭和培养好孩子。……古人为女性提供教育的目的,主要在于培养女性的优良品格并充分发挥其母性的本能,以使每一个女性不仅能成为贤妻,更要努力成为良母。⑤

最后,林氏通过文化比较表达了儒家社会中的妇女形象要优于同一历史

---

① 《林文庆儒学文选译注》,第 227 页。
② 《林文庆儒学文选译注》,第 238 页。
③ 《林文庆儒学文选译注》,第 243 页。
④ 《林文庆儒学文选译注》,第 243 页。
⑤ 《林文庆儒学文选译注》,第 243—244 页。

第五章　文士与儒家伦理的弘传途径

发展时期其他文化形态。他说:"女性在儒家社会中的地位不仅令人满意得多,甚至也优于同一历史发展时期不同文化形态下任何国家中的女性形象。"①又说:"在儒家的教义中,对待女性的每一个方面都显得更加人性化、更加合理。"②在林文庆看来,儒家文化对于女性地位的定位,其高明和深刻之处正在于它尊重和利用了男女之间的天然差异,使得女性和男性在工作中恰好形成互补,由此也奠定了她们家庭女主人的角色及荣耀。他说:

> 儒家将传宗接代这一母性特征视为女人最重要的天职,这样一来,就于无意之中在生物科学真理的基础上建立了它的最根本原则……当然,它也使我们理解女人因培养孝子付出了种种牺牲而理应分享孝子所带来的所有荣耀(母凭子贵)。在中国漫长的历史中,妇女有权分享属于父母的所有特权是从来没有受到质疑的。③

我们看到,林文庆在反驳传教士贬低儒家思想以及为儒家伦理中的妇女形象进行辩护的同时,也将其建立在无懈可击的科学基石之上。最后,林文庆一方面诠释了儒家文化中女性的特殊地位及贡献,一方面批驳了西方传教士的阴暗性格及对儒家文化的歪曲报道。他说:

> 在儒家语义下,妇女是家庭牢不可破的基础,母亲以孝来激励儿子——这是儒家文化的奇葩!西方人完全不了解中国的妇女状况,借助于戴有西方宗教文化色彩有色眼镜传媒的歪曲报道,传教士们只看到了其中的阴暗面。是的,儒家文化中的妇女不仅勇敢、高尚、仁慈,而且绝对地忠实于家庭,儒家的妇女是最文明的女性,因为她能通过学习各种才艺来克服内心的情欲,她也通过缠绵无休的温柔贤惠和历久不衰的献身精神来左右男人——她自己的主人。④

本小节以林文庆对儒家伦理的诠释与辩护为中心,主要考察了中西文化

---

① 《林文庆儒学文选译注》,第244页。
② 《林文庆儒学文选译注》,第244页。
③ 《林文庆儒学文选译注》,第245页。
④ 《林文庆儒学文选译注》,第250页。

在新加坡的碰撞与交融。综上可知,林文庆对儒家伦理的主要贡献体现在将其系统性介绍给英文世界以及对它的现代性诠释,然其不足之处主要在于缺少对科学方法的反思与批判以及对基督教教义的正面评价似乎做得不够。

先论其贡献。正如现代新儒家杜维明所言:"林文庆是一个会说英语的孔教徒,或者是一个会说英语的儒家。他代表了一种非常强烈的文化自觉。"① 如前所述,林文庆在英文《海峡华人杂志》上发表了系列儒学论文。就此而言,林文庆的第一个贡献在于,他以典雅流畅的英文写作,首次将儒家伦理系统性地介绍给英文世界,为儒家文明与基督教文明之间的交流互鉴搭建了一座桥梁。这一贡献既得益于他的英文背景,也离不开其高度的文化自觉。第二个贡献在于,他对儒家伦理所作的现代性阐释,主要采用的是理性和科学的诠释进路。在诠释过程中,他既运用了进化论及功利主义的科学方法,也吸纳了诸如科技哲学、心理学、社会学、生理学、生物学、法律学等科学知识,从而将中国传统的儒家伦理思想观念奠基在理性和科学的基石之上,使它焕发出普世真理之光。正如林文庆所言:

> 可以确信的是,由圣人遗留下来的儒家伦理体系,将会毫发无伤地顺利通过现代思想大熔炉的考验,在得到彻底净化的同时,也将焕发出永不磨灭的光芒。②

我们在高度肯定林文庆将儒家伦理奠基于科学与理性之上的同时,也要认识到其理论尚有不足之处。一个不足就在于,林文庆对宗教和科学的关系认识不清。他在批驳基督教有关人类起源和人类原罪等教义时,没有认识到宗教和科学既有分野上的区别,也有源流上的联系。就前者而论,作为宗教的基督教,它纯属于人们的精神信仰,可以无关乎科学理性。就后者而论,科学的产生又得益于宗教神学。正如科技哲学研究者张卜天所说:

> 长期以来,我们对作为西方文化组成部分的科学缺乏深入认识,对科学的看法过于简单粗陋,比如至今仍然意识不到基督教神学对

---

① 《林文庆儒学文选译注》,"杜维明先生序"。
② 《林文庆儒学文选译注》,第 202 页。

现代科学的兴起产生了莫大的推动作用,误以为科学从一开始就在寻找客观"自然规律",等等。①

另一不足表现为,林文庆对现代科学方法尤其是进化论缺少必要的理论反思和批判。林文庆为了论证儒家伦理思想具有科学与理性精神的良苦用心无疑是值得肯定和赞赏的,但由于他太过推崇进化论思想,以致断言宇宙、人性、道德等都处于不断进化之中,似乎显得过于乐观,也有失客观。冯友兰对进化论的反思与批判值得借鉴和参考,他说:"宇宙诸事物常在变化之中;但此变化非必是进化。"又解释说:"生物学中之演化论,谓天演竞争,适者生存,颇有人即以此之故,谓宇宙诸物,日在进步之中。中国近译演化为进化,愈滋误会。其实所谓演化,如所谓革命,乃指一种程序,其所生结果,为进步亦可为退步,本不定也。"②

小　结

以上笔者从创办文社学会、倡建孔庙学堂、普及宣扬儒学等方面,着重探讨了文士群体在弘传儒家思想及伦理观念方面的途径、贡献及影响。

以左秉隆和黄遵宪为代表的领事文官通过开学会、办文社的途径,以月课征文与讨论演讲的方式,将忠恕、忠孝、礼义、亲亲、敬长、齐家、谦让、修德、诚信、恒心、爱国、文行忠信、德本财末的儒家伦理观念弘传到新客华人移民及峇峇华人群体当中。这有助于从思想和行为上引导当地士商的人生观和价值观,也为推动当地社会的文教事业和风俗改良做出了重要贡献。

为了响应清政府护侨保商的怀柔政策,闽粤地方官员也派遣士绅访问南洋新马各地。他们一方面传谕保商、筹赈善款,一方面通过发表儒学演说来呼吁当地绅商倡孔庙、兴学堂,并借此宣扬保种保教、合群团结、自立自强、修礼明义、五伦之教、心存利济、尊君尊亲、忠信笃敬的儒家伦理观念。与此同时,当地一些深明大义的绅商或士商也借助会馆、医院、公祠、义塾等积极参与到倡建孔庙、兴办学堂的儒学复兴运动之中。这些活动和举措有助于南洋地区

---

① 戴维·林德伯格:《西方科学的起源》(第二版),张卜天译,商务印书馆,2019年,第Ⅱ页。
② 冯友兰:《人生哲学:外二种》,中华书局,2014年,第187页。

社会风气的改良、民智的开启、人才的培育及族群的团结等。

　　至于在南洋儒学运动中扮演主要角色的本地儒者，则从当地社会的实际需求和现实情况出发，通过文社学会、蒙学教材、报刊等途径，将五伦、五常、八目、六典、长幼次序、朋友友谊、兄友弟恭、谦虚恭诚、扬善惩恶、崇敬圣贤、谨慎仁义、忠厚勤俭、修身律己、保守本真、孝悌之道、兄弟情义、婚姻之道、交友之道的儒家伦理观念，普及推广到南洋地区的广大民间社会。这既有助于南洋地区文化知识水平的普遍提升，也为儒家文化及其伦理观念的现代诠释和现代转化做了必要的尝试和努力。

第六章

新马华校对儒家伦理的弘传与实践

华人下南洋本是迫于生计,但是当他们在移居地扎根下来之后,就会依照儒家"庶、富、教"的古训而兴办学校、教育子弟,自觉承担起传承文化、作育英才的使命。从整个历史发展来看,新马华校和儒家思想有着十分密切的关系。不论是早期的私塾教育,还是过渡时期的义学教育,抑或是后来的新式华文教育,都始终贯穿着对儒家经典的学习,以及对儒家文化及其伦理道德的弘传与实践。而以儒家文化为核心的中华文化之所以能远播并生根南洋,实与孤悬海外数代华人尤其是华商先贤,数百年来矢志不渝、不惜代价,借助庙宇、会馆、宗祠、医院等民间资生事业,并依靠义捐集资兴办学校的艰辛努力分不开。当然也与无数塾师,以及后来大批文士、教习的南渡宣教或执教密切相关。本章拟从早期华校、新式华校及华文教材三个方面来探讨新马华校对儒家伦理的弘传与实践情况。

第一节 早期华校与儒家伦理

南洋不仅是华人移民历史最久、规模最大,也是海外华文教育最为兴盛的地区,尤其是英属马来亚治下的马六甲、槟榔屿及新加坡。据粗略统计,截至1998年年底,马来西亚已拥有华文小学1 283所、华文独中60所、华文大专院校3所。这不仅使马来西亚形成了从小学到中学再到大学一个颇为完整的华文教育体系,也使得其能够在世界华文教育中占据独特的地位。可以说,新加坡独立建国前华文教育情形与马来亚相比有过之而无不及。

中华民族素来重视教育,海外华人也莫不如此。自唐宋以来,中国与海外的贸易便日益繁荣,世居东西沿海的中国人由于地理等方面的诸多优势经常往来于地处东西海路交通要冲的南洋诸岛。那时唯一的交通贸易工具——帆船又须借助冬夏季风才能航行。一些华商为了更好地适应这种海外贸易生活,逐渐形成一种住番的生活方式,由此成为日后华社聚落的滥觞,而这些住番的华人被当地土著敬称为"唐人"。由于常年在海外经商,华人自然和当地土著女性通婚,由此形成新的种群——峇峇华人或土生华人。据《新加坡华人百年史》记载:

> 马六甲华人长久定居而形成聚落大约已经有六百年的历史了。那里的妇女已经完全不说华语,而在马六甲出生的华人男子只是在会话上为了做生意的目的,才说福建方言,虽然那些富人总是聘请一位私人教师来教导他们的子弟学习他们祖先的象形文字和四书五经。①

根据上述记载及该书的成书年代,我们可推测华人很可能远在元代延祐年间(1319年)之前(此书完成于1919年,由此向前推600年)就在马六甲聚族而居,过着定居生活。因此,华人的开拓聚居较马六甲王国成立(15世纪初)还要早一个世纪,也比葡萄牙占领马六甲(1511年)要早200多年,更比英国统治马六甲(1795年)早400多年。从上面的记载可推知,当华人移民人口不断增加、华人社区不断扩大时,会产生如何教育子女的现实问题。华人为避免子孙后代因久居域外而忘记自己民族的文化传统,便遵循"庶之,富之,而后教之"的儒家古训,或聘请塾师或开办私塾来教育子弟学习四书五经等儒家典籍,使其知礼义、明教化。正是这些看似寂寂无名的塾师却无意中开启了南洋华文教育的先声,播下了儒家文化(儒家伦理)在此地区发育的种子。

学界对海外华人文化的研究一向不多,主要是由于文献资料阙如,因此笔

---

① 《新加坡华人百年史》,第3页。

者也只能从零星的碑铭资料来尽量勾勒新马早期华人的教育图像。《槟榔屿海珠屿大伯公庙重修碑记》为了解早期海外华人史提供了一些资料:

> 海珠屿大伯公,吾客家先贤张丘马三公也。张公居长,丘公居次,马公年最少,三公于前清乾隆南来槟榔屿,或为教读,或业铁匠,或营炭窑,而契合金兰,义同兄弟。居常聚则论道励志,出则讲信修睦,厚德高风,群伦共仰。一夕,张公忽坐化石岩中,即今庙址也。丘马二公因葬张公于岩石之侧,碑书:开山地主张公。……居民感念三公之德之义,俱以神祀之,并尊为大伯公。①

邝国祥据此碑文认为,大伯公姓张名理,原籍广东大埔。18世纪中叶,偕同邑人丘兆进,福建永定人马福春,坐帆船南来。② 据此,学者郑良树认为,大伯公张理是槟榔屿最早的一位华人塾师;但学者王琛发则认为,此是后来者建构的族群神话图像。③ 虽然学术界对这位塾师的身份颇有争议,但可以肯定的是华人先民对马来亚的开发是以和平方式进行的,并且有以文教安顿人心、整饬社会风化的良善用意。其实,华人下南洋的历史是相当久远的,只是由于相关文献阙如的客观原因,无法再向前追溯华人在南洋的行教事迹,殊为遗憾!

方言群义学(学堂和书院)与家庭私塾相比,其共同点是以方言作为教学用语,以儒家思想为教学内容;不同点在于义学在规模和师资等方面较私塾已有所扩大和改善。具体来说,义学在办学性质上不再是仅服务于个人或家庭,而是不论学生出身,面向所属方言群体免费开放,一定程度上实践了儒家有教无类的教育思想,其经费主要靠方言群体中商业领袖的集资或民间义捐。义学在若干方面对私塾都有所超越,但又别于后来以国语为教学媒介的新式华文学校,所以称其为华文教育的过渡时期。

学者一致认为,1819年在槟榔屿创立的五福书院是马来西亚最早的华校,也是马来西亚华文教育的起点。但鲜有学者注意到,五福书院的前身是以

---

① 《马来西亚华文铭刻萃编》第2卷,第524页。
② 邝国祥:《槟榔屿海珠屿大伯公》,《南洋学报》1953年第13卷第1辑,第53页。
③ 郑良树:《马来西亚华文教育发展简史》,外语教学与研究出版社,2007年,第4页。王琛发:《马来西亚客家人的宗教信仰与实践》,马来西亚客家公会联合会出版社,2006年,第28页。

槟榔屿的开埠者——秘密会社海山党的领袖郑景贵(又称郑亚贵、郑嗣文)的"字"(慎之)命名的学塾,慎之学塾位于今义兴街 29 号郑景贵的家庭祠堂内。① 郑景贵的广州增城客家出身和帮派领袖的社会地位,很容易得到客家五属(嘉应、惠州、大埔、增城、永定)人的拥护与支持,这也许可以解释"慎之学塾"改为五福书院的缘由。在功能上,五福书院除了发挥教育子弟的功能外,还具有祭祀神明、联络乡谊、沟通感情、抚慰亡魂等多种职能。② 这些都可以很好地说明私塾或学塾是如何过渡到义学(书院)形态的。

新加坡华校的设立究竟起始于何年,颇难稽考,但华校的雏形为私塾或蒙馆当无疑义。德国传教士汤森在报告中写道:"当时(1829 年)在甘榜格南有一间广东人的学校,有男生十二人,另一个在北京街的学校有男童八人,而在北京街又有一间福建人学校,它有男生廿二人。"③由此可推知,早在 1829 年之前,新加坡这座小岛上就至少已有 3 所私塾学校,而教学语言是闽粤当地方言。

新马华人社会主要由五大方言群(闽南、广府、潮州、客家、海南)构成,各方言群之间又因地域、语言、风俗习惯等差异,而彼此对立和互相竞争。体现在办学上,则是华社五大方言群都借助宗祠、会馆等来兴办属于自己团体的义学。如新加坡有 1849 年福帮人的崇文阁与 1854 年的萃英书院、1904 年嘉应客帮的应新学堂、1906 年粤帮人的养正学堂及同年潮州帮的端蒙学堂,以及 1907 年闽帮的道南学堂。如槟榔屿有 1888 年闽粤共同创办的南华义学、1904 闽粤合办的中华学堂、1908 年客帮人的崇华学堂等。以下就以华校资料保存较为完整的崇文阁、萃英书院及南华义学为例,来分析其在弘传儒家思想及其伦理道德上所做出的努力和贡献。

新加坡华校有确切文献记载的是 1849 年由闽帮富商兼华社领袖陈金声(字巨川)所创办的崇文阁(后改为崇福女子学校)。大多数学者认为这是该岛第一间学校,不过新加坡学者庄钦永对此提出异议④。《兴建崇文阁碑记》称:

> 今圣天子崇儒重道,稽古右文,六宇承风,咸尊圣教。虽山陬海澨,各自别其土疆,而户诵家弦,亦兴起于学问焉。况新嘉坡为西洋

---

① 《马来西亚华文铭刻萃编》第 2 卷,第 895 页。
② 《饶宗颐二十世纪学术文集》第十册,第 937 页、944 页。
③ 《新加坡华人百年史》,第 22 页。
④ 庄钦永:《新加坡崇文阁非学校考辨》,见《南大学人》,第 242 页。

282

第六章 新马华校对儒家伦理的弘传与实践

之名胜,蛮徼之咽喉,商贾贸易,行旅往来,我中国民生长于斯者哉。于是陈君巨川鸠众力而襄盛举,光前烈以示来兹也,地于岛屿之西偏,于道光己酉年兴建,至咸丰壬子年落成。其巍然在上者所以崇祀梓潼帝君也;其翼然在下者所以为师生讲授也,侧为小亭以备焚化字纸。每岁仲春,济济多士,斋明盛服以承祭祀,祭毕并送文灰而赴江,因颜之曰崇文阁。所以宏正道,宪章文武,贤□而入圣域也。……从兹成人小子,读孔孟之书,究洛闽之奥,优柔德性,培养天真,化固陋为文章,变鄙俗为风雅,则斯阁之建,其有俾于世道人心者岂鲜浅哉![1]

从碑文可知,崇文阁是崇祀梓潼帝君(文昌帝君)、宣讲儒学、敬惜字纸这样一个三位一体功用的场所。华人崇祀梓潼帝君虽有猎取科举功名的愿望,但它与焚化字纸的惜字亭(敬字亭)又共同具有将儒家敬畏思想落实到民间社会的教化功用。因此,崇文阁不仅是崇祀的地方,也是教养生童成人、推阐儒家思想的场所。潘朝阳说:"敬字亭的存在和运作,甚能看出大传统的儒家文化意识,通过教化而传播至民间,形成人民的生活小传统。"[2]华人先民依托民间信仰的小传统把儒家文化传播到南洋,并以"读孔孟之书,究洛闽之奥"的方式,培养子弟德性、化民成俗,进而改善世道人心。就早期新加坡华校而论,私塾、义学大多附设在民间信仰机构,不独崇文阁如此。就比如广福学校原设在广福庙,崇文学校原建在天公坛,介毂学校创办于介毂殿,等等。正如许甦吾所言:

新嘉坡华侨所开设之私塾,大抵与国内不相上下,其所教者不外《大学》《中庸》《论语》《三字经》等书,除了萃英书院自建校舍,其课室多设于庙宇、祠堂、会馆及店屋之中。[3]

可见,融儒学教化于民间信仰,依托宗教来宣扬儒家思想,成为儒学在新加坡早期社会弘传的一个重要特征。

---

[1] 《新加坡华文碑铭集录》,第283页。
[2] 潘朝阳:《明清台湾儒学论》,学生书局,2001年,第7页。
[3] 许甦吾:《新加坡华侨教育全貌》,南洋书局,1952年,第14页。

继崇文阁之后,新加坡早期最为著名的华校要数1854年建成的萃英书院,它同样是由陈金声等华商集资创办。《萃英书院碑文》记载:

> 我国家治隆于古,以教化为先,设有庠序,其由来久矣。然地有宽严之异,才有上下之殊,立教虽属无方,而讲学尤宜得所,信乎士林之攸归,在乎黉宇之轮奂也。新嘉坡自开创以来……我闽省之人,生于斯聚于斯,亦实繁有徒矣,苟不教之以学,则圣域贤关之正途,何由知所向往乎。于是,陈君巨川存兴贤劝学之盛心,捐金买地愿充为党序之基,欲以造就诸俊秀,无论贫富家子弟咸使之入学,故复举十二同人共勷董建……中建一祠为书院,崇祀文昌帝君、紫阳夫子神位,东西前屋连为院中公业,经于咸丰甲寅年工成告竣,因颜其院曰萃英,该萃者聚也,英者英才也,谓乐得英才而教育之,每岁延师,设绛帐于左右中堂讲授,植桃李于门墙。……今者陈君巨川能首行义举,倡建学官,不惜重金买地为址,而十二君……又能同心好善,鸠工经始,以乐观厥成。且也都人士亦能接踵其美,输财以助讲贯之需,其好善之心,上行下效……他日斯文蔚起,人人知周孔之道,使荒陬退域,化为礼义之邦,是皆巨川君与十二君以及都人士之所贻也。①

从这则碑文,可归纳如下六点内容:其一,自上古以来,中国就非常重视教学及教化。如"夏曰校,殷曰序,周曰庠;学则三代共之,皆所以明人伦也"。②又"君子如欲化民成俗,其必由学乎!玉不琢,不成器;人不学,不知道。是故古之王者,建国君民,教学为先"。③这种崇文重教的传统经过孔孟荀等历代大儒的阐发,逐渐深深植根于普通百姓的心中。其二,从崇文阁落成到萃英书院竣工短短三年间,华人学童数量在不断增加,以致义学学堂已不敷使用,需要创设专门的书院来满足新的教育需求。其三,华人先贤能够急公好义、仗义疏财,对文教事业给予极大的支持,可见作育英才、崇文重教的精神传统通过他们的身体力行在南洋地区得以继承和发扬。其四,华人先贤热心公益事业

---

① 《新加坡华文碑铭集录》,第291—292页。
② 语出《孟子·滕文公上》。
③ 语出《礼记·学记》。

第六章 新马华校对儒家伦理的弘传与实践

的仁风义举堪为华人社会之楷模,能起到上行下效的社会引领作用。其五,儒家思想以民间书院讲学的方式,把德性人伦常道贯彻落实到了普罗大众的心头,化荒陬之南洋为礼义之邦。其六,萃英书院的办学实践了儒家"有教无类""乐育英才"的教育思想,如"欲以造就诸俊秀,无论贫富家子弟咸使之入学"。

在马来亚众多义学之中,唯独槟榔屿的南华义学保留了办学缘起及教学条例等原始资料,可资我们研究这一时期义学与华文教育、儒学教育的关系以及它在宣扬儒家思想上所做出的贡献:

> 盖闻兴养必先兴教,圣朝所以宏乐育人才,而学礼更进以学诗。圣训所以贵率循之准,况诗书为用世之楷,则父兄之教宜早,笔墨亦持身之具,而子弟之学可弛乎?兹槟城者,庆百年之缔造,为万姓之团居,适乐国而适乐郊,会其有极,莫厥居而莫厥土,实繁有徒。顾既庶之余,加之以教化,此大圣人策卫之遗徽,亦我国家植才之至意,语以士首四民,用敷五教,正以小子有造,勿谓童子无知也。乃因户族繁盛,贫富不齐,彼富者堪延西席,陶然率育夫髫龄,而贫者窭赋北门,遑及栽培夫子弟,将何以广英才而育之,将何以尽狂狷而裁之,故因由感于义学之设,宜亟成之也。……本医院董等目击时风,稚子致咏芃兰之诮,心窥逆族,少年类多落鬵之流,孺子原可教也,使学焉,则天真自葆,成童其可恃乎! ……可忍赤子之荒嬉,故敬教劝学之遗风,亟宜同心以倡举,是以邀集同人,共商厥事,欲播中原之雅教,拟开荒岛之文风,不图家论签同,均自刻不容缓,议兹桃李门墙,暂设平章会馆。……义学之举,原为清贫子弟而设,亦为造就人才……随其父兄捐助多寡,交总理收贮,以应义学之需。学生中果系极贫,而天资颖异者,自当刮目相视,本医院将来另设大义学讲解,以期小子有造。……义学之师,非只教书,并教礼仪揖让跪拜动静应付,要循规蹈矩,倘不尊教训,即为警责,使小子知所畏惧,异日方能成材。……宣讲阴骘文及果报书,使小子知善所从。来义学读书者,大半非为科名起见,如资质平常者,先读《孝经》,次读四书,如已读完,无大出色者,则教以信札,俾其谋生有路。①

---

① 《椰阴馆文存》第2卷,第224—226页。

从以上资料,可归纳如下五点内容:第一,与早期私塾多设在祠堂不同,义学常开办于各方言帮群的会馆内,惠泽的人更为广泛,这是通过办学来践行和落实儒家"亲亲而仁民"的推恩思想。其二,南华义学的创办遵循了"庶富教"的儒家古训,继承了崇文重教的优良传统,承担起作育英才的使命,肩负起传承文化的重任,有极强的文化传播意识。其三,南华作为闽粤两省合办的义学,对方言群的分畛对立有所超越,为各族群谋团结与合作做出了表率,有效提高了华族的凝聚力。其四,南华义学在学费上任学生家长酌情交纳不作严格限制,生源上面向社会大众,体现了华社对儒家"有教无类"教育理念的实践和发扬。其五,在教学和人才培养上,南华义学能根据华社的风俗道德、信仰习惯等现实情况,把儒家的伦理道德教化,如《孝经》、四书、礼仪实践,民间宗教信仰的阴阳果报思想,如阴骘文以及社会谋生技能,很好地结合起来,为受教育者适应海外社会与当地经济发展提供了必要指导和有益训练。

从私塾到义学再到书院,形成了早期新马华校建设与儒学教育的三部曲,而奏响这一动人歌曲的主要功臣是来自民间社会的闽、粤等华人方言群体和许多无名塾师,是他们在十分艰难的环境和孤立无助的形势下,勇敢承担起兴起斯文的重任,把以儒家文化为核心的中华文化传播到南洋之地。

当然,英、美、德籍牧师所创办的学校对华文、儒学教育上也做出了一定贡献[①]。之后来新马的是英国殖民者,他们支持传教士利用宣教便利,仿中国传统教育模式在海峡殖民地先后设立几所书塾和书院。首先,英国伦敦布道会的米怜牧师,1815年在马六甲开办了福建语书塾、广府语私塾,之后又以此为基础创办了英华书院。其次,英国东印度公司1816年在槟榔屿设立了槟榔屿义务学校。然后,莱佛士1823年在新加坡创办了莱佛士书院。这几所英国人所创办的学校在教学方式、师资来源、课程设置上均采用中西合璧的方式。以最典型的英华书院来说,其在教学上采取双轨制教育,既教授中文,也教授欧洲文字。一方面令欧籍学生学习中国语言和文字,另一方面使恒河以东国家的学生学习英文和欧洲的文学和科学。在师资来源上,"书院应聘任懂得中文的欧籍教授,能够承担西方知识的教课任务。书院还聘任中国人担任助教,欧籍教授必须是基督教徒。课程内容涉及地理、历史、算术、道德哲学、基督教神

---

① 庄钦永:《1819—1844年新加坡的华文学堂》,见张存武:《海外华族研究论集》第3卷,华侨协会总会,2002年,第79—110页。

第六章 新马华校对儒家伦理的弘传与实践

学和中国经书"[①]。此外,英华书院的任课教师如马礼逊、高戴维、理雅各等人还英译中国的儒学经典四书五经,令学生阅读《孝经》《三字经》《千字文》《百家姓》《幼学诗》等蒙学教材。更令人称奇的是,有位名叫玛典娘娘的外国教师,为了吸引华人学生的注意力,仿照《三字经》来编写融合神学思想的《训女三字经》以教导华人学生,进而传播基督教思想。

在新马,不论是早期的私塾、书院,还是后期的新式学堂或学校,其学校建设和儒学教育都与中国有着千丝万缕的联系。早期的私塾时代,蒙学教材和教学师资大都源于中国传统社会;后期的新式学堂或学校,在课程设置、教材使用和师资力量等方面更是受到来自中国社会的多重影响。该影响主要来自以下四个方面:其一,晚清政府的影响。晚清中国内忧外患、政局动荡,为了自立自强,以李鸿章、张之洞为代表的洋务派,主张教育制度的现代化,以"中学为体,西学为用"理念来改革教育、培养人才,清政府采纳这种理念并逐步推行于全国。这一政策被清政府派驻新马的历任领事及下南洋督办商务兼视学的大臣带到了当地华人社会。其二,康有为、梁启超等改良派的影响。"百日维新"失败后,康有为等亡命南洋,他除了寻求新马华侨的支持外也参与新式学堂的创建,并推动当地的孔教运动。其三,闽粤南渡名士文人的影响。如吴桐林、丘逢甲、王晓沧等人,以清政府保商保侨的名义趁机推动南洋地区的建孔庙、办学堂活动。其四,孙中山等革命党人的影响。他们在宣传革命思想、开展党务活动之余,也大力支持新式学堂的建设。除上述四种力量的影响外,当地新马华社尤其是华社领袖兼儒者林文庆、邱菽园、张克诚等人的影响也颇大,他们顺应澎湃日新的世界文化潮流并积极响应以上各种力量来改良当地华侨教育的面貌,不遗余力地推动和创办新式学堂。在以上几种力量的共同作用下,一时间新式学堂如雨后春笋。以新马地区创办最早、最具典范的新式学堂——中华学堂为例,它在管理方法上实现了现代化,在课程设置上也融入新的科目。例如,外国语、历史、地理、算数、物理、体操等,但根据《中华学校改良简章十六条》所示,基本的科目如修身、读经讲经(根据程度读《春秋左传》及《周礼》二经,或四书)、习礼仪和国文,仍然是学生的必修课。[②] 由此可见,在海内外改革之声四起的时候,华校仍是坚持"中体西用""旧瓶新酒"的办学精神,以

[①] 马礼逊夫人编:《马礼逊回忆录》,顾长声译,广西师范大学出版,2004年,第140—141页。
[②] 《椰阴馆文存》第2卷,第242—245页。

保存优良文化传统为己任,而非完全鄙弃传统、另起炉灶,其用意发人深省。

第二节　校训校歌与儒家伦理

　　新马华文教育虽经历了三个发展阶段,但对儒家思想的灌输和儒家伦理的实践则是一以贯之的。我们从华文学校的校名、校训、校歌、班级命名以及教科书内容取材等方面,可以看出华校基本都是以儒家精神来办学,因而华校对儒家伦理在南洋地区的宣扬和传承,无疑做出了很大的贡献。

　　南洋华人从漂洋过海到落地生根,其人生的奋斗历程始终浸润着儒家思想,而最能体现其发扬儒家思想、实践儒家伦理及传承中华文化的例证之一便是,即使他们生活再困顿、创业再艰难,都会不遗余力地建校兴学,承担起教育子弟的使命。笔者选取了自1905年开始,由新加坡华人创办的48所华校以及马来西亚华人创办的38所华校,试图通过对华校的校名、校训、校歌的分析来论证它与儒家伦理的密切关系。新加坡和马来西亚各华校的校名、校训,分别参见表6.1和表6.2。

表6.1　新加坡华校校名与校训

序号	校名	创校时间	校训	序号	校名	创校时间	校训
1	养正学校	1905年	忠勤礼爱	13	擎青学校	1927年	勤诚仁勇
2	道南学校	1906年	勤毅	14	醒华学校	1930年	诚勤朴爱勇
3	育英学校	1910年	礼义廉耻	15	裕华小学	1930年	勤朴诚勇
4	中华女子中学	1911年	礼义廉耻	16	公立南华学校	1932年	诚毅勤朴
5	广福学校	1916年	勤毅诚恕	17	树群中小学校	1933年	亲善忠诚
6	南洋女子中学校	1917年	勤慎端朴	18	公立培群学校	1933年	礼义廉耻
7	南华女子中学校	1917年	礼义廉耻忠孝仁爱	19	公立培华学校	1934年	礼义廉耻
8	光洋中学	1918年	忠慎勤勇	20	培道中学	不知	礼义廉耻
9	南洋华侨中学	1919年	自强不息	21	侨南学校	1933年	德智体群美
10	端蒙中学	1919年	勤慎诚正	22	尚志中学	不知	勇信必成
11	南洋丹诏学校	1922年	忠义勤毅	23	卫理中学	不知	诚爱勤朴
12	维新学校	1926年	礼义廉耻	24	文礼中学	不知	爱与恕

(续表)

序号	校名	创校时间	校训	序号	校名	创校时间	校训
25	公立培基学校	1935年	诚朴勤劳	37	海星女子中学	1958年	忠诚仁爱
26	克明学校	1935年	礼义廉耻	38	武吉班让政府中学	1960年	笃学力行
27	中正中学	1939年	好学力行	39	裕廊中学	1963年	忠勤诚爱
28	鸿星女子职业学校	1945年	勤谨静修	40	育明中学	1963年	学思行
29	新民中学	1945年	勤俭敏慎	41	实理中学	1968年	诚实公正
30	公立培德学校	1947年	勤朴诚勇	42	德能中学	1969年	勤慎诚勇
31	武德学校	1955年	敬业乐群	43	兴亚启蒙学校	1970年	勤信端洁
32	德明政府中学	1956年	诚信勇忠	44	文殊中学	1981年	知行慈愿
33	华义中学	1956年	仁义智群	45	育明中学	1965年	学思行
34	女子职业中学	1957年	礼义廉耻	46	黄埔华文中学	1961年	德智体群
35	三育中学	1958年	学习行善	47	介民小学	1967年	勤朴亲诚
36	海星中学	1958年	勤勉忠勇	48	弥陀学校	1954年	慈良清直

注：本表系依据以上各校的校刊或毕业纪念特刊整理而成。

表6.2　马来西亚华校校名与校训

序号	校名	创校时间	校训	序号	校名	创校时间	校训
1	吉隆坡坤成女子中学	1908年	礼义廉耻	12	丹南中华中学	不知	礼义廉耻
2	育华中学	不知	忠勇诚毅	13	古晋中华第一中学	1958年	公仁诚毅
3	槟城钟灵中学	1917年	爱吾钟灵	14	美里培民中学	1962年	勤睦忠毅
4	循人中学	1955年	诚爱忠毅	15	恒毅中学	1956年	勤学敬业
5	万挠三育学校	1916年	勤朴信勇	16	霹雳育才中小学	不知	礼义廉耻
6	吉隆坡中华独立中学	1919年	礼义廉耻	17	槟华女子中学	不知	庄诚勤朴
7	尊孔国民型中学	1906年	勤朴勇毅	18	和丰兴中中小学	1912年	亲爱精诚
8	沙巴崇正中学	1965年	仁诚敏毅	19	槟城韩江中学	1950年	笃于文行
9	建国中学	1963年	敬业乐群	20	槟城协和女中	不知	和诚敬
10	沙巴亚庇中学	不知	礼义廉耻	21	槟城商务国民型华文小学	不知	诚洁朴毅
11	亚庇中华学校	1917年	孝毅勤诚	22	槟城三山国民型华文小学	1924年	礼义廉耻

(续表)

序号	校名	创校时间	校训	序号	校名	创校时间	校训
23	尚德中学	不知	诚毅公忠	31	亚罗士打新民中学	不知	明德至善
24	菩提独立中学	不知	仁慎勤毅	32	吉兰丹培植国民型华文小学	1939年	诚毅
25	孔圣庙中华中学	不知	敬诚勤朴	33	吉兰丹中华国民型华文小学	1918年	礼义廉耻
26	柔佛居銮中华中学	不知	礼义廉耻	34	吉兰丹中正国民型中学	不知	勤谨俭朴
27	巴罗学校	1927年	礼义廉耻	35	马六甲培风中学	1913年	公忠勤毅
28	麻坡中化中学	不知	礼义廉耻	36	麻北利丰港培华独立中学	1929年	礼义廉耻
29	吉隆坡侨南学校	1917年	礼义廉耻	37	吡叻金保培元中学	不知	自强不息
30	吉南觉民独立中学	不知	忠信笃敬	38	太平华联国民型中学	不知	礼义廉耻

注:本表系根据以上各校校刊和毕业纪念特刊整理而成。

华人办校兴学素以传承中华文化为己任,所以举凡校名、校训、校歌等都莫不寓意深远,寄托崇高。首先,让我们从儒家经典的角度来审视校名的来源和寓意。如养正学校及端蒙学校的校名显然取自《周易·蒙卦》:"蒙以养正,圣功也。"北宋理学家张载解释说:

> 教者但观蒙者时之所及则道之,此是以亨行时中也;此时也,正所谓如时雨化之。……当时而道之使不失其正,则是教者之功。养其蒙使正者,圣人之功也。①

简单来说,就是通过教师合理的引导和经典的熏陶,使孩童端正德性,养成浩然之气,日后以成就君子人格。又如,道南学校的校名直接源于"吾道南矣"的理学佳话,它是北宋理学家程颢对弟子杨时传道南方的期许;间接来源则是《论语·里仁篇》所载孔子"道不行,乘桴浮于海"的感慨,显然,其中深蕴着华人先贤下南洋谋生却未曾忘怀宣扬儒家文化使命的命意。另如,育英学校的校名来源于孟子以"得天下英才而教育之"②为人生乐事的名言,体现了华人先贤乐于作育英才、努力造福社会的良好愿望。再如,维新学校的校名则

---

① 张载:《张载集》,章锡琛点校,中华书局,1987年,第85页。
② 语出《孟子·尽心上》。

第六章 新马华校对儒家伦理的弘传与实践

取自《诗经·大雅·文王》"周虽旧邦,其命惟新",寄寓着华侨先贤积极顺应日新月异的社会发展而不甘人后的进取精神。更如,克明学校的校名当与《尚书·尧典》中的"克明俊德"相关,取其自明己德、日新其德的意思,彰显了中华文化独特的德性品格。还如,新民中学的校名源于《尚书·康诰》"作新民"一语,南宋理学家朱熹解释为"振起其自新之民也"①,含有争做富有新时代气息、新文化内涵之民的意思。还如,中正中学的校名很明显取自《周易·乾卦》:"大哉乾乎!刚健中正,纯粹精也。"关于该校名的来由,前中正中学校长沈为霖曾说,"'中正'两字就充满了儒家的色彩","中就是儒家的'中庸之道',正就是'正名'的意思"。② 此外,如坤成女子中学、育才中学、育华中学、尊孔中学、崇正中学、协和女中、尚德中学等,无不反映华校浓厚的儒家色彩和文化气息。华校与儒家思想、儒家伦理的深厚关联,更能从其校训、校歌中见出。

通过对校训的分析,我们不仅可以窥见其背后的价值取向,也能认识到究竟哪些儒家价值观念在规范人的行为和塑造人的精神品质上起着持久性作用,并成为两千多年来华人社会生活中的常道慧命。

统合表 6.1 和表 6.2 的内容,即可归纳出两千多年来为华人社会所共同遵守并奉行的儒家伦理价值观念,从而说明儒家思想有其普遍性和永恒性,可以为世界文化的繁荣创新做出应有的贡献。

在表 6.1 和表 6.2 的 86 组校训中,"礼义廉耻"占了 22 组,由此可见其在中国文化价值体系中的重要地位和价值意义。这四项品德在《论语》《孟子》《荀子》等先秦典籍中被反复讨论,《管子》称之为"国之四维"。《管子·牧民》说:"国有四维,……何谓四维?一曰礼,二曰义,三曰廉,四曰耻。"新马华校对"四维"有着自己的理解和现代诠释,如新加坡公立培群学校以恭敬、礼让、敬重、奉公守法来诠释礼;以肯牺牲自己的利益,多做对人群有益的事来诠释义;以不贪污,要节俭而不要浪费,工作中廉洁朴实来诠释廉;以要有羞愧心,要懂得自爱,常警惕自己的错误并立刻改过来诠释耻。③ 又如,太平华联国民型中学对"四维"的诠释是:"礼,以礼待人,孝顺父母,敬重师长,服从领袖。义,见义勇为,见利思义,嫉恶如仇,主持正义。廉,爱护公物,不取不义之财,思想纯

---

① 朱熹:《大学章句》,《四书章句集注》,中华书局,1983 年,第 5 页。
② 《四位主讲人一致认为:中正以儒家思想办学》,《南洋商报》1982 年 8 月 1 日,第 3 版。
③ 《公立培群学校创校五十周年纪念特刊》,公立培群学校出版,1983 年,第 9 页。

洁,行为正大光明。耻,行己有耻,不落人后,力求上进,直到成功。"①经过现代语言的诠释,礼可以成为现代人们待人接物处世的准则,并为人们所普遍认同和遵守奉行;义具有当仁不让的勇气、剪恶除奸的正气、利必合义的风尚、社会担当的正义等丰富意涵;廉不仅是个人思想行为层面上的纯洁高尚,也同时含有公共层面中的奉公守法、珍惜公共财产等意义;耻不只是有羞耻心,也有不断追求进步和勇于奋斗的进取心。海外华人结合他们的社会生活生产实践,赋予儒学价值以新内涵,从而使儒学的生命力更加鲜活强劲。值得一提的是,20世纪80年代新加坡政府在全岛推行儒家伦理时,曾把"忠、孝、仁、爱、礼、义、廉、耻"八德,作为治国之纲和国家道德予以提倡。

以上校训中,若以单项德目而论,"勤"出现的频次多达33次,其次为"诚",计30次。这两种美德是华商能够成功的关键因素。自上古以来,中华先民就从艰苦的生存环境中凝练出一套勤俭的工作伦理。《尚书·大禹谟》说:"克勤于邦,克俭于家。"《左传·宣公十二年》说:"筚路蓝缕以启山林,箴之曰'民生在勤,勤则不匮'。"当然对于迫于生计而下南洋的华人先民来说,要想在异国他乡求生存、图发展,犹当倍加勤奋。对于华人开发南洋的贡献及他们的辛勤、劳苦程度,当时的英国殖民官员有这样的描写:

> 海峡殖民地所以会日益繁荣,除了归功于华人以外没有别的什么原因了。……毫无疑问,他们是有本事的商人,他们为自己的事业勤劳工作是惊人的。我们可以看到华人的鞋匠、家私匠和其他小店主从早上六点钟工作到夜里十点钟。②

也有这样的评价:"他们勤劳刻苦的精神是世界上任何其他人民所无法匹比的。"③此外,当时《海峡时报》一篇评论文章也说:"华人是由真正的勤勉和坚韧不拔的刻苦精神这种好素质作成的。"④

勤劳、勤奋、勤俭在其他民族身上也多少有所体现,但是却没有哪个民族像华族一样做到如此极致——把"勤"演绎为全民族普遍崇尚的一种刻骨铭

---

① 《太平华联国民型中学校刊》,太平华联国民型中学出版,2012年,第4页。
② 《新加坡华人百年史》,第307页。
③ 《新加坡华人百年史》,第38页。
④ 《新加坡华人百年史》,第112页。

第六章 新马华校对儒家伦理的弘传与实践

心、深入骨髓的工作伦理而加以实践和弘扬。华人先贤希望把华夏民族的勤劳美德代代传递下去,因此以办校兴学的方式教导子弟勤奋学习并学有所成。以新加坡来说,如南洋女子中学强调"为学做事须勤勉"①,端蒙中学则劝勉学生"业精于勤,光阴是宝,勿怠勿荒,以资深造"②。又如,《马六甲培风中学校歌》:"吾华南殖历史长,筚路启炎荒。勤劳艰苦流血汗,美德宜发扬,勖哉!"③华人办校就是希望把祖先的优良传统一代一代传递下去,而华校也是如此教导勉励学生去继承华夏先民这种优良美德和伦理精神,并加以发扬光大。对莘莘学子来说,实践这一美德的最好方式无疑是努力学习、天天向上,如尊孔中学对"勤"的诠释就很特别:"勤就是要奋勉,要努力,要多劳。在学习里,勤的具体行动为口勤(多吟诵)、手勤(多翻阅)、脑子勤(多思考)。"④这种"三勤"正是学生对"勤"这一工作伦理的积极实践和落实。总之,勤劳、勤奋、勤勉是华人积极的人生价值观,是社会普遍的工作伦理,是民族优良的传统美德。

除了勤奋,诚实、诚信也是中华文化中的优良传统美德。《中庸》说:"诚者,天之道;诚之者,人之道。……诚者物之终始,不成无物。是故君子诚之为贵。"在南洋常年经商的华人尤为看重这种素养或德行,奉之为交往做生意的试金石。一个普通的店员能否成长为巨贾富商,与他是否具备这样的素质或德性相关:以勤奋起家、累积资本;以诚信感通人我、扩展人脉,进而扩大生意网络;因诚实得人之信赖而获得大宗物资或无限信用资本。一定程度上来说,这三种因素的叠加决定了他是不是一个成功的商人。如经商多年的华人王友海,"在这里商界中成为著称的一位交易正直、老实和有良好品德的商人之后,便很容易以赊账方法采办到任何大宗的商品了"⑤。可见,诚实信用作为中华文化的优良美德,不仅是为人处世的基本信条,也是良好的职业素质,同时也可被诠释为现代的一种无限度使用的信用资本。华人先民以身体力行的方式验证了诚信、诚实这种光辉人格的魅力和可贵,通过这样的身教垂范更能使子弟明白"君子诚之为贵"的道理。华校在以身教砥砺学生的同时,也借校训来传递这种正能量。如育华中学释诚为"真实可贵",端蒙中学释诚为"至诚无

---

① 《南洋女子中学校创校七十五周年纪念特刊》,第7页。
② 《端蒙中学七十周年纪念刊》,端蒙中学出版,1976年,第2页。
③ 《马六甲培风中学九十周年纪念特刊》,马六甲培风中学出版,2004年,扉页。
④ 《尊孔国民型中学百年纪念特辑:1906—2006》,尊孔国民型中学出版,2006年,第9页。
⑤ 《新加坡华人百年史》,第144页。

息,争光日月,人巧我拙,痛惩浮华",公立醒南学校训之曰"忠诚爱国",德明政府中学解释说"诚便是诚意,是一种真实的热爱",海星女子中学则提出"诚信于言行"。① 总之,诚是做人的根本原则,是待人处世的基本信条,是良好的职业素质,是真实强烈的情怀,也是赤诚的爱国精神。

值得注意的是,表6.1中由佛教协会所创办的弥陀学校,其校训"善良清直"为近代著名的佛教人物弘一法师所题写。他不但精通佛学各类典籍,佛学修养也极为高超,同时也对儒学精神有深刻独到的领会,可从他对该校校训的诠释反映其融会儒佛的造诣。他解释说:

> 慈以仁心为本,乃能实践爱群与济众。良以良知为因,故能发愤好学,而自强不息。清以澄净为基,故能养成崇高的品德。直以诚敬为义,故能待人接物,正大光明。②

表6.2第3组校训"爱吾钟灵"似乎与儒家思想毫无关系,但是我们透过钟灵中学的"十大信条"可以发现其创校办学宗旨实取自儒家思想。其具体内容是:

> 曰纪律化,所以服从真理也。曰尊重,言行不苟也。曰忠诚,处世以诚也。曰勤俭,刻苦耐劳,以达到个人有价值之目的也。曰谦恭,以礼待人也。曰勇敢,能主持正义,不避艰险也。曰清洁,所以美化个人与环境也。曰乐群,拥护多数人的意思,通力合作,求其实现也。曰乐观,事物愈困难,心中愈快乐也。曰进取,挫折愈多,努力愈甚也。③

第一条"纪律化"是对"克己复礼"的现代诠释;第二条"尊重"是对"言忠信

---

① 《育华中学》,育华中学出版,2007年,第10页。《端蒙中学七十周年纪念刊》,第2页。《公立醒南学校创校54周年纪念特刊:1932—1986》,公立醒南学校出版,1986年,第3页。《德明政府中学廿五周年纪念刊:1956—1981》,德明政府中学出版,1981年,第4页。《海星女子中学创校廿周年纪念特刊:1959—1979》,海星女子高中出版,1979年,第3页。
② 《弥陀学校建校二十周年特刊》,弥陀学校出版,1974年,第4页。
③ 《椰阴馆文存》卷二,第272页。

第六章　新马华校对儒家伦理的弘传与实践

行笃敬"的现代诠释;第三条"忠诚"是对"为人谋而不忠乎""君子诚之为贵"的现代诠释;第四条"勤俭"是对"克勤于邦,克俭于家"的现代诠释;第五条"谦恭"是对"谦受益""恭则不侮"的阐发;第六条"勇敢"是对"见义勇为""当仁不让"的诠释;第七条"清洁"可看作对"诚心正意"的现代诠释;第八条"乐群"是对"敬业乐群"的阐释发挥;第九、十条"乐观进取"是对"自强不息""贫贱忧戚,玉汝于成"思想的引发。这十大信条都是儒家思想中放诸四海而皆准的常理常道。

最后,我们从这86组校训中可以看出,它们大都取自《尚书》《周易》《左传》《论语》《大学》《中庸》《孟子》《荀子》《礼记》等儒家典籍,其中又以"四书"为最多,而"四书"中尤以《论语》为最。《论语》一书包含了丰富的价值观念系统,如孔子与学生对礼、义、廉、耻、忠、诚、信、毅、仁、恕、勇、智、爱、慎、端、洁、谨、俭、劳、孝、正、勉、群、公、庄、敏、好学、力行、笃敬等的广泛讨论。但此讨论又绝非载之空言,而是以生命主体的躬行实践和自我反省来提升生命的价值、开拓生命的意义、挺立人格的尊贵。孔子说:"言忠信,行笃敬,虽蛮貊之邦行矣。言不忠信,行不笃敬,虽州里行乎哉?"①曾子说:"吾日三省吾身:为人谋而不忠乎?与朋友交而不信乎?传不习乎?"②通过躬行内省来"守死善道"是儒家的思想和性格。可见,"儒学最显著的特色,即以精神价值的重要性在生活中的实践而不在理论上的思辨"③。由于儒学本身就根源于大众的社会生活实践,也是关于人生终极关怀的学问,所以它所阐发的思想不仅能"得人心之同然"而显示其普遍性,也能为普罗大众在日常的人伦生活中身体力行而彰显其永恒性。

总之,孔子儒学所凝练的精神价值构成了中华文化的主体,提供了千百年来中华民族生存发展的常道,奠定了中华儿女共同信奉遵行的基本价值观。由于儒学"得心之同然"的普遍性和"前圣后圣,其揆一也"的永恒性,完全可以为多元文化和多元种族并存的新加坡、马来西亚,乃至整个世界文明的发展提供可资借鉴的思想资源。

如果说校训作为精神标识体现了华校的儒家价值取向,那么校歌则进一

---

① 语出《论语·卫灵公篇》。
② 语出《论语·学而篇》。
③ 余英时:《陈寅恪与儒学实践》,见《儒家思想的现代诠释》,第80页。

步以弦歌不辍、潜移默化的方式,把儒家的精神价值落实在学生日常生活中。曾渊澄说:

> 早年的华校,无论中学或小学,都十分重视培养学生的道德修养。每所学校的校歌歌词,都蕴含华夏民族优良的价值观,儒家思想尤浓,是儒家思想中经得起考验的智慧,莘莘学子在课堂上接受了伦理科的道德启迪,在集会时长期唱校歌,再受到歌词要义的潜移默化,培养了正确的人生观。①

浸透着浓郁儒家思想的校歌所要灌输的价值观和培养的人生观主要体现在以下层面:

第一,校歌灌输继志述事的儒家思想,可从两个方面来论述。一是教导青年效法华人先民胼手胝足、开启炎荒的开拓精神,以及继承先贤集资创校、艰难经营的兴学精神。先以马来西亚华校为例来论述。沙巴崇正中学校歌:

> 维我先哲,冒艰险,智勇双全。驾扁舟,破万里浪,远涉南天。披荆斩棘,辟沙巴,荒陬跷土化良田。②

育华中学校歌:

> 创办之时,七年春季。努力经营,渐臻完备。③

二是教导青年承继先贤宣扬文化的重任和承担先哲作育英才的使命。侨南学校校歌:

> 侨南侨南,教育摇篮。春风化雨,桃李芬芳。茁壮呈光芒,伟哉!侨南数十年来惨淡经营,历史辉煌。负起文化任务,努力宣扬。④

---

① 《新加坡儒学史》,第 214 页。
② 《沙巴崇正中学 1982 毕业特刊》,沙巴崇正中学出版,1982 年,第 7—8 页。
③ 《育华中学》,育华中学出版,2007 年,第 11 页。
④ 《吉隆坡侨南学校新校舍开幕暨四十三周年纪念特刊》,侨南学校出版,1960 年,扉页。

美里培民中学校歌：

> 中华文化吾校所崇。德智兼修，手脑并用。化雨有春风，大哉华教。前途光明，如日当空。弦歌声声起，桃李正芬芳。承先启后，贯彻有始终。壮哉，我培中。①

饮水不忘思源，知恩图报，承先方能启后，成始成终，正是华校对继志述事这一思想的深刻理解和忠实实践。再以新加坡华校为例来阐述。武德学校校歌：

> 乘风破浪，拓土披荆，华胄遍南溟。山环水抱，数世经营。灵秀毓狮城，吾道其南教。②

南洋丹诏学校校歌：

> 念先贤宣扬文教，百年树人建我校。同学们勤勉学习，五育平均齐发展。须永铭，忠义勤毅，锻炼身心为国家。③

如校歌所言，华校的创建经营和海外华人的辛勤创业密不可分。华人先民背井离乡、远渡重洋来到荒芜的南洋讨生活，胼手胝足、筚路蓝缕，开启山林、创建家园、建校兴学，其艰苦卓绝的奋斗精神和勇于承担传承文化的使命及自觉肩负作育英才的重任，值得后来者继承和发扬。

总之，第一，继志述事的价值观念可以诠释为以饮水思源的思想来砥砺青年才俊发奋学习，感念华人先贤建校之功，继续发扬中华文化精神；也可以理解为以知恩图报勉励莘莘学子成德成才，报答先贤栽培之恩，奉献社会，报效国家。

第二，校歌灌输君子人格的儒家思想。华校在办学中注重学生的全面发

---

① 《阶梯：美里培民中学》，美里培民中学出版，2010年，第5页。
② 《武德学校第十二周年纪念特刊》，武德学校编辑委员会出版，1967年，第1页。
③ 《南洋丹诏学校新校舍落成典礼暨创校四十八周年纪念特刊》，南洋丹诏学校出版，1970年，第8页。

展,采取"智德体群乐,五育并彰"的教育方针。五育中又以学生德性的培养为重点,即华校十分关注人格教育或成人教育,所以极力倡导师生躬行"三达德"(智仁勇)与"四维"(礼义廉耻)以及"八德"(忠孝、信义、仁爱、和平)等儒家价值观念。马来西亚华校,如麻坡中化中学校歌:

四维伸张,忠孝仁爱垂训,信义和平宣扬。①

吉兰丹中华国民型华文小学校歌:

四维垂训,八德是从。陶冶瑚琏,栽培栋梁,为我国家造主人翁。②

可以看出,在教育上儒家的一大贡献是:提倡成德之教或君子之教,即通过身体力行来落实儒家所倡导的若干道德价值,从而造就一个个值得人们崇敬和效法的伟大人格。诚如徐复观所言:

孔子之所谓道,主要是指向生活、行为的意义,由这意义来提升人生的价值,使人真能成为一个人,亦即《论语》中所谓的"成人",所谓"君子"。③

如何做人是儒家最为关切的问题,如何做至善之人(希贤希圣)则是儒家终极关怀的问题。而以百年树人、为社会国家作育英才为神圣使命的华校,正秉承了这一深湛淳厚的文化传统。又如,古晋中华第一中学校歌:

公仁是我们做人的指标,诚毅是我们处世的南针。④

---

① 《麻坡中化中学高中第五十一届毕业特刊》,中化中学出版,2006年,第5页。
② 《吉兰丹中华国民型华文小学五十八周年纪念特刊:1918—1976》,吉兰丹中华国民型华文小学出版,1976年,第6页。
③ 徐复观:《儒家思想与现代社会》,九州出版社,2014年,第246页。
④ 《古晋中华第一中学高初中第四十二廿八届毕业特刊》,古晋中华第一中学毕业特刊编委会出版,1990年,第7页。

第六章　新马华校对儒家伦理的弘传与实践

吉隆坡中华独立中学校歌：

礼义廉耻是我们做人的传统。①

恒毅中学校歌：

正义修身根，博爱处世本，正义连博爱，立志作完人。②

在注重人格培养上，新加坡华校与马来西亚华校是同条共贯。如公立培德学校校歌：

品德好，互助友爱如一家。勇向前，求真理，为人群，为社会。③

华义中学校歌：

岂求身之独善，将领导夫群伦。④

新加坡前总理李光耀曾给予深受儒家思想浸润和熏陶的华校学生很高的评价："对他们（华校生）却深感敬佩。他们有献身的精神，对同胞怀有感情，负有领导社会的使命感。"⑤鉴于此，新加坡政府曾于20世纪80年代在中学大力推行儒家伦理教育，具体推行原因和目的详见本书第八章第一节相关内容。以探讨生命终极关怀为核心的儒家，为世人提供了一套为人处世且行之久远的伦理常道，使人民得以安身立命、社会得以有序运行、国家得以安定和谐。

第三，校歌灌输明德至善的儒家思想。道德精神不仅是为人的根本，也是立国的基石。《大学》"三纲八目"提出一套人如何从明德修身扩充至治国平天

---

① 《吉隆坡中华独立中学九十周年校庆特刊：1919—2009》，吉隆坡中华独立中学出版，2010年，第Ⅳ页。
② 《恒毅中学高中第十三届毕业特刊》，恒毅中学出版，1984年，第2页。
③ 《公立培德学校创校三十周年纪念特刊》，第2页。
④ 《华义中学校刊》，华义中学出版，1980年，第2页。
⑤ 《李总理与老一辈领袖非常敬佩华校生品德：此为儒家思想被列为宗教道德教育真正原因》，《南洋商报》1982年2月4日，第3版。

下,最终在人世间建设一种至善或大同社会的思想蓝图。亚罗士打新民中学校歌:

  在明明德,品仪端庄;在新民,沐浴四方;止于至善,礼显义彰。吾新民,桃李芬芳。修身齐家,和睦安详。有新民,邦富在望。治国有道,泽流远长。天下平,学思无疆。①

儒家的明德至善思想实际上是人文化成下的器识教育和责任教育,而非纯粹的知识技能教育,蕴含着淑世济民、博施济众这样一种以天下为己任的博大情怀。

第四,校歌灌输自强不息的儒家思想。儒家教导人们在生活中应效法"天行健"来培养自强不息、进取积极的人生态度。如坤成女子中学校歌:

  兢兢日新,不息自强。继往开来,誉无疆。②

又如,吉兰丹中正中学校歌:

  董教学,协力同心。校务进展,日新月异。③

自强不息,可以诠释为人生事业上应兢兢业业、刚健有为、不断开拓进取,人生修养上当三省吾身、改过迁善。

第五,校歌灌输敬业乐群的儒家思想。敬业乐群作为伦理精神很早就为儒家教育家所提倡。《礼记·学记》说:

  古之教者,家有塾,党有庠,术有序,国有学。比年入学,中年考校:一年视离经辨志,三年视敬业乐群,五年视博习亲师,七年视论学取友,谓之"小成"。九年知类通达,强立而不反,谓之"大成"。夫然

---

① 《亚罗士打新民中学高初中第一、四届毕业刊》,毕业刊筹委会出版,1964年,第3页。
② 《坤成女子高中第十六届毕业特刊》,吉隆坡坤成女子中学高中第十六届毕业班出版,1972年,扉页。
③ 《吉兰丹中正国民型中学校刊》,吉兰丹中正国民型中学校刊出版,1981年,第1页。

第六章　新马华校对儒家伦理的弘传与实践

后足以化民易俗,近者说服而远者怀之,此大学之道也。

如建国中学校歌所倡导:

> 自强不息,敬业乐群,发扬中华的文化,促进本邦的康乐富强。[1]

校歌教导学生敦行品德,并努力学习科学知识和技能,当他们迈向社会、走上工作岗位时,自然会成为具有敬业精神的人,全副身心投入工作事业中,并能以集体利益为重;在待人处世上,又能精诚团结、善与人同,把实现个人价值与为大众谋福利、造福社会结合起来。总之,他们身体力行诠释了儒家的淑世济人思想。

第六,校歌灌输友爱互助的儒家思想。海外华人由于对海外移居地的世代开发、辛勤经营,渐渐对浸润着自己无尽血汗的土地产生了强烈的认同和深厚的情感,从而把异乡当故乡来精心建设和真诚爱护。古晋中华第一中学校歌:

> 砂捞越的沃土,哺育我们成人。我们是砂捞越的儿女,砂捞越是我们的母亲。同学们,莫辜负。她爱护我们的一片热忱。[2]

与西方殖民者的暴力攫取不同,华人的海外拓殖始终都是以和平方式进行,以繁荣当地社会为目的。因为华族在处理和土著以及其他民族的关系时一直秉持与人为善、出入相友、守望相助的价值理念。如亚庇中华学校校歌:

> 华巫携手卫北婆。爱众亲仁,志比钢。[3]

沙巴崇正中学校歌:

---

[1] 《建国中学初高中第七十四届毕业纪念特刊》,毕业纪念刊委员会编辑出版,1971年,第7页。
[2] 《古晋中华第一中学高初中第四十二廿八届毕业特刊》,第7页。
[3] 《亚庇中华学校五十周年纪念特刊》,亚庇中华学校出版,1967年,第2页。

乐互助,友族善相联。①

不仅如此,海外华人还积极实践"四海之内皆兄弟"的儒家仁爱思想,希望各民族都能相亲相爱如一家,共同实现四海大同的理想,如尚德中学校歌:

菁菁学子,惟是所宗。修身克立,四海大同。②

第七,校歌灌输兼容并包的儒家思想。海外华人生活在一个多元民族及多元宗教文化并存的马来亚世界。华人在种族关系上,秉承与人为善、和睦相处的原则;在文化关系上,主张东西文化应相互尊重、交流互鉴,从而实现文化的多元发展。以马来西亚华校为例证,如建国中学校歌:

生存在多元的社会,我们要求多方的发展。③

又如,吉兰丹中正国民型中学校歌:

共研厥中,东西文化,贯会融通。④

华校在办学上面向全社会,不存狭隘的民族分畛心态,以乐育英才和为社会造就栋梁为宏怀。华族在民族文化建设上,一方面主张积极吸收其他民族文化的优长,以补中华文化之不足;另一方面又能继往开来,不忘从本民族文化立场来消化新学新知为己所用。马来西亚华校,如亚庇中学校歌:

萍水华巫赋共舟,长夏新都施庠序。玉宜琢,业待修。愿砥柱中流,弱驹化壮骝(重复歌词)。追求欧美,宗孔周,继往开来,肩负重

---

① 《沙巴崇正中学1982毕业特刊》,沙巴崇正中学出版,1982年,第7—8页。
② 《尚德中学高初中第三届高商第二届毕业纪念刊》,尚德中学毕业纪念刊委员会出版,1962年,第5页。
③ 《建国中学初高中第七十四届毕业纪念特刊》,毕业纪念刊委员会编辑出版,1971年,第7页。
④ 《吉兰丹中正国民型中学校刊》,吉兰丹中正国民型中学校刊出版,1981年,第1页。

第六章　新马华校对儒家伦理的弘传与实践

（重复歌词）。崇忠信,卫婆洲。①

再以新加坡华校为例证,如中正中学校歌:"欧印文明他山之长。"又如克明学校校歌:"学兼古今中外。"再如实理中学校歌:"不分种族和信仰,大家携手并肩立。"②诚如陈寅恪所说:

> 然惟中国人之重实用也,故不拘泥于宗教之末节,而遵守"攻乎异端,斯害也已"之训,任儒、佛、回、蒙、藏诸教之并行,而大度宽容,不加束缚,不事排挤。故从无有如欧洲以宗教牵入政治。③

其实"道并行而不相悖,万物并育而不相害",更能说明中国文化雍容大度的精神气质。华人不仅在文化上主张包容,而且在与他族相处上更提倡和睦相处。养正学校校歌:"万邦和谐其所宗。"④武吉班让政府中学校歌:"不分种族,合群同心。"⑤华义中学校歌:"俾种族咸和睦,跻世界于大同。"⑥可见,善取诸人、与人为善、和而不同、和衷共济、万邦和谐是新马华校校歌要传递给青年一代的价值观念。

第八,校歌灌输经世致用的儒家思想。华人先贤为了提升女性的社会地位和改善女性的生计问题,开办了专门的女子中学和女子职业学校,传授并培训她们剪裁等工艺技能知识。从某种角度来说,这是华人先贤对"正德、利用、厚生、为民"这一经世致用思想的现代诠释。如鸿星女子职业中学校歌:

> 若姊若妹,济济一堂,精研工艺,厚生有方。古有四德,唯工孔彰,勉矣吾侪。⑦

---

① 《亚庇中学高初中第十六、廿二届毕业纪念特刊》,第5页。
② 《中正中学创校四十周年纪念特刊:1939—1979》,中正中学出版,1980年,第2页。《克明学校校刊》,克明学校出版,1980年,第3页。《实理中学校刊》,实理中学出版,1979年,第2页。
③ 吴学昭:《吴宓与陈寅恪》(增补本),三联书店,2014年,第6页。
④ 《养正学校七十五周年纪念特刊》,养正学校出版,1980年,第2页。
⑤ 《武吉班让政府中学十周年纪念刊:1960—1970》,武吉班让政府中学出版,1970年,第2页。
⑥ 《华义中学校刊》,华义中学出版,1980年,第2页。
⑦ 《新加坡鸿星女子职业学校五周年纪念特刊》,鸿星女子职业学校出版,1951年,第1页。

儒家伦理在新加坡、马来西亚

除以上八个层面外,校歌也灌输知行合一、与时俱进、荣校爱国等价值观念。

另外,严春宝研究指出,不仅华校的校训、校歌具有浓厚的儒家文化气息,就连华校的班级命名也深具儒家思想的教义。他以新加坡圣尼各拉女校的班级命名为例:

> 不同于一般学校将每个年级简单地以数字分班,如1班、2班、3班……或者是以字母分班,如A班、B班、C班……该校则是选取了儒家的重要概念作为各个班级的名字,每个年级的所有班级分别命名为:爱班、信班、诚班、群班、庄班、义班、勤班、望班、忠班、纯班、智班、德班等,每个年级皆以此类推。①

综上所论,校名、校训、校歌不仅使我们深刻地感受到新马华校浓厚的儒家文化气息,而且使我们深刻地认识到儒家有如此丰厚的思想精神,可以为人类社会的繁荣发展和世界的安定和谐提供可资借鉴的思想资源。华文学校通过凝练的校训、弦颂不辍的校歌来传播儒家文化、宣扬儒家思想、灌输儒家价值观念,体现出华人崇文重教的优良传统和作育英才的人文精神,也说明儒家思想经过现代转化后,依旧魅力无穷,具有强劲的生命力。身处南洋的数千万华人何以会不惜代价、全力以赴地办校兴学来教育子弟。马来西亚马六甲华人导游阿忠道出了其中缘由:"一个没有文化传承的民族,是一个没有灵魂的民族。我们华人为什么如此重视教育,就在于此。"②由此可见,文化不仅是一个民族的灵魂所在,也是生活于此文化中这一族群之人所共同而特有的精神标识。以儒家文化为主体的中华文化不仅是华侨漂泊心灵安顿的港湾,也是他们生活创业的精神源泉。当孤悬海外、充满血泪、饱含辛酸的一代代南洋华人先民在民间社会以身体力行的方式继承和发扬祖先传给后世子孙那份珍贵而厚重的精神文化遗产时,我们扎根在中华大地上的亿万儿女又该当如何?!鉴南洋,思中华!

---

① 《新加坡儒学史》,第214—215页。
② 周兵、祝捷:《下南洋》,星洲日报出版社,2014年,第216页。

第六章 新马华校对儒家伦理的弘传与实践

第三节　华文教材与儒家伦理

前面提到，早期新马华校的师资力量大多源自中国内地，而在教材使用和课程设置方面也几乎照搬中国内地模式，这种情况大约延续到民国二三十年。马来西亚学者郑良树认为：

> 本区（指新马）华校在初办之际，大部分的教员校长皆来自中国内地……他们是早期华校师资最大的来源处。他们是侨校最具影响及主导的人物，无论意识形态、价值观及精神取向，可以说都由他们来"主宰"。因此，在这个阶段里，所谓华校，当然就是侨校，"中国文化"全面笼罩着整个华文教育。①

华校的校名、校训、校歌及教材所灌输和宣扬的中国文化及儒家价值观念无疑构成了新马社会华文教育的主要内容。

华文教材如国语、修身、历史、地理课本等不仅包含中国文化的内容，也体现儒家伦理的特色，从而使学生在学习华语华文的过程中潜移默化地接受儒家文化及其价值观念的熏陶和浸润，进而对以儒家文化为核心的中国文化产生强烈的认同。正如新加坡某华校校长所言："华校学生一向是受儒家思想的熏陶，其伦理道德观念原是遍在于华文与公民课本中。"又如，在南洋大学求学的华校生，后来是新加坡青年书局门市主任的成泰忠所言："在我们那个时代，不管是历史、文学、华文课本，都有提到孔子的一些学说，我们可以自小就读到儒家思想。"②基于此，本节尝试从国语教科书的角度来探讨其中所包含和宣扬的儒家思想及伦理道德观念。

可以说整个南洋地区的华文教育都和中国内地关系密切。无论是清政府派驻的领事兴学，还是民国时期政府的派员督学，都使得新马两地的华文教育成为中国内地教育的延伸。在不具备出版教科书的条件或能力的情况下，中

---

① 《马来西亚华文教育发展史》，第327页。
② 《儒家思想列为宗教道德教育科目　教育界、家长学生一致表示欢迎》，《星洲日报》1982年2月5日，第1—3版。

国内地著名的出版社，如商务印书馆、中华书局、世界书局及开明书局等承担起南洋地区中小华文学校各科教材如国语、修身、历史、地理等的出版与供应工作。马来西亚教育史专家郑良树调查研究指出，从1912年到1933年的二十余年间，由以上出版社发行和供应的中小学各类华文教材就不下三十种。① 其中，由庄俞等编写、张元济校订，于1917年出版问世供初等小学使用的《商务国语教科书》(省称教科书)②，成为当时影响力最大的国语教科书。以下通过表6.3、表6.4来考察这套教科书以什么样的方式来弘传儒家思想，以及它具体灌输了哪些儒家伦理价值观念。

表6.3 《教科书》(上册)第2—117课与儒家思想相关的主题内容

课目	主题	课文内容(稍有改动)
2	敬师	上课时师生相互敬礼
3	爱同学	帮同学捡掉地上的帽子
4	课室规则	向学生讲解上课规则
5	操场规则	操场锻炼的秩序性
6	仪容	上学应有的仪表、仪容
7	早起	日出起床
8	清洁	整理书桌、擦洗窗户、清扫垃圾
9	应对	行人或长辈问话的应答
10	孝父母	站在门口迎接父母回家，并向父母鞠躬行礼
11	友爱	哥哥帮弟弟穿衣，兄弟相携出行
12	慎食	好东西不可多吃
13	衣服	勤换勤洗衣物
14	温课	温习已学的功课
15	勤学	放学回家途中不入热闹场合观看
16	游戏	课间宜多活动、做游戏
17	休息	养成良好的休息习惯
18	守时刻	按时上学、不贪玩

---

① 《马来西亚华文教育发展史》，第349—352页。
② 庄俞等编写：《商务国语教科书》(上下册)，张元济校订，上海科学技术文献出版社，2005年。

(续表)

课目	主题	课文内容(稍有改动)
19	好学	不怕辛苦,冒雨打伞上学
20	守秩序	依次排队进教室上课
21	诚实	打破东西勇于向家人承认
22	整理	放学后整理书桌、书包等
23	专心	在家温习功课应专注
24	勤操作	在家主动帮助父母干力所能及的活计
25	亲恩	成鸟哺养雏鸟驱赶入侵者
26	爱亲	一群猴崽子援救为猎人所射伤并被捆在柱子上的老猴
27	敬老	同学替老者捡拾被风吹落在地上的帽子
28	敬客	端茶招待和恭送来访客人
29	公平	兄弟姐妹间合理分配糕饼
30	礼节	在路上或家里,同学之间应互相问好敬礼
31	扶助他人	同学及行人帮农民老伯推载货的车子
32	公德	清理马路中间的碎玻璃渣
33	爱生物	爱惜保护小动物
34	起居	夜间早眠,日间早起
35	卫生	兄弟二人,勤习体操,身体日强
36	清洁	王儿好清洁,头常沐,身常浴,衣服常洗
37	节饮食	渴则饮,饥则食;多饮多食,皆能伤身
38	惜物	用物宜爱惜,不可妄费
39	惜时	温课既毕,尚有余时,兄习图画,妹学手工
40	好学	李敬文,年六岁,时向其姊问字,渐通字义
41	储蓄	左儿家贫,母与以钱,不肯妄用,贮之匣中,用以买书
42	爱亲	父往他乡,女随母,送于门外,请父早归
43	事亲	黄香九岁,事父至孝,夏则扇枕席,冬则以身温被
44	友爱	放假回家,兄招妹,往庭中,同拍皮球
45	睦邻	母在厨房,制糕已成,命儿捧糕,送往邻家
46	正直	韩康入山采药,卖之于市,三十余年,口不二价

(续表)

课目	主题	课文内容(稍有改动)
47	礼貌	门外客来,迎入室中,正立客前,对客行礼
48	去争	与人共饭,不可争食。与人同行,不可争先
49	合群	群鸟筑巢,或衔树枝,或衔泥草,一日而巢成
50	爱同类	一犬伤足,卧于地上,一犬见之,守其旁不去
51	济贫	女出门,见贫妇衣服不完,入门告母,母取旧衣赠之
53	勇敢	两雄鸡,斗园中,皮破血流,羽毛纷落,而奋斗不止; 宗悫年十四,有盗至,悫挺身拒之,盗十余人,不得入室
54	镇定	王戎七岁,与众同观虎。虎忽大吼,观者皆惧,戎独不动
55	戒惰	龟与兔竞走,兔行速,中道而眠;龟行迟,努力不息。及兔醒,则龟已先至矣
56	整洁	屠羲时曰,凡盥面,必以巾遮护衣领,卷束两袖,勿令沾湿。栉发必使光整,勿令散乱
57	卫生	室中宜常洒扫,以去尘垢,窗户宜常开,以通空气,以透日光
58	食礼	朱熹曰,凡饮食,举匙必置箸,举箸必置匙;食已,则置匙箸于案
59	爱物	张菊花,性爱物,所畜猫犬,饲之以时,无不驯服
60	友爱	徐湛之出行,与弟同车,车轮忽折,路人来救,湛之令先抱弟去,然后自下
61	礼让	孔融四岁,与诸兄同食梨,融独择小者,父问故,融曰:"儿年幼,当取小者。"
62	守信	李生有地图,张生借阅之,约日曜送还;及期,张生如约送还李生
63	不妄语	司马光自少至老,未尝妄语。尝曰,吾生平所为,无不可告人者
64	投报	孙、赵二女,同校读书。孙女得新书,持赠赵女,赵女取纸笔报之
65	不拾遗	王华行池畔,见地有遗金,华置金水边,守其旁,待遗金者至,指还之
66	御侮	鸠乘鹊出,占居巢中,鹊归,不得入,招其群至,共逐鸠去
68	读书	学生入校。先生曰:"汝来何事?"学生曰:"奉父母之命,来此读书。"先生曰:"善。人不读书,不能成人。"
75	指甲	手有五指,指端有甲。甲过长,则作事不便,又易藏垢,故宜常剪之
76	洒扫	房屋之中,污秽日积,不宜居人。故每日早起,必用帚扫地。扫时先以水洒之,则灰尘不扬

(续表)

课目	主题	课文内容(稍有改动)
81	司马光	司马光幼时,与群儿戏于庭前。有一儿,误堕水缸中。群儿狂叫,皆惊走。光俯取石,急击缸,缸破水流,儿得不死
88	母鸡	母鸡孵卵,数周成雏。随母出行,未尝远离。母鸡每得食,必先唤其雏。若遇猫、犬,尽力护之,与父母之爱子无异
89	孝亲	朱儿事亲孝。每得食物,必以奉母。一日,至姑家。姑给以果饵。儿不食。姑问故。对曰:"将携归奉母也"
90	勿贪多	瓶中有果,儿伸手入瓶,取之满握。拳不能出,手痛心急,大哭。母曰:"汝勿贪多,则拳可出矣。"
92	张元	张元南邻,有二杏树。杏熟,多坠元园中。群儿欲取食之,元独不可。群儿问其故,元曰:"是邻家之果,非我所宜取也。"乃与群儿收果,送还邻家
93	教弟	兄弟读书,弟年尚稚,好游戏。每晚间,兄招弟,同坐温课。弟有不知者,兄必详为解释。久之,弟亦自知勤学矣
104	路遇先生	余儿行路中,遇先生,鞠躬行礼,正立路旁。先生有命,儿敬听之;先生有问,又敬答之。俟先生去,然后行。人皆称为知礼
105	勤学	谢生初至校,每日功课,不能及人,心耻之。乃益勤学,虽遇日曜日,温习不辍。及考试时,谢生功课最熟,师大奖之
121	爱弟	丁生有弟,甚爱之,一日,弟疾,卧床不能起。丁生暇时,辄坐床前,为弟讲故事、唱歌曲,以解其闷。及疾愈,始已
122	陪客	钮儿在家,有客访其父。父适他往,儿邀客入,请客上坐,己在下位陪之。客有问,则谨答之。客去,儿送至门外。及父归,以客所言,告之于父
128	诚实童子	卖柑者担筐入市,数柑坠于地。一童子在后见之,急拾柑以还卖柑者。卖柑者曰:"童子诚实,可嘉也。"取二柑报之,童子不受
134	洁净	汪生好洁,发常梳,身常浴,衣服常浣,室中亦甚洁净。其友蔡生则否。汪生告之曰:"污秽不去,则易生病,不可不戒也。"
136	不误时	清晨,兄整理书包,将往学校。弟曰:"时尚早,盍稍留乎?"兄曰:"修业当有定时。若迟迟不行,必误上课时刻。"弟曰:"善。"乃与兄偕行
137	赵至	赵至之父,以耕为业。至年十三,父令就塾读书。一日,闻父叱牛声,掩面而泣。师问故,至曰:"余年少,未能奉养,使老父不免劳苦,故自悲耳。"

309

(续表)

课目	主题	课文内容（稍有改动）
138	亲恩	人初生时，饥不能自食，寒不能自衣，父母乳哺之、怀抱之；有疾，则延医诊治；及年稍长，又使入学，其劳苦如此。为子女者，岂可忘其恩乎！
139	母羊求救	童子出游，有母羊向之悲鸣。既前走，又屡顾。童子怪之，随其后。至一池旁，见小羊堕水中，哀号方急。童子乃握其角，提置岸上。母羊偕小羊，欢跃而去
140	乡人	乡人种菜为业。每日晨起，担菜两筐，入城中，沿街唤卖。人以其索价不二，菜又肥美，故争买之
142	器具	人居室中，饮、食、卧、起，皆需器具。唯匠人造器，劳心力，费时日，其成不易。用器之人，应知爱惜，不可任意毁伤也
146	匡衡	匡衡好学，家贫无书。其邑有富人，藏书甚多。衡乃往为仆，而不求偿。主人问其故，衡曰："愿得藏书遍读之。"主人称其贤，假以书。匡衡遂成名儒
150	敬老	雪初至，路中泥滑。有老人，扶杖独行，失足仆地。一童子趋而扶之，既起，取巾代拭衣履。问其所居，送之归家。老人欲具饭饷之，童子曰："恐家人盼我。"遂辞出
151	戒诳语	司马光幼时，与姊共弄胡桃，欲脱其皮，不得。姊去，一婢以汤脱之。及姊复来，光告姊曰："吾能脱之矣。"其父适见之，呵曰："小子何得诳语。"光自是改过，终身无诳语
152	全体之功用	人体器官如头、干、肢、耳、目、口、鼻、手、足等之所以能各有其功用，乃由于属于身体全体（原文颇长，此为概括语）
153	黄帝	黄帝姓姬，名轩辕。时有蚩尤作乱，帝与战而胜之，遂杀蚩尤，诸侯尊为天子。黄帝作弓、矢，以供战争；作舟、车，以利交通；作衣服、器具，以为养生之用，后世利之
158	嫘祖	上古之民，未有衣服，其用以蔽体者，夏则树叶，东则兽皮。及黄帝时，西陵氏有女曰嫘祖，为黄帝元妃。发明蚕丝之用，乃教民育蚕治丝，以制衣裳
166	禹	古时洪水为患，民无安居之所。帝舜忧之，命禹治水。禹乃苦心一志，导水入江河，顺流至于海。在外十三年，三过家门，未遑入一，水患适平。舜以禹有大功，禅以帝位。禹乃继舜为天子，国号曰夏
169	汤武	禹崩，其子孙世继其位，凡四百余年。至桀无道，汤举兵伐之，代夏为天子，国号商。汤之子孙传国六百余年，至纣无道，武王举兵伐之，代商为天子，国号周。古之诸侯，以伐暴救民，行革命之举者，自汤武始

310

表6.4 《教科书》(下册)第3—106课与儒家思想相关的主题内容

课目	主题	课文内容
3	孔融	孔氏有子六人,孔融最少,年方四岁。一日,父取梨,置盘中,命诸子各取食之。孔融独择其小者,父问故,对曰:"儿年少,当取小者。"
4	孝子	黄儿,孝子也。其父年老,侍奉甚勤。朝起,为父取衣履;夜眠,为父铺被席;当食,为父设杯箸。父命入学,又能勤读。故人皆称之
10	读书	飞禽走兽,饥知食,渴知饮,又能营巢穴为休息之所。其奇异者,能为人言。唯不知书,故终不如人。人不读书,则与禽兽何异!
30	朋友相助	张、李二生,同处学中。张生欲写信,偶乏信笺,李生分赠之,张生不肯受。李生曰:先生常言,朋友有相助之谊,请勿却也。张生受之,明日回家,取信笺,还李生
33	父母之恩	人初生时,饥不能自食,寒不能自衣。父母乳哺之,怀抱之。子有疾,则父母忧之,加意调护,居不安,食不饱。诸生思之,父母育子,劳苦如此,岂可忘其恩乎!
36	姊妹	姊妹二人相亲爱,食必同案,游必偕行。一日姊病,在帐中倚枕而坐,郁郁不乐。妹忧之,欲悦其心,忽忆园梅初开,遂请于母,折一枝,插瓶中,送至卧室。姊见之,赏玩不已,乃悦
49	萧遥欣	萧遥欣年七岁,出游时,见一小儿,善弹飞鸟,应弦坠落。遥欣曰:鸟飞空中,无害于人。游戏之事,亦多端矣,何必多残生命以为乐也?小儿感其言,遂不复弹
50	妆饰	周氏之女,好妆饰,不事女工。母诲之曰:人生于世,无论男女,皆贵自立。今裁缝纺织,汝皆不能,是无用之人也。虽衣服丽都,妆饰炫耀,有识者且轻汝矣
56	宋太祖	宋太祖好猎。一日,独骑逐兽,马蹶,坠焉。太祖大怒,拔剑欲刺马,既而悔曰:我自不慎,以取颠困,马又何罪? 乃舍之
57	韩乐吾	韩乐吾家素贫,又遭岁歉,其家余米仅二升。有友来告急,欲分半与之。其妻曰:若明日何? 乐吾慨然曰:吾等是明日死,渠却是今日死。竟分半与之
63	多食之害	廖儿非时索食,母不许,曰:一日三餐,皆有定时,足以充饥。若恣口腹之欲,饮啖无节,则胃中多积滞,非养身之道也。故饼饵之属,偶食无伤,岂可以为常乎?
65	鹬蚌相争	蚌方出曝,鹬啄其肉,蚌合而拑其喙。鹬曰:今日不雨,明日不雨,即有死蚌。蚌亦语鹬曰:今日不出,明日不出,即有死鹬。两者不肯相舍,渔夫见而并擒之
74	爱兄	王览者,王祥之异母弟也。母朱氏,遇祥无道,屡加挞楚,览辄抱持涕泣。稍长,常谏其母,母不听。母以非理使祥,览与俱;或虐使祥妻,览妻亦趋而共之。朱氏卒感悟,厚待祥

(续表)

课目	主题	课文内容（稍有改动）
75	魏文侯	魏文侯与虞人约期而猎，及期，天雨，饮酒乐，命驾将出。左右曰：今日饮酒乐，天又雨，君将安之？文候曰：吾与虞人期猎，岂可失约哉！乃自往罢之
77	野彘	野彘休于林中，以牙砺树根，勤勤不息。狐过之，问曰：今无猎人与狗足以害君者，奚自砺其牙为？野彘曰：凡事当防未然。临敌而砺，晚矣
80	不洁之害	吕生蓬首垢面，衣服污秽，书籍器具，杂陈几上。室中唾涕满地，尘埃堆积，不事洒扫。其师责之，吕生曰：我志在读书，无暇及此。师曰：卫生之道，清洁为主。若以读书而伤生，非所宜也
83	二虎	天方暑，二虎饮于小漱，争水而斗。疲而少息，仰见雕鹗，盘旋空际，将伺其毙而食其肉。二虎大悟，曰：吾今且息争，勿自戕同类，以果异族之腹
84	女子宜求学	我国旧俗，重男轻女。凡为女子者，幽居深闺，不事学问，非特古今大事，未之闻知；即作书信、理账目，亦多倚赖他人。今女学渐兴，旧俗渐改，少年女子，亟宜求学以图自立，庶不为人所轻视也
85	兄弟入学	兄与弟同入学堂，弟曰：今日炎热，吾欲与兄游河滨。兄曰：尔当入学读书，无暇游也。适一蜂飞过其前，兄指谓弟曰：彼小虫耳，采花酿蜜，终日营营，不复休息。汝人也，乃不如虫乎？弟感悟，遂勤学
100	戒惰	任生性惰，父责之曰：汝心不向学，手不执艺，将终身累人乎？生曰：吾家素丰，衣食足以自给，何累于人？父曰：汝之衣，由棉而纱而布，需人力乎？汝之食，由耕而获而炊，需人力乎？人用力而成汝之衣与食，汝安享焉？不劳心力以酬报之，非累人而何？况吾家之所以素丰者，由乃祖乃父，戮力劳心，而后得之也。汝若无以益之而侵蚀之，其能久乎？且不幸而遭水火盗贼，流离失所，又将何以自给？任生惕然
101	陶侃	晋陶侃为广州刺史，在州无事，辄朝运百甓于斋外，暮运于斋内。人问其故，答曰：吾方致力国家，过尔优逸，恐不堪事，故习劳耳。又常语人曰：大禹圣者，乃惜寸阴；至于吾人，当惜分阴，岂可逸游荒醉，生无益于时，死无闻于后耶？
104	异宝	宋之野人，耕而得玉，献之司城子罕。子罕不受，野人曰：以示玉人，玉人以为宝也，故敢献之。子罕曰，子以玉为宝，我以不贪为宝；若与我，皆丧宝也，不若人有其宝。故宋国之长者曰：子罕非不知宝也，所宝者异也。今以百金与抟黍，以示小儿，小儿必取抟黍矣。以和氏之璧与百金，以示鄙人，鄙人必取百金矣。以和氏之璧与道德，以示贤者，贤者必取道德矣。其知弥精，其所取弥精；其知弥粗，其所取弥粗

纵览以上表格中教科书的课文内容,笔者发现这套为初小学生编写的国文教材遵循浅显易懂、贴近生活的原则,以简明的文字和图文并茂的方式,采用如自然事物、历史人物、成语典故、寓言故事、日用伦常、飞禽走兽等多元化素材,来宣扬儒家思想及其伦理道德观念。对此可通过以下数端例证来做阐释:

其一,教材采用蒙学方法,"教之以洒扫、应对、进退之节",使弟子知"性分之所固有,职分之所当为"。① 指导并培养学生养成良好的生活行为习惯和友爱诚敬的待人接物之道。在学制上,近代的初等小学教育大致相当于古时的童蒙教育。作为卓越教育家的朱熹,曾究心于蒙学教育并著有《童蒙须知》《训蒙绝句》等蒙学读物。他说:"童蒙之学,始于衣服冠履,次及语言步趋,次及洒扫涓洁,次及读书写文字,及有杂细事宜,皆所当知。"②教材所提倡的施教次第与《童蒙须知》可谓一脉相承。某种程度上说,近代国文教育在适应时代要求变革的同时也扬弃地继承了古代教育重人伦躬行和道德践履的特色,值得今人深思和借鉴。

如果对以上表格的主题和内容进行观察与分析,可发现人伦、道德、习惯和态度的话题在课文中所占的比重是依次递减的,而关于人伦躬行实践的课题又是课文选材的重中之重,这在在说明了华文教材充满浓厚的儒家思想色彩。如表6.3所示"敬师""爱同学""孝父母""友爱""亲恩""敬老""敬客""扶助他人""爱亲""事亲""友爱""睦邻""孝亲""路遇先生""陪客""亲恩""敬老",表6.4所示"孔融""孝子""朋友相助""父母之恩""姊妹""爱兄"等课题,阐发的都是父母与子女之间、兄弟姐妹之间、朋友之间、同学之间、师生之间、乡邻之间如何相处的道理。

讲道德和重伦理,不仅是国文教材关注的重点,也是以儒家文化为核心的中国文化的一大特质。教师通过对如表6.3中"礼节""诚实""公平""公德""礼貌""去争""正直""勇敢""镇定""守信""投报""诚实童子"等课题的讲解与示范,帮助学生透过生动的故事和鲜明的历史人物,养成敦厚人格和良好品德。

良好习惯和规则意识的培养也是国文教材特别注意教导的内容。如表

---

① 朱熹:《大学章句序》,《四书章句集注》,第1页。
② 朱熹:《童蒙须知》,《朱子全书》第十三册(修订本),第371页。

6.3中"课室规则""操场规则""仪容""早起""清洁""慎食""衣服""休息""守时刻""守秩序""整理""起居""卫生""清洁""节饮食""整洁""卫生""食礼""指甲""洒扫""洁净""不误时",表6.4中"多食之害""不洁之害"等课题所示。学习态度的端正也是教科书的重点内容。如表6.3中"温课""勤学""好学""专心""惜时""好学""读书""勤学"等课题所示。

学生对弟子职的躬行,衣服、仪表和饮食之节的观摩,洒扫应对进退之节的实践,有助于他们从小严守正道,持守坚定,涵养身心;待成年之后,这些良好的德性品质随着智慧日开,见闻日多,便能收到通达事理、练达人情的效果。

其二,教材通过"多识于鸟兽草木之名"①的方式来灌输儒家思想,使学童在增长见识、扩大见闻的同时又能明白做人处世、待人接物的道理。如表6.3第25课,借燕子哺养幼雏并驱赶入侵巢穴的故事,表达了亲恩的关怀思想;26课,以猎人射伤一只老猴并把它带回家拴在柱子上,而一群猴崽子跟随其后,前来援救这只受伤被捆老猴的故事,传达了爱亲的人伦观念。

表6.3第49课"群鸟筑巢,或衔树枝,或衔泥草,一日而巢成",传达了合群的伦理观念;50课"一犬伤足,卧于地上,一犬见之,守其旁不去",传达了爱同类的伦理观念;53课"两雄鸡,斗园中,皮破血流,羽毛纷落,而奋斗不止",旨在培养学生勇敢的品德;55课"龟兔赛跑",意在教导学生效法乌龟坚持不懈、努力追赶的品德;66课"鸠占鹊巢",传达了共御外侮的伦理观念;88课借"母鸡"故事,晓谕学生父母爱子的伦理观念;②而139课"母羊求救",同样表达了父母爱子的伦理观念。

表6.4第65课,借"鹬蚌相争,渔翁得利"的寓言故事,晓谕学生人与人相处要谋求合作共存而不要搞矛盾冲突,旨在培养以和为贵、与人为善的伦理观念;83课"二虎"自戕同类的故事说的是同一道理。77课"野彘",借狐狸与野猪之间的对话,为学生树立防患于未然的忧患意识。

其三,教材"以多识前言往行,以蓄其德"③的方式教导学生,指导他们效法圣哲先贤的道德人格及历史人物的为人风范。如表6.3第43课,以黄香的故事,来传达人子事亲至孝的伦理观念;表6.4第3课,采用"孔融让梨"的故

---

① 语出《论语·阳货篇》。
② 程颐曾有"观鸡雏,此可观仁"的教育方法,表达的就是"父母爱子"道理。(程颢、程颐:《河南程氏遗书》卷三,《二程集》上册,中华书局,1981年,第59页。)
③ 语出《周易·大畜卦》。

事,来宣扬孔融礼让、敬爱兄长的伦理观念。表6.4第74课,王览之爱异母兄及57课韩乐吾的分食救友与49课萧遥欣的关爱生命和上面所述内容都体现了儒家伦理,既恪守"爱有差等"原则又实践"推爱充仁"精神的性格特征。

表6.3所示:46课韩康买药的公正,53课宗悫斗贼的勇敢,54课王戎观虎的镇定,63课司马光居常的不妄语,65课王华的路不拾遗,81课司马光砸缸的机智,92课张元还杏于邻的礼貌,151课司马光的戒诳语;表6.4所示:56课宋太祖的刺马自省,75课魏文侯的守约狩猎,101课陶侃太守的习劳、惜阴,104课子罕的贵道德不贵金玉等故事,完全可以通过教师的教导与诠释使学生在潜移默化中养成高尚的道德情操。

表6.3所示:153课黄帝、158课嫘祖、166课大禹以及169课汤武革命等,通过对黄帝制作弓矢、舟车、器具,嫘祖发明蚕丝教民制衣,大禹为平水患三过其门而不入,以及商汤、武王伐暴救民等丰功伟绩的追溯,旨在阐发厚生利民、造福苍生、民胞吾与的儒家伦理精神。

小　结

以上,笔者从早期华校的发展、校名、校歌、校训及教材等方面来探讨了新马华校对儒家伦理的弘传和实践。

首先,经过梳理相关华文碑铭资料,发现早期新马华校对蒙学经典的灌输教导以及融儒家伦理教化于民间宗教信仰构成了这一时期儒家文化在当地弘传的一个重要特征;而华商先贤通过集资办校兴学的方式,借助庙宇、祠堂、会馆、店屋、医院等民间资生机构,弘传和实践了急公好义、热心公益、讲信修睦、崇文重教、敬恭桑梓、关怀同胞、乐育英才、有教无类、敬畏圣贤等儒家伦理观念。

其次,通过对华校相关校名、校歌、校训资料的整理,发现华校虽提倡五育并重,然实以人格养成为教育根本。校名彰显了儒家文化特色,校训多采用儒家德目如"四维"(礼义廉耻)与"八德"(忠孝仁爱礼义廉耻)等,校歌则以弦歌不辍、潜移默化的方式将诸如"继志述事""君子人格""明德至善""自强不息""敬业乐群""友爱互助""兼容并包""经世致用"等价值观念灌输到学生的日用常行之中,这对他们养成积极的人生观和正确的价值观大有裨益,也可让他们终生受用。

最后，通过对华校普遍采用的初小国文教科书的归类与分析，可发现教材通过素材丰富的寓言故事、历史典故、人物传奇、自然事物及日用常行等，将"爱亲""事亲""爱弟""孝悌""睦邻""敬老""敬兄""敬师""敬客""友爱相助""正直""勇敢""守信""诚实""礼貌""守秩序""去争""礼让""厚生利民"等儒家伦理道德观念，以潜移默化的方式灌输教导给适龄学童，使他们能够获得身心上的健康成长以及德性上的塑造养成，从而受益终身。

第七章

马来西亚华教对儒家伦理的弘传与践行

从本书结构来说,第二至六章大致论述的是新马分家①以前,殖民地时代儒家伦理的弘传情况;七、八两章主要论述的是新马分家之后,各自独立建国时期儒家伦理的弘传情况。这种时间和空间上的分野,既可呈现儒家伦理弘传由传统过渡到现代的历史脉络,也可窥见儒家伦理在两地弘传的联系与区别。

在马来亚独立②之前,先后沦为葡、荷、英等西方列强的殖民地。若就殖民统治所施加的影响而言,当以后来者居上的英殖民政府最为深远巨大,包括政治、教育、语言、文化在内的诸多领域。马来亚是英帝国治下的殖民地,在本地出生且有英文教育背景的土生华人,大都自认为是英女王的子民,而来自中国且受中文教育的新客华人,则自认为是客居侨民。若对比两类华人的人口数量,前者在人数上要远少于后者;若从政治地位和社会影响来说,后者又远不及前者。于是,作为整体的华族在马来亚的社会地位与政治权益状况,就取

---

① 新马分家的时间是1965年8月9日,这也是新加坡正式独立的时间。参见康斯坦丝·玛丽·滕布尔著:《新加坡史》,欧阳敏译,东方出版社,2013年,第398页。
② 马来亚宣布独立的时间在1957年8月31日,而马来西亚正式成立的时间是1963年9月16日。参见芭芭拉·沃森·安达娅、伦纳德·安达娅:《马来西亚史》,黄秋迪译,东方出版社,2010年,第329页、第340页。

决于两个华人群体能否携手合作与精诚团结,特别是前者作为华社的公意代表能否诚恳地为民请命,争取族群利益,其中最主要的是争取应享有的公民权利。

第二次世界大战后期,西方列强统治下的各殖民地不断掀起民族解放的浪潮,其人民也不断发出要求独立建国的呼声。世代久居马来亚的华、巫、印三大民族也积极响应这一世界潮流和时代呼声,于是三族领袖希望能团结一致向英殖民政府争独立、要主权。英国殖民政府为平息干戈,也乐于顺应时代大势和民众呼声,决定于1957年8月31日让马来亚独立。虽然形式上英殖民统治宣告结束,但新独立的马来亚在很多方面都还未能彻底摆脱前者的影响。独立之初,马来亚本土各方面管理人才极度缺乏的现实决定了它离不开英殖民政府的扶持,于是很多制度法令包括宪法在内都是在英国人与联盟政党(巫人之巫统、华人之马华公会、印人之国大党)中巫统高层的策划协议下推进完成的。英、巫高层官员存有排斥、警惕,甚至敌视华人的心理,致使独立及建国后华族在公民权益、母语教育、经济发展等诸多领域遭受不公平或歧视性对待,严重损害了华族愿与其他民族共存共荣的心理情感与作为本国国民应享有的合法权益。更为致命的事情是,马来亚独立后华族当中有些受英文教育并身居国家要职的华人议员,他们或听命于英殖民政府成为傀儡,或甘心沦为马来巫统政要的帮凶,时常反戈相向来对付华族同胞,有些人甚至靠出卖华族利益及邀宠奉承来谋取其晋身政治资本,种种可耻行径令为华社利益奔走呼喊的华教人士感到悲愤和伤痛。在对大马华人整体不利和威胁华文教育生存等种种严峻挑战下,素有先知先觉的华教人士,时刻以民族大义和民族尊严为重,他们积极号召华社各阶层紧密团结起来,通过合法手段与合理表达,对外向执政当局争取公民权利、争取母语官方地位以及教育平等权利,对内以献身精神来兴学育才,分别体现了华教元老对"觉民行道""取义殉道""立身弘道"等儒家伦理价值观念的践行。本章拟从公民观念、母语母文、兴学育才三个方面,来探究以华教元老为代表的华教群体在马来西亚独立(前)后之种种严峻挑战下对儒家伦理的弘传与践行情况。

第一节 华教对公民权利义务观念的灌输

1951年12月25日,马来西亚华校教师会总会(前称"马来亚联合邦华校

第七章　马来西亚华教对儒家伦理的弘传与践行

教师会总会",简称教总)正式诞生。它是一个由马来西亚全国各地区华校教师公会及州级华校教师公会联合会组成的联合体,性质为民间团体。教总自成立之日,就以先知先觉的精神和铁肩担道义的使命,成为大马华社民意的实际代言人和执行者。教总在马来(西)亚独立前夕主要发挥着如下作用:既要给广大华人灌输效忠新国家的观念,以履行公民义务,也要为华人社会灌输争取族群合法利益的观念,以争取应享有的公民权利,同时也不忘记(向各友族尤其是马来族)提倡培育共存共荣的族群观念以及多元文化的建国精神。"觉民行道"这一价值观念正好贯穿于华校教总以上的觉民活动之中。需要提及的是,教总所觉之"民"虽主要指大马华人,但有时也特指马来(西)亚其他国民如巫人、印人等。

第二次世界大战后,随着世界范围内去殖民统治的呼声一浪高过一浪,久居马来(西)亚的华、巫、印三大种族,共同向英殖民政府提出独立自治的要求,经过几番斗争和争取最终获得同意。此时,新中国业已完成统一大业且新生政权的合法性也得到国际社会以及联合国的正式承认。于是,马来(西)亚华人需要就国籍归属和政治认同等重大问题进行一番认真思考,到底是留在马来(西)亚宣誓效忠成为本地公民,还是最终以华侨身份回到新中国成为中国公民,他们必须于二者之间做出抉择。因为不管是马来(西)亚联盟政府还是新中国政府,都不允许华人同时享有双重国籍和同时效忠两个国家。从中国方面来说,"1956年10月中国国务院总理周恩来表明中国政府希望新马华人申请当地公民权,积极建设新的国家。周恩来以其一贯稳健的作风,表示一个国民不能同时效忠两个国家"[①]。就马来(西)亚而言,1952年,作为华人执政党马华公会第一任会长暨华社领袖的陈祯禄,就曾劝请当地华人要以马来亚为唯一效忠对象。他说:"一人不能同时为两个主人服务,我们也不能同时效忠两个国家。"[②]但这并不意味着留在马来(西)亚的华人只要愿意就同马来人一样自动成为当然公民,对他们来说还需要满足一定的申请条件。尤其在联盟政党中巫统实际执掌政权后,公民权的申请条件对大马华人变得更为不利和更加严苛。

1948年2月,马来亚联合邦政府在英殖民政府的主导以及华、巫、印三大

[①] 何国忠:《马来西亚华人:身份认同、文化与族群政治》,华社研究中心,2002年,第44页。
[②] 崔贵强:《新马华人国家认同的转向1945—1959》,厦门大学出版社,1989年,第371页。

种族联盟政党的参与下成立。由联邦政府签署的《马来亚联合邦协定》对"公民权"有如下规定:

> 除了马来土著为当然公民外,在槟城与马六甲出生并在马来亚联合邦居住达规定年限的英籍民,可申请成为公民。在马来西亚联合邦(槟呷除外)出生者,须住上8年才能提出申请公民权。至于那些在马来亚以外出生的移民,则需住上15年才有资格申请。申请人除了需具备良好品德与宣誓效忠当地外,还得通过英语或巫语考试。但住满20年且超过45岁的申请人,则可豁免语文测验。①

从上面条款可知,它旨在保护巫人和英人的利益,尤其是赋予马来人以特殊地位,但对华人特别是绝大多数非当地出生的华人来说,这样的公民权申请要求无疑是将他们拒之门外。正如研究者所言,这项条款表明"非马来人申请成为公民的条件却转趋苛刻,使得非马来人不易获取公民权,并且确定马来亚为马来人的国家的体制"②。据马华公会第二任会长陈修信称,"保护马来人特殊地位是殖民地统治、马来联邦及马来属邦时所推行的主要政策"③。当英殖民地政府还政于联盟政党时,由巫统制定的公民权条款对华人来说不仅不如英殖民地政府来得宽松,甚至可以说是变本加厉。这主要由于巫统不承认英国国籍法的地域主义,即"凡在当地出世的就是当然公民,不论独立前或独立后都该一样的"④。巫统的做法无疑剥夺了马来亚独立前在当地出生的华人申请获得公民权的资格。

说到政治认同和公民权问题,马来(西)亚华人的地位又不可一概而论。东南亚研究专家王赓武指出,早期华人在思想上可分为三类:一、以大陆为认同目标的华人;二、讲求实际,关心贸易,基本上以低姿态面对政治问题的华人,他们满足于在既定政治集团的管理下工作;三、对马来亚有某种忠诚,其成

---

① 《新马华人国家认同的转向 1945—1959》,第 328—329 页。
② 转引自陆建胜:《马来(西)亚董教总与华文教育发展之研究(1951—2000)》,台湾暨南国际大学博士学位论文,2010 年,第 92 页。
③ 《沈慕羽资料汇编》编辑委员会:《石在火不灭》,马来西亚华校教师会总会,1996 年,第 213 页。
④ 林连玉:《风雨十八年》下集,林连玉基金委员会,1990 年,第 157 页。

第七章　马来西亚华教对儒家伦理的弘传与践行

员以峇峇及英属海峡殖民地华人为主。[①] 可见,不同类的华人对马来(西)亚的政治认同也会有所不同。第一类华人整体上倾向于认同中华人民共和国,第二类华人虽倾向认同中华人民共和国并希望保留中国国籍,但久居此地和经济利益的关系对马来亚也不无眷恋之情,第三类华人则对马来亚有高度的政治认同。然而,问题的关键就在于这居大多数的第二类华人正是马来亚华社的主要群体。由于他们普遍政治意识淡薄且文化程度不高,对待公民权又几乎是无知和冷漠的心态,因此自愿或主动申请成为当地公民的人数并不多。正如廖文辉所说:"当时华社普遍上对公民权的重要不是认识不清就是抱持犹豫态度。"[②]据统计,1950年马来亚联合邦华人总人口为200万。截至1950年,大约有35万华人自动成为公民,另有约15万人通过申请归化为公民。[③] 也就是说,马来亚华人仅有四分之一享有公民权,其余四分之三则被拒于公民权之外。至1955年马来亚联邦大选时,"在全国六百多万人中,选民还不到一百三十万人。在这一百三十万选民中,巫人占去一百零几万,华人只有十四万多(投票者只七万多人),成为八与一之比。真是要华人选出自己的议员,连一个席位也没得中选。但国会中却有好几位华人的议员,简直是巫总赠送的。在这种情形底下,巫总的气焰不可一世,形成一党专制的实质"[④]。可以看出,巫统企图通过公民权申请资格、议会议员选举造成一党独大和巫人占绝对优势的既成事实。然而,马来亚之所以能获得独立是华、巫、印三大种族共同努力和全力争取下的政治果实,三大民族本应有难共当、有福同享。况且华人为马来亚的开发繁荣、疆土保卫,所奉献的热情与付出的牺牲又远非其他族群可比。按常理来说,华人只要自愿留在本地并宣誓效忠联盟政府,就应该和马来民族兄弟一样享有公民权。但在英殖民地政府的政治手腕与巫统的沙文主义的双重影响下,华人争取公民权运动可以说充满艰辛,历经坎坷。正如华校教总第三任主席林连玉先生所言:

联盟政党便于一九五六年,在殖民统治下,积极制定所谓马来亚

[①] 王庚武:《东南亚与华人——王庚武教授论文选集》,姚楠编译,中国友谊出版公司,1987年,第159—160页。
[②] 廖文辉:《华校教总及其人物(1951—2005)》,马来西亚华校教师会总会,2006年,第124页。
[③] 《新马华人国家认同的转向1945—1959》,第329页。
[④] 《风雨十八年》下集,第2—3页。

国的宪法。这种先制衣裳,然后生产儿子的政治把戏,原是世界上新建国家所少有的现象。不消说,这是一个比较强大的民族企图凭借政治的优势,单独吞吃独立以后的果子,不愿意与其他民族共存共荣。①

在巫统独大、巫族利益至上的形势下,"社会中出现了一种为人们所恐惧的叫嚣声:第一,反对当地出生主义。即便在马来亚出世的人,也不得自然成为公民;第二,巫人要享受特权;第三,定回教为国教。这叫嚣声犹如一颗原子弹,震得华人胆战心惊,为今后在马来亚生存的前途产生无限忧虑。有谁能够为华人争取平等的权利呢?这是大家共同的苦闷"②。独立后,华人本应享有主人地位,如今反不如殖民时代的臣民。更让华人感到内心苦闷的是,作为一起打天下、争独立的手足兄弟,在取得胜利果实后却遭到马来友族的无情抛弃。正如林连玉先生质问当局时所说:

马来亚从殖民主义者手中获得独立,是华、巫、印三大民族共同建国的。谁也不是被征服的民族,其地位应该平等,没有主奴的分别。我们既然身为马来亚的国民,对于国民应尽的义务,当然不能有一丝一厘的缺少。同样的,权利与义务,互相对待,我们尽了完全的义务,自然也要享受完整的权利。③

林先生终生以先觉觉后觉的"觉民行道"伦理精神启蒙民智,为华人争公民权,为母语争官方地位,为华文教育谋平等发展。

本地华人在申请公民权时所遭遇的坎坷情形,令素有先知先觉精神的马来(西)亚华教人士无不替他们忧虑。为破解困局,他们通过多种途径,想尽各种方法,为同胞争取应享有的公民权。在这个过程中,华教人士发扬和践行了"觉民行道"的价值观念。教总作为一个由华人先进知识分子组成的民间团体机构,自诞生之日就发挥着先知先觉和铁肩道义的伦理功能,表现在政治认同

---

① 《风雨十八年》下集,第2页。
② 《风雨十八年》下集,第2页。
③ 《风雨十八年》下集,第63—67页。

第七章 马来西亚华教对儒家伦理的弘传与践行

上就是自觉宣誓效忠马来亚,积极申请当地公民权,表现在民族文化上就是争取华文华语的官方地位,并不惜一切代价捍卫民族尊严。就前者来说,有"族魂"之称的华教领袖林连玉先生,早在马来亚独立前的1951年,就通过申请正式成为马来亚联合邦公民。有学者称,"这是他认同这块土地,准备尽义务,效忠诚,并死于斯的决定"①。至于教总,则在1952年2月3日"教总大会成立宣言"中就庄重宣示认同并忠诚马来亚。如宣言所说:

> 目前华人几占全马人口总数之半,绝大多数与各民族和睦共处;且生聚教养视若故乡,这可想见华人对本邦的热爱。马来亚将成为一簇新的国家,更需要各民族携手合作,互相尊重其文化。我们对建设马来亚的忠诚,过去如此,现在如此,将来也如此。②

其实马来亚独立之初,能够代表全体华人向联盟政党争取公民权的应该是联盟政党之一的马华公会。但该党大多数要员经不住名利的诱惑和巫统的胁迫,没有替广大华人奔走呼号和为民请命,且其行动屡屡丧失民心,实质上失去了华人政党的代表资格。林连玉先生对巫统的嚣张气焰和马华公会的倒行逆施,大为不满。他不无愤慨地说:

> 我对于政治没有兴趣。但巫总气焰万丈,甚至于不惜违背英国的国籍法,反对出生地主义,要剥夺华人的生存权利。而马华公会的情形是令华人失望的。③

当华人社会正彷徨无助之际,具有先知先觉精神的华教人士便责无旁贷地扛起为华族社群争取公民权运动的义旗。因为这个时候,"全国的华人都希望有一个全国华人社团代表大会,以表示华人的真正的公意,作一回重大的交涉"④。

为此,当时身为吉隆坡华校教师公会主席暨教总主席的林连玉先生,便积

---

① 《华校教总及其人物(1951—2005)》,第126—127页。
② 教总33年编辑室:《教总33年》,马来西亚华校教师会总会出版,1987年,第12页。
③ 《风雨十八年》下集,第4页。
④ 《风雨十八年》下集,第3页。

极与当时关注公民权的四大华团①领袖刘伯群、曹尧辉、梁志翔取得联络与沟通,开始筹备召集全马华人社团代表大会的事情。在四人小组会谈中,刘伯群提出"组织全国华人总工会,作为代表华人真正民意机构的意见",林连玉补充说,"我们主要的目标,是争取公民权"②。四人小组会谈到最后,决定共同推荐林连玉起草召开全马华人社团代表大会的具体计划。其拟定的主要内容如下:

> 一、定名:全马华人注册社团代表争取公民权大会。二、议程:华人四大要求:a. 当地出生者为当然公民。b. 留居本邦满足五年者,可申请公民权。c. 各民族的义务与权利一律平等。d. 各民族的文化、教育平等。列华文为官方语文之一。③

鉴于组织华人总工会存在这样的政治风险:一是容易引起英殖民地政府的敏感警惕;二是担心别有用心的人利用组织实现私人目的,妨碍华人大团结。但林连玉先生敏锐意识到问题的严重性,为此采取两项对策将潜在的风险适时化解。他说:

> 我觉得教总有责任为华人争取公民权,教总也有责任妨(应为"防")止华人的分裂。幸而五大团体中,以教总的力量最为强大,事实上也最孚众望。凡是教总不赞成的事项,就有能力加以化解。我便采取下列两项对策:第一,分函全国教总各分会,请负责推动当地华人社团,选出代表参加会议;并告诉他们,在这个时候不宜赞成组织华人总工会,以免分散华人团结的力量,影响到对外争取权利。第二,于大会前一晚,召集教总各州分会代表举行座谈会,物色几个能说话、敢说话的代表,准备为不宜组织华人总工会而发言。④

---

① 最初是华校教总、怡宝中华大会堂、雪州中华大会堂、三十六行团总会这四大华团,后来马六甲中华总商会也要求参加,就变成了五大华团。
② 《风雨十八年》下集,第4页。
③ 《风雨十八年》下集,第5页。
④ 《风雨十八年》下集,第6页。

第七章　马来西亚华教对儒家伦理的弘传与践行

这是教总赶在马来亚独立前夕,为华族同胞争取公民权所做的一次艰辛努力。努力争取的成果是公民权申请条件明显放宽,其中最为显著的成就是马来亚独立前与独立后所有在本地出生的华人同等享有公民权,不再否定此前英殖民政府所制定的公民权协议。于是,在马来亚独立后,联盟政党决定开放公民权申请,为期一年(1957年9月1日至1958年8月31日)。据林连玉先生称,一年内有七十多万华人申请到公民权成为选民。这主要归功于教总领导下华人社团的激烈争取,而不是贵为华人执政党且自称代表华人利益的马华公会。[①] 平情而论,其实马华公会也曾协助华族申请公民权,只是表现得拙劣无能罢了。诚如廖文辉所说:"综观整个公民权的运动,由始至终都是注册社团在推动争取的,马华完全使不上力。"[②]原本最能代表大马华人民意的执政党马华公会,其行动举措却是一步一步脱离民众,以致完全失掉民心,不得不由最孚众望的教总代为传达民意、争取公民权等。

如上所言,由于联盟政党开放给华人申请公民权的时间仅限一年。一方面可说是时间相当紧迫,另一方面由于华人政治意识普遍冷淡,使公民权申请进展缓慢,成绩不佳。作为五大华团代表之一的教总主席林连玉,因亲自参与协助华族申请公民权,对这个争取运动有深刻的认知。他说:

> 经过亲身的体验,才知道困难所在。原来这时候华人的政治意识非常迷茫,他们不知公民权对他们切身的利益,误认为这是政党的把戏。申请为公民只是充当政党的小卒罢了,所以反应极为冷淡。我们沿门逐户访谈,花去时间甚多,费尽唇舌,所得却是空的。大多数的家,男人不在,只有妇孺。调查起来有资格申请公民权的,有的一家四五人,有的一家七八人,但我们却登记不到一个。[③]

由于当时广大华人对公民权的意义缺乏深刻认知,所以在公民权申请这件事上表现得不仅不够主动而且还疑虑重重。正如崔贵强所说:

[①] 林连玉撰有《有关申请公民权的史实》一文,专门说明马华公会不曾为华人争取公民权的事实。参见《风雨十八年》下集,第157页。
[②] 《华校教总及其人物(1951—2005)》,第126页。
[③] 《风雨十八年》下集,第166页。

至于各阶层的广大华人,依然不热衷于争取公民权,他们对选民登记、市政与立法议会的选举反应冷漠。①

先知先觉的华教人士,为民请命、为民争权、觉民行道的这番苦心有时不仅得不到相应的理解,也时常会遭到华族同胞的诸多误解。例如,林连玉先生就说:

> 有些男人误认我们是马华公会的成员,不客气地对我们说:"你们搞政治的自然要我们成为公民,但我们对政治并无兴趣。"虽然我们告诉他我们乃是社团的代表,不是马华公会的代表,但一天之中,肯改变主意让我们效劳的,只有两个人,其他仍是拒绝的,统计我们服务一天,只得十一个人,平均每人所得还不到三个。②

由此可见,大多数华人对公民权的态度表现就不仅仅是淡漠,甚至可以说是相当愚顽。林连玉先生鉴于上门协助申请方法的不对路子及申请成绩的不够理想,便适时接受了当时马华公会会长陈修信夫人的建议,③他以教总主席的名义动员全国各分会,发动华校校长及教师,协助学生的家长们申请公民权。这一招果然收效不错,申请公民权的人数一路飙升。就以林连玉当时服务的吉隆坡尊孔中学为例来作说明。他说:

> 我对尊孔中学的全体学生宣布,请他们当天回家调查各自的家里可以申请公民权的有多少人,加上自己可以协助左右邻居申请的多少人,次日到校时向级长报告。级长统计全班的数目向我报告,然

---

① 《新马华人国家认同的转向 1945—1959》,第 420 页。
② 《风雨十八年》下集,第 166 页。
③ 林连玉说:"我到达的时候才知道陈修信的夫人原来是我们林家的阿姑(林清娘)。全家人包括佣人,除陈修信外全操纯正的福建话。阿姑告诉我她也被修信动员去为民服务,工作一天,只替人填写十二份表格。她告诉修信道:'你搞政治却没有群众的基础,需要动员的时候只有我这个做你老婆的可以给你动出去,我辛苦一天也只能为你填写十二份表格。假如你能够争取得到一间华文中学生的拥护,一天里面为你填写几千份也无难事了。'我很佩服我这位阿姑的见识高超,胜过须眉大丈夫。"林连玉对这位林家阿姑的高超见识不仅表示佩服和称赞,而且虚心接纳下来并付诸公民权的申请行动之中。参见《风雨十八年》下集,第 167 页。

第七章　马来西亚华教对儒家伦理的弘传与践行

后我去索取表格,分给他们填写。及至资料取齐,我作全校总计,竟达一万两千多份。①

公民权申请运动,见证了以教总为代表的华教人士对关涉民族命运大事的那种尽心尽责的担当精神。

时任教总副主席的沈慕羽先生也是不遗余力推动公民权申请的华教人士之一。他以实际行动支持教总主席林连玉先生的工作,利用宣传车在马六甲市区内巡回演讲,沿户征求。此外,"他也利用英女皇所封赐之太平局绅衔,亲手签名批准登门求助的华人子弟,在他手中签署的公民权证书至少在五千张以上"②。由上可知,在马来亚独立前夕,教总除宣誓效忠本邦、尽公民义务之外,它也确实能坐言起行,积极推动华族人士争取公民权利,捍卫公民权益。

华教先知先觉之士以身作则,一面启蒙华人积极争取关系生存发展的公民权,一面晓谕华人以马来亚为第一家乡的观念,号召效忠当地,与各种族友爱互助、共存共荣。比如,1951年在教总成立晚宴上,林连玉先生以东道主及发起人的身份致辞:

> 顶使我们难过的,是当地政府对于我们华校不能了解,像教育阁员拿督杜莱辛甘氏在立法会议上致辞会说华校战后才增授英文,这使我们多么惊奇!像这样对于我们的隔膜,难怪怀疑我们不会忠于马来亚!其实马来亚是我们开发出来的,马来亚的山陬海隅,都有我们华人的足迹,马来亚的一草一木,都凝结着我们华人的血汗,我们对于中国仅有木本水源之恩,生存的关系,却与马来亚分割不开,我们如果不忠于马来亚,岂不是自灭生机?所以我们是热爱马来亚,忠于马来亚,愿意献出能力与各民族携起手来。③

林先生这段话不仅生动传神地将华人对马来亚的无比热爱与无限忠诚表达出来,也相当有力地回击了英殖民官员对华人效忠马来亚的无端猜忌与

---

① 《风雨十八年》下集,第167页。
② 沈慕羽资料汇编编辑委员会:《沈慕羽事迹系年》,马来西亚华校教师会总会,1997年,第66页。
③ 林连玉:《林连玉先生言论集》,郑良树辑纂,林连玉基金出版,2003年,第48页。

质疑。

又如,1956年,林连玉在《全马华人注册社团代表大会争取公民权宣言》中说:

> 我们要吁请马来亚各族人士深切的了解,在眼前的阶段,我们虽然明显地具有民族的分野,但是合力建国以后,我们已经结为异族的兄弟。我们的子子孙孙,将要世世代代在这可爱的土地上,同工作,同游戏;在遥远的将来,更可因文化的交流,习尚的相染,把界限完全泯灭,而成为一家人。我们当前的责任,就是要为我们的子子孙孙打好友爱与合作的基础,培养起共存共荣的观念。①

也就是说,马来亚独立建国不只事关华族的政治认同与效忠问题,它更需要各民族人士携手共建,并发挥以往互助友爱和团结合作的优良传统,一道来培养"共存共荣"的新国家精神观念。

再如,同年稍后,林连玉先生在为《马来前锋报》开斋节所作的特刊献词中,既呼吁马来亚各民族培养共存共荣的新国家观念,也希望各民族树立以马来亚为第一家乡的观念。他认为这种心理建设是马来亚独立建国的根本。在在体现了华教人士的先知先觉精神与责任担当意识。他说:

> 马来亚独立建国的事业中,顶重要的工作,就是心理上的建设。第一要培养共存共荣的观念。我们知道马来亚是民族复杂的地区,每个民族对这一地区的开发,都有他们不可磨灭的贡献。我们必须把所有的民族,当作一家人看待,权利与义务一律平等,使大家以都相信有福可以共享,然后,可以希望他们有难可以同当,把国家建设得完整而稳固。第二要培养以马来亚为第一家乡的观念。这是对外来民族说的。须知道你们虽有祖国,但是你们的子孙,已经是马来亚的儿女了,马来亚才是他们的祖国,才是他们永久的家乡。②

---

① 《教总33年》,第374页。
② 《教总33年》,第375页。

第七章　马来西亚华教对儒家伦理的弘传与践行

仔细体味这段饱含深情的文字就可感知,林连玉先生内心始终贯穿着觉民爱乡、觉民爱国、觉民行道的伦理精神,其对马来亚的赤胆忠心足以感天动地。然令人遗憾的是,他却难以感化英殖民地政府和联盟政党中那些冥顽不灵、费尽心机、用尽手段、企图压制华族的种种恶毒之心。

马来亚独立建国本是华、巫、印三大种族所乐闻欣见的政治大事。但马来民族中的种族主义者和沙文主义者却高唱马来亚要独立建国,就必须做到民族统一。即将马来亚建设为一个马来民族的国家,一切以马来文化为中心。林连玉先生觉察到这一论调的危险性后,分别从"民族与国家的区别""民族界限的消除""马来亚要建国各民族权利却不对等""民族效忠的标准问题"等四个方面给予有力地批驳,同时再次严正申明马来亚建国需要华、巫、印三大民族共同培养"共存共荣"的思想观点。他说:

> 第一,他们误解民族就是国家,国家就是民族。因此国家的建立与民族的统一,混为一谈。须知道:国家与民族,是截然两样不同的东西。国家是以利害而组织的,民族是由意识而形成的;一个国家,可以包含了数个不同的民族;一个民族,也可以分裂为数个不同国家。……那末,马来亚要建国就建国了,又何必顾及民族的统一不统一? 那把民族统一与建设国家,混为一谈,认为有不可分割的关系,不是极端地误解了吗? 第二,民族的界限,是以民族意识为背景的。所谓民族意识,是以血统、文化、语言、风俗、习惯、宗教、历史……为要素。这种民族意识,未经形成,无话可说,已经形成,就同于自然,任何巨力,都无法加以摧毁。……又如欧洲的瑞士,德人、法人、意人,共同拥戴一个政府,已经数百年了,而民族间的界限,仍是壁垒森严,不能混同,这又是一个好例子。那么,像马来亚这种民族复杂的地区,都被认为可以使民族达于统一的境地,不是误解,又是什么? ……(第三)到底这第三误是什么呢? 就是不肯建立民族共存共荣的观念,一味应用不平等的手法,尽量向马来亚人口最多、文化最高、经济最雄厚的华族开刀。他们告诉华人:马来亚要建国了,你们今后不再是华侨,而是当地的华人了。然而,经济上不给予土地权,政治上不给予公民权,文化上不给予教育权。像这样的现象,华人即愚蠢,当然也会理解到,他们离开了祖国进入马来亚国,便陷入被征服的奴

才命运,而不是主人,他们得不偿失,又那里会稀罕这个马来亚国。那一班马来亚民族统一的工作者,他们的脑海中,当然也有美丽的图案。拆穿来,便是用公民权限制的手段,以及移民律实施的方法,使华人在当地的人口由多数而变成少数,用官方语文的规定,以及国民教育的计划,使华人在当地的文化,由自己的而变成别人的,这么一来,华族变质了,马来亚的民族也就统一了。……(第四)现在那班高唱马来亚民族统一工作者,口口声声,是责备华人有爱国的思想,有了这种思想,便不能忠于马来亚,既然对马来亚不能尽忠,马来亚也就不必给予他享受权利了。这话粗略看来,似乎极有理由的,其实,却是第四种的错误。因为民族尽忠的对象,是以生存权利为标准,不是以祖家来源为标准的。①

林连玉先生一方面驳斥马来亚建国必须走民族同化路线的荒谬观点,另一方面阐发马来亚建国须从心理上熔铸新的共同精神的主张,即"马来亚精神"。林连玉说:

> 马来亚要独立建国,就必须有马来亚独特的意识形态,这个国家才会有其生命。这种马来亚独有的意识形态,我们也可称之为马来亚的精神。②

然而马来亚精神并非一朝一夕所可达成,它须经过华、巫、印三大种族之间长久的相濡以沫与互相鉴取,才能逐渐熔铸为一种新的共同精神。林连玉又说:

> 因为一个民族复杂的地区,要熔铸一种新的共同精神,必须有较长的时期,从事鼓吹,推进,然后由相濡相沫,互相吸收与扬弃,才可以孕育成功的。③

---

① 林连玉:《杂锦集》,林连玉基金委员会出版,1986年,第44—46页。
② 《杂锦集》,第37页。
③ 《杂锦集》,第37页。

第七章　马来西亚华教对儒家伦理的弘传与践行

那么,这种为各种族所共同接受或一致认可的马来亚精神具体又是什么呢? 林连玉满怀憧憬地说:

> 依照我个人的意见,马来亚精神最美满的境界,应包括下列四种要素:第一,是英人的民主精神。第二,是华人的勤俭美德。第三,是巫人的乐天襟怀。第四,是印人的和蔼态度。①

如果内心非真正热爱和拥护这个国家,试问林连玉又怎会如此煞费苦心地为马来亚的建国精神建言献策呢? 如果没有开放豁达的儒者胸襟,试问林连玉又怎能将四个不同民族的文化精神兼收并蓄地熔铸在一起呢?

马来亚独立后,最能体现华人忠诚爱国之心的重大事件便是捍卫马来亚自主权不受侵犯。事情的经过是这样:1961 年,马来亚首相东姑阿都拉曼提出马来西亚的概念,其原意是把马来亚联合邦扩大为马来西亚联邦,将东马的砂拉越及沙巴纳入成为州属,由吉隆坡的中央政府管治。通过马来西亚的实现,带动沙、砂摆脱英国殖民统治,成为独立国家的一部分。这个计划在各种压力下终于于 1963 年 9 月 16 日实现。但印尼政府认为这是"新殖民地主义"的阴谋,展开了粉碎马来西亚计划的行动,这包括在东马进行军事行动,派遣兵士入侵西马的柔佛州。② 根据华校教总第 13 届会务报告资料来看,教总的一系列动员和呼吁行动再次体现了华人忠诚拥护国家和誓死保卫国家的爱国精神。例如,"会务报告"第十一条宣言说:

> 爱国效忠,为各位国民应尽之天职;本总会对爱国工作,从不后人。为商讨发动华校师生抗敌卫国,及争取华文教育平等地位,曾于十月廿五日召开理事及工作委员会紧急联席会议,席间一致议决策动全国华校员生以实际行动保卫国家,拥护首相东姑贤明领导,支持政府抗敌政策。③

---

① 《杂锦集》,第 38 页。
② 《华校教总及其人物(1951—2005)》,第 128 页。
③ 《教总 33 年》,第 252 页。

此后,教总的种种爱国行动即在此会议精神的指导下展开。教总于十月廿九日致电东姑首相,表示全国华校师生绝对支持政府抗敌政策,保卫国家,誓为后盾。教总又于十一月三日通函各地华校教师公会转达各华校当局,热烈响应政府团结周号召,以美术、歌唱、标语比赛等方式为活动中心,分别举行爱国周团结。它同时呼吁全国华校师生以实际爱国行动踊跃参加国防训练,民防工作,热烈捐献国防基金,一致支持政府抵抗印尼侵略。此外,教总更于十一月五日发表《告全国华人社团、学校及学生家长书》,并印发该项传单十五万份,分寄各地华校教师公会,请代为分派,以鼓励吾华人发扬爱国精神,完成抗敌卫国之神圣任务。①

其实,华人对马来亚的爱护可谓源远流长,情意绵绵。从明代郑和将军率兵驻守马六甲保护新生的马六甲王国开始,到马来亚早期各地的拓殖开发与繁荣发展,到太平洋战争期间华人踊跃参加英殖民地的医疗救援队以及自主组织抗日游击队,再到二战胜利后联盟政党争取马来亚独立建国等。以上种种铁一般的历史事实,无论是于情而说,还是于理来讲,都应得到英殖民政府及联盟政府的认可乃至褒扬才对,然现实情形并非如此。马来(西)亚官方在种族主义及马来土著至上观念的支配下,企图运用手中的权力篡改甚至抹杀华人对马来(西)亚的不朽贡献与卓越勋劳。这种不友好与不平等的形势迫使具有先知先觉精神的华教元老,既要呼吁华人子弟去效忠,去爱国,尽国民一分子之神圣天职;又要启迪华人时刻警惕当局对他们公民权利的剥夺以及历史功绩的抹除,同时不忘呼吁其他各友族人士应抱持友爱互助、和平公正的态度,共同建设"马来亚精神"。其"觉民行道"的苦心孤诣怎能不令人由衷地敬佩与赞叹!

第二节　华教对华文教育平等地位的争取

如第六章所言,学界一般认为1819年在槟城创立的五福书院标志着马来西亚华文教育的开端。由此可知,华文教育在此地至少有二百余年的历史。至于更广义的中国文化在马来西亚的传播,历史那就更为久远了,无疑它跟随着最早一批华人移民的足迹而扎根于此。此后中国文化经过与马来文化、印

---

① 《教总33年》,第252页。

第七章 马来西亚华教对儒家伦理的弘传与践行

度文化、西方文化等其他民族文化的长久接触与交流互动,渐渐融汇到马来西亚文化之中,最终成为本邦民族文化主流之一,这也造就了马来西亚是个多元种族、多元语言以及多元宗教文化国家的既成事实,若要改变它是不可能的且是愚蠢的。

英殖民统治时代的华文教育,基本上是在英方自由放任的政治环境以及华人社会的自力更生传统下,逐渐且艰难获得其生存和发展的。这可从如下两点来做说明:一、英殖民政府最初对华文教育采取既不赞助也不干预的放任态度;二、华文教育是华人社会几乎在没有任何外界支持的情况下,完全依靠凝聚民间力量一点一滴自觉兴办起来的,它是华文教育自力更生历史传统的见证,也是中华文化生命绵长的象征。辛亥革命和第二次世界大战后是华文教育在本地蓬勃发展的两个历史阶段。就前一阶段来说,华文学校尤其是华文小学之创设犹如雨后春笋,遍及马来西亚城乡各地,可以说有华人生活生存的地方就必有华校的存在。就后一阶段来说,自日本战败、马来亚光复后,各地华校的复办进展迅速、场面热烈。然此时,马来(西)亚共产党左翼政治力量也趁机介入当地社会,渗透到各级华校之中,立刻引起英殖民政府乃至后来联盟政党的政治警觉,使当局心有余悸。更为致命的是,"由于马共大多是以华人为主要成员,因此华人族群对于马来亚的忠诚度也不免遭到更严厉的质疑"①。于是在1948年6月18日,英殖民政府突然宣布新马两地进入紧急状态,同时宣布马共为非法组织。马来亚联合邦政府为配合紧急状态,便对华文学校采取严格管控与严密监视,为此还颁布了两项法令②。更有甚者,马来(西)亚官方还派专人监视华校的一举一动,搜查学校的图书资料,以防共产势力的渗透与扩大。二战后,当马来亚联盟政府恢复行使主权并获自治独立后,在教育法令政策等方面仍延续了前者素来歧视乃至消灭华文教育的做法。它不仅不给予华文以官方地位,也未能保障华人受母语教育的平等地位,甚至还企图利用手中的权力屡次以教育政策及教育法令来限制,甚至消灭其存在,进而实现其教育同化的最后目标。正如陆建胜所言,"英殖民地官员对华文教育

---

① 陆建胜:《马来(西)亚董教总与华文教育发展之研究(1951—2000)》,台湾暨南国际大学博士学位论文,2010年,第93页。
② 这两项法令是1951年1月10日公布的《一九五一年紧急(学校管制)法令》及同年2月13日公布的《一九五一年学校(普通)法令》。

的歧视,实在是日后华文教育在马来亚独立以后遭到重大困难的主要潜在因素"[①]。具有先知先觉精神的华教人士逐渐清醒认识到华文教育问题的严峻以及华族合法权益不断遭受蚕食的现状。以华教元老为代表的华教人士毫不畏惧执政当局的压制和威胁,为了伸张社会正义、守护民族灵魂以及捍卫民族尊严,他们以极为悲壮的生命形态和充满血泪的生命斗争,践行了"取义殉道"的儒家价值观念。

马来西亚华文教育的最大症结或根本问题在于,英殖民政府通过的联邦宪法赋予英语、马来语以官方地位,而压根不承认华人占马来亚人口半数的事实,以至于在马来亚应用最广泛的语文——华文——一直无法拥有与英语、马来语同等的法律地位。表现在教育政策上就是,官方迭次颁布并实施的各项教育白皮书和教育法令的导向无不是对华文教育的束缚、钳制,乃至最终消灭。若追根溯源,则在于英殖民政府为了分化马来西亚三大族群之间的团结合作,以及抑制华人社会的整体力量。当局一方面通过宪法造成马来土著享有特权的既成事实,另一方面从被视为民族灵魂的语言文化入手,给华社以釜底抽薪之致命打击。其后,马来亚独立后,联盟政府中的巫统有意继承英殖民政府的政治遗产,妄图借助政治权势推行其"一个国家,一个种族,一种语文"的国家政策,以实现其最终同化和铲除华人文化和华语教育的最终目的。以下将结合马来亚联盟政府迭次所颁布的教育政策和相关教育法令,来探讨其对华文教育所产生的影响,以及先知先觉且铁肩道义的华教人士对"取义殉道"儒家价值观念的实践情形。

华文教育运动的导火线是《1951年巫文教育委员会报告书》,俗称《巴恩报告书》。英殖民政府委任巴恩氏来调查马来学校的实际教育情况,以便为教育部门提供改善马来民族教育水平的对策和建议。然而,这份报告书却越俎代庖地建议"废除各种语文源流学校,而以采用英文与马来文为教学媒介的国民型学校体制取代之"[②]。本来,"《巴恩报告书》的权限是检讨马来教育,但是它却跨越到其他方言教育的存亡问题上,这种越俎代庖的表现被认为有消灭华人文化与华文教育的意图。华人社会大为震惊,咸指将使华校无法生存,华

[①] 《马来(西)亚董教总与华文教育发展之研究(1951—2000)》,第105页。

[②] 《教总33年》,第855页。

族的文化及语言亦将无法传承"①。于是,在1951年6月该报告书公布后,华社哗然,群起反对。其中最先发难抵制的是吉隆坡的尊孔中学董事部。它全权授意该校资深教师林连玉主笔起草《反对巴恩报告书函》。林氏在提呈给华人执政党马华公会的备忘录中说:

> 佥认该项主张忽视本邦社会特性,违反联邦主义民主政治之基本思想。只从观念中制定其计划,实系一偏之见。倘该报告书为当局所采纳,将剥夺占全马人口半数以上之二百多万华、印民族所应享受本族文化之特权,于是一致决议,具函条陈理由,请贵会向当局请求保证本邦民主政治之发展,照顾各民族地位,及尊重各自固有文化。②

不仅如此,林连玉更进而从如下四个方面对《巴恩报告书》的不合理性给予有理有据的驳斥:

> (甲)自教育观点言,……在国家之构成分子非纯一民族之联邦政体下,为教育之基本之儿童,初级教育必须以其母国语文教授。……(乙)自政治观点言,当地系华巫印以及其他民族杂居之处,欲使本邦经济臻于繁荣,政治趋于安定,举凡一切增进民众福利之措施,应求得各民族之和谐友善及合作为第一义。如达到各民族间之感情融洽无间则无论在教育上、经济上、政治上各民族间之平等利益,又为先决条件。(丙)就实际情况言……即以华校为适应环境,在教学课程中,早以英文为主要科目。务求切实适应当地生活与配合广大人群利益之需要。若教导方面,除依据中国固有道德为训育方针外,素来遵守当地法令,为社会服务,造福斯邦。(丁)就国际例证言……世界采用联邦政制国家,均无不容许各民族自办教育之权利。③

---

① 《马来(西)亚董教总与华文教育发展之研究(1951—2000)》,第100页。
② 《林连玉先生言论集》,第35页。
③ 《林连玉先生言论集》,第35—36页。(引用时文字有节略)

以反对《巴恩报告书》为起点,林连玉先生率先为华文教育的平等地位以及华人文化的兴废存亡做英勇而机智的斗争。进而,林氏又以吉隆坡华校教师公会代表的身份,向全马华校教师会代表大会提呈了《研究巫文教育报告书意见书》,郑重表达他的"十六条"①反对意见,由此"开启了他为华教奋斗的长征"②,也成就了他"族魂"的英名美誉。

接着,同年八月份,教育界人士为反对英殖民政府《巴恩报告书》欲消灭华文教育的企图,马六甲教师公会主席沈慕羽率先联络吉隆坡华校教师公会主席林连玉,建议在首都吉隆坡召开全马华校教师会代表大会,教总由此应运而生。在《全马华校教师会代表大会宣言》中,第一任教总主席陈充恩明确提出教总奋斗的三大目标:

(一)改进华文教育:华校教育对马来亚有伟大的贡献;但是,时代不断地变迁,教育也得随之而改进。今日华教弊端颇多,更有改善的需要。(二)借此伟大的组织发扬中国文化,才能产生优美的马来亚文化。(三)共谋教师同仁的福利。③

其时,教总人士还未充分意识到华文无官方地位以及不能纳入国家教育体制是一件多么严重的问题。只有当教总中的先知先觉人士得知《1952年教育法令》的内幕以及谒见副钦差大臣麦芝里莱爵士以后,才彻底明白华文教育

---

① 十六条内容:1.《宾尼斯报告书》是越俎代庖的,其报告书已超越巫文调查之外。2. 掺杂有种族歧视偏见的成分。3. 仅代表一部分的意见。4. 不明了中印文化的伟大及方言学校的真相。5. 抹杀方言学校对于马来亚现在与过去的贡献。6. 忘记了母语对于儿童学习的重要性。7. 舍去合作政策,采取旧式的消灭政策。8. 忘记了马来亚是各民族和平共处的地方,更忘记了英联合国是一个世界各民族的国家,马来亚实际上是一个联合国的缩写,民族杂处之邦。9. 过去马来亚有经验、有高见的教育家都重视方言学校。10. 世界上有许多国家如法、加、瑞……有数民族数方言而能团结尽忠于国家者,这可资取法的。11. 马来亚各民族的文化是相因而成的,况且中华文化早已成为马来亚文化的一部分。12. 欲使各民族忠于本邦,绝非用强力所能成功。13. 华族视马来亚一如故乡,生斯,食斯,聚斯,身家性命财产,均系于斯,其不忠于斯者未之有也。间或有少数的华人,对于马来亚,或爱之切、望之殷、操之切至有不如意之事件发生,这情形不过暂时的、局部的。14. 中华文化的优点,对于马来亚的贡献甚大,如农工商各种技术,山林鱼泽的经营方法,很多是华族的传授,至于其风俗习惯,宗教言语,亦多取自中印各民族者。15. 中国文化非但中国人爱之,许多英、美、法人、马来人、印人皆爱之。16. 华族在马来亚已尽其一切义务,自然有受教育的权利。转引自《林连玉评传》,第55—56页。
② 《林连玉评传》,第55页。
③ 《林连玉评传》,第59页。

第七章 马来西亚华教对儒家伦理的弘传与践行

已经处于怎样一个不利而危险的境地。

从政策关联来说,《1952年教育法令》基本是以《巴恩报告书》为蓝本而制定的教育政策。它确定了英文与马来文为教育媒介语的原则,规定以设立国民学校为准则,将华文及淡米尔文作为第三种语文,但只能被列为课程中的一科,并且至少要有15名同一年级学生的家长提出申请,教育部才会提供教授这两科目的方便。① 这项教育法令本打算于11月21日在立法会上秘密通过,但其内幕被内部知情人士陈传文及时透漏给彼时领导华社争取华文教育平等地位的福建同乡暨吉隆坡华校教师公会主席的林连玉先生。根据林氏追述,事情经过是这样的:

> 因为教育遴选委员会要表示假民主,《一九五二年教育法令》起草完毕以后,将副本邮寄职工总会,请他们派出两位代表,于八月廿七日到大钟楼州政府会议室提供意见。陈传文接到这个文件,对于所谓教育政策实在莫名其妙。因而想起我是他的同乡,正在领导华人争取华文教育平等的地位;就打电话到尊孔中学,约我下午一时在福建会馆和他见面。见面时,他取出那份副本对我说:"这是政府寄来的秘密文件——有关教育政策的法令。怎么本邦华校那么多,这里边竟没有一个字提及华校呢?"……于是,我立刻通知《星洲日报》记者陈见辛、《中国报》记者宋哲湘,叫他们拿去翻译发表。但翌日必须把原件还给陈传文。②

爱护华教的人士就这样神不知鬼不觉地戳穿了英殖民政府要将华文学校以及淡米尔文学校排除于政府教育制度之外的阴谋和把戏。英殖民政府当局事后得知秘密被泄露,为了粉饰舆论和平息民愤,一方面通过教育遴选委员会发表文告来澄清,允许华文方言学校存在,直至华人家长愿意送子弟至国民学校;另一面派副钦差大臣麦氏来做商谈,召见以林连玉等为代表的教总人士。在这次会谈中,林连玉和副钦差大臣的一段对话颇为重要。现摘录于下:

---

① 《教总33年》,第872—873页。
② 《风雨十八年》上集,第59页。

我对副钦差大臣请示道:"政府所以要厘定马来亚的新教育政策,无疑的,是准备给予马来亚独立建国的,我们要知道,马来亚的国民,到底包括华人在内吗?"副钦差大臣说:"当然包括在内。"我又问:"那末华文有没有资格为马来亚教育国民呢?"副钦差大臣说:"一个国家的教育制度是要统一的。"我说:"我问的是,华文有没有资格教育马来亚的国民?你只答有或没有就够了。"副钦差大臣说:"依照联合邦协定看来,你们华文是没有资格的。"我问:"那是什么理由?"副钦差大臣说:"因为你们的华文不是官方语文。"我说:"我们的人,被承认是马来亚的国民,我们的文字,连教育我们子女的权利也没有,这又是甚么理由?"副钦差大臣无话可答。①

副钦差大臣一席话尤其是他说的"你们的华文不是官方语文"这句话,不仅直接戳痛了林连玉那颗素来爱护华教和爱护华文的自尊心,也给争取教育平等地位的华教人士以极大震动。原来华文教育之所以屡屡遭到官方当局的排斥与打击,根源就在于它在法律上不具有官方地位。于是,在1953年4月间,华校教总便提出争取将华巫印文并列为官方语文的斗争口号。

与林连玉建立亲密战友关系的另一位华教元老沈慕羽,在《为争取华文地位向首相东姑阿都拉曼呈送备忘录》中也说:

《1952年教育法令》企图消灭华文地位,华人即奋起力争,予以维护;1952年副钦差大臣麦芝里莱爵士,召见华校教总代表于其官邸,明言因华文非官方语文,是以在本邦教育体制,不能有平等地位。于是华人对争取民族文化的运动,便从此展开而更趋积极了。②

华人与马来人同为马来亚联邦国民,教育政策自应一视同仁,平等对待。然而,谁又能想到独立建国后联盟政府却不承认华文教育应享有的平等地位,这怎能不让华教人士痛心疾首和奋起抗争呢?

1952年10月17日,教总人士针对《1952年教育法令》的不合理、不公正

---

① 《回忆片片录》,第12页。
② 《石在火不灭》,第9页。

第七章 马来西亚华教对儒家伦理的弘传与践行

以及不平等问题,在首都吉隆坡华校教师公会召开第二十七次理事会议上进行探讨,会议由林连玉主持,提出并通过《华教政策意见书》。会议通过分析教育政策的不合理性与缺点,旨在推动华校教总三大目标的实现。意见书主要涉及如下两方面意见:

(甲)对马来亚教育政策之意见。(一)马来亚联合邦立法会教育特别小组委员会所拟定国民学校之政策,吾人认为不合理,其理由如下:A. 在马来亚的现阶段,当地政府应执行联合国宪章第十一章第七十三节规定,"非自治政府应尊重各民族文化,及予各民族平等待遇",不宜施行紧迫教育,令华人子弟放弃母语,总之文化被人消灭竟可与人合作建国,全世界无此先例,华人绝不相信有此可能。B. 如马来亚真能建国独立,则华文占有其最重要之地位,盖华人占全马人口总数之一半,教育发达程度,且居各民族之首位,此种事实绝不容忽视者,而工商业各部门亦有其特殊之重要性。C. 吾人之意见赞成前教育司池士曼先生于一九四六年所提出之方案,免费初级学校,以母语(巫文、中文、印文或英文)教授,更主张民族学校,应列英文为主要科目,可以英文为马来亚之共同语言。(乙)对于新薪金制度之意见:拥护教师会总会主持一切交涉,惟吾人必须指出眼前此制度本身尚存之缺点:(一)中英文教师待遇不平等,显有优劣之分,为华文教育极难堪之刺激。(二)基薪太低无法鼓励后进献身教育。(三)学校行政组织之价值,尚被漠视。(四)退休教师尚无恩养办法。(五)限制董事部不得给予教师额外津贴,与改善教师待遇之旨趣相反。(六)年功加俸至十五次为止,使年老教师太受牺牲。(七)华校非官办学校,董事应有聘请校长权;教员进退权属诸校长。教育局执行同意权。[①]

可以说,这是自华校教总成立以来,华教人士首次为实现三大目标并针对不合理教育法令所采取的统一行动。1954年8月18日,吉隆坡华校教师公会举行第41次理事会时,主席林连玉正式表达了将华文列为官方语文之一的

---

① 《林连玉先生言论集》,第59—60页。

339

诉求。他从华文的实际应用范围与华文教育的发达程度及学术积累,阐述其争取理由。林连玉说:

> 官方语文必须根据国民实际应用语文而订定,世界上未有本国所无的语文,被列为官方语文的事实;也没有本国最普遍被应用的语文而被废置的事实。依照马来亚的实际情形,无论从应用范围讲,或从文化事业发达程度讲,抑或从文化背景及学术积累讲,华文均占第一位,本邦无理由不将华文列为官方语文之一。①

这可以说是马来亚华社首次要求英殖民政府将华文列为官文语文之一的最强之音,以期从根本上解决华文教育、华人文化不断遭到边缘化以及濒临消灭的危机。与此同时,华社还请求以教总名义向联合国大会主席潘迪夫人提呈备忘录,请求关注马来亚华人华文教育的地位问题。②

由于《1952年教育法令》受媒体曝光、遭华教反对以及受国际橡胶、锡矿价格跌落等因素的交互影响,最终没有机会付诸实行。③然而殖民地当局一计不成,又生一计。1954年,教育政策委员会报告书批评方言学校(包括华校)"'教育水准低下,是故代以国民学校越早越好',并有意以此作为消灭方言学校的借口"④。针对报告书的阴险性质,林连玉以其一贯警觉发出"殖民地政府要消灭华校,以一九五四年六十七号教育白皮书为最高峰"⑤的告诫语,随后在华人社会尤其是华教群体中引起强烈响应。

按照林连玉的讲法,英殖民地政府鉴于教总反对《一九五二年教育法令》情绪非常汹涌,恐怕官委会议员中,或者有人要俯顺舆情提出异议,便将教育白皮书密交议员于十月七日被立法会全无异议通过了。⑥林连玉对参与其事的民族败类有极为辛辣的批判,认为"那些清一色的官委议员,只会邀宠固位,

---

① 转引《马来(西)亚董教总与华文教育发展之研究》(1951—2000),第165页。
② 详参《教总33年》,第347—348页。
③ 《一九五二年教育法令》实行上的困难便是需要庞大的经费,无法筹措。参见林连玉:《回忆片片录》,马来亚联合邦华校教师总会出版委员会,1963年,第15页。
④ 《林连玉先生言论集》,第85页。
⑤ 《风雨十八年》上集,第95页。
⑥ 《风雨十八年》上集,第95—96页。

第七章 马来西亚华教对儒家伦理的弘传与践行

谄媚主人,不会为民族争取权利的"①。当教总于九月廿八日读到白皮书内容时,便觉察法案存在严重问题,认为必须集合全马华人的力量举行全国教总理事会议作有效反对。教总虽有棋迟一步之憾,但还是尽快通过了彻底反对教育白皮书的《反对改方言学校为国民学校宣言》,并交给报馆刊登发表。这份由教总授权林连玉起草发布的宣言,意味着对英殖民政府的法令及其权威的公开挑战,被认为是犯法的举动。这种行为用林连玉先生的话来说等于是"批龙甲、搏虎头"②,这极有可能激怒当局而被抓进监狱坐大牢。但是,林连玉先生不以为意,因为摆在他心头的第一要事是华文教育与华人文化的生存,为此他会不惜牺牲一切代价。于是,这便有了向挚友邱腾芳"托妻寄子"的感人故事,以表自己决绝心志。在《粉碎教育白皮书》中,时任教总主席的林连玉先生不无悲情地说:

> 可是,我眼见我们民族自力更生发扬起来的传统文化,给人家凭借政治的权力横逆摧残,实在愤恨填膺、怒发冲冠。我忝居教总领导的地位,"我不入地狱,谁入地狱"?如果我不能见危授命,奋起力争,将何以对得起祖宗?对得起子孙?对得起自己的良心?因此我便对我的唯一挚友——福建会馆座办丘君腾芳——实行托妻寄子。我对丘君说:"教总这篇宣言,今天一发表,明天可能我就被拘捕。我平生一无积蓄,在这里仅有一妻一女。如果我有意外,她们的生活实在困难,你要为我照顾。"③

鉴于首任教总主席陈充恩因得罪当局而遭不明歹徒狙杀的悲惨命运,林连玉深知事态的严重性,故有此"托妻寄子"的悲壮举动,就当时的形势来说这是完全可以理解的。这体现了他"临危授命"的担当精神,"临大节而不可夺"的凛然气节,"虽千万人吾往矣"的浩然之气,以及誓死捍卫华文教育的雄心壮志,其生命已臻"取义殉道"的人格境界。这既与他少年时期就饱读儒家经典、

---

① 《回忆片片录》,第8页。
② 语出"横挥铁腕批龙甲,怒奋空拳搏虎头。"(林连玉:《连玉诗存》,林连玉基金委员会出版,1986年,第31页。)
③ 《风雨十八年》上集,第96页。

浸润圣贤思想的家学渊源不无关系,①也与他以华教事业为托命的精神人格有密切关系。

1954年10月14日,教总正副席林连玉、沙渊如联名致函教育部主任威菲及教育阁员都莱辛甘时,要求当局拿出方言学校教育水准低下的证据。林连玉在《致教育阁员函》中向马来亚联合邦教育阁员都莱辛甘提出如下两条质问:

(一)国民学校水准高于方言学校有何具体的事实?(二)方言学校教育水准低至如何程度?有由教育专家主持之总测验、总统计、总比较、总报告,其可靠性曾经被认为确切无讹否?②

10月21日,拿督都莱辛甘回函指出,教育政策特委会是根据下列两点理由得出"方言学校教育水准低下"的结论。他说:

(一)本邦方言小学校学童在校肄业的期间,最长者三点三年(华校),最短者为一点九年(印校),英校则平均为五年余,由此可见方言学校的教育水准,"必然较英校为低"。(二)方言学校学童系在有民族畛域之学校中肄业,而与其他民族儿童隔离,此并非彼等将来长大后在各族聚居之社会中生活之最有效的教育方法。③

林连玉先生以严厉的口吻批评了教育部长拿督都莱辛甘对"教育水准"含义的歪曲。他认为所谓教育水准,是指儿童受教育后的智力程度,这与学童在校肄业期间的长短不相干。儿童在校肄业期间的长短是与家长的经济能力有

---

① 林连玉在回忆"我求学的经过"时说:我七岁入学,一直跟我的祖父以仁公念书。读的次序,就是《三字经》《大学》《中庸》《论语》《先进》《梁惠王》《天时》《离娄》《告子》《孝经》《朱子家训》《千字文》《千家诗》《诗经》。……我的祖父逝世,我只跟我的父亲读两年,他授给我古文、《春秋左传》及算术代数。这么一来,四书我是熟读了,五经只读两经,加上自己喜欢的《易经》,共只晓得三经而已。但已可说我有家学渊源了。(参见吡叻华校董事会联合会秘书处编写:《林连玉自撰小史》,《林连玉》,吡叻华校董事会联合会,1986年,第48页。)

② 《林连玉先生言论集》,第86页。

③ 《林连玉先生言论集》,第87—88页。

第七章　马来西亚华教对儒家伦理的弘传与践行

关系的,教育部长竟拿这点作为断定教育水准低的根据,那真是滑天下之大稽。① 林连玉对教育部长的辛辣批评尚不止于此,他还准备将教育部官员答非所问,且不知教育水准为何物,甚至连半点教育常识都不具备的这番经过写成信件,"送到联合国文教处,给国际人士欣赏欣赏"②。更能彰显林先生胆识正义的事是,他甚至公开向教育部正提学司威菲氏下挑战书,要求教育部举行英校与华校之间的数学测验比赛,以实际方法核考华校水准是否低于英校;然教育部阁员接受挑战后不久就临阵退缩,挂起免战牌了。③ 以上事例说明,林连玉先生为了粉碎英殖民政府要蚕食乃至吞灭华文教育的教育政策和法令,他并不怕开罪当局,也不惜置身于险境,只因"这是民族文化存亡所关,不管情形怎样,都须不顾一切地起来反对"④。

经过华教人士的不懈争取,华文教育才稍稍受到当局的重视和尊重,这反映在1956年5月国会通过的《拉萨报告书》之中。由于该报告书的基本精神是维持各民族的母语教育,对华人社会来说大体上可以接受。因为它建议"以马来文为国语,并维护和支援本邦其他各族群的语言与文化发展"⑤。但很不幸的是,当教育部副部长朱运兴邀请华校教总代表到其官邸作最后一次总检讨时,因漏看了关乎母语教育权利的上半部分内容,尤其是关键性的第十二条"最后目标"的内容,"以致留下日后交涉与争论的祸根"⑥。《拉萨报告书》第十二条这样规定:"本委员会更相信,本邦教育政策之最后目标,必须为集中各族儿童于一种全国性的教育制度之下,而在此教育制度之下,本邦国家语文乃主要之教学媒介。"⑦很明显"最后目标"对以华文教育为精神托命的华教人士来说,如鲠在喉,如芒在背,令他们寝食难安,是虽万死都不可接受的事情。用林连玉先生的话来说,"所谓最后目标,以巫文为所有学校主要的教学媒介,我们万万不能接受。因为我们若是承认这一点,即是等于承认有一天华文教育应被消灭了"⑧。所以,华校教总一旦认识到"最后目标"所释放出的危机信号

---

① 《林连玉先生言论集》,第88页。
② 《回忆片片录》,第22页。
③ 《回忆片片录》,第19—22页。
④ 《回忆片片录》,第16页。
⑤ 《教总33年》,第859页。
⑥ 《风雨十八年》下集,第146页。
⑦ 《教总33年》,第860页。
⑧ 《风雨十八年》下集,第147页。

时,就决定倾尽全力来取消它。于是,当教育部长拉萨召见董教总代表时,林连玉义正词严地说:"拉萨先生,这是我们华文教育的生死关头,我不怕冒犯坦白告诉你,第十二条所谓最后目标若不删除,即使国会通过,我也要发动我们华人起来反对。"①最后,拉萨以该报告书只是作为意见并不发生实际效力以及口头承诺不会将其放进正式教育法令为托词,来应付教总人士的质问。在这次和教育部最高长官的谈话中,林连玉先生出于维护华文教育和民族文化的地位尊严,再次展现出他心胸磊落、不畏权势以及仗义执言的风骨。

如果说《1954年教育白皮书》的颁布事关华文小学(方言学校)的生死存亡,那么1957年《华文中学改制二十一条》的出台则关乎华文中学的命运前途。当局企图利用全额津贴金的诱饵,迫使华文中学改制成准国民中学,进而达到最终消灭华校的阴险目的。林连玉敏锐意识到这又是当局在玩弄阴谋,为此他发表了一系列反对改制的言论以引起华人社会的高度警觉,以免上当受骗从而使华校变质。1957年年初,《改制二十一条》经公布后,林连玉立马在《星洲日报》发表了《反对华文中学改制21条款谈话》。他在谈话中说:

> 我们华人自力兴学,已有半世纪以上的历史,其目的在于教育本族青年,发扬华人文化,先觉者艰难缔造,以有今日,我们应当战战兢兢,维持不坠,才可以上对祖宗,下对子孙,万不可看见金钱就忘记了维护本族文化的责任。一九五五年政府要在华校开办准国民班,何尝不是负担全部津贴?但是因为对华文教育不利,所以我们就断然拒绝;今日的华文中学问题,我们是应当一样小心的。②

令人感到欣慰和佩服的是,林连玉不仅常常以高瞻远瞩的眼光来审视和评判当局所制定或颁布的教育政策和法令,而且以先知先觉的精神和行动来团结华人社会,共同应对当局的种种阴谋诡计。

仅一周后,林连玉又发表了《反对华文中学改制致词》,表达了华教人士对改制的担忧、警惕,以及对民族文化的维护、捍卫。为此,他大声呼吁华文中学校长及校董不要为了眼前的津贴金而牺牲华族子弟长远的受华文教育权利。

---

① 《风雨十八年》下集,第147页。
② 《林连玉先生言论集》,第308页。

第七章 马来西亚华教对儒家伦理的弘传与践行

如果接受改制,不仅是极为愚蠢的行动,也无异于断送华文教育和民族文化的发展。林先生以慷慨激昂的言辞对华校中学校长们做狮子吼:

> 吾人周知,这些把戏都是殖民地官员搅出来的,他们总希望在独立前做下一些工作,因为在独立之前,权力还操在殖民地官员手里,可以任由他们胡为。这些都是没有法令根据的,在教育法令未厘订之前,就有许许多多条例出来,所谓"国民中学",这是在一九五六年教育报告书中建议的本邦新教育体制,但其细则尚未有拟订,殖民地官员马上就要求华文中学改变。事实上在新体制中的建议,是有各语文国民中学,但目前巫文、印文都没有中学,而殖民地官员却要造成事实,将英校自然而然成为国民中学,所以对华文中学则要求改变,条例没有详细公布,签约后,随时产生许多条件,现在只告诉我们改变后,经费由政府负担,如果贪钱,就要牺牲文化。……现在要改华文中学为准国民中学,这是中学生死关头!所以目前不是钱的问题,而是民族文化的问题。①

其后,林连玉再度发表反对改制二十一条的演讲,直接揭穿了英殖民地政府企图利用熏天权势以英文教育吞并华文中学的险恶用心。他说:

> 我认为改为准国民中学后,清楚地看到华文中学变质了,华文教育不会发展了,华人文化就此消灭了,是不可以接受改变的。殖民地官员是有意的,因为今年八月马来亚独立后,他们就要走了,所以他们做出不负责任的事体,放下毒素,他走了,让我们马来亚人自己乱起来,坦白地说,马来亚是由华、巫、印三大民族组成的,英国人走了,英文不能占本邦教育体制,而巫、印文没有中学,只有华文有中学,在教育报告书中说明英校是要改造的,但是现在殖民地官员却利用权力在手,便盗用"国民中学"的招牌,想在离开马来亚之前打下英文教育的基础,乘这机会把华文中学吞没下去。②

---

① 《林连玉先生言论集》,第309—310页。
② 《林连玉先生言论集》,第312—313页。

林连玉先生用"有意的""不负责任""放毒素""让马来亚人乱起来"等辛辣字眼来批驳英殖民地政府的险恶用心,无不是他卓绝胆识和英勇气魄的体现。也可见他内心是多么义愤,更可见当局用心之险恶。即使有像林连玉这样的先知先觉者不断做狮子吼,个别华校的中学校长还是经不住津贴金的诱惑或顶不住当局的政治压力,主动放弃了先贤历经艰难为华文教育所开拓出的生存空间,彻底向殖民地官员"缴械投降",成了出卖民族文化的罪人。所幸,在董教总的力挽狂澜下,大多数华文中学最终还是挺了过来,没有因此而放弃母语教育的阵地,守住了文化堡垒和民族尊严。

古人有言:屋漏偏逢连阴雨。华文教育的发展历程正是如此,其灾难和不幸可以说一波未平一波又起。尤为令人痛心和感到悲愤的是,华社中寄生了少数靠出卖民族利益和民族文化为晋身资本的民族败类。与此相关的事件是,1960年《达立报告书》故意撇开董教总代表,而委派三个与华文教育无任何关系的人物来充当华人的民意代表,然后在无知黑幕下给以无异议通过。正如研究者陆建胜所称,当时教育检讨委员会里的华人代表为梁宇皋、王保尼、许金龙三人[①],这三人本与华文教育毫无关系,却事实上造成非常严重的影响。在教育领域,华校教总和董总是名副其实代表华人社会心声的民间团体机构,这已是众所周知的事实。因为自1955年马六甲会谈以来,联盟政府是以华校董教总为谈判对手。1956年《拉萨报告书》的制定也是以董教总为对手。现在要检讨以华校董教总为对手所定下来的教育报告书,反而将具有充分代表性的董教总摒除在外,点派三个与华文教育无关的人物权充华人代表,这显然是承袭了殖民地官员惯用的傀儡式假民主。[②]

按林连玉先生的说法,"到了一九六〇年,马来亚已经成为巫总一党专制独裁的政权,马华公会名存实亡。当重新检讨教育政策时,要扮演傀儡式的假民主把戏,当然最富有奴才性的梁宇皋是首选的人物"[③]。林先生曾对民族败类梁氏的履历与为人有着十分清楚的调查。他称:

在三个冒充华人代表的傀儡中,王与许乃无名小卒,不足齿数,

---

① 三位人物的头衔分别是司法部长、槟城首席部长、上议院议员。
② 参见《马来(西)亚董教总与华文教育发展之研究(1951—2000)》,第219页。
③ 《风雨十八年》下集,第77页。

第七章　马来西亚华教对儒家伦理的弘传与践行

最主要的仅是梁宇皋一个人,这个梁宇皋乃是著名的民族败类,只要他个人有了荣华富贵可以享受,什么民族的权利都可以出卖。他跟中国的大汉奸汪精卫有姻娅关系。在马来亚沦陷时,他已经不要马来亚而逃回中国投靠汪精卫,在云南省当几年小县官。及至世界和平,他又重返马来亚,摇身一变自称是马来亚的效忠者。东姑知道他无耻的德性,就利用他作为以华制华的工具,先用他出任马六甲州长,继委他为上议员,不必民选从后门进入国会,再出任司法部长。像这种小人,冒充华人的代表,岂有不出卖的道理。①

即便林连玉等教总代表不屑于此类宵小无耻之辈为伍,但为了竭力争取华文教育的平等地位及正当的民族权利,最终他选择以公意抛下私怨。林连玉说:"我们不得不伪装友善","希望对方有几分尊重","请求三个被点中的傀儡,激发天良,争取我们民族应得权利"。② 于是,1960年4月2日,林连玉以教总主席的身份,致函以梁宇皋为代表的华籍检讨委员会,请他们为华教仗义执言。函件说:

此次政府重新检讨教育政策,先生等被委为检讨委员,本邦华人希望获得华文教育与其他民族教育平等地位,对先生等属望之殷,不言可喻。……先生等身为华人,对于华人之文化,自心爱护,祈望仗义发言,不胜幸甚!③

林先生为了华文教育、民族文化的前途,不得不降身以辱志、忍辱向为自己所不齿的民族败类祈求,恳请其能良心发现,尽华人一分子之责任。然而事与愿违,梁宇皋等华籍官委议员,不仅置华社民心公意于不闻不顾,而且恶毒地说"华文要列为官方语文除非铁树生花"。更令人不齿的是,梁宇皋等甚至利用熏天权势在官媒上四处散播恶毒言论,企图攻击和封杀当时的教总主席林连玉先生,于是两者打起笔战,甚至发展到对簿公堂,史称"林梁公案"。

---

① 《风雨十八年》下集,第152页。
② 《风雨十八年》下集,第152页。
③ 《林连玉先生言论集》,第481—482页。

梁宇皋首先在报刊上发文攻击林连玉,甚至恶毒地说:

> 本邦有两大恐怖,第一,是赤色分子的恐怖活动,第二,是颠覆分子的颠覆活动。依照林连玉的活动,将使无数青年受牺牲。①

梁宇皋以司法部长身份将颠覆分子这顶帽子硬生生扣在向来诚挚爱国的林连玉头上,真可谓狠毒至极,无疑要将林氏送进监狱坐大牢而后快。然而,素来不惧权贵和威武不屈的林先生"也不甘示弱,立刻反驳。除掉列举事实,证明教总遵守法纪,协助政府维持秩序而外,并揭穿梁宇皋无耻的企图,严厉警告他:'如果在你梁宇皋的司法部长任内,敢使本邦的法治精神蒙上污点,你就会受千夫所指。'"②然现实往往是悲情的和不公的,在民族败类梁宇皋以及巫统高层的联手算计下,林连玉先生惨遭政治迫害和生命威胁。但也由此更加彰显了其"取义殉道"的壮烈色彩。

1961年8月12日,联盟政府内政部以林连玉自1957年以来,言行都对马来亚不忠为借口,准备褫夺他的公民权。紧接着,在8月19日,雪州教育局发出公函,取消林连玉的教师注册证,要求他即日离开尊孔中学。林连玉先生所遭受的政治迫害和不公正对待,立刻在整个华社产生震动,备受各方关注。对此,林连玉在《答各方慰问函》中再次申明自己一生为华教奋斗、为华教献身的高洁志行和赤胆忠心,文字读来令人动容。现摘引如下:

> 玉以不才,谬蒙联合邦华校同仁厚爱,选任教总主席,一连八载,重受一九五九年全国华人社团代表大会之付托,争取民族教育平等之实现,责任在肩,纵使刀锯当前,亦所不避,个人利害,早置度外。兹者横逆所加,不惟行将褫夺公民权,甚至吊销教师注册证,真欲置玉于饿殍之途而后快,何其酷耶!然玉反躬自省,仰不愧于天,俯不怍于人,是故天君泰然,立场不变。窃意在多元民族国家中,互相尊重,实行平等,确为长治久安之铁则。十余年来,玉之所行所事,硁硁然以此为鹄的,乃深爱马来亚、效忠马来亚之表现耳。今当权者竟欲

---

① 《风雨十八年》下集,第85页。
② 《风雨十八年》下集,第85页。

第七章　马来西亚华教对儒家伦理的弘传与践行

反其道而行之,乃马来亚民族平等、民主精神及言论自由诸项问题之重大考验。关系于玉个人者,抑何渺小!吾人读圣贤书,所学何事?维护正义,树立风标,不其然乎?所望列为先生于此有以督责之。至于献身为公众服务,玉之责任已尽,是非自有公论,功罪交由历史批评。梁任公云:"十年以后当思我。"行见不利林连玉者,终须成为林连玉之信徒,以平等对待各民族也。[①]

在林先生担任第三任教总主席这八年间,他无时无刻不以实现教总"三大目标"为鹄的而拼搏抗争。他为了维护华族正当的与合法的权益,以及传承和发扬中华文化,公而忘私,始终将个人的利害、荣辱、得失乃至宝贵生命置之度外。每当华文教育处在危机,他没有一次不挺身而出,廷争面折,伸张正义。他或揭穿当局阴谋,或粉碎当局计划,以至于最终见憎于当权者,遭受他人生前所未有的迫害。然而这些不公正对待,不仅不能令他屈服,也不能将他击垮,他反而常常能以"大丈夫精神"泰然处之,不为所累,不萦于心。林连玉先生这种以牺牲个人利益来捍卫民族教育平等权利的高洁行谊正是对儒家历代圣贤"取义殉道"价值观念的泣血践行。不过,林连玉事件绝非关乎他个人之事,他遭受迫害意味着整个华人社会在遭受迫害,他遭到不公正对待意味着整个华人社会在遭到不公正对待。因为他的一切行动完全代表的是整个华人社会的内在呼声和不平之气。如果华人社会的公意民心得不到当权者的尊重和保护,即代表整个华族在马来亚的命运将是悲惨不幸的。故研究者说,"林连玉的缺席,加速了时代的黑暗"[②]。

最后,林连玉先生将其一生献身华教事业,其为争取华文教育平等地位而与执政当局英勇斗争所表现出的维护真理、取义殉道以及大丈夫人格,向教总同仁以告别的方式做了回顾与总结。这虽标志着林连玉时代的结束,但也昭示着华教人士在华教事业上的矢志不渝和坚定决心,使林连玉精神成为不朽的存在和民族的光辉。他在《告别教总同仁》中说:

> 我自从决心献身为公众服务以来,早已把个人的利益置诸度外,

[①] 《林连玉先生言论集》,第530—531页。
[②] 《林连玉评传》,第224页。

> 我曾经托妻寄子,我曾经预立遗嘱,时至今日,不是我急流勇退,不负责任,而是残酷的现实,强迫我不得不放下责任。可是我已经把公众付托我的,做到不能再做为止,仰不愧于天,俯不怍于人,是非自有公论,功过交予历史批评。我光明磊落,胸中自觉有浩然之气,天君十分泰然。关于本邦华文教育问题,近十年间我已留下数十篇的演讲词以及许多公开文告,总计不下数十万言。其中剖析事理,指陈利害,或许是可认为是详尽的,不难覆按。我要与教育界同仁们互相勉励,所贵乎读圣贤书的,便是树立风标,砥砺气节,维护真理,发扬正义,责在吾辈。所谓"临大节而不可夺也",所谓"富贵不能淫,贫贱不能移,威武不能屈",不正是我们圣哲的教训吗?我们应当身体力行,作为后辈的楷模,须知道人寿有时而尽,生命的价值,在正义的立场上有时候并不可贵,惟能以身殉道,人格才觉得光辉。还有,在多元民族的国家中,协和、友爱、和平、合作诚是重要的原则。但一切必须建筑在平等的基础上,平等的权利,重于生命,不平等毋宁死,瞻望前途,殷忧曷已,努力自爱,要对得起祖先,要对得起后辈。①

华人社会对华文教育平等权利的极力争取,以及对民族文化尊严的坚决捍卫,并不会因为被当权者打压而有任何退缩。林连玉先生因"林梁公案"而被迫卸任教总主席职务。从他卸任至沈慕羽出长第六任教总主席期间,扛起这杆华教大旗的教总主席先后是黄润岳和丁品松,不过这两人任期都较短。沈慕羽先生是教总历任主席中履职时间最长的一位传奇人物,晚年曾戏称自己是"华教苦行僧"。沈氏自1965年12月当选第15届教总主席至1986年4月最终卸任第34届教总主席,用生命谱写了他长达二十余年为华文教育奋斗和献身的精神史诗。

其实,华文教育的所有遭遇都可归结到当局不肯承认华文具有官方语文资格这一问题。比如,华小变质、独中改制、教学媒介语、必修改选修等华教问题都是由华文不具官方语文资格所引发的子问题。有鉴于此,历任董教总主席都深知争取将华文列为官方语文的重大利害,这也成为他们与当局不断博弈、反复斗争,最为激烈和最为敏感的议题。1964年9月6日,沈慕羽在应邀

---

① 《回忆片片录》,第77页。

第七章　马来西亚华教对儒家伦理的弘传与践行

出席柔中华校教师会会所开幕之时,就尖锐地提出"根本解决华教危机之方,唯有争取华文为官方语文之一途"①。其后,他以自己的特殊身份常在各种场合传达这一呼声,希望引起政府当局的注意,以及华社各方面力量的团结,以期彻底改变华文教育悲惨的境地和多舛的命运。

沈慕羽为了推动这一奋斗目标的最终实现,他以马青副团长及太平局绅的政治身份,在1964年11月19日,拟给时任首相暨全体内阁部长呈上一份草拟并经马六甲华人注册社团大会通过的题为"为请求重订合理与平等之教育政策尊重华人语文地位备忘录"的发言稿。然迫于国家时变形势和遭马华公会开除,沈氏终无法将这份至情至理的备忘录送达上听,但其价值和意义却不容被历史淹没。沈慕羽在备忘录中申述说,全马六甲华人"一致认为现在的语文与教育政策,乃一沙文主义者之制度,与敦拉昔所说之为各民族所接受者,不符合宪法一五二条,发展国语及扶植各民族语文之精神"②。为此,在备忘录中沈氏代表大会向政府着重提出四点建议与九条根本改善华文教育地位的理由及办法,旨在表达"治本的办法唯有请求政府列华语华文为官方地位之一"③的合理诉求。前者体现了沈氏对当局所制定的教育制度的批评,因为它明显违背了本邦的宪法精神;后者体现了沈氏对母语文化平等地位的争取与捍卫,因为他能以长远眼光来看待本国的安定与治理。

与第三任教总主席林连玉有所不同的是,沈慕羽有着显赫尊贵的政治身份,他既是联盟政党马华公会的元老级党员,也是"马青之父"。其身份的特殊性,容易使他在发表有关争取列华文为官方语文之一的言论中备受各方瞩目。例如,1965年6月14日,沈慕羽在亚沙汉马青新职员就职典礼上发表了《促争取华文为官方语文否则马华将受华人埋怨》的讲词,就将矛头指向负有传达华社民意给联盟政府执政党的马华公会高层。沈慕羽首先勉励青年一辈要"随时准备为国牺牲效劳,前仆后继保卫每一寸国土",接着说,"坐镇中央总会最高领导层,不能忽视争取本国最多民族的语文华文列为官方语文之一,而目

---

① 廖文辉编著:《沈慕羽事迹系年》,马来西亚华校教师总会出版,1997年,第97页。
② 《石在火不灭》,第5—6页。《马来西亚联合邦宪法》第一百五十二条"国家语文":(一)国家语文必为马来语文,其字体必须由国会立法规定,惟:(a)任何人不得受到禁止或阻止使用(除官方用途外),或教授或学习任何其他语文;(b)本款不得影响联邦政府或任何州政府之权力去维护及扶助联合邦内任何其他民族语文之使用和研究。
③ 《石在火不灭》,第6页。

前所有政党中只有马华公会才有能力争华文列为官方语文,否则马华公会会遭受大马华人埋怨唾弃,造成在野党坐收渔利"。① 沈慕羽的讲话往往很有策略性,总是先礼后兵。首先,要求华族子弟效忠国家,尽国民义务,然后才谈到本民族利益的争取,华族子弟应享有对等的母语教育权利,同时也不忘随时敲打参与执政的马华公会领导层尽其职责和本分。

沈慕羽对马华公会领导层不负责任以及没有担当精神的批评,引起了该党亲巫派分子如联盟政府副部长兼马华公会义务总秘书长李孝友等人的攻击和仇视。针对教总提出的"列华文为官方语文"的口号,李孝友刻意公开在1966年6月25日的《巫文每日新闻》中发表了题为"要求列华文为官语不可能"的讲话,和沈先生打起擂台。李氏作为执政党要员,不为华族权益着想也就罢了,其言论甚至完全不顾及"要求列华文为官方语文之一,乃系全国华人一致的要求"②的舆情。甚至在1965年8月3日的马华中央工作会议上,党内人士就是否列华文为官方语文的议题进行了极为激烈的辩论,还涉及沈慕羽的党籍问题。《沈慕羽事迹系年》载:

> 为了对所有马来西亚人民之幸福负责,不能支持将华文列为官方语文。不过重申誓言确保华文之应用、教导与学习不受禁止或阻碍。席间亦辩论先生之党籍问题,两派僵持不下,因先生为争取列华文为官方语文运动之主干。③

李氏与沈氏同为马华元老,本应携手共同向巫统争取民族合法权益,但前者却倒行逆施。借用曹植的诗来说,就是"本是同根生,相煎何太急"。李氏排除异己的行径竟然发展为日后马华党中央借口"列华文官方语文"及"违背党中央政策"开除沈先生党籍。

本来马华公会作为唯一能代表大马华人公共意志的执政党,理应全力支持华社"列华文为官方语文"的一致呼声与合理要求。但由于马华公会高层人士的英文教育背景与亲巫政治立场,以及其离心离德的言论行为,使它和大马

---

① 《石在火不灭》,第22页。
② 《石在火不灭》,第24页。
③ 《沈慕羽事迹系年》,第97页。

第七章　马来西亚华教对儒家伦理的弘传与践行

华人之间的鸿沟越来越深,以至于它被联盟政府的巫统屡屡利用,借以打压大马华人包括争取华文教育平等地位在内的所有合理诉求。马华的不作为和倒行逆施,实际上助长了巫统的嚣张气焰,以致该党要员常常以享有公民权就不应再坚持列华文为官方语文的说辞来恫吓和威胁大马华人。

1965年8月3日,中央政府部长拿督伊斯迈在答《星洲日报》记者问时,发表了题为"巫语为唯一官语及华人享有公民权,乃独立前两族领袖达致协议"的讲话。[①] 时任华校教总主席的沈慕羽,为了澄清历史事实,揭露会谈内幕,他率领教总同仁黄伟强、丁品松等人拜谒了首相敦拉萨并进行了座谈。沈氏以一贯平和沉稳的态度向敦拉萨力陈"争取华文地位,在乎加强团结,使华人更加拥护政府"[②]的一贯立场。敦拉萨却强词夺理地说:"我们已给你们公民权,你们的领袖也答应马来文为国语,既已协定,为何出尔反尔。"[③]然而如此莫须有的说辞既吓不住也难不倒亲历这件事情的沈先生。沈慕羽反问敦拉萨说:"请问用公民权来交换马来文作国语,有没有协定,请你们拿出来看看?"这突如其来的质问反弄得敦拉萨顿时哑口无言。这位首相最后强装声势地警告沈慕羽说:"不可召开全马社团争取华文大会,以防发生变乱。"[④]一旁的副首相曾永森事后评价说:"沈先生敢言而且中肯,昨日一些华人领袖被召见,唯唯诺诺,默不作声。"[⑤]曾氏之语传神地将沈先生的仗义执言与官委议员的唯唯诺诺形成鲜明对照。由此可知,不平则鸣、仗义执言是教总人士的一贯风格,大不同于马华公会要员中那些为虎作伥,甚至不惜出卖民族利益的败类。

在拜谒马来(西)亚首相后不久,马华公会会长陈修信又就官方语文之争约见了沈慕羽。在双方谈话中,沈慕羽对这位顶头上司开门见山:

> 马华不能离开华人,一如巫统不能离开巫人一样,宪法虽有维护华文之条文,但华文在官方日见废弃,连华文中学也没有,考试也用英巫文,华文是华人的民族灵魂,只有争取华文为第二官方语文,才不会被消灭。要不然成为官方辅助语文亦可,但华文可列为他族之

---

① 《石在火不灭》,第37页。
② 《沈慕羽事迹系年》,第98页。
③ 《沈慕羽事迹系年》,第98页。
④ 《沈慕羽事迹系年》,第98页。
⑤ 《沈慕羽事迹系年》,第98页。

选修科。①

　　谁知,陈修信对沈先生一再退让的诚意和合情合理的诉求置若罔闻,竟以一句"倘如新加坡所采取之方式则可以考虑"②为借口而终止会谈。马华公会高层不负责任以及没有担当的行径已昭然若揭。更令沈慕羽先生对马华公会领导人感到完全失望的事情是,1966年10月11日,陈修信在官媒竟然发表了"不支持列华文为官方语文"的言论。对此荒谬讲话,沈慕羽先生第二天也发表了题为"一息尚存,难安缄默"的谈话。他在文中,一面痛批马华高层的麻木不仁,"想不到马华最高当局竟宣布不支持,为全国华人痛心疾首,欲哭无泪,坐失争取语文平等的千载良机","想不到我们每次发出理智呼声和合理要求,却受到无情的打击和压制,有如一盆冷水从头上浇下来,怎不叫人痛哭涕泪呢"!③一面呼吁全国马华青年及全马华人在语文问题上不要让步,应该斗争到底。

　　马来亚联盟政府不但不顺应教总列华文为官方语文的合理诉求,甚至还企图以马共政治骚乱为由来弹压教总人士所发起的语文斗争。当局又故技重施,再次玩弄起给教总主席扣帽子的政治把戏。一次恐吓不成就二次三次。然而,沈先生始终"无惧无畏。——据理辩论"④。像这样,当局企图通过盘问、恫吓、威胁、拘捕、监禁、利诱等手段,使沈慕羽先生彻底打消替华文教育争取平等地位的诉求。他们这种小丑行为,非但不能丝毫影响以华教元老为代表的华教人士勇于斗争的精神,一定程度上还鼓舞了华教仁人志士"取义殉道"的精神。

　　沈慕羽先生始终淡泊名利、高风亮节,曾多次主动放弃为世人所看重的名利,因为他志在如何更好地团结各方力量,进而推动大马华教事业的发展。比如,1966年2月24日,在马来西亚马青代表大会竞选全国总团长的提名大会上,沈慕羽表示放弃提名,愿意禅让给参与竞选的李三春,而居副团长之职。沈慕羽在《我的自白》中说:

---

① 《沈慕羽事迹系年》,第99页。
② 《沈慕羽事迹系年》,第99页。
③ 《石在火不灭》,第71—72页。
④ 《沈慕羽事迹系年》,第99页。

第七章 马来西亚华教对儒家伦理的弘传与践行

今年年初,马青全国代表大会我不接受总团长之提名,还竭力支持李三春及李孝友为总团长及义务秘书,目的就在给我运用在野之力量与在朝的力量互相配合以达到我人争取语文的目标,当时在场数百名代表莫不热烈鼓掌,此心耿耿,可见一般。①

然令人感到义愤的是,马华公会高层最后竟然以沈慕羽不断发起华人社团争取华文官方地位为由,无情地将他开除党籍。正如《沈慕羽事迹系年》所称,马华中央紧急秘密会议开除沈慕羽党籍的"理由是先生坚持争取华文为官方语文与马华不支持华文为官方语文相颉颃"②。沈慕羽对马华高层的行动举措深感失望,他认为将一个爱国爱党、有良心者开除,"这将使有正义感的人感到痛心,即亲者痛,仇者快"③。一个社会的最大悲哀,莫过于对一切正直善良之士的打压和摧残。更何况,这样的打压竟可笑的是自己所奉献忠诚的政党。即使遭到如此不公正对待,依然没有影响到沈慕羽为华教奋斗牺牲的决心。1966 年 8 月 18 日,在他遭开除党籍的那天就表达了这样的决心:"马华开除我,不会动摇我的决心;争取华文地位的决心,不到黄河心不死。"④为使华文教育事业能获得平等发展,沈慕羽不惧权势及不惜牺牲的精神,在 1966 年他为马六甲教师会及全国华教职总甲分会联庆教师节的演说词中体现得更加淋漓尽致。其词说:

> 各位同道,教师节的这个"节"字,还有一个解释,就是"气节"。我觉得我们教师是读书人,读书人应该要有"气节"。读书人的"气节"是正义感的,不可以给一种恶势力所压迫的,对任何恶势力,我们都要抵抗。古时,外交官出使任何地方去,他都要带一枝"节",这枝"节",亦就是代表他的权杖。……我们读过历史的人都知道,苏武出使到匈奴去,给匈奴扣留了,他始终跟着那枝"节"在一起,没有放弃那枝节。这就是代表他的国家,他的权力,所以十九年在蒙古牧羊,那枝"节"的毛都脱光了,但那枝节还是保留住。始终不改变他的意

---

① 《沈慕羽事迹系年》,第 100 页。
② 《沈慕羽事迹系年》,第 106 页。
③ 《石在火不灭》,第 77 页。
④ 《石在火不灭》,第 73 页。

志,这是一种伟大的表现。我觉得,我们读书人的"气节"应该要向苏武这种人学习。所谓"富贵不能淫,贫贱不能移,威武不能屈",这才是我们读书人的本质。我们华校的教师,可以说是每一个人都能够为华教而教育,这种为教育而教育的精神,在我个人看起来,任何其他民族学校的教师所比不上。今天,我们华教到了如此危急的地步了,我想我们应该为"华教而生,为华教而死"①。

沈慕羽先生作为一名资深教师和一位传统读书人,他将"教师"之"节"或读书人之"节"所应具有的浩然之气和正义感,不仅阐发得精辟到位,也践行得刚健笃定。他对历史人物苏武塞外坚韧持节而始终不改气节的表彰,旨在表明华校教师应具有此伟大人物般的人格力量,才能在现实中真正做到"为华教而生,为华教而死"。

正所谓"德不孤必有邻","同声相应,同气相求"。沈慕羽的高洁行谊受到全国各地马华和马青组织的热烈响应。党团组织除纷纷发表声明,除要求马华总会收回开除沈慕羽的成命外,更表示"决与沈同志同进退,共存亡"②。其他各界人士也反应激烈,先后声援沈慕羽。如马来西亚人民进步党副主席拿督 SP 辛尼华沙甘发表文告称:

> 吾人谴责马华公会的懦弱无能,同时祝贺沈慕羽先生和具有其才干人士所表现的大无畏、决心与自尊。只要有此等人在马来西亚,无疑的有关平等权益的争取将不会消逝。③

又如董总主席杜志昌也发表声明,一面替沈慕羽先生鸣不平之声,"今日却获得如此下场,其原因是在维护华文教育方面站定坚定立场,始终不受威迫利诱,艰苦奋斗";一面表彰沈慕羽的高尚人格,"相反的,如果沈先生能够奉承的话,恐怕早已获得高官厚禄,何止今日之地位呀!今日他虽然被牺牲了,可是他的人格是伟大的,是会受到全国华人崇敬的"。④ 可见,来自社会的种种

---

① 《石在火不灭》,第 93 页。
② 《石在火不灭》,第 79 页。
③ 《石在火不灭》,第 81 页。
④ 《石在火不灭》,第 82 页。

第七章 马来西亚华教对儒家伦理的弘传与践行

声援不仅是言论上的,也是行动上的。《沈慕羽事迹系年》称:

> 11月18日,先生被开除后,不但不灰心,意志更坚强,要召开全国注册社团大会既不成,于是改变方式,以请愿方式草拟争取华文地位备忘录,发动全国注册社团签名盖章,反应热烈。①

沈先生的人格精神正如青松一样高洁伟岸。

不能在根本问题上取得实质性突破,致使华教运动和华教人士的劫难一波接一波。自沈慕羽遭马华公会无理开除党籍之后,当局又企图在华校中学生升学问题上对华教施行进一步的遏制。1967年9月21日,教育部长佐哈里公开宣布今后学生出国,必须先考获剑桥文凭或马来西亚教育文凭。董教总对此项建议反应强烈,既然如此,为了华校独中生前途,华社应创办华文大学,俾能就地深造,佐哈里的建议,形成后来独大运动的导火线。② 1967年12月8日,沈慕羽在教总第17届会员大会中指出,教育部此项法令对华校高中毕业生来说无疑是不合理、不公平的。他首先批评说:

> 我国如要限制非剑桥文凭或马来西亚文凭者出国留学,则必须有各种媒介语之大专学校,才可广庇此等中学毕业生。③

又说:

> 剑桥九号与华校高中同等学历,获得剑桥资格既可出国留学,获得华校高中资格者,竟不得出国,岂可谓平? 细察其因,盖语文不同作祟,华文非官方语文之故,此语常谓:语文与教育有密切关系,语文不平等,教育必受歧视。④

紧接着,沈氏又责备当局违背宪法精神,不给予华文平等地位才是造成种

---

① 《沈慕羽事迹系年》,第108页。
② 《沈慕羽事迹系年》,第109页。
③ 《沈慕羽言论集》(上册),第16—17页。
④ 《沈慕羽言论集》(上册),第17页。

族间纠纷的根本原因。他说：

> 国语法案的通过只是确定国语的崇高地位，并没有为其他语文的地位作适当的安排，要不然怎会不设立华文综合中学，不承认华文大学的学位，出国留学要准证等枝枝节节无穷尽的问题来打击华教。①

董教总鉴于政府部门的不作为以及不公平对待，决定发挥自力更生的办学传统，在本邦创办一间华文大学，并为华校高中毕业生谋升学深造的出路。然而这条自办大学之路依然障碍重重，步履艰难。比如，在独大的经费索赔、机构性质、办学语言及筹款义卖等方面，处处受到当局的误解、刁难和阻碍。举例来说，1969年4月15日，马华公会会长陈修信针对董教总要在本邦创办一间华文大学的呼吁发表了惊人言论。他说："独大要在大马成立，有如期待铁树开花。"②作为代表华人意志的执政党党魁，这样的言论是多么倒行逆施。陈修信不仅不能阻挡董教总人士呼吁创办独大的热情，反而因其不顺应华社民心民意而在接下来的政党大选中败下阵来。就前者而言，沈慕羽借在耶加达举行世界教总亚洲区代表大会的机会，以华语向大会发表演说称"马来西亚有五百万华人，是个多数民族，如今已有华小、华文独中，而无华文大学，致升学无门，为完成整个华文教育体系请求政府批准我们创办独立大学，希望大家站在培育人才立场，给予精神上的支持"③。就后者而言，1969年5月10日，在全国政党大选中，马华公会因不支持创办独大及反对华文为官方语文而惨遭败绩，一度被迫退出政治舞台。

马华公会高层为了挽回声誉和重返政坛，邀请沈慕羽参加全国华人团结大会。当时，马来西亚当局指涉沈先生在会上发表过诸如争取语文平等，不宜区分土著与非土著等"不当言论"，后被警方盘问和拘捕。稍后，当局更以沈慕羽涉嫌触犯《煽动法令》将他控诉至法庭。虽经多次过堂审理，但政府最终不得不宣布撤销沈氏涉嫌煽动法令的案件。据《沈慕羽自传》称：

---

① 《沈慕羽言论集》(上册)，第20页。
② 《沈慕羽事迹系年》，第115页。
③ 《沈慕羽事迹系年》，第115—116页。

第七章　马来西亚华教对儒家伦理的弘传与践行

这案拖延两年之久,前后过堂七八次,终于宣告撤销,但不对外公布,据说乃怕巫统提出抗议。此案之处理,曾经内阁讨论。因此案如宣布我有罪,恐引起华族反感,对政府产生信心危机,不如委任我为上议员,然后撤销罪状。关于委任我为上议员之事,陈修信曾派几个要员来说项,我不为利禄动心,说:"撤销与否由当局决定,我不能出卖民族利益,我不能让人拉着鼻子走。"而婉拒了。[①]

这诸种捍卫民族利益铁一般的事实,证明沈先生始终是一个不被权势所迫,不为名利所诱惑的一个铮铮铁骨和凛然正义的大丈夫。这种精神气质正是对其"慕羽"之名的真实刻画和生动写照。周静心对其恩师沈慕羽的名字内涵有较为深刻的认知。他在《向沈老慕羽导师致敬》中称颂:

喜爱您的名,因着云长的义薄云天。喜爱您的名,因着颜鲁公的忠直不屈。喜爱您的人,因您高举民族教育平等的大纛,为华教至死不渝的坚贞。原来名字、人可以如斯熔冶一炉。[②]

关云长和颜真卿是沈先生平生最为崇敬的历史人物,主要是由于他们的精神、人格都深受儒家忠义伦理价值观念的熏陶和影响,并以"取义殉道"实现了生命升华,遂成为世人敬仰和效法的人格榜样。

沈先生为大马华人争取合法权益所付出的牺牲与所做出的贡献,曾受到马六甲马华同仁的大力表彰。1981年2月7日至9日,《建国日报》撰文评价说:

沈同志毕生从事文化教育事业,对于维护和扶持中华文化有深远及独特的见解,历年来从事争取华文教育在本邦公平合理地位不遗余力,沈同志富有正义感,常以"威武不能屈,贫贱不能移,富贵不能淫"之语共勉。[③]

[①]　《沈慕羽事迹系年》,第124页。
[②]　李亚遨主编:《晚节飘香续编》,马来西亚华校教师会总会,2006年,第103页。(标点为笔者所加)
[③]　《沈慕羽事迹系年》,第107页。

可以说，这样的评价无疑是客观的、中肯的，符合沈先生的为人风骨与处世精神。其实，他的亲密战友林连玉同样也是如此。林、沈两人为争取华文教育平等地位虽遭受诸多不公正对待，但这样的"事上磨炼"无疑也成就了他们的人格精神。正如孟子所言："人之有德慧术知者，恒存乎疢疾。独孤臣孽子，其操心也危，其虑患也深，故达。"林沈两人一生的价值就在于为华文教育事业的生存发展而善于斗争和倾心奉献。

更能证明沈先生"殉身取义"以报华教的事件便是1987年当局采取的"茅草行动"。当局以"国内种族关系紧张为由"，援引内部安全法令，大肆搜捕政界、文教界、宗教界及民权运动等人士一百多名，沈先生也"名列其中"。据当局所称，沈先生被捕及遭指控的原因为，"沈氏从77年开始至87年期间，分别在吉隆坡、芙蓉及峇株巴辖等地，挑起课题激起种族情绪，这些课题包括华教华小变质、新经济政策、大学固大制及最近的未具华文资格教师事件等"①。沈先生作为当事人，在自传中回忆了他在牢狱中以身殉道的坚定决心及面对审问官时所表现出的人格。他在自传中说：

> 开始的60天监牢的生活，有如过活地狱，日夜24小时锁在不通风，不见天日，四面徒壁，尘埃厚积，蚊蚋丛生的窄房中。屡图殉身以报华教，无奈要上吊无绳子，要自杀无刀斧。我囚在牢中，每一两天，便被调去问话，走出牢房，手被铐着，眼戴黑镜，被牢卒拉着走，无法辨认方向，身不知在何处，直到审问室，始获解开束缚。而政治部高层专员在等身的档案中，每天盘问数宗问题。我都据理争辩，无畏无惧，不亢不卑，审问官敬畏我之嶙峋人格，不敢轻佻侮辱。②

沈先生在争取华文教育平等地位诸事上所彰显的人格、所表现的气节，可以说是他那一代华教人士的精神丰碑。正如与他同风雨、共命运的华教教总同事陆庭谕所评论，沈先生"择善固执，唯真理是求。大节之前，义无反顾。为教育，为民族，为国家，三系牢狱，缧绁之灾，终不能移其志"③。

---

① 《石在火不灭》，第280页。
② 《沈慕羽事迹系年》，第171—172页。
③ 《石在火不灭》，出版前言。

回顾华校董教总几任掌舵人为华教事业而与当局所作种种斗争的苦难历程,可以用这样一句话来形容,"大马的华教是血泪写成的"[①]。沈慕羽在《凝聚着血泪的大马华文教育》一文中,回忆了这段充满艰辛、历经苦难的奋斗历程:从战前的华教到课程制度的演变,到殖民地时代的华教,到日治时代的华教,到战后时代的华教,到最终目标的困扰,到1961年教育法令给华教带来的困境,到林连玉事件,到争取华文为官方语文的运动,到沈慕羽被开除党籍,到申办华文独立大学事件被阻,到华教主权旁落,到独中否极泰来,到大学固打制的实行,到企图改变华小的行动,到华小高职事件,到《1990年教育法令草案》,到董教总教育中心的建设,最后到欣见曙光的胜利,华教人士在争取华文教育平等地位这条处处荆棘、步步坎坷之路,像极了《西游记》中唐僧师徒四人西天取经,真可谓是历经九九八十一难,方才取得真经。这一过程也正应了"仁者先难而后获"这句话。

第三节 华教对兴学育才观念的践行

华教人士尤其是华教元老对大马华社乃至马来西亚民族的贡献,既体现于对外的争取公民权和母语平等地位,也体现于内在的兴学育才。华校被认为是华文教育的堡垒,华语被认为是大马华族的灵魂,华文则关涉大马华族的自尊心,三者是一体共存的关系。所以,兴学育才就是争取公民权利和华文教育平等地位的题中之义。这一节主要从献身教育、以身作则、作育英才三个层面,来论述二战结束马来(西)亚光复后,以林连玉、沈慕羽及严元章等为代表的华教元老在兴学育才方面对"立身弘道"儒家伦理价值观念的践行问题。

沈慕羽在《片片回忆》中简要勾勒了民国以来,星马一带华人对兴学育才观念的继承与弘传,以及马来西亚华校创办的艰辛历程。他说:

> 兴学育才是华人传统美德。72年前推翻清朝,民国成立,星马各地的华人,纷纷创办学校。惟限于财力及人力,只办小学,欲深造者,则到上海去。直至陈嘉庚在星创办华侨中学,华校才有中等学

[①] 《沈慕羽言论集》(下册),第75页。

府。……其后槟城、吉隆坡、麻坡相继开办华文中学,我呷岂能落后。①

华教人士作为华文教育的中坚力量,每一代人无不秉承弦歌不辍的优良传统,无不尽心竭力地兴学育才。下面将依次论述三位华教元老是如何通过兴学育才来践行"立身弘道"的儒家伦理价值观念。

先简要了解林连玉先生的从教经历。林氏自1927年南来马来亚至1961年8月被马来西亚教育部驱逐离校为止,先后在爱大华国民学校、巴生共和学校、育华学校、尊孔学校等执教,服务和献身教育事业达三十四年之久。其中,要数在吉隆坡尊孔中学服务的年限最长,付出的心血也最多,而且他还是战后复办该校的支柱人物。以下将结合史实来论述林先生对兴学育才的实践及其立身弘道。

学生朱鲁大在追忆其师林连玉时,讲述了他的恩师在抗战胜利后全面主持尊孔中学复校工作的大致情况。他认为,林连玉先生既出钱又出力,充分体现了毁家兴学的牺牲精神。他说:

> 连玉老师在尊孔复校的工作上是出了钱又出力的。原来沦陷期间他躲在适耕庄农村去养猪。这时他把猪寮和大小猪只都出让了别人,拿着几千元英国殖民地政府货币作为尊孔的复校基金,他老人家德高望重,被推为复校委员会主席。②

然而我们要知道,二次大战中马来亚经过日军的杀烧抢掠和疯狂破坏,社会经济已到崩溃边缘,商人阶层大都破产停业,更何况是本来一向清贫的教师阶层。然对于始终视教育事业如生命一般宝贵的林连玉先生才会有慷慨捐献全部家资,全心全意复校的伟大壮举,既反映了他的德高望重,也反映了他的使命担当。

林先生许身教育事业的壮举,不只表现为可歌可泣的毁家兴学,也体现为勇于和当局的所有不合理政策搏斗,更体现为作育英才的鞠躬尽瘁。如学生

---

① 《沈慕羽言论集》(下册),第53页。
② 《族魂林连玉》,第113页。

第七章　马来西亚华教对儒家伦理的弘传与践行

李荐鸿在《记林连玉师二三事》一文,追忆了林连玉老师的战斗精神和鞠躬尽瘁。他说:

> 林师一生,言行一致。其为华教鞠躬尽瘁,乃完全出于个人的良知;其奋斗的目的乃在于尽其身为国家公民的天职,平生视利禄如草芥。①

他认为林连玉的精神力量主要来源于良知,而良知之发用流行既表现在公民天职方面的争取公民权利,也表现为华教事业上的视名利如草芥,更表现为兴学育才上的鞠躬尽瘁。又如,学生李业霖对其师林连玉《连玉诗存》中《吕毓昌妹夫有诗见步韵一首》②这首七言律诗所彰显出的战斗精神及英雄人格更是赞许有加。他说:

> 这首诗深刻地反映出林连玉先生不畏艰险,不顾安危,敢于斗争、敢于胜利的英雄气概;同时也集中地表现出林连玉先生的骨头是最硬的,对任何权贵不奴颜婢膝、谄媚奉承。③

无论是"顶天立地"还是"英雄气概"抑或"骨头最硬",都真切地刻画出林连玉先生为华教英勇战斗的精神,既是他立身弘道的人格基石,也是他身体力行的人格垂范。

林连玉先生之献身教育更体现在为马来西亚作育英才方面。具体表现在他对学而不厌、教而不倦、循循善诱、不耻下问等优良传统教育理念的继承与发扬,并借此感化和栽培了一届又一届的英才。如学生陈谛法对林先生宽柔以教与谦逊以学的育人方法颇有称道。其《回忆林连玉老师》一文言:"他对待学生,总是和蔼可亲,永远是谆谆教诲,从来不发脾气""他为人非常谦虚,虚怀

---

① 《族魂林连玉》,第95页。
② 全诗内容如下:"飘零作客滞南洲,时序浑忘春也秋。幸有鳞峋傲骨在,更无暮夜苞苴羞。横挥铁腕批龙甲,怒奋空拳搏虎头。海外孤雏孤苦甚,欲凭只掌挽狂流。"见林连玉:《连玉诗存》,林连玉基金委员会出版,1986年,第31页。
③ 《林连玉》,第33页。

若谷,不耻下问。"①又如,曾是林连玉学生后又为其同事的林启东先生,在其《悼林连玉老师——五年祭》的悼文中所说:"我做他的学生时,得他孜孜不倦的教诲,在同事时也蒙他多方的指导和关顾。"②他们这种亦师亦友的师生情兼慷慨仗义的同事谊,对林启东来说是多么感人肺腑和刻骨铭心!

对早就许身教育事业的林连玉先生来说,他既有造诣高超的教学艺术,也有侠骨柔情的生活关照。如学生卢绍昌回忆了林连玉对他学业的关心和生活的关照。中学毕业多年后,当他向林氏透露出想要报考南洋大学进行深造的愿望时,林师便根据他的现状做了具体指导并给予竭力帮助。其《怀念林连玉老师》一文说:

> 他认为打铁要趁热,不主张我以后直接报名参加南洋大学的入学试,而应该尽早去先修班学习。我想林先生是非常重视学术的,担心我基础不够,同时我那时高中毕业已两三年了,学业荒疏了是自然的事,到先修班去补课,是上上之策。……带着林先生的亲笔介绍信到中正先修班插班,并获得了进入大学本科学习的资格。……在大学念书期间,我不断得到林先生的关怀与照顾,在每个大学假期期间他总是想法设法介绍我到中学去兼课,借以筹措念书的经费。林老师,我感激您。③

由此可见,林连玉先生对学生的关爱、对教育的许身,已远远超出了学校工作范围,而扩展到日常生活当中。可以说林先生对学生的爱是无微不至的,也是为之计深远的。

最后,这里选取由林连玉服务最长久的尊孔中学校友会所撰写的《悼念林连玉老师》一文,来表彰他作为一介公民为华教事业鞠躬尽瘁、为母语教育敢于拼搏斗争所表现出的高尚情操。悼文称:

> 林连玉先生是一位好老师,他谆谆善诱,诲人不倦。他关心同学

---

① 《族魂林连玉》,第120、121页。
② 《族魂林连玉》,第187—188页。
③ 《族魂林连玉续编》,第116页。

的学习和生活,爱护并扶掖年轻一代的成长,重视培育德、智、体、群的全面人才。他不但引导我们探求学问,更启示我们生活的道路。受过他熏陶的学生,许多已献身于文教工作或投身于国家建设和民族复兴的事业。……林连玉老师生平服膺儒家哲学,屈原、文天祥和史可法是他最仰慕的历史人物,他有柔而不茹、刚而不吐的风骨;他一生傲骨嶙峋,绝不奴颜婢膝。他犹如一株挺拔的青松,鄙视权贵的迫人气焰,唾弃当权者的各种利诱;他又像玉石一般坚贞,威武不屈,泰然对待一切的不幸和灾难。林连玉老师是一代师表千古英烈,生无所忝,死有余荣。他一生的德业言行,为教育工作者、知识分子、社会工作者树立了光辉的榜样。作为他的门生的我们,作为后继者的我们,更应该发扬林连玉老师的伟大精神,为国家民族的事业继续努力,做出新的贡献。[①]

可以说,这段充满真挚情感的话涵盖了林连玉先生"立身弘道"的方方面面。"道"体现在教育方法上,就是"谆谆善诱,诲人不倦";"道"体现在作育人才上,就是既关心学生的学习,也关怀学生的生活,既是经师,更是人师;"道"体现在人格风骨上,就是"唾弃利诱""威武不屈";"道"体现在社会影响上,就是为世人"树立风标""树立光辉榜样"。

就华教事业关系而言,林连玉和沈慕羽两位先生既是亲密战友,也是难兄难弟,且同是华教元老。林氏以其精神人格赢得了"华教斗士"的美誉,沈氏则以其精神人格赢得了"华教典范"的令名。

再来简单了解沈慕羽先生的执教经历。沈氏自1933年开始任教到1994年荣休,在教学岗位上奋斗了一甲子。他先后在马六甲公立第一小学、培风第一分校及第二分校、晨钟义务夜学、培德女校、平民学校等校任教,同时兼任这几个学校的校长。二战后,他为复办学校尤其是平民小学倾其所有,呕心沥血。以下将结合史实来论述沈慕羽对兴学育才观念的实践。

如上所言,就沈先生执教的学校而言,时间最久且感情最深的恐怕要数平民学校。而该校的办学、复校及发展也最能见证沈先生托命于教育事业所展现出的献身精神。1972年,沈慕羽在平民学校创立50年庆祝会议上不无动

[①] 吡叻华校董事会联合会编写:《林连玉》,吡叻华校董事会联合会发行,1986年,第31—32页。

容地说：

> 我一生对于教育事业最感兴趣，因此选择这一行业为终身事业，虽不敢自诩为教育而教育，但事实上一生的光阴，一生的精力，都尽瘁于斯。①

其实沈家是马六甲出了名的教育世家。马六甲第一间新式华文学校就是其父沈鸿柏老先生创办的，沈慕羽秉承乃父重视教育、兴学育才的庭训，自培风中学毕业时（1933年）就献身教育以迄退休之年（1994年）。沈慕羽先生对华教事业的热爱无疑深受其父所影响。他说：

> 我常常觉得自豪，50年前先父鸿柏翁创办本校，战后27年来，我一直主持本校的校政，平日我在校的时间多过在家的时间。学校有如我的家，教师如我的兄弟姐妹，学生如我的子女，一家和和气气，所谓家和万事兴，平民学校有多少成就，这全靠亲爱精诚的维系。②

最能展现沈慕羽先生这种以校为家、待教师如手足、爱学生如子女的献身精神的是他所撰写的《华文教育的苦行僧》一文。他说："我既许身于教育，义无反顾，决如贞女从一而终。我全心全神地投入，当作是我终生的事业。"③沈氏以教育事业为"佳偶伴侣"，视教育事业如"纯洁贞女"，这种事业神圣感，更体现在他以身作则、作育英才方面。

沈慕羽除矢志献身教育事业外，还继承和发扬了以身作则的优良传统教育理念。他说：

> 我认为办学的首要是"言教身教"。龙头的方向关系整个学校的兴替。上梁如不正，则下梁歪，一切无成。我既然是个头，事无大小，必须以身作则，身体力行，凡事负责，领先打头阵，无私无畏。④

---

① 《沈慕羽言论集》（下册），第47页。
② 《沈慕羽言论集》（下册），第48页。
③ 《沈慕羽言论集》（下册），第76页。
④ 《沈慕羽言论集》（下册），第76—77页。

第七章　马来西亚华教对儒家伦理的弘传与践行

就传统教育理念而言,儒家虽主张言传与身教两者不可偏废,但其实更为看重身教、以身作则的榜样、垂范及激励作用。比如,沈慕羽在《建议奉劝呼吁》一文中,就曾呼吁广大华校教师应将言传身教的传统美德发扬光大。他说:

> 教师为教育民族子女树立良好规范,其本身也会自发自觉地敦品励学,把学生当作是自己的子女,教诲不倦之余,也自强不息地进修,吸取最新的知识传授给学生。这样一边教,一边学,从教中学,从学中教,无形中丰富了自己。再者为教师的天天训导学生立身处世的道理,要言教更要身教,以改造学生,塑造学生,于是本身便得先自律,然后才能律人,使本身成为一个学识渊博德行高尚的人,受人敬重。这是教师行业的特优处,为别的行业所不及的。……我吁请教师们要接受新的观念,放弃做一日和尚敲一日钟的苟且态度。新的观念是"我们既许身教育,便得为教育而教育",把它当作职业的同时也把它当作是终生的事业,鞠躬尽瘁,春风化雨的恩泽,将永留人间。[①]

正所谓"师之所施,生之所效"。这就要求教师在各个方面尽可能达到一个高的标准,如举止端庄,严格自律,学问渊博,品行高尚,热爱教育,爱惜学生等。这样的教师才能在学生的为人处世和成德成才上提供有效的指导。

作为校长,沈慕羽先生最可贵之处就在于他重视榜样具有的人格感召和精神激励等特殊作用。比如,在他执掌平民学校期间,"亲爱精诚"的优良校风就是在他身体力行下带动全体师生塑造形成的。

平民学校成立60周年时,沈慕羽在纪念会上再次谈到"为教育而教育"的献身精神,以及与平民学校全体师生之间"亲爱精诚"的关系。他说:

> 我入长平民的时候,便立下一个宏愿:决定把生命奉献平民。认为平民的荣辱,便是个人的荣辱;平民的兴替,便是民族教育的兴替。我愿为平民而生,我愿为平民而牺牲。廿七年来,我早出晚归,只知

[①] 《沈慕羽言论集》(下册),第96页。

有平校而不知有我家。我就凭着这纯真为教育而教育的精神，感化了平民的师生。我待同事如手足，我视学生如子女，因此老师们个个克尽心力，认真教导，唯恐误人子弟。学生们也勤奋学习，敬爱师长如父兄。平民学校就是在这种亲爱精诚的气氛里茁壮起来的。①

沈先生的宏愿、大爱、纯真、赤诚不仅赢得了全体师生的尊敬，而且赢得了广大华人家长的信赖。正是在这些可贵精神的浸润下，沈先生的办学成效成了坊间美谈。据《沈慕羽事迹系年》(1993年8月)条称：

平民小学由于声誉卓著，家长于报名日前夕(12日)十时许即络绎而来，午夜过后已成一长约百码的长龙。凌晨3时，天下大雨，家长争相推挤，冲破铁栅入校躲雨。这些家长在较后被要求在球场上等候，俾发号码登记。因此在正式开始登记之前，平民约500个学额已告满。②

当然能有如此骄人的办学成绩，与沈先生一贯的办学精神密不可分。他说：

约而言之，平校的办学方针，以读书与做人并重为原则。这是平民优良的传统。希望今后主持校政者，能承先启后，继往开来。③

"读书与做人并重"的办学精神，无疑深受儒家思想的影响，最显著的表现就是它对《中庸》所说的"尊德性而道问学"这一教育理念的继承与发展。

受太平洋战争的影响，原本根基深厚的马来西亚华文教育此时可以说一落千丈。二战后，沈慕羽先生主动请缨，担任培德学校第一任复校校长，以身作则，带领全校师生全面主持复校工作。他在《未能忘怀的一年》中回顾了战

---

① 《沈慕羽言论集》(下册)，第49页。
② 《沈慕羽事迹系年》，第130页。
③ 《沈慕羽言论集》(下册)，第50页。

后学生流浪失教的惨况以及教师献身教育和拼命实干的情况。他说：

> 复校之初，经费拮据，全靠学费和董事捐款维持，因此学校的设备因陋就简。我记得当时培德学校的校牌，是由事务主任已故曾国沛先生自己买木板刨光，扫漆后，然后描上我的字体而做成的。教务部同人献身为教育的工作精神，表现无遗。……尝受过国破家亡的痛苦，大家都知道奋发自励，再不因循苟且，老师如此，学生也如此。在老师们精诚感召与循循教诲之下，学生们如坐春风，随着恶习都改正过来，好学勤勉，循规蹈矩，和开学时的情况迥然改观。……说到老师方面，他们大多数在战前就执教鞭，富有教学经验，受过炮火的洗礼，艰苦卓绝，都能以民族教育为己任，牺牲奉献，他们拿着菲薄的薪水，真是仰不足养父母，俯不足以畜妻子，在饿不死吃不饱的情况下，大家还是坚忍从公，把学生当作是子女，非教到懂不罢休。所以每天上下午放学时，总有些学生留着补习。老师挨着饿肚子，费尽口舌再加教导。这种傻劲，学生获益不浅，家长感激不尽，这是目前的学校难看到的场面。[①]

可以说，自力更生、艰苦奋斗是海外华人获得生存空间乃至长足发展的基本精神，无论是当初的下南洋，还是经历战火后的复校，都是如此。在全员全力复校过程中，华校教师以其人格上的精诚团结、精神上的牺牲奉献以及方法上的循循善诱，熏陶感化了因无情战火而失学流浪多年的问题学生，不仅使他们身上的恶习得以改变，还达到了理想的教学效果，同时也赢得了家长的普遍认可。沈慕羽先生"许身教育""献身华教"的伟大精神成了一道亮丽的风景线，为世人不断传颂。如学生熊远宾在《我尊敬的老师：沈慕羽》一文这样说："沈老师今年已94岁了。他终身为华教及华社服务，这种献身的精神，永远值得我们敬佩及赞扬。"[②] 正是这种献身华教永不言休的精神，砥砺着一代又一代华族子弟，义无反顾投身于马来西亚民族的各项建设事业之中。

沈慕羽先生为华文教育奉献终身，以及为民族教育奋斗终身的精神在律

---

① 《沈慕羽言论集》（下册），第57—58页。
② 《晚节飘香续编》，第7页。

师刘锡通《良师益友——写在沈慕羽先生七十大寿》一文中也得到了印证。他说:

> 谈起沈慕羽先生,我想华人社会对他并不陌生,而我早从学生时代开始,便已仰慕他的风范。当年他伴随着林连玉老先生等老前辈,夜以继日地为民族教育奔波,在逆流中,坚毅地负起大任,以求民族教育有立锥之地。他老人家并且身体力行,出长甲州平民学校,积极推动该校的发展,使它茁壮起来,成为模范学校,这种办学的成绩,全赖他的一股干劲,以及为民族教育的献身精神。他的抱负不时表露在他的言谈间,他曾誓言决定把生命奉献平民,认为平民的荣辱便是个人的荣辱,平民的兴替,便是民族教育的兴替。这种精神正是标志着华人社会的一个传统,在这传统中孕育出许许多多优秀的民族儿女,他们抱着一个共同的信念,前仆后继地去为民族文教生存默默工作。民族教育之所以能够在我国的土地上扎根,沈先生的功绩是不可以磨灭的。①

从这段文字我们可以深刻感受到,沈先生始终是将自己的生命、使命与民族教育事业的荣辱兴替紧密地联系在一起,始终是以坚韧不拔的弘道精神为民族文教事业硬生生开出一片新天地和新境界,这样伟大的历史功绩无疑是不可磨灭的。

在沈慕羽先生长达一个甲子的办学历程与执教生涯中,既拥有斐然的办学成绩,也善用优秀的教育理念。以《62年细说从头——我与晨钟夜学》一文为据,先论其办学成就。他说:

> 在杏坛上,孔子有三千门徒,60年来,我在平民和晨钟的门生,何止五千。学生的学生,有的已退休了,说我是曾祖级的老师可当之无愧。②

---

① 《晚节飘香》,第59—60页。
② 《沈慕羽言论集》(下册),第59页。

第七章　马来西亚华教对儒家伦理的弘传与践行

可以说,沈慕羽先生一生作育英才无数,门生遍全马,桃李满天下,在这一点上堪与先师孔子相媲美。再论其教育理念,就以他在马六甲推广华语学习运动为例。他说:

> 我们办学主要目标,在于推广华语,宣扬中华文教。一路来门户大开,凡是认同的不分男女,不限种族,不论阶级,都欢迎进来。实践孔子有教无类的教育主张。数十年来,曾经在我们学校学习华语的有英籍牧师、日本技术人员,最难得的前州议员花蒂马及哈欣、交通局总监马廉、移民厅高级官员等。最近华文价值受重视,每年都有巫印友族来报告,这是好现象。①

沈氏之所以能取得如此卓著的办学成就和产生广泛的社会影响力,与他对孔子"有教无类"以及蔡元培"兼容并包"等教育理念的笃实践行有关。经过沈氏长年的努力,马六甲已经成为一座讲华语普通话的城市。比如,熊远宾对其师沈慕羽先生所运用的教育理念以及效果、影响有较深入的认知。他在《我尊敬的老师:沈慕羽》一文中说:

> 沈老师的"有教无类"的精神极受人敬佩,当年的平民小学是全甲成绩最好、最有名气的小学。许多家长都争先恐后地安排子女到平民小学就读。晨钟夜学的学生则包罗万象,有许多英校的学生,有工人、有商人、有其他友族人士,有幼童、有少年、有中年及老年人,只要你踏进沈校长的学校,就能接受到良好的华文教育。他对学生循循善诱,使学生们能够自爱,不断地力求上进。②

华校教师为何普遍有献身精神以及先知先觉之能,这不仅是由传统读书人的精神气质所决定,也在于该群体对传统士人精神的自觉继承和躬行实践。对此,沈慕羽在《教师的气质》一文中说得相当明白和深刻精辟:

---

① 《沈慕羽言论集》(下册),第60页。
② 《晚节飘香续编》,第6—7页。

> 教师是读书人,读书人被称为士,是知识分子。其学识品格,往往被认为高人一等,而受人尊重。自古以来,传道授业是读书人,倡导革命的先知先觉,也多是读书人。文人有文人的气质:有见地、有立场。不随波逐流,所谓威武不能屈,富贵不能淫,贫贱不能移,就是读书人的传统精神。①

正是由于历代读书人对文人气质、传道授业、先知先觉、大丈夫精神的自觉认同与笃实践行,才使得这个民族不至于长久陷入黑暗,并能在暂时的黑暗之中寻找光明的前途与美好的未来。

沈慕羽先生献身教育和以身作则的精神,更可从职业艺术化以及人格崇高化的角度来作诠释。正如学生林源瑞在《一位伟大的青年导师》中所说:

> 沈老师服务教育界数十年如一日,真不愧是一位模范的优秀教师。他一向视"教书"为一种"只问耕耘,不问收获"的神圣工作,一项"既有意义又不乏味"的专门职业。同时他把"教书"看作是一种"艺术",敬业又乐业,从不为薪酬而怨尤,因此身历其间,如沐春风,同时也乐在其中。在教学时,他无时无刻不在寻求发挥所能达致了解的至高境界,无时无刻不在利用教学相长的功效成果。②

从这段回忆性文字可知,沈先生对于教师职业的热爱不仅仅是爱岗敬业,更是爱岗乐业。在乐业的精神境界中,教学艺术的发挥才能取得理想效果。林源瑞又说:

> 沈先生为人光明磊落,脚踏实地,具有文天祥那种"富贵不能淫,贫贱不能移,威武不能屈"的气节,更有孙中山先生那种"牺牲小我,完成大我,天下为公"的精神。在维护华教工作上,一向都是讲人不敢讲的真心话,发表人所想不到的宝贵意见。虽然经历了不少风险,也饱受了诸多困难,一次又一次的考验,一重又一重的磨炼,始终站

---

① 《沈慕羽言论集》(下册),第91页。
② 《晚节飘香》,第75页。

稳他为争取华教平等地位的岗位。这更能明心见性地显出其"真、善、美"的形象而为世人所崇尚,更足为青年之楷模。①

这段话既追溯了沈先生高尚人格的精神之源,又刻画出其高尚人格的现实影响,同时也将其献身教育的精神和以身作则的风范展露无遗,最后更从历史和现实两个层面彰显了沈氏人格的真、善、美。

最后来介绍严元章先生。严氏为广东四会人,曾是马来西亚和新加坡著名的华文教育家。他在新马从事教育工作长达15年,其中在马来西亚华校教总担任过8届(第5届至12届)教育顾问,也先后出任槟城韩江中学教务主任、麻坡中化中学副校长以及峇株吧辖华侨中学校长。他一生致力于华文教育和民族文化的生存发展,在中等教育和高等教育层面的华文教育和民族教育理论与实践上颇有建树。与本节前面两位华教元老相比,严元章先生的贡献主要体现在,从对中(西)方优秀传统教育思想的梳理与阐发上来弘传作育英才的价值观念。以下就以严先生的代表作《中国教育思想源流》为据,从三个层面来评述其核心教育思想,借此来了解他在作育英才乃至革新华文教育上的学术贡献。

其一,以学生为主体且师生兼顾的教育思想。严元章先生提出的这一新型师生关系,既是对自董仲舒以来长期流行的刚性的、上尊下卑师生关系的批判与反思,也是对先秦三大儒孔子、孟子、荀子主张的柔性的、师生兼顾关系的继承与发扬。严先生从民间流行日久的"天地君亲师"牌位现象出发,分析指出"这是帝王统治的基本教条,对教育思想有很坏的间接影响乃至直接影响"②。不仅如此,他更从思想根源上指出,这其实是以董仲舒为代表的阴阳家"三纲"思想的遗毒。他说:"那三纲的原意绝不是儒家,而只是阴阳家的,尤其是董仲舒的。"③由"三纲"所派生出"六纪"便涉及教育方面的师生关系,如"师长有尊"。由此,"把师生关系套上了阴阳家那尊卑、贵贱的关系,滥用以至乱用起来,对学生会十分不利",以至于把"'师长有尊'看作三纲后面的第四纲——师为生纲"④。这就会导致教育工作的变质,教师本应爱护学生,却变

---

① 《晚节飘香》,第80页。
② 严元章:《中国教育思想源流》,广东教育出版社,2012年,第2页。
③ 《中国教育思想源流》,第5页。
④ 《中国教育思想源流》,第6页。

成了教师管教学生。

严先生通过寻根究底的思辨工夫,一方面清理了阴阳家所带给教育思想的遗毒,另一方面承接孔孟荀倡导的师生兼顾的柔道教育思想。他说:"儒家既然主张双方兼顾;推论到师生关系,就该是'师生兼顾'。"①然后,他以孔子与学生的关系为例,阐发了这种合情合理且富有教育效果的师生关系。他说:

> 就孔子的教育生活来看,孔子与学生的关系,有很好的记录,正是师生兼顾的好榜样。他与学生共同生活。他照顾学生,关心学生;他接近学生,接触学生。他接受学生的种种提问,且善于解答;他随时随地提点学生学习,且善于启发。就在那样的共同生活中,孔子与学生多方论学,也容许学生的反辩;由此养成了师生间好学的学风,同时养成了师生间深厚的感情,从而发生人格感化的重大作用。②

严元章通过正本清源,摒弃了传统教育思想中的糟粕,继承了传统教育思想中的精华,重新建立起由孔孟荀三大儒所确立的柔性的师生兼顾关系,从而"把长期遗失了的爱生部分,重新收拾回来"③。严元章进而从"教育的根本是爱"的立场出发,阐发了"爱生尊师"要比"尊师爱生",以及"学生为主体"要比"教师为主体"更有意义的思想观点。对于前者,他说对以往师生关系的改正具有如下双重用意:

> 一是要对尊卑、上下之类的阴阳家观念,彻底摆脱;免得反反复复,误人子弟。二要让长幼之情,师友之谊,水乳交融,无阻无碍;由此改进教育,造福后辈。④

对于后者,他对以往的主体论进行了调转,认为应以学生为主体,以教师为客体,并从求助关系、依存关系、主客关系以及学教关系,阐明教育应以发挥学生主动性和培养学生自学能力为主的思想观点。以求助关系为例,严元章说:

---

① 《中国教育思想源流》,第11—12页。
② 《中国教育思想源流》,第12页。
③ 《中国教育思想源流》,第15页。
④ 《中国教育思想源流》,第17页。

第七章　马来西亚华教对儒家伦理的弘传与践行

> 学生主体论要让学生作主的主……而是事主的主,主动的主。……现在我们认定,学生基本上应该是求教育者,不是被教育者;同样,学生基本上应该是求学者,不是受教者。这就是要解放学生,让学生由错误的被动身份,回到正确的主动身份。至于教师,就由主体调转为客体;便不再是施教者,而是助学者;不再是教授者,而是辅导者。[①]

总之,严先生的目的在于强调教育首先是爱的教育,爱学生就应以学生为主体,就应该设身处地为学生着想,让学生尽可能发挥主动性,培养好学自学的自主能力,最终帮助他们更好地成德成才。

其二,以正人、专才为目的且以通人、全才为理想来培养人才的教育思想。

严先生既将教育目的与教育理想兼顾起来,也将重成人教育的中国传统与重成才教育的西方传统结合起来,从而确立起以育人为主,育人与育才并重的新型教育宗旨。

单就以养成正人为目的,进而以养成通人为理想的教育宗旨来说,严先生主要承接的是孔子和荀子的道德教育传统。就此而言,严先生认为,"孔子开创的儒学是道德学派,他开创的事业是道德教育。这样,他以成为道德的人来期望他的学生;也就是以养成道德的人,作为他的教育任务,大体上是正确的"[②]。严先生也认为,孔子虽讲到多种道德人格,也期望学生成为道德人当中的君子,但似乎于道德之人的阶梯或次第没有讲明。对此孔子的后继者荀子,对成人的教育任务加以明确化与系统化。严先生对荀子的这一贡献给予高度评价。他说:

> 荀子把教育的成人任务,分为始点与终点;也就是把孔子那教育任务的说法,进一步发展起来——由不很明确的松散的说法,发展为明确的阶段的说法。这实在是荀子的高见,是教育思想上的高见。[③]

[①] 《中国教育思想源流》,第19页。
[②] 《中国教育思想源流》,第29页。
[③] 《中国教育思想源流》,第30页。

严先生在表彰荀子既有目的又有理想的教育思想的同时，也对宋儒放弃目的不讲而只高谈理想的教育思想给予了批评。

严先生在高度肯定孔子教育思想中注重做人道德的同时，也对先师"君子不器"——轻视做人本领或对成才不够重视的教育思想从社会分工角度给予温和的批判。他说：

> 重要的问题在于孔子轻视生产劳动，乃至轻视生活所必需的其他本领，这倒是确实的。那也许由于他对社会分工的想法，认为在智力劳动与体力劳动的分化当中，他是适宜负责智力劳动的，所以，他要把学生养成道德的人，而不是养成生产的人。[①]

有鉴于传统教育任务存在重大偏差，严先生提出"成人又成才"的教育思想来补偏救弊。他说："教育的总任务，是'成人'又'成器'；更正确地说，是'成人'又'成才'。"[②]对于学生的成长和发展来说，成人固然重要，成才也绝不可或缺，两者始终交织在一起。正如严先生所言：

> 在成人中成才，在成才中成人，成人与成才交织，而达到人生的圆满发展。从此士与农、工、商要复合，君子不可以不器；那么，人生便会回到正常发展，回到平衡发展。[③]

也就是说，教育人一定包含两个任务：第一任务就是养成道德的人，第二任务就是养成技艺之才。

就第一任务来说，它是以正人为目的，以通人为理想。严先生在深研儒家典籍的同时，也结合现代教育学理念，对"正人"与"通人"两个概念给予创造性诠释。首先，何为"正人"？他说：

> 正人应该是正派的人，正正当当的人，堂堂正正的人；正直的人，

---

① 《中国教育思想源流》，第33页。
② 《中国教育思想源流》，第37页。
③ 《中国教育思想源流》，第38页。

第七章 马来西亚华教对儒家伦理的弘传与践行

正气的人,正义的人,正经的人;讲正话的人,行正路的人。又是不走极端的人,不偏于极端个人主义,不偏于极端集体主义;不偏于极右,不偏于极左。同时是敢于抗拒不正之风,进而拨乱反正的人,也就是有勇气与邪恶势力对着干的人。这样的正人,可以作为今后中国道德的人的基本形象;既保持民族传统的优秀品质,又具有现代文明的新近作风。由此,在教育新主体当中,通过人生教育的认真培养,很可能随时随地涌出那样的民族新人,而成为一代比一代好的后起之秀。①

至于何为"通人"的问题,严先生结合荀子、王充等人的论述,对其作了博古通今的现代性阐释。他说:

> 通人可以说是通情达理的人,通权达变的人,博通古今的人,博通中外的人,乃至是融通知行的人。这样的人生,就是要在高格调上求通;基本是要在做人上求通,也要在做事上求通,在做学问上求通。②

最后,严先生还就成人的教育任务对正人与通人的关系做了阐明。他说:

> 通人是由正人再长大成更好的人,是由正人继续发展起来的更好的人;由此,通人与正人实际上是前后同道的二位一体。所以,人生的发展过程,从正人上进到通人,就是由人生的近景走到远景。而在教育宗旨的成人方面,也就是由教育目的提高到教育理想,由成正人提高到成通人了。③

也就是说,他把成人的近景、远景以及目标、理想做了紧密且合理的协调统一。

教育的总任务是双重的,既要成人也要成才(或既要养成道德的人也要养

---

① 《中国教育思想源流》,第38—39页。
② 《中国教育思想源流》,第40页。
③ 《中国教育思想源流》,第41页。

成技艺的才)。所以,就教育的第二任务成才来说,它是以养成专才为目的,以养成全才为理想。而就成才来说,成为专才就是它的首要目标,进而由此进至全才的成才理想。严先生关于成才教育任务的论述,既有对传统主流"重成人轻成才"教育思想的纠偏与补救,也有对传统思想闪现的"不如薄技在身"等教育观点的吸收与发扬,更有对近代科学技术思想潮流的顺应与承接。总之,严先生所提出的既育人又育才的双重人才观,既有对中国传统教育注重道德修养的继承与发扬,也有对西方传统教育注重科技文化的承接与顺应。不过,它是以旧根发新芽或旧瓶装新酒的方式进行的,其用意在于促进中西方两大主流文化的交流与交融,进而孕育出更为高级的既仁且智的新文化,为全人类造就更好的人才。

其三,以宽、柔、养、育为本质的教育思想。有学者评述称,柔和之道构成严元章教育思想的精髓。[①] 严先生通过对中国传统教育思想尤其是历代大儒的教育思想的系统梳理,最后总结说:"人生教育的思想路线有四大要素,宽、柔、养、育;这四大要素,是人生教育思想体系所赖以发展的基本成分。"[②] 就这四大元素来言,宽、柔精神最为根本,养、育两大因素又可从宽、容精神中生发出来,而与宽、容教育相对反的是刚、猛教育。严先生对这两种教育观念做了明确区分。他说:

> 教育观念的两大类,可以是这样:第一类,农业性的教育观念,是宽柔的、开明的、善意的、反霸道的、长成的、客观的教育观念。第二类,工业性的教育观念,是刚猛的、武断的、恶意的、霸道的、制成的、主观的教育观念。[③]

显然,这样的区别有其教育价值上的评判与取舍。可以看出,严先生所主张的是以养、育为本质的农业性教育观,所批判的是以铸、造为本质的工业性教育观。同时,严先生就两种不同教育观念对人态度的根本差异做了深入辨析。他说:

---

① 《中国教育思想源流》,第225页。
② 《中国教育思想源流》,第214页。
③ 《中国教育思想源流》,第175页。

第七章　马来西亚华教对儒家伦理的弘传与践行

> 工业性和农业性教育观念的基本差异,大体上可说是:工业性的教育观念,是目中无人。农业性的教育观念,却是目中有人。所谓铸人、造人的工业性教育观,并不把学的人作为人看待,只是把学的人作为物看待;也就是把学的人当作工业生产的物料看待,当作没有生命的死物看待。……至于农业性的教育观,却是养人育人;显然是把学的人作为人看待,作为有生命的生物看待,并且是作为万物之灵看待。①

最后,严先生将宽容精神作为自己教育思想的一贯之道,贯穿到诸如教育本质、教育宗旨、教育材料、教育方法、教育效果等教育环节当中,并阐发了每一环节的应有含义。

小　结

本章从对公民权利义务观念的灌输、对华文教育平等地位的争取以及对兴学育才观念的弘传三个方面,考察了以华教元老为代表的华教群体对"觉民行道""取义殉道""立身弘道"等儒家伦理价值观念的弘传与实践。

马来西亚独立前夕,政治形式复杂多变。一方面,英殖民官员不愿看到华族独大,进行多方压制;另一方面,华、巫、印三族领袖达成联盟政党,竭力向殖民政府争取独立;同时,即将失势的殖民官员仍利用其影响力单方面扶持巫统,企图制造种族矛盾,分裂民族情感,从中牟利。就大环境来说,各方政治力量博弈很为激烈;就小环境来说,大部分华族人士对于要不要独立建国,表现得茫然无措,尤其是对待公民权申请问题。素具先知先觉精神及铁肩担道义使命的华教元老,值此关键时刻,既要给华人灌输效忠新国家的义务观念,也要为华人晓谕争取族群合法利益的权利观念,同时也不忘向各友族尤其是马来族提倡培育共存共荣的族群观念以及多元文化的建国精神。以上活动,主要体现了以华教元老为代表的华教群体对"觉民行道"儒家伦理价值观念的弘扬与践行。

马来西亚独立前后,当局尤其是联盟政府巫统中的极端分子,不尊重国家

---

① 《中国教育思想源流》,第184—185页。

多元种族、多元语言文化的既成事实,试图利用法律手段和行政力量,助推"一个民族,一种语言"的沙文文化政策,进行有计划、有预谋的压缩、变质,甚至消灭华族享有母语母文在宪法、教育、政治等方面的基本权利,这种种不平等、不公正举措,严重伤害了大马华族及印族长久以来与巫族悠久深厚的历史情感。华教元老出于民族大义和民族尊严的使命感,先后与殖民地官员、巫统要员以及马华公会中的亲巫分子多次斗勇斗智,始终浩然正气,不畏强暴,拒绝利诱,以致触怒并得罪当道,或遭受不公正对待,或饱受牢狱之苦,在在彰显了他们对"取义殉道"儒家伦理价值观念的践行。

马来西亚在经过二战战火与日军暴行后,原本蒸蒸日上的华文教育事业这时一落千丈,学校被焚毁,教师被迫害,学生四处流浪等。战后光复,百废待兴,尤其是使学校尽快恢复到正常状态显得极为重要。以林连玉、沈慕羽为代表的华教元老临危受命,发挥先贤自力更生的办学传统,全身心投入复校兴学的民族事业之中。无论身处何种境域,面临何种困难,他们始终矢志教育事业,献身教育,以身作则,作育英才,体现了对"立身弘道"儒家伦理价值观念的践行。

第八章

新加坡政府对儒家伦理的弘传与推行

　　新加坡自独立建国以来,利用优越的地理优势和丰厚的历史资源,经过近20年的发展,在经济上取得了举世瞩目的成就,被誉为"亚洲四小龙"之一。但是,在经济发展和社会繁荣的同时,国民道德的建设却显得滞后。在这种社会环境下成长的年轻一代,尤其是那些自小就接受英文教育的人,在价值观念、生活习惯等诸多方面都和深受传统文化影响的老一辈人有显著不同。整个国家以英语为官方语言,且西化的程度又比较高,这使一开始接受英文教育的青年人就特别容易受西方不良价值观念的影响。若任随这些价值观念大行其道,这个新生国家在经济上能否持续保持高度发展,多元民族和宗教文化能否和平相处以及国家社会能否健康运行,对新加坡的政治领袖来说都将是重大考验。他们深知老一辈华人身上所具有的勤劳俭朴、安分守己、敬老尊贤、履行义务、相互关怀、和谐宽容等价值观念是新加坡成立的强有力因素。因此,如何灌输并推行这些价值观念,便成为新加坡政府要认真思考的时代课题。本章拟从学校、家庭、社会三个方面来探究由政治精英主导和民间社会广泛参与的新加坡儒家伦理的弘传和推行情况。

第一节　中学对伦理道德观念的灌输

新加坡自独立以来,重视道德教育是政府当局一贯的政策。为此或礼聘他国道德顾问,或委任官员评估道德教育,或成立专门的道德教育课程编写组,或利用现代传媒来营造道德教育的氛围,或鼓励各种团体参与道德建设。

新加坡政府于1959—1979年,在全国中小学推行道德教育的目标可分为如下几个阶段[①]:(一)1959年,全国中小学推行伦理教育,目标是培养学生有礼貌、诚实、坚毅和善良的品质,使他们发展成有自尊的好公民。(二)1967年推行公民教育,取代伦理教育。小学公民教育的目标包含了伦理教育的目标,增加了爱国、效忠和公民意识等价值观;中学公民教育的内容与伦理教育不同,它有六大主题:自我、家庭、学校、社区、国家及世界。(三)1974年政府在小学积极推行"生活教育",以母语为教学媒介语。他的教学目标是:帮助学生认识国家的立国目标及其重要性,使学生成为忠心、爱国、负责和守法的公民;帮助学生了解国家的发展过程与地理环境;帮助学生了解与赏识东西方传统文化与价值观。中学继续进行公民教育,教学目标是使学生成为有崇高品格、优良气质、健康身体和良好习惯的人。教育学生爱国家、爱人民,具有不分种族互相帮助的精神,进而成为社会的栋梁。从上可知,新加坡在中小学推行的道德教育实质上将伦理教育、公民教育、生活教育融为一体,然核心又在道德价值观教育。

1979年,新加坡时任教育部长吴庆瑞及其团队,在对学校道德教育的实施情况进行考察评估后提出了以下意见:

> 课程范围太广,包括了许多与道德教育无关的课题,削弱了道德方面的训练;课本里有太多的事实资料,伦理道德的概念不明显;文字太深,未能迎合华文第二语文程度,英文源流学生对内容难以理解,更不必说道德概念了。因此建议废除小学的"生活教育"与中学

[①] 参见王永炳:《公民与道德教育:世纪之交的伦理话题》,新加坡莱佛士书社,2000年,第1—2页。(引用时对原文的标点和文字稍有变动。)

第八章　新加坡政府对儒家伦理的弘传与推行

的"公民教育",以道德教育取代。[1]

这次道德教育改良的直接结果便是1980年教育部先后成立两个道德教育教材编写组,编写《生活与成长》和《好公民》两套教材供小学选择。其中由新加坡课程发展署道德教育组编写的《好公民》教材,"包含了许多有关儒家思想和道德教训"[2]。该教材共有十二册,供小学六年十二学期之应用。其编写目的在于,"使学生对个人、家庭、学校、社会、国家和世界有逐步的认识;从而了解个人对家庭、学校、社会、国家和世界应有的责任;进而能够关心他人和乐于助人;最终成为一个爱人类、爱国家和自爱的好公民",道德教育科的宗旨是"正确思想的灌输和良好行为的培养"。[3] 由此可见,公民道德教育的重点落在对人际关系的合理认识以及道德品质、道德人格的培养方面。

1982年,吴庆瑞鉴于世俗的道德教育课程不足以培养诚实、正直和具有正确道德观念的学生,提出道德教育须辅以宗教教育,才能训练出具有正确道德观念的学生。于是,他宣布以宗教知识科目,即佛教、基督教、伊斯兰教、印度教、锡克教与世界宗教取代原来的"公民与时事"作为中三、中四学生道德教育的必修科目。后来应李光耀的建议,增设"儒家伦理"作为道德教育的另一必修科目,以满足那些没有家庭宗教信仰背景或不想修读宗教科目学生的请求。对于儒家伦理与宗教科目以及道德教育之间的关系,这里引用一段文献来作说明:

> 在我国的中学课程里,儒家伦理被编排在道德教育的范围内。在中三、中四这两个学年间,学生可以选读的道德教育科目有:佛教、回教、基督教、兴都教、锡克教、世界宗教和儒家伦理。每名学生都必须在这几个科目中任选一个。也许同学们还记得,在中一和中二这个阶段,你们进修的道德教育科目是《公民和时事》或《生活与成长》。现在所要读的宗教知识或儒家伦理,就是延续中一和中二念过的道

---

[1] 《公民与道德教育:世纪之交的伦理话题》,第2页。
[2] 《教育部决定增设儒家思想科目:让不想修读宗教知识科的中三中四学生选修》,《星洲日报》1982年2月4日,第1版。
[3] 新加坡课程发展署编:《好公民》一上,新加坡教育出版社私营有限公司,1980年,"编辑要旨"。

德教育课程。儒家伦理只是许多科目当中的一个,而修读这些道德教育科目,有一个总的目的,就是要大家建立高尚的道德理性、培育良好的道德行为。①

可见,儒家伦理与其他宗教科目一样都是贯彻国家在学校实施的道德教育政策而设置的科目,并不具有族群专属性。

需要说明的是,与其他宗教科目不同,儒家伦理作为华族传统文化价值的核心,由于没有相应的宗教团体来从事相关"教义"宣传以及道德教材编写与师资培训,所以才得到了总理李光耀和教育部长吴庆瑞等政治领袖的支持。协助政府推行儒家伦理的海外顾问余英时强调说:

> 我们不是特别重视儒家思想,也不是想把它置于其他五个宗教道德教育科目之上,只是儒家思想的主要范畴是教导道德规范,它不像其他宗教一样,如基督教、回教都有教堂,佛教有佛庙来传播教义,因此除非我们给予特别的关注,不然它将无法成功地教导。②

这清楚地说明儒家伦理和其他宗教科目在道德教育的国策上是一视同仁的,并无特别待遇。

1982年夏秋之际,吴庆瑞代表新加坡政府先后礼聘了8位海外华裔儒家学者来新协助推行儒家伦理及撰写儒家伦理课程纲要,并担当课程组的学术顾问。③ 依据儒家伦理课程编写组编写的《儒家伦理》(中三、中四)教材,要实现的教学目标共有五项:

1. 把适合我国社会的儒家伦理价值观念灌输给年轻的学生。
2. 使学生成为有理想又有道德修养的人。3. 介绍华族固有的道德

---

① 儒家伦理课程编写组:《儒家伦理》中三,新加坡教育出版社私营有限公司,1984年,第1—2页。
② 《余英时指出要成功灌输儒家思想最好是小时候开始教导》,《星洲日报》1982年8月26日,第3版。
③ 这8位海外华裔儒家学者分别是:哈佛大学的杜维明、耶鲁大学的余英时、匹兹堡大学的许倬云、纽约市立大学的唐德刚、纽约大学的熊玠、斯坦福大学胡佛研究所的吴元黎、密歇根大学的陈真爱,以及中国台湾师范大学的伍振鷟。

和文化,从而使学生认识自己的根源。4. 培养学生积极的、正确的人生观,使学生将来能够过有意义的生活。5. 帮助学生建立良好的人际关系。①

20 世纪 80 年代,政府虽在学校大力推行儒家伦理教育,但整体来说它和宗教科目一样仍属于道德教育的一个环节,并不具有课程的独立性。所以,20 世纪 90 年代初,当新加坡国内传教热兴起时,当局考虑到各宗教之间的竞争会引起不同种族的冲突进而危害国家安全,便立即宣布停止学校的一切宗教科目,非宗教科目的儒家伦理课程也受到牵连而被迫取消。② 随后,代替宗教知识科目而起的是新的公民道德教育课程,其指导思想是《共同价值观白皮书》中的"五大共同价值观念"③。

一、修身与为学

笔者以下将根据《儒家伦理》教材来探讨中学所要灌输给学生的是儒家伦理中的哪些价值观念、学习儒家伦理的意义何在、儒家伦理对新加坡产生了哪些影响等一系列问题。

《儒家伦理》分两年来学习。中三学年的课程,主要包括儒家思想的时代背景、儒家人物的介绍、个人修身为学的基本道理和方法,以及人与人、社会、国家的关系。中四学年的课程,主要介绍儒家德目及其内在关系,探讨儒家为人处世的道理和原则,概要地说明儒家思想的历史演变与它对东亚的影响和

---

① 《儒家伦理》中三,前言页。
② 对于儒家伦理课程被取消或终止的原因,新加坡学者发表了不同的意见:梁元生认为,主要是这个文化政策在政治上受到国内和国外的反弹才被接任的新一代新加坡领导人终止。与梁元生从政治角度做出的解释不同的是,李焯然认为儒家伦理课程的终止,也许与课程结构和内部问题的关系更为密切。他所说的课程结构主要指,儒家伦理对学生来说是比较难的科目,内部问题主要指由儒家伦理课程问题助长了宗教信仰的传播,对于一个多元宗教国家,宗教信仰在新加坡是敏感的课题,这大概是后来宗教伦理学被取消的重要原因,影响所及,儒家伦理课程也因而难逃被淘汰的命运。新加坡东亚哲学所所长黄朝翰认为,儒教课程对新加坡学生要求过高是这项运动失败的最重要的原因。以上观点分别参见《宣尼浮海到南洲:儒家思想与早期新加坡华人社会史料汇编》,第 258 页;《中心与边缘:东亚文明的互动与传播》,第 272—274 页;黄朝翰:《吴庆瑞和新加坡的中国研究:从儒学到"现代中国问题研究"》,载《吴庆瑞与东亚研究所》,新加坡八方文化创作室,2016 年,第 34 页。
③ "五大共同价值观"内容是:国家至上,社会为先;家庭为根,社会为本;关怀扶持,尊重个人;求同存异,协商共识;种族和谐,宗教宽容。参见新加坡课程发展署编:《好公民》(一上),新加坡教育出版社私营有限公司,1995 年,内封扉页。

新加坡社会的关系。如表8.1所示。

表8.1 《儒家伦理》教材框架目录

序号	《儒家伦理》(中三)目录 题目	序号	《儒家伦理》(中四)目录 题目
1	绪论	1	内圣外王
2	孔子的时代	2	仁
3	万世师表——孔子	3	智
4	孔子以后的儒学大师(一):孟子和荀子	4	勇
5	孔子以后的儒学大师(二):朱熹和王阳明	5	义
6	人生的意义	6	礼
7	修身的必要	7	信
8	为学的目的	8	中庸的道理
9	求知的精神——格物、致知	9	人性的修养
10	道德的基础——诚意、正心	10	己所不欲,勿施于人
11	培养自省的能力	11	己欲立而立人
12	知和行的联系	12	彼此信赖的社会
13	君子的含义	13	权利与义务
14	生活的乐趣	14	理想的人格
15	父母与子女	15	理想的世界
16	手足情深	16	儒家思想的主要演变(一):先秦到隋唐
17	婚姻的价值	17	儒家思想的主要演变(二):宋明到当代
18	友谊的可贵	18	儒家思想对东亚的影响
19	人民与国家	19	儒家思想与我国社会的关系
20	个人、家庭与社会	20	总结

资料来源:儒家伦理课程编写组:《儒家伦理》(中三、中四),新加坡教育出版社私营有限公司,1984、1985年,目录。

第八章　新加坡政府对儒家伦理的弘传与推行

由于本节重点在于阐述儒家的伦理观念,因此对儒家伦理教材(以下简称"教材")中提到的背景知识和历史演变不作论述。首先,来看教材对修身观念的理解。教材以"人禽之别"点出道德观念对于做人的重要性以及修身的必要性。人禽之别在于人天生就善良("善端"),而正是这种本性使人有了道德观念。所以,"一个人不修养道德,就和禽兽差不了多少"①。对于如何修身,教材从抽象和具体两个层面作了阐释。抽象层面可从以下三点来作说明:一是身体仪表、仪容的修饰;二是言行、才能、性情、思想等内心方面的修养;三是文学和艺术等知识方面的修养。具体来说则是从个体来着眼。由于"人的才能和性格各有不同,每个人可以根据自己的个性和长处,向好的一面尽量去修养和发展"②。接着,教材探究了修身的意义和目的。从个体来说,通过"见贤思齐""见不贤而内自省"的方式来使自身的道德修养变得深厚,"不但能抗拒社会上不良风气的诱惑,还可以进一步去感化没有道德的人,使他们走上正当的道路"③。从社会来看,"如果人人都能修身,向好的方面去学,向好的方面去做,家庭就能和谐,社会就能安宁,国家就会上轨道,世界就会有和平"④。而修身的目的就在于使人能够做一个堂堂正正的人,使人的人格达于至善的境地。由于修身是一个人自内心发动而又不断完善的过程,所以教材以孔子人生修养的事例,勉励学生说:"伟大的人格,是从不断地修养而来的。让我们立志修养品德,做个对家庭、社会、国家和世界都有用的人吧!"⑤

如果说"修身"是侧重于从"尊德性"方面来诠释,那么"为学"则着重于从"道问学"方面来阐释。从儒家教人做人的道理来看,二者实是"一体两面"之事。

关于"为学"。首先,教材引用《论语》首章首句关于学习态度的观点并联系现实情形,指陈社会上一般学生及家长抱有的功利态度以及持有这种观念潜在的社会隐忧。教材说,学生和家长既然以学得一技之长,找到工作或赚大钱作为求学的出发点,而这样的功利性目的难免忽略了道德修养的重要性。当然,"在高度竞争的社会里,学好本领,解决生活问题,那是理所当然的。但

---

① 《儒家伦理》中三,第42页。
② 《儒家伦理》中三,第43页。
③ 《儒家伦理》中三,第44页。
④ 《儒家伦理》中三,第44—45页。
⑤ 《儒家伦理》中三,第46页。

是,如果每个人都没有道德修养,变得自私自利,甚至损人利己,做出不法的行为,那么,社会怎能安宁,个人又怎能过得快乐呢"。①

接着,教材站在儒家立场,认为"谋生的本领只是生活的基本条件,如何切切实实地去做一个堂堂正正的人,才是最终的目标。我们希望自己能够在社会上立足,能够成为一个有教养、有作为的正人君子,那就得不断地学习,不断地锻炼自己"②。而儒家所说的具备"智者不惑,仁者不忧,勇者不惧"品质的人,才能称得上是理想人格,这样的人格修养正是我们求学的目的。教材说:

> 一方面是要发展我们的智慧,使我们知识丰富,头脑精明,遇事能辨别是非,分清条理,不至于疑惑不定。另一方面是要修养我们的品德,使我们有正确的人生观,一切事情都做到心安理得,不因为成败得失而烦恼。同时,还要磨炼我们的意志,使我们心地光明磊落,对自己应该做的事,能够勇往直前,不为富贵所诱惑,不因贫贱而转移,更不会向权势低头屈服。③

可知,教材所提出的三项求学目的是对"智仁勇"及"大丈夫"内涵的新诠释。从上面修身、为学的观点来看,这是新加坡在新时代社会条件下对"尊德性而道问学"这一儒学传统继承基础上的创造性诠释。

"求知的精神"与"道德的基础"两课是对为学和修身观点的扩展,其教学目的仍不外乎教人做个尽善尽美的人。教材说:

> 我们求学的目的,是要学做人。学问、道德都是做人的根本。只有一方面追求知识,学好本领,一方面培养品德,向善去恶,才能使我们的人格达到智、仁、勇的完美境界。④

由此可见,儒学的原始精义在新时代条件下经过重新诠释后,不仅可重获新生,而且可继续成为人们道德修养的资粮。

---

① 《儒家伦理》中三,第48页。
② 《儒家伦理》中三,第49页。
③ 《儒家伦理》中三,第49页。
④ 《儒家伦理》中三,第64页。

第八章　新加坡政府对儒家伦理的弘传与推行

二、六种人伦关系

如表 8.1 所示,儒家伦理中重要的"五伦"也是教材要灌输的价值观念,《儒家伦理》(中三)第 15—19 这五课内容可以说是对儒家五伦观念的现代诠释。教材说:

> 儒家把人与人之间的关系分成五大类,就是父子、君臣、夫妇、兄弟、朋友,叫作五伦。其中父子包括了母女的关系,兄弟包括了姐妹的关系。父子、兄弟、夫妇,是属于家庭以内的人际关系;朋友、君臣是属于家庭以外的人际关系。君臣关系以现代的话来说,是人民和国家的关系。①

由此可知,教材在继承传统价值观念的同时,也从现代观念出发对传统的人伦观念做了重新诠释,体现了男女平等的时代精神。第 20 课可以说是对传统五伦关系的延伸,同样反映了教材根据时代社会的变化,对传统伦理观念所做的创造性转化。这关系相当于李国鼎先生提出的"第六伦"②。以下将依次来论述教材中六种人伦所要灌输的儒家伦理价值观念。

对于父母与子女的关系。教材首先引用《游子吟》一诗晓谕学生,父母对子女的爱是自然的、无私的、崇高的,所以"做儿女的无论怎样孝顺父母,都难以报答父母伟大的恩情"③。对于子女当如何孝顺父母的问题,教材以孔子及其弟子对孝的讨论为依据,来说明对待父母最重要的是敬爱。儿女不仅应乐意听从父母的教导,也应多关心父母,又需和颜悦色,洁身自爱,注意自己的言行和身体的健康,这些都是孝顺的行为。当然,儿女们立志向上,发愤图强,服务社会,造福人群,也同样是孝敬和报答父母的很好方式。倘若父母有过错,儿女应该以婉转的言语、温和的脸色、诚恳的态度来劝谏,使他们能改错归正,这同样是孝敬父母的行为。父母活着固然要孝顺,父母过世以后还应该牢记着他们的教训。通过追思来怀念父母的恩情,表示不忘恩、不忘本。慎终追远

---

① 《儒家伦理》中三,第 90 页。
② 李国鼎说:"什么是第六伦?第六伦就是个人与社会大众的关系,也就是从前所说的群己关系。"引自韦政通:《伦理思想的突破》,中国人民大学出版社,2005 年,第 183 页。
③ 《儒家伦理》中三,第 90 页。

389

的祭亲、思亲方式,可以培养民德归厚的社会风气,这对社会国家的影响都是积极而深远的。① 儒家强调这层伦理关系中的"孝",因为孝是实践仁的根本,是一切道德的基础,是充仁或推爱的动力源。

实际上,孝道包含孝敬父母的"孝道"和友爱兄弟的"悌道"两个层面的内容。孟子称之为人生最快乐的事,也即通常所说的"天伦之乐"。古代农业社会人伦观念多是从男性的视角出发,只提父子、兄弟,而很少提到母女、姊妹。工业时代不仅社会性质、社会分工和过去有明显的不同,而且男女平等的观念也逐渐为人们普遍接受。所以古代的"悌道"用今天的话来解释就是:"做兄姐的,要以友爱的态度对待弟妹,弟妹也要以恭敬的态度对待兄姐。"② 因为兄弟姐妹血脉相连、关系密切,所以兄弟姐妹之间应该和睦快乐地生活在一起,这样才会感到家庭的温暖和幸福。教材在灌输"手足情深"价值观念时,所要表达的观点是:"悌道"就是兄弟姐妹友爱的道理。同"孝"一样,"悌"是实践仁的根本,也是培养爱的原动力。可以由爱亲的"入孝""出悌"推广到"泛爱众",从而"所有的朋友,都可以成为兄弟姐妹;而整个社会就像一个大家庭,人人相亲相爱,彼此关怀,充满了手足般的温暖"。③ 这也就是先哲所说的"天下如一家"的价值观念。

由父子关系到兄弟关系,再到夫妇关系,构成了家庭伦理关系的三个环节。教材以《诗经·关雎》开头,帮助学生树立对待爱情的正确态度,然后由此引出婚姻的意义并提出夫妇相处的准则。

《礼记·中庸》说:"君子之道,造端乎夫妇。"可知,夫妇是一切人伦关系的起点,也是培养君子人格的起点。所以说有夫妇然后才有父母子女和兄弟姐妹的伦常关系,推扩开才有朋友、上下级等其他社会人际关系的存在。夫妇关系既然如此重要,这就要求我们在恋爱或对待爱情时要有正确的价值观念。教材提出的建议是:"诚意地培养双方的感情,清楚地了解对象的性格,谨慎地认识各自的责任,和冷静地计划共同的将来。"④ 如此才能建立起美满幸福的婚姻。对于婚姻的意义,教材做了这样的诠释:"结婚不单是爱情的结合,也是

---

① 《儒家伦理》中三,第93—94页。(引用原文时文字和标点略有改动)
② 《儒家伦理》中三,第96页。
③ 《儒家伦理》中三,第100页。
④ 《儒家伦理》中三,第103页。

延续人类生命、文化的道德的结合。"①父母通过言传身教把为人处世的道理传递给孩子,为他们一生的幸福奠定基础。教材说:"家庭便是培育下一代幼苗的温室。尤其是当孩子的思想还没有定型时,正可以用潜移默化的方法,把基本的价值观念和道德理想灌输给他们,使他们有正确的处世待人的态度。"②

接着,教材探讨了夫妇相处之道的原则问题。教材指出:夫妇相处的第一个原则是相敬如宾;第二原则是夫妇间应尽量培养共同的兴趣;第三个原则是夫妇间还应同甘共苦;第四个原则是夫妇或家庭成员要互相忍让和体谅。最后,夫妇的同心同德、孝顺父母、爱护儿女,可以为下一代做好榜样,这不但能培养他们成为有教养的人,而且也能使一家大小和乐且耽,过着幸福美满的家庭生活。③

接下来是第四伦的朋友关系。教材从人为什么要交朋友以及如何交朋友与交朋友的原则几个方面来阐发"友谊的可贵"。第一,教材引"管鲍贫贱之交"的诗词来说明朋友之间友爱、互助情谊的可贵,勉励学生要珍惜朋友之谊。第二,教材提出人们交朋友可以增广见闻、充实知识,可以增加生活的情趣、提高品德的修养、激发友爱合作的精神以及实践仁爱的道理。第三,提倡人们以"益者三友"作为结交朋友的正确态度,并参考朱熹的解说对此进行了现代性阐发。第四,教材对朋友相处之道也提出了五点原则性建议。一是"交朋友是要获得志同道合的伙伴",不应该看他的出身,更不应专为私利而交朋友,此即古人所说的"朋友当以义合"。二是"朋友之间必须诚恳有礼",只有这样才能促进彼此的感情,增进彼此的友谊,建立良好的关系,此即古人说的"诚敬相待"。三是"朋友之间要讲信用",信用是维持友谊的重要条件,不守信用的人,必定会失去友谊,此即古人说的"朋友有信"。四是"朋友之间要互相容忍和体谅",常常设身处地,为别人着想,此即古人说的"朋友之间贵在相下"。五是"朋友遭遇困难的时候,应该给予安慰及帮助",即古人说的"患难见真情"。此外,当朋友有过失时,我们应当去劝导他,帮助他改过自新,即古人说的"友以辅仁"。④

"君臣关系"作为五伦之一,在近代以来的表现形式是人民与政府(国家)

---

① 《儒家伦理》中三,第 104 页。
② 《儒家伦理》中三,第 104 页。
③ 《儒家伦理》中三,第 105—107 页。
④ 《儒家伦理》中三,第 112—113 页。(引用原文时文字和标点略有改动)

391

儒家伦理在新加坡、马来西亚

的关系。教材对"人民与国家"关系的探究，是站在儒家伦理的立场来论述领袖和人民各自对于国家的职责以及他们之间的关系。以新加坡为例，政府是由新加坡人民选举的政治精英所组成的，他们基本赞同"选贤与能"的贤人政治和"天下为公"的政治理想。作为政治精英，他们认为应该按照儒家文化中的"正己""先之""无倦"等才德来严格要求自己，尽可能地在各方面做好人民的榜样，并为人民服务。对此，教材引用了儒家理想圣王如尧、舜、禹、周公的德风仁政，借以说明政治精英除具备必要的政治才德之外，还必须接受人民的严格考验和现实的种种磨炼。教材说：

> 领袖人物不但要慎重选择，同时还要经过实际的考验，证明的确有能力造福人群，并且受到人民的爱戴，才可以成为领袖。①

上面是从政治领袖的角度来阐发其对人民和国家的责任，那人民应如何尽自己的职责呢？国民应该关心和了解政府的种种措施并对国家尽忠，但不是那种是非不分、对错不辨的愚忠：

> 如果有不同的意见，应该利用正确的途径，譬如通过国会议员或报章，向政府提出来。如果政府的施政对国家有利，我们就应该尽力去响应和支持。人民效忠国家，不仅要奉公守法，而且对社会公益也应该抱着当仁不让的精神，有钱出钱，有力出力，积极地参与。②

此外，无论领袖还是人民，国家的兴衰存亡和每个人都是唇齿相依、休戚相关的，所以"国家兴亡，人人有责"。因此"每个人都要尽国民的责任，做好自己分内的工作，奉公守法，贡献个人的力量和才智，共同建设国家。"③

最后，教材探究了"个人、家庭与社会"之间的关系。这层人际关系已超出传统五伦的范围。由于五伦是"一对一"的私人关系，相对忽视了群己关系，一定程度上造成中国社会团体组织能力或集团生活能力的不发达。这种能力的

---

① 《儒家伦理》中三，第116—117页。
② 《儒家伦理》中三，第119页。
③ 《儒家伦理》中三，第120页。

缺乏被诟病为"一盘散沙"。杜维明认为,"由于儒家所强调的人伦秩序,偏向于个人主义,其流弊是华人大多不适应集体生活,自由散漫是华人社会的普遍特征。然而,现代社会、政治、经济所强调的是群体关系"①。许烺光也提出类似观点。他认为,儒家"以家庭为基础的宗亲团体,发展到每个人都必须对它付出几乎全部的注意力、精力和时间。结果,人们把他扩大、支持和颂扬宗亲团体的工作,放在一切其他事物之前。在这种情形底下,非宗亲、非地区性和以事业为中心的其他群体组织根本无法发展起来"②。李国鼎鉴于传统五伦的不足,倡立第六伦的群己关系。他认为,我们对于个人与陌生社会大众之间的关系,缺乏适当的规范;倡立第六伦的目的在于发展公德。为此可从如下五方面来做:对公共财物应节俭廉洁,以消除浪费与贪污;对公共环境应维护,以消除污染;对公共秩序应遵守,以消除脏乱;对不确定的第三者之权益,亦应善加维护和尊重;对素昧平生的陌生人,亦应给予公正的机会,而不加以歧视。③

时代在进步,社会也在发展,随之而来的是人际关系也变得复杂、多元。如何处理好这样的人际关系,是"个人、家庭与社会"一课要解答的问题。教材从儒家伦理观念出发,对人际关系的处理提出一些原则和道理,供学生学习和参照。

首先,教材按照儒家对个体、家庭、国家之间关系的基本看法,认为个体素质的好坏,对家庭、社会和国家都有直接的影响;也认为个体的修养,是组织家庭、建设国家的基础。因此,作为社会成员的个体都应从学问和道德上提升自己的修养,才能对家庭、社会做出贡献。对此,"在学问修养方面,要立志向学,不断地培养学习的兴趣,努力求进步,使自己成为一个学识广博的有用人才。在道德修养方面,要有积极向上的精神,时时自我反省,诚实不欺,使自己成为一个有教养的君子"④。家庭是介于个人与社会之间的一个组织。个体的成长和教育都是先从家庭开始,所以家庭生活是否幸福以及家人关系是否良好对一个人来说是至关重要的。教材说:

---

① 杜维明:《儒家伦理课程任重道远》,《新明日报》1985年2月4日,第6版。
② 《我对新加坡把儒家思想灌入学校课程借以保存三代同堂家庭的感想》,《星洲日报》1982年5月23日,第3版。
③ 《伦理思想的突破》,第183—184页。
④ 《儒家伦理》中三,第122页。

> 良好的家庭教育,美满的家庭生活,可以培养一个人高尚的品格和乐观进取的人生态度,长大后才能够成为国家的好公民、社会的优秀分子。①

反之,一个缺乏良好家庭教育和家庭关系的青少年,在走向社会后就很容易堕落,甚至走上犯罪的道路,从而成为社会的害群之马。可见,家庭教育对于个体道德的培养、社会秩序的建立都是非常重要的。

个体虽都有其独立性,但又是社会关系存在中的人,所以须学习一些为人处世的道理和准则,来搞好社会人际关系,并在参与社会事务或活动中完成人格。

以新加坡的组屋居住为例,独立前,英国殖民政府是按照族群及其职业来配置房屋土地,这形成了某一种族在一地聚族而居的生活环境。在加强分而治之殖民统治的同时也加深了族群之间的隔阂,造成种族之间的矛盾和冲突。独立后,新加坡政府在规划城市的同时,也摒弃了以前的政策,通过大量的组屋建设把各族群的人民都尽量安排在一起,以增进沟通和交流。随着人们搬进组屋和面对新的居住环境,搞好邻里关系便显得十分重要。孔子说:"德不孤,必有邻。"教材诠释说:

> 我们如果希望有好邻居,自己就先要做别人的好邻居。当邻居需要帮忙的时候,我们就应该尽力帮忙,做到彼此照应,守望相助的地步。②

近年来,新加坡为了建设共同社区,号召基层居民委员会和治安警察,动员组屋区居民共同来推动社区"守望相助"计划。对该计划的具体论述可参考本章第三节相关内容。

一个人步入社会,走向工作岗位要应对多方面的社会关系,如上下级关系、同事关系等。如何处理复杂的人际关系?教材指出,"做上司的要正直无私,爱护下属;做下属的要尊敬上司,听从上司的指示。同事之间,应该诚恳有礼。大家互相信任,团结合作。这样,工作才会愉快,工作效率才能提高"③。

---

① 《儒家伦理》中三,第 123 页。
② 《儒家伦理》中三,第 123—125 页。
③ 《儒家伦理》中三,第 125 页。

此外，人们除了和家人欢聚，在工作之余也需要参与一些社交活动和消闲娱乐来调剂生活。为此，"我们可以从事艺术研究或文娱表演的工作，也可以参加宗教组织、慈善机构、宗亲社团、民众联络所或居民委员会等所主办的活动。通过这些有意义、有价值的工作和活动，与人交往，来扩大我们的生活范围，增加我们的生活情趣，使我们感到人间到处有温暖"[1]。因此，在复杂的社会关系中，人们要合作得愉快，就必须学习和实践"周而不比""群而不党"的相处原则，以建立良好的人际关系。

最后，儒家认为个人的道德修养由孝悌之道的爱亲开始，这样家庭才会美满；然后将经由孝悌之道培养出来的仁爱精神逐步扩展到家庭以外的社会，社会才能安乐、繁荣，从而达到"四海之内皆兄弟""天下如一家"的理想境地。总之，个体人格从自我的修身开始，经由家庭的培养以及朋友的辅助与社会群体的磨炼才能逐步完成，而社会随着每个人人格的不断完善也在进步和发展。

以上对儒家五伦观念的教导和灌输，与政治领袖的积极倡导密不可分。新加坡前总理李光耀曾多次提倡儒家的五种人伦关系，认为这是华族传统价值观和儒家文化的精髓，值得新加坡华人社会传承和发扬。[2] 因为政府的目的是："希望通过儒家伦理思想的灌输，一方面巩固人民的传统价值观；另一方面是希望培养出具有崇高品格的公民。"[3]在提倡和推行儒家伦理的时候，并不是全盘接受，而是以批判的态度选择那些适合新加坡社会的伦理观念和道德准则。如把过去五伦之一的"君臣关系"转化为现时代"人民与国家（政府）"的关系。对此，教材也运用权利与义务的现代观念来诠释"人民与政府"之间的关系，这既是对五伦观念"相对性"精神的继承，又是对传统五伦观念的创造性诠释。

三、仁智勇义礼信

教材选取了儒家伦理中重要的六个德目，分别是仁、智、勇、义、礼、信。六

---

[1] 《儒家伦理》中三，第 125 页。
[2] 见《向下一代灌输东方价值观》，新加坡宗乡会馆联合总会、新加坡中华总商会编：《李光耀谈新加坡的华人社会》，新加坡宗乡会馆联合总会，1991 年，第 101 页。《母语价值观加强自信》《恪守五伦奉养父母》，参见《李光耀 40 年政论选》，现代出版社，1993 年，第 384—387、399—401 页。
[3] 刘慧慧：《国外儒家学者在新加坡推动儒家思想的报章言论分析（1982—1986）》，新加坡国立大学中文系荣誉学位毕业论文，2000 年，第 9 页。

德在中国古代社会,乃至近代社会都被提倡过。如孔子说:"知者不惑,仁者不忧,勇者不惧。"子思将之称为"三达德"。后来,孟子在此基础上又提出"四端"(四德),即仁、义、礼、智四种善端或德行内在于每个人的天性之中。汉儒在"四德"之外又加入"信"德,是谓"五常"。王充说:"五常之道,仁、义、礼、智、信也。"[1]此后两千多年,四德、五常作为儒家伦理的核心德目,一直是传统社会人们普遍恪守的道德价值。即便到了近代,中国政府也不断提倡并推行这些美德。如民国时期北洋政府以"孝悌忠信礼义廉耻"八德作为立国之本,又如南京国民政府也以"四维"(礼义廉耻)、"八德"(忠孝仁爱信义和平)作为国民主要道德。

以上,儒家所提出的四德、五常等德目,主要是围绕如何成就君子人格这个中心来展开的。在以四德、五常为主的儒家伦理道德观念中,"仁"无疑是最核心的。在儒家看来,仁是人生修养的最高境界,也是一切道德的根源,同时也是包含并统摄智、勇、义、礼、信等一切德目的全德。[2] 教材从人的本性、自我修养以及与人交往等三个角度来理解仁,认为孔孟儒家所讲的仁是"人人天生具有的本性,它的具体表现是在自爱和爱人两方面"[3]。其实,仁除了表现为自爱和爱人,也有爱物的层面。仁的这种表现符合人类社会"爱由亲始"的伦理实践逻辑,仁爱的实践必须以爱亲、孝亲作为始基,然后推恩扩充此爱亲之道去爱他人、爱人类,进而爱万物,这也就是孟子所说的"亲亲而仁民,仁民而爱物。"蔡仁厚将之称为"天伦爱""人类爱""宇宙爱"。[4] 实践仁并能够完善地体现仁德的人就是仁者,仁者作为我们做人的典范,有四点值得我们效法:一是仁者不愿有非分的财富和物质享受;二是仁者有强烈的正义感;三是仁者肯为别人设想;四是仁者不求生以害仁。[5]

分疏来看,儒家也有重智的精神。孔子说:"知者不惑。"孟子说:"是非之心,智之端也。"教材结合时代特点和现实问题,从知识、技能和智慧三个方面对"智"作了阐发。儒学既有使人博学多识的一面,也有让人掌握生存技能的

---

[1] 黄晖:《论衡校释·问孔》,中华书局,1990年,第408页。
[2] 陈淳说:"仁者,心之全德,兼统四者。""孔门教人,求仁为大。只专言仁,以仁含万善,能仁则万善在其中矣。"见陈淳:《北溪字义》,中华书局,1983年,第22、25页。
[3] 《儒家伦理》中四,第10页。
[4] 蔡仁厚:《儒学传统与时代》,河北人民出版社,2010年,第18页。
[5] 《儒家伦理》中四,第12—13页。

第八章　新加坡政府对儒家伦理的弘传与推行

一面,更有教人为学修身的一面。总的来说,儒学所求的知识虽极广泛,但基本属于道德知识,它力求"知行合一"。教材说:

> 一个学有专长但却人格卑下的专家,固然为儒者所看不起,一个心地善良但却毫无文化水平的好好先生,也不为儒者所赞扬。儒家认为:只有品学兼优的人,才是值得效法的好榜样。[1]

这对当今社会只看重个人专业知识技能的学习,而忽略其自身道德修养的实践,所导致的诸如利用专业知识为自己谋私利,甚至危害国家安全等社会问题有着重要的警示作用。这说明专业知识一旦和为人处世的道理相脱节,其贻害将是无穷的。由此我们便不难理解儒家"尊德性所以道问学"的道理,在今天仍有深长的意义和指导人生的价值。

儒家的"智"除了客观知识的探求,也包括技能、技艺的训练。孔子一生学习并掌握了很多生存技能,故"多能而鄙事"。教材说:

> 要解决人生问题,必须依靠知识,也必须依靠由实践而获得的技能,所以我们读书,特别是读古代圣贤留给我们的书,应该加以实践,才真正切实有用。[2]

智者,除要具备渊博知识和精熟技能外,还需有高深智慧。这意味着既要有自知之明,也要能知人任事,这样才能在解决人生问题以及处理复杂的人际关系时表现出不惑、明辨是非、审时度势、应对自如的能力。总之,儒家认为"知识要渊博,博才能像金字塔一样,为自己的学问打下坚实的基础;技能要精熟,熟才能生巧,才能使生活达到艺术化的境界;智慧要高深,有了高深的智慧,才有自知之明,才能知人任事"[3]。

以上我们论述了"三达德"的仁、智两个德目。下面接着阐述儒家的"勇"德。孔子说"勇者不惧",即什么都不害怕、敢做敢为是勇者的一个特点。但

---

[1] 《儒家伦理》中四,第16页。
[2] 《儒家伦理》中四,第17—18页。
[3] 《儒家伦理》中四,第20页。

是,孔子对子路勇敢行为的评价却是"无所取材"。因为冲动无礼的勇只会引发祸乱,其结果必然是害己害人。可见,勇并不是一般冲动任性而为的血气之勇,这只能算是匹夫小勇。那什么才称得上是大勇呢?孔子说:"仁者必有勇,勇者不必有仁。"又说:"见义不为,无勇也。"可知,儒家所欣赏的勇,是有仁义(智)精神的一种大勇。在儒学史上,最能继承孔子思想精神的是孟子,如他对小勇、大勇的具体辨析和精辟阐发。孟子与齐宣王关于勇的一段对话,最能说明以道德(仁)转化小勇为大勇的问题。① 教材引此旨在说明:

> 我们应该把这种血气之勇,转化成道德之勇。换句话说,就是应该在道德的指引下,充分发挥勇的气魄,养成一种具有道德性的大无畏精神,使它成为一股生命的力量。这种道德之勇,孟子称它为大勇。大勇才是儒家所要培养的勇。②

如何培养这种大勇,孟子提出著名的"浩然之气"说。这种浩然之气是靠平时不断实践仁义德性逐渐聚集、培养起来的,它体现出的是种最伟大、最刚正、最充沛而又坚韧不拔、百折不挠与无所畏惧的道德勇气,孟子称之为"大丈夫"。孔孟所说的"成仁""取义",就是大丈夫或大勇之人在生死义利两难抉择情况之下对人生价值和生命意义的崇高诠释。由此可见,儒家非常重视勇,认为它是践行道德、实现理想不可或缺的素质。一个人要把仁和智的修养付诸行动,就非有勇不可。③ 只有具备仁智勇三种美德的人才称得上是真正的君子。

仁和义,是儒家伦理中最为重要的两个德目。"成仁""取义"是孔孟伦理思想中的核心观念。孟子在孔子论仁的基础之上将仁义并举,更以"义利之辨"严判人禽,同时以"仁义礼智"来阐发其"四端"说。首先,对于义的意义,教材从文字训诂的角度做了简单介绍。其次,教材引"四端之说"和"人禽之辨",既用以阐发"义的自觉"对于为人的重要性,又令人通过"义的自觉"来扩充"几微"之心并以此来严判"人禽之别",进而彰显人之为人的尊严和高贵。再次,

---

① 孟子通过赞赏文王的道德大勇来批评齐宣王的匹夫之勇(小勇),借此引导并转化其小勇。参见《孟子·梁惠王下》。
② 《儒家伦理》中四,第24页。
③ 《儒家伦理》中四,第25—26页。

第八章　新加坡政府对儒家伦理的弘传与推行

教材引用孔孟对"义利之辨"的相关论述，通过富贵、贫贱和生死三个人生关口来阐释"义的考验"。教材教导学生应该努力做"见利思义"的君子，而不应为"见利忘义"的小人。

古代中国素有"礼义之邦"的美誉，可见"礼"是中华文化中最具标志性的文化元素。不仅如此，礼也是儒家文化中的一个重要德目。作为德目的礼，它有着极为丰富的内涵，在修身、待人、处世、治国等方面发挥着重要作用。首先，教材从广义、狭义两个层面，对礼的含义做了论述。教材指出，"狭义的礼是指礼仪、礼节和礼貌；广义的礼，包括所有的法令、规章、制度、风俗和文化。我们通常所讲的礼，是指礼仪、礼节和礼貌。一切社会上的风俗习惯和众所公认的社交规矩，例如婚丧仪式等，都属于礼仪、礼节这一类。至于礼貌，那是人与人之间交往的态度和必须有的一些行为准则"[1]。其次，教材认为，"礼仪、礼节或礼貌，都有沟通人类情感，使人类能够和平相处的功能"[2]。又说，礼在使社会和谐有序方面发挥着重要作用。积极方面，礼可以"指导我们怎样与人交往，我们遵从礼的指导，便可以和人融洽相处，生活也就舒畅愉快"；消极方面，礼能"节制我们不礼貌的行为，使我们的言行不至于越轨"。[3] 对于礼的社会功用，蔡仁厚的观点值得引述于此。礼是一种人文教养，可以陶冶国民的品性；礼有化民成俗的作用，可以培养人们的礼让之风；礼引导人们崇尚信义，有救济功利之弊的功用；礼劝导人们敬业乐群，有促进社会和谐进步的功能。[4] 再次，教材结合时代精神提出礼在实践中应注意的三项原则：一是礼应该从真实的情感出发，行礼是发自内心敬意的表现；二是礼不是"单程交通"，而是"双程交通"；三是礼的形式可随时代、环境的不同而改变，但礼的精神是永远不变的。[5] 复次，教材引用《论语》《礼记》中的相关文献，论述了礼与仁的关系，认为"仁和礼两者之间，有着密切的关系；仁是礼的根源，礼是仁的外在表现；礼必须要有仁的支持，而仁的精神，又必须通过礼来表现"[6]。此外，礼也需要以义为准则。蔡仁厚认为，"有了义作为礼的准据，人就能主动自发地依循'事理

---

[1] 《儒家伦理》中四，第35页。
[2] 《儒家伦理》中四，第35页。
[3] 《儒家伦理》中四，第37页。
[4] 《儒家思想的现代意义》，第158—162页。
[5] 《儒家伦理》中四，第39页。
[6] 《儒家伦理》中四，第38页。

之当然',以为其'人事之所当为'。所以循礼而行,也就是由义而行"①。最后,教材引用"道之以政,齐之以刑,民免而无耻;道之以德,齐之以礼,有耻且格"来阐发礼与法的作用及其不同。教材认为,礼和法的最大不同就体现在:"礼有开导和教育作用,而法只是一种消极的制裁条规。此外,礼是发自内心的,是自动自发的;而法是外在的,是强制性的。"②当然礼和法的关系不仅不是相互对立的,而且是相辅相成的。教材又指出,"一个国家,礼和法配合着施行,使得人民都讲礼守法,才能建立井然有序的和谐社会"③。对伦理与法治的关系,熊玠研究指出:

> 法治是一种基础,伦理是要作为平衡,良心不全是可靠,伦理不一定行得通,因此必须配合法治来推行。伦理与法治的相配合,才不致被小人利用漏洞来作恶。伦理是要使人没有被迫的想法,做事是以荣誉为念,而不是法律的关系,这样才能显出其可贵。④

以上分别论述了五常德之中的仁、义、礼、智、勇。最后再来看"信"德。教材分别从信的含义,信在人际关系中的地位,以及信与诚、智、义之间的关系等几个方面来诠释"信"。首先,教材引用《论语》中有关"信"的言论来阐述信的意义。从个人来说,信是立身处世的基础,所以我们不可以不守信用。信用,简单来说,"就是一方面自己对朋友要重诺言,另一方面还要使朋友对自己有信心"⑤。从家庭关系来说,"信对维持父子、夫妇和兄弟间和谐关系来说,也很重要的"。从交朋友来说,"需要彼此以诚信相待,这样友谊才得以长久维持"。由此可知,"人与人的和谐关系,也全靠信来建立,可见信是人际关系中的重要美德"。⑥ 其次,教材探究了信与诚的关系。"诚信"大概出自《孟子》,用以表彰人的高尚美德。但对两者的关系却少有人注意。教材引用《礼记·大学》"心诚求之,虽不中,不远矣"来阐发诚的基本含义,认为诚是一切行为的

---

① 《儒家思想的现代意义》,第153页。
② 《儒家伦理》中四,第40页。
③ 《儒家伦理》中四,第40页。
④ 《推行儒家思想应有的选择》,《星洲日报》1982年7月4日,第1版。
⑤ 《儒家伦理》中四,第44页。
⑥ 《儒家伦理》中四,第45页。

原动力,有了它,做任何事情都能贯彻到底,达到成功。人要建立信用,就一定先要做到真诚不欺;有真诚,守信才不会勉强,可见信必须建立在诚的基础上。再次,教材引用《论语》《孟子》中的相关文献讨论了信和智、义的关系。教材以"始吾与人也,听其言而信其行;今吾与人也,听其言而观其行"为据,认为在愈来愈复杂的社会生活和人事关系中,需要靠智来判定,也需要依据义来衡量别人的言行究竟能不能信赖。同样的,自己的言行,也要靠智和义来决定是不是应该讲信和守信。最后,教材认为,安居乐业、敬业乐群是我们每个人共同的美好愿望。儒家说要实现这个愿望,人们应该坚信每个人都可以通过修身使自己的人格逐渐完美,以及宇宙对人类有恩,宇宙万物和我们人类是一体相关、密不可分的关系。基于这样的信念,"我们便可以经常保持乐观的心境和态度,并发挥奋斗创造的精神,使生活充实而有意义"[①]。

以上笔者分别论述了教材对仁、智、勇、义、礼、信六个德目的诠释。简言之,它可以这样来表达:仁是爱之理,智是知之理,勇是刚之理,义是宜之理,礼是敬之理,信是实之理。若从心德之发用流行来说:仁是心之全德(天理)生生不息流行处,智是心之是非决断处,勇是心之勇猛刚强处;义是心之合理适宜处,礼是心之辞让恭敬处,信是心之诚实不欺处。总之,仁作为儒家伦理的核心德目,它包含并统摄其他诸德。因此,我们可以说,"一个仁者,就是一个具有同情心的人。他不但爱己、爱人,而且对天地万物,都充满着爱心。同时,他有智慧、有道德勇气、有正义感,而一切行为表现又都是有礼和守信的"[②]。

第二节　家庭对伦理道德观念的承传

新加坡长期以来把道德教育当成系统工程来抓,一面大力在学校推行宗教知识与儒家伦理教育,另一面也呼吁家庭和社会积极配合学校的道德教育。正如新加坡教育部政务次长何家良所说:"在学校中教导儒家思想是不够的。我们还需要家庭和社会的合作,以贯彻儒家思想,使学生能够在言行一致的社会行动中领会儒家的要义。"[③]

[①] 《儒家伦理》中四,第47页。
[②] 《儒家伦理》中四,第7页。
[③] 《立德传心堂十周年纪念特刊(1972—1982)》,立德传心堂,1982年,第4页。

前面,我们主要是从教材灌输的层面来谈学生的道德培养问题,但是学校的伦理教育也需要家庭以及社会各方面的密切配合才能切实有效。以学校教育与家庭教育的关系来说:一方面,家长在做人处事方面是否为孩子扮演了道德榜样的作用;另一方面,学生所学习的道德规范和行为准则在家庭里能否很好地实践。这两方面是相互影响和相互作用的。良好的家庭教育与和谐的亲人关系有利于学生将学校所灌输的道德观念付诸实践;同理,学生在学校所受的道德教育熏陶也有助于家庭关系的和谐。所以,自20世纪70年代起,新加坡的政治精英就多次在重要场合强调家庭道德教育对培养子女正确价值观的重要性,希望在不久的将来使新加坡成为一个优雅社会。这是新加坡政府推行家庭道德教育的一个重要原因。

另一原因是,家庭教育若搞不好就会引发系列社会问题。现代化过程中,产生了如三代同堂家庭面临崩溃、青少年犯罪事件日益严重、成人遗弃年老父母、青年离婚率上升及人际关系冷漠紧张等问题。可见,这些社会问题的产生和家庭环境是否和谐、家庭教育良好与否都密切相关。

鉴于上述原因,新加坡政府觉得在继续保持经济快速发展的同时,也应提升国民的道德素养,使新加坡成为一个懂礼貌和有教养的国家。因此,除了在学校推行宗教知识和儒家伦理外,也需要在家庭里面倡导敬老孝亲精神以推动孝道的实践,同时推行三代同堂的组屋计划来稳固社会基本组织和凝聚社会力量,以及建议女性婚后放弃工作十年来专心教育小孩等一揽子家庭教育议题。甚至,政府还准备动用立法手段来解决奉养老人的社会问题。这些议题引起了包括官员、学者、老百姓在内的社会各阶层人士的广泛讨论。以下就从这几个层面来论述家庭道德教育与儒家伦理的关系。

首先,政府为了巩固新加坡以往稳固安定的社会秩序,开始大力提倡家庭伦理道德观念。20世纪70年代末,宗乡会馆等民间社团为了响应和配合新加坡政府对道德教育的实施,推出"敬老"主题活动,倡导人们发扬并实践孝亲、敬老等伦理道德观念。

新加坡发展部部长郑章远,在出席荣阳堂郑氏公会祭典时说:"敬老尊贤,孝顺父母,是我们亚洲社会的一种优良传统,这种传统精神值得我们加以发扬。"[①]

[①] 《郑章远部长说敬老尊贤孝顺父母是东方文化优良传统》,《星洲日报》1979年9月15日,第39版。

第八章　新加坡政府对儒家伦理的弘传与推行

新加坡交通兼劳工部部长王鼎昌,在主持"敬老周"活动时,促请家长和教师努力合作,通过道德教育,帮助年青人培养尊敬和关怀长辈的社会风气。同时,他也希望老年人也应多体谅现代年青人的社会压力和心理负担。王部长又说,现代的年青人也要面对更多的困难,要承受更大的社会压力,因此老年人有时候也要体谅一下年青人的心境。只有互相尊重,互相谅解,我们才能期望创造一个互相关怀,谦恭有礼的社会。[1] 新加坡前总理李光耀,也在多个场合向华人社会强调五伦观念及三代同堂家庭结构对社会的安定和繁荣的重要意义。

第一,恪守五伦可以使社会稳定有秩序。在新春献词上,李光耀发表了"恪守五伦,奉养父母"的讲话。他以拜年为例,阐释华人社会对五伦关系的重视。他说:

> 到了元旦,家族中的年轻一辈都到长辈家里拜年:先向祖父母、父母、叔伯、姑婶、姨舅等拜年,然后向同辈,即兄弟姐妹、堂兄弟姐妹、表兄弟姐妹和其他亲戚拜年,接下来才向朋友拜年。这种礼仪次序源自儒家的五伦教诲。五伦的次序是君臣关系、父子关系、夫妻关系、兄弟姐妹关系和朋友关系。五伦里的权利和义务得到适当的遵循,社会就会有秩序和稳定。[2]

五伦关系中称呼的不同对应了权利和义务的不同,这种相对性的伦理关系其本质是尽己之责和互以对方为重,绝非单向服从的绝对义务,所以它完全可以配合现代性的权利与义务观念。

第二,家庭结构的稳固使人们有更强的生存应对能力,也保障了人类文明的不断延续。李光耀说:

> 家庭这个基本单位的巩固团结,使华人社会经历 4 000 年而不衰。这是一个在延续方面很独特的文明。尽管经过水灾、饥荒、火

---

[1] 《王鼎昌部长为"敬老周"主持开幕,促家长和教师合作,帮助年青人培养尊敬和关怀长辈的精神》,《星洲日报》1979年12月3日,第27版。
[2] 新加坡宗乡会馆联合总会、新加坡中华总商会编:《李光耀谈新加坡的华人社会》,新加坡宗乡会馆联合总会出版,1991年,第70页。

灾、瘟疫、战争和地震等的蹂躏摧残，这个文明还是继续绵延不绝，保存原来的形式。每次发生灾祸后，人们振作精神，拍去身上的尘埃，清除劫后的瓦砾。他们认识到对彼此，对家庭应尽的义务，知道亲友之间的权利和义务，遵行他们应尽的职务，而享受臣民的权利。……这些亚洲传统和价值观念使我们的祖先能在恶劣的环境里生存。[①]

　　在人类文明进程中，一个国家可因战乱或革命经历多次政权更迭，但作为文明单元和社会基石的家庭（家族）往往以其强劲而又柔韧的生存能力，证明它不会随着政权而变得不稳固，其中道理耐人寻味。

　　关于家庭在延续人类文明上的贡献，吴德耀先生的观点值得注意。吴德耀是新加坡推行儒家伦理教育时，政府批准并任命的儒家伦理委员会主席及东亚哲学研究所理事兼所长。[②] 他在回答中国文明的寿命之所以能够长久不衰且依然充满活力时，从三个方面作了解释，其中一条便和中国人的家庭相关。他说：

　　中国视家庭为社会国家栋梁的人生价值观。几千年来，中国常有强烈的内忧外患，但中国人的家庭经过了不知多少次流离患难之

[①] 新加坡联合早报编：《李光耀40年政论选》，新加坡报业控股华文报集团，1993年，第400—401页。

[②] 杜维明曾评价这位曾经的业师——吴德耀教授是位"通过身教、讲习、笔耕和心传，把儒家伦理的因子播种在星洲的人师"。由吴德耀教授领导的"新加坡儒家伦理思想委员会"于1982年7月28日成立。这11人的团队除主席吴德耀教授外，其余人员有：副主席刘蕙霞，秘书周经宛，委员魏维贤博士（国大历史系）、苏新鎏博士（国大中文系）、杨瑞文（课程发展署）、冯荣发（新国家午报）、苗耀华（时报集团）、钟文苓（南洋商报）、黎德源（星洲日报总编）、范经（教育学院）。该会制订的七大职务纲领是：一、和外国的专家学者合作，以制订出详细的儒家道德教育大纲，并列出将教导的课题。二、和外国的专家学者合作，写出各项课题的内容概要，以协助课本编写者编订教材。三、组织与推行公众对有关课题的辩论。四、与外国专家学者联络，安排他们访问新加坡的活动节目。五、向教育部提呈儒家教育课程大纲的最后草案，让当局批准。六、向新加坡课程发展署提出批评与建议，以改进他们的教材。七、为教导有关新教材教师的专业训练计划提供意见。见《儒家伦理思想会员会正式成立》，《星洲日报》，1982年7月29日，第1版。成立于1983年6月的东亚哲学研究所，在所长吴德耀教授的管理下，吸引了国际上一批知名学者来此从事与儒家伦理相关的学术研究。这些学者中有从事专职研究的，如英国汉学家A. C. Graham、美国威斯康星大学教授林郁生、香港中文大学教授刘述先、韩国学者徐文祥等。此外，还有其他学者亦曾在研究所进行研究工作，包括戴琏璋、翟志成、李泽厚、王守常、冯耀明、古正美、刘国强、金春峰、陈金生、陈俊民、吴光、王心扬等多人；还有一些作短期研究或访问的学者，如狄百瑞、陈荣捷、蔡仁厚等。参见《宣尼浮海到南洲：儒家思想与早期新加坡华人社会史料汇编》，第250页。

第八章 新加坡政府对儒家伦理的弘传与推行

苦,终究犹能从头做起,再成家立业,为子子孙孙谋幸福。朝代亡,但家永存,这是中国文明的特征。家庭是保留中国文明及文化的活图书馆,真是珍贵的国家之宝,可谓国家之一维。

同时,他认为家庭在培养和塑造伟大人格方面的贡献是不可磨灭的:"家庭是伟大人格的培养所。故此,有孟母才有孟子,有岳母才有岳飞,有史母才有史可法。"①

第三,家庭承担着抚育后代及传承价值观的作用。李光耀说:"我国的家庭结构坚固,具有抚育下一代、继往开来的巨大潜力。家庭把社会价值观念用潜移默化,而不是正式讲授的方法,传给下一代。"②可见,传统家庭结构既有传宗接代、延续人类生命的功用,又有代际抚育传承文化慧命的功能,人类社会和文明通过家庭结构展现出无限的生机与活力。因此,李光耀多次强调要不惜一切代价维护和巩固三代同堂的家庭结构,以避免其在现代化过程中的分裂或消失。他说:

> 家长们应向下一代灌输东方价值观,使我国具有足够的凝聚力,保持过去三十年的繁荣与进步。东方传统强调家庭关系,强调个人对父母与下一代的责任,这加上东方人刻苦耐劳的精神,是我们取得今日成就的最重要因素。③

李光耀又认为,在家庭伦理道德教育中,母亲扮演着不可替代的角色,具有重要地位。因此他建议新加坡学习现代化程度高且社会结构稳固的日本,希望女性能效法日本妇女在婚后停止工作十年用来专门培养和教育下一代,并给子女灌输传统的家庭道德价值观,以便能继续保留使新加坡社会发展所需要的冲劲和动力。他说:

> 我们也许会像日本一样,让妇女婚后停止工作约 10 年,以便在

---

① 吴德耀:《政治历史文化古今谈》,胜友书局,1987 年,第 66 页。
② 新加坡联合早报编:《李光耀 40 年政论选》,新加坡报业控股华文报集团,1993 年,第 404 页。
③ 新加坡宗乡会馆联合总会、新加坡中华总商会编:《李光耀谈新加坡的华人社会》,新加坡宗乡会馆联合总会出版,1991 年,第 96 页。

家里尽心培养、教育下一代。……如果我们失去了维系一个家庭的深厚道德观念,我们在20世纪90年代将有个完全不同的社会,不能像过去一样面对逆境。……造就今日的新加坡的那种冲劲和推动力,是来自主要受华文教育的一群人。……我们如果要维持这种冲劲、推动力,我们的人民便须具有正确的哲学和对生活的态度。……而过去,教师正是通过这些课本灌输学生一种对生活的哲学和态度,并在家里经由母亲、祖母等的潜移默化而得以加强。①

新加坡政府官员钱翰琮也强调父母在家庭教育中的责任。在主持某中学义卖会上,他首先指出,处在竞争性的社会,成就、价值都受到极度的强调,新加坡人常表现得太过现实及以自我为中心。为此他又主张,家长应向子女灌输正确价值观。最后他说,为了自己,也为了子女,家长理应鼓励子女积极参与社区工作,多参与社区工作,少专注于个人利益,整个社会才是幸福的社会。②

此外,新加坡政府推行三代同堂也有社会和经济上的考虑。李光耀说:

> 我们要保留三代同堂的家庭,还有另一个迫切的理由,简单说来就是:如果任由三代同堂的家庭分裂,我们就没有足够的土地兴建所需的组屋。……我们没有足够的土地,使我们无法仿效这种把年老的祖父母留下来独自生活的时髦做法。不论我们在多层组屋生活的结果使我们的生活方式变得多么不同和时髦,我们也必须安排让一个已婚子女和父母同住或把父母接过去和他们同住。建屋发展局将给三代同堂的家庭在配屋方面有优先权,因为这是解决年老父母问题的最好办法。③

由此可知,政府推行三代同堂的家庭结构,既有灌输伦理道德价值观的考

---

① 《李总理指出也许我们会像日本一样,妇女婚后停止工作10年专心培养和教育下一代》,《星洲日报》1982年2月8日,第3版。
② 《钱翰琮次长吁请家长向子女灌输正确价值观》,《星洲日报》1982年4月5日,第4版。
③ 新加坡联合早报编:《李光耀40年政论选》,新加坡报业控股华文报集团,1993年,第404—405页。

虑,也有解决社会养老问题的考量,同时又有解决土地资源合理配置的打算。

新加坡政府为了巩固三代同堂家庭结构和倡导家庭伦理价值观,除以上努力外,甚至通过立法行政及经济手段来解决老人奉养问题。这些举措一度引发人们的热议,正反两方面的意见并存。

先来看人们在立法行孝上所持的观点。媒体报道称:

> 几年前,我国政府曾提倡并鼓励成家的子女与父母同住,同时采取实际行动来支持,如扣除所得税,以及改良国家发展部所建立之组屋,以适合"三代同堂"之需求。我相信大家都认为这是合时而无可非议的措施。我国李光耀总理在新春献词中指出:我们有必要立法规定子女照顾或供养年老的父母,子女奉养父母,这是天经地义的;这种东方传统的美德应加以保持,甚至发扬光大①。

对新加坡政府的这一重大举措,论者奚佩表示支持和赞成。为此,她对政府通过立法来推行孝道的原因做了以下分析。她说:

> 正当我们的社会日益受到西方的影响时,许多年轻一辈都受到欧风美雨的熏陶,对于儒家所提倡的孝道美德逐渐地消失了,而对供养年老父母的忽略便是其中之一,为了鼓励年轻一代与父母同住在一起,甚至负起反哺之恩,我国政府有必要立法规定子女照顾或供养年老的父母。②

笔名小钉儿的公民对政府这一举措虽表示赞同,但认为只能治标不能治本,同时对如何立法来解释和实践孝道表示疑虑和担忧,不过也提出了自己的建议。他说:

> "立法规定子女照顾或供养年老父母",笔者赞同这样的做法,虽然它是消极、治标不治本的方法,但立法正如与建造养老院或安老院

---

① 奚佩:《从立法奉养父母谈到孝道》,《星洲日报》1982年2月10日,第23版。
② 奚佩:《从立法奉养父母谈到孝道》,《星洲日报》1982年2月10日,第23版。

一样,若是因它只是治标而不去实施,那么老人问题将会更严重化,老人无处可以栖身了。治标对于解决问题固然是不够,但至少令它不至于恶化。……因此,笔者认为,现阶段以立法来治标是需要的。主要的关键不是立法行不通,而是应当如何去立这一条法律。笔者觉得,立法的治标目的,也不能在物质上提供老人们的所需,是不可能达到在精神上照顾老人,因为那些不孝子女连供养都想省起来,根本上无法立法要他们照顾。①

对于立法强制行孝可能会引起危害老人生命安全的后果,他在担忧的同时也提出了一些对策。他说:

因此在立法时,也该仔细研究这一问题,不好让父母在立法制度下生命失去保障。笔者有一建议,即如扣除公积金一样,直接将子女的薪金中扣除一部分供养父母的数额转入父母的户口。老人问题,无论是治标或治本,我们都应该认真考虑去实行,立法是治标,却是让我们这一代引以为惕的,要清除带到耻辱的法律,国人们,多照顾自己的父母吧!法律自然是会消除掉。②

以上两位公民大体上赞同和支持政府通过立法方式来奉养父母,但也有人持不同意见。一位华中初级学院的教师认为,奉养父母自古以来就是天经地义之事,忠、孝、礼、义是华人的道德观念。要立法奉养父母,无论如何是说不过去的。③ 除了学者参与讨论外,由居委会、宗乡社团和教师社团联合主办的一些以"立法奉养父母"为主题的辩论赛,也促进了人们对实践孝道和奉养老人问题的关注和思考。

政府推行三代同堂家庭结构同样引起了人们的广泛关注和热烈讨论。与立法行孝比起来,三代同堂所要处理的人际关系显得更为复杂,因为它不仅是年老父母与子女的关系,更涉及婆媳关系、婆孙关系、丈夫与婆媳的关系等,其

---

① 小钉儿:《也谈立法奉养父母》,《星洲日报》1982年2月11日,第19版。
② 小钉儿:《也谈立法奉养父母》,《星洲日报》1982年2月11日,第19版。
③ 苏颖:《也谈"立法奉养父母"》,《星洲日报》1982年2月16日,第4版。

第八章 新加坡政府对儒家伦理的弘传与推行

中尤以婆媳关系最为复杂。① 面对这些问题,学者们持不同观点。撰稿人白裕荣对新加坡政府立法行孝的举措表示赞同,认为它有裨世道人心。但也认为,道德教育的培养也必须从家庭教育、学校教育以及社会教育等层面来推动和展开。与此同时,他认为要维持三代同堂和一大家人愉快生活在一起,必须实践以下六个方面的内容:②一、发扬道德伦理,把它注入国人的脑海中。二、丈夫要与鲁仲连媲美,把琐屑的争执化小成无,调和妻子与父母之间的矛盾,使永远和睦,互相体谅与了解。三、社会福利对有孝独生的失业者,尽快给予帮助与鼓励。四、居民委员会到处举办具有启发和教导意义的孝顺运动,张贴敬老尊贤的标语,发人深省、自我检讨。五、学校图书馆多购置一些有关伦理道德的图书,作为课外精神食粮给学生阅读。六、批评享受主义,鼓励脚踏实地。

论者韦之发表了自己对政府提倡三代同堂的观点。他从三代同堂这一古老传统产生的时代背景以及当时新加坡社会西化后流行的价值观来作比照,指出政府立法行孝和鼓励三代同堂用意良好但也有弊端。就用意来说有两方面:其一,要人民不忘孝道,同时负起奉养和照顾父母的人类天职;其二,父母也可以帮助子女解决生活上的难题。就弊端来说也有两点:首先是居住环境问题,其次是代沟问题。不过,弊端可通过家人的谅解、忍让得到有效的沟通和解决。③

综上,家庭伦理价值观通过政府、学校、家庭、学者、民间等多元互动,于1993年由13人组成的家庭委员会在广泛收集民意的基础上,最终拟定出"家庭价值观"。其内容包括五个方面,即亲爱关怀、互敬互重、孝顺尊长、忠诚承诺以及和谐沟通。后来,该委员会把这五项家庭价值观归纳为爱、敬、孝、忠、和,简称"五德"。④ 需要注意的是,五大家庭价值观作为新加坡的共同价值观也可以从新加坡其他民族如巫族、印族的传统文化角度来做出相应诠释,而不

---

① 有位蔡吼先生撰文认为,三代同堂矛盾的产生,主要的燃点在于婆媳之间的矛盾,而在婆媳矛盾中,媳妇是主角,婆婆是配角。引起这矛盾的原因主要是她们之间只有外在的感情,没有内在的感情。如何解决这一矛盾,他从媳妇、丈夫、婆婆三个层面提出解决之道。见《我对三代同堂的看法》,《星洲日报》1982年9月11日,第31版。
② 白裕荣:《从政府立法行孝谈起》,《星洲日报》1982年2月4日,第21版。
③ 韦之:《三代同堂虽好弊端也得重视》,《星洲日报》1982年2月10日,第36版。
④ 王永炳:《公民与道德教育:世纪之交的伦理话题》,新加坡莱佛士书社,2000年,第66—67页。

应只当成华族传统文化的"专利"。

第三节　社会对伦理道德观念的弘传

从大的方面说,新加坡推行道德教育,目的是要建立一个人人都懂礼貌、讲道德、有人情味、有文化教养的优雅社会,以保障物质文明和精神文明的健康平衡发展。从小的方面看,中学开设的宗教知识和儒家伦理课程是为了给学生灌输优秀的传统价值观,帮助学生培养正确的、积极的人生观,使他们能过有意义的生活;家庭的道德教育是为了教导年青人养成敬老尊贤的风气和维护三代同堂的家庭结构,也有安定社会秩序的目的;社会的道德教育涉及范围较广,包括守望相助计划、礼貌运动及华语运动、各类社团文化活动等。以下就依次来分析这些社会道德教育的内容、目的及与儒家伦理的关系。

一、社区守望相助计划

社区守望相助计划,直接目的在于防止犯罪行为、保障社区安全;深层目的则是帮助组屋居民建设人性化的共同社区。下面就来分析在新加坡政府推动下,由警民合作参与的社区守望相助计划的实施原因、主要内容、主要目的、实践方式和精神宗旨。

在展开分析之前,有必要对新加坡建国前的居住情况做简单说明。英国殖民政府为了统一有效地管理属地的"子民",采取分而治之的方式。首先,按照种族将各族人等严格分到不同区域。其次,又以各种族的阶层、财富、职业等再次划分。这样,每个族群只能在自己所属的区域内建筑房屋,对此,英国殖民政府除了收取相应的土地税外,并没有明确和统一的城市规划,这造成了房屋居住的混乱。此后,新加坡经历了由自治到独立,再到现代化的过程,其中都市化又是现代化的必然要求。面对此前的烂摊子,新加坡政府对城市建设做了长远规划,房屋建设局打破原来以各个族群为居住单位的封闭住屋方式,将全岛划分成若干个区域,实施规模化的组屋区房屋建设计划,这样可以把新加坡各族人民整合到一起,有助于增进对彼此的了解,消除种族之间的摩擦和冲突。

随着新加坡都市化进程的加快,以及经济发展上的更高要求,新的城市组屋居住方式取代了以往的生活方式。随之,人们的生活方式、价值观念、居住

第八章 新加坡政府对儒家伦理的弘传与推行

环境等都与以前有显著不同,其中一个主要变化就是人们容易变得自私和自利,人际关系变得疏离和冷漠,人与人之间缺少应有的关怀和宽容。这对于那些刚搬进新的组屋区居住的居民来说尤其如此,在这种情形下就很容易诱发犯罪事件。据报道,新加坡"在 1979 到 1980 年的两年间,犯罪案件不断增加。每 10 万人计的行劫犯罪率便分别增加了 24.66% 及 18%。大部分罪行是抢劫、入屋行劫及偷劫"[1]。另一则报道称,"在两百四十万人口中,有七十巴仙的人是住在组屋区里。根据统计,去年有四十四巴仙可预防的罪案就是发生在组屋区里"[2]。犯罪事件频增使得社区治安问题变得相当严峻,这无疑增大了治安警察的工作负担。可见,在复杂的社会环境下,组屋区的治安单靠传统的巡逻制度,已很难应付。但细究起来,也可发现这又和组屋区内邻里或社区人际关系问题密切相关。警方经过调查发现,犯罪分子的作案或得逞某种程度上往往就是针对人性自身的缺点——人的自私自利、不合作、不团结以及人际关系的冷漠与彼此之间缺少应有的关怀等。基于以上原因,新加坡推出社区"守望相助"计划来应对这一社会问题。

首先,所谓社区"守望相助",是由新加坡内政部部长蔡善进首次提出。其实就是一项大规模的简单的计划,是组屋里左邻右舍之间的一种非正式的安排,以彼此协助防止强盗、窃贼和不法之徒光顾他们之间的任何一间住家,从而互相照顾到他们的居所安全。[3] 另一种解释是:"守望相助"就是由几个邻居建立起一种默契和安排,齐心合力去保护他们的住家和家人的安全,以免受强盗、窃贼和色狼的侵害。[4] 这其实是将"乡田同井,出入相友,守望相助,疾病相扶持,则百姓亲睦"[5]所体现的人文精神措诸事业的一种创造性运用。同时,它也是一项新型的警民合作巡逻制度。居民通过自主组织和警方协助,双方建立起密切的合作关系共同防止社区内的犯罪事件,从而保障居民的人身财产安全及社区内良好的治安。

其次,"守望相助"计划的目的是通过警民的密切合作,利用群体的组织力

---

[1] 《施迪次长昨强调:推行守望相助运动居委会应该以身作则》,《星洲日报》1981 年 6 月 22 日,第 13 版。
[2] 《公众是警方的耳目——"守望相助"已见效》,《星洲日报》1982 年 12 月 13 日,第 25 版。
[3] 《何谓"守望相助"计划?》,《南洋商报》1981 年 6 月 2 日,第 3 版。
[4] 《公众是警方的耳目——"守望相助"已见效》,《星洲日报》1982 年 12 月 13 日,第 25 版。
[5] 《孟子·滕文公下》。朱熹对"守望"的解释是防盗寇也。后世用于乡村治理的保甲制度和乡约制度,其人文精神也在此。新加坡政府倡导的社区守望相助计划与此人文精神相符合。

量,来有效地防止或打击社区里频发的犯罪行为,维持社区良好的治安环境。据社区治安官称,这项警民合作的社区守望相助计划自推行以来,取得了令人瞩目的成绩。社区治安官说:"从去年一月至九月之间,在公共住宅区发生的破门行窃案,比起去年同时期减少了336宗;而抢劫案,也减少了116宗。"①实施这项计划,既能提升居民自身的警戒性,又能增进警民之间的关系,同时也起到了打击犯罪的目的。更为重要的则是在居委会和警方的推动下,社区居民能主动参与守望相助计划,这促使他们建立起良好和睦的邻里关系,发扬昔日社群的守望精神,最终形成充满人性关怀的共同社区。

对守望相助精神的提倡,可以说是在政治精英那里早已达成共识。新加坡第三任总统蒂凡那说,政府的组屋计划是要"建立一个互相关怀的社会,大家互相认识和互相照顾以及分担共同关心的问题和共同娱乐"②。新加坡贸工与社会事务部政务次长施迪称,"守望相助"计划的目的在于促进组屋居民间的和睦和社区精神。③ 新加坡内政部长高级政务次长钱翰琮说,"邻里守望相助"计划的主要目的是促进组屋居民间良好的睦邻关系及群体精神。④

最后,要实现上述目的,在实施过程中,除了居委会以身作则和警方必要协助外,更需要社区居民之间建立起有效的沟通和良好的邻里关系。例如,"几个邻居互相照应安排,交换彼此的电话号码和一些简单的日常生活程序资料。……这些简单的资料,能使你的邻居对你家中的情况有一定程度的了解。当非常的事件发生时,邻居们往往可以互相照应,采取适当的步骤,保障你的人身安全和住家财物的安全"⑤。作为一个好邻居,应当要注意那些在住家走廊、楼梯或电梯附近出现的陌生人,如果有可疑,应即刻报警。同时,也应该互相照顾邻居中的妇孺,看到他们单独一人出门或回家,最好加以护送,尤其是夜晚,更应该这么做,使歹徒不敢轻举妄动。⑥ 通过自发主动的"我为人人",从而才能达到和谐共赢的"人人为我",最终实现邻里和睦、社区和谐及社会安定。

---

① 《公众是警方的耳目——"守望相助"已见效》,《星洲日报》1982年12月13日,第25版。
② 《建立共同的社区》,《星洲日报》1982年5月28日,第3版。
③ 《施迪次长昨强调:推行守望相助运动居委会应该以身作则》,《星洲日报》1981年6月22日,第13版。
④ 《钱翰琮为守望相助计划开幕》,《星洲日报》1981年6月9日,第8版。
⑤ 《什么是"邻居守望相助"计划》,《星洲日报》1981年6月5日,第8版。
⑥ 《公众是警方的耳目——"守望相助"已见效》,《星洲日报》1982年12月13日,第25版。

第八章　新加坡政府对儒家伦理的弘传与推行

新加坡为了更好地实施社区"守望相助"计划,除了居委会推动、警方协助、居民自主参与外,大众传媒也以主题征文的方式来弘传"守望相助"精神,鼓励组屋区居民做一位好邻居,为构建睦邻和谐社区做出自己应有的贡献。综上可知,社区"守望相助"计划发扬了互助、友爱、关怀、和睦、合作和团结的伦理精神。

二、全国礼貌运动

道德教育不仅是一项长期工程,也是一个系统工程,除了学校的道德教育外,也需要家庭与社会各界的密切配合,才能更好地培养和提升公民的道德品格,从而实现建设优雅社会的目标。在新加坡,社会教育主要包括守望相助计划、礼貌运动及华语运动与社团文娱活动等,这些计划或活动的实施都很好地配合了政府在学校层面推行的道德教育。本小节主要论述推行礼貌运动的背景、原因、实践方式、意义及目标等。

全国性的礼貌运动是总理李光耀于1979年6月开始推行的。在前一年,这项礼貌运动是由新加坡旅游促进局率先实施推行的,目的主要是促使新加坡人礼貌对待旅客。后来它引起了李光耀的关注和重视。他说:"我感到有趣的是因为没有人认为我们教导新加坡人只对旅客温文有礼是荒唐的。这个'全国礼貌运动'是在我推动下展开的。"[1]

作为全国礼貌运动推动者,李光耀对礼貌有着较为深刻的理解。首先,礼貌运动必须具备一定的政治经济条件,所谓"仓廪实而知礼节"。他认为,一个在生活线上挣扎的人,不能期望他会对人有礼。不过,那些解决了起码生计的社会,人与人之间的关系,会有最低限度的文化润饰。"Courtesy"(礼貌)是取自"Court"(宫廷)这个字眼,是来自温文优雅的宫廷礼仪。[2] 新加坡独立以来经济的巨大成就、社会的高度繁荣、生活水平的普遍提高以及法治社会等政治经济条件,都使得推行全国性礼貌运动成为可能。

其次,礼貌不仅是形式上的以礼待人,更是真心诚意地尊重别人。李光耀认为,礼貌分为形式和诚意两个方面。形式能够帮助我们调节社交,减少相处时的摩擦现象。形式包括言语和姿态。在新加坡,可用四种不同的语言和许

---

[1] 新加坡联合早报编:《李光耀40年政论选》,新加坡报业控股华文报集团,1993年,第394页。
[2] 《李光耀40年政论选》,第395页。

多不同的方言来打招呼、询问、回答和相互道别,但不论用的是哪一种语言或方言,真正的有礼貌是真心诚意,它比形式更为重要。不论是谈吐或举止,我们应该诚心照顾到别人的自尊。有礼貌的人会使人感到安然自在,因为他们是以同胞和人与人之间互相尊重的态度来对待别人。① 礼貌不论是从形式的礼节来说,还是发自内心的真情实意来讲,都说明礼(礼仪、礼节、礼貌)有沟通人们情感,使人们和平相处以及带给人们愉快的功能。由于礼貌是情感和人性的内在需要,所以李光耀认为,"只对阔气的旅客有礼而对国人无礼,是降低我们自己的人格。这样一来,我们沦为卑鄙的一群,样样以图利为出发点"②。这是推行礼貌运动的一个主要原因。

此外,根据媒体机构对新加坡多个公共部门及众多行业内人际关系的社会调查,李光耀认识到"他们(新加坡国民)只对相识的人拘礼,对陌生人却漠不关心"③。这和政府要在20世纪80年代创造一个新加坡人相互关怀、照顾彼此需要与生活愉快的社会目标相去甚远。这可说是推行礼貌运动的第二个原因。

另一原因是,礼貌可以产生良好的人际关系,而良好的人际关系又是提高生产力的要素。李光耀说:"如果人民能够彼此互相体谅、互相关怀,对生产力的提高会起积极的作用,这对公对私都有好处。"④

基于以上认识,新加坡开展了全国性的礼貌运动。根据1982年《星洲日报》报道,在该年度参与礼貌运动的机构、单位、群体至少涉及文化部、工商总会、酒店、餐馆、社区、交警、居委会、联络所、银行、轮船起落货工、德士站、学校、零售工会、企业、巴士公司、电单车骑士及罗厘司机等。⑤ 例如,文化部为推动礼貌运动,特意请影片公司摄制了一套"礼貌与传统"纪录片。据报道称,纪录片的主题是"礼貌是我们传统的一部分",以英语讲解,内容着重在表现新加坡各民族的礼仪风俗,一些镜头拍摄了某些不礼貌的言行举止,但另一些镜头也同时搜罗了具有保留价值或可予发扬的礼貌作风。此外,纪录片也访问了华、巫、印三族的一些老前辈,由这些老前辈发表他们对过去和现在生活的

---

① 《李光耀40年政论选》,第394—395页。
② 《李光耀40年政论选》,第394页。
③ 《李总理讲话全文》,《星洲日报》1982年6月30日,第6版。
④ 《李总理讲话全文》,《星洲日报》1982年6月30日,第6版。
⑤ 这是笔者在整理1982年度《星洲日报》中有关儒家伦理资料时的所发现的事实。

第八章　新加坡政府对儒家伦理的弘传与推行

看法。受访者指出新一代的年青人失去了哪些优良的传统,同时强调哪一部分的传统应予以保留。①

自全国性礼貌运动实施以来,每年度的礼貌运动都有一个赞助单位和活动月主题。例如,1982年度的礼貌运动,是由新加坡工商联合总会和雇主联合总会共同筹备赞助。该年7月,新加坡展开了以"大家讲礼貌,生活多愉快"为主题的礼貌月活动。尤为有趣和吸引人的地方在于礼貌亲善大使的设计,其目的在于使礼貌运动更加有效地推行。报道称,此年度礼貌运动所要郑重介绍的是礼貌狮子——新雅。新雅是一只刚诞生的礼貌狮子,他是一个快乐、有礼、可爱的形象,他也是礼貌运动的标志。②

礼貌运动虽最初由旅游局在局部范围推行,但李光耀认为把它升格为全国性的运动将会更有意义。于是礼貌运动的对象范围就从外国游客扩大为全体国民。新加坡律政兼内政部政务部长贾古玛说,"礼貌运动的对象是针对着全国老少国民。而我们必须更注重栽培孩童讲究礼貌,使他们从小就养成礼仪待人的习惯。如果我们成功的话,等到他们长大成人后,讲究礼貌就变成自然而然的行为。到时,我们就不需要推行更多的礼貌运动"③。报道称,在1982年7月的礼貌月活动中,新加坡各中小学校为了配合全国礼貌运动,组织各种活动如放映文化部的礼貌短片、播放有关礼貌的成语和歌曲、选出最有礼貌的学生,以及演出以礼貌为主题的短剧,主办礼貌运动作文比赛等,加强灌输学生们注重礼貌的观念。④ 不过,政治领袖也表达了有必要通过学生将学校里的礼貌教育带到家庭里去感染家庭成员。李光耀说:"我们必须在家里和学校里教导我们的孩子,使他们变得更有礼貌。学校可以通过儿童把良好的礼貌带回到他们的家里去,并影响他们在60年代成长的哥哥和姐姐,在那段时期,新加坡人的生活是比较艰苦的。"⑤由此可见,在道德教育上,学校、家庭以及社会是一种互相影响、互相作用的互动关系。

各个社区也积极响应全国性的礼貌运动。在社区里,基层领导的以身作

---

① 《礼貌和传统》,《星洲日报》1982年4月13日,第3版。
② 《大家讲礼貌,生活多愉快,今年度礼貌运动7月展开》,《星洲日报》1982年5月15日,第1版。
③ 《贾古玛部长强调必须栽培孩童从小养成以礼待人良好习惯》,《星洲日报》1982年7月12日,第7版。
④ 《在学校灌输礼貌观念》,《星洲日报》1982年7月8日,第6版。
⑤ 《李光耀40年政论选》,第395—396页。

则带动社区居民之间以礼待人和以善待人的社会风气,有助于社区生活变得和谐愉快。新加坡官员庄日昆说:"如果我们要更有效地把礼貌的精神推广出去,基层组织的负责人必须先以身作则,以友善有礼的态度对待时常与他们接触的居民或其他人士。"同时他也希望"生活在组屋区的居民都能友善有礼地对待邻居,关心邻居,我们一定能建立起一个更有凝聚力的社区。一个友善有礼的生活环境也必定能使我们生活得更愉快"。① 此外,作为基层组织的社区联络所也积极协助全国礼貌运动的推行。例如,新加坡哥南亚逸联络所管委会在1982年度的礼貌运动活动月中,主办了一项儿童现场绘画比赛。目的在于发扬儿童的绘画才能与潜能,提高儿童对绘画的兴趣,启发礼貌运动。② 简言之,联络所以寓教于乐的方式,潜移默化地将礼貌精神很好地灌输给孩子,为的是孩子们能在日后的待人接物中终生受益。

企业作为社会经济的重要组成细胞,同样在配合与响应全国礼貌运动中起着重要作用。如新加坡全国工商总会会长黄祖耀,为1982年度的全国礼貌运动揭幕时说,在培养国人的礼貌精神方面,管理层扮演着极重要的角色。他表示,管理层可以通过三种方法来培养员工的礼貌精神。首先,高级职员应该以身作则,彬彬有礼地对待同事与下属,如果他能做到这一点,他的下属一定能以他作为榜样,培养起以礼待人的态度。其次,管理层可以向员工们表示礼貌也是每年工作表现评估所看重的一点,如此一来,员工们必当会慢慢地培养起以礼待人的良好态度。最后,管理层可以通过改善工作环境,以培养员工们以礼相待的态度,如果工作环境是和谐的、干净的,员工们在工作时一定能身心愉快,彬彬有礼。③

通过"礼貌精神来改善人际关系,而良好人际关系的建立又能提高生产力"的思想观点,在李光耀的讲话中也得到了印证。他说:

> 如果资方能够搞好办公室或工厂里的人事关系,使同事之间能够以礼相待、互相照顾,不再有恶言相向,粗鲁无礼的举止行为,管理

---

① 《庄日昆次长吁请社区领袖们以身作则以礼待人协助推广礼貌运动》,《星洲日报》1982年7月4日,第7版。
② 《哥南亚逸联络所响应礼貌运动,主办儿童绘画比赛》,《星洲日报》1982年7月14日,第35版。
③ 《黄祖耀强调培养礼貌精神管理层扮演极重要角色》,《星洲日报》1982年6月30日,第6版。

层就能发挥更大的效力,而集体协作的精神就会更加浓厚。经管人员以礼待属下,只要是出自真诚的尊敬与关心,定能获得属下的热心合作。……礼貌导致良好的人际关系,一个以礼相待的工作环境,将促进大家互相关怀和彼此合作。这对品质圈的成立,协助精神的培养和生产力的提高,有着催化的作用。①

至于社会上的其他群体关系,如搭客与司机、酒店员工与旅客、电单车骑士与行人、巴士司机与乘客等,也都是全国礼貌运动涉及的对象,这里就不再赘述。

总之,政府推行礼貌运动的短期目标是要在20世纪80年代创造一个懂礼貌、相互关怀和照顾彼此需要的社会;其长远目标则是经过10—20年的不懈努力,通过高水平教育和移风易俗,改变人们的社会行为,最终使以礼待人的态度成为国民的一种习惯,进而达成"礼仪之邦"或优雅社会的目标。②

三、全国华语运动

新加坡自治建国后,便在全国推行双语教育,即以英语为第一语言,以各民族母语为第二语言。以华族来说,英殖民时代的新华社会主要是由五大方言群(闽南、广府、潮州、客家、海南)构成,基本只讲自己的方言,很少和其他方言社群交流往来,但所有的官方文件一律采用英语。民国以降,由于中国国内局势动荡不安,于是大批文士、教师纷纷下南洋,或办报、或从教、或兴学,所用基本上是华语,这打破了以前华人社会单以方言来交流沟通的局面。即便如此,方言的势力仍是相当顽固。华族人士普遍使用方言的情形即使在新加坡建国多年后,仍没有多大改观。这严重妨碍了华族之间的普遍交流,更不利于对民族文化和道德价值的传承。

有鉴于此,新加坡政府为了巩固双语政策,一方面强调英语第一语言的根本地位和经济价值,一方面也没有忽视各族母语第二语言的特殊文化功能。李光耀在谈到双语教育时这样说:

---

① 《礼貌导致良好人际关系进而提高生产力》,《星洲日报》1982年6月30日,第1版。
② "要改变社会行为"是指从自私、粗鲁变成有礼、合作,以及在工作地点使人们不论是相识或是陌生人之间树立友善合作的态度。参见《李总理讲话全文》,《星洲日报》1982年6月30日,第6版。

> 如果我们要成为一个国家,我们至少需要有一种共同语言来互相交谈。最终我们将拥有一个共同的文化。在这之前,我们只希望在价值观念和社会态度方面,我们能有更多共同的地方。……英语应该会成为不同种族集团之间的共同语言,而华语会成为不同方言集团之间的共同语言。①

新加坡教育部政务部部长郑永顺,在谈及母语与传统文化关系时说:"语文不只是沟通的工具,它与文学文化、价值观和人民的传统紧紧联系在一起。所以推行双语政策应视为保留我们文化遗产的努力之一。"②由此可知,英语作为共同用语和它在经济科技发展上的价值,其根本地位是不容动摇的。同时,母语如华语在传承文化与道德价值上的功能也非英语可替代。但是,方言严重妨碍了以华语作为母语来传承传统文化道德价值的作用。于是,政府一面推广华语运动以取代方言,加强华族人士之间的沟通和了解,以便更好地维护双语政策的推行;另一面认为只学习英文是愚不可及的,同时也强调母语在维护各民族传统文化上具有不可替代的作用。

首先来论述新加坡推行华语运动的任务和起因。李光耀为华语运动揭幕时说,推广华语是一项崇高艰巨的任务。他说:

> 这项任务是要彻底改变我国华裔人士长期以来讲方言的语言习惯。当局希望这项运动能够简化我国华人社会一百多年来讲多种方言的语言环境。当局也希望以华语取代方言,改善我国华人之间的沟通和了解,从而创造一个有利于成功推行我国双语教育计划的讲华语环境。③

共同的语言是相互交流和相互了解的前提,华语作为华族共同语言可加强华族人士的密切关系,也可增进彼此的良好友谊,乃至加强深层次的文化道德价值认同,当然客观上也有利于落实新加坡的双语政策。

---

① 《李光耀40年政论选》,第389页。
② 《母语与传统文化紧密联系,双语政策势在必行》,《星洲日报》1982年11月28日,第6版。
③ 交通及新闻部推广华语秘书处编印:《全国推广华语运动十周年纪念特刊(1979—1989年)》,新加坡交通及新闻部,1989年,第14页。

第八章　新加坡政府对儒家伦理的弘传与推行

至于推广华语运动的起因可从以下几个方面来做论述。

从教育方面来说，双语教育"旨在使所有学生学习和掌握两种语文——英语和母语。英语是科技、贸易、商业和各族之间沟通的语言，母语却是传达文化价值和传统道德所必须用的语言。……推广华语运动为学童带来有利的语言环境，让他们有机会在家和社交场合里习讲和应用华语，从而减轻他们学习语文的负担。生活在这种环境里的儿童将能学到听方面的技巧，因此在学校里只需掌握看方面的技巧就行了。因此，推广华语运动有助于加强我国双语政策的推行，经常讲华语能够加强学生在学校里学习华文的能力，并激发儿童学华语的动机"[1]。

从社会方面来讲，"一般而言，这些方言是不能相互沟通的，在华人社会里有碍人与人之间的交谈和来往，特别是当我国不同籍贯的华裔人民从各自的方言聚居区搬入组屋区后，情形更为显著。……我国华裔人民必须拥有共同的语言，才能改善彼此间的交往"[2]。

此外，"在情感上我们无法接受英语为母语。用一种我们在情感上无法接受的语言作为母语，将会使我们的情感蒙受伤害。我们将对自己感到怀疑。我们的自信心将会削弱"[3]。

由上可知，华语作为华族母语既承担着传达价值观念和传承传统道德的文化功用，也是华族人士彼此进行有效沟通与改善人际关系的语言工具。对于政治精英来说，他们感受最强烈的是对英文教育的强化使得各族，尤其是华族人士的子女纷纷进入英文源流的学校，放弃了对本民族精神价值体系的学习，这种一边倒的功利主义求学心态对于年轻的新加坡来说并不是件好事。

这种"不好"可从个人和社会两个方面予以说明。

从个体层面来说，完全的英文教育意味着一个人斩断了同自己民族传统文化的深厚联系，从而失去文化根基，使人变得"无根"。即李光耀说的，受英文教育的人丧失了自己的文化、理想和价值观而变得不安和犹豫不决。[4] 而接受华文教育的华族学生，由于受传统价值观熏陶，经常能表现出"那种特有

---

[1] 《全国推广华语运动十周年纪念特刊(1979—1989年)》，第16页。
[2] 《全国推广华语运动十周年纪念特刊(1979—1989年)》，第18页。
[3] 《李光耀40年政论选》，第415页。
[4] 《李光耀40年政论选》，第358页。

的自信心、胆识、热情、冲劲和充沛的精力"①。基于价值观的不可替代性,所以政府才会一直在中小学校用母语实施道德教育,在家庭推行三代同堂与提倡尊老敬贤等。这些举措的目的,正如李光耀所说:

> 我们的任务是在我们的孩子思想还未定型,而且还可以熏陶时,把这些价值观念灌输给他们,以便这些处世待人的态度能够在他们长大后根深蒂固、终生不忘。②

从社会层面来说,那些长期接受母语教育的华人,由于本民族传统文化价值观念对他们的生活态度、工作精神及为人处世等影响很深,使得他们在社会的各个领域取得了很大成就,从而对新加坡做出了巨大贡献,政治精英对此也极为认肯。李光耀曾说:

> 我尊敬受华文教育者,他们对我国做出巨大的贡献,他们奋发向上、不屈不挠和刻苦耐劳,这都是拜华文教育和儒家思想的价值观所赐。③

> 新加坡成功的一个最强有力因素,就是50到70年代那一代人的文化价值观。由于他们的成长背景,他们肯为家庭和社会牺牲。他们也有勤劳俭朴和履行义务的美德。这些文化价值观帮助我们成功。④

正是基于以上深刻认识,政治精英就特别重视并维护新加坡华族的文化价值观,尤其是其核心部分的儒家伦理。因为一个人通过母语可以学到自己民族原本就有的伦理精神和工作纪律的价值观念。正如林子安所言:

> 华语是华族同胞的母语,懂得华语有助于传播儒家思想,保存华人传统的仁爱忠信等美德。这对于培养我国人民对国家和公司的归属感,对工作和家庭的责任感,会产生积极的作用。⑤

---

① 《李光耀40年政论选》,第385页。
② 《李光耀40年政论选》,第406页。
③ 《李光耀40年政论选》,第423页。
④ 《李光耀40年政论选》,第418页。
⑤ 《林子安强调:今年推广华语运动主要对象是华族工友》,《星洲日报》1982年10月9日,第1版。

而这正是新加坡政治精英推广华语运动以及维护母语教育的目的和意义。

四、社团文教活动

前述新加坡政府鉴于此前在中三、中四开设的"公民与时事"科目在道德教育贯彻落实上的种种不足,而决定用宗教知识科目来取代它以加强对学生道德品格的培养。[1] 吴庆瑞在解释开设宗教科目的原因时说:

> 在经过长时间的讨论后,我们决定在中三中四实施宗教知识必修科。每个社会都有害群之马,我们不可能使每个新加坡人正直诚实。但灌输宗教知识,由以身作则的教师教导学生,熏陶他们培养不偷、抢、骗、说谎等诚实正直的品格。[2]

宗教知识有助于培养学生道德观念和道德行为的信念,这在政治精英方面已达成基本共识。新加坡教育部政务次长何家良也说"实行宗教教育的目的是要加强道德教育","是要向学生灌输为善行善的观念,培养学生崇高的品德"。[3] 宽松宗教政策的导引,以及政治精英对宗教特殊功能的认识,在很大程度上是宗教团体在广大民间社会传播与实践伦理道德观念的有效助推器。

宗教团体所举办的文教活动也是社会道德教育的重要环节,它在配合国家政策层面的道德教育上也发挥着重要作用。新加坡是个多元民族与多元宗教文化的移民社会,在宗教信仰自由的国家政策和宗教宽容的社会环境中,宗教社团不仅数量很多,而且日常会务活动繁忙。这些宗教社团在发展会务的同时也在积极配合及响应国家层面道德教育的推行落实上做出了不小的贡献。这里仅以1982年《星洲日报》的相关报道为据,举例论述三清道教会、日莲宗佛教会、立德传心堂等新加坡宗教社团在传播伦理道德观念上的贡献。

---

[1] 教育部提学司陈启祐说:"目前,大部分学校都没有认真对待中三、中四的公民与时事必修科,这节科目的上课时间常被用来上其他科目,造成学生对这科不甚了了,同时成为在学校实践道德价值的讽刺。因此,宗教知识应取代公民与时事而成为必修科。"又说:"过去几千年来,宗教是个人和群众道德观的基础。……而宗教的研习是建立一个有道德的个体的最好的方法之一。"(《宗教知识科目将成为中三和中四学生必修科》,《星洲日报》1982年1月17日,第3版。)

[2] 《吴庆瑞副总理解释开设宗教知识必修科原因》,《星洲日报》1982年1月17日,第3版。

[3] 《不愿修读宗教知识科目学生可能有机会选读公民科》,《星洲日报》1982年2月1日,第3版。

新加坡三清道教会,是由福建帮"混元道坛"主持陈国显道长、海南帮"灵皇宝坛"主持王经初与王经师兄弟,以及广东帮胡炎强道长,一起筹划创立。它于1979年正式成立,是新加坡第一个真正明确自我定位为"道教"的宗教组织。① 三清道教会为了配合和响应政府在中学推行宗教知识和儒家伦理的国家政策,创教人王经初在《星洲日报》上特意发表了一篇《传统道德教义》的文章,向社会大众阐释儒道二教的道德观。首先,王经初论述了道德对于人类社会的重要性。他认为,"道"应该发扬,"德"必须维护,道德与人类社会是分不开的。道德是人类的灵魂,没有道德的人是一具行尸走肉,不像人;违反道德的人,便是违反天道和人道。道德在此太空时代,科学工艺进步,高度文明的社会更加重要。道德可以发人深省,启发人性,指导人在追求物质享受的生活中,不忘做人的基本规范,在受冲激的行动中不伤人,也不损己;从而动用仁心,显露人性,做到我爱人人,人人爱我,修而成为有道德的人。其次,他认为儒家所提出的三纲、五常、五伦、八德等伦理道德规范和做人准则放之四海而皆准,而且经由历代圣贤的精心阐发与民间社会的广泛传承深深地植根于华人的内心。最后,他阐述了该教修持所信奉的对象、教条及教义等。如他所说:"道书多是劝忠励孝,教人修养成好品格的。故以忠、孝、仁、信、和、顺为教条。以敬天、祀祖、修道、行教、救人、利物、济世为教义,多作社会公益。"②

新加坡日莲宗佛教会主办的青年文化节,在推进会员的精神文化发展上很好地配合了学校推行的道德教育。新加坡发展部长郑章远对此次文化活动表示肯定和称赞。他说:

> 令人欣慰的是,新加坡日莲宗佛教会正在积极举办各项活动以推进会员精神和文化发展。这些活动对政府的推行道德教育计划起了相辅相成的作用。……佛教、基督教、回教和兴都教是世界四大宗教,其中佛教是东方的崇高哲学之一,指引人民正确的生存观念。……我相信所有宗教都是教导我们以慈悲为怀,宽恕待人和引领人类走向和平的大道。我们现在生活在一个动荡不安,扰乱纷争的世

---

① 参见许源泰:《沿革与模式:新加坡道教和佛教传播研究》,新加坡国立大学中文系、八方文化创作室联合出版,2013年,第90页。
② 《传统道德教义》,《星洲日报》1982年3月10日,第2版。

界,如果人们具有宗教容忍精神而不是狂热地崇拜某种宗教,宗教是可以对人类的处世态度发挥一种缓和作用和促进世界和平。①

新加坡立德传心堂是一个民间宗教慈善团体。该堂的创立缘起及旨归,据创办人林济南言:

> 十年前同人等鉴于世道浇漓,人心险恶,物质胜于精神,时髦重于道德,俭朴不崇,奢华是尚,奸究劫杀,日盈于耳,亵渎裸露,日染于目……非昌明儒释道三教,宣扬伦理道德,不能挽回于万一。乃相与联络组织,创立德传心堂以尊崇三教为依归。②

这便是要以三教教义及其伦理道德来挽救世道人心。而这种挽救之方除了传统的研习经典、宣讲教义外,也包括对慈善、体育、教育、文化、福利等社会事业的积极参与或大力推动。正如该堂宗旨所言:

> 宣扬儒释道三教经典及道德精义。响应及扶助各地救灾慈济善业。礼仙佛、祀圣贤、诵经祈祷。研究修养身心性命之理。鼓励堂友参加运动及锻炼国术及强健体格。③

从其宗旨来看,在教义上虽同尊三教,但其实三教教义却是以儒家伦理道德为纲骨。这可从其所制定的"堂规十诫"④中得知,这十诫所提倡的孝、敬、爱、慈、和、睦、宽等德目都落实在儒家伦理道德上。此外,立德传心堂也兴办了普慧幼稚园,以"礼义廉耻"为校训,同时以"启发儿童体会集团生活之意义

---

① 《郑章远部长赞扬日莲宗佛教会》,《星洲日报》1982年9月27日,第7版。
② 《立德传心堂十周年纪念特刊(1972—1982)》,立德传心堂,1982年,第12页。
③ 《立德传心堂十周年纪念特刊(1972—1982)》,立德传心堂,1982年,特刊封内第1页。最初拟定的五项宗旨是:一、大道无分畛域,谋求儒释道三教结合,奋发精神,从闻思修,由信仰进而学道。二、切磋研究三教真义,以解决人生究竟,探讨宇宙真理为归宿。三、联合宏宣教义,劝进社会人士同向大道。四、纠正社会对于三教之种种谬见。五、用三教伦理道德,改革社会不良之劣染。
④ 十诫内容:"一、孝父母;二、敬翁姑,男则敬双岳;三、爱丈夫,男则爱妻室;四、慈儿女;五、和兄弟,女则和妯娌;六、睦邻里;七、怜孤寡;八、宽下人;九、克勤俭;十、力善行。"《立德传心堂十周年纪念特刊(1972—1982)》,立德传心堂,1982年,特刊封内第2页。

与乐趣,让幼童之体能与智力得以适当发展,灌输正确之道德教育人生观,语文应以华英并重"为办学宗旨。无论就堂规宗旨来说,还是从办学宗旨来讲,立德传心堂既能顺应了人心的内在需求,也颇符合时代和社会发展的外在需要,同时又配合了政府的道德伦理教育政策。

此外,文娱社团,如乐龄京剧社团通过传统戏曲来传播儒家伦理道德以配合学校层面的道德教育。该社团团长黄厚坚认为,地方戏曲中含有忠孝节义的传统人伦道德思想,具有潜移默化的教育功能,对我国倡导儒家思想有莫大助益。因此他觉得地方戏曲团体都负有重要的使命,因为如果推展地方戏曲成功,将能补学校教育的不足,而使优良的传统文化思想代代传延。[①] 新加坡南洋客属总会会长卓济民也指出:"戏剧演出是传播道德观念最有效的媒介之一,原因是地方戏的传统剧目总是宣扬忠、孝、仁、爱等传统价值观。"[②]宗乡团体也一直在保留和发扬儒家伦理道德上扮演着极为重要的角色。如新加坡福建会馆教育科主任江克长所言,"福建会馆向来都积极提倡儒家传统的忠、孝、仁、信、礼、义、廉、耻观念","只有通过长时间的教育与熏陶,我国的年轻一代才能真正把这种美德牢记心中"。[③]

还有一些学术社团也着手从学术研究的层面来推动道德教育。其中最为重要的是1983年的新加坡东亚哲学研究所。该所是在余英时和杜维明等海外学术顾问的建议,以及副总理吴庆瑞的推动下创建的,旨在协助新加坡中小学推行道德教育"并专注于儒学伦理和亚洲价值观的研究"[④]。由于获得了政策上的支持和国家领袖的推动,东亚哲学研究所一开始就能吸引一大批学有专长的海内外儒学研究专家到所或从事专题研究,或主办大型学术会议,或发表相关成果等,可以说东亚哲学所的学术研究把这一时期的儒学运动推向了高潮。[⑤] 稍后,由新加坡儒家伦理课程教师及儒学爱好者所筹办的儒学研究

---

① 《忠孝节义:传统戏曲传伦常》,《新明日报》1986年8月26日,第6版。
② 王力坚:《新加坡客家会馆与文化研究》,新加坡国立大学中文系,2012年,第71页。
③ 《响应黄贵祥政务部长号召:宗亲团体会务活动今后将加强弘传儒家思想》,《星洲日报》1982年4月10日,第3版。
④ 东亚研究所主编:《吴庆瑞与东亚研究所》,新加坡八方文化创作室,2016年,第9页。
⑤ 这一时期东亚哲学研究所在儒学思想方面的各类研究成果颇丰,出版或联合出版的国际会议论文集有四种,出版的中英文专书各四本,专题论文共有中文十篇、英文九篇,演讲文稿共有中英文各七篇等。具体可参见苏新鋈:《儒家思想近十五年来在新加坡的流传》,李明辉主编:《儒家思想在现代东亚:总论篇》,"中央研究院"中国文哲研究所,1998年,第299—307页。

第八章　新加坡政府对儒家伦理的弘传与推行

会,于1985年3月获得国家社团的官方注册和批准。该会是以"提高中学儒家伦理教学的效能,以及发扬东方优良传统道德价值观"[1]为研究宗旨的学术团体。它主要是通过出版学术刊物如《儒学与你》《儒家学报》来推动儒学的研究和弘传。在21世纪的头一年,新加坡又成立了一个专门研究儒学的学术团体——新加坡儒学会。据陈荣照先生称:"该会是由新加坡文教与工商界人士发起组织的民间学术团体,它旨在弘扬儒家思想的研究、传承与发展,促进人类之自由平等以及各国人民之间的和谐共处。"[2]可以说,上述学术社团在协助新加坡推动儒学研究和传播传统文化方面的贡献也颇多。

小　结

综上所论,本章主要从学校、家庭及社会三个方面探究了新加坡政府主导和民间社会参与下的儒家伦理推行与实践情况。首先,政府通过《儒家伦理》教材向学生重点灌输六伦以及六德等伦理道德观念,希望培养学生积极的、正确的人生观,帮助学生建立良好的人际关系,使他们将来能过有意义的生活,成为品德良好的公民。同时,政府认为学校道德教育的推行也需要家庭和社会各界的配合。于是,在家庭教育层面,政府在提倡三代同堂的同时,也运用立法、行政、经济等举措来保障这一家庭结构的落实;民间则通过敬老尊贤的主题活动来响应三代同堂的政策,以督促人们实践"五德"家庭价值观念。这些措施对于解决年老父母的奉养、社会结构的稳定以及土地资源的短缺、道德人格的养成等社会问题都有所助益。在社会方面,居委会协同民警号召组屋居民在社区推行"守望相助"计划,帮助他们在邻里之间建立起充满人性关怀的共同社区,以此来解决社区严重的治安问题。新加坡政府在全国推行礼貌运动,希望国民能待人以礼,通过礼貌友善来改善人际关系,培养集体协作精神及提高生产效率,实现优雅社会的最终目标。政府在全国推行华语运动,目的在于鼓励华族在日常生活学习中以华语取代方言,增进彼此之间的交流和沟通,并以华语来传承华族的优秀传统文化来增强人格自信。此外,各类社会

---

[1]《思潮纷乱现代社会儒家伦理越见重要》,《新明日报》1985年8月4日,第3版。
[2] 陈荣照主编:《儒学与新世纪的人类社会国际学术会议论文选集》,新加坡儒学会出版,2004年,第519页。

团体也都以自己特有方式来配合和响应政府在学校所推动的伦理道德教育，并对儒家伦理价值观念的推行与实践做出了一定贡献。

结束语

儒家伦理在新马两地的本土化特征及传播规律

笔者通过以上八章内容,已对儒家伦理的含义、特征,儒家伦理在新马历史上弘传的阶段、群体、载体、途径、方式、价值观念及社会影响等,做了尽可能全面而又系统的呈现。对这些问题的探究,有助于我们归纳和总结儒家伦理在新马两地的本土化特征及传播规律。

儒家伦理在新马两地的弘传是伴随着数个世纪以来中国东南沿海闽粤两省人民移居南洋的壮举而产生的文化交流与文化互鉴活动。在华人漫长艰辛的移民、开发和扎根新马两地的历史过程当中,商人阶层不仅充当了越洋行动的先锋队,也成为移民社会的主导力量;其次是劳工阶层,这一阶层主要由生活困苦的农民、破产的手工业者及被掳掠到此的贸易苦力所构成;最后才是文士阶层,这一阶层主要有领事文官、南来士绅、文人及南渡教习与本地士商等,它相对于商人阶层并不发挥主导力量,而相对于劳工阶层又不占多数。

由于下南洋的华族先民是以商人阶层和劳工阶层为主体,且知识程度都普遍不高,所以儒家伦理在新马两地弘传的本土化过程中具有这样一个显著特征:它既非士人阶层所代表的学理严谨、工夫精密的儒家精英文化,也非统治阶级所塑造的礼教意识形态,而主要是糅合了民间文化习俗和佛道宗教信仰,以及吸纳了西方的法律精神和现代企业管理方法,同时又以伦理道德观念为纲骨整合形成的日常资生事业形态的儒家伦理。日常资生事业形态的儒家伦理在新马两地主要是通过两个方面来实现：一方面，华族先民为了谋求个体生存而以身体力行的方式来实现；另一方面，华族先贤出于照顾同乡的本心以措诸事业的方式来实现，即将儒家圣贤精神措诸诸如庙宇、义冢、会馆、宗祠、医社、家族互助会、企业、救灾、救国等社会民生文化事业之中。在南洋移民社会，儒家伦理的本地化虽呈现出以日常资生事业为主的特征，但也兼具通俗教喻形态为辅的特征，这主要由于文士阶层自觉致力于儒家文化的普及和宣扬。而通俗教喻形态的儒家伦理，主要是通过三个方面来实现：一方面，在华商的援引下，无名塾师及南渡教习借助蒙馆、学堂、书院等教学机构向当地学生灌输蒙学经典；另一方面，在华商的资助下，领事文官、南来士绅等通过创办文会学社以及倡办孔庙学堂，向当地士商人等灌输儒家的伦理纲常观念；第三方面，南洋儒士通过编写蒙学读本、主编报刊、发表论文和主题演讲等方式向广大民间社会普及和宣扬儒家的人伦道德观念。这是从传播群体的角度对儒家伦理在新马本土化特征的概括。

若从传播语言的角度来看，儒家伦理在新马的本土化呈现出多元媒介用语表达的特征。与儒家伦理在中国主要是以华语承传不同，它在新马两地的弘传是以方言、峇峇语、马来语、英语及华语等在内的多元媒介用语来表达和传承。早期移民新马两地的华人主要来自中国东南沿海的闽粤两省，他们之间大多以各自的家乡方言进行沟通和交流。为了教化子弟，由他们所聘请的塾师在教导儒家伦理道德观念时自然以方言最为亲切方便。当住番华商出于照料海外生意上的方便时，他们认为和当地马来女性通婚是合宜的，其结果就是一个讲峇峇语、闽粤方言和马来语的混合语的新种族形成。华人移民和马来女性的通婚结合，使得儒家伦理的弘传有必要在语言上做出调适和改变，以适应本土化的现实需求。南洋儒者为了普及和宣扬儒家伦理的道德观念，对蒙学读本的改编和译介便采用了马来文为其媒介语，以期满足当地人士的口味需求即是这一观点的例证。此外，由于新马两地在历史上曾长期受宗主国英国的殖民统治，殖民政府为了笼络有社会地位且资产雄厚的华商阶层，他们通过传教士所创办的学校吸引华商子弟来此求学深造。在学校所聘请的多位英文教习中，有人用英语尝试翻译过四书五经，有人用英文改编《三字经》，以此来诱导华人学童来此求学。驻新领事文官如左秉隆所创办的雄辩会为了使海峡侨生（峇峇华人）心向母邦，采用英文辩论的方式向他们适时灌输儒家伦常道德观念。而本地儒者林文庆和邱菽园所创办的好学会，也提倡会员运用

结束语　儒家伦理在新马两地的本土化特征及传播规律

英语、华语、马来语三种语言中的任一语言向大众自由演说并发表对儒家伦理道德观念的见解。20世纪80年代,新加坡政府在中学高年级所推行的儒家伦理教育,也主张采用中英双语作为教学媒介语。

若从传播途径的角度来看,儒家伦理在新马的本土化呈现出教材与课程两相配合的特征。在新加坡,以李光耀和吴庆瑞为核心的政治精英,为了培养和提升公民的道德品质,决定在中学高年级开设包括各大宗教及儒家伦理在内的道德教育课程,使新加坡成为第一个设置儒家思想科目的国家。在编写儒家伦理教材的过程中,新加坡政治精英和本地学者一致主张教材所汲取的儒家伦理价值观念必须适合本国社会的需要,摒弃不适合本国国情的部分。如主张保留儒家关于五伦关系的教导,去除政治意识形态的儒家教条。同时新加坡的一些小学也尝试在公民与道德教育的课程中融入儒家的伦理道德思想,为此还开发编写了儒家思想辅助教材。受新加坡的影响,马来西亚教育当局也将儒家思想通过道德教育的方式融入国民教育体系之中,但严格规定所编教材须以马来西亚各民族的历史故事来灌输儒家的伦理道德观念。

若从传播结果的角度来看,儒家伦理在新马的本土化呈现出新马国家价值观念认同融入的特征。就是说儒家伦理既是新加坡国家共同价值观的重要组成部分,也是大马价值观、马来亚精神的丰厚精神资粮。

具体来说,以华商为主体的华族移民群体,对新马两地的经济开发、社会繁荣和文化发展等都做出过不可磨灭的贡献,这是西方殖民者和新加坡政治领袖都完全肯定的。但是,随着新马的分家和独立建国及各自的社会转型,老一辈华族侨民身上所保留传承的儒家伦理精神正逐渐被时代洪流冲淡稀释;而新一代华裔由于从小接受英文教育,又无形中深受西方生活方式及其价值观念的影响,对父祖身上那套有深厚文化渊源且传承有自的创业精神和工作伦理显得有隔膜,这让当政的新马政治领袖,尤其是新加坡的政治精英感到颇为担忧。因为在他们看来,华族先民对家庭观念的重视,对社会责任和义务的承担,对五伦关系的恪守,以及东方人特有的吃苦耐劳精神等,都是造就新(马)今日成就的最重要因素,所以这些"东方价值观"[①]完全应该传承和发扬。

---

① 李光耀的"东方价值观"有时又指"东方的精神价值体系",他所宣扬的东方价值观实质上是指华族的儒家伦理价值观。参见新加坡宗乡会馆联合总会、新加坡中华总商会编:《李光耀谈新加坡的华人社会》,新加坡宗乡会馆联合总会出版,1991年,第96、118页。又参见新加坡联合早报编:《李光耀40年政论选》,中国出版对外贸易总公司、现代出版社,1993年,第385、391、406、423页。

为了保留和传承这些"东方价值观",新加坡政府先后实施了系列文化教育举措和社会道德活动。

1980年,新加坡政府口述历史馆制定了一项新加坡商业先驱人物的口述历史计划,对以华人为主包括印度人、阿拉伯人、斯里兰卡人和波斯人在内的商人进行了口述录音访谈。这项计划的目的在于,通过访谈让商业先驱们追忆他们从白手起家到发家致富的传奇人生奋斗历程以及他们对当地经济、社会及教育所作的贡献,记录这些商业先驱人物诸如勤劳、节俭、吃苦、耐劳、坚韧、毅力、诚实、正直、信任、忠诚等创业精神或工作伦理,将这些宝贵的精神财富传给新加坡后世子孙并希望他们发扬光大。

与华商主要通过"身体力行""措诸事业"这种方式不同的是,华校则主要是以作育英才的方式,将礼、义、廉、耻、忠、恕、仁、爱、智、勇、信等儒家伦理价值观念,潜移默化地传授给一代又一代的华族子弟。对于深受儒家文化熏陶的华校师生所体现出的友爱之情、乐于助人、关怀同胞以及强烈的社会责任心,新马两国政治精英都曾表示过赞赏和佩服。同时,政治精英也为新时代下年轻一代的价值观念和处世态度不再那么传统稳固且日益西化而引起的道德滑坡感到颇为担忧。

基于这样的认识,在20世纪80年代,新加坡政府不仅在中学高年级通过开设儒家伦理课程来向学生系统灌输以"六伦""六德"为核心内容的儒家伦理价值观念,而且把"八德"定为国家道德。同时,小学为了配合政府的《公民与道德教育》,在课程中有意融入儒家伦理道德思想来向学生灌输"和谐、关怀、坚毅、尊重、正直及责任感"[①]六大价值观。在在说明了新加坡政治精英借用儒家伦理滋养新加坡公民道德教育的事实。

此外,新加坡政府也号召家庭和社会各界来配合学校的公民道德教育。政府提倡的三代同堂家庭居住计划,得到民间社团"尊老敬贤"精神主题活动的密切配合;基层居委会联合治安警察推动的社区"守望相助"计划,得到组屋居民的参与支持;政治精英随后在全国推动的礼貌运动和华语运动,也得到社会各界人士的积极响应。这都说明新加坡社会推行的各项道德教育活动离不开儒家伦理思想资源的给养和支撑。

---

① 淡滨泥小学编写:《儒子学堂:公民与道德教育兼儒家思想辅助教材》,玲子传媒私人有限公司,2009年,前言第3页。

结束语 儒家伦理在新马两地的本土化特征及传播规律

继之,在20世纪90年代,新加坡政府为了更好地传承和发扬优良的东方价值观念,在广泛征集各方面言论和与人民进行对话的基础上,先后拟定了各族人民都大体赞同的五大共同价值观和五项家庭价值观。前者具体内容是"国家至上,社会为先;家庭为根,社会为本;社会关怀,尊重个人;求同存异,协商共识;种族和谐,宗教宽容";后者具体内容为"亲爱关怀,互敬互重,孝顺尊长,忠诚承诺及和谐沟通"。这些重大举措可以看作新加坡政府利用儒家伦理价值观念来涵养新加坡共同价值观的显著事例。

从新加坡的历史发展和现实情况来看,无论是华人所传承的创业精神或工作伦理,还是华校的校训校歌,学校灌输的伦理道德,抑或国家所拟定的五项家庭价值观和五大共同价值观,无不可看作海外华人在结合本地社会需要基础上,对具有深厚历史文化底蕴的儒家伦理所做的创造性转化和创新性发展。

受新加坡文化政策的影响,马来西亚教育当局也将儒家思想通过道德教育的方式融入本国的国民教育之中,但规定教材须以马来西亚各民族的历史故事来教导并灌输包括"保持身心健康的态度,报恩态度,中庸态度,勤奋态度,感恩态度,诚实态度,公正态度,爱护态度,尊重他人的态度,合群态度"[1]在内的十大道德教育主题。儒家思想对马来西亚执政党也产生了一些影响。21世纪初叶,马来西亚华人执政党马华公会政治领袖黄家定自上任以来,着眼于树立一个有德行的政治领袖形象,一度提倡马华领袖及其党员读《论语》。马来学者黄文斌研究指出:

> 然与80年代新加坡政治领袖提倡"儒家伦理"所不同的是,他的出发点乃先由马华公会本身党员的领袖开始做起,而并非教育学生或呼吁人民学习。他强调政治领袖要"以身作则",为人民服务,树立良好的榜样。他甚至告诫马华公会的党员要"清清白白做官,踏踏实实做事,堂堂正正做人"这种言论从马华公会的发展史看是史无前例的。[2]

---

[1] 《专为非回教徒小二学生而设:道德教育课本印妥》,《星洲日报》1982年12月21日,第8版。
[2] 转引自黄文斌:《论儒家思想与马来西亚华人政治》,载聂德宁等主编:《中马关系与马来西亚华人研究国际学术研讨会论文集》,厦门大学出版社,2013年,第322页。

值得一提的是,马来西亚国家领导人于 2022 年提出"六大核心价值观",分别是永续、繁荣、创造力、尊重、信任以及关怀与同情。(这是笔者在与马来西亚拉曼大学中文系郑文泉老师交流时所得知的。)

此外,大马华人也充分意识到应该自觉发扬本民族的优良传统价值观,此可由马来西亚中华大会堂出版的《马来西亚华人思想兴革:行动纲领》(省称纲领)来作一说明。该纲领从文化、社会、经济、教育、华团、科学、政治、种族、宗教礼俗等九个方面,为大马华人在新时代下如何在提升华族地位的同时,更好地落实大马首相马哈迪提出的"2020 宏愿"及参与本国各方面的建设工作,提供了思想行动上的指导。不过,笔者这里仅重点梳理"纲领"中大马华人所要继承和发扬的儒家伦理内容。如在"文化组兴革建议"中,大马华人推崇中庸之道,主张加强灌输诸如忠、孝、仁、爱、礼、义、廉、耻等传统伦理道德价值观。在"社会组兴革建议"中,大马华人认为伦理道德是社会的基础,因此主张推广勤俭、朴实、忍让、谦逊、诚信、父慈子孝、夫妻敬爱、兄弟恭顺、仁爱、正义、乐群、敬老、无私、友善、谦和等道德准则。在"经济组兴革建议"中,大马华人坚持继承和发扬的亚洲价值观有"未雨绸缪、防患未然、脚踏实地、实事求是、满招损谦受益、树大招风、富贵不能淫等古训"以及"修身齐家、知己知彼、自强不息、锲而不舍、守望相助、群策群力、无畏无惧、处变不惊等涵养"与"集体、国家重于个人的价值观"等。在"种族关系组兴革建议"中,大马华人认为,为了塑造一个开明、进步、有自尊、值得尊重的马来西亚华裔民族,华裔应具有的态度是不排斥,尊重友族的宗教、文化、语言、文学,不批判,多发掘友族的优点,包容其缺点,诚包容,进一步学习友族的文化、语言、文学、艺术,自尊自强不息,提升各族道德水准,与全世界华裔合作,促进人类实现一个大同世界的理想,同时也须加强爱国意识的培养。[①] 总的来看,马来西亚华人因其特殊的移民背景和历史机缘所形成的马华文化,从根本上来说是以儒家文化为核心的中华文化。所以,我们可以说儒家文化、儒家伦理既是马华文化的主要精神资粮,也是大马华人所提倡发扬的大马价值观、马来西亚精神的重要组成部分。

最后,笔者试图从本书以上的系统性探讨中总结出儒家伦理在新马两地弘传过程中所呈现出的三条规律,诚请大方之家给予批评和指正。

第一条规律,儒家伦理以"措诸事业"的方式得以弘传和发展。《周易·系

[①] 参见《马来西亚华人思想兴革:行动纲领》,马来西亚中华大会堂,出版年份不详,第 1—33 页。

辞上传》曰:"是故形而上者谓之道,形而下者谓之器。化而裁之谓之变,推而行之谓之通,举而措之天下之民,谓之事业。"儒家伦理之"道"虽高明博大,然其彰显却不得不借助日用伦常之"器"为其载体,此"器"又随人民生活的现实需求和所处环境而有不同的变化和创制,亦即对各种社会民生福利事业的谋求发展,如庙宇、义冢、会馆、宗祠、义学、书院、学堂、医社、企业等。可以说,儒家伦理是以措诸事业的方式获得弘传,这与儒家所讲的经世致用和厚生为民的人文精神是相契合的。

以早期华社来说,闽粤商民冒着生命危险,不远万里,梯山航海,历经艰辛来到完全陌生的南洋讨生活是极为不易的。当侨民踏上这片充满未知的土地时,凶险万端的自然环境、祸福难测的人间险境,带给他们的是生理、心理和情感上的种种紧张、不适与不安。如何调适这种种的不安,以安身立命,对知识程度普遍不高的大多数侨民来说,最直接有效的方法就是将中国原乡具有保护功能或社会功德的神祇、人英、行业祖师的香火带到移居地进行建庙崇祀,祈求出入平安、生意通达与多子多福,在整个崇祀过程中敬畏、敬贤、崇德报功、饮水思源等儒家伦理精神便很自然地得以弘传。比如,南洋地区的义冢坟山,就是商民先贤出于恻隐之心和同灾共患情感,为安排孤苦同胞身后事宜,慷慨捐山献地所营建的民生设施。比如,会馆的倡建体现了商民先贤对出入相友、守望相助、敦睦乡谊等伦理精神的恪守和实践。比如,宗祠的营建体现了海外华人对慎终追远、以承祭祀、联络亲情等伦理精神的实践。又如,义学也是商民先贤本着有教无类、作育英才的伦理精神而筹办创建的民生事业。再如,医社的施医赠药同样是商民先贤出于疾病相扶持、体恤孤弱的伦理关怀所义捐的民生设施,如此等等不一而足。反观建国后的新加坡社会,由政治精英所主导的政府包办了几乎所有的民生事业设施,以至民间社会几乎无所用其力,这无形中压缩了儒家伦理弘传所能利用的社会空间,一定程度上影响了民间社会参与社会慈善事业的主动性和创造性。这个问题值得人们深入思考。

第二条规律,儒家伦理以"有容乃大"的精神得以弘传和发展。《尚书·君陈》曰:"尔无忿疾于顽,无求备于一夫。必有忍,其乃有济。有容,德乃大。""有容乃大""和而不同""道并行而不相悖"等哲学命题,都说明儒家文化有极为显著的包容性特点。包容性意味着通达开明,也意味着尊重差异、尊重多样性,同时意味着可以立基于自身的文化立场和内在需求,通过欣赏、理解和汲取他人的文化优长以充实和发展原本的文化价值系统。

在新马华人社会,有一个不容忽视的宗教文化空间,即这里有着数以千计且遍布城乡各地的寺庙、坛宇和宫观。儒家伦理正是依托闽粤商民从中国原乡移植来的丰富民间宗教信仰体系,来整合儒佛道三教乃至儒、佛、道、回、耶五教资源,才得以在广大民间社会弘传和发展,并对普罗大众的身心行为和价值观念产生深远而长久的影响,从而也彰显出儒家文化自身生命的强劲和活力,这与其极具包容性的文化特点是分不开的。从历史来看,新马两地有着长久而深刻的西方殖民统治经历。在闽粤移民与西方殖民者的频繁交往过程中,客观上为他们学习和借鉴西方的法律文化和民主、自由、平等精神以及现代企业管理方法等都提供了某种契机。比如,早期华社先民将埋葬同胞的义山称作公司山,而"公司"就是侨民借鉴西方经营管理公司的经验来运作义冢或处理华人身后事宜的有效方法。比如,新加坡庆德会就是一个以会员基金为经营方式、兄弟情谊为组织理念,来整合儒家文化、民间宗教信仰及西方企业管理和法律精神而自主组合的伦理互助会组织;它在运作管理中既有对儒家伦理及宗教文化的传承和坚守,也有对西方经济、法律及管理思想的借鉴和吸收。又比如,由新加坡儒者林文庆和邱菽园创办的华人好学会,在宣扬和弘传儒家伦理道德时就借鉴了西方人自主组织学会及自由演说讲学的精神。再如,新马华校通过校歌给学生灌输"兼容并包"的思想精神,武吉班让政府中学校歌"不分种族,合群同心",实理中学校歌"不分种族和信仰,大家携手并肩立",华族在处理种族关系上所秉承的与人为善、以和为贵的原则就是对包容性最好的诠释。还如,林连玉是从文化交流和文明互鉴的角度对马来西亚建国精神的设想与建构,就对英人、华人、巫人及印人的文化精神优长都有所包容和汲取。

第三条规律,儒家伦理以"群伦认同"的形式得以弘传和发展。梁漱溟先生说:中国是伦理本位的社会,中国人善于以伦理组织社会。[①] 就是说,人是伦理关系中的人,因此人有群伦认同上的需要。以新马两地来说,华社有着极为发达的地缘、业缘、血缘、戚缘、学缘、会堂等群伦组织或团体,儒家伦理借助群伦认同组织得以弘传和发展。比如,在新马两地都有省、府、州、县等各级会馆,而会馆作为地缘组织是闽粤商民聚会联络的中心,它对出入相友、互助互

---

① 梁漱溟:《中国文化要义》,上海人民出版社,2005年,第70—72页。

爱、恭敬桑梓、合群团结、同谋福利等人伦精神的实践可看作是对儒家伦理的弘传。比如,血缘性的宗祠在新马两地也是相当普遍的伦理组织,闽粤华人在移居地通过建家庙、立宗祠、购冢家、修家谱等活动,将木本水源、敬宗法族、敦睦宗族、以承祭祀、慎终追远等儒家伦理精神弘传到此地。比如,业缘性的庙宇借对行业祖师的崇祀来强化团体成员之间的认同,进而强化行业上的利益共同体,促进生活上的互助团结,从而弘传了饮水思源、崇功报德、排难解纷、同凶共患等儒家伦理价值观念。又比如,新加坡庆德会的创建就是由马六甲南下的峇峇华商们利用共同的地缘(祖籍地和移居地)、业缘(经商)、血缘(异姓兄弟结义)等因素自主组合的家族互助会,该会成员通过入会誓词、日常祭祀和家谱、章程等方式,弘传并实践了诸如敬老、诚毅、忠实、孝顺、尊贤、友爱、互助、礼义等儒家伦理价值观念。再比如,新加坡立德传心堂通过"堂规十诫"来加强学缘成员的伦理情感认同,同时借此来笃行孝、敬、慈、和、睦、宽等儒家伦理道德。此外,如华人家族企业集团的认同、共同社区的认同、民族的认同及国家的认同都是群伦认同的各种体现,也是儒家伦理得以弘传和发展的重要形式。

参考文献

一、典籍文献

1. 义净著,王邦维校注:《大唐西域求法高僧传校注》,中华书局,1988年。
2. 汪大渊著,苏继庼校释:《岛夷志略校注》,中华书局,1981年。
3. 周致中著,陆峻岭校注:《异域志》,中华书局,1981年。
4. 马欢著,冯承钧校注:《瀛涯胜览校注》,中华书局,1955年。
5. 费信著,冯承钧校注:《星槎胜览》,中华书局,1954年。
6. 巩珍著,向达校注:《西洋番国志》,中华书局,2000年。
7. 谢清高口述、杨炳南笔受,冯承钧校注:《海录注》,商务印书馆,1938年。
8. 司马迁:《史记》,中华书局,2011年。
9. 班固:《汉书》,中华书局,2012年。
10. 张廷玉:《明史》,中华书局,1974年。
11. 朱熹撰:《四书章句集注》,中华书局,1983年。
12. 周振甫译注:《周易译注》,中华书局,2012年。
13. 张载著:《张载集》,中华书局,1978年。
14. 陈淳著:《北溪字义》,中华书局,1983年。
15. 胡平生译注:《孝经译注》,中华书局,1996年。
16. 杨伯峻译注:《论语译注》,中华书局,2009年。
17. 杨伯峻译注:《孟子译注》,中华书局,1960年。
18. 顾颉刚、刘起釪著:《尚书校释译论》,中华书局,2005年。
19. 王先谦:《荀子集解》,中华书局,1988年。
20. 陈立撰,吴则虞点校:《白虎通疏证》,中华书局,1994年。
21. 张振渊著:《周易说统》卷六,明万历四十三年石镜山房刻本。
22. 程颢、程颐著,王孝鱼点校:《二程集》,中华书局,1981年。

23. 陆九渊著,钟哲点校:《陆九渊集》,中华书局,1980年。
24. 阮元校刻:《十三经注疏》(清嘉庆刊本),中华书局,2009年。
25. 黎翔凤撰:《管子校注》上册,中华书局,2004年。
26. 黄晖撰:《论衡校释》,中华书局,1990年。
27. 朱熹撰:《朱子全书》(修订本)第十三册,上海古籍出版社、安徽教育出版社,2010年。
28. 王守仁撰:《王阳明全集》,上海古籍出版社,2011年。
29. 柳宗元著:《柳河东全集》,中国书店,1991年。
30. 纪昀著,韩希明译注:《阅微草堂笔记》(第一册),中华书局,2014年。
31. 冯国超译注:《国学经典规范读本:弟子规》,商务印书馆,2015年。
32. 冯国超译注:《国学经典规范读本:三字经》,商务印书馆,2015年。
33. 饶宗颐编:《新加坡古事记》,香港中文大学出版社,1994年。

二、碑铭文献

1. 陈荆和、陈育崧编著:《新加坡华文碑铭集录》,香港中文大学出版社,1972年。
2. 傅吾康、陈铁凡合编:《马来西亚华文铭刻萃编》(第一卷),马来西亚大学出版部,1982年。
3. 傅吾康、陈铁凡合编:《马来西亚华文铭刻萃编》(第二卷),马来西亚大学出版部,1985年。
4. 傅吾康、陈铁凡合编:《马来西亚华文铭刻萃编》(第三卷),马来西亚大学出版部,1987年。
5. 饶宗颐编撰:《星马华文碑刻系年》,《饶宗颐二十世纪学术文集》第十册,新文丰出版,2003年。
6. 张少宽著:《槟榔屿华人寺庙碑铭集录》,南洋田野研究室出版,2013年。
7. 张少宽著:《槟榔屿福建公冢暨家冢碑铭集》,新加坡亚洲研究学会,1997年。
8. 庄钦永著:《马六甲新加坡华文碑文辑录》,《民族学研究所资料汇编》第十二期,"中央研究院"民族研究所,1998年。

三、中文论著

1. 汤一介著:《瞩望新轴心时代——在新世纪的哲学思考》,中央编译出版社,2014年。

2. 陆佳荣等编:《古代南海地名汇释》,中华书局,1986年。

3. 柯木林著:《从龙牙门到新加坡——东西海洋文化交汇点》,社会科学文献出版社,2016年。

4. 陈寅恪著:《陈寅恪集·诗集》,三联书店,2011年。

5. 柳诒徵著:《中国文化史》上册,东方出版中心,1988年。

6. 吴学昭著:《吴宓与陈寅恪》(增补本),三联书店,2014年。

7. 丁为祥著:《发生与诠释:儒学形成、发展之主体向度的追寻》,人民出版社,2015年。

8. 蔡德麟、景海风主编:《全球化时代的儒家伦理》,清华大学出版社,2007年。

9. 杜维明著:《新加坡的挑战:新儒家伦理与企业精神》,三联书店,2013年。

10. 李明辉主编:《儒家思想的现代诠释》,中国文哲研究所筹备处,1997年。

11. 徐复观著:《学术与政治之间》,学生书局,2013年。

12. 冯承钧著:《中国南洋交通史》,商务印书馆,2011年。

13. 朱杰勤著:《华侨史》,广西师范大学出版社,2011年。

14. 李恩涵著:《东南亚华人史》,东方出版社,2015年。

15. 饶宗颐著:《饶宗颐二十世纪学术文集》,新文丰出版社,2003年。

16. 巫乐华:《海外华侨·南洋篇》,中国国际广播出版社,2010年。

17. 李长傅著:《中国殖民史》,商务印书馆,1990年。

18. 周兵、祝捷合著:《下南洋》,星洲日报出版社,2014年。

19. 陈达著:《南洋华侨与闽粤社会》,商务印书馆,2011年。

20. 葛剑雄等著:《简明中国移民史》,福建人民出版社,1993年。

21. 南洋大学东南亚华人史课程师生编纂(任课教师黄枝连):《南洋大学新加坡华族行业史调查研究报告》,八方文华出版社,2014年。

22. 林水檺、骆静山合编:《马来西亚华人史》,马来西亚留台校友联合总会出版,1984年。

23. 王赓武著:《华人与中国:王赓武自选集》,上海人民出版社,2013年。

24. 郑良树著:《马来西亚、新加坡华人文化史论丛》卷1,新加坡南洋学会出版,1982年。

25. 梁元生著:《新加坡华人社会史论》,新加坡国立大学中文系、八方文化创作室联合出版,2005年。

26. 郑良树著:《马来西亚、新加坡华人文化史论丛》卷2,新加坡南洋学会出版,1986年。

27. 张礼千著:《马六甲史》,郑成快先生纪念委员会,1941年。

28. 王月清著:《中国佛教伦理研究》,南京大学出版社,1999年。

29. 何炳棣著:《中国会馆史论》,学生书局,1966年。

30. 吴华著:《马来西亚华族会馆史略》,新加坡东南亚研究所,1980年。

31. 吴华著:《新加坡华族会馆志》(第一、二、三册),南洋学会出版,1975年,1975年版,1977年。

32. 邱新民著:《新加坡先驱人物》(增订本),新加坡胜友书局,1991年。

33. 王力坚著:《新加坡客家会馆与文化研究》,新加坡国立大学中文系出版,2012年。

34. 董正雄、董炎星主编:《八闽董氏汇谱》,厦门大学出版社,2014年。

35. 余英时著:《中国近世宗教伦理与商人精神》,联经出版社,1987年。

36. 梁漱溟著:《我生有涯愿无尽——梁漱溟自述文录》,中国人民大学出版社,2011年。

37. 林孝胜著:《新加坡华社与华商》,新加坡亚洲研究学会,1995年。

38. 陈嘉庚著:《陈嘉庚言论集》,新加坡怡和轩俱乐部等联合出版,2004年。

39. 陈嘉庚著:《南侨回忆录》,上海三联书店,2014年。

40. 陈碧笙、陈毅明编:《陈嘉庚年谱》,福建人民出版社,1986年。

41. 杨进发著:《陈嘉庚——华侨传奇人物》,八方文化企业,1990年。

42. 陈厥祥编著:《集美志》,侨光印务有限公司出版,1963年。

43. 王如明主编:《陈六使百年诞纪念文集》,南大事业有限公司、香港南洋大学校友会联合出版,1997年。

44. 利亮时著:《陈六使与南洋大学》,南洋理工大学中华语言文化中心、八方文化创作室联合出版,2012年。

45. 廖建裕编:《陈嘉庚、李光前与现代新马》,华裔馆、陈嘉庚基金等联合出版,2010年。

46. 李业霖主编,《陈六使言论集》,霹雳南洋大学校友会出版,2014年。

47. 李业霖主编:《南洋大学史论集》,马来亚南洋大学校友会出版,2004年。

48. 郑良树著:《马来西亚华文教育发展史》(第一、二、三、四分册),马来西亚华校教师会总会出版,1998年,1999年,2001年,2003年。

49. 梁元生编著:《宣尼浮海到南洲:儒家思想与早期新加坡华人社会史料汇编》,香港中文大学出版社,1995年。

50. 陈育崧著:《椰阴馆文存》卷一,南洋学会出版,1983年。

51. 黄遵宪著:《黄遵宪集》上卷,天津人民出版社,2003年。

52. 陈育崧著:《椰阴馆文存》卷二,南洋学会出版,1984年。

53. 李元瑾著:《东西文化的撞击与新华知识分子的三种回应》,新加坡国立大学中文系、八方文化企业联合出版,2001年。

54. 潘朝阳著:《明清台湾儒学论》,学生书局,2001年。

55. 许甦吾著:《新加坡华侨教育全貌》,南洋书局,1952年。

56. 徐复观著:《儒家思想与现代社会》,九州出版社,2014年。

57. 庄俞等编写,张元济校订:《商务国语教科书》(上下册),上海科学技术文献出版社,2005年。

58. 王永炳著:《公民与道德教育:世纪之交的伦理话题》,莱佛士书社出版,2000年。

59. 新加坡课程发展署编写:《好公民》(一上),教育出版社私营有限公司,1980年。

60. 儒家伦理课程编写组:《儒家伦理》(中三),教育出版社私营有限公司,1984年。

61. 儒家伦理课程编写组:《儒家伦理》(中四),教育出版社私营有限公司,1985年。

62. 韦政通著:《伦理思想的突破》,中国人民大学出版社,2005年。

63. 梁漱溟著:《中国文化要义》,上海人民出版社,2005年。

64. 新加坡宗乡会馆联合总会、新加坡中华总商会编:《李光耀谈新加坡的华人社会》,新加坡宗乡会馆联合总会出版,1991年。

65. 新加坡联合早报编:《李光耀40年政论选》,新加坡报业控股华文报集团,1993年。

66. 贺麟著:《文化与人生》,上海人民出版社,2011年。

67. 陈来著:《仁学本体论》,三联书店,2014年。

68. 蔡仁厚著:《儒学传统与时代》,河北人民出版社,2010年。

69. 蔡仁厚著:《儒家思想的现代意义》,文津出版社,1981年。

70. 吴德耀著:《政治历史文化古今谈》,胜友书局,1987年。

71. 许源泰著:《沿革与模式:新加坡道教和佛教传播研究》,新加坡国立大学中文系、八方文化创作室联合出版,2013年。

72. 东亚研究所主编:《吴庆瑞与东亚研究所》,八方文化创作室,2016年。

73. 陈荣照主编:《儒学与新世纪的人类社会国际学术会议论文选集》,新加坡儒学会出版,2004年。

74. 严春宝著:《新加坡儒学史》,广西师范大学出版社,2020年。

75. 郑文泉著:《马来西亚近二百年儒家学术史》,华文出版社,2018年。

76. 林连玉著:《连玉诗存》,林连玉基金委员会出版,1986年。

77. 林连玉著:《杂锦集》,林连玉基金委员会出版,1986年。

78. 林连玉著:《吴钩集》,林连玉基金委员会出版,1986年。

79. 林连玉著:《风雨十八年》(上),林连玉基金委员会出版,1988年。

80. 林连玉著:《风雨十八年》(下),林连玉基金委员会出版,1990年。

81. 吡叻华校董事会联合会秘书处编:《林连玉》,吡叻华校董事会联合会出版,1986年。

82. 林连玉著,郑良树辑纂:《林连玉先生言论集》,林连玉基金委员会出版,2003年。

83. 郑良树著:《林连玉评传》,林连玉基金委员会出版,2005年。

84. 教总秘书处编:《族魂林连玉》,林连玉基金委员会出版,1991年。

85. 李亚遨主编:《族魂林连玉续编》,林连玉基金委员会出版,2005年。

86. 陈绿漪等著:《林连玉研究论文集》,新纪元学院、林连玉基金、马来西亚留台校友会联合总会联合出版,2015年。

87. 廖文辉著:《华校教总及其人物(1951—2005)》,马来西亚华校教师会总会,2006年。

88. 何灿浩著:《林连玉——马来西亚华族第一世家》,林连玉基金委员会出版,2016年。

89. 陆庭谕主编:《沈慕羽言论集》(上下),马来西亚华校教师会总会,1998年。

90. 陆庭谕主编:《石在火不灭》,马来西亚华校教师会总会,1996年。

91. 李亚遨主编:《图说沈慕羽》,马来西亚华校教师会总会,2008年。

92. 教总秘书处编:《晚节飘香》,马来西亚华校教师会总会,1991年。

93. 李亚遨主编:《晚节飘香续编》,马来西亚华校教师会总会,2006年。

94. 沈慕羽著:《沈慕羽日记全集》第1卷,1957年,沈慕羽书法文物馆,2013年。

95. 何国忠著:《马来西亚华人:身份认同、文化与族群政治》,华社研究中心,2002年。

96. 何启良编:《历史慕羽:沈慕羽研究论文集》,林连玉基金委员会出版,2011年。

97. 教总秘书处编:《沈老逝世一周年纪念》,马来西亚华校教师会总会,2010年。

98. 教总秘书处编:《追悼沈老》,马来西亚华校教师总会,2009年。

99. 教总33年编辑室:《教总33年》,马来西亚华校教师总会,1987年。

100. 严元章著:《中国教育思想源流》,广东教育出版社,2012年。

101. 严元章著:《教育论》,学海社,1984年。

102. 曲金良主编:《中国海洋文化》,中国海洋出版社,2006年。

103. 戴胜德著:《中国南海海洋文化传》,广东经济出版社,2013年。

104. 谭元亨等著:《中国南海海洋文化论》,广东经济出版社,2013年。

105. 王崇敏主编:《南海海洋文化研究》(第三卷),社会科学文献出版社,2020年。

106. 司徒尚纪著:《中国南海海洋文化史》,广东经济出版社,2013年。

四、口述访谈资料

1. 访员:林子训,口述人:柯隆美:《口述历史录音访谈文稿》,新加坡口述历史馆,1980年。

2. 访员:林孝胜,口述人:方燕山:《口述历史录音访谈文稿》,新加坡口述历史馆,1981年。

3. 访员:蔡蓉华,口述人:郑镜鸿:《口述历史录音访谈文稿》,新加坡口述历史馆,1982年。

4. 访员:林子训,口述人:胡金钟:《口述历史录音访谈文稿》,新加坡口述历史馆,1981年。

5. 访员:林孝胜,口述人:陈共存:《口述历史录音访谈文稿》,新加坡口述历史馆,1981年。

6. 访员:林孝胜,口述人:王声邦:《口述历史录音访谈文稿》,新加坡口述历史馆,1982年。

五、校刊和纪念特刊资料

1. 交通及新闻部推广华语秘书处编印:《全国推广华语运动十周年纪念特刊(1979—1989年)》,新加坡交通及新闻部,1989年。

2. 《立德传心堂十周年纪念特刊(1972—1982)》(内部资料),立德传心堂,1982年。

3. 《端蒙中学七十周年纪念刊》,端蒙中学出版,1976年。

4. 《德明政府中学廿五周年纪念刊:1956—1981》,德明政府中学出版,1981年。

5. 《新加坡道南学校一览》,道南学校出版,1932年。

6. 《德新中学毕业特刊》,德新政府中学出版,1971年。

7. 《德能中学十周年纪念特刊:1969—1979》,德能中学十周年纪念特刊编辑委员会出版,1979年。

8. 《中正中学创校四十周年纪念特刊:1939—1979》,中正中学出版,1980年。

9. 《培道中学校刊》,培道中学出版,1985年。

10. 《养正学校七十五周年纪念特刊》,养正学校出版,1980年。

11. 《南洋女子中学校创校七十五周年纪念特刊》,南洋女子中学校出版,1992年。

12. 《南洋丹诏学校新校舍落成典礼暨创校四十八周年纪念特刊》,南洋丹诏学校出版,1970年。

13. 《新加坡女子职业中学创校廿周年纪念特刊》,女子职业中学出版,1976年。

14. 《新加坡鸿星女子职业学校五周年纪念特刊》,新加坡鸿星女子职业学校出版,1951年。

15. 《公立培德学校创校三十周年纪念特刊》,公立培德学校出版,1976年。

16. 《新加坡杨厝港培华学校廿七周年纪念暨新礼堂落成特刊:1934—

1961》，公立培华学校出版，1962年。

17.《公立培基学校创校叁拾柒复校贰拾柒周年纪念特刊：1935—1972》，公立培基学校出版，1972年。

18.《公立培群学校创校五十周年纪念特刊》，公立培群学校出版，1983年。

19.《侨南学校五十一周年纪念特刊：1933—1984》，特刊编辑委员会出版，1985年。

20.《擎青学校创校80周年纪念特刊：1927—2007》，擎青学校出版，2007年。

21.《实理中学校刊》，实理中学出版，1979年。

22.《树群中小学校新校舍落成纪念特刊》，树群中小学校出版，1977年。

23.《新加坡三育中学年刊》，三育中学出版，1975年。

24.《尚志中学校刊》，尚志中学出版，1972年。

25.《武德学校第十二周年纪念特刊》，武德学校编辑委员会出版，1967年。

26.《武吉班让政府中学十周年纪念刊：1960—1970》，武吉班让政府中学出版，1970年。

27.《卫理中学中四第八届毕业特刊》，卫理中学毕业特刊编委会出版，1968年。

28.《文礼中学》，文礼中学出版，1980年。

29.《文殊中学》，文殊中学出版，1986年。

30.《维新学校五十周年纪念特刊：1926—1976》，维新学校出版，1977年。

31.《醒华学校创校五十周年纪念特刊》，星洲后港公立醒华学校出版，1980年。

32.《新民中学校刊暨毕业特刊》，新民中学校刊暨毕业特刊工作委员会出版，1976年。

33.《兴亚启蒙学校十周年纪念特刊》，兴亚启蒙学校出版，1981年。

34.《公立醒南学校创校54周年纪念特刊：1932—1986》，公立醒南学校出版，1986年。

35.《裕华小学新校舍开幕志庆》，裕华小学出版，1986年。

36.《裕廊中学校刊》，裕廊中学出版，1979年。

37.《育明中学校刊》，育明中学出版，1980年。

38.《育英年刊》，育英中学出版，1986年。

39.《中华女子中学新校舍落成家政室开幕典礼暨庆祝六十六周年校庆

纪念特刊》,中华女子高中出版,1977年。

40.《光洋中学毕业特刊》,光洋高中出版,1976年。

41.《黄埔华文中学创校十周年纪念特刊:1961—1971》,黄埔华文中学创校十周年纪念特刊出版会员会,1971年。

42.《新加坡南洋华侨中学中四第十八届毕业特刊》,新加坡南洋华侨中学校出版,1978年。

43.《海星中学创校廿五周年纪念特刊》,海星中学创校廿五周年纪念特刊委员会,1983年。

44.《海星女子中学创校廿周年纪念特刊:1959—1979》,海星女子高中出版,1979年。

45.《华义中学校刊》,华义中学出版,1980年。

46.《南华女子中学校创校六十周年纪念特刊:1917—1977》,南华女子学校出版,1977年。

47.《介民小学》,介民小学出版,1984年。

48.《克明学校校刊》,克明学校出版,1980年。

49.《弥陀学校建校二十周年特刊》,弥陀学校出版,1974年。

50.《广福学校五十周年金禧纪念特刊》,广福学校出版,1966年。

51.《坤成女子高中第十六届毕业特刊》,坤成女子中学高中第十六届毕业班出版,1972年。

52.《育华中学》,育华中学出版,2007年。

53.《槟城钟灵中学一九五四年度初中暨一九五七年度高中毕业班银禧纪念特刊》,特刊筹委会出版,1983年。

54.《循人中学一九七六年高中第十三届毕业特刊》,特刊筹委会出版,1976年。

55.《雪莱莪万挠三育学校林振逞礼堂开幕暨创校七十周年纪念特刊:1916—1986》,雪莱莪万挠三育国民型华文小学,1986年。

56.《吉隆坡中华独立中学九十周年校庆特刊:1919—2009》,吉隆坡中华独立中学出版,2010年。

57.《尊孔国民型中学百年纪念特辑:1906—2006》,尊孔国民型中学出版,2006年。

58.《沙巴崇正中学1982毕业特刊》,沙巴崇正中学出版,1982年。

59.《建国中学初高中第七十四届毕业纪念特刊》,一九七一年度毕业纪念刊委员会编辑出版,1971年。

60.《亚庇中学高初中第十六、廿二届毕业纪念特刊》,沙巴亚庇中学出版,1973年。

61.《亚庇中华学校五十周年纪念特刊》,亚庇中华学校出版,1967年。

62.《北婆罗洲丹南中华中学毕业纪念特刊(1962年度)》,丹南中华中学毕业班出版,1963年。

63.《古晋中华第一中学高初中第四十二廿八届毕业特刊》,古晋中华第一中学毕业特刊编委会出版,1990年。

64.《阶梯:美里培民中学》,美里培民中学出版,2010年。

65.《恒毅中学高中第十三届毕业特刊》,恒毅中学出版,1984年。

66.《霹雳育才中小学校刊(1964—1966)》,霹雳育才中小学校,1966年。

67.《槟城槟华女子中学校刊》,槟城槟华女子中学出版,1981年。

68.《和丰兴中中小学七十周年纪念特刊:1912—1982》,吡叻和丰兴中中小学出版,1982年。

69.《槟城韩江中学创校六十周年纪念特刊:1950—2010》,槟城韩江华文学校董事会出版,2010年。

70.《槟城协和女中第二十九届高中毕业刊》,协和女子中学,1993年。

71.《槟城商务国民型华文小学建校纪念特刊》,商务国民型小学出版,1977年。

72.《槟城州三山国民型华文小学庆祝五十周年金禧纪念特刊》,三山国民型华文小学出版,1974年。

73.《尚德中学高初中第三届高商第二届毕业纪念刊》,尚德中学毕业纪念刊委员会出版,1962年。

74.《菩提独立中学高商第卅四届毕业纪念刊》,槟城菩提独中高商第卅四届出版,1993年。

75.《孔圣庙中华中学校刊》,孔圣庙中华中学出版,1997年。

76.《柔佛居銮中华中学2009年高中第51届初中第60届毕业特刊》,柔佛居銮中华中学高中第51届初中第60届毕业特刊委员会出版,2009年。

77.《巴罗学校创校六十周年暨新校舍落成纪念特刊》,巴罗国民型华文小学出版,1987年。

78.《麻坡中化中学高中第五十一届毕业特刊》,中化中学出版,2006年。

79.《吉隆坡侨南学校新校舍开幕暨四十三周年纪念特刊》,侨南学校出版,1960年。

80.《吉南觉民独立中学高初中第五、八届毕业纪念刊》,吉打居林吉南觉民独立中学一九六六年度毕业刊筹委会,1966年。

81.《亚罗士打新民中学高初中第一、四届毕业刊》,亚罗士打新民中学高初中第一、四届毕业刊筹委会出版,1964年。

82.《吉兰丹培植国民型华文小学创校五十二周年暨迁校纪念特刊：1939—1991》,培植国民型华文小学出版,1993年。

83.《吉兰丹中华国民型华文小学五十八周年纪念特刊：1918—1976》,吉兰丹中华国民型华文小学出版,1976年。

84.《吉兰丹中正国民型中学校刊》,吉兰丹中正国民型中学校刊出版,1981年。

85.《马六甲培风中学九十周年纪念特刊》,马六甲培风中学出版,2004年。

86.《麻北区利丰港培华独立中学高中初中廿二届廿届毕业特刊》,培华独立中学出版,1951年。

87.《金保培元高中第六届毕业生特刊》,吡叻金保培元中学高中第六届毕业特刊编辑委员会出版,1963年10月。

88.《太平华联国民型中学校刊》,太平华联国民型中学出版,2012年。

六、期刊论文资料

1. 张礼千:《志新嘉坡》,《东方杂志》1943年第39卷第1号。

2. 张礼千:《怀满剌加》,《东方杂志》1943年第39卷第3号。

3. 陈国贲、张齐娥著,张建华、张若思译:《儒家价值观与新加坡华侨企业家精神》,《中华文化论坛》1994年第3期。

4. 庄钦永、林孝胜:《新加坡庆德会研究》,《亚洲文化》1984年第5期。

5. 叶钟玲:《黄遵宪与图南社》,《亚洲文化》1991年第15期。

6. 苏尔梦、龙巴尔著,李平沤译,《南洋群岛华人之儒家学说及改良主义思想(19世纪末—20世纪初)》,《法国汉学》第4辑,中华书局,1999年。

7. 姚梦桐:《邱菽园编〈新出千字文〉——现存新加坡最早的启蒙读本》,《亚洲文化》1986年第8期。

七、学位论文资料

1. 严春宝:《新加坡儒家文化传承研究》,北京师范大学博士学位论文,2007年。

2. 王爱平:《宗教仪式与文化传承——印度尼西亚孔教研究》,厦门大学博士学位论文,2007年。

3. 孙士谷:《新加坡儒学的复兴运动》,南京大学硕士学位论文,2003年。

4. 林徐典:《从文化教育发展的角度看东方传统在新加坡今后的演变》,新加坡国立大学中文系学术论文,1986年。

5. 梁元生:《从一份名录看十九世纪后期新加坡华人社会中的"士"阶层》,新加坡国立大学中文系学术论文,1987年。

6. 刘慧慧:《国外儒家学者在新加坡推动儒家思想的报章言论分析(1982—1986)》,新加坡国立大学中文系荣誉学位毕业论文,2000年。

7. 黄璟雯:《论沈慕羽的儒家实践智慧》,华侨大学硕士学位论文,2017年。

八、报刊资料

1. 《读总领事黄大人图序系之以说》,《星报》1892年1月6日。

2. 《福建提督学政戴文宗奖给新嘉坡乐善社众绅董匾额》,《天南新报》第406号,1899年10月9日。

3. 《星嘉坡创议孔子教堂缘起》,《叻报》第5978号,1901年12月9日。

4. 《星洲宜建孔庙及开学堂说》,《天南新报》第534号,1900年3月26日。

5. 《星嘉坡创议孔子教堂缘起》,《叻报》第5978号,1901年12月9日。

6. 《劝星洲闽粤乡人合建孔子庙及大学堂启》,《天南新报》第535号,1900年3月27日。

7. 《叱叻兴学》,《天南新报》第570号,1900年5月8日。

8. 《中国士农工商皆孔教中人》,《天南新报》第593号,1900年6月5日。

9. 《巴罗创建孔庙学堂缘起》,《天南新报》第570号,1900年5月8日。

10. 《巴罗言说词》,《天南新报》第592号,1900年6月4日。

11. 《记望加锡募捐圣庙学堂事》,《天南新报》第390号,1899年9月19日。

12. 《锡函伟论》,《天南新报》第435号,1899年11月11日。

13. 《敬记望加锡华商兴建孔庙学堂》,《天南新报》第527号,1900年3月

17 日。

14.《教习南渡》,《天南新报》第 613 号,1900 年 6 月 30 日。

15.《锡岛飞鸿》,《天南新报》第 657 号,1900 年 8 月 22 日。

16.《望加锡中华学堂恭祝圣诞盛仪》,《天南新报》第 707 号,1900 年 10 月 11 日。

17.《孔子圣诞望加锡中华学堂教习苏师孟演说辞》,《天南新报》第 708 号,1900 年 10 月 12 日。

18.《巴城创办孔庙学堂章程》,《天南新报》第 571 号,1900 年 5 月 9 日。

19.《林文庆覆陈少峰书》,《日新报》第 3099 号,1900 年 7 月 17 日。

20.《吉隆华商倡祀孔子》,《天南新报》第 395 号,1899 年 9 月 26 日。

21.《吉隆埠募设男女义塾》,《天南新报》第 398 号,1899 年 9 月 29 日。

22.《马六甲倡建孔子教公启》,《天南新报》第 453 号,1899 年 12 月 4 日。

23.《好学会简明章程》,《天南新报》第 392 号,1899 年 9 月 22 日。

24.《拟新洲好学会序》,《日新报》1899 年 11 月 25 日。

25.《论训蒙宜用浅白新读本》,《日新报》第 2971 号,1900 年 2 月 12 日。

26.《募印孔子撮要篇小引》,《天南新报》第 644 号,1900 年 8 月 7 日。

27.《新加坡推行儒家思想教育的我见》,《星洲日报》1982 年 6 月 7 日,第 14 版。

28.《四位主讲人一致认为:中正以儒家思想办学》,《南洋商报》1982 年 8 月 1 日,第 3 版。

29.《李总理与老一辈领袖非常敬佩华校生品德:此为儒家思想被列为宗教道德教育真正原因》,《南洋商报》1982 年 2 月 4 日,第 3 版。

30.《儒家思想列为宗教道德教育科目教育界、家长学生一致表示欢迎》,《星洲日报》1982 年 2 月 5 日,第 1—3 版。

31.《教育部决定增设儒家思想科目:让不想修读宗教知识科的中三中四学生选修》,《星洲日报》1982 年 2 月 4 日,第 1 版。

32.《余英时指出要成功灌输儒家思想最好是小时候开始教导》,《星洲日报》1982 年 8 月 26 日,第 3 版。

33.《儒家伦理课程任重道远》,《新明日报》1985 年 2 月 4 日,第 6 版。

34.《我对新加坡把儒家思想灌入学校课程借以保存三代同堂家庭的感想》,《星洲日报》1982 年 5 月 23 日,第 3 版。

449

35.《推行儒家思想应有的选择》,《星洲日报》1982年7月4日,第1版。

36.《郑章远部长说,敬老尊贤孝顺父母是东方文化优良传统》,《星洲日报》1979年9月15日,第39版。

37.《王鼎昌部长为"敬老周"主持开幕,促家长和教师合作,帮助年青人培养尊敬和关怀长辈的精神》,《星洲日报》1979年12月3日,第27版。

38.《李总理指出也许我们会像日本一样,妇女婚后停止工作10年专心培养和教育下一代》,《星洲日报》1982年2月8日,第3版。

39.《钱翰琮次长吁请家长向子女灌输正确价值观》,《星洲日报》1982年4月5日,第4版。

40.《从立法奉养父母谈到孝道》,《星洲日报》1982年2月10日,第23版。

41.《也谈立法奉养父母》,《星洲日报》1982年2月11日,第19版。

42.《也谈"立法奉养父母"》,《星洲日报》1982年2月16日,第4版。

43.《政府必须立法奉养父母:教育学院对国大辩论会大专组大决赛》,《星洲日报》1982年4月19日,第4版。

44.《由居委会成立亲情促进组来发挥孝道将比立法强制奉养父母更加有效:奉养父母辩论会大决》,《星洲日报》1982年5月3日,第7版。

45.《我对三代同堂的看法》,《星洲日报》1982年9月11日,第31版。

46.《从政府立法行孝谈起》,《星洲日报》1982年2月4日,第21版。

47.《三代同堂虽好弊端也得重视》,《星洲日报》1982年2月10日,第36版。

48.《施迪次长昨强调:推行守望相助运动居委会应该以身作则》,《星洲日报》1981年6月22日,第13版。

49.《公众是警方的耳目——"守望相助"已见效》,《星洲日报》1982年12月13日,第25版。

50.《何谓"守望相助"计划?》,《南洋商报》,1981年6月2日,第3版。

51.《建立共同的社区》,《星洲日报》1982年5月28日,第3版。

52.《钱翰琮为守望相助计划开幕》,《星洲日报》1981年6月9日,第8版。

53.《什么是"邻区守望相助"计划》,《星洲日报》1981年6月5日,第8版。

54.《"怎样做一个好邻居"大众的话话题征稿》,《星洲日报》1981年6月9日,第8版。

55.《礼貌导致良好人际关系进而提高生产力》,《星洲日报》1982年6月30日,第6版。

56.《礼貌和传统》,《星洲日报》1982 年 4 月 13 日,第 3 版。

57.《大家讲礼貌,生活多愉快,今年度礼貌运动 7 月展开》,《星洲日报》1982 年 5 月 15 日,第 1 版。

58.《贾古玛部长强调必须栽培孩童从小养成以礼待人良好习惯》,《星洲日报》1982 年 7 月 12 日,第 7 版。

59.《在学校灌输礼貌观念》,《星洲日报》1982 年 7 月 8 日,第 6 版。

60.《庄日昆次长吁请社区领袖们以身作则以礼待人协助推广礼貌运动》,《星洲日报》1982 年 7 月 4 日,第 7 版。

61.《哥南亚逸联络所响应礼貌运动,主办儿童绘画比赛》,《星洲日报》1982 年 7 月 14 日,第 35 版。

62.《黄祖耀强调培养礼貌精神管理层扮演极重要角色》,《星洲日报》1982 年 6 月 30 日,第 6 版。

63.《母语与传统文化紧密联系,双语政策势在必行》,《星洲日报》1982 年 11 月 28 日,第 6 版。

64.《林子安强调:今年推广华语运动主要对象是华族工友》,《星洲日报》1982 年 10 月 9 日,第 1 版。

65.《宗教知识科目将成为中三和中四学生必修科》,《星洲日报》1982 年 1 月 17 日,第 3 版。

66.《吴庆瑞副总理解释开设宗教知识必修科原因》,《星洲日报》1982 年 1 月 17 日,第 3 版。

67.《不愿修读宗教知识科目学生可能有机会选读公民科》,《星洲日报》1982 年 2 月 1 日,第 3 版。

68.《传统道德教义》,《星洲日报》1982 年 3 月 10 日,第 2 版。

69.《郑章远部长赞扬日莲宗佛教会》,《星洲日报》1982 年 9 月 27 日,第 7 版。

70.《立德传心堂庆祝孔子圣诞,林济南阐析孝道意义》,《星洲日报》1982 年 10 月 12 日,第 6 版。

71.《忠孝节义:传统戏曲传伦常》,《新明日报》1986 年 8 月 26 日,第 6 版。

72.《响应黄贵祥政务部长号召宗亲团体会务活动今后将加强弘传儒家思想》,《星洲日报》1982 年 4 月 10 日,第 3 版。

73.《思潮纷乱现代社会儒家伦理越见重要》,《新明日报》1985 年 8 月 4

日,第 3 版。

九、译著

1. 黑格尔著,贺麟、王太庆译:《哲学史讲演录》第一卷,商务印书馆,1959 年。

2. 陈志明著,段颖、巫达译:《迁徙、家乡与认同——文化比较视野下的海外华人研究》,商务印书馆,2012 年。

3. 芭芭拉·沃森·安达娅、伦纳德·安达娅著,黄秋迪译:《马来西亚史》,中国大百科全书出版社,2010 年。

4. 宋旺相著,叶书德译:《新加坡华人百年史》,新加坡中华总商会出版,1993 年。

5. 颜清湟著,李恩涵译:《星马华人与辛亥革命》,联经出版社,1982 年。

6. 金堀诚二著,刘果因译:《马来亚华人社会》,槟城嘉应会馆扩建纪念刊,1974 年。

7. 康斯坦丝·玛丽·藤布尔著,欧阳敏译:《新加坡史》,东方出版中心,2013 年。

8. 林文庆著,严春宝译:《林文庆儒学文选》,新加坡世界科技出版社,2015 年。

9. 马礼逊夫人编,顾长声译:《马礼逊回忆录》,广西师范大学出版社,2004 年。

十、外文著作

1. Pioneers of Singapore: a catalogue of oral history interviews, Singapore: archives & oral history department. 1984.

2. Frederic Mason. The Schools of Malaya, Singapore: Donald Moore. 1957.

附　录

一、新加坡国立大学中文系李焯然教授的推荐信

Faculty of Arts & Social Sciences
Department of Chinese Studies
新加坡国立大学中文系

NUS
National University of Singapore

9 May 2016

The Librarian
Chinese Library
Central Library
National University of Singapore

Dear Sir/Madam,

Mr Zhang Hao is a PhD scholar from Nanjing University, China, and is currently attached to the Wan Boo Sow Research Centre for Chinese Culture of the Department of Chinese Studies, NUS, from 9 May to 3 June 2016.

Mr Zhang is collecting research materials for his PhD thesis entitled "The Promotion of Confucian Values in Singapore and Malaysia" and would like to get access to the Singapore-Malaysia Collection at the Chinese Library. Your assistance is very much appreciated.

With best regards

A/Prof. Lee Cheuk Yin
Director, Wan Boo Sow Research Centre for Chinese Culture

The Shaw Foundation Building, 5 Arts Link, Singapore 117570 Tel: (65) 6516 3900 Fax: (65) 6779 4167
Website: www.fas.nus.edu.sg/chs
Company Registration No: 200604346E

儒家伦理在新加坡、马来西亚

二、新加坡国立大学图书馆张莱英女士所办图书证

NUS National University of Singapore | **NUS Libraries**

Reader's Permit

Reference No.:	825
User Category*:	NUS Visitor
Name*:	ZHANG HAO
Company/Organization/School:	
Country (overseas visitors):	
Main Library to consult*:	Chinese Library
Any Other Libraries to consult:	Central Library
Collection(s)/Subject(s) to consult:	
Period (dd-mm-yyyy)*:	From 09-05-2016 to 03-06-2016
Purpose of using NUS libraries*:	Colletion of Research Materials for Ph.D. Thesis

NUS Libraries

Reader's Permit Application Guidelines:
1) The Reader's Permit does not confer borrowing privileges
2) Due to licensing agreement regulations, Reader's Permit holders have NO access to the NUS Libraries' subscribed electronic resources
3) Certain library facilities and materials, such as Reserve Books / Readings Collection (RBR), are for access by NUS staff and students only
4) All users must observe the photocopying regulations as posted at all photocopying stations and are required to submit the declaration form before photocopying from unpublished theses
5) This Reader's Permit should be presented whenever library staff conducts membership status checks and when you request for Closed Stacks items
6) NUS Libraries reserves the right to withdraw the Reader's Permit when the RP holder is found to have infringed Library Rules

For Official Use Only

Library staff's name: Chong Loy Yin
Signature: Chngtoym.
Date: 9/5/2016

后 记

（一）

俗谚说得好："早起的鸟儿有食吃。"这于我不仅意味着不用焦急地排队打饭，而且可以享受清晨校园馈赠我的洁净空气和舒畅心情。回想起来，倘若没有坚持早起换来的这份闲暇，我的博士生涯就会失去太多漫步自省的契机。

同往常一样，早早吃罢饭我就开始了十余年铁律般的漫步晨读生活，但今天的校园似乎与往日不同，因为我意识到这将是我在南大求学的最后时光。即将毕业的我很快就要依依不舍地告别这座文脉深厚且久负盛名的百年学府，踏上返回陕西家乡的路途，继而扎根在西北的黄天厚土去实现我"希冀黉宫道问学，最终能为思想家"的人生理想。天空中飘着零星的小雨，树木上挂着剔透的露珠，走在一排排整齐密布且高耸挺拔的杨树下，我思绪万千……

十八年前（1999年），刚满十五岁的我在初中升学考试中因只考了289分，而无缘进入高中学习。辍学后的我便开始了这一生都难以忘却的农村劳动生活。那时，我对生活的意义和人生的价值可以说完全是一片茫然、懵懂无知，小小的我就像天空的浮尘，四处飘荡，随风起落，根本搞不清人生应该努力的方向。平日除了在自家地里干农活以外，我要么给大家庭里的叔伯或街坊邻里义务劳动（我只管干活，不吃他们的饭），要么给要打牌赢钱的人跑腿买扑克或零食，要不就是晚上独自带着矿灯到野地里捉蝎子。辍学的这一年中，我先后跟随父亲干过工匠——记得有一次给七叔家拆平房，十几个亲戚站在房顶上干活，瘦弱的我抓住钢钎，父亲抡起八磅大锤使劲地往上面砸，震得我整个人都在发抖，真害怕从空中落下的铁锤把我……我折腾父亲为我托熟人、找关系学厨师，却白花了一条烟钱，累害父亲不远千里、翻越秦岭、三天三夜坐长途汽车送我到湖北丹江卫校学医……但是所有这些"行当"我都没有坚持或不愿去干，父亲愿儿子"有一技之长"的良苦用心算是白费了。总之，当时内心没有目标和主见的我,像个机器人一样任由命运无情地操纵和摆布。一年之中几经辗转和折腾,我内心深处还是羡慕能继续上学的同学。善良慈爱的父亲看到我欣羡的眼神,决心花费5 000元(对当时收入微薄的农村人来说这真是一笔巨大的开支,当时我们被称为"高价生")为我买高中的入学资格。可以说,在小学到硕士研究生十多年的求学生涯中,家里就是再苦再难,父母亲也从来没有让我在学费和生活上有过丝毫为难。

辍学一年和学习根底并不好的我,开始步入课程繁重、考试不断且评比排座的高中生活。高一时,知识上的漏洞太多和班级上的不良风气,加之班主任张老师的失职(让我上课时间给他买烟,晚自习给他接孩子)和缺乏应有的关怀(不顾我个头矮小和高度近视),使我在学业上几乎没有什么进步,每次考试完的结果就是被发配到教室的最角落,与扫帚、垃圾桶为伍。高二时,我很幸运遇到一位年轻的好班主任辛老师,他对待学生有和俗常教师不同的方式。学习平平、寡言少语的我,却得到辛老师的特别关心和鼓励。他从来没有因为我考试成绩"低得可怜"而歧视性地把我打发到教室的边陲,也没有因为我上课回答不出问题而把我逐出教室去享受窗外的孤寂。更令我感动的是,辛老师安排我和班上一位人品好且学习优的女同学崔茹成为同桌。在这种种的温情关怀下,我的各科成绩也在慢慢进步。然而此时,我的人生又发生了一段戏剧性的小插曲——停学验兵。尽管我的学习成绩在自己看来渐有起色,并开始自信起来,但是这种"进步的幅度"远远赶不上大家庭中叔伯的心理期望,他们认为我这是在白费青春和父母血汗——七叔力主我停学请假去镇上武装部(在叔伯看来,上学不行的娃,当兵是条不错的出路)。于是,我硬着头皮无奈地到县城医院体检。当年的验兵体检,除了给我带来听力上的永久性伤害外(因医生器械操作不当造成我此后重度耳鸣),还让我在众目睽睽之下脱个精光,然后走上称台称量体重,羞涩、尴尬和非人性化的冰冷至今让我心有余悸。其实,父亲似乎也不想让我当兵,因为我的兄长已经在我上小学五年级时去西藏拉萨参军了,实际上我那时近视已有400度,体重较轻,就这样我逃过了命中的"一劫"。说来奇怪,我心里头一直会冒出来一种征战沙场、马革裹尸的冲动和愿望,这也可能是由于生命性灵长期受到压抑或不能舒展的一种精神反弹吧!我还清晰地记得,当时向辛老师请假停学验兵时,我正看着从同桌那借来的《钢铁是怎样炼成的》一书,以为是我人生中在学校读的最后一本书,心中不禁一阵悲凉袭来!当兵不成后,我又回到了学校,那时快临近高中会考了

后 记

（会考若有两门课程不及格，连高中毕业证都没有，这无疑是件很丢脸的事，要是这样父母的血汗钱就真的打水漂了）。数理化一向云里雾里的我，为了应付学业水准考试只有下笨功夫了——我把这几科的课本反反复复地看并抄写背诵，最后居然还能以良好（B级）的成绩过关，让我对"天道酬勤"的力量感到震惊。打这事以后，我觉悟到勤奋努力会改善一个人资质上的笨拙。从那时起，我的人生和学习才算是自主自觉的。在高二快结束要文理分班的时候，我根据兴趣和能力选择了文科，并迎来了"月考"和"周考"穿插折磨人的高三生活。这一年，除了忙碌的考试复习、枯燥的题海战术、令人不寒而栗的评比排座、重磅来袭的家长会，及班主任专捏软柿子的心理伤害，还有全国突如其来的非典疫情，因此是年并没留下什么值得我特别回忆的往事。2003年高考，我距本科线差了将近60多分，自然未能顺利继续深造学业。虽然父亲多次安慰我说："你考上什么学，爸都供你读。就是专科也可以，只要你愿意去读。"不过，我复读重考的坚定态度一度消除了父亲担心补习一年还考不上的重重疑云。复读的那一年，我每天晨起除了到空地上用打拳踢腿的方式来给自己打气鼓劲，也经常大声歌唱刘欢《从头再来》为自己增加奋斗的力量。就这样经过一年的艰苦复习，2004年，我最终以比本科线略高的分数考上了陕北的榆林学院，对自己和家人有了一个差不多的交代。最重要的是，我感到自己在进步，人生在向上。

本科四年，虽然学的是思想政治教育专业，却因选课的原因接触到中国哲学史这门课程。记得当时给我们讲授这门课的白炜老师是位北大哲学系毕业的高才生。我当时感觉生命的力量受到了某种难以言说的指引。受白老师的引导，后来我阅读了冯友兰先生的《中国哲学史》（两卷本）和《贞元六书》等著作，也坚持抄写了不少先秦哲学典籍，如《论语》《孟子》《道德经》《庄子》《墨子》及《孔子家语》等。受此影响，我不仅毕业论文选择以"中庸·度·和谐"为研究题目，而且决定报考陕西师范大学的中国哲学专业研究生。2008年，本科毕业那年我如愿以偿考上了陕师大，开始了完全按照自己的兴趣和性情读书研究的书生生活。三年内，除了和同学好友偶尔到长安校区附近的秦岭里爬山郊游以外，我的大部分精力和时间都投入看书、做读书笔记上。至今我都在感慨，那时的我，内心始终是宁静、安定和纯洁的状态，毫无急功近利之念，整天都沉醉在一心只读圣贤书的悠游状态。三年之中，我节衣缩食，购买了近两万元的书籍，也算是为自己置办了不少"家当"。

2011年,临近研究生毕业那年,我参加了武汉大学国学院博士生入学招生考试,由于应试能力差和英语根底差,没能顺利考上博士,为此我还独自跑到学校操场的角落里大哭了一场,还惹得大伯父从东郊坐公交过来宽慰我。出于生计考虑,毕业后在郗宝云同学的推荐下凑合找了个正式的工作——去内蒙古包头市的一所高中当了两年政治教师。除了完成学校的本职工作,我抓住一切可以利用的业余时间重整旗鼓,为考博备战。谁知这一考又是三个年头,这三年里我遭遇了多次挫败,承受了来自单位的压力以及身心的疲劳、健康的损失,甚至辞职带来的经济压力。不过,所有这些打击,都最终被我硬扛下来了。

人生总不孤单,总有好人善缘给你助力、给你鼓舞。包头铁一中的同事如余淑欣、孙来源、宋旭平、惠兆京、赵春梅、王永红诸位老师都曾关心我的生活和学业。朋友在我艰辛的考博岁月中给予的照顾更是无微不至,体贴周到,这让我更深刻地体悟到为何古贤要把朋友关系和夫妇、父子、兄弟亲情并列,它作为重要的人间伦理情谊关系给世人以教导。清晰地记得,2012年,我又参加复旦大学博士生入学考试时,乘火车到达上海站,霍光老兄特意到火车站迎接我,并请我吃饭,考完试后又陪我游玩外滩。同在复旦大学求学的张祖辽兄弟专门给我安排好食宿,之后又亲自到车站送行,挥手离别的那一刻我感动得热泪盈眶。我三次参加南京大学博士生入学考试,同学兼好友的李云老兄对我照顾最多,也十分周到细致,真不知如何来回报这份恩情和友谊!自我2013年7月辞去高中教职后,能够回到母校陕师大备考,得益于张瑞元兄弟的热心帮助,他帮我联系到博士楼的一间宿舍,给我营造了一个安静和舒适的学习环境,使我能够尽快安下心来复习。在我学累了的时候,他还陪我打球、散步、讨论,使我感到轻松和快乐。对我英语学习提供很大帮助的是老友陈晓光博士,他十分耐心地给我辅导和讲解英语知识并多次邀我到他家做客,无形中缓解了复习的压力和紧张,他是我不可多得的好友,值得一辈子珍惜。此外,在陕师大备考的这一年中,尚在求学的邓国元兄、罗高强兄、王文琦老弟、刘泉老弟、高华夏老弟、李山峰老弟都给了我不少帮助,值得永记和感谢。感谢这些哥们!祝愿他们学业有成,前程似锦!硕导孙萌老师知道我辞职考博的事后,专门把自己办公室让出来给我复习备考使用;恩师对我的种种帮助都让我感受到一位师长人格的高尚与伟大。大学者丁为祥教授在路上碰见我,语重心长地告诫我学习英语要用"猛攻"的方法,这使我认识到一个过来人对

后 记

后学的谆谆教诲和殷切期望。最终经过艰辛的四年七考(一次报考复旦大学、一次报考东南大学、二次报考武汉大学、三次报考南京大学),在 2014 年 8 月,南京大学这座百年学府像慈母一般宽怀地接纳了我这位渴求深造且漂泊多年的游子,让我重归宁静的校园再续求学深造之梦。

在南大求学深造的这三年岁月里,值得感谢感恩的人实在是太多太多,真不知从何说起,但又不吐不快。首先,感谢这座久负盛名的百年学府给予我进德修业的机会和平台,让我能安定沉潜下来,静心读圣贤书、做学术研究。感谢杜厦图书馆的工作人员,尤其是馆际互借和港台书库的工作人员,他们提供的服务与付出的辛劳,为我撰写论文提供了诸多便利条件。感谢哲学系赖永海老师、洪修平老师、徐小跃老师、张异宾老师等精彩绝伦的授课,使我受益匪浅,对我启发良多。尤其要感谢我的博导王月清老师,在和他接触的过程中,我认识到他不仅是位博学多识、温文儒雅的学者,也是位宅心仁厚、奖掖后进的长者。三年来,无论是学业,还是生活,抑或找工作,恩师对我多有提携、照顾和关心,我心里时刻默默感激感念这份厚爱。感谢联合培养单位中国南海研究协同创新中心的王颖老师、朱锋老师、沈固朝老师、张振克老师、殷勇老师、徐亮老师等人的内容丰富的讲座,让我精神振奋,视野大开。感谢同班同学罗建华、吴海平、常红星、吕昂、王光耀、宗益祥等,他们时常和我小聚、谈天、娱乐、锻炼,充实和丰富了我单调的校园生活,让我感到读书以外别样的快慰和惬意。

要感谢的国内校外师长有暨南大学夏泉老师,厦门大学苏永延老师,曲阜师范大学严春宝老师,华侨大学范正义老师,中国社会科学院世界宗教研究所郑筱筠老师,《中国宗教》前主编胡绍皆老师,《理论学刊》执行编辑裴传永老师,感谢他们对我或查找资料上的帮助,或学问上的指导,或学业上的关心。

此外,国外也有一些虽与我萍水相逢,但同样值得感激的师长。新加坡国立大学中文系李焯然教授亲自写了一封进入图书馆查阅资料的介绍信;新加坡国立大学中文图书馆的张莱英女士又为我办理了进出图书馆的通行证,两位长者为我查找、借阅及复印资料可以说提供了最大限度的便利条件。尤其是张莱英老师对我这个远道而来的同姓晚辈的关怀令人刻骨铭心。在我即将离开新加坡回国的前一天晚上,她打电话说明天早晨要和她的哥哥一道开车送我去樟宜机场,这种情谊令我万分感动。一并感谢赠我书籍的新加坡国立大学东亚研究所祁冬涛老师以及拨冗与我会谈的新加坡南洋孔教会郭文龙会

459

长。同时感谢为我查找资料提供指导和服务的新加坡国家档案馆和新加坡国家图书馆的工作人员。感谢人生中给我助缘的一切好人,愿你们一生平安!幸福安康!衷心祝愿我南大在发展中"日日是好日"!诚挚祝愿我南大学子"人人做日新之人"!

最后,要感谢我伟大的父亲、慈爱的母亲、仁厚的兄长对我一如既往地鼎力支持和包容关爱,你们永远是我的最爱至亲和精神动力,我爱你们到永远!永远!

回首这宝贵的三年博士生活,虽谈不上乾乾不息,也可说是兢兢业业,但仍需坦诚的是,人的动物性有时还是会让自己偷惰放纵一下。可见,慎独修养之艰,克己功夫之难,收拾精神之要。至此,我们才能深刻理解和体会圣哲"进德修业欲及时也,故无咎"和先贤"真识不定,道心未纯,是吾忧也"的人生惕厉和紧张迫切。让我带着源自上古三代华夏先民凝练萃取的"克勤无怠"的工作伦理精神,在新的人生征程和科研工作中不断向前!向前!

2017 年 5 月 26 日初记于南京大学仙林校区仁园
2017 年 9 月 24 日修改于南京大学仙林校区仁园

(二)

2017 年 8 月,我博士论文正式答辩时,结构设计的是六章内容。毕业后这五六年间,一是继续搜集博士论文需要补充的研究资料;另一是根据南海中心朱锋教授和导师王月清两位老师的建议,增补了现在这本书的第一和第七两章内容;再就是认真核对了所有引文文献以及疏通了整本书的文句字词,纠正了不少错漏。如上增补及补救工作,使博士论文无论从形式还是内容抑或规范性上,都较正式答辩时有了较大的提升与改善。总的来说,博士论文的出版算是对自己攻读博士学位所付出辛劳的一个见证。但客观来说,这本书的研究水准还达不到称心满意的程度。原因主要有三:其一,我深感自己的写作水平欠佳,如某些章节的文字表达还显得稚嫩。其二,深感自己的理论水平不高,如在文献解读、特征归纳以及规律总结等方面尚做得不够好。其三,在分类归整所搜集的海量文献时,仍发现有很多重要资料在博士论文中没有得到充分利用。博士毕业后,为我提供增补章节内容所需参考的图书资料的师友有苏永延老师、曾嘉师弟、张莱英女士、曾忆勤女士,值此博士论文出版之际谨对你们的无私帮助表示诚挚的感谢。

关中先贤、北宋大儒张载曾说:"天资美不足为功,惟矫恶为善,矫惰为勤,方是为功。"这句话告诫我,不能以天资不高为理由而不去勇猛精进地追求高标准的学术精品。

2023年7月7日补记于西安市礼贤嘉苑人才公寓